McGraw Hill Education

Sunyo Translation Series in Accounting Classics

FINANCIAL ACCOUNTING THEORY

Third Edition

Craig Deegan

U0792341

三友会计名著译丛

"十一五"国家重点图书出版规划项目

财务会计理论

（第三版）

（澳）克雷格·迪根 著

方红星 金韵韵 张韵 译

东北财经大学出版社
Dongbei University of Finance & Economics Press
大连

图书在版编目（CIP）数据

财务会计理论：第 3 版 /（澳）迪根（Deegan，C.）著；方红星，金韵韵，张韵译．—大连：东北财经大学出版社，2010. 8
（三友会计名著译丛）
书名原文：Financial Accounting Theory
ISBN 978 - 7 - 5654 - 0054 - 4

Ⅰ. 财… Ⅱ. ①迪… ②方… ③金… ④张… Ⅲ. 财务会计 Ⅳ. F234. 4

中国版本图书馆 CIP 数据核字（2010）第 136615 号

辽宁省版权局著作权合同登记号：图字 06 - 2008 - 383 号

Craig Deegan：Financial Accounting Theory（3e）
Original ISBN：0 - 07027726 - 5

东北财经大学出版社出版
（大连市黑石礁尖山街 217 号 邮政编码 116025）
教学支持：（0411）84710309
营 销 部：（0411）84710711
总 编 室：（0411）84710523
网 址：http：//www. dufep. cn
读者信箱：dufep @ dufe. edu. cn

大连图腾彩色印刷有限公司印刷 东北财经大学出版社发行

幅面尺寸：185mm × 260mm 字数：591 千字 印张：27 1/2 插页：1
2010 年 8 月第 1 版 2010 年 8 月第 1 次印刷

责任编辑：李 季 王 莹 高 铭 车 锐 责任校对：张洪音
封面设计：冀贵收 版式设计：钟福建

ISBN 978 - 7 - 5654 - 0054 - 4
定价：56. 00 元

作者简介

克雷格·迪根（Craig Deegan），新南威尔士大学（University of NSW）商学学士、商学（荣誉）硕士，昆士兰大学（University of Queensland）博士，资深皇家特许会计师（FCA），皇家墨尔本理工（RMIT）大学会计与法学院会计学教授、研究部主任。克雷格在澳大利亚从事本科和研究生层次的教学工作超过20年，并曾在美国、法国、英格兰、威尔士、苏格兰、新西兰、马来西亚、新加坡、南非、韩国、中国内地及中国香港等国家和地区授课。

在进入大学工作之前，克雷格是一名特许会计师。他的研究集中在各种社会和环境责任以及财务会计问题上，在《会计、组织与社会》（*Accounting, Organizations and Society*）、《会计与商学研究》（*Accounting and Business Research*）、《会计、问责与审计杂志》（*Accounting, Accountability and Auditing Journal*）、《会计与财务》（*Accounting and Finance*）、《英国会计评论》（*British Accounting Review*）和《国际会计杂志》（*The International Journal of Accounting*）等重要国际会计期刊上发表了大量的论文。克雷格主要讲授财务会计、财务会计理论和研究方法。在他的成功指导下，10多名博士生顺利毕业并继续在澳大利亚及海外从事学术研究工作。目前，他仍在继续指导许多研究生，并担任一些国际会计期刊的编委。

克雷格经常为公司、政府和行业组织提供有关财务会计和公司的社会与环境责任等方面的咨询服务。他于1997—2003年担任澳大利亚特许会计师协会三重底线问题小组（Triple Bottom Line Issues Group）的主席。他曾经获得多项教学和研究奖，包括KPMG和澳大利亚特许会计师协会颁发的教学奖。1998年7月，他获得了Peter Brownell论文奖，这是一个由澳大利亚和新西兰会计与财务协会设置的年度研究奖项。1998年，他还获得了南昆士兰大学（University of Southern Queesland）的杰出研究个人奖。

克雷格还是重要的财务会计教科书《澳大利亚财务会计》（现已出至第6版）及其改编版《新西兰财务会计》（现已出至第4版，与Grant Samkin合作）的作者。《财务会计研究》在澳大利亚和其他国家被广泛采用。在Jeffery Unerman的协助下，本书还针对欧洲市场进行了改编。

译者简介

方红星，男，1972年7月生于湖北省，中共党员，管理学（会计学）博士，现任东北财经大学会计学院院长，MPAcc教育中心主任，教授，博士生导师，兼任东北财经大学出版社社长，大连市第十、十一届政协委员。

方红星主要致力于财务会计、审计和内部控制等领域的研究。主要学术兼职包括中国会计学会理事、资深会员、财务成本分会副会长兼秘书长、内部控制专业委员会委员，财政部会计准则委员会咨询专家、内部控制标准委员会咨询专家，中国注册会计师协会专业技术咨询委员会委员、审计准则组专家。主持国家自然科学基金项目、霍英东教育基金会青年教师基金项目、教育部人文社科重点研究基地重大项目、世界银行技术援助项目等重要科研课题十余项。兼任多家学术期刊编委及多家上市公司独立董事。先后入选部级有突出贡献中青年专家（2004）、辽宁省高等学校优秀青年骨干教师（2006）、财政部首批全国会计学术带头人后备人才（2006）、辽宁省高等学校优秀人才支持计划（2007）和教育部新世纪优秀人才支持计划（2007）。享受国务院颁发的政府特殊津贴。

译者前言

本书是一本不可多得的财务会计理论教科书。在书中，作者向我们全面展示了现代财务会计理论研究的主要分支、基本流派和最新进展。而述评结合、引例翔实、脉络清晰、目标明确等优点，又使得本书相对于同类教科书而言具备突出的优势。

与其他同类教科书大部分来自美国或欧洲不同，本书的作者来自澳大利亚，因此书中的素材也大部分是基于澳大利亚的，这也为我们在学习财务会计理论的同时加深对澳大利亚财务会计的了解，提供了弥足珍贵的机会。

对于 Deegan 教授的这本一直好评如潮的书，此前有所了解。在近年为高年级本科生开设“会计理论”课程寻找教材的过程中，才有机会仔细阅读，并由此萌发了将其翻译成中文的念头。衷心感谢我的同事孙冰洁、李季在版权联络、版本更换、编辑出版等方面的热情帮助！

本书的翻译耗时较长，但由于正好赶上版本更新，最终形成的原书第 3 版的译稿倒基本上跟上了最新的步伐。全书的初译工作由我和我指导的会计学专业研究生金韵韵、张韵共同完成。此后，我又对全部译稿进行了审校。当然，由于时间和能力所限，翻译稿中的错讹之处在所难免，恳请学界前辈和广大读者不吝指正！接受批评意见的电子信箱为 hxfang@ dufe. edu. cn。

方红星

前　言

编写本书是为了向读者提供针对财务会计的各种理论的综合性讨论。书中批判性地讨论了赞成和反对财务会计监管的各种理论，介绍了包括实证会计理论、政治经济学理论、利益相关者理论、制度理论和合理化理论在内的各种理论观点，以便解释不同类型的自愿报告决策。本书还讲述和评价了各种会计规范理论的发展，包括用来对物价变动进行会计处理的各种方法，有关经营实体受托责任的不同规范性观点，以及各个概念框架项目。本书还强调了诸多因素在解释会计的国际差异以及近期的国际财务报告准则全球化行动中的作用。

除了解释组织为什么以及应当如何披露财务信息的特定项目以外，本书还研究和探索了集体或个体层次上的人员如何或是否需要特定的披露或对其做出反应。为了反映社会和环境报告问题对学生、政府、行业和会计职业界与日俱增的相关性，本书深入讨论了社会和环境报告问题。本书还从通常被描述为“从批判性的角度开展研究”的研究者的角度深入探讨了财务会计的作用。

本书按照逻辑顺序共设12章，分别讲述了财务会计理论的基本主题。此外，本书还可以用作包含财务会计理论方面内容的更宽泛的课程的主要教材。全书可以实际地应用于平均11～13周的学期，按照讲述的顺序依次学习各个章节。本书介绍了不同的甚至相互冲突的财务会计理论，这一综合视角能为那些试图在财务会计的各个领域作进一步研究的读者奠定扎实的基础。

本书采用了有助于本科和研究生层次的学生透彻地理解财务会计理论的写作风格。每一章都包含了来自世界各地的研究，因此本书适用于各国学习财务会计理论的学生。为了便于学习，每一章都设置了学习目标、本章小结和思考题。整本书都鼓励读者批判性地评价和质疑所讲述的各种观点。为了给各种观点赋予“真实世界”的感觉，许多章节采用了与所考察的问题直接相关的刊载于各类报刊的最新文章。

本书自第1版出版以来的9年中，已被证明在澳大利亚乃至国际上深受学生和教师们的欢迎。这个新版本保持和巩固了第1版与第2版中学生和教师们觉得引人入胜和与众不同的方面，例如采用直观的解释、带有评价性质的用语、频繁的实例，以及采用报刊文章进行讲解等。我还借更新本教材的机会，反映了过去9年中会计理论方面的一些重要进展。

我希望读者依旧觉得本书读起来生动有趣、内容充实和令人愉悦，十分欢迎建设性的反馈。

克雷格·迪根
RMIT 大学

致　谢

许多人帮助过我编写本书。我要感谢在第 1 版成书的早期阶段慷慨地提供宝贵意见的所有人，包括苏格兰圣安德鲁斯大学（University of St Andrews）的 Rob Gray 教授、英国诺丁汉大学（University of Nottingham）的 David Owen 教授、现任 RMIT 大学访问教授的 Reg Mathews 教授、南昆士兰大学（University of Southern Queensland）的 Julie Cotter 和 Mark Valley 教授、莫纳什大学（Monash University）的 Michaela Rankin。

至于这一版，我首先要感谢伦敦大学（University of London）的 Jeffery Unerman。Jeffery 是欧洲版《财务会计理论》的合作者，该书于 2006 年在伦敦发行。我在写作澳大利亚版《财务会计理论》（第 3 版）时，利用了 Jeffery 提供的一些资料。感谢 David Owen 教授的有益的评论。感谢在写作和出版的各个阶段提供大力支持的 McGraw-Hill（澳大利亚）公司的工作人员。

我要同 McGraw－Hill 公司一起感谢针对第 2 版有关章节提供反馈意见的下列人员：中央昆士兰大学（Central Queensland University）的 Stacey Cowan、拉筹伯大学（La Trobe University）的 Xu Dong Ji、麦考瑞大学（Macquarie University）的 Ron Day、格里菲斯大学（Griffith University）的 Dianne English、查尔斯特大学（Charles Sturt University）的 Don Geyer、阿得雷德大学（Adelaide University）的 Jinghui Liu、中央昆士兰大学的 Anja Morton，西悉尼大学（University of Western Sydney）的 Colleen Puttee、查尔斯特大学的 Kay Plummer、塔斯马尼亚大学（University of Tasmania）的 Bernadette Smith、南澳大利亚大学（University of South Australia）的 Carol Tilt、曾任教于南昆士兰大学的 Peter Tedfor、澳大利亚国立大学（Australia National University）的 Mark Wilson、南太平洋大学（University of the South Pacific）的 Michael White。

我还要感谢 RMIT 大学的众多同事们，他们对我的各个研究项目都给予了极大的帮助与支持。感谢我指导的各位博士生多次提出的意见与建议。感谢 Mary Exton 的支持。最后，同样感谢我的女儿和她最好的朋友 Cassie。

克雷格·迪根

目　录

第1章　财务会计理论导论

学习目标

在完成本章的学习之后，读者应该：

· 知道存在着许多财务会计理论；

· 知道不同的会计理论知识在理解和评价各种财务会计实务中的重要性；

· 了解发展不同的财务会计理论旨在起到不同的作用，例如描述会计实务或者规范特定的会计实务；

· 理解理论（包括会计理论）的形成是应用各种价值判断的结果，认可一种理论优于其他理论在某种程度上与个人的价值判断有关；

· 知道在接受理论之前我们先要批判性地评价它们（在内在的逻辑、设定的假设以及提出的证据等方面）；

· 理解为什么会计学专业的学生应该学习会计理论，并将其作为范围更广的会计教育的一部分。

开篇问题

在每一章的开始会提出与本章内容相关的一系列问题。在完成该章的学习之后，读者应该能够给出这些问题的答案。在这一介绍性的章节中，首要考虑的一些问题如下：

1. 为什么财务会计的学生还需要学习"理论"？为什么不再学几项会计准则（会计准则有很多！）或其他会计专业公告呢？

2. 为什么会计从业人员和会计监管者会（或"应该"）考虑各种会计理论呢？

3. 所有的"会计理论"都寻求发挥相同的作用吗？如果存在两种以上的理论来解释或指导特定的实务，那么人们会如何选择其中一种理论而不是另一种呢？

每章的开篇问题都没有特定的答案，而是由读者在读完相应的章节后，给出自己的答案。你或许愿意在阅读各章内容之前就给出答案，然后，在完成该章的学习之后，回过头来看看你在了解特定的观点后，是否会改变自己的看法。

1.1　什么是理论？

在本书中，我们会介绍各种财务会计理论，或许因此应该先了解一下什么是"理论"。关于理论的构成有很多的观点。《牛津英语辞典》（*Oxford English Dictionary*）里给我们提供了不同的定义，包括：

用来解释、叙述一组事实或现象的一系列概念体系或陈述方案。

《麦夸里辞典》（*Macquarie Dictionary*）关于理论的定义：

一组合乎逻辑的一般命题，作为解释一系列现象的原则。

会计学者 Hendriksen（1970，p. 1）把理论定义为：

一组合乎逻辑，具有假设性、概念化和务实性的原则，能够形成为某个存在疑问的领域提供一般性参考的框架。

美国财务会计准则委员会的概念框架项目（本身被视为一项规范的会计理论）给出的定义与 Hendriksen 给出的定义很相似，即“一个具有相关目标和基础的合乎逻辑的系统，该系统可以形成统一的标准”（FASB，1976）。“合乎逻辑”一词在上述四个定义中出现三次是很有意思的一个现象，反映出这样一种观点，即理论的成分（可能包括人类行为的假设）应该依逻辑性结合在一起，为特定的现象提供解释和指引。这些定义具有一致的观点，都认为理论本质上并不是*特设的*，而是应该建立在逻辑性（系统性和条理性）的推理之上。因此，当说到一项“理论”时，我们并非单纯是指一个概念或一种“预感”。我们承认，在某些情形下“预感”一词与“理论”一词的用法不同，例如，我们经常听到有人说他们对为什么某些事会发生有一套“理论”，事实上他们的意思是有一种“预感”。正如我们将在本书中读到的，一些会计理论的发展是建立在过去的观察（基于经验的）基础之上的，这些理论而后会进一步形成对可能发生事件的预测（有时也用来解释事件发生的原因）。换句话说，通过大量观察实际中存疑的现象促使特定的理论产生，继而这些观察到的现象又成为支持该理论的依据。这些基于经验的理论被认为是建立在归纳推理的基础之上的，通常被标记为“科学的”，与许多其他“科学的”理论一样，也是以观察为基础的。另外，我们要考察的其他会计理论并不试图解释或预测特定的现象，而是规范在特定的条件下应该做什么（与阐述和解释做了什么相对）。Llewelyn 指出“理论”一词在会计中不仅用于解释有关广泛的普遍性问题的“宏观理论”（像物理学中的引力理论），也用于任何框架，这些框架帮助我们理解自己生活的（社会性）世界的方方面面，并且有助于了解自己（社会）的经验。要注意的是，不同的会计理论常常有不同的目标，Llewelyn 关于构成理论的内容有一些有趣的见解。Llewelyn（2003，p. 665）认为：

> 理论赋予了凝聚力和稳定性（Czarniawska，1997，p. 71），因此，每当生活模糊难测时（大部分时间都是如此！），人们都会在理论的指导下努力面对这些未知的困境。而且，因为“生活”和境况通常有多种含义，并且对重要性的评判各不相同，所以每个人都需要一套理论来处理日常事务。“理论”不是只待在图书馆里，等待着学者们为它们“拂去灰尘”，而是每当人们遇到模棱两可的事情、矛盾或悖论时，帮助人们决定下一步做什么（并且思考）。理论催生了对这个世界的期望。

因为会计是一项人类活动（“会计”不能离开会计人员），所以财务会计理论（确实有许多）在关注财务会计信息的同时，也会考虑到人类的行为或需要，还会考虑到为什么组织内的人们可能会针对不同的利益相关者群体提供特定的信息。例如，值得一提的是，本书认为理论是：

· 根据会计职能的一种特定观点，*规定*出于对外报告的目的，应该对资产进行估值（第 5 章和第 6 章将介绍此类观点和规范理论）；

· *预测*依据绩效标准（如利润）获得奖金的管理者会寻求采用增加财务报告利润的会计核算方法（第 7 章将介绍此类描述和实证理论）；

· 寻求*解释*个体的文化背景如何影响他为组织外部的人们提供的会计信息的类型（第 4 章将介绍此类理论）；

· *规定*应该向特定阶层的利益相关者提供他们需要的会计信息（这类理论常指决策有用观，将在第5章讨论）；

· *预测*特定利益相关者群体的相对能力（“能力”通常是指群体对稀缺资源的控制）决定着群体是否收到他们所需的会计信息（这是利益相关者理论的一个分支，将在第8章讨论）；

· *预测*组织希望被社会认为是“合理的”，组织可以运用会计信息赢得、维持或重获合理性（这类理论源自合理性理论，将在第8章介绍）。

1.2 会计学专业学生学习会计理论的重要性

作为一名财务会计的学生，需要知道如何编制和解读财务报告，这些财务报告在编制的时候遵照不同的会计准则以及其他职业与法规的要求。在你的工作经历中（无论你是否选择会计学作为你的专业），你都会参与到一些活动之中，比如，为做出特殊的决定分析财务报表，为他人编制用以阅读的财务报表，或者是为他人设计用以遵守的会计指南或规则。你对上述各类活动内含的会计实务理解得越透彻，在从事这些活动时就越有效率——因此，只要很好地用知识武装了自己，你在所选择的事业上就很可能获得成功。

鉴于会计理论着眼于提供一个有条理的、系统的框架，用于调查、理解、发展多种会计实务，如果能够全面掌握会计理论，可能会在评估个人的会计实务时更有效。尽管我们相信所有会计学专业的学生（其他专业的学生也一样）应该对批判性地评价他们所研究的现象抱有兴趣，但是，我们发现，在过去，许多学生仅仅满足于自己简单地学习怎样进行各种会计实务操作，却没有探求这些实务的基础。

但是，随着备受瞩目的会计失败案例（如美国安然公司和世通公司、澳大利亚儿童托育中心、Fincorp 地产投资开发集团、澳大利亚 HIH 保险公司、澳大利亚一电通有限公司以及澳大利亚 Harris Scarf 百货公司）的不断涌现，对于会计师来说，能够全面理解和评价所运用的会计实务变得越来越重要。没有这种理论上的理解，就很难评价现行会计实务的合理性，当现行会计实务与发生变化的经营情况不符时难以对其进行改进，当会计实务被错误地指责为导致公司经营失败时无法捍卫会计的声誉。这就是学习和理解会计理论的重要原因。

由于这本书里有很多不同种类的财务会计理论，因而你会接触到许多问题，比如：

· 会计的各种要素怎样计量；

· 管理者提供特定类型会计信息的动机是什么；

· 管理者选择某种会计方法的动机是什么；

· 个人支持或游说监管机构支持某些会计方法的动机是什么；

· 选择或规定一种会计方法对特定类型的组织及其利益相关者有什么影响；

· 资本市场对特定的会计信息的反应方式和原因是什么；

· 收益的“真实计量”是否存在。

会计在社会中十分重要并且非常普遍。单纯学习财务会计（由会计准则、概念框架等构成）的各种规则而不考虑会计信息可能产生的影响似乎不合逻辑，备受瞩目的安然公司和其他组织的会计失败事件发生后，这样做也具有潜在的危险性。很多重要的决定都是根据会计提供的信息（或在某些情况下决定不提供信息）做出的，所以会计师经常被认为是很有能力和影响力的人。会计师提供的信息使别人能够做出重要的决定。例如：他们应该支持这个组织吗？这家组织赚取了足够的“利润”吗？是否赚取了过多的“利润”？组织是否投资于社区支持计划以及环保生产工艺，以履行其社会责任？如果有的话，投入多少？考虑到利润，收益率是衡量企业成功的有效指标吗？进一步说，如果会计师或会计职业强调关于企业业绩的某种指标（如盈利能力），这样会不会反过来影响社会认可的企业的合理性目标呢[①]？本书讲述的各种财务会计理论将会回答这些重要的问题。

在更广的层面上，对于会计理论的理解对会计职业的名誉以及未来的发展至关重要。Unerman 和 O'Dwyer（2004）指出，最近备受瞩目的会计失败事件的增多，让非会计人员越来越意识到会计对他们的生活有着重大的影响。这些事件也使许多非会计人员对会计账簿以及会计人员的信任程度骤然降低。如果我们想重新建立起这种信任，重塑会计师的声誉，当务之急是培育批判性地评价会计实务的能力，并随着经济环境的急剧变化来完善会计实务。各种各样的会计理论观点在这一财务会计实务持续改进的过程中是不可或缺的。

1.3 会计理论概览

财务会计存在许多理论。换句话说，并没有普遍接受的财务会计理论，或是，确实没有被普遍认可的应该如何发展会计理论的观点。在某种程度上，这是由于不同的研究人员对会计理论的作用以及首要的目标、角色和范围应该是什么有不同的观点。例如，一些研究人员认为会计理论的主要作用是*解释*和*预测*特定的、与会计相关的现象（如解释为什么有些会计师采用某一特定会计方法，而其他人则选择其他的方法），还有一些研究人员认为会计理论是为了*规定*（相对于*描述*）特定的会计方法的（如基于会计职能的一种观点，有一种理论规定资产应该根据市场价值而不是历史成本计量）。

早期的会计理论的发展依靠归纳这一过程，即通过观察形成理论和概念。根据 Chalmers（1982，p. 4），通过观察形成理论之前最好具备三项基本条件：

（1）必须在多次观察的基础上才能形成结论。

（2）观察必须在各种条件下重复进行。

（3）不被接受的观察结果应与衍生的普遍规律相矛盾。

大约从 20 世纪 20 年代到 60 年代，会计理论主要是依据对会计师们在实际中的操作进行观察而发展起来的。这个过程称为“归纳”。相对地，理论形成的另一种过

① 在第 2 章和第 3 章我们将考察一些研究（如 Hines，1988）。这些研究表明，会计人员和会计工作本身没有必要提供对事实无偏见的说明，而要创造事实。如果会计职业界强调把某种指标（盈利能力）作为衡量企业成功和合理的标准，那么，获利的公司会被认为是经营成功与合理的。如果不采用盈利能力而采用其他的指标作为有效的衡量标准，那么也许不会得到这样的结论。

程是“演绎推理”，它更多地依靠逻辑而不是依靠观察得出结论。[①]

我们回过头来看运用观察结果形成有普遍性的理论（归纳推理），在观察会计人员的实际操作后，将日常实务以会计学说（如稳健主义）或惯例的形式整理起来。这一时期著名的理论家包括 Paton（1922）、Hatfield（1927）、Paton 和 Littleton（1940）以及 Canning（1929）。Henderson、Peirson 和 Harris（2004，p. 54）这样描述他们的观点：

对会计的仔细观察揭示了行为一致的模式。例如，可以观察到，会计师们常常在计量收入和费用的时候谨慎。在需要进行判断的时候，他们常常会低估收入和高估费用。结果是对利润的保守估计。类似的，可以观察到，会计师们假设作为计量单位的货币价值保持不变。这些对会计实务的观察结果使大量的假设公式化。比如，“当需要判断的时候，采用保守的程序”；又如，“假设货币价值不变”。这些假设已通过对会计师行为的大量观察得到证实。

然而，在20世纪60年代，研究方法转移到了描述性研究上，一些具有归纳性质的研究仍然存在，但是建立在归纳方法上的研究（即对特殊现象的观察）受到了很多批评。例如，Gray、Owen 和 Maunders（1987，p. 66）说：

研究存在的实务是一项关于“是什么”的研究，根据定义，不研究“不是什么”或“应该是什么”。因此，它仅关注现状，采取保守的态度，不能为评价现行实务以及推断未来如何改进提供依据。

在依据会计师们的实际操作来建立会计理论时，人们假定（或暗示）大多数会计师的实务操作是最恰当的。有一种观点叫做“*会计达尔文主义*”，这种观点认为会计实务一直在不断进化，最适合的也可能是“最好的”实务幸存下来。给别人的指示或建议是依据大多数会计师的实际操作，这其中的“逻辑”就是大多数会计师做的一定是最合适的。你对这种论断的逻辑有什么看法呢？

举一个关于应用归纳方法形成理论的具体例子，来看看 Grady（1965）的研究。他的研究受美国注册会计师协会（AICPA）委托，当时有大量的研究采用规范性方法（与描述性方法相对）。有趣的是，在1961年和1962年，AICPA 的会计研究部门已经委托 Moonitz（1961）、Sprouse 和 Moonitz（1962）进行规范性研究，研究建议应将会计计量体系从历史成本转换为基于现行市价的体系。然而，在发布这些研究论文之前，AICPA 发表了一项声明，称“尽管这些研究对会计原则做出了有价值的贡献，但它们与目前的公认原则本质不同，尚不能接受”（会计原则委员会声明，AICPA，1962年4月）。

历史表明，监管机构极少采用对会计实务有重大改变的建议（或者像有些人所称的*规范*）。这是很有趣的现象，我们将在第6章讨论概念框架项目时详细阐述。但是，在这一点上，考虑美国的 Miller 和 Reading（1986，p. 64）的论述很有用：

仅仅发现问题并不能充分确保财务会计准则委员会（FASB）将着手解决这些问

① 在第5章我们将考虑发展不同的会计理论用来解决市价上涨（如通货膨胀时）引起的问题。这个理论是由著名的会计学者 Raymond Chambers 提出的，叫做持续适应环境会计，它建立在大量的逻辑性假设之上，这些假设是有关财务报告使用者需要的信息类型。他的理论并不是依据观察会计人员做什么（这是归纳推理），而是依据他认为会计人员应该做什么。利用关于人们信息需要的多种关键假设，他通过演绎（逻辑的）推理形成了自己的理论。他对会计的提议代表了人们彻底告别着眼于会计人员实际做什么的理论研究。

> 题……必须在委员会以支持者们认可的方式解决这些问题的可能性较大的情况下——如果事先不知道委员会成员达成一致意见的可能性，一般不建议启动一个正式的项目。

Grady（1965）的工作构成了会计原则委员会（APB）第4号公告《企业组织的财务报告所依据的基本概念和会计原则》的基础。实际上，APB第4号公告仅仅反映了当时的公认会计原则。也就是说，这项研究的本质是归纳（依据观察得出结论），并且并不试图评价正在采用的会计实务的逻辑性和优点。因此，对AICPA的支持者们来说，这一研究不存在争议，而且很可能被接受。

尽管一些会计学者继续采用归纳的方法，但是在20世纪60年代至70年代，另一种方法开始流行起来。这种方法寻求*规范*特定的会计处理程序，而且不受现有的实务驱使。20世纪60年代至70年代这一时期通常称为会计研究的“规范时期”，即在这一时期，财务会计理论不是通过观察会计人员做什么而发展起来的，相反，许多理论的发展是建立在关于学者们认为会计人员*应该*做什么的论断之上的。这些理论建立在演绎推理而不是归纳推理的基础上。在这一时期，世界各国普遍发生通货膨胀，多数研究和相关理论寻求解释历史成本会计的局限性，并提出在物价迅速上涨时期计量资产的改进方法（建立在研究人员个人价值判断之上）。然而，尽管众多广受尊敬的学者认为采用历史成本计量资产并不恰当，而且往往会提供误导信息，特别是在物价上涨时期，但他们对于应采用何种特定的资产计量基础仍未达成统一意见。例如，有些学者认为资产应以重置成本计量，有些学者认为资产应以可变现净值计量，还有些学者认为应以现值为基础计量。在整个争论过程中，并没有明确认定哪种方法最好，这或许是因为很难解决不同规范研究人员的意见分歧，历史成本方法继续在会计中被采用。

20世纪70年代中后期，会计研究和理论发展的焦点有了进一步的变化。在这个时候，大量会计研究的主要目标是*解释*和*预测*会计实务，而不是*规范*特定的方法。这是又一次转移，许多会计研究人员放弃了描述性研究——这次是转向预测性研究。但是，也有很多研究人员仍然使用描述性研究。需要指出的是，随着时间的推移形成了多种会计理论，例如，一些理论本质是描述性的，一些理论试图解释和预测财务会计实务的特定方面，还有一些会计理论形成了会计人员应该做什么的指导意见。不同的理论带有不同的目的。

在阅读会计研究的著作时你会发现很多研究要么是*实证研究*，要么是*规范研究*。寻求预测和解释特定现象（而非规范特定的活动）的研究被划分到实证研究的范畴里，与此相关的理论叫做*实证理论*。Henderson、Peirson和Harris（2004，p. 414）描述的实证理论颇具参考价值：

> 实证理论以一些假设开始，通过逻辑的演绎，让一些预测能够成真。当用预测结果与观察到的实际情况相检验时，如果预测足够精确，那么就认为该理论解释了事情为何如此。例如，在气候学中，关于降雨的实证理论可能有这样的预测，即如果满足特定的条件，会监测到暴雨。在经济学中，关于价格的实证理论可能有这样的预测，即如果满足特定的条件，会观察到迅速上涨的价格。类似的，实证会计理论可能有这样的预测，即如果满足特定的条件，会观察到特定的会计实务。

诚如上述，实证理论最初是由一些演绎（逻辑）推理的形式发展而来。在解释和预测特定现象方面获得的成功继而会受到建立在观察（观察理论预测怎样和观察到的事实达成一致）基础上的评估。① 以经验（观察）为主的理论通过更深入的观察能继续接受检验，还可能会得到完善，或许在不同的体制和地理条件下，大量已发表的研究成果可用来检验在不同条件下特定的结果能否被复制，从而增加存疑理论的一般概括性。除了提供预测未来活动和成效的基础之外，实证会计研究常常进行到下一步，即试图为存疑的现象提供解释。

在第 7 章我们将学习主要由 Watts 和 Zimmerman（借助他人的工作，如 Jensen 和 Meckling（1976）与 Gordon（1964））形成的有关会计的实证理论。他们将该实证理论称为*实证会计理论*（positive accounting theory，PAT），该理论寻求预测和解释为什么管理者（和/或会计人员）会选择采用某一特定的会计方法，而不是其他会计。②

第 7 章阐述了实证会计理论的发展很大程度上依赖于经济学领域的工作，这对实证会计理论很重要。该理论接受了经济学中的“理性经济人假设”，即假设会计人员（实际上是所有人）主要受自利的激励（与财富最大化相联系），而且选择某一特定的会计方法（存在其他选择的时候）取决于一些特定因素，如：

· 支持采用某一特定会计方法的人员（如经理或者会计师）获得的奖励是否是依据基于会计的奖金方案（比如他们收到的奖金是否与报告的利润相联系）。

· 他们所在的组织是否要打破协定的债务条款，这些条款是以会计为基础的（如资产负债率的限定）。

· 雇用这些会计人员的组织是否受到来自于各种外部团体（如政府、工会或环境组织）的政治上的监管（重点审查组织报告的利润）。

研究人员采用自利的假设，并将其运用到实证会计理论当中，它对这样一种观点提出了挑战，即会计人员在决定用何种会计方法来记录特定的交易和事项时通常是客观的（客观性是会计概念框架中的会计质量特征，详见第 6 章③）。

会计的实证理论并非要告诉我们实务中所应用的是最有效和最优质的程序。例如，当我们在使用（实证）会计理论来预测大多数会计人员在某一环境中使用何种会计方法（“实证会计理论”）时，这个理论既不会告诉我们应该怎样做（它不是“描述性”的理论），也不会告诉我们这么做的效率，正如 Watts 和 Zimmerman（1986，p. 7）说的：

> 它［实证会计理论］关心的是解释［会计］实务，它被用来解释和预测哪家公司会使用某一［会计方法］而哪家公司不会……但是，它不会说明公司应该采用哪种方法。

---

① 再一次强调，不是依据理论的预测与实际行为的匹配程度来评估所有的理论。例如，规范理论会规定会计应该怎么做，像这样的规范会与当前的实务相去甚远。可能通过逻辑推理发展起来的这些理论不应再通过观察理论与会计人员行为的一致性来评估。

② 在这一点上我们应该注意，实证会计理论是多种有关会计的实证理论中的一种（其他与会计相关的实证理论包括合理性理论、制度理论以及利益相关者理论的特定分支）。

③ 在本书中我们一直强调，研究者会在特定环境下应用何种理论进行选择。某种程度上，理论的选择会反映研究人员自己的信念和价值观。例如，许多会计研究人员不会使用“实证会计理论”去解释特定的现象，因为他们拒绝这个理论的关键假设，即所有个体行为都受自利的驱动，这一点为所有个体的行动提供了最佳注解。例如，Gray、Owen 和 Adams（1996，p. 75）拒绝了实证会计理论，因为它描述了一种“世界的道德崩塌的观点”。本章后面会介绍 Gray、Owen 和 Adams 对该理论的扬弃。

我们很快就会看到，选择不建议他人在特定的环境下应该怎么做一直是实证会计研究批判的内容。

实证理论倾向于依靠经验观察，也有一些理论不依靠观察，而是依据研究人员认为在特定的环境中什么*应该*发生。例如，在第5章我们讨论由 Raymond Chambers 发展的理论。这一会计理论叫做*“持续现时会计”*，描述财务会计*应该*怎么做，也就是说，该理论是描述性的。该理论的核心观点是以经济决策的制定为目的，企业资产的最有用的信息是资产的“现时现金等价物”——与现行市场净值相联系。它规定资产的估价应该依据其市场净值。规定（而非描述）特定活动的理论叫做“规范理论”，因为它们建立在提出理论（也叫做“描述理论”）的研究人员所持有的规范（价值观和信仰）的基础上。实证和规范两种理论经常作为划分会计理论的二分法，本书也将按照这样的二分法来介绍。

诚如上述，规范会计理论没有必要建立在观察的基础上，因此不能（或不应该）以是否反映了实际的会计实务来评价这类理论。事实上，它们可能会对现行的会计实务有合理的建议。例如，多年以来，Chambers 一直主张资产的价值要与它们的市场净值有关——这种规定对普遍采用的历史成本会计提出了挑战（但是有趣的是，近几年，国际会计准则理事会开始接受使用市价进行资产评估）。关心企业的社会和环境表现的一些研究人员（如见 Gray 和 Bebbington，2001；Gray，Owen 和 Adam，1996；Mathews，1993）发展了对传统财务会计实务有重大改变的理论（本书第9章、第10章进行说明）。我们在第6章讨论的会计概念框架是规范会计理论的一个实例。借助关于对决策有用的信息类型或属性的各种假设，会计概念框架（在澳大利亚叫做《财务报表编报框架》，是以国际会计准则理事会制定的概念框架为基础的）为资产、负债、费用、收入和权益应该如何定义、何时确认并最终如何计量提供了指南。在以后的章节中，我们将看到规范理论会被进一步细分。比如，我们将一些规范理论归为“真实收益理论”，另一些规范理论归为“决策有用性理论”。真实收益理论提出一些关于会计职能的假设，继而寻求提出计量利润的单一最佳方法（如见 Lee，1974）①。

决策有用性理论依据假定的决策制定需要，将特定种类的信息分配给特定的使用者。根据 Gray 和 Laughlin（2001，p. 418），决策有用观有两个分支：*决策者的关注点*和*决策模型的关注点*。决策者的关注点依靠的研究是询问使用者对于信息的需求②。一旦确定，这个信息就会被用来规定应该向财务报告的使用者提供何种信息。这些调查大多是通过问卷形式。这一研究分支趋向于被拆散，因为不同的研究通常要处理不同类型的信息，研究之间存在的联系有限。

我们将在第11章探讨的决策者的关注点的另一个变体是证券价格研究。简单地说，证券价格研究的假设是如果资本市场对信息有反应（证据就是在特定信息发布

① 形成“真实收益理论”的大多数研究依赖 Hicks（1946）的工作。Hicks 将“收益”定义为在某一时期，在不消耗个人或企业在期初已有的财富的条件下，能被个人或企业消耗的最大值。

② 例如，近些年，许多调查研究向大量不同的利益相关者群体询问了他们认为何种类型的社会和环境绩效信息对其各种决策制定过程有用。

的时候股票价格发生变动)，那么这个信息一定有用[①]。它奠定了随后关于提供给财务报告使用者的信息种类的规定的基础。它也被用来确定特定的强制性报告需要（如新会计准则的介绍）是否必要或有效，原理是如果一项新的会计准则没有引起市场的回应，那么向股票市场或投资者提供信息的新需求是否有用或必要就是不确定的了。依据是否引起市场反应或利益相关者是否指明信息有用来评估信息质量，这类研究忽视了这样一种可能，即比起提供的或找到的信息，可能存在“更好的”信息。这也存在一个更广泛的哲学问题，即他们“想要的”信息是否是真正“需要的”。本书中会探讨这些更广泛的问题。

另一方面，根据研究人员认为哪些内容对有效决策是必要的，决策模型的关注点的支持者们建立了模型，以下称为信息观念（比如，要提供关于报告实体资产的市场价值)。这个研究的分支通常假定不同阶层的利益相关者有相同的信息需要。与决策者的关注点不同，决策模型的关注点不去问决策者他们需要什么信息，而是关注对决策制定有用的信息种类。正如 Wolk 和 Tearney（1997，p. 39）指出的那样，这项研究的前提是如果决策者不熟悉某项信息，可能需要教会他们如何使用该信息。

1.4 评价会计理论

在学习会计的过程中，学生们通常会接触到很多会计理论，以及一些随之而来的试图支持或反对某种存疑理论的研究和论断。在这样的学习中，学生应该考虑不同研究者提出的论断和研究方法的优点。很多学生觉得很有趣的是，许多研究人员看上去采用了一种会计理论，此后又采用了不同的策略（包括对其他理论的公开谴责）力图支持他们自己的研究和理论观点。在某些方面，一些研究人员的态度和某一宗教的信徒类似（实际上，“实证会计理论”的支持者 Chambers（1993）就是“实证会计的信徒”)。Deegan（1997）的一系列引述来自许多反对 Watts 和 Zimmerman 的“实证会计理论”的著名研究人员的著作。提出反对实证会计理论的贡献或有效性的观点时，反对者会采用这样的条款和描述：

- 这是一项死板的哲学运动（Christenson，1983，p. 7)。
- 它毫无贡献（Sterling，1990，p. 97)。
- 它充斥着漏洞、矛盾和悖论（Chammers，1993，p. 1)。
- 它完全是专横的（Sterling，1990，p. 121)。
- 它空洞而平庸（Sterling，1990，p. 130)。
- 它和家庭手工业类似（Sterling，1990，p. 132)。
- 有责任将研究的时钟倒转 1 000 年（Chammers，1993，p. 22)。
- 它缺乏逻辑上的一致性（Willliams，1989，p. 459)。
- 是毫无意义的努力（Sterling，1990，p. 132)。

这些批评显示出某一理论所激起的批评者们的愤怒程度，特别是那些认为会计理论的作用是提供规范而非描述的学者。财务会计理论的学生们在思考为什么一些人会对这样一种理论如此生气时会觉得很有趣——毕竟，这只是一种理论（不是吗?)。

---

① 依据的是有效市场假说，该假说认为通过价格调整（变化）的形式，证券市场对所有相关的公开信息迅速做出反应。

许多实证会计理论的反对者也试图对规范理论家进行批判。

实证会计理论家和规范理论家依据不同的范式进行研究——范式提供了截然不同的关于会计研究作用的观点。Hussey 和 Hussey（1997，p. 47）指出：

范式一词是指建立在人们关于世界和知识本质的哲学思想与假设的基础上的科学实践的过程；在这种情况下，英国怎样进行研究。范式被普遍认为是科学成就，在一段时期内为从业者提供典型的问题和解答。他们提出一种由一系列可接受的理论、方法和数据定义方法组成的框架……你对世界的基本信仰会在你的研究设计方式、收集与分析数据的方式甚至撰写论文的方式中反映出来。

Hussey 和 Hussey 关于“范式”的讨论和 Kuhn（1962）的观点一致，他认为范式可以被定义为一种可以增进知识的方法，这种方法采用特定的理论假设、研究目标和研究方法。①

为什么某一“阵营”的学者可能试图诋毁其他研究范式的可信度呢？在解释并描述这一问题时可以参考其中一种关于知识如何增进的观点。Kuhn（1962）在解释知识或科学如何发展时说：科学的进步不是循序渐进的，而是革命性的。他认为当一种理论被另一种取代的时候知识进步了，因为一些学者攻击某一现存范式的可信度，提出另一个更先进的观点，从而使现存的范式陷入“生存危机”。当知识发展了，新的范式可能被更先进的研究观点所取代，或先前存在的某个范式重新兴起。在讨论研究人员如何转变研究观点（范式）的过程时，Kuhn 将其比喻成一种“信仰转移”②。尽管 Kuhn 提出的观点似乎与解释会计理论的改进发展相关，但迄今为止，没有任何会计理论能成功推翻其他所有的理论。显然，毫无疑问，对于不同的会计理论的主张还会继续存在——这当中的许多理论在本书中都会加以讨论。

回到我们对会计理论的简要回顾上，我们先前阐述了实证会计理论不是寻求规范特定的会计实务（即实证会计理论不是要指导我们应该采用何种会计实务）。该实证理论观点的批评者认为，会计学者决定不使用描述性理论的做法会使其与同行们疏远。正如 Howieson（1996，p. 31）陈述的：

……不愿意处理政策问题废除了学者对服务支持他们的社区的义务。在其他活动中，从业者关心日常的如何选择会计政策的问题。传统上，学者们在此类的规范事务中扮演着评论家和改革者的角色。在关注实证问题时，他们冒着会忽略在社会中所起到的一种重要作用的风险。

与这种观点相反，在不同时期许多实证会计理论的反对者试着诋毁规范研究，因为它不是依据观察（以观察为依据的研究被认定为“科学的”，“科学的研究”等同于“好的研究”），而是依据个人认为什么*应该*发生的观点。实证会计理论家们常常争论说，在实施研究时他们不想将个人观点强加给其他人，因为那是“不科学的”，他们更愿意为特定行为（例如对某一会计方法的选择）的预期含义提供信息，此后让人们自己决定他们应该做什么（例如当组织无法满足基于会计的债务条约时，预

① Wolk 和 Tearney 给出了一个类似的关于范式的定义（1997，p. 47），即科学和各个学科所共有的一种问题解决方式。

② Kuhn 关于知识发展的“变革”的观点本身就是一项理论，与财务会计理论一样，存在许多知识如何发展和增进的看法。对不同科学发展观点的回顾超出了本书的范围，感兴趣的读者可以查阅 Popper（1959）、Lakatos 和 Musgrove（1974）、Feyerabend（1975）、Chalmers（1982）。

测这些组织将采用增加公司报告利润和资产的会计方法以“瓦解”债务条约的效力，实证会计理论家们可以提供支持这一预测的证据）。

但是，正如许多会计学者十分肯定地指出的，也是阅读这本书的时候我们应该记住的：为研究选择一种理论（如公共利益理论、俘获理论、合理性理论、利益相关者理论、实证会计理论）要建立在价值判断基础上；研究的对象要建立在价值判断基础上；认为所有个体的行为受自利的驱动（实证会计理论家就是这样认为的）就是价值判断等。因此，无论采用的是实证会计理论还是其他理论，没有一项研究是不受价值观影响的。如果断言研究不受价值观影响，这就是极其错误的。正如 Gray、Owen 和 Maunders（1987，p. 66）陈述的：

我们必须承认所有以经验为依据的调查研究的共性就是所有的观念都是渗透理论的。也就是说，我们关于世界的先入之见让我们观察到的和我们关注的某一事件的各个方面有了明显的个人色彩。因此，会计人员更可能通过会计框架和惯例来看待世界。

Watts 和 Zimmerman（1990，p. 146）在其研究的客观性上改变了最初的立场，承认价值判断确实在实证研究中起着重要作用，正如它们在规范研究中起到的作用一样。他们说：

实证理论充满了价值判断。Tinker 等（1982，p. 167）认为所有的研究都是价值渗透的，而且在社会中不是中立的。特别是，“实证理论外表下的现实主义自诩自己在理论上至高无上，因为它源于事实，而非价值观”（p. 172）。我们承认价值观在确立研究中的重要性：研究人员和使用者的偏好都能影响研究过程。

用来满足使用者需求的理论之间的竞争限制了研究人员评估价值观对研究设计影响的程度。实证理论是“如果……，那么……”命题，既是预测性的也是解释说明性的，研究人员选择调研的课题、使用的方法和提出的假设。研究人员的个人偏好和预计的回报（出版物和引文）影响课题、方法和假设的选择。在这种意义上，所有的研究（包括实证研究）都是“价值渗透”的。

本书所持的观点是会计理论，需要对现实的抽象，优先选择某种理论是基于特定的价值判断的。有人可能更倾向选择某些理论，因为这些理论更密切地反映出我们认为人们怎样或应该怎样行动。我们不能期望提出对人类行为的完美解释或预测，我们也不能期望准确地估计财务报告使用者真正需要什么样的信息——一个人对信息需求的观念极有可能和另一个人不同。如果规范是基于逻辑论证的，那么规范就起到了作用；如果认为用来预测的研究方法是有效的，那么这项预测研究就起到了作用。

1.5 我们能证实一个理论吗？

尽管本书不打算对科学理念发展提出深入的见解，但一个有趣的事情是学生常常会提出这样的问题，即一个理论是否确实能够被“证明”。在本书中，我们考察了多种理论——许多理论为同一事件提供了可供选择的解释。在本章的下一节，我们将介绍如何通过逻辑和证据来评价理论，但是在学习这种评价之前我们也许应该看看我们是否能够证明理论。

关于是否能够证明理论的正确性，有一种观点是取决于人们如何看待科学理念的发展。拿会计理论（这一理论可能会考虑人们对某一会计数据做出何种反应，或可能会考虑会计人员选择某一会计方法而不是其他方法的原因）来说，我们要再一次意识到财务会计是一项人类活动（会计工作离不开会计人员），这一常识决定并非所有人对会计数据的反应方式都是相同的。因此，逻辑学表明财务会计理论（描述有关会计数据的人类行为的理论）不会精确地预测任何情况下的行为（这里我们是指实证理论——寻求解释和预测某一现象的理论）。

如果财务会计理论发展成用来解释和预测人们对财务会计信息的活动和反应（指的是实证理论），那么我们会认为如果一项理论在大多数情况下提供了合理的预测，那这个理论仍然是有用的，尽管这个预测不“完美”。也就是说，我们是依据由理论提供的行为预测与接下来发生的行为的一致性来评价理论，尽管理论没能在任何情况下都给出准确的预测，但我们仍认为它是有用的。也就是说，一项“可接受的”理论也会有特例①。我们还应意识到，尽管可以用观察到的数据来“支持”一项理论，但是，依据观察的数据来声明我们证实了一种理论的做法并不可取。进一步的观察的结果总有可能与我们的理论预测不相符。

提到关于我们能否“证实”理论这个话题时，有必要提到一群理论家的见解，这群理论家被称为“证伪主义者”，主要的代表人物是 Karl Popper②。

Popper 和证伪主义者认为，知识是通过实验和错误发展而来的。例如，一个研究人员可能为一种理论③提出一些假设。为了发展科学知识，证伪主义者认为，当证据不支持这些假设时，假设才能被拒绝。例如，下面这种形式的假设被认为是否证的：

假设 1：基于会计利润获得奖金的管理者会采用收益递增的会计方法。

根据 Popper 和其他证伪主义者的观点，理论的不断完善带来了知识的丰富。当某一假设因为缺少经验的支持被认定是假的时，之前存在的理论将会得到完善（或是废弃）。经过完善的理论会被认可，直到另一项相关假设被认定是假的（否证的），这项理论会进一步得到完善。Chalmers（1982，p. 38）对证伪主义的综述值得参考。他说：

> 证伪主义者坦承，观察得到理论的指导并预先假定理论。他很高兴放弃了任何暗示通过观察到的证据来建立的理论是真实的或可能真实的观点。理论被解释成在尝试克服先前理论遇到的困难和对世界或宇宙的某些方面的行为给出充分解释的过程中，由人类的智慧创造出来的推理和实验性的推测和猜想。推测的理论一旦被提出，就要接受通过观察和实验进行的极其严格的检验。在观察和实验的检验面前站不住脚的理论一定会被淘汰，并被更深入的推理性猜想取代。在实验和错误中，在猜想和驳斥中，科学不断进步，只有最适宜的理论才能幸存下来。尽管绝不可能合理地称某一理论是正确的，但可望说它是可获得的最佳理论，是比以前任何理论都要好的理论。

Popper 关于理论如何发展的观点可以与本章前面提到的归纳法优越论者采用的观

---

① 在某些情况下，我们认为理论可接受的程度可能取决于与“错误”的理论相关的代价或影响。例如，如果某理论与药物相关且其失误概率为 10%，即导致 10% 的患者死亡，那么这样的理论不会被认可。在会计中，我们对理论预测和相关结果的不一致程度的忍耐度要高一些。

② 首先对证伪主义进行详尽描述见 Karl Popper, *The Logic of Scientific Discovery*，Hutchinson，London，1968。

③ 简单地讲，假设一般是从理论导出的命题，而理论的因果关系和联系则可使用实证数据来验证。例如，一个假设可能是：对某一社会问题的媒体关注越消极，年报披露此项问题的篇幅越大。

点相比较。归纳法优越论者通过长期的仔细观察来构建理论。我们不会深入讨论理论是如何发展起来的，但是，和上述讨论一致，我们要告诫读者不要做出任何“证实”理论的声明。更安全的表述是我们的证据“支持”一种理论，但是如果在未来另一项理论能更好地解释一种特定现象，我们有可能会拥护该理论观点。

1.6 评价理论——考虑逻辑和证据

我们在整本书中会讨论多种会计理论。在恰当的时候，我们也会评价某一理论。本书讨论的问题包括基于某项理论的关键假设（如果有的话），考察支持该理论的论证是（或者至少似乎是）具有逻辑性的还是似是而非的。如果可能的话，应该将论证或理论分解成若干主要前提，以观察简单形式的论证是否看上去具有逻辑性。需要强调的是，你要质疑你所遇到的理论，而不是轻易接受它。接受理论及其相关的假设（如前所述，假设被描述为一种预测，通常表现为一个或多个变量之间关系的形式）要看我们是否接受了论断的逻辑性、内含的假定和任何提供支持的证据。

下列一项与会计无关的简化的论证（反映了作者的偏好——冲浪运动）可以作为逻辑推理的一个例子。这个例子表明，尽管论证是有逻辑性的（如果我们接受了它的前提），但是只要其中一个前提是不真实的或是有疑问的，那么结论或预测就不会被接受。当有许多个前提和一个结论时，我们称之为“演绎推理”。

· 所有 35 岁以上的冲浪者都使用长板。

· Jack 是一位 35 岁以上的冲浪者。

· 因此，Jack 使用长板。

如果我们接受上述前提，我们可以接受这个结论。它是有逻辑性的。在判断论证的逻辑性时，我们不需要明白什么是“冲浪者”或什么是“长板”，即我们不需要参考“真实世界”的观察结果。我们可以把论证变成这样的形式：

· 所有 A 都使用 B。

· C 是一名 A。

· 因此，C 使用 B。

*如果*前提建立在真实的基础上，*那么*结论就是真实的。也就是说，如果前提建立在真实的基础上，论证（即使有逻辑性）只提供对现实世界的真实说明。上面说的演绎推理，通过观察搜集的证据表明第一个前提不成立。35 岁以上的冲浪者也有不用长板的。因此，我们基于观察而非逻辑判断拒绝这个结论，由此就有了两个考虑因素。如果论证寻求解释现实世界存在的现象，我们一定要考虑前提的逻辑性以及这些前提和实际观察的一致性。我们可以从这个简单的例子扩展到对理论的回顾。我们试图将理论分解为一系列前提。当考虑核心前提时，这些前提会形成一个具有逻辑性的结论吗？进一步来说，如果前提是基于对“现实世界”的观察，看上去就是真实的吗？但是，要记住不是所有的理论或是论证都与现实世界一致——例如，一些会计规范理论促进人们对现在的实务提出激进的改变。对于许多规范理论来讲，我们要考虑的仅仅是论证的逻辑性和我们是否准备接受作为论证基础的前提假设。

回到上面讲到的演绎推理的例子，我们还可以这样表述：

· 许多 35 岁以上的冲浪者用长板。

· Jack 是一位 35 岁以上的冲浪者。

· 因此，Jack 用长板。

上述论证并不具有逻辑性。第一个前提有选择的余地，而结论未留有余地，因此不成立。对于这样一个有逻辑错误并且没有找到支持前提的证据的论证，我们可以摒弃它。

在第 7 章中，我们会更深入地学习由 Jensen 和 Meckling（1976）与 Watts 和 Zimmerman（1978）提出并发展的实证会计理论。前面提到过，他们对于会计的实证理论有许多关键的假设，包括人们的*机会主义*倾向，以及会采用某些能增加决策集团个人财富的战略。也就是说，自利是关于什么能激励个人行为的一种核心信念。财富积累是所有决策的核心。理论没有将道德、忠诚度和社会责任等纳入考虑。

*如果*我们接受了如 Watts 和 Zimmerman 等学者基于经济学基础的假设或前提：

· 与财富最大化紧密联系的自利行为激发个体的*所有*决策，另外*如果*我们接受了下列的前提（指通过直接观察或通过其他学者进行的研究证实的）：

· 管理者 X 依据报告利润得到薪酬（例如他的奖金占利润的 5%），并且

· 会计方法 Y 与其他方法相比会增加报告利润，而且它可供选择，*那么*，其他条件相同时，我们可以有这样的预测：

· 管理者 X 会采用会计方法 Y。

上述的论证看上去是合乎逻辑的。管理者 X 是否依据报告利润得到薪酬，会计方法 Y 是否会增加报告利润，都可通过观察来证实。但是，如果前提既合乎逻辑又真实，那么结论就是正确的。

上述论证可能是合乎逻辑的，但是我们只有在接受财富最大化这一关键假设的时候才会相信这个论证。如果我们不承认这个核心假设，那么我们会拒绝这个预测。这里需要强调的是，你需要考虑是否打算接受作为论证基础的逻辑和假设。如果不接受，那么你可能拒绝这个理论及相关预测。例如，在 Gray、Owen 和 Adams（1996）的研究中，作者明确地指出，他们拒绝实证会计理论的核心假设（虽然也承认其有一些“有用的观点”），他们不会用实证会计理论来解释或是描述公司社会责任报告（将在本书第 9 章中介绍）的实务。Gray、Owen 和 Adams（p. 75）称：

> 毫无疑问，在塑造世界的方式上这些理论提供了一些有用的观点。同样，我们也不怀疑一些公司管理者和许多投机者的行为符合这些理论。一些作者发现这些理论使用的分析方式对解释公司社会报告有用，但是除了由世界上原始自由经济观点产生的局限性以及方法本身具有的深刻的哲学局限性，方法本身不能合理解释我们为什么会接受世界是能引起占有欲的东西这一描述。这是一个认为世界道德崩塌的观点，尤其是指会计。它（通常）将公司社会报告排除在外，因此确实作为公司社会报告的论据之一而颇具吸引力。

我们将在第 6 章讨论概念框架项目，它属于规范会计理论（应用决策有用观）。这个框架提出了通用财务报告目标（提供对经济决策信息有用的信息）和财务信息应该具有的质量特征。它也对会计要素（资产、负债、收入、费用、权益）下了定义，规定了每个要素的确认标准。正如将在第 6 章中讨论的，近些年，美国财务会计准则委员会（FASB）和国际会计准则理事会（IASB）一直在联合的基础上开展制定

一项改进的财务报告概念框架。2008 年 5 月，IASB 和 FASB 联合发布了《改进的财务报告概念框架征求意见稿》，其中给出了经过修订的概念框架的定义：

> 概念框架是具有同一目标的首尾一致的概念体系。财务报告的目标是框架的基础。其余概念为确定财务报告边界，选择要表述的交易、其他事项和情况，如何确认和计量（或者披露），应当如何在财务报告中总结并相互联系提供了指引。

因此，如果我们要决定是否同意经过修订的概念框架（它是一项规范理论的实例，之前我们已经明确了规范理论规定了我们应该开展某项活动——这里是指我们应如何进行财务会计核算）的指引，我们显然需要评价框架中确定的既定目标。其他都是围绕这一目标而建立的（正如引文所示，它是“框架的基础”），那么，依照逻辑，如果我们不同意所述的目标，我们就不得不否认经过修订的概念框架中提出的规定的平衡。*征求意见稿*指出：

> 一般目的财务报告的目标是向作为出资方的现有或潜在的权益投资者、贷款人以及其他债权人提供对其在能力范围内制定决策有益的关于报告主体的财务信息。

因此，如果我们认为财务会计的核心目标是提供信息给各阶层的广大利益相关者，包括员工、当地社区以及其他并非直接作为出资人的团体，那么我们应该拒绝 IASB 和 FASB 制定的概念框架，尽管事实上该概念框架是具有逻辑结构的。

深入研究逻辑和论证的评论超出了本书的范围，有兴趣的读者可以参考其他关注逻辑论证发展的研究类书籍或文章①。Thouless（1974）描述了辨别论证中逻辑错误的多种方法，并指出了有些作者在支持自己的观点时使用的 38 项“不诚实的诡计”。其中一些“诡计”往往从论证或理论的逻辑限制方面扰乱读者的思维，比如：

- 用词风格很情绪化；
- 结论中暗指“所有”，但实际只是“某些”；
- 使用复杂的公式来逃避对一项论证的合理驳斥；
- 转移到另一问题或枝节问题，或是用不相关的异议；
- 使用的论证形式在逻辑上不合理；
- 在论证的过程中改变用词的含义；
- 经过多次确认的建议；
- 利用虚假证件获得声望；
- 诉诸权威；
- 仅用类比来论证。

在某种意义上，我们也必须有意识地确保当阅读支持某一观点或理论的文献时，并不是因生动或是带有感情色彩的用语或是不正确地诉诸权威而受到胁迫才接受一种理论。我们之前引用的一些实证会计理论批评家的话，其中一些有强烈的感情色彩。感人或生动的语言常常（但并不总是）被用来支持薄弱的论证。当使用这样的语言时，我们或许应该思考一下如果作者使用中性词，我们是否会同样接受作者的观点。Thouless（1974，p. 24）在这方面提供了一些建议：

> 我推荐的实际做法是我自己在一些论文片段中实践过的，在这些片段中情感思维

① 有关这方面的一本好书是 Robert H. Thouless，*Straight and Crooked Thinking*，1974。Sterling（1970）也值得参考。

隐藏了事实真相。我建议读者应该从报纸、书籍或演讲中抄录一些带有感情色彩的、有争议的片段。将带有感情色彩的词标记出来，然后用中性词替代，再重新写一遍这些片段。改写后的片段只陈述事实而不表明作者持有的态度，重新阅读这些片段，看看这些事实能否有力地支持试图要证明的观点。如果能，它就是经过冷静而有条理的思考，使用带有感情色彩的词语仅仅是为了修饰；如果不能，它就不是经过冷静而有条理的思考，因为结论不是建立在片段的真实含义上，而是依据词语本身带有的感情色彩得出的。

我们必须常常考虑论证的逻辑性以及做出的各种假设，同时，我们也要记住，究其本质而言，理论——特别是在社会科学领域——是对现实的提炼。我们不可能期望有关人类行为的理论在任何时候都适用。人类（幸亏）是彼此不同的，期望人类行为的理论和模型（记住，会计理论与会计人员和会计信息使用者的行为有关）有完美的预测能力是天真可笑的。如果有许多理论能描述某一特定现象，那么综合考虑多种理论比单独考虑一种理论能提供更全面的观点。困难的是某些理论会直接给出相反的预测或解释，在这样的情况下，需要选择其中一种理论。

对于那些试图预测和解释会计实务的理论（实证会计理论）来说，常常要做的是在不同的条件下针对不同类型的决策对理论进行经验检验。但是，如果某一理论在所有条件下似乎都不成立怎么办？这些理论应该被摒弃吗？回到本章前面提到的问题，我们能接受存在特例的理论吗？当然，各种会计研究杂志中都提到，许多采用实证会计理论作为论证的理论依据的研究不能得到与理论一致的结果（但是，许多研究可以得到与理论一致的结果）。Christenson（1983，p. 18）是一名实证会计理论批评家，他直言不讳地说道：

> 比如，有人告诉我们“只能期待实证理论在一般情况下成立”（Watts 和 Zimmerman，1978，p. 127，n. 37），也有人建议我们“要记住在所有以经验为依据的理论中我们只关心一般趋势”（Watts 和 Zimmerman，1978，pp. 288-289）。这里，“一般”的含义是指“在多数情况但不是所有情况下是真实或适用的”，而非我们常说的“与一个阶层的每一位成员有关联，受每一位成员关注，或适用于每一位成员”（美国传统词典，1969，p. 548）……接受特例的法律没有意义，了解这样的法律更是毫无用处。Watts 和 Zimmerman 在争论他们的理论允许特例时，谴责这些特例无用或无意义。

Christenson 用实证会计理论不总能在实践中得到支持的事实来反驳上述观点①。但是，正如先前强调的，作为一项对人（会计人员而非会计本身）的研究，很难看到任何模型或理论可以完全解释人类的行为。实际上，有能力这样做将构建一种十分不人性化的观点。因此，即使某项研究未能支持一种理论，也不能据此否定这项理论，认为它“无用或无意义”。从另一个角度讲，理论得不到支持可能是没能恰当地收集数据或是提供的数据不能和理论涉及的变量完全对应。但是，如果存在质疑的理论还是找不到支持的论据，那么其接受度会明显受到威胁。在这一点上，我们可以猜

① 当特殊事例不支持一种观点时，大多数人会听到“原则要靠特例来证明”这句话。这样的看法暗示我们只有在发现某项反驳一种观点或原则的证据时才能接受它。很显然，这是一项不符合逻辑的论证。正如上面强调的，我们必须坚决反对接受不符合逻辑的论证。

想一下任何关于人类活动的理论实际上是否总是成立。

在发展和验证会计理论的过程中，许多会计研究人员使用的方法借鉴了纯科学（如物理和化学）的研究方法，即假设研究的现象在所有相似的情况下表现一致。正如我们将看到的，当阅读会计（或其他）文献时，这些研究人员认为创立能够广泛适用的会计理论是可能的，因此他们把对个别样本的观察结果推广到更广泛的存疑的现象中。其他研究人员持有相反的观点——他们认为在社会科学中不可能得出一般性结论，因为社会科学研究的是人类的活动，并且人类行为因人而异。这些研究者创立的理论与那些认为会计理论能够泛化的研究者的理论有着根本性的本质差别，这些理论试图处理具体的本土化的情况。在这两种极端中间有其他一些研究人员（如Laughlin，1995，2004），他们认为在创立社会科学理论时提出一些宽泛的一般性结论是有可能的，但是在将这些一般性结论应用于具体环境时，会根据每一种情况中的特定个体因素的不同而进行调整。持有这种世界观的研究人员可能会使用一些很宽泛的理论帮助他们自己去理解所研究现象的一些方面，但是同时做好准备依据从每一个体研究得到的具体证据来修正和适应这些宽泛的一般性结论。

尽管全面回顾研究方法超出了本书的范围，但如果研究人员试图将他们的研究结果（依据特定的样本）推广到更多的人群，我们则需要考虑这些一般性结论依据的数据①。例如，如果我们要把从一个样本（我们一般不能检验所有人）中得到的研究结果泛化，那么我们必须考虑怎样选择原始样本。举例说明，如果我们预计所有公司在通货膨胀时期会采用特定的会计方法，并且检验通货膨胀时期证券市场商排名前十的大型上市公司，那么依照常理，检验结果不能被当作一般性结论。我们选取的样本只有大型上市公司，由此就能确信小公司也会采用这样的方法吗？因此，通过阅读不同的文献，你不仅应该思考论证是如何进行的，而且要知道如何加以检验。如果检验方法有缺陷，我们可以质疑或拒绝接受结果的显著性。我们必须评估收集的数据是否真的可以有效衡量存疑的理论变量。

如先所述，通过经验检验规范理论通常是不恰当的。如果研究人员认为会计师应该提供特定的会计信息类型，或如果其他研究人员提出组织负有考虑所有利益相关者需求的社会责任，那么这并不意味着它们所规定的在实际中确实存在。例如，如果Chambers的会计模型规定所有资产依据市场净值估价，但是在实际中我们发现会计人员用历史成本计量资产价值，我们不应该否认Chambers的理论，因为他是在*规定*，而不是在*预测*或*描述*。我们应该记住研究人员试图达到什么目的。我们接受Chambers的理论不仅取决于我们是否接受论证的逻辑性，还取决于他提出的假设，包括假设会计的核心作用应该是能提供关于经济实体适应变化环境能力的信息（他的主张集中体现为资产应以市场净值计量），以及假设公司的存在主要是为了增加所有者的财富。

---

① 全书致力于研究方法。感兴趣的读者可以参阅 C. Humphrey and B. Lee（eds），*The Real Life Guide to Accounting Research：A Behind－the－Scenes View of Using Qualitative Research Methods*，Kidlington，Oxford：Elsevier，2004；J. Collis and R. Hussey，*Business Research*，London：Palgrave Macmillan，2003；A. Bryman，*Social Research Methods*，2nd edn，Oxford：Oxford University Press，2004；P. Ghauri and K. Gronhaug，*Research Methods in Business Studies：A Practical Guide*，Harlow：FT Prentice Hall。

1.7 本书的大纲

就本书的篇幅而言，不可能涵盖所有的财务会计理论。因此，本书主要介绍那些被各类会计团体广泛接受的理论。

第 2 章概述了会计主体面对的多种财务报告决策，强调一些有关特殊交易和事项的报告已经有所规定，还有一些没有任何规定。本章重点讲述财务会计人员通常在会计程序中做出的大量职业判断，并讨论客观性这一质量特征，但是强调考虑因素（不是追求客观性）可能有时候会影响会计方法选择和披露实务。

第 3 章概述了支持和反对财务报告规范的不同观点，以及关于财务报告监管的成本与收益的多种视角。本章探究为什么监管机构和职业界采用某些会计方式或方法，重点介绍在会计准则制定中涉及的政治程序。

第 4 章探讨了会计需求的国际协调。最近，国际上会计实务标准化取得了进展。澳大利亚和欧盟走在前面。本章考察这一过程的潜在成本和收益，特别考察*文化*问题，以及*文化差异*如何作为主要原因来解释会计需求的国际差异。国际标准化没有考虑这个研究，假定所有的国家（具有不同文化）能够并且应该简单地采用统一的会计实务。

第 5 章概述了已经被进一步用于应对物价上涨（通货膨胀）时期各种会计问题的各种规范（或规定的）会计理论。本章考察是否存在对收入的“真实”计量这类问题。概念框架属于规范会计理论，将在第 6 章介绍。第 5 章和第 6 章还运用第 3 章中介绍的资料，考察为什么各种规范会计理论均未获得会计职业界或会计准则制定者的青睐。

第 7 章和第 8 章阐述了尽管财务报告受到监管，但组织仍然有为特殊类型交易自愿选择不同会计方法的空间。许多关于组织的各种社会和环境事件的交易处理以及绝大部分事项披露没有受到监管。第 7 章和第 8 章介绍了一些理论观点（包括实证会计理论、合理性理论、利益相关者理论、政治经济理论和制度理论），这些观点解释了各种未受到监管或自愿报告决策的驱动因素。

第 9 章考察了新会计系统的发展和运用，而新会计系统结合了组织的经济、社会和环境绩效。我们将探讨会计和可持续发展的关系。本章还包括对传统财务会计局限性的探讨，特别关注传统财务会计无法将社会和环境问题纳入其中的局限性。

第 10 章和第 11 章介绍了个人和资本市场对公司披露的反应方式。这两章会介绍多种理论，其中一些理论已经被用于检验市场是否确实采用特定类型的披露方式，还有一些理论被用于说明个人如何使用会计信息。这两章还会阐述各类披露的使用者。同时，我们也会探讨与利益相关者*知情权*有关的问题。

第 12 章作为总结性章节，概述了几种会计的批判观点——这些观点的立场是试图批判当前的整个会计系统（会计实务是以人为中心的、男权的等）——认为会计倾向于支持现有的社会体系，该体系支持握有经济权利的人，但却把对必要资源缺乏控制的团体的利益边缘化。

总的来说，本书的结构如图 1—1 所示。

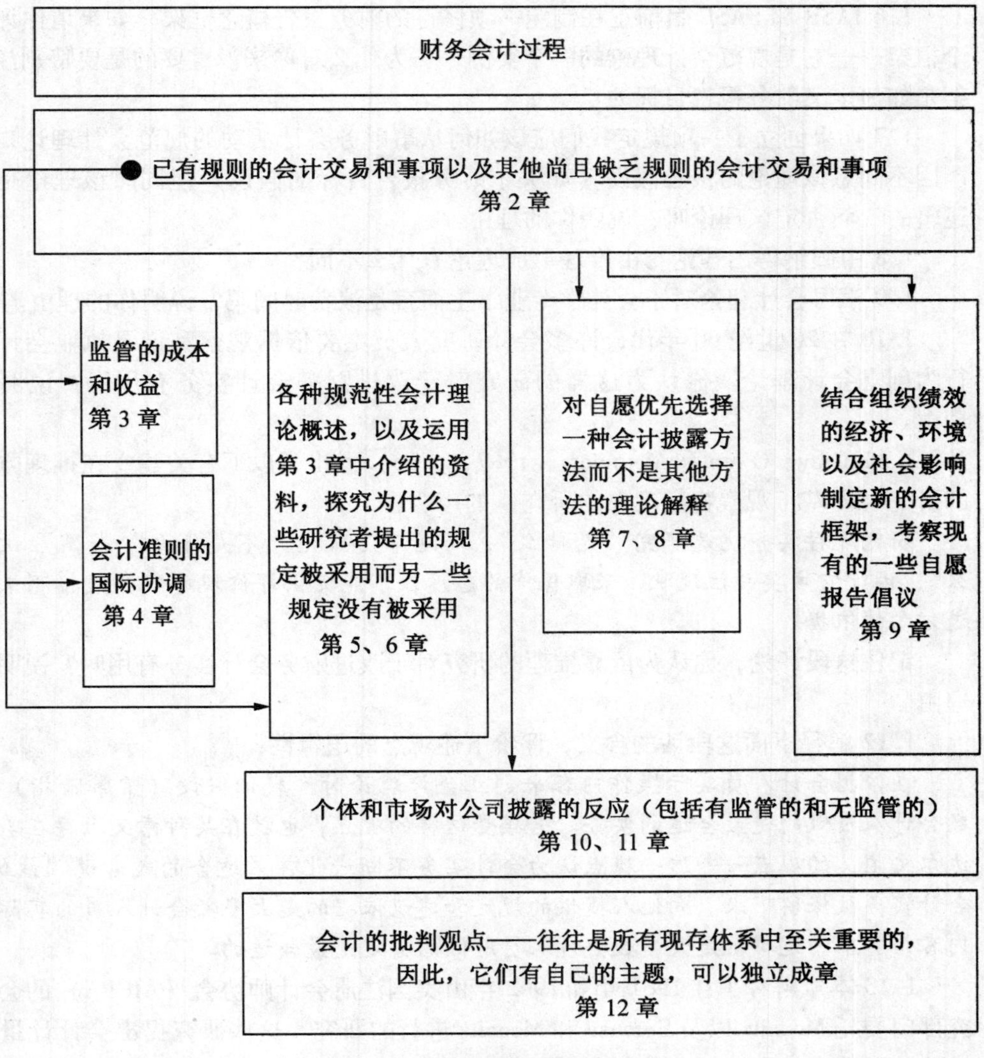

图 1—1　财务会计理论概览图

思考题

1.1 实证会计理论和规范会计理论有哪些不同之处？

1.2 如果你创立了一种理论来解释个人的文化背景如何对其编制财务报表产生影响，该理论是实证理论还是规范理论？

1.3 什么是概念框架？属于规范会计理论还是实证会计理论？

1.4 一篇刊登在《世纪报》的文章（Michelle Grattan：《为特恩布尔的挑战扫清了障碍》，2008－09－12）中引述了澳大利亚前财政部长彼得·科斯特洛的话，“我的一套理论是每个政府都会比原本多赢得一个任期”。依照本章中对“理论”的定义，你认为他真的有一套“理论”吗？

1.5 为什么因为规范会计理论规定的内容不能通过经验观察证实而否认它是不恰当的呢？

1.6 IASB 和 FASB 目前正在制定一项修订的财务报告概念框架。如果请你评论这个框架——它是规范会计理论的一个实例——为什么对你来说重要的是要特别注意框架是如何定义财务报告目标的？

1.7 如果创立了一项规定我们应该如何从事财务会计活动的规范会计理论，我们能因不同意该理论的核心假设（如关于财务报告目标的假设）但同时该理论是合乎逻辑的，而否定该理论吗？说明你的理由。

1.8 由归纳得出理论与由推理形成理论有什么不同？

1.9 学习会计理论对于会计学专业学生而言是浪费时间吗？说明你的理由。

1.10 在20世纪60年代，许多会计研究人员主要依据观察和记录执业会计师的行为创立会计理论。你认为这样的研究对于改进财务会计实务有用吗？说明你的理由。

1.11 Gray、Owen 和 Maunders（1987，p.66）做出了以下有关建立在推理方法上的研究（即基于观察特定现象的研究）的声明：

研究现存实务就是研究“是什么”，而绝不是研究“不是什么”或“应该是什么”，因此它主要关注现状，采取保守的态度，不能提供评价现存实务或推测未来改进方向的依据。

记住这段评论，你认为依靠推理的研究对于改进财务会计实务有用吗？说明你的理由。

1.12 解释下面这段话的含义，评价下述观点的逻辑性：

在依据会计人员实际操作内容来创立会计理论时，我们假设（常常暗指）大多数会计人员做的是最合适的实务。若接受这样的观点，也就在某种意义上存在着会计达尔文主义的观点——这一观点认为会计实务不断进化，最适合的或者说“最优的”会计实务被保留下来。向他人提供的规定和建议依据的是大多数会计人员的实际操作内容，其中的逻辑就是大多数会计人员所做的一定是最合适的。

1.13 本章解释了在1961年和1962年由美国注册会计师协会（AICPA）的会计研究部门委托 Moonitz 以及 Sprouse 和 Moonitz 进行的研究。这些研究提出会计计量系统应该从以历史成本计量为基础转换为以现值计量为基础。但是，在这些研究公布之前，AICPA 发布的一项声明称“尽管这些研究对会计原则做出了颇有价值的贡献，但是它们与公认会计原则有极大的不同，因此现在还不能接受”（会计原则委员会声明，AICPA，1962）。解释当某些情况“截然不同”（尽管它可能在逻辑上成立）时这种差异本身就可能足以使会计监管者停止接受某种特定的会计方法的原因。

1.14 阅读下面引自 Miller 和 Reading（1986，p.64）的一段话。如果一项特定的会计方法在纳入会计准则之前，必须受到支持者的支持，这是否会影响按会计准则编制的报告的“中立性”和“真实反映”（包含在世界各国概念框架中的质量特征）？

仅仅发现问题并不能充分确保财务会计准则委员会（FASB）将着手解决这些问题……必须在委员会以支持者们认可的方式解决这些问题的可能性较大的情况下——如果事先不知道委员会成员达成一致意见的可能性，一般不建议启动一个正式的项目。

1.15 如 Watts 和 Zimmerman（1986，p.7）所述，实证会计理论“注重解释［会

计实务]。它被用来解释和预测哪家公司将会或者哪家公司不会使用某一会计方法……但是不规定公司应该使用哪一种”。你认为这代表了“终止”学者为支持他们的社区服务的义务吗?

1.16 本章介绍了“决策有用性理论”的两个分支，简单辨别并解释它们的内容。

1.17 简要说明由 Kuhn（1962）提出的知识进步的创新观点。

1.18 什么是“范式”？你认为在研究中会计研究者会采用一种以上的范式吗？说明你的理由。

1.19 在你看来，会计研究可以“无价值取向”吗？说明你的理由。

1.20 价值判断在一个研究人员选择某一会计理论来解释和预测特定的会计现象时起到什么作用?

1.21 如果一个会计研究者采用一种特定的会计方法来预测哪家公司会做出特殊的会计披露，那么他在宣称这种理论是“经过证明的”之前，必须搜集多少证据来支持？说明你的理由。

1.22 假定要由你评价某一会计理论，在判断它是“正确的”之前，你需要考虑哪些因素?

1.23 当你试图说服另一流派支持你关于财务会计某一方面的理论时，你会倾向使用具有感情色彩的或生动的语言吗？说明你的理由。

1.24 当提到“理论是现实的抽象”时，我们的意思是指什么？你是否赞同会计理论必然是现实的抽象?

1.25 什么是“假设”？你认为会计研究必然包括提出能够接受经验检验的假设吗?

1.26 在某一研究调查得到的结果不能支持实证会计假设和相关理论时，你会否定实证会计理论，认为它是“无意义和无用”的吗？说明你的理由。

1.27 如果研究人员选取某一类公司作为样本来检验一种理论，在你认同他的研究结论能被推广到更多的公司之前，需要检验哪些因素?

第2章　财务报告环境

学习目标

在完成本章学习之后，读者应该：

· 对会计职业和会计监管的发展历史有大致的了解；

· 了解一些关于支持和反对会计监管存在的观点；

· 了解一些用来解释监管存在的理论观点；

· 了解社会中不同团体试图影响会计准则制定程序的方式和原因；

· 认识到许多会计决策依据的是专业意见，还要了解一些用于解释会计人员选择某一会计方法而非其他方法的影响因素的理论；

· 了解会计人员是社会中有影响力的成员这一观点的一些论据。

开篇问题

通过财务概念框架项目等机制，世界各国的会计职业界提出了这样一种观点：恰当编制的会计报告将会是客观的，并将真实反映报告主体的基本交易和事项。提出客观性和中立性的观点是否符合会计职业界的利益？如果是，为什么？而且，由于众多会计决策（例如，决定选择某一会计方法而非其他会计方法）会对经济和社会产生影响，并且会计准则制定者在制定新的会计准则时会考虑这些经济和社会影响，因此，准则制定者并不是在制定能够对组织绩效进行可靠描述的会计准则。你是否同意这种观点？为什么？

引　言

财务会计是一个收集并处理财务信息的过程，以帮助组织内部和外部的团体做出各种各样的决策。这些团体各不相同，包括现有和潜在的投资者、贷款者、供应商、雇主、顾客、政府和当地社区、起评价或监督作用的团体以及媒体。财务会计为那些不参与公司日常工作中的团体提供信息。因为有许多外部的团体，它们有着潜在的大量信息需求，不可能存在一种单独的报告来满足所有团体的特定需求（满足具体信息需求的报告通常称为特殊目的报告）。就这一点来说，人们认为财务报告的程序催生了通用财务报告①。

大部分国家倾向于对财务报告实施严格的监管，制定了许多会计准则和监管规范，规定如何确认、计量以及呈报特定的交易或事项。产生的报告诸如资产负债表（现在被称为“财务状况表”）、利润表（修订之后称为“综合收益表”）、现金流量

① 国际财务报告准则（IASB，2002，第10段）的前言中，国际会计准则理事会将“通用财务报告”定义为“与各类使用者的一般信息需求”直接相关的财务报告。*财务报告编制与列报框架*（AASB于2004年7月发布）的第6段写道，框架关注通用财务报告，包括合并财务报表。这些财务报告至少一年编制并列报一次，并且和大多数使用者的一般信息需求直接相关。一些使用者可能会要求并且有能力获得通用财务报告之外的信息。但是许多使用者不得不把财务报告作为他们获得财务信息的主要来源，因此，这些财务报告必须根据他们的需求编制和列报。

表、所有者权益变动表和附注直接受到现存的不同会计监管规定的影响。[①] 一旦当前的会计监管发生变化，或者实施了新的会计监管，通常就会对各种提供给公众的报表中的会计数据（例如特殊收入、费用、资产和负债）产生影响。

在理想情况下，财务报告的使用者应该对不同会计准则和其他相关规定有全面的了解，因为，按理说，不具备这种知识就很难（或者几乎不可能）理解报告反映的真实内容。例如，“利润”是应用了某种会计规则和惯例的结果，这些规则包含在很多会计准则中。如果这些规则发生改变（事实上它们经常这样），同一系列的交易会引起对“利润”和净资产的不同计量结果。这种情况揭示了一个显而易见的问题：我们应该期望财务报告的使用者理解财务会计吗？即使很多财务报告使用者（包括公司经理和财务分析师）的会计知识非常有限，回答仍然是肯定的。

纵观世界，各种专业会计团体都具体地阐述过财务报告的使用者如果想恰当地理解财务报告，就确实应该具备一定程度的财务会计知识。例如，*《财务报告编制和列报框架》*（澳大利亚会计准则委员会 2004 年 7 月发布，与国际会计准则理事会的框架结构等同）中阐述了以下内容：

> ……假设使用者具备合理的商业、经济活动以及会计知识水平并且愿意通过适当的尽职调查研究信息。[②]

重新阅读上市公司的年报就会马上发现这样的文件会让仅有有限会计知识的读者感到多么困惑（而且，在安然公司、澳大利亚兴业保险有限公司相继破产后，显然即使具有正式会计资格认证的人在解释具有复杂财务结构、参与复杂交易事项的公司的会计报告时也会犯错）。不幸的是，很多财务报告的读者往往认为“利润”、“资产”等会计数据属于“硬性”指标，不受制于各种职业判断。因此，虽然这样的使用者可能不理解对所采用的会计方法的部分描述，他们可能仍相信自己理解了“利润”和“净资产”的含义。然而，众所周知，会计结果（或者说数据）主要依赖于所选择的特定会计方法，也依赖于各种职业判断。利润和净资产的计量方法会因编制会计报告的人不同而有很大差别。[③]

很多公司在年报的开头部分会做带有“重点”的总结性陈述。多年的总结常常包括诸如利润、资产收益率、每股盈余、股息收益率和每股净资产保障率等数据。管理层通过强调特定信息，旨在帮助少数懂会计的读者们把更多的注意力放在重要的结果上。然而，它的负面影响是管理层选择要强调（那就意味着，这样的披露是自愿的）的信息而且会导致读者们忽略其他的重要信息。

财务会计可以和管理会计进行对比。管理会计致力于为公司内部人士（即与外部使用者相对的内部使用者）做出决策提供信息，而且信息很大程度上未受到规范。大部分国家都会制定大量具有法律效力的财务会计准则，但管理会计却不一样。因为

---

① 发布于 2007 年 9 月的修订的 AASB 第 101 号《财务报表的列报》（相当于 IAS 1），于 2009 年 1 月 1 日生效。这一修订的准则中规定了重要的术语将会改变。如“资产负债表”将被称为“财务状况表”，“利润表”将被“综合收益表”替代。没有明确的理论揭示这些财务报告名称和格式的变化会对编制和使用它们的人产生何种益处。

② 在美国财务概念框架项目中提到，“知情的读者”应该具有足够的会计知识，以便能够恰当地理解根据公认会计原则编制的会计报告。正如第 6 章中会提到的，目前国际会计准则理事会（IASB）和美国财务会计准则委员会正合作拟订一项修订的框架项目。在 IASB 于 2008 年 5 月发布的一份征求意见稿（名为“*《改进的财务报告概念框架》征求意见稿*”）中提到使用者“应该掌握一定的财务知识并且愿意适当勤奋地研究信息”。

③ 然而，不同会计师为同一组织编制的财务报告尽管在净资产或报告利润上存在差异，但仍是真实而公允的——这暗示着不同的会计师能提供不同的“真实”版本。

管理会计为公司内部人士提供信息，所以人们认为没有必要保护他们的信息需求或权利。必须受到保护的是不参与组织日常管理的外部人士获取信息的权利。由于财务报告经常被人们用作向组织转移资源的信息来源，那么制定某些原则来规范信息的汇编就十分重要。也就是说（采取支持监管存在的观点），为了保护组织外部团体的利益，需要对财务报告信息进行监管。现在我们简要地介绍一下会计实务的历史及相关监管。[①]

2.1 会计实务的发展和监管概述

尽管财务会计实务的历史可以追溯到几百年前，在多数资本市场主导的经济体（例如美国、英国、爱尔兰、澳大利亚和加拿大）中，财务会计的监管大约开始于20世纪。早期缺乏监管在某种程度上是由于当时经济主体的所有权和管理权并没有完全分离，正因如此，大多数会计系统的设立是为所有者或管理者提供信息。20世纪，许多国家的所有权和经营权的分离程度有了大幅度的提高，随之而来的是人们越来越倾向于对会计披露进行规范。

2.1.1 对复式记账会计的依赖

早期的复式记账系统与我们今天使用的系统很相似，可以追溯到13—14世纪的意大利北部。现存关于复式记账系统的最早描述是弗朗西斯科·芒克·卢卡·帕乔利在他最著名的《算术、几何、比及比例》一书中提到的，该书于1494年在威尼斯出版。通过回顾这本书（被翻译成多国语言）我们发现，现在的会计复式记账系统和几百年前的系统非常相似。甚至在帕乔利的时代里就有借和贷，借在左，贷在右[②]，而且同样也有日记账和总账。Hendriksen 和 Van Breda（1992，p. 36）在回顾会计复式记账法的起源时说道：

借、贷、明细账、总账、科目、试算平衡表、资产负债表和利润表都起源于文艺复兴时期。因此，会计可以像很多人文艺术一样被称为具有贵族血统的艺术[③]。会计学的学生为继承这项遗产而自豪。遗产的一部分是丰富的词汇，几乎所有的词汇都源于这一时期，并且这些词汇的起源十分令人着迷。

我们现在所熟知的起源于几个世纪前的借和贷，历经多年被证明是对很多会计学专业学生的折磨。所以，我们真的需要它们吗？我们为什么不能简单地使用正数和负数呢？例如，如果我们发工资，为什么不能简单地把正数写在工资栏里，把负数写在现金栏里？简单的回答就是直到17世纪负数才在数学中被使用。因此，发明了T字账来解决这一问题，账户的一侧表示增加，另一侧表示减少。但是既然现在我们已经接受了负数的存在，为什么还使用T字账？针对这些问题，Hendriksen 和 Van Breda

---

① 尽管我们关注的是财务会计，用相似的论证也能支持对社会与环境报告的监管，但公司经营会对社会和环境产生大量影响，进而影响各种各样的利益相关者。我们认为这些利益相关者有权知道组织运作对社会与环境的意义。这些信息会被作为利益相关者考虑是否要支持组织运作的依据。

② 根据 Hendriksen 和 Van Breda（1992，p. 36）所说，我们对“*debit*”的使用，可以追溯到“*debere*”（缩写成 dr），拉丁语中是义务的意思，翻译成“欠债”；“credit”（缩写成 cr）与拉丁语中 credere 有关，意思是相信或信任某人。

③ Hatifield（1924）指出卢卡·帕乔利（当时著名学者）是列奥纳多·达芬奇的好友。达芬奇是最先购买《算术、几何、比及比例》这本书的人之一，并为帕乔利后来的一本著作画插图。

(1992, p. 51) 评论道:

教科书的作者仍然解释借是怎么样放在左边，贷是怎么样放在右边的，并且教学生在数学中3个世纪前就已经过时的倒轧法，而程序员们为了反映这些中世纪的想法忠实地在现代的电脑屏幕前苦苦探索。

就像我们在后面的章节中要学习的，对财务会计系统存在很多的批评。例如，越来越多的人认为财务会计应该反映各种报告实体的存在对社会和环境会产生何种后果。然而不幸的是，我们“陈旧的”复式记账系统一般没能考虑这种后果——而我们会在后面几章（特别是第9章）中详细介绍。

2.1.2 职业会计机构的早期发展

会计和会计从业人员已经存在了几百年，直到19世纪英国和美国的会计人员才联合起来组成了职业协会。根据Goldberg（1949）的说法，会计师公会于1854年在爱丁堡成立，这一机构随后被很多机构效仿，包括1880年建立的英格兰及威尔士特许会计师公会（ICAEW）。根据Mathews和Perera（1996, p. 16）的说法，早年的英格兰及威尔士特许会计师公会非常注重其会员的声誉，因此设定了很多准入条件，包括要通过普通教育考试，连续5年为机构的成员服务，以及通过一系列科目的中期和最终的考试。

美国会计师协会成立于1887年（Goldberg, 1949）。它是美国注册会计师协会（AICPA）的前身。尽管这些机构的会员经常被召集起来并在某些环境下实施审计，并且公司通常需要依照各种公司法和证券交易所要求编报会计报告①，对报告应该披露哪些内容或者会计数据应该怎样编制等方面仍缺乏监管（即对于会计监管存在一种有效的“自由市场”方式）。②

2.1.3 会计规则的早期汇编

20世纪初期对特定会计原则或规则的编纂十分有限。基本上，会计人员会采用那些他们自己知道的并且满怀期待地认为是最符合特定环境要求的方法。不同组织采用的会计方法在很大程度上不同，因此产生了明显的可比性问题。在20世纪20年代左右，很多人的研究是试图通过观察会计实务来确定普遍接受的会计惯例。换句话说，他们试图去描述“曾经是什么”，而不是从规范的角度考虑“应该是什么”。研究者仅仅通过描述当前实务几乎不可能真正改善会计程序。就像Mathews和Perera（1996, p. 20）说的:

这导致了“实践—理论—实践”的循环并且阻碍了会计的进步，因为所观察到的实务运用的都是毫无价值的判断。换句话说，在下一代会计人员学会同样的做法之前没有机会严格地检查实务的内容。

早期详细描述现存会计惯例的学者包括Paton（1922），Paton和Littleton

① 例如，英国1844年《联合上市公司法案》要求公司编制资产负债表和审计报告，并在年度会议上分发给股东。这项要求在1863年法案中被撤销了，但是在1900年又恢复了。1929年要求引入利润表。

② 1900年纽约证券交易所要求申请上市的公司编制财务报告，其中要包含经营成果和财务状况的具体细节。1926年，交易所又要求所有上市公司在公司年度股东大会之前为股东提供年度财务报告。这一报告不需要被审计。

(1940)，Sanders、Hatfield 和 Moore（1938），Gilman（1939）。这些研究介绍了稳健主义学说、重要性概念、一致性、会计主体假设和配比原则。

在美国，很多早期的研究是为了建立特定的会计规则和学说。1930 年美国会计职业界联合纽约证券交易所（NYSE）列出了所有广泛使用的会计原则。根据 Zeff（1972）的观点，这份文件在会计监管的历史上最为重要，它为汇编并接受公认会计原则奠定了基础。纽约证券交易所要求会计职业界将其汇编，因为 NYSE 担心许多公司正在使用大量不同的（通常是未披露的）会计方法。①

2.1.4 披露监管的发展

在美国，直到 1934 年，组织为了进行证券交易才要求对其披露的财务信息进行监管。1934 年《证券交易法》由证券交易委员会（SEC）管理，规定了特定财务信息的披露。证券交易委员会被授权规范会计准则和报告实务。然而，它允许只要会计职业界清楚地表明会努力担负该项职责，就可以负责这项活动。为了向证券交易委员会证明它们能够辨别可接受的会计实务，美国会计师协会（AICPA 的前身之一）在 1938 年发布了一项研究，由 Sanders，Hatfield 和 Moore 负责，即《会计原则公告》。

1938 年证券交易委员会声明（与 ASR No. 4 一同发布）只承认会计职业界根据公认会计原则编制的财务报告，因此赋予了职业界很大权力。ASR No. 4 中陈述道：

如果财务报告在委员会备案……按照会计原则编制，而这些原则没有得到实质性的权威支持，尽管包含在会计人员的证明或报表附注中的披露是重要的，这样的财务报告仍会被认定为带有误导性或者是不准确的。只有在登记者遵循的实务操作有实质性的权威支持，并且委员会的立场之前没有在规则、监管内容或委员会发布的其他事项（包括其首席会计师发表过的意见）中表示过的情形下，当委员会和登记者对应该遵循的恰当的会计原则产生不一致的意见时，会接受用于替代修正的财务报告的披露。

尽管以上陈述确实表明 SEC 会同意由会计职业界决定可接受的实务，但许多人认为 SEC 同时也警告会计职业界必须在发展会计准则时要接受权威性的引导，否则 SEC 将接管这个职责（Zeff，1972）。从 1939 年开始，作为会计职业界的一个专门机构，会计程序委员会开始发布会计原则公告，在 1938—1939 年，它发布了 12 项*会计研究公报*（Zeff，1972）。

会计职业界的强制性会计准则是在相对较近的时期才开始形成的。在英国，直到 1970 年，当会计准则指导委员会成立（后来变成会计准则委员会，而后成为会计准则理事会）时，英国的会计从业人员不得不遵照职业机构制定的强制性会计准则。在这个时期之前，英格兰及威尔士特许会计师公会（ICAEW）已经对成员发布了一系列“建议”。在美国，尽管已经有*会计研究公报*（会计程序委员会发布，1938 年开始）和意见书（会计原则委员会（APB）发布，1959 年开始），这些公报和意见不是强制性的。相反，它们表示在一定程度上被认为是最好的实务。现实中许多公司并未遵从这些公报和意见，结果在 1965 年引入了一项规定（AICPA 的 203 号规定），要

① 确认的原则中有 5 项后来构成了会计程序委员会发布的《会计研究公报》（ARB）第 43 号第 1 章的内容基础。

求违背 APB 意见中的原则的公司要在财务报告附注中披露。从 1973 年 7 月 1 日开始，会计原则委员会（APB）被财务会计准则委员会（FASB）取代，FASB 随后发布了许多强制性的会计准则。

从国外的发展经历可以推知，澳大利亚的会计监管也是近年来发展起来的。1946 年澳大利亚特许会计师协会（ICAA）发布了 5 项*会计原则建议*，它主要是以英格兰及威尔士特许会计师公会（ICAEW）颁布的文件为基础。在 1956 年，澳大利亚会计师协会（现在叫做澳大利亚注册会计师协会）发布了多项建议。在以后的几年中，两个机构同意通过澳大利亚会计研究基金会（AARF）共同发布声明和建议，澳大利亚会计研究基金会（AARF）是由澳大利亚特许会计师协会（ICAA）与澳大利亚注册会计师协会共同拨款建立的机构。2005 年，AARF 被解散。这一机构的消失使得会计准则的制定被交给了政府（通过澳大利亚会计准则委员会（AASB）)，而不是交由会计职业界负责，因此有效地削弱了会计职业界“自我监管”的能力。后来，自 2005 年澳大利亚开始采用国际财务报告准则（IFRSs）起，大量会计准则的制定工作都集中由国际会计准则理事会（位于伦敦）负责，至此 AASB 独立制定会计准则的范围大大缩小。

欧洲的会计监管的发展也值得思考。我们将在第 4 章进行更深一步的探索，在许多欧洲国家，财务会计实务（以及因此产生的财务会计监管）主要关注的不是提供信息来帮助外部利益相关者在资本市场上进行投资决策。因此，在欧洲大陆的大部分国家，例如英国，利用专业的会计准则加以监管更是直到最近才出现。但是，从 2005 年 1 月 1 日起，欧盟（EU）开始对在其任一证券交易所上市的公司的合并财务报表会计准则强制执行监管。

在 2001 年和 2002 年美国发生了几起著名的会计和审计失败案例（如安然公司和世通公司）之后，许多国家的会计监管框架出现更重大的改变。如 Unerman 和 O'Dwyer（2004）指出，尽管从利用专业的会计准则加以监管初期开始，出现大量的会计失败案例并不是第一次，但它们比之前的失败规模更大，并且发生在证券市场急剧下跌的时期。鉴于下跌的股价带来的金融损失，已经对证券市场失去信心的私人投资者现在认为会计失败是导致更大的损失的原因。在这种环境下，政治家们在压力下制定出更严格的会计规范，他们通过立法（例如美国 2002 年《萨班斯—奥克斯利法案》）赋予许多现存的以及新增的监管更强的法律效力。

2.2 监管财务会计实务的理由

如上面指出的，尽管财务报告已经有上百年的历史，但直到最近在资本市场（有着大量的外部投资者）主导的经济中才出现会计监管。1929 年华尔街股市风暴事件发生后，在 20 世纪 30 年代，美国提出了早期的会计监管的举措。不管是否正确，人们认为会计固有的问题导致了许多差劲的、不合情理的投资决策（Boer，1994；Ray，1960），这激起了公众对公司发布的信息受到更严格监管的愿望。

在大多数有着发达资本市场和大量外部投资者的国家，许多会计监管涉及了各类问题——但是我们真的需要所有这些监管吗？我们将在下一章介绍，在这一问题上的观点有两个主要学派。其中一方认为监管是必要的，他们的理由有：

· 信息市场并不是有效的，并且没有监管会产生大量的次优化信息。

· 尽管“自由市场”（或“反监管”）方式的提倡者认为资本市场*平均*来说是有效的，这种“平均”的论断忽视了个人投资者的权利，其中一些人由于依赖未受到监管的披露而损失他们的积蓄。

· 那些需要有关组织的信息的人，由于控制了组织需要的稀有资源，能够获得他们想要的信息。相反，仅有有限能力（有限资源）的一方通常不能保证组织信息的安全，即使组织会影响到他们的存在。

· 投资者需要受到保护免受欺诈性组织提供的误导性信息的欺骗，由于信息不对称，这些信息在使用时不能被察觉出是具有欺骗性的。

· 监管导致不同主体采用统一的方法，以此来增强可比性。

另一方认为监管是不必要的，特别是就目前的情形来看，监管并不必要。一些被用来反对会计监管的原因包括：

· 会计信息与其他商品一样，而且人们（财务报告使用者）会准备好依据它的使用范围付款。这会导致主体提供最优的信息。[①][②]

· 资本市场需要信息，而且任何未能提供信息的组织将被市场惩罚——信息缺失将注定暗含坏消息。[③]

· 因为财务信息使用者一般不会承担产品的成本，使用者会高估信息的需求量，因此监管将导致信息的过度供给（作为产出信息的公司的成本）。

· 监管通常限制了可以使用的会计方法。这意味着一些组织将被禁止使用它们认为能最好地反映自己业绩和状况的会计方法。这影响了公司将其经营方面的信息告知市场的效率。[④]

当监管被引入时，有很多可用的理论来描述这类监管的受益者是谁。关于监管的“*公共利益理论*”提出引入监管是用来保护公众的。由于市场无效而需要监管。公共利益理论假定监管机构（通常是政府）是一个“公共利益”的中立仲裁者，而且它不会让自身的自利影响到规则的制定过程。根据 Scott（2003，p. 448），按照公共利益理论，监管者“为了使社会福利最大化尽最大的努力来监管。结果，监管是对监管成本及其社会效益（体现为改进的市场经营）的权衡”。

*俘获理论*提供了一个关于监管的相反的视角，它认为尽管监管经常被用来保护公众，但是，监管机制随后常常是为了保护社会中某一自利团体的利益而受到控制（俘获），通常这些组织受监管的影响最大。也就是说，“被监管者”趋向去俘获“监管者”。Posner（1974，p. 342）认为“利益集团通过努力抵制了监管方案的最初目的”。用于验证监管者通过制定独特的决策来支持其所监管的团体的经验证据不足以

① 但是，监管方式的提倡者认为会计信息是公共物品，因此，许多个体将免费获得信息（这经常被称为“搭便车”问题）。一旦这种情况发生，依靠市场机制的观点就会有缺陷，通常预期市场定价机制不能正常运行（Cooper 和 Keim，1983）。

② “自由市场”的观点被依照代理理论范式工作的学者接受。这一范式将在第 7 章讨论。

③ 接受这一观点，和 Akerlof（1970）一致，公司不能产生必要的信息，特别是如果信息由其他主体提供，这些公司会被认为是“次品”（“次品”指质量低劣的东西），这些“次品”将发现自己比其他（非“次品”）主体吸引资金的代价更高昂。

④ 例如，依照 AASB 138“无形资产”（等同于 IAS 38“无形资产”），所有的研发支出必须在发生时费用化。这意味着尽管一些主体可能已经开展的很有价值的研究会带来巨额的未来经济利益，但所有的公司不得不接受“一刀切”的方法。就有效性而言，这种监管注定是不适宜的，因为它不允许年报的阅读者区分公司是否实施了有价值的研究。

证明监管俘获（尽管其中的每一项决策可能被认为在当时的情况下是最合适的）。但是，大多数监管者的整个监管方案需要依据被监管者的利益才能得以施行，而且常常与那些监管者试图保护的团体的利益相矛盾。这暗示着会计监管能对不同的人和团体有着不同的影响，有证据（将在下一章讨论）表明，在不同的集团之间，特定的会计监管确实产生了不同的社会后果或经济后果。

举一个俘获理论的例子，Walker（1987）论证说，在会计准则审核委员会（ASRB）（后来被澳大利亚会计准则委员会取代）建立之后的两年内，澳大利亚会计职业界能够控制或俘获 ASRB 的监管程序。Walker 提供了能支持这一说法的证据，包括随后澳大利亚会计研究基金会（专业基金团体）和 AASB（政府机构）的合并，以及在会计准则中要解决的绝大多数的问题是由会计职业界提出的。①

监管的公共利益理论和俘获理论都宣称最初实施监管是以保护公众为目的的（俘获理论仅仅宣称被监管者随后才会试图控制监管程序）。另一种常常被称为*私人利益理论*（或是*经济利益集团理论*）的观点是由研究人员（如 Stigler（1971）和 Peltzman（1976））提出的。这个理论放宽了最初实施监管是为保护公共利益这一假设，以及政府监管者是不受私利驱动的中立仲裁者的假设。Stigler（1971）提出，政府是由具有私利的个人组成的，而且很可能引入使他们再次当选的监管措施。在决定某一监管时，他们考虑的是对重要投票者和选举活动经费的影响。在某一立法中有利害关系的个体如果能让自己成为庞大而有组织的群体，并拥有强大聚合力的表决权，那么他们可能会得到他们想要的立法。这些监管的理论（公共利益理论、俘获理论和私人利益理论）和其他理论将在第 3 章深入介绍。

如果我们要接受会计监管，则要进一步考虑谁应该对监管负责——它应该在私人部门的掌控下（例如会计职业界），还是应该受控于公共部门（政府）?② 私人部门的监管者是按照公众的利益实施监管，还是设法施行偏袒他们自己支持者的规则？显然，这一问题的答案取决于我们特定的世界观（这种特定的世界观反过来会影响自己更倾向于哪种监管理论）。由私人部门制定会计准则的支持者认为，会计职业界最有能力制定会计准则，因为他们有着出色的会计知识，并且由他们制定的规则和规范被商界接受的可能性更大。由公共部门制定会计准则的拥护者声称，政府有着更强大的强制力量，因此政府制定的规则更有可能被遵守。政府也会较少回应商界施加的压力，并且更能从整体公共利益考虑。

我们在接下来的章节中要论证的是会计监管（或是确实缺乏监管）能产生许多经济和社会的后果。正因如此，会计准则制定程序通常被认为是一种非常政治化的程序，因为有不同的利益团体会向准则制定者游说。

① 但是，ASRB 设立的初衷可以用公共利益理论来解释。在 ASRB 成立之前，澳大利亚的会计准则是由私人机构澳大利亚研究基金会（AARF）来发布的。AARF 不是政府部门，对不遵守其准则的实体施加制裁的能力有限。人们相信这是许多公司不遵守的一个主要原因，并且这样会导致相关的社会和经济成本。ASRB 作为一个政府机构，它的成立是为了通过公司法对会计准则提供法律支持。带着对公司提供的信息重建的自信，有人认为遵从公众的利益，资本市场会运行得更有效。

② 在一些国家，会计监管在私人部门和公共部门两个机构的共同掌控下。举几个例子，在欧盟，会计监管由国际会计准则理事会（私人部门）制定，但是在生效之前须得到会计监管委员会（公共部门）的支持；在美国，财务会计准则委员会（私人部门）和证券交易委员会（公共部门）都发布会计准则。在澳大利亚，随着最近几年的重组，会计准则现在由政府机构——澳大利亚会计准则委员会制定。

2.3 职业判断在财务会计中的作用

通过学习会计知识我们知道，记账的过程中涉及的程序依赖许多职业判断。尽管许多会计交易和事项的处理受到了规范，但是许多与其他交易和事项有关的会计处理仍未被规范，甚至有时虽然存在某项规范，但仍有选择的余地，例如，一定要对建筑物计提折旧，但是在建筑物有效使用年限和残值的问题上仍可选择。必须做出许多诸如某一项目是应该资本化还是费用化之类的判断。反过来这需要对支出是否可能产生未来经济利益做出关键性的评估。

会计程序的核心是期望会计师们在履行职责时应该客观且不带偏见。提供的信息应该*如实地反映*基本的交易和事项，并且应该是中立和完整的（澳大利亚会计准则委员会于2004年6月发布的*财务报表编报框架*的第33、36和38段）[①②]。但是，我们真的同意会计是“中立”或客观的吗？纵观世界，一些国家的会计准则制定者明显考虑了可能引入的会计准则对经济和社会产生的影响（*财务报表编报框架*中具体提到了在发布一项准则之前考虑其可能产生的社会和经济后果）。在这些国家中，如果某一会计准则对经济和社会影响被认定是相当消极的，尽管这一准则可能会更准确地反映交易和事项，仍可能放弃引入此项准则。尽管评价某个考虑到对他人的潜在影响的过程很困难，然而接受会计准则是中立的或是无偏见的也很困难。在某种意义上说，接受准则的经济和社会后果是准则制定过程中的一部分，这让准则制定者陷入了两难境地。Zeff（1978，p. 62）指出：

> 理事会（FASB）因此面临着窘境，需要在会计和非会计因素上有一个微妙的平衡。尽管它的决定应该主要依靠（且已然如此）会计因素，但是，它也必须研究（且已然如此）提出的措施可能对经济和社会产生的不良后果……显而易见的是我们已经进入这样一个时代，即在制定会计准则时，对经济和社会的影响是实质性的问题，不再会被忽视。职业界必须反映出时代不断变化的趋势，与此同时，继续在它拥有毋庸置疑的专业知识的领域里履行重要的职能。

但是，最近几年，在一些国家中，在制定会计准则时将可能的较广范围的社会和经济后果考虑在内这样的愿望变少了。例如，在英国，2001年至2002年间许多大公司责备（可能不公正）一项有争议的新会计准则中对养老金成本的规定，因为新规定决定撤销许多雇员的养老金计划。我们可以认为新准则对那些雇员会产生相当消极的社会影响，但是，英国会计监管机构拒绝修改会计准则（尽管有巨大的政治压力）。

在第7章和第8章我们考虑了各种用以解释为什么报告主体会施行特定会计方法的理论观点（记住许多交易和事项的会计处理不是以会计准则为准的）。一种符合客观性的观点认为，组织会选择能最好地反映其基本绩效的会计方法。这一观点叫做

---

① AASB框架以1989年国际会计准则委员会（IASC）制定的概念框架为基础，也称为*财务报表编报框架*。IASC随后被国际会计准则理事会（IASB）取代，2001年，IASB正式采用了框架。先前的澳大利亚概念框架（特别是SAC3和SAC4）的一部分被*财务报表编报框架*替代。如前所述，目前FASB和IASB正在联合拟订一项修订的概念框架。

② 根据Hines（1991，p. 330），可能通过概念框架向公众推广客观性观点符合会计职业界的利益。她说：“职业界与公众之间的这一对话是根据对客观世界的假设预测得知的，而会计师凭借‘计量的专业知识’有特权进入到这样的客观世界中，两者之间的对话也会使职业界的权力和自治获得预期的合法化。”

“效率观点”（由实证会计理论发展而来，在第7章讨论）。效率观点认为不同的组织特征解释了为什么不同的公司采用不同的会计方法（Jensen 和 Meckling，1976）。例如，如果公司的某一种资产有不同的用途，那么可以预期公司会采取不同的摊销政策。效率观点的提倡者认为应该允许公司选择那些反映公司绩效的最佳会计方法，同时，用会计监管来限制制定备选会计方法将付出高昂的代价。例如，如果发布一项新的会计准则来禁止报告主体使用某一会计方法，那么，这将导致无效率，因为这样编制出的财务报告可能不再是对组织绩效的最好反映。人们会认为管理层最有能力在给定的条件下选择适合的会计方法，并且政府或其他团体不应该介入准则制定的过程中。但是，这种观点没有考虑到一些财务报告填制者在编制财务报告时可能不太客观（比如安然公司和世通公司的财务报告编制人员可能创造性地做账）。效率观点也丧失了可比性的好处，如果准则制定者缩减了可供选择的会计方法，就会使报表具有可比性。

另一个用来解释为什么选择某一会计方法的观点叫做“机会主义观点”（也是由实证会计理论发展而来的）。这种观点并不认为负责选择会计方法的人是客观的。相反，它假定人们将受自利驱使（Watts 和 Zimmerman，1978）。这种观点提供了对创造性会计实务的解释。创造性会计被定义为不具有客观性，而是负责填制科目的会计人员为了达到他们想要的结果而选择会计方法的情形。举一个例子，像安然公司这样的组织可能投机性地选择设计某些交易来从资产负债表中除去特定资产和相关负债（这种技术叫做*资产负债表外融资*）。这不是因为这些资产和负债不“属于”组织，而可能是因为当组织就要违反与外部团体商定的某一基于会计的协议时，这种资产负债表外融资有降低报告的权益负债（资本杠杆）率的效果，例如贷款协定规定了可允许的最小权益负债率，低于这一比率，报告主体的特定资产可能会被冻结。

除了效率和机会主义观点之外，还有其他大量的理论观点用来解释主体可能选择某一会计和披露政策的原因，比如合理性理论、政治经济学理论、制度理论和利益相关者理论。第8章进一步探索其中一些理论。但是，这里要强调的是尽管实施了大量的会计监管（有各种理论来解释监管的存在），但是，尚有许多会计决策未受到监管（有各种理论用于解释从多种会计方法中择一而用的原因）。

2.4 会计人员有多大影响力?

会计人员是社会中十分强势的个体，这一想法恐怕无法得到多数人赞同。会计人员确实受到了不公正的看待，人们认为他们无聊、缺乏想象力并且一板一眼。当然，这是对会计人员的刻板印象。[①] 根据 Bougen（1994），这一观点大部分是由于会计与记账相互依赖的影响。Dimnik 和 Felton（2006，p. 133）回顾 Bougen 的著作时说道：

尽管许多会计工作要求做出判断、具有想象力和创造力，但记账仍是令人厌烦的并且是日复一日的重复性工作。Bougen 指出，历史上会计师们一直愿意接受一个受人贬低、常常是可笑的形象，因为这么做符合他们的职业利益。而记账也具备积极的特征，如客观、准确以及稳健，缺乏想象力、无害、有条不紊摆弄数字的人这样的刻

① 根据 Dimnik 和 Felton（2006，p. 131），刻板印象的定义是描述某一社会群体成员特征的集合。

板印象确实提高了会计师可靠性的声誉，使这一职业得到公众更多的信任。

在看了这段引文后，我们可以认为会计师确实决定戴上缺乏想象力且无害的假面，因为看起来“可靠”又“可信”会带来经济利益。多么聪明啊！然而，会计人员仍常常是许多残酷笑话的主人公。他们经常被描述为渺小而弱势的个体，社交能力很差劲儿。例如，我们来看各种刻画会计人员的电影和电视节目。在著名的蒙提·派森喜剧团出演的短剧《训狮员》中，约翰·克里兹扮演一名招聘顾问，他负责面试麦克·佩林（他扮演的安乔维先生是一名会计，渴望成为驯狮员），克里兹这样描述会计：

一个极度迟钝的家伙，没有想象力、胆小、缺少主动性、懦弱、容易被支配……在大多数的职业里，这些是相当大的缺陷，而在会计职业中则是绝对的福音。[①]

我们中一些人可能还会记得那些人物，像 Louis Tully，在《捉鬼敢死队》（1984）中那个“书呆子”会计，他邀请生意伙伴而不是朋友参加聚会就为了使办聚会的钱可以扣税。还有在《致命武器 2》（1989）和《致命武器 3》（1992）中的 Leo Getz 是个笨拙的会计，经常惹恼两位警官。尽管会计人员会受到这样的（不懂世故也不讨人喜欢）刻画和嘲讽，但我们可以相信我们会计人员确实是有影响力的个体。[②] 会计人员有*影响力*这一论断（这显然比被看做沉闷而缺乏想象力更像溢美之词）是以许多观点为基础的，如：

· 会计程序的产出（如利润或每股净资产）影响着许多决策，例如，是否投资或把资金借给某一主体，是否游说以获得基于盈利能力增加的工资，是否由于未达到事先约定的以会计为基础的限制条件认定某一主体技术性违约，是否由于超额*利润*游说政府进行干预等。也就是说，许多资金（也就是财富）的转移是会计师按会计程序编制报告的结果。全世界许多超大型的公司由于违背了不同的借款协议而不得不中止经营，这些协议直接与会计师们出具的数据相关（例如，组织签订的协议中可能有根据组织的资产总额规定借款限额的条款）。因为会计在很大程度上依靠职业判断，所以会计人员的判断能直接影响各种团体的财富。

· 还有一种观点认为会计人员在向利益集团提供客观性的信息时，在某种程度上能够向其提供或转移一种“影响力”，以此来改变公司的行为。也就是说，会计信息告知人们有关组织在特定方面的表现，这些由会计人员出具的信息会鼓励人们采取对组织有利或不利的各种行动。如果没有会计信息，就不会有这样的行动。如 Gray（1992，p. 404）所说：

……权力在某种程度上能被所有的……外部团体所行使。对于那种将被行使的权力，存在着对信息的基本需要（作为参与式民主程序的一个重要因素），这种信息会是对现有可用信息的延伸。也就是说，通过显示现存但尚未履行的信息权，能解放最广泛的参与者并使其参与进来。

会计人员出具的信息用于指导全社会许多人的行为。商业中使用的许多“用语”

---

① Smith 和 Briggs（1999）全面地概述了电影和电视中对会计人员的描写。其他探讨电影中刻画的会计人员形象的研究包括 Cory（1992）、Beard（1994）和 Holt（1994）。

② Dimnik 和 Felton（2006）在更深入的研究中回顾了 121 部电影，尽管许多会计师被塑造成“踏步者”（地位低微、工作层次低）或者“做白日梦”（脱离现实）的形象，但仍有许多电影把会计师塑造成英雄。

确实直接与会计从事的工作相联系。

·会计人员通过强调某一业绩属性（如利润）可以为本不具备合理性的组织赋予合理性。财经媒体经常称赞获得高额报告利润的公司。也就是说，盈利能力可以是合理性的“代名词”。然而，盈利能力还经常被用作批评一家公司的依据。消费者组织或雇员组织可以用某家公司的报告利润作为理由来要求公司削减产品或服务的成本，或是提高劳动力工资水平。这里要强调的是会计系统的产出以许多不同的方式在全社会得到运用，这也是更进一步证明会计以及会计人员具有影响力的证据。

为了进一步思考上述观点，我们可以参看 Hines（1988，1991）的文章。Hines（1991，p. 313）强调“财务会计实务影响着社会的构建和复制”。她的观点是，通过强调像利润这样的计量标准（忽视了许多消极的社会和环境影响），会计能使人们支持本不会支持的组织。盈利的公司支持把盈利能力作为衡量业绩的理想标准，尽管它们会对社会和环境产生消极影响，却经常会被认为是好公司。

参看会计头条 2.1，新闻报道强调了澳大利亚联邦银行的利润数据。如果利润比上期有所增长（或者如果大于同行业的其他组织），这通常标志着健全的管理。获得利润会被看作与合理性的观念一致——报告和强调利润被当作客观衡量企业业绩的某种形式。但是，正如我们知道的，媒体通常不提及利润的计量其实要依靠一批会计人员所做的假设和判断。我们从会计头条 2.1 中可以看到新闻中丝毫没有提及澳大利亚联邦银行使用的会计方法。这是媒体对公司业绩的典型报道，会计结果（如利润）显然是经过辛苦但客观的计算得出的。财务会计能产生这样的观点是因为人们推崇财务会计是客观而可靠的，并且用能力准确反映基本事实（通过如概念框架这样的媒介）。[①] 如 Hines（1991，p. 315）关于概念框架项目的陈述：

> 支撑概念框架的本体论假设认为财务会计与经济现实之间是一种单向的、映照的或是真实复制的关系：经济现实客观存在，为多数人所了解，具体而且独立于财务会计实务；财务会计反映、映照、代表或计量这一业已存在的现实。

会计头条 2.1　如何强调利润是良好管理标志的实例

澳大利亚联邦银行实现净利 40 亿美元

澳大利亚联邦银行（CBA）宣布获得接近 40 亿美元的年度净利。

首席执行官大卫·莫瑞在最后一次公布盈余时称，银行的净利润达到 39.9 亿美元，增长了 55%，好于预期。

用现金来表述，利润增长了 31%，达到 35.4 亿美元。

莫瑞先生同时重申 CBA 一项被称为“新银行”的 3 年重建项目在按部就班的进行之中，在 2006 年 6 月完成后预计会带来成本节约和盈余增长。

这一项目至今包括 253 家分支机构的修缮，同时还有 CBA 的 IT 系统的整修。

“我们取得的骄人业绩反映了新银行项目发展所产生的根本动力。这一动力显著地提升了银行本就强大的竞争地位。”莫瑞先生说。

“随着新银行战略的发展和完善，现存于全部业务之中的动力将会得到保持并继

① Molotch 和 Boden（1985）等学者认为某种社会影响力归能够“利用客观假设”的人和职业所有。

续带来可观的未来收益，对此我有信心。”

新的战略将由新任的CEO拉尔夫·诺瑞斯来执行，他的任期从9月23日开始。

CBA期望在未来能继续在每股盈余（EPS）的增长上与同行们相当或是超过它们。

“因此，考虑到股利政策因素，银行希望在2006财年每股股利有进一步增长。”银行方面说。

银行宣告下半年每股发放股利1.12美元，去年同期每股发放股利1.04美元，使得全年每股股利提高到1.97美元，而去年每股股利仅为1.83美元。

银行称尽管竞争激烈，其2004—2005财年的利润主要来自核心银行业务的不俗表现。

银行的基金管理与保险业务也促进了利润的增长，同时资产估值提高了7.78亿美元，提升了银行的底线。

截至2005年6月30日，收入提高了17.5%，达到260.8亿美元。

然而，金融部门联合会称，巨额利润掩盖了莫瑞令人遗憾的做法，在他作为首席执行官任职的13年中，共辞退了20 000名员工。

联合会还称该银行“嗜好短期利润，而这并非长久之计”。

金融部门联盟国家助理秘书莎朗·卡迪说：“莫瑞的离职使员工有机会得到体面的对待，他们的选择也可能受到尊重——尤其是在集体谈判的时候。”

——《年代报》，2005－08－10

同样需要意识到的是，澳大利亚联邦银行（还有其他组织）计算利润的方式忽视了许多由报告主体引起的社会和环境的外部性。例如，银行继续减员，尽管这会对报告利润产生正面影响，但是裁员会造成失业人员的多种社会成本（同时，就失业救济而言，也会造成政府的负担，以及由此产生的纳税人的负担）。然而，会计忽视了这些外部性。

针对会计概念框架中的观点（会计是客观的并准确地反映预先存在的事实）的一个反对意见是由Hines提出的，认为会计人员在某种程度上能创造出不同的事实，这取决于做出的判断、可用的会计准则等。也就是说，会计并不客观地反映某一事实——它创造事实。Handel（1982，p.36）也支持这种观点，他说：

独立于账户存在的事物在会计将其入账后就具有了人为的痕迹。不存在的事物也可以通过登记入账变得对人类有意义……账簿在定义事实的同时本身就是一项事实……登记并认可账簿的过程是基本的社会程序……账户并不会大致准确地描述事情。相反，账户在事实发生的环境下确定将哪些内容登记入账。无论根据其他准则的规定这些记录准确与否，账户仍依具体情况定义事实，其中具体情况是指人们根据他们的行动中可以登记入账的内容采取行动。账户为行动提供了依据，为事实下了定义，只要它仍然负有会计责任，这种行为就会继续。

某会计团队可能做出多种会计假设和判断，并得到组织盈利的结果，另一会计团队可能针对同一个组织（同样的交易和事项）做出不同的假设和判断，结果得到组织亏损的结果。记录损失会使不同的利益相关者团体（如股东、媒体和分析师）产生许多消极的反馈，并且会导致现金流出报告主体。Hines（1991，p.20）进一步说明了会计职业的权力，她说：

公司本可以将经营困难的部分交易出去，如果审计师依据持续经营假设来出具审计意见，并且/或坚持公司的财务报告以清算价值来编制，那么这本身可能会加速公司破产。

还有一种观点（与上述观点相关）将在第3章进行更深入的讨论，这一观点认为几乎没有一种会计准则不带有某些形式的经济和社会影响（从本章先前的讨论中我们知道许多会计准则制定者考虑到了这些影响）。举一个例子，我们看看一些欧盟国家针对IAS 39《金融工具：确认和计量》和澳大利亚的等效准则AASB 139的实施提出的各种论点。许多澳大利亚和欧洲的银行认为执行AASB 139/IAS 39需要其对某些金融资产和金融负债估值，而估值的方式没有反映出许多金融交易根本的经济实质，这会造成盈亏数据不具代表性且高度不确定，并会大大弱化财务状况表（原来称为资产负债表）。更近一步说，这些弱化的资产负债表和高度不确定的报告利润会影响市场对银行信誉的认识，由此增加银行的资本成本。许多澳大利亚组织游说AASB和IASB改变IAS 39的要求，但是，这样的游说并不成功。我们会在第4章看到，作为欧盟监管程序的一部分，欧盟建立了会计监管委员会（ARC），它的任务是审议所有的国际会计准则，确定其是否能欧盟范围内生效。2004年6月，意大利、西班牙、比利时和法国的银行成功地游说了这些国家的会计监管委员会成员，促使其投票反对欧盟采用IAS 39，显然这是因为这项准则会给经济带来潜在的消极影响。

由于新的准则可能带来广泛的社会和经济影响，人们普遍摒弃了会计会发挥中立作用这样一种观点（Zeff，1978）。世界上许多国家的准则制定机构在各种文件（构成了各国概念框架的一部分）中明确表明在引入新的会计准则前必须考虑这一公告对经济和社会的影响。像Zeff（1978，p. 60）说的：

因此，经济后果的问题已经从准则制定程序中的程序的意义转变为现在准则制定者实质政策框架的必要部分。

国际会计准则理事会现在有力地接管了许多国家的会计准则制定程序（包括所有欧盟成员以及先前由澳大利亚会计准则理事会履行的大部分准则制定功能），理事会并未正式要求考虑会计准则具有更广的社会和经济含义。但是，IASB和它的监管机构（国际会计准则理事会基金会）必须意识到，实际上，如果它们制定了太多具有广泛但消极的社会和经济影响的会计准则，政府可能减少或不再支持继续在本国使用国际财务报告准则。

由此，我们得到一个观点，各种概念框架中都提出了客观性和中立性的理念（可能正像Hines建议的，是作为构建会计职业合理性的一种方式），多种因素（如可能的经济和社会含义，管理层自利（以某种形式的*创造性会计*）的潜在影响）会使我们对客观性的声明产生质疑。此外，尽管人们对会计师有多种刻板印象，会计师确实是具有影响力的群体。许多带有社会和经济含义的决策也是根据会计信息做出的。是否应由市场的力量左右会计信息的供给，或者会计是否应该受到监管，都是我们在下一章进一步研究的问题。

本章小结

在本章中我们探索了组织的内部和外部团体如何在不同的决策中运用财务会计程序的产出。由于财务会计程序给组织外部团体提供了信息，而这些外部团体本不会拥有信息，同时由于这些信息是许多决策的基础，因此通常认为有必要对财务会计实务进行监管。

财务会计实务受到了高度的监管。但是，在由强大的资本市场主导的国家（有着大量的外部投资者）中，直到最近才出现财务会计监管，在20世纪之前普遍缺乏这样的监管。在20世纪早期，会计研究通常包括记录常用的会计实务。这类研究导致制定并认可了期望所有会计人员都能遵循的广泛会计原则。一段时间后，广泛原则让步于具体会计准则的发展。在20世纪70年代全世界各类会计职业机构开始发布会计准则，从那时起准则制定活动越来越多。今天全世界的财务会计实务被大量的会计准则所规范。

通过持续发布新的和修订的会计准则，监管会计实务的行动引来了许多支持和反对监管的声音。这些观点包括认为没有必要监管会计实务（自由市场的方式）以及认为为了保护与报告主体有利益关系的团体，监管是必要的。反对监管的人们常常依据的观点是财务会计系统的输出影响与其他商品同样看待，如果市场不受约束自由运行，将会产生最优的会计信息。他们认为，引入监管会导致会计信息的过量供给，并会使组织使用那些不能有效反映其实际经营状况、财务地位和经营成果的会计方法。我们会在接下来的章节中了解到，许多人对这些“自由市场”的观点提出了挑战。

本章还简要介绍了各种有关引入监管的受益者的理论（将在第3章扩展讨论）。公共利益理论指出引入监管是用来保护公众，并且当监管存在的时候，监管者寻求使社区整体的福利最大化（这显然要求成本和收益的平衡）。俘获理论认为尽管最初是为了公共利益引入监管，被监管的团体最终将获得监管程序的控制权。也就是说，他们最终会“俘获”监管程序。私人利益理论认为监管者会引入能为其私人利益提供最好服务的规范。也就是说，监管者不是受公共利益的激励，而是受自身私利的驱使。例如，政治家们会引入监管以获得足够的支持来确保他们连任。

同时，本章也介绍了与会计人员的“影响力”有关的问题。论证的结果支持这样的观点：会计人员在社会上拥有非常有影响力的地位（这与他们在媒体中经常被描述的形象相反）。会计人员提供的信息用于制定许多决策，而这些决策能突出或淡化组织绩效的某一方面。

思考题

2.1 会计准则制定者预期财务报告阅读者具备什么样的会计知识？

2.2 你认为财务报告的使用者应该对使用的各种会计准则有一个全面的理解吗？说明你的理由。

2.3 你认为媒体是否将利润这样的会计数据描述为某种“硬性的”、客观的绩效指标？他们为什么这么做？如果他们这样做了，可能有何种含义？

2.4 简要列出一些支持对财务会计实务实施监管的观点。

2.5 简要列出一些支持取消财务会计监管的论点。

2.6 你认为组织的所有权与经营权进一步分离会导致监管更严格还是更松散？

2.7 根据俘获理论，监管者*如何*、*被谁*以及*为何*被俘获？

2.8 Stigler（1971）提出的理论（私人利益理论）认为监管机构（包括会计准则制定机构）由自利的个体组成，这些个体会引入为其私人利益提供最优服务的监管。这一观点否认监管者代表公众的利益。按照你的经验，你认为这个假设可接受吗？拒绝这一核心假设对你是否准备接受该理论的任何预测有影响吗？

2.9 如果监管者的行为与*私人利益理论*的预测结果一致，该理论假定所有人（包括政治家和监管者）都受自身私利的驱使，以减少有关气候变化问题为目的而引入的监管会产生哪些可能的结果——特别是当公司反对这类监管时？

2.10 如果监管者的行为或者与俘获理论一致，或者与私人利益理论一致，你认为会计准则制定者会制定最能呈现报告主体财务状况和经营成果信息的会计准则吗？

2.11 由于世界各地的会计准则制定者一般都会考虑其制定的会计准则会造成的潜在的经济和社会后果。因此，有人认为依据会计准则编制的财务报告是中立的或公正无偏的。你同意此观点吗？这一观点与会计概念框架项目中的质量特征一致吗？

2.12 为什么“自由市场”的倡导者认为对财务报告实施监管将会导致会计原则和标准的过度供给？

2.13 有种论点认为会计监管会破坏报告主体呈报其经营成果和财务状况信息的效率，这一论点依据的理由是什么？

2.14 Hines（1991）认为通过概念框架向公众推广客观性观点可能符合会计职业界的利益。你认为原因是什么？

2.15 Solomons（1978，p. 69）引用美国会计学会（AAA）的论述：

不管政策制定者是否这么认为，每一项政策的选择代表了在不同的个体偏好之间，以及可能的多种结果之间的权衡。在这个意义上，会计政策选择永远不可能是中立的，即按照一些人的偏好做出了选择，而没有按照另一些人的偏好。

对上述陈述做出评价。

2.16“虽然很难去批评某一考虑了对他人潜在影响的程序，但同时也很难认可会计准则是中立的或无偏的。”对上述陈述做出评价。

2.17 Hines（1991，p. 313）强调了这样一个观点：“财务会计实务影响到整个社会的构建和复制。”上述陈述中，Hines 的意思是什么？你是否同意她的观点，为什么？

2.18 为什么认为会计师是有影响力的个体？

2.19 解释 Handel（1982，p. 36）这段陈述的含义，并给出支持或反对这一内容的论证。

独立于账户存在的事物在会计将其入账后就具有了人为的痕迹。不存在的事物也可以通过登记入账变得对人类有意义……账户在定义事实的同时本身就是一项事实……登记并认可账户的过程是基本的社会程序。

第3章　财务会计监管

学习目标

在完成本章的学习之后，读者应该：

· 理解一些支持降低财务会计监管程度的理论论证；

· 理解一些对财务会计实务实施监管的理论论证；

· 理解各种描述会计监管实施中谁可能是最大的受益者的理论观点；

· 理解会计准则制定是一项极具政治色彩的程序，在准则制定时要征求社会各部门的财务报告使用者的观点；

· 理解由会计监管引起的潜在的经济和社会影响与会计准则制定程序之间的相关性。

开篇问题

1. 在媒体广泛报道的安然等大型公司的会计“丑闻”发生之前，有许多人呼吁减少会计监管（这些呼吁使用了*会计准则超载*这一专门术语）。但是，如果解除了对财务会计的监管，会有哪些影响？

2. 如果要解除对财务会计的监管，那么可以采用怎样的动机或机制来让组织编制公开可获得的财务报告呢？这些机制的运作能保证产出最优数量的可靠信息吗？什么是“最优”的信息量呢？

引　言

在第2章我们简单地介绍了许多用于解释会计监管存在的理论，本章将延续这一讨论。尽管财务会计在许多国家受到严格的监管，而且在安然公司、世通公司、澳大利亚兴业保险有限公司、意大利帕玛拉特公司等相继发生会计失败后，这种监管的水平普遍提高，但是仍然需要考虑支持和反对监管继续存在的依据以及对监管水平普遍提高的论证，还要考虑用来解释施加监管的驱动因素的各种理论。了解这些理论，就会更好地理解为什么某些会计规定成为正式的规范而其他则没有。也许一些建议对会计实施监管的人没有得到那些在监管程序中有影响力（权力）的利益相关者的支持。有争议的是，是否可以或应该允许“权力”来影响监管（包括会计监管）的实施。希望各种受影响的团体的利益不会影响最终的监管内容，这种想法现实吗？我们将看到会计准则制定程序是一项非常具有政治色彩的程序。尽管一些人提出的要求可能听上去在技术上是完善且有逻辑的，但是我们会看到这并不足以使其成为强制执行的规范。通常来讲，重要的是在社会或经济方面可能受到监管影响的选民们是否支持这些监管。

在会计监管方面，我们要学习支持减少或取消监管的观点，其中的许多观点建议应该像对待其他商品一样对待会计信息，应该借助*供求*的力量来确定生成信息的最优量。这个“自由市场”方式的提倡者（提倡者认为会计信息的提供应该依据供给和需求规律，而不是监管）有时依据18世纪著名的经济学家亚当·斯密的观点以及被大量引用的“看不见的手”的概念。但是，实际上斯密提出需要一定程度的监管来支持这些个体的利益，否则未受监管的市场系统会对他们不利。

本章还讨论了许多用于解释监管的必要性的观点。我们回顾一下监管的*公共利益理论*。公共利益理论揭示了监管对于保护公共利益非常必要的原因，还有一些理论（如*俘获理论*、*监管的经济利益理论*）解释了为什么监管可能确实牺牲一些团体的利益来满足其他团体（而不是满足“公共利益”）。本章将要介绍对潜在的会计要求所引发的经济和社会后果的认知怎样影响准则制定者的决策，以及如果监管者考虑经济和社会后果，是否还应期望财务会计具有例如*中立性*和*真实反映*的质量特征（参见会计概念框架，如*IASB 的财务报告编报框架*）。

3.1 什么是监管？

本章将要介绍各种监管理论以及支持和反对监管的论证，因此首先要界定“监管”的含义。《*牛津英语词典*》中对监管的定义是一项“受规范的原则”或“权威的指导”。这与《*麦加利辞典*》中的定义很相似，即监管的定义是“权威规定的行事的程序规则；主宰的方向或规律”。因此，在这些定义的基础上，我们可以认为监管是用来控制或主宰行为的。因此，在讨论有关财务会计的监管时，我们要讨论的是已经由独立的权威机构制定出的规则，这一机构被赋予了规定如何编制财务报告的权力，同时该权威机构的行动能够限制组织可使用的会计选择。① 对遵守具体监管要求进行监督并强制执行的依据也有望被纳入监管。

3.2 自由市场观点

如在第 2 章中所指出的，支撑会计监管的“自由市场”观点的一个基本假设是应该像对待其他商品一样对待会计信息，应该自由发挥供求的力量，以形成某主体的最优信息供应量。已经有许多论证被用来支持这种观点。其中一种论证就依据了一些学者的著作，如 Jensen 和 Meckling（1976）、Watts 和 Zimmerman（1978）、Smith 和 Warner（1979）以及 Smith 和 Watts（1982），认为即使没有监管，组织也有私人经济动机为组织外部的某些团体提供关于其经营和业绩的可靠信息，否则组织的经营成本会增加。这一看法的依据是，在缺少组织经营信息的情况下，包括不参与企业管理的公司所有者（股东）在内的其他团体会假定管理者可能为了他们自己的利益而经营企业。② 也就是说，管理者会为了他们个人所得经营企业，而不是以组织的价值最大化为目标经营企业（人们认为是外部所有者和管理者的目标缺乏一致性）。③ 进一步来看，潜在的“外部”股东会认为管理者是投机主义的，如果缺少保障措施，管理

① 尽管我们在为报告下定义时提到了独立的权威机构，俘获理论（立刻会讨论到）会遭到质疑——从更长远来看，监管者是否能不受被监管的个体或集团的影响维持其独立性。

② 当所有者（委托人）任命管理者（代理人）时，从所有者的角度产生了成本，包括与代理规避（无所事事）或消耗过多特权（使用组织资金满足管理者个人目的）有关的成本。可将代理成本定义为某一团体（如所有者）将决策权委托给另一团体（如管理者（表现为一种代理关系））而产生的成本。第 7 章将对代理成本做更全面的阐述。当决策权被委托给代理人时可能引起的另一项代理成本是指管理者为个人利得使用所有者无法获得的信息的有关成本。Smith 和 Watts（1982）对管理者和所有者之间的各种利益冲突进行了概述。

③ 在这一点上应该注意的是这些论证依据一项核心假设，即个人将依据他们的私人利益采取行动，这本身是许多经济理论的基础。某一个体为使个人财富最大化而采取行动，这常常被称为“经济理性”。“经济理性”是一个理论假设，如预期所料，这个假设受到关于驱动或激励人类行为因素的其他观点的支持者们的挑战。

者会减少按股份支付的股利。同样，在这种“理性”（自利）经济学视角下，人们认为潜在的债权人（如银行和债券持有人）会期望管理者采取机会主义的行动，这样债权人可以提供贷款，因此，在缺少保障措施时，债权人将向组织收取更高的贷款价格。[①] 也就是说，债权人将实施“价格保护”——以至于预见的风险越高，要求的回报就更高。

上面提到的期望（依据相当悲观的假设，即除非受到制约，否则所有人都会假定他人将为了个人利益而工作）能够增加组织的经营成本——吸引资本的成本将增加，这将对组织的价值产生消极影响。[②] 如果管理者持有组织的大量股份（也就是说，他们是某种类型的“内部”股东），那么提升公司价值符合管理者的利益——因为与从机会主义行为中直接获得的“战利品”相比，他们将从投资价值的增值中获得更多的经济利益。为了达到股份价值的最大化，管理者将自愿参与到和股东与债权人的契约中来，在契约中明确承诺不会实施某类管理战略，如可能和股东与债权人利益相冲突的战略。例如，管理层可能会和债权人达成共识，他们会保持未来的资产负债率低于某一百分比（这种观点认为，在其他条件相同的情况下，资产负债率越低，组织偿付债权人的违约风险越低）。为了保护债权人的资产，组织可能同意保证利润能够支付指定倍数的财务费用（即“利息保障倍数条款”）。至于担心管理者可能会“逃避责任”（可能是股东特有的担心，鉴于股东将享有任何由管理者行为产生的利润）的问题，组织可能要求管理者依据和利润挂钩的奖金来获得报酬，因此，利润（股东和债权人的利益）越高，管理者报酬越高。大多数私有公司将给予他们的管理者（特别是较高级的管理者）某种形式的利润共享（Deegan，1997），并将其列入与债权人签订的协议（如资产负债率的限定和利息保障倍数的规定）。

从上述简短的讨论中可以明显看出，这种契约协议和会计数据紧密相关（例如，根据利润的百分比支付管理者的奖金）。因此，一些自由市场观点的提倡者认为在缺乏监管时会有私人动机的激励来产生会计信息。也就是说，这一观点的提议者（依据代理理论，将在第7章进一步讨论）坚称，在外部所有者和内部管理者之间会（自然地）存在冲突，而且这些潜在冲突的成本会通过私人契约的程序和相关的财务报告来得到减免。[③] 不生成信息的组织将会受到吸引资本的相关高额成本的惩罚，这将损害那些拥有自己组织股份的管理者的经济利益。而且，可以根据涉及到的有关各方和现有的资产类型最有效地确定组织应该生成何种信息来增加外部利益相关者的信心（由此减少组织吸引资本的成本）。强制执行限制可用会计方法的规定（如禁止使用以前一些组织用过的某一折旧或摊销方法）会降低协商合同的效益效率，而协商合同原本可以减少代理成本。[④] 鉴于管理者会依据个人利益来采取行动的理论经济学假设，也存在一项契约性要求，即会计报告要接受外部人士的审计。这样的活动会增

① 关于管理者和债权人关系，损害债权人利益的行动包括：管理者支付过多的股利；承担额外的或水平可能过高的负债；使用垫付款进行风险投资，由此降低了还款的可能性。Smith 和 Warner（1979）对管理者和债权人之间的某些利益冲突进行了概述。

② 这种观点依据了“组织的价值是其预计未来净现金流入的现值”这一假设。资本成本的增加会导致未来现金流净现值的减少。

③ 这与“受托责任”这一常用的理念一致，即管理层有望说明其怎样利用所得到的资金。

④ 还有人认为，对于组织来说，如果他们能够使竞争者利用某些私有信息，强制的披露将耗费高额成本。Hakansson（1977）采用这个观点来解释因强制分部披露而导致的成本。

加数据预期的可靠性，反过来希望数据可靠性的增加可以减少外部利益相关者的预知风险，因此进一步降低组织的资金成本（Francis 和 Wilson，1988；Watts，1977；Watts 和 Zimmerman，1983）。也就是说，即使没有监管也可以进行财务报告审计，有证据表明许多组织在没有任何法律要求之前，确实进行了财务报告审计（Morris，1984）。①

因此，如果我们认可上述观点，就可以认为在只有有限的契约方出现时，减少监管才看上去是合理的，因为组织将会提供各种财务信息项目（在各种团体之间协商）。而且，各契约方认定有必要对这样的信息进行独立的第三方审计。但是，如果出现了众多相关方，私人激励会形成最优会计信息量的观点似乎就不成立了。如 Scott（2003，p. 416）所说：

不幸的是，尽管直接为生成信息而缔结合约或许在原则上没错，但是它在实务中却行不通……在许多情况下，为了保证契约可行，需要缔结合约的有关方过多。如果公司管理者要试图和每个潜在的投资者协商生成信息的合约，协商成本本身就会过高。除此之外，不同的投资者想要获得不同的信息，公司信息生成的成本也会过高。还有另一种选择，即如果管理者试图和所有的投资者签订同一份合约，这些投资者将不得不就其想要获得的信息内容达成一致。即使这种方式可以实现，考虑到不同投资者不同的信息需求，这个程序也会非常耗时和昂贵。因此，契约方式似乎只在有少量相关方时才可行。

与市场相关的激励

尽管“自由市场”（或反监管）的观点是基于私人契约视角，但也有人支持减少或消除以各种与市场相关的激励（主要与“经理人市场”和“公司收购市场”相关）为基础的会计监管。“经理人市场”观点（见 Fama，1980）依据管理者有效市场假说以及管理者先前的业绩会影响他们在未来时期的报酬（提供服务获得的），无论报酬来自于其现有雇主还是其他某处。该观点认为，即使没有用来控制管理层行为的监管以及其他契约要求，管理者也会采用使组织价值最大化的战略（这对其个人业绩有利），这些战略包括提供最优数量的财务会计信息。但是，该观点依据的假设是经理人市场有效运作，以及关于过去管理绩效的信息不只会被未来雇主知道，也会包括在未来工资中。同时假设资本市场在确定组织价值时是有效的，并且有效的管理战略将会反映在上涨的股票价格中。实际上，这些假设显然不总能得到满足。市场并不总是有效的。如果涉及的管理者快要退休，那么他们的服务在“经理人市场”中的未来市场价格可能就是无关紧要的了，在这种情况下，这一观点也不能成立。

“公司收购市场”的观点假设表现不佳的组织会被另一主体收购，随后现有的管理团队会被替代。在这种预知的威胁下，管理者会尽力使公司价值最大化，将外部人以低成本掌握组织控制权的可能性降到最低。“公司收购市场”和“经理人市场”的

① 正如 Cooper 和 Keim（1983，p. 199）指出的，有效的战略必须满足“审计师必须被看做是真实独立的，利用的会计方法和报告规定的内容必须经过充分合理的定义”这一条件。审计独立性的公众印象遭到破坏是由于最近揭露的事件，如 2002 年大型会计师事务所安达信及其在设计并审计了安然公司的复杂会计交易中发挥的作用（Unerman 和 O'Dwyer，2004），这会影响公司从已审计的财务报告中获得的利益。

观点都假设生成的信息是为了使组织的资本成本最小化，由此增加组织的价值。因此，这些观点假定管理层会知道提供信息的*边际成本*和*边际效益*，并且，与生产其他商品的经济理论一致，管理层提供的信息数量是在边际成本等于边际效益的那一点。披露会计信息符合股东的利益，也符合管理者的利益——两者的利益一致。然而，计算生成信息的边际成本和边际效益是困难的，并且假定大部分公司管理者具有确定这种成本和效益的专业知识也许在某种程度上也是不切实际的。

还有一种观点认为，即使没有监管，组织仍然有动机披露关于其财务状况及经营成果的好消息和坏消息。这种观点常常被称作“次品市场”观点（Akerlof，1970），这一观点认为在缺少披露时，资本市场将假定组织是一个“次品”。①也就是说，没能提供信息就等于是坏消息。因此，尽管公司可能担心披露坏消息，但市场可能估计公司不披露信息意味着组织要披露的信息是很坏的消息（要不然会被披露）。这个“次品市场”观点为管理者提供了在缺乏监管的时候发布信息的动机，因为不这样做会影响管理者的财富（也许以现有更低的报酬和经理人市场价值降低的形式）。也就是说，“非次品所有者或管理者有动机去沟通”（Spence，1974，p. 93）。

Skinner（1994，p. 39）借鉴了“次品市场”观点中的论点，并将其运用到最初的利润公告中，他说道：

如果管理者不能及时地披露坏消息，他们可能损失名誉成本。短期资本经营者、股东、证券分析师和其他投资者不喜欢负面的盈余消息。如果公司的管理者对潜在的盈余问题不坦白，这些相关者可能会把成本强加于公司。例如，短期资本经营者可能选择不持有公司股票，因为公司的管理者有不发布坏消息的声誉，分析家可能选择不跟进这些公司的股票……经济媒体中的文章建议短期资本经营者、股东、证券分析师和其他投资者在公司的管理者推迟发布坏消息时会把成本强加于公司。这些文章声称，如果公司的管理者有不发布坏消息的声誉，这样的公司更不可能被短期资本经营者和证券分析师跟进，由此会降低公司股票的价格或流动性。

回顾先前的研究，Skinner（p. 44）指出证据显示管理者自愿地披露好消息和坏消息预测。这些结果得到了他自己的经验研究支持，研究表明当公司运行良好时，管理者会“披露好消息”来区分自己的公司与那些表现稍差的公司，当公司运行不那么好的时候，管理者会披露坏消息，先发制人，这与“声誉效果”的观点一致（p. 58）。

Barton 和 Waymire（2004）提供的证据显示，在美国 1929 年股票市场危机之前进行高质量披露的公司股东在严重的股票市场危机时损失明显较少。在危机发生之前，普遍缺乏披露监管。支持会计监管的“自由市场”（反监管）方式的观点认为：

整体上看，我们的证据表明管理者响应投资者对信息的需求，管理者自愿的财务报告选择能促进对投资者的保护。也就是说，在发达的市场中，即使没有强制监管，经济效力也会为管理者提供发布有利的财务报告的动机。

这些作者认为，即使没有监管，经济效力也能够驱动管理者为投资者提供信息。

关于市场会惩罚那些不披露消息（可能是好消息，也可能是坏消息）的组织的

① 如果最初看上去或被认为（由于不充分的信息）与其他产品质量相同，但结果质量并不好，这样的物品被称为“次品”。得到“次品”是因为信息不对称，是卖方占优势的结果。

观点当然会假定市场知道管理者要披露特定的信息。正如在近些年发生的许多明显未预料到的会计失败案例（如安然、世通和帕玛拉特）中所看到的，这种假定可能不总是现实的，因为市场并不总是知道存在可以用于披露的信息。也就是说，如果出现信息不对称（不公平的信息分配），管理者可能知道一些坏消息，但是市场当时不会预计到任何信息披露。但是，如果随后未披露的可用信息为大家所知，那么市场则有望做出回应（有监管的时候，我们期待监管者有所反应，因为没有及时地披露信息可能触犯了司法中的特定法律）。同时，在某些时候，抑制信息发布（尤其是私有本质）符合组织的利益。例如，组织可能不想披露有关某些市场机会的信息，怕竞争者利用这样的信息。

综上所述，存在各种支持减少会计监管的观点或机制（包括私人契约、经理人市场、公司接管市场以及“次品市场”），因为即使没有监管，公司也有动机进行披露。至此，我们了解了一些支持财务会计实务监管的观点。

3.3 赞成监管的观点

在上面的讨论中我们了解了许多支持减少或消除监管的原因。最简单的一个观点是，如果人们真的想要某个组织的信息，他们就会准备付钱得到它（也许以减少他们要求的回报率的形式），供求的力量应该用来保证产生最优数量的信息。另一个观点是如果不能生成信息，那么主体的业绩会有更大的不确定性，这将会转化成组织成本增加（例如，如果某个组织缺少充足的信息，那么这样的组织将被视为是高风险的，风险较高的组织会发现其吸引资金的成本更高）。有鉴于此，人们认为组织选择通过生成信息来减少成本。但是，支持“自由市场”的观点依赖于使用者为生产和消费的商品或服务付钱。这样的观点在我们考虑“免费”或“公共”物品的时候站不住脚。

会计信息是一种公共物品——一旦可用，人们在使用它时就不需支付成本，并可以将其传递给其他人。使用商品或服务而没有支付相关的产品成本的一方被叫做“搭便车者”。由于搭便车的出现，真实的需求被轻描淡写了，因为人们知道他们能不花钱而获得商品或服务。那么，既然人们知道自己可能成为搭便车的人，就很少有人愿意购买商品或服务。反过来，人们认为这个进退两难的局面让某一商品或服务的生产者缺乏披露的动机，进而导致信息供不应求。如 Cooper 和 Keim（1983，p. 190）所述：

> 市场失灵在公共物品中发生，因为，既然其他个体（不付款）也能收到商品，价格系统就起不到作用。公共物品缺乏排他性，即如果价格系统不能将非购买者（那些不支付给定价格的人）排除在消费问题商品的人之外，价格系统就不能适当地发挥作用。

为了缓解这种供不应求，人们认为有必要实施监管以减少市场失灵的影响。[①] 在与信息产生有关的具体问题上，Demski 和 Feltham（1976，p. 209）认为：

> 信息不像焦盐脆饼条和汽车，个体的私人消费不一定会损坏或者甚至改变它……

---

① Scott（1997，p. 329）在提到信息供给时为市场失灵下的定义是“市场效力不能生成社会中‘正确的’信息量，也就是说，生成的信息量正好是当它的社会边际成本等于边际效益那一点”。

这个特点可能引发市场失灵。尤其是如果那些不支付信息成本的人可以使用信息，并且如果信息对这些“搭便车的人”有价值，那么信息就是一种公共物品。也就是说，在这些情况下，任何单一个人或公司生成的信息可以让任何人无须付出代价就使用信息……因此，较为聚集的生产方式或许是可取的。

但是，就像我们常常预计的那样，应该对“免费商品”的供给实施监管的观点持有反对看法。一些经济学家认为免费商品常常由于监管而过度生产。观点是公共部门（商品或服务的使用者）知道他们不必为免费商品付钱，而会过度强调他们对商品或服务的需要。这个观点也许可以用在投资分析师身上。他们常常是会计信息的主要使用者。如果他们要求增加需要更多披露的监管，他们往往会获得与为进一步生成信息而花费的成本不相称的收益。当考虑免费商品的消费时，一些人认为非使用者有效地补贴了公共物品的消费者，因为与其他团体一样，非使用者为产品的生产支出成本，却没有从商品的消费中获益。某一方（如分析师）一致游说的结果，反过来会引起所谓*会计准则超载*的出现，它产生了一种因公司妥协造成的成本。但是，如果我们不监管，那么随着“搭便车”的出现，就会发生会计信息供不应求的状况。显而易见的是，这不是一件容易平衡的事情，我们能够开始理解监管者发现自己处在一个艰难的位置上。会计头条 3.1 提到的“监管超载”与保险业潜在相关。文章的观点是为了应对保险公司（如澳大利亚兴业保险有限责任公司）严重经营失败，政府引入额外的监管加以应对（也许是过度反应）。如我们能想象到的那样，决定实施监管的“正确数量”是一项很困难的工作。

会计头条 3.1　被认为“监管超载”的例子

保险业忍受“监管超载”

Lisa Murray

在兴业保险公司因亏损53亿美元而破产之后已经过去4年有余，保险公司仍然就健全行业的新规则与监管者抗争，这些规则是用来确保不再发生像兴业保险公司这样的破产事件。

重要的保险业执行官（包括澳大利亚财险集团首席执行官麦克尔·霍克，澳大利亚昆士兰保险有限公司的首席财务官尼尔·德拉博斯科和 Promina 保险公司的首席财务官哈罗德·宾利）在周五的讨论会上说一些规则过于严格而且成本太大。

2003 年，澳大利亚审慎监管局先发布了一份关于新规则的讨论稿，阐明了兴业保险皇家专门调查委员会的建议。自那时起，审慎监管局在与业界多次讨论后发布了多项草案。监管者希望到2月定稿并发布新的审慎准则。

在新的体制下，保险公司将加强其公司治理并向审慎监管局提供大量列出其风险管理和再保险战略大纲的文件。同时，保险精算师还要签署一份财务情况报告。

“我们都在忍受增加的监管带来的成本，”德拉博斯科本周五说，“我们不喜欢，我们的股东也不喜欢，但我们不得不做。”

他警告说，一些小型公司不能应对这些多余的合规成本。

霍克说，保险业不得不小心应对“监管超载”。

宾利说，他最担心的是在风险管理战略报告中规定的细节水平，并质疑这是否值得努力。

在再保险合同中增加披露的会议上，审慎监管局也受到了打击。在美国国际集团丑闻以及对苏黎世保险公司和德国科隆再保险公司澳大利亚分公司的调查之后，融资再保险已成为保险业中的一个热门话题。

融资再保险不是违法的，但是如果不能正确地核算，它就有可能用来虚增利润。审慎监管局已经建议任何新的融资再保险合同要由监管者批准，在已有的合同中要注明更详细的信息。

审慎监管局主席约翰·雷克说监管者需要“在有效的谨慎监管和过度监管之间找到一个合理的平衡”。

《悉尼先驱晨报》，2005 - 06 - 18

监管者经常使用“公平竞争”理论来证明目前实行的规范是合理的。从财务会计的视角讲，这意味着每个人应该（依据公平）获得同样的信息。这是禁止组织内部人员交易的法律的依据，依据是财富不会或不应该简单地在各方间转移，因为一方能得到信息而其他方不能。① 实施较多的披露监管会增加外部股东在“公平竞争”条件下经营的自信心。如果这有助于建立或维持资本市场的信心，那么就常常认为是符合“公共利益”的。但是，我们总会留有这样的问题，即什么是社会上“正确的”信息水平。可以说，这一问题并没有确定性的答案。

许多理论都是以 18 世纪著名的经济学家亚当·斯密的成果（1776 年第一版，1937 年再版）作为论据支持会计监管自由市场方式的依据。亚当·斯密因“看不见的手”的概念而成名。“看不见的手”只在他的五册专著中出现过一次，在《国民财富的性质和原因的研究》第四卷中提及社会中的资本分配时写道：“每年收入……总是等于它的工业总产值……因为每个人都尝试利用他（她）的资本……每个人必定最大程度地利用资本……他只在自己的领域……他的个人所得……受一只看不见的手指引”。②

随后的自由市场的执行者利用“看不见的手”这一概念提出了“市场万能”的信念，主张反对政府参与，因为它“扰乱了自发的秩序和自发的社会”（Lehman，1991，p. xi）。也就是说，没有监管参与的情况下，由于个体追求他们的个人利益，就像是借助一只“看不见的手”，生产资源会自发找到其最有生产力的使用价值。一些作者进一步论证认为，让市场机制来控制活动确实会保护市场参与者。例如，Milton Friedman（1962，p. 82）说道：

市场组织的经济活动核心特征是会防止一个人在大多数活动中干预其他人。买家被保护不受卖家的胁迫，因为出现了能与之交易的其他卖家。卖家被保护不受买家胁迫，因为他能向其他买家销售商品。

这些观点忽略了市场失灵（如不公平使用信息）和权力的不公平分配。亚当·斯密关心在垄断情况下出现的特定问题，在这种情况下需求商品的价格可能受供给者影响。Collison（2003，p. 864）指出：

---

① 还有一种观点（Ronen，1977）认为过度的内部交易会侵蚀投资者的信心，这样市场效率会被损害。
② 这个引用来自 Lehman（1991）。

斯密……反对保护强势和特权者的立法，如授予针对消费者的垄断特权，或是通过立法使本已处于弱势的雇员处境更加艰难。他不劝阻保护弱势者的举措，也不反对监管本身。

斯密并不提倡没有任何监管干预。尽管自由市场的提倡者很少提起不受监管的自由市场可能引起的各种问题，但斯密实际上很清楚，他提过需要政府顾及公共利益以保护较弱的一方。正如 Lehman（1991，p. x）所述：

在第五卷第一章中出现的片段揭示了斯密对有害的意外（自由市场方式引起的）后果的担心。斯密提到，在劳动分工不断细化的过程中，大多数人的进步将是那些花费大量的时间进行简单劳动、没有创新、没有温柔的情感、不能判断、不能在战争中保卫国家的男人（女人）的进步。在每个社会，大部分人都会变成这样，“除非政府花代价阻止它”。

这个观点也得到 Collison（2003，p. 863）的支持，他说：

亚当·斯密清楚地知道自己所在的世界并不具备完全竞争的理想条件，他不反对政府追求公共福利的行为，实际上反而支持它，并且强烈地意识到资产阶级拥有过度权力的危险。

如果我们承认斯密的著作被误传为一部支持“自由市场”的专著（正如许多作者认为的那样），那么它为什么会被误传呢？Collison（2003）认为减少监管干预（如最低工资控制或披露要求）符合许多企业的利益。比如，他提供了这样一个观点：许多企业使用颇受欢迎的经济学家（如斯密、米尔顿·弗里德曼）的著作作为支持他们减少监管的论据的“宣传”形式。①②

Collison 指出，亚当·斯密预见到像弗里德曼等著名经济学家提出的论点以及“用于兜售给公众的公司宣传”这一观点。斯密提出警告，强大的经济利益会产生负面影响，尤其是在缺乏足够的监管或竞争而导致其不受约束的时候。根据斯密（Collison 转述，2003）所说：

贸易商人与工厂主的叫嚣和诡辩很容易说服……社会中某一部分，并且使某一下属部分的私有利益成为整个社会的通用利益（斯密，1776/1880，Bk I，Ch. X，Pt II，p. 101）。

换句话说，正如早在 1776 年斯密就写到的，可以预见企业经理会把企业组织的利益所在视作整个社会的利益所在——这一观点在 230 多年后的今天仍有耳闻。也就是说，如果企业得到发展，社会就会繁荣，这一论证符合经理们的利益。这一观点与监管的经济利益理论一致，我们在本章的后面会讨论到。

企业如何根据“使企业受益的也将使社会受益”这一观点反对监管需求，关于这个问题我们可以参考最近一项澳大利亚政府对公司社会责任的调查及其相关报告。在 2005 年，联邦政府通过公司及金融部门议会联合委员会（PJCCFS，在 2001 年澳大利亚《证券和投资委员会法》的支持下成立）进行了一项*公司责任调查*，向公众

① 其他作者（如 Carey，1997）已经论证了许多大型公司能影响学术界（通过提供资金）来支持某一观点。学术研究的结果而后被提供给政府去证实或支持某一立场。

② Collison 还认为其他受尊敬的经济学家的著作也被既得利益者歪曲了。例如，Berle 和 Means（1937）的著作已“变成财富的所有者和控制者之间的利益冲突的代名词，而他们曾明确表明两者要屈服于更大的利益……他们将公共政策而不是自利作为分配公司收入流的合理机制。与亚当·斯密一样，他们的名字也与某一特定事项错误地联系在一起了”。

征求意见，公众的意见反馈截止到2006年初。调查的目的是考虑引入更多有关公司社会责任及相关报告（第9章研究的问题）的监管规定所带来的优点。Deegan和Shelly（2007）分析了公众反馈的意见。总之，分析表明，绝大多数公司及相关协会支持反对监管（“自由市场”）的方式，据此公司可以自愿决定其社会责任及有关说明，公司的观点是市场最终会惩罚有不良社会和环境记录的组织（即商业组织认为如果市场中的参与者希望某家公司在社会和环境活动中能有出色的表现，但随后该组织的表现没有与期望中的一致，那么市场的参与者就会惩罚该组织）。例如，Deegan和Shelly引述了澳大利亚大型保险公司之一——昆士兰保险有限公司的调查回函。昆士兰保险有限公司称：“在市场这一自然机制下，公司社会责任会继续蓬勃发展。”

把市场看做“一种自然机制”是种很有趣的观点。与此形成鲜明对比，向调查回函的社会和环境组织、消费者协会、工会以及个人都倾向于接受支持监管的观点。他们认为，需要实施监管来保护不同利益相关者的利益，当只有市场这只“看不见的手”时（而不是当以“开明的自利”说服公司时），公司不会以“公众的利益”来经营。

Deegan和Shelly特别提到了不同组织调查回函中的声明。其中特别有趣的是一封西澳大利亚工商会的回函。商会特别批评了引入关于公司社会责任及相关报告的立法，称：

首先，自由市场这只“看不见的手”能够交出比企业领袖的良好意愿更令人满意的经济、环境和社会答卷，企业领袖的良好意愿受到法律、动机和利益相关者责任的适当支持，而它（号召采取监管以要求公司从事特定的社会活动并提供其社会和环境绩效的有关信息）却表示对“看不见的手”的能力缺乏信心……但是那些怀疑市场能力的人从未能够指出在哪一个经济体或社会中“看得见的手”运作得更好，无论这只手是由国家、多元化的利益相关者还是意愿良好的企业领袖操控的。

……强制披露公司社会责任的拥护者以及利益相关者权利的支持者们会妨碍商界在能力范围内为经济和社会做出有价值的贡献。

有趣的是，大量的调查回函会特别提到亚当·斯密的著作（以及“看不见的手”）来证明他们的反监管观点。Deegan和Shelly还发现企业组织的许多回函暗示引入立法有损澳大利亚的利益，因为这会“压制”在社会和环境报告中任何形式的创新。例如，澳大利亚企业经理学会的回函中称：

澳大利亚企业经理学会认为，在澳大利亚，公司社会责任报告尚处于起步阶段，强制采取任何特定的方法都很可能会压制企业的创新和实验，并造成董事和管理层只管服从的心态。

Deegan和Shelly对引入强制报告要求会压制创新的观点提出了质疑。他们认为，监管仅仅规定了最低程度的披露，而组织会选择披露更多。

Deegan和Shelly提出的证据表明企业组织普遍反对引入不同形式的立法，而企业领袖也普遍认为，如果社会期望公司采取某种行动，公司就会采取这项行动，因为如果不这么做就会增加组织的成本。例如，如果社会期望公司采用高标准的环境绩效，而后却显示公司在破坏环境，消费者就会选择不购买该公司的产品，银行不会向其提供贷款，人们不想为这家公司工作等。争论的观点是监管并非必要，却确实妨碍了市场的“自然功能”。市场被看做惩戒业绩不良的经理们最有效的机制。

记住这些观点，人们期望受“开明的自利”驱动的企业会对社会的担心做出回应。[①] 有趣的是，在公司社会责任调查接近尾声时，政府决定反对引入专门辨别公司社会责任的监管。为了使无需引入额外立法这一结论合理化，调查的最终报告专门提到了允许用“开明的自利”引导行为的益处（PJCCFS，2006，p. xiv）：

委员会赞成对这种“开明的自利”的解释。收到的证据表明已经开始对自己的行为承担责任的企业所受的驱动明显来自公司的利益……公司将维护和提高声誉作为重要因素，其中的大多数意识到当公司声誉遭受影响时会产生巨额的企业成本。证据还强烈表明“开明的自利”会协助公司凭借自身的努力吸引并留住高质量的人才，尤其是在如今劳动力市场紧张的情况下。

因此，政府在公司社会责任的问题上明确支持反监管的方式，或许是受到了本章中讨论的“自由市场”观点的影响。不足为奇的是，许多批评政府决定并支持引入监管的个人和集体或许是受本章讨论过的“赞成监管”的观点影响。[②] 正像本书贯穿始终所强调的，针对不同的问题存在不同的观点，而我们现在讨论的是监管的优缺点。我们个人是否支持其中某种方式依据的是我们自己的价值观，以及我们是否准备好接受“自由市场”的支持者或是那些“赞成监管”的支持者提出的观点（以及理论）。

会计头条 3.2 再现了一篇提到亚当斯密著作的报纸文章。这篇文章介绍了养老金行业的监管，并讨论了一些支持和反对这项监管的观点。

会计头条 3.2　一些支持和反对行业监管的观点

有效监管是一种挑战

Tim Hughes

每个追求自我利益的人都遵照全社会的利益行事。

这是资本主义经济成功的一个最基本的前提，是由现代经济学奠基人亚当·斯密在 1776 年编著的颇具开创意义的《国民财富的性质和原因的研究》一书中提出的。

背后的真实想法是每个人尽最大努力发挥自己的有利条件来创造推动整个经济以最佳的可能方式进步的能量、效率和竞争。

当然，也有许多人试图通过各种形式（如误导、欺骗、完全违法的行为或滥用市场权力）在其所处环境中增添不公平的优势。

这就是为什么公司法律和监管对经济的有效运作及国家财富的最大化是至关重要的，当然，前提是它们试图在斯密写到的经济主体之间加强而非限制这些重要的竞争性力量。

但是，公司法明显对所有参与的公司是一个巨大的挑战。一家澳大利亚的主流公

---

① Deegan 和 Shelly（2007）记述了一个“开明的自利”的例子。Origin Energy 公司在调查回函中称：“成功的企业通过考虑‘更广泛的’责任获得竞争优势，而这些责任在特定的立法中并未涉及到。忽略这些广泛责任的企业在产品或投资市场无法获得优势，并且会由于声誉受到影响而遭受价值的损失。”

② Deegan 和 Shelly（2007）记述了一个“赞成监管”的例子，大赦国际在调查回函中称：“许多澳大利亚企业在经营过程中根本无视它们所在的环境和社区。很显然没有一种所谓的对公司渎职的控制——开明的自利、开明的股东价值观、国内公司声誉、自愿承诺、个人道德——足以用来防止这些事件的发生。”

司最近告诉我要遵守2 000多条立法和规范。这不是一项简单的工作。

在养老金行业所涉及到的各方之间正酝酿着一场激烈的战争。这是一个针对各种破坏效率的行为的成熟战场，它正频频到来。

首先是高收费。受利润驱使的养老金服务商试图利用监管者来阻止目前非营利行业的养老金服务商利用电视进行的推广活动。

鉴于商业基金的投资部门握有行业基金的一些款项，并且每年有几百万美元的收费，这导致了一些相当丑陋的情形，如一些行业基金暗示威胁更换经理以明确表达自己的不满。

最近，澳大利亚证券投资委员会十分惊人地发现理财规划师不一定会向养老金客户提供独立的建议。

还有所有不那么明显的骗局。

足够明显的是，如果我们的监管者要使基金选择模式生效，他们将面临着一个非常大的挑战。因为事实上这会涉及到每个正在工作的澳大利亚人，而且在澳大利亚，养老金总额接近1万亿美元，这不是件小事。

没有人能反对养老金的选择。但是，到目前为止，养老金拥有澳大利亚经济中最多的储蓄资金，因此应尽可能有效地将其运用到投资领域，这对澳大利亚经济的未来很重要，也意味着需要发挥法律的效用。

还有一些最近发生的其他例子，我们的公司和养老金监管者似乎远远落在这场较量之后。

（作者 Tim Hughes 是*Value Capital Management* 的一位董事。）

Courier - Mail，2005 - 08 - 08

在此，我们只简要回顾了自由市场和赞成监管的观点。这一观点对于许多活动和行业来说是在不断发展的，许多既定利益者提出了许多不同并常常冲突的支持或反对监管的观点。这个观点常常成为全世界许多大学的经济学和会计学系讨论的热门话题。你认为财务会计是否应该受到监管？如果是，应该实施多少监管？

会计头条3.3中所述的是在后安然时代的一个关于“监管还是不监管”之争的观点，这一观点认为监管会导致市场无效。它对不断增加的会计规范是否能有效保护投资者提出了质疑。

会计头条3.3　关于会计监管的观点

IEA的研究表明会计的过度监管将造成未来安然事件

提起最近发生的安然和世通丑闻，英国克兰菲尔德商学院的金融与会计学教授大卫·迈德尔顿认为，由于会计监管的力度加大，在未来这样的事件发生的概率会变得更大，而不是更小。英国和欧盟越来越多地效仿美国的失败做法，对公司应该怎样生成账目做出详细的规定。

Myddelton在《解放会计人员》一书中写道：“在9年里，会计监管的规模从一个已经很高的水平又进一步增加了150%，这对公司造成了巨大的成本，却没有任何相应的收益。”有时候监管者强加的准则是错误的，甚至是相当危险的。

Myddelton 强烈批评通过职业团体、国际组织和政府监管者强制实施的新规范，如国际准则。他指出，激进的新会计方法不会被职业界普遍接受，并且可能使得风险更大的财务和会计丑闻出现。

至少，日益增多的会计规定给使用者一种安全的假象，并且防止审计师和会计人员使用他们的判断来确保账户能合理说明公司的财务状况。账户的使用者应该理解这些新规定附有“健康警告”，在解释账户时要多加谨慎。增加的会计监管使责任不再由使用者承担，这使其产生了一种安全的错觉。它同时也阻碍了新的以及更好的会计实务的发展，以应对不断变化的世界。

IEA，新闻稿，伦敦，载 www. iea. org. uk，2004 – 06 – 25。

我们已经讨论了支持和反对监管的观点，现在将了解一些解释为什么要实施监管的理论，并讨论人们认为哪些利益相关者会从监管中获益。下面的理论有助于我们理解为什么在特定的情况下会做出立法改革的决定。例如，根据 Barton 和 Waymire（2004，p. 67）的观点：

1929 年 10 月市场崩盘被看做美国历史上最严重的财务危机（Galbraith，1972）。随后的 5 年内是美国历史上财务报告要求产生最广泛变化的时期。

但是为什么会有这种改革？Barton 和 Waymire（2004，p. 69）进一步阐述道：

监管者常常引用投资保护作为在财务危机后制定更严格的财务报告要求的理由。以投资者保护作为依据有很长的历史，至少可以追溯到 19 世纪，在大批公司破产后，英国通过的立法就以投资者保护作为依据（Littleton，1933，pp. 272–287）。在美国，以投资者保护作为财务报告要求的合理依据出现在 1929 年股市崩盘之后，体现在 1933 年《证券法》和 1934 年《证券交易法》中（Pecora，1939；Parrish，1970）。证券法旨在保护投资者在为具有分散所有权结构的公司提供融资的大型证券市场中不被熟悉情况的交易者剥削（Berle 和 Means，1932）。最近，随着过去几年股市下跌，美国国会和证券交易委员会（SEC）引用投资者保护作为最近制定的报告规则的依据（美国众议院，2002）。以投资者保护作为财务报告监管的依据，这一做法暗示较高质量的报告会在最近的危机期间减少投资者的损失，以及管理者缺少自愿提供更高质量财务信息的动机。①②

但是，立法者以保护投资者作为引入新立法的理由，这意味着投资者保护是他们的*真正*动机吗？他们有其他私人的动机吗？下面的理论将从不同的角度来说明为什么发生了“广泛的变化”。例如，*监管的公共利益理论*会认为这种监管的变化是为了迎合公众的利益——这和投资者保护类型的观点一致。与之形成对比，*监管的经济利益理论*认为实施监管是让在遭受巨额损失的重压下的监管者们看上去并非毫无用处，这会帮助他们维持监管者的地位（由此帮助他们保留相关的收入）。在这种解释下，引入立法主要是为了迎合负责引入立法的人的*私人利益*，而很少关注公*共利益*。正如在

① Barton 和 Waymire（2004，p. 70）的观点和会计信息的自由市场方式一致。他们指出：“当然，强制的披露要求不必是投资者保护的唯一来源——自利的管理者自愿提供信息来减少代理成本（Jensen 和 Meckling，1976；Watts 和 Zimmerman，1986）和证券市场中的信息成本（Dye，2001；Verecchia，2001）。”

② 有趣的是，美国证券交易委员会网站在 2009 年 1 月公布：“美国证券交易委员会的任务是保护投资者，维持公正、有序以及有效的市场，促进资本形成。”有趣的地方在于 SEC 的使命并不包括对利益相关者而非投资者（如当地社区、雇员等）的责任。或许有种观点认为如果“投资者”受到保护，社会中的其他人也会受益。我们将在第 9 章更全面地探讨这一问题。

整本书中所强调的，可以从不同的角度看待同一现象：一些学者认为引入立法符合公众的利益（公共利益理论中体现的观点），而另一些学者则认为这样做能够更好地迎合那些控制引入立法的人的私人利益（监管的经济利益集体理论）。

3.4 公共利益理论

Posner（1974，p. 335）指出，公共利益理论“认为提供监管是对公众要求纠正无效或不公正的市场惯例而做出的回应”。也就是说，监管的最初实施是为了使整个社会受益，而非某一既定的利益，监管机构被看做一个中立的仲裁者，代表其所在的社会的利益，而非监管者的私人利益。[①] 人们认为法律的颁布在社会利益和监管的社会成本之间起着平衡作用。将这个观点应用到财务会计中，并承认资本主义经济存在，社会需要对资本市场能有效地将资源分配至生产性资产抱有信心。监管被认为是创造这种信心的工具。

许多人批判该观点对为何引入监管的解释过于简单（例如，Peltzman，1976；Posner，1974；Stigler，1971）。Posner（1974）质疑了“经济市场极度脆弱，如果置之不管就会无效（或不公正）的假设，以及政府监管实际上无需付出代价的假设”（p. 336）。Posner 也批判了“引入立法通常最初是为了公共利益，但仅是由于政府不称职、错误管理或缺少资金而未能达到目的”这一观点。如 Posner（p. 337）所述：

> 有许多证据表明，社会大众不愿看到的监管结果却常常是在确立监管计划的立法实施中有影响力的群体希望看到的……有时监管的法令法规本身揭示了一个明白无误的目的，这一目的是不按照公共利益改变市场运行的方式……用来证明监管机构错误管理的证据不具备多少说服力，这令人惊讶。其中大部分与竞争的理论一致，认为典型的监管机构在运作中具有合理的有效性，却处心积虑地要达到无效或不公正的目标，而这些目标是由设立该机构的立法机关设定的。

经济学“自利”假设的拥护者之所以不赞成有关方实施任何立法，是因为他们由衷地认为这样做符合公共利益。相反，他们认为立法者实施立法可能只是因为这样做会增加其个人的财富（也许是通过提高他们连任的可能性来实现），人们只会出于个人私利为某一立法游说。显然，与大多数理论假设一样，这个私利假设并不总能站住脚（希望如此!）。我们将在本章后面的内容中学习监管的私人利益团体理论。在随后的部分我们将讨论监管的俘获理论。俘获理论与监管的私人利益团体理论不同，它承认监管最初可能是为了公共利益而施行的，但认为监管终将受控于理应由它控制的群体。

3.5 俘获理论

接受俘获理论的学者（俘获理论家）通常认为，尽管引入监管的目的是保护“公共利益”（前面简要介绍的公共利益理论中的观点），但这一值得称赞的目标最终不会实现，因为在引入监管的过程中，受监管的组织最终会控制监管者。受监管的行业会试图控制监管机构，因为他们知道监管者的决定会对行业产生潜在的重大影响。

① 这个观点不会被“理性经济人假设”的提倡者认可，因为他们认为激励所有活动（包括监管者和政客们的活动）都主要是个人财富最大化的愿望，而不是按公共利益行事的理念。

受监管的各方或各行业会试图控制（俘获）监管者，旨在确保监管者（俘获后）后续发布的监管措施对该行业有利。最近的一篇题为《航空业‘俘获了’安全机构》（《堪培拉时报》，2008－07－04）的新闻报道是有关监管俘获的例子，文中写道：

为澳大利亚民用航空安全局（CASA）效力20多年的前高级法律顾问指控监管者与监管对象关系太过密切而没能做好安全监管工作。Peter Ilyk于2006年离开安全局，他在议会对CASA管理和治理的调查中称CASA已经被行业“俘获”，这使其不愿意果断地处理缺乏安全条例的民航营运者……另一位前成员Joseph Tully曾是通用航空的政策经理，于1年前离开，他也认为CASA与行业走得太近。Tully说：“当你是监管者的时候，必须保持与行业的距离……在过去几年，我们越来越像合作者，而不是监管者。”

另一个监管俘获的例子来自《悉尼先驱晨报》（2007－04－20）中的一篇题为《更多酒精，反倒常常不是日益严重的问题的解决之道》的新闻报道。这篇文章中说道：

最近由新南威尔士州犯罪统计局发布的研究表明，在过去的两年中，州内不断增加的刑事犯罪只有恶意破坏财产罪。该局的其他研究发现，这些犯罪案件中绝大多数都是酒醉男子于周末晚间在有酒类许可的场所附近实施的犯罪……新南威尔士（与其他州政府）已放开了酒类许可的禁令，因为竞争委员会裁定其“有违竞争”，也就是说，这些禁令不允许有许可证的酒类零售商通过延长交易时间来竞争，还因为对新许可证发放数量的限制成为了市场进入者的障碍。像买卖其他商品一样买卖酒类使得在我们的城市中出现了越来越多的24小时营业的酒类许可场所、更多的酒吧和俱乐部……州和联邦政府与酒类行业成为了“合作伙伴”，改变了饮酒文化并减少酒类相关问题，这导致“监管俘获”，政府越来越多地接受行业对问题的诊断和首选的补救措施……州政府非但没有依据独立研究提供的建议，反倒是接受了行业提出的随时都可以喝酒这样一个自相矛盾的说法，行业认为这样做可以减少酗酒和公共秩序混乱……州政府应该吸取酒精峰会的教训，避免这些问题进一步恶化，收紧而非放开酒类监管。如果政府因酒类游说组织在最近的选举活动中的慷慨支持而选择对其奖励，我们希望犯罪统计局有必要的资金来估计更多的酒精自由化政策对未来的恶意破坏和攻击犯罪率的影响。

很显然对于一个行业来说，如果它能够“俘获”监管机构，就会有经济利益（如航空业或者酒类行业）。根据Mitnick（1980），至少有5种方式能使受监管的主体或行业俘获监管机构（Mitnick，1980，p.95，引述Walker，1987，p.281的内容）：

（1）如果受监管的利益集团控制了监管和监管机构，俘获会发生；

（2）如果被监管者成功协调了监管机构的活动与他们的活动，他们的私人利益就会得到满足；

（3）如果被监管者以某种方式设法使监管机构中立或使其毫无作为（或业绩平平）；

（4）如果在与监管者相互作用的微妙过程中，被监管者成功地（或许不是故意地）使监管者成为自己的一员，使其从被监管者的角度看事情，监管者就会给予其想要的监管；

(5) 如果奖励制度的基础结构完全不依赖于监管者或被监管者正式的或有意识的愿望，这一结构会让贪污或不称职的监管者不可避免地成为被监管者的利益共同体。

在许多情况下，尽管可以从保护“公共利益”的角度解释监管的实施，人们仍然认为对于一个监管者来说，很难做到与被监管者或行业保持独立，经过一段时期幸存的监管机构通常都是依靠满足被监管者或集体的期望。此外，相对于监管者而言，行业握有的总资源越多，监管者最终不能维持独立性的可能性就越大。

有证据表明基于公共利益实施的监管是为了削减石棉的使用，而生产石棉的行业却能够继续经营，对此现象会计头条 3.4 发表了评论。证据表明，石棉产业能“俘获”监管程序，由此允许石棉继续被使用——对行业有利，却对社会有害。

会计头条 3.4　规制俘获的案例

石棉：关键问题还没有得到解答

Alan Mitchell

石棉的危害曾在20世纪20年代出现过。为什么历届政府都没能保护公众？英国《金融时报》艾伦·米切尔提出疑问。

问题是对詹姆士·哈迪的调查不会回答这个问题。为什么历届联邦政府和州政府都不采取行动而任由成千上万的澳大利亚人暴露在石棉的毒害下？

要想避免今后再次发生类似的灾难，我们就必须回答这个问题。

从表面上看，在澳大利亚、美国和欧洲，石棉的历史似乎是“监管俘获”的里程碑似的例子。监管俘获是一种很普遍的现象，就是监管者、政府、监管机构和专业机构更多地认同原本要监管的人的利益，而较少认同原本要保护的人的利益。

在石棉这个问题上，澳大利亚政府似乎领先于美国和欧洲。《经济展望杂志》春季版上，加利福尼亚大学圣地亚哥分校经济学教授米歇尔·怀特指出，美国联邦政府和州政府没能保护他们的公民免受石棉的伤害。

根据怀特所说，医生们确认接触石棉会引发疾病，20世纪20年代英国的医学杂志命名并描述了“石棉沉着病”。几乎同一时期，美国和加拿大的保险公司就停止向石棉工人销售人寿保险。

早在20世纪30年代人们就知道在许多用途上石棉有更安全的替代品，但是美国石棉消耗量在1974年达到高峰。

在美国，从20世纪30年代开始工人们可以得到补偿，但是石棉生产者成功地游说州政府，制定了低水平的补偿并对补偿资格加以限制。在20世纪70年代，新成立的美国职业安全与健康管理局（OSHA）开始监管工人对石棉的接触。但是，当有调查显示新的监管十分松懈时，OSHA的回应并不积极，据说是由于业界的关注。

在20世纪70年代末，美国消费品安全委员会向制造商施加压力，要求他们从像吹风机这样的产品中自愿地去掉石棉，但是这些努力在里根当政时期被制止了。在20世纪80年代末，美国国家环境保护局提出禁止使用石棉，但是这项禁令在1991年被联邦法院以技术理由推翻，环境保护局没有再提出上诉。

怀特的结论是美国政府并不急于限制石棉的暴露程度是因为大的石棉生产者能够俘获监管机构。

但是，即便监管如此失败，美国的做法似乎也大大优于欧洲。在欧洲石棉的暴露程度更高，石棉消费量的下降速度更缓慢。

在欧洲，间皮瘤的死亡率几乎是美国的两倍，而美国的死亡率似乎已经达到顶峰，但欧洲国家的死亡率预计在未来20年还会加倍。

这个问题在美国几乎已经是监管俘获的例子。但是，美国法院判定的损害赔偿好像遏制了石棉的使用。

澳大利亚的情况如何？一直到1966年，澳大利亚一直都是青石棉的主要生产者。青石棉是石棉纤维的一种，具有间皮瘤的高致病性。在20世纪60年代，澳大利亚是人均硅酸镁石棉消费量最高的国家之一。

澳大利亚生产力委员会在其2004年工人赔偿报告中发现，"石棉问题是管理层对疾病发生反应迟缓的绝佳例证"。

"虽然20世纪50年代就有合理的科学知识阐述工人暴露在石棉下的风险，但是直到晚些时候，澳大利亚政府才通过立法控制石棉的使用。"

参加委员会调查的人抱怨说，对工作场所中化学品危害的管制，政府依然执行缓慢。

从石棉的历史中，我们能汲取什么教训？

最重要的一点是我们不能完全信任政府和监管当局。当我们限制法院和机会主义的律师时我们要深思熟虑。多年以来，在美国，他们似乎比政客们更有效地抑制了石棉的使用。

也许我们应当警惕我们的政治家们反反复复的尝试，他们试图将澳大利亚媒体的所有权集中在少数几个友好的工业家手中。

《澳大利亚金融评论报》，2004-08-09

在不同时期，在不同的司法管辖区内，人们都认为大型的会计师事务所已经俘获了会计准则制定程序。在美国就有这样的担心，1977年，美国议会调查了（当时）八大会计师事务所是否"俘获"了准则制定程序（Metcalf 调查）。在澳大利亚，Walker（1987）认为澳大利亚会计准则审核委员会（随后被澳大利亚会计准则委员会取代）显然被会计职业界"俘获"。① 他引用各种证据来支持这个观点，并在其形成的两年中得出如下结论：

职业界设法影响委员会的程序、优先权及其发布的文件。它控制着监管内容和监管机构；它设法达到其活动的协调性；它看上去已经影响了新委员的任命，以至于几乎所有的委员会成员都有理由被认为与职业组织有某些共同利益（Walker，1987，p. 282）。

正如我们所知，俘获理论的支持者常常认为实施监管或设立监管机构通常是为了保护公共利益。例如，从会计的角度来看，通常建立新的监管系统和政权是为了回应

① Walker 在1984—1985年是ASRB的一名成员。他记录了对ASRB的案例研究，在评论这一做法的动机时，他说（p. 285）："主要是为了强调一系列允许广泛磋商和参与的准则制定安排被一些有人缘儿的好心人推翻了，他们在试图增加资深会计师的利益。"

著名的会计丑闻，因为公众由此遭受了财务损失，而有人认为新的监管有助于阻止会计失败再次发生。就像在19世纪30年代初期美国证券交易委员会的成立是对1929年华尔街危机的回应；继20世纪60年代末一些大型英国公司会计丑闻带来的消极的公共反应，70年代初期英国成立了会计准则指导委员会；在20世纪80年代末发生的更大规模的会计失败之后，1990年英国成立了会计准则理事会；在21世纪初期的安然、世通、帕玛拉特和其他公司会计丑闻之后，许多国家实施了更严格的会计和公司治理规范。尽管举棋不定的监管机构常常被描述成“客观的”和“独立的”，但过去，监管机构的成员主要是职业会计师和财务经理（这些监管机构身为账户编制者理应得到监管!），而Walker（1987）认为这是监管俘获的重要因素。但是，最近几年的趋势是确保会计监管者获得更大的独立性。例如，国际会计准则理事会（IASB）的14位成员都是全职的并且只为理事会工作，他们被要求切断和以前雇主的联系。他们也受另一董事会委任，这些董事代表各部门利益，并且都同意将以公共利益（而不是个人利益）行事。这可能有助于为IASB的准则制定程序赋予超然无偏的客观形象（将在下一章讨论），应该记住的是IASB的成员仍然大多数是资深的专业会计人员，他们的看法势必在一定程度上受到过去的经验和训练的影响。在这些情况下，有理由质疑会计准则制定程序是否能做到独立无偏。

回到Walker对在澳大利亚“俘获”会计准则制定的分析，Walker认为在ASRB成立之前，会计准则由会计职业界发布，对于不服从（很少强制执行）的制裁只能针对职业界的成员。Walker（p. 270）指出，在整个20世纪70年代（在1984年ASRB建立之前），政府机构的监控活动揭示了在许多情况下职业界提倡的会计准则并未得到遵守。① 有人认为这一结果降低了公众对资本市场的信心，这本身就不符合公共利益。政府提倡的准则带有相关的法律制裁，应该会使更多的公司遵守，由此增加公众对公司报告实务的信心。有趣的是，在20世纪70年代，职业界承认许多公司不遵守其制定的准则，但是认为最好的选择是给予职业界制定的准则自动的法规支持（由此增加准则的“效力”，但是让准则制定程序归职业界掌管）。

尽管有关ASRB（政府机构）成立的讨论仍在继续，但各方均建议政府应该考虑制定法定会计准则而不是交由会计职业界制定准则，还建议应该赋予ASRB权力来决定各种准则制定问题的优先顺序，同时还要任命一位“研究理事”。会计职业界强烈反对这些动向，如同反对政府要亲自（通过ASRB）参与到实际的准则制定中。会计职业界想继续控制准则的制定，而不是把这一权力交给政府。根据Walker（1987，p. 271）的观点：

> 会计职业界强烈反对政府参与会计准则的编制这一“代价高昂并且可能带有官僚主义的举措”，并公开发表了反对意见，认为在公司法和法规的第7条中现有的规则应该被废止，还应该通过立法支持职业界制定的准则。英联邦律政司关于成立ASRB的文件（副本可以取自英联邦信息自由法）记录了全国公司和证券委员会（NCSC）主席Leigh Masel的看法，他认为这些都是“会计职业界的联合游说”。

根据Walker的描述，Masel在发给英联邦政府部长理事会成员的电文中劝告说，

① 按照Walker所讲，新南威尔士州公司事务委员会回顾了8 699家公司在1978—1982年的财务报告，结果发现有3 528家（41%）未能遵守一条以上职业界制定的会计准则。

NCSC 收到了反对职业界提议的意见。电文中说：

在与一些回函者讨论后，我特别担心如果会计职业界的提议被采用，职业界的地位和收入会有效地受到法律的保护，而没有相应提高对他们的公共报告和受托责任的要求。原因显而易见，职业界中有许多人欣然接受立法所带来的安全的避风港。

在回顾这些论证之后，Walker 认为，“可以将 ASRB 早期的历史作为监管俘获的案例研究”。他提供了如下的证据（p. 282）：

1. 在理事会成立之前，会计机构通过游说来确保政府机构（ASRB）不具有独立的研究能力，主席不是学术专家，要配备一名政府官员而不是研究理事（这些都削弱了 ASRB 的能力）。上述目标都实现了。

2. 1984 年，理事会根据公众意见确立了优先次序。截至 1985 年 11 月，理事会的议程表明澳大利亚会计研究基金会（AARF，它是一家由会计职业界资助的专业性的捐助机构，也就是说，直接受会计职业界控制）暗示其准备提交的准则；1985 年 12 月，新的 ASRB 程序保证“只有在与澳大利亚会计研究基金会（职业界自己的研究机构）商量后才能制定优先次序”。

3. 1984 年，理事会发布了一系列程序（Release 200），其中将澳大利亚会计研究基金会和其他利益团体置于相似的地位。相应地，理事会拒绝将之前由澳大利亚股东联合会提交的一份准则放在它的议程中，原因是联合会没有提供 Release 200 要求的所有支持文件和版权转让。但在 1985 年 11 月，ASRB 的广告宣布理事会将重新考虑尚未递交给澳大利亚会计研究基金会的一系列准则；理事会尽管放弃了 Release 200 对会计研究基金会的要求，但仍继续对澳大利亚股东联合会施加 Release 200 的要求。1985 年 12 月，ASRB 报道说，它对准则采取了“快速通道”程序，但 6 个月之后只对会计研究基金会的提议采取了这种程序，对其他来源的建议则执行了更苛刻的规定。

4. 在理事会成立之前，人们认为 ASRB 独立于会计职业界，并代表社会各界的利益。1984 年，理事会成员来自澳大利亚工会理事会、澳大利亚股东联合会和澳大利亚商业银行联合会中的提名者。1986 年，理事会成员包括两位澳大利亚会计师协会的前任全国主席①（其中一位是澳大利亚会计研究基金会的会计准则理事会现任会员），一位澳大利亚特许会计师协会的前任全国主席，一位澳大利亚会计师协会的前任州主席，一位澳大利亚会计师协会的州议员（也是澳大利亚会计研究基金会的前任主席），一位澳大利亚会计师协会的委员会工作的学者，仅有一位（澳大利亚联合股票交易所的执行董事）与会计职业界没有任何关系。

Walker（p. 282）在总结有关 ASRB 的“俘获”时评论道：

在 1984—1985 年，职业界已经确保 ASRB 毫无作为，1986 年伊始，职业界设法影响理事会的程序、优先次序和成果。它控制着监管内容和监管机构；它还设法实现了与 ASRB 活动的合作；职业界似乎已经对新成员的任命施加影响，以至于实际上理事会的所有成员可能都与职业协会有某种共同利益。ASRB 仅在 24 个月内就已经被职业界“俘获”。

---

① 澳大利亚会计师协会后来变为澳大利亚注册会计师协会。

Chand 和 White（2007）也考虑了监管俘获的问题。在这方面他们阐明了政府参与会计准则的制定程序，还阐明了澳大利亚为什么设立财务报告理事会来监督澳大利亚会计准则理事会的活动。Chand 和 White（p. 612）说：

一些司法系统（尤其是在美国和澳大利亚）已将监管程序纳入政府旗下，以消除或避免其被职业界俘获。例如，美国通过萨班斯法案采取措施加强监管者的独立性（Herz，2002；Schipper，2003）。同样，在澳大利亚，1997 年引入了新的准则制定安排，包括成立财务报告理事会来监督澳大利亚会计准则理事会（Haswell 和 McKinnon，2003，p. 10）。在这些国家，这样的补救措施被视为是必要的，这表明监管程序可能已经被俘获了。

会计头条 3.5 给出了另一个可能是监管俘获的例子。它提到，在英国被认为是与酒类行业有关的监管俘获（有人认为与之前阐述的澳大利亚的情况相同）。这个例子符合监管俘获——由酒精行业提出的解决酒精过度消费问题的方法得到了政府的支持，而政府并不支持那些看上去可能会更有效地减少“酗酒问题”的政策。

会计头条 3.5　另一个可能为监管俘获的例子

政府与酒类行业过从甚密：医学期刊抨击 24 小时营业酒吧的许可计划

SarahBoseley　健康编辑

《英国医学期刊》的一篇文章指出，政府与酒类行业过从甚密以至于不能处理日益增多的与酗酒有关的问题。

Wayne Hall 是昆士兰大学公共政策与道德标准研究所的一位教授，他针对有关处理因过度饮酒导致的暴力和死亡的政策提出了猛烈的批评。他说在过去的 20 年里澳大利亚的酒类消耗量已经下降，与此同时英国却在激增。

Hall 教授写道：“英国政府关于酒类的新政策包括允许与酒类行业合股，这体现了监管俘获的所有特点，其中包括用行业诊断和首选的补救措施来解决酗酒问题。”

“从行业的角度看来，问题在于只有“少数”饮酒者才会有这种危害社会的行为并置自己的健康于危险之中。首选的补救措施包括关于安全饮酒的公共教育、改善治安、更好地处理酗酒问题和酒类行业的自律——有证据表明这些政策是最不可能减少酗酒问题的。”

他说政府没能采取最有效的方法——对酒精浓度较高的酒征收较多的税。

有人说，涨价并没有明显地减少酗酒引起的危害，这一主张为政府的决定做出了辩解，但却与世界上酗酒问题研究者的主流观点并不一致。

政府没有减少获得酒的渠道，而是“采纳了这个荒谬的观点——认可每天 24 小时饮酒可以减少酗酒和公共场合的混乱”。

他指出了澳大利亚所采取的各种方法。虽然澳大利亚政府也采用开放性的政策，但是对那些酒精含量低于 3.8% 的啤酒征收较低的税。政府还制定了更严格的饮酒驾驶标准，血液中酒精含量不得高于 0.05%（而英国则为 0.08%），并且引入了随机的呼吸测试。

他指出英国酒类销售量的上升可能缘于不断降低的成本和不断增多的渠道，而企业的大力宣传又加剧了这一情况。

滥用酒精被认为造成每年300亿英镑的经济损失，英国的酒精依赖比例在欧洲最高，男性为7.5%，女性为2.1%。

他写道："如果英国政府继续对这些批判性的论证充耳不闻，那他们应当履行评价政策效果的承诺。"

"然后就有必要的证据证明要放弃已经无效的政策，并用能减少酒精危害（而不是仅仅防止酒精危害进一步恶化）的政策替代它们。"他认为英国政府还应该对处理酗酒问题加大投入。

还有研究人员为《英国医学期刊》特别撰写文章，他们称有两种社会心理干预可以为社会节省5倍于其消耗的成本。

这两种干预分别是社会行为与人际关系网治疗和动机增强治疗，两种方法都可以为酗酒者提供辅导和社交支持，不需要他们在诊所中住院进行戒酒治疗。

英国酒精滥用问题机构呼吁政府为了节约更多的资源要支出一些经费。英国酒精滥用问题机构的政策与公共事务部门主任Geethika Jayatilaka说："我们欢迎这类综合研究的发表，它支持了我们早已知道的结论：治疗很有效。"

"每年都有几千人获得关于酒精问题的专门服务，这能使他们的生活有所改变。但是机构没有足够的资金，仍在为生存而挣扎，还有很多人无法接受治疗。"

她说，死于酗酒的人数几乎是死于毒品人数的3倍，但是酒精问题服务只收回了1/5的资金。

《卫报》，2005－09－02，© 卫报新闻与传媒有限公司，2005

尽管某一理论（如俘获理论）可能受某些研究人员的追捧，但同时也会有另一些人反对这个理论。Posner（1974）是监管的经济（私人利益）理论（随后介绍）的提倡者，他反对在一个正常程序中一项监管计划的最初目的随后受到被监管方的阻挠。他说（p. 340）：

没有原因表明为什么受监管的行业应该是影响机构的唯一利益团体。受监管企业的顾客对监管程序的结果明显抱有兴趣——为什么他们不能像受监管企业一样有效或更有效地"俘获"机构？没有原因表明为什么行业只能俘获现存的机构——从未促成任何一个可以为其利益服务的机构的创立——或者为什么一个行业强大到可以俘获为驯服它而设立的机构却不能在最初阻止该机构的创立。

支撑所有关于监管俘获的观点的关键点在于不同的集团有不同的利益，会计监管会对这些社会或经济利益产生影响。如果某一团体不认为监管者对他们特定的社会或经济利益有潜在的威胁（或机会），为什么他们还要花费资源来试图俘获监管呢？本章剩下的部分讨论针对这些私人利益对监管程序的影响的观点。

3.6 会计监管的经济和社会影响

在检验各种解决私人利益对会计监管程序的影响的理论中，有必要确定会计监管是否能而且确实对账户使用者或编制者的利益有社会或经济影响。尽管许多人可能认为会计监管只对如何在财务报告中反映基本的经济交易和事项这一问题产生影响，而对这一根本的经济现实的本质和形式没有任何影响，但是仍存在着大量证据证明会计监管对许多组织和个人有着真实的社会和经济后果。

例如，IASB 发布的第一份新会计准则——国际财务报告准则（IFRS）其中之一是针对期权的会计处理（IFRS 2，随后成为澳大利亚 AASB 2《股份支付》）。尽管许多公司把大量期权作为其管理报酬和激励计划的一部分，在 2005 年 IFRS 2 发布之前，大多数公司在计算其年度利润或损失时忽视了向员工发行股票期权的相关成本。先前实务的依据是，当经理行权时，公司以低于市场的价值给这些经理发放新的股票，这明显不会给企业本身带来任何成本——尽管它稀释了现有股东投资的价值。但是，IASB 的观点是给予员工有价值的期权与不给予期权相比，公司支付给员工的钱数较少。既然公司从员工那里获得了有价值的服务以换取期权（如果服务由现金支付，将记作一笔费用），在 IFRS 2 和 AASB 2 下，期权的公允价值现在必须被确认为综合收益表的一项费用。尽管 IFRS 2 的推行对基本的现金流应该没有任何直接影响，但在 IFRS 2 的制定期间，人们普遍认为它会对许多人产生诸多间接、消极的经济和社会影响。随着一些公司现在被规定每年要确认一大笔潜在的期权费用，一些人认为这些公司不太可能将期权纳入薪酬和奖励方案。如果有价值的期权是一种激励管理者的有效方式，有助于使他们的个人利益和股东利益达成一致，那么减少这种激励形式的使用会导致经理动力不足（或者如果将期权授予许多员工，会造成工作团队动力不足）。这会导致公司的基本业绩下降，仅仅因为 IFRS 2 改变了某一特定项目在账户中反映的方式。因此，尽管有人认为 IFRS 2（与大多数乃至全部会计准则一样）不应该对基本的经营业绩或现金流带来任何直接改变，但其间接的、潜在的经济后果可能是负面的而且十分严重。

再举一个例子，近来许多国家采用国际财务报告准则（IFRSs），要求公司遵守 IAS 38《无形资产》（在澳大利亚是 AASB 138《无形资产》）。这个准则对这样的资产（如内部形成的商标、报头或刊头以及研究支出）要求格外严格。实际上，它要求在这种资产上的支出要在发生时作为费用注销。以前在许多国家（如澳大利亚）没有任何会计准则阻止将这类支出确认为资产。由于这项会计准则的引入，许多会计评论员认为鉴于这类支出对报告利润产生的不利影响，在这些项目上的支出预计会减少。我们可以想象，研究支出的减少会对整个社会产生怎样的社会或经济影响。会计头条 3.6 简要地描述了一些关于在澳大利亚引入无形资产会计准则的担忧。在该准则发布前，有人认为这一准则的引入会在整个社会引起“回响”，而且会影响公司支付股利的能力，同时也影响公司和银行的关系。

会计头条 3.6　会计准则经济后果的审视

公司与冲销原则的斗争——新准则会从资产负债表中划掉 500 亿美元

Michael West

澳大利亚最大的公司正在为争取从新的国际会计准则中豁免做最后的努力。准则将于明年从公司资产负债表的价值中划走 500 亿美元。

G100 是一个行业组织，由全国的财务经理组成，隶属于澳大利亚商业委员会。G100 已致信澳大利亚会计准则委员会，寻求对新准则的豁免。新准则自 2005 年 1 月

1 日起生效的，届时将强制冲销无形资产，例如商标权、经营许可权和管理权。

G100 的主席、澳大利亚电信公司首席财务执行官约翰·斯坦霍普（John Stanhope）称，集团一直在游说堪培拉将资产负债表中现有的无形资产排除在外，这项新准则的最后决定权掌握在财政部长皮特·卡斯特罗（Peter Costello）和他的议会秘书罗斯·凯默仁（Ross Cameron）手中。

约翰说："它将对许多澳大利亚主要的公司产生巨大的影响，所以我们在做这个决定时必须慎重考虑对国家利益的影响。"

澳大利亚于 2005 年 1 月 1 日起在无形资产计价方面与国际会计准则理事会（IASB）的准则趋同，可口可乐、阿玛提尔、福斯特集团、Lion Nathan、新闻集团、出版和广播集团、第七网络是受到这次巨额注销影响最明显的几个公司。

新准则的实施将影响那些对没有活跃流动市场报价的无形资产（包括商标权、经营许可权、报纸刊头和财产信托的管理权）进行重估的公司。

韦恩·朗格瑞是朗格瑞和爱德华兹联合公司的行政主管，他说大多数大公司会欣然接受无形资产冲销，因为这不代表现金损失。

但是这项改革将会沿着公司的"食物链"对较小的公司产生影响，这些公司的资产回报率、资产收益率、负债杠杆水平和银行契约将可能受到影响。由于无形资产的冲销导致留存利润减少，这也会影响公司支付股利的能力，进而对企业的股价造成重创。

"试着向你的银行经理解释某项资产的价值曾经是 1 亿美元而现在却是 0。"朗格瑞先生说。他估计澳大利亚的公司共需注销价值 400 亿 ~500 亿美元的资产。

虽然大部分财务主管达成了共识，认为澳大利亚必须逐步与国际准则趋同，但还是有很多企业在阻碍遵守国际会计准则理事会的资产计量规则。

G100 希望已经计入公司资产负债表的无形资产能够不受新准则的限制。

斯坦霍普先生写信给澳大利亚准则委员会主席 David Boymal 寻求对新准则的豁免。David Boymal 先生回应 AASB 必须遵循国际准则的制定者和监管者——财务报告理事会的指示。David Boymal 先生已经把信递交给财务报告理事会。财务报告理事会体谅公司的处境，但是似乎依然要在国际一体化的进程中忽略豁免要求。

《澳大利亚人》，2004 - 02 - 16

还有许多关于会计准则有潜在的、间接的经济和社会影响的例子。实际上，一些人可能认为所有的会计监管都将影响管理决策（因为管理者为了使其报告的会计数字达到最优，会试图管理公司业务），管理决策的改变会对那些受决策影响的公司产生社会或经济影响。下一部分讨论的一些学术研究将解释对某一会计准则潜在经济后果的考虑会如何驱使这些组织游说监管者反对或支持该会计准则。这些游说试图将监管塑造成使游说的组织受新会计规范的积极影响最大、消极影响最小的形式。

3.7 游说和有关监管的经济利益集团理论

监管的经济利益集团理论（有时候被称为监管的私人利益理论）假定集团会被塑造成保护某一经济利益的团体。不同团体的利益和目标互不相容或相互排斥，甚至互相冲突，每个集团会游说政府或其他监管者制定能使其获得经济利益的法律（以牺牲他人为代价）。举一个例子，顾客可能游说政府要求价格保护，而生产者可能游说政府实施关税保护。这一理论没有采用公*共利益*的概念，恰恰相反，该理论认为是私人利益在主导立法程序。①

关于财务会计，某一行业集团可能游说监管者（会计准则制定者）采用或拒绝某一会计准则。例如，Hope 和 Gray（1982）阐明一些航空公司如何通过磋商成功地改变英国会计准则在研究和开发上的细节规定，以维护它们的（私人）利益，尽管在磋商过程中绝大多数参与者并未与航空公司共同反对最初的提议。这些最初的提议要求所有的研发支出在发生当年计入费用。航空公司成功地论证了在特定情形下应该允许它们将开发支出作为一种资本性支出处理，通过与最终产生的收益配比来作为未来年度的费用。尽管从资产的整个寿命周期来看，对报告利润没有影响（会计处理仅允许年度间的费用递延），但与开发支出在其发生当年就抵减利润相比，这种会计处理在寿命周期内会提高每年资产负债表中的净资产。当时，这些航空公司与英国政府签订大额国防合同的报价依据的是净资产回报率的百分比。显然，在任意年份报告的净资产越高，公司与政府签订的某一合同的报价就越高，因此会计准则允许开发费用递延很显然符合航空公司的私人利益。

再举一个行业集团成功游说会计监管者的例子，一些欧洲银行游说反对修订 IAS 39 的条款，很显然是行业寻求符合自身利益的结果。一些欧洲国家的银行和澳大利亚的银行一样，认为 IAS 39（澳大利亚是 AASB 139）的一些条款会导致其账户出现巨大波动，以致无法反映基本的经济实质，这可能有损银行的财务稳定性。IASB 做了一些有限的改变以回应银行的担心，但是拒绝实质性更改 IAS 39。如我们将在下一章所看到的，从 2005 年 1 月 1 日起，国际会计准则理事会发布的准则成为澳大利亚企业以及所有其他在欧盟（EU）任何一家证券交易所上市的公司必须遵守的会计规范。但是，作为欧盟会计监管程序的一部分，任何要求欧盟企业强制使用的会计规范首先要得到欧盟委员会的支持。每项 IAS/IFRS 的认可都要听取会计监管委员会（ARC）的建议，会计监管委员会由 25 个欧盟成员国每个国家各出一名代表组成。在 2004 年 7 月的 ARC 会议上，4 个成员国投票反对欧盟完全赞同 IAS 39，另有 6 个成员国弃权，主要反对的 IAS 39 的内容正是成员国的银行所游说反对的。投票支持完全赞同 IAS 39 的 15 个成员国达不到 ARC 规定的通过欧盟的国际会计准则所需的 23 票。② 相比之下，尽管澳大利亚银行在澳大利亚游说反对 AASB 139，IAS 39 的全部规定仍包含在 AASB 139 中。因此，不像它们的欧洲同行，澳大利亚的银行不能迫使本地监管者修改 IAS 39 的规定。

在一项早期有关游说会计监管者的研究时，Watts 和 Zimmerman（1978）回顾了美国公司关于提议引入一般物价水平会计（该会计方法在通货膨胀时期使报告利润减少）的游说行为。他们阐述了大型的、对政治敏感的公司支持提议的会计方法，

---

① 如 Posner（1974）所述，“有关监管的经济理论致力于经济理论的有力假设，特别是这一假设：人们试图提高他们个人的利益，并且理性地这样做”。

② 在最近的几年，环保组织也游说政府要求公司报告各种社会和环境信息事项。这种建议也许证实了一个问题，从提倡者的观点讲，游说行为来自于个人对财富最大化的担忧（理性经济人假设）。也许（我们在这儿抓住了稻草！）为了继续支持对世界的“自利”观点，监管的经济利益理论的提议者可能认为由环保游说组织的官员们提出的建议是为了增加他们连任的可能性。

这会导致利润减少。人们往往认为公司愿意显示较高而不是较低的盈余，而事实则与此相反。解释这一现象的（私人利益）依据是如果大型公司的利润被普遍认为过高，则会遭受公众的消极情绪（以及价格监管的压力）影响，由此如果能报告较低的利润，他们看起来会更积极。因此，通过报告较低的利润，对组织而言的不太可能有负面的财富影响（也许以政府干预、消费者抵制或要求更多工资的形式）。

会计事务所作为会计准则制定程序的一部分也给出了建议。如果是赞成监管的经济利益集团理论，我们可以将这些建议解释成为了保护职业会计人员的利益而做出的努力。也许审计师赞成减少审计风险的规则，而更多的标准化和更少的判断可以减少审计风险，并由此减少费用高昂的法律诉讼的可能性。Deegan、Morris 和 Stokes（1990）提供的论据也支持这一观点，即如果某一方法已经被审计事务所的许多客户采用，事务所相对更可能通过游说去支持这些会计方法。分析师也常常为了增加披露内容游说监管者，或许是因为他们只需支付很少一笔钱就能在工作中使用到信息（其他非使用者实际上会补贴信息成本——本章前面讨论过的搭便车问题）。

在监管的经济利益集团理论下，监管者本身就是一个利益集团——这一集团有动机支持能确保其连任或保证在社区中维持原有权力地位或特权的战略。例如，Broadbent 和 Laughlin（2002）认为，英国的游说是围绕制定用于政府会计的会计监管，游说的内容涉及由私营部门提供公共服务的项目（所谓的私募融资计划项目，或公私合伙），可以将各种监管机构采取的立场解释为试图与委任并给予其合理性的集团的立场继续保持一致。我们应该记住监管机构是很有权势的。

监管机构通常受政府的控制或影响，有能力（潜在的监管）增加或减少所在选区各阶层的财富。如 Stigler（1971，p. 3）说：

国家——国家的体制和权力——对社会上的每个行业都是一种潜在的资源或威胁……行业可能会积极谋求监管，或者是把监管强加于行业……一般说来，行业取得监管，而监管的目的主要是使行业受益……我们提出普遍的假设：每个行业或职业如果有足够的政治权力来利用国家，都将寻求控制准入权。

在这个监管的“经济利益”观点下，有人提出监管的实施最初是为了迎合某一团体的私人利益，包括寻求连任的政客们，而不是为了公*共利益*（如最初在俘获理论和公共利益理论中假定的）。根据 Posner（1974，p. 343）所述，监管的经济利益理论坚称经济监管为有政治影响力的集团的私人利益服务。Stigler（1971，p. 12）进一步阐述道：

寻求监管的行业一定要准备好为政党所需的两样东西买单：选票和资源。资源可以通过竞选捐款、募捐服务机构（商人领导一个基金募集委员会）等方式提供，还有更多直接的方法，如雇用政党成员。通过昂贵的程序教育（或不教育）行业和其他有关行业的成员，将支持某项措施的选票集中起来，同时分散反对票……因此，规模最小的行业实际上被排除在政治程序之外，除非它们有一些特殊的优势，如在地理上集中于某个人烟稀少的政府分支机构所在地。①

在监管的经济利益理论中，监管本身被看作是一个受供求法则影响的商品。根据

① Stigler（1971. p. 8）以铁路业为例，“铁路业早就认定货运业将是其新兴的竞争者，与其抗衡的方法之一就是由州政府实施监管。到 20 世纪 30 年代早期，所有的州都规定了货车的大小和载重量”。

Posner（1974，p. 344）所述：

由于政府的强权可以给予某一个体或集团有价值的好处，经济监管——在经济领域中对这种强权的表达方式——可以被看作是一种商品，它的分配受供求法则的控制……有相当多的案例研究——货运、航空、铁路和许多其他行业——支持这样一种观点，即与其将经济监管表述为体现效率或公平的社会利益，不如将它解释为提供给利益集团的商品更恰当。

上述的立场和 Peltzman（1976）的立场一致。他说（p. 212）：

在政治市场交易的基本商品是财富的转移，选民在需求一方，他们的政治代表在供给一方。从这个观点可以看出，这里的市场与其他市场一样，会将更多的商品分配给那些有效需求最强烈的人……我以一项假设开头，即在监管程序中，利害攸关的是财富的转移。

监管的经济利益集团理论的支持者提出的想法是如果某一集团（也许是少数）没有足够的权力（可能反映在可控选票的数量或支持选举的潜在可用资金量上），那么该集团将不能有效地游说监管来保护其各种利益。这个观点与许多批判理论家使用的一些观点是兼容的（第 12 章讨论），他们认为支撑我们社会体制的立法（包括公司法和会计准则）是为了保护和维护那些有权力（资本）的人的地位，压制其他人（那些没有金融财富的人）在社会中发挥巨大影响力。与这一观点一致，监管的经济利益集团理论的支持者还认为，监管者将运用监管权力将财富从有较少政治权力的人（影响监管者的任命能力有限）手中转移给有更大政治权力的人。回顾美国 1933 年和 1934 年的证券法，Merino 和 Neimark（1982，p. 49）反思这种可能性，并总结道："证券法的实施目的是维持现存的意识形态以及社会和经济现状，同时重建对现行体制和机构的信心。"他们（p. 51）进一步阐述道，《证券法》的颁布"实际上将会导致缺乏通过放宽公司有义务说明的交易来确保公司受托责任的任何努力"。

我们将在第 12 章进一步了解一些批判理论家的著作。

3.8 会计监管是政治程序的产物

如果我们承认会计准则制定是一项政治程序，那么认为财务会计应该是*客观的*、*中立的*、并且*与政治无关的*观点（受到国际上各种概念框架项目的赞同，如 IASB 的财务报告编报框架）很容易受到质疑。如我们在前一部分所看到的，因为财务会计影响社会财富的分配，所以必然具有政治性。①

准则制定机构常常鼓励各类受影响的团体对其提出的会计准则草案版本提建议。这被看做是正常"应有程序"的一部分。② 如果不考虑选区内各方的观点，可能意味着现存的监管机构会遭到质疑。如 Gerboth（1973，p. 497）所说：

一项决策制定程序的成功依赖于公众的信心，关键问题不是技术性的，而是政治性的……面对竞争利益冲突，理性和谨慎不在于找到最后的答案，而在于折中——这

① 例如，支付给股东的股利是否依据有没有报告利润。而且，一家公司是否发生了与以会计为基础的债务协议（如资产负债率限制或者利息保障倍数的要求）相关的违约成本可能是依据其允许使用的会计方法。

② 应有程序可以被定义成在这个程序中监管者让那些可能受所提议的规范影响的团体在规范出台前进行讨论——它提供了一个"被聆听"的机会。

实质上是一种政治程序。

在之前所述的欧盟一些国家的银行对 IAS 39 的某些具体条款提出反对意见的例子中，IASB 没有对这些银行的愿望以及某些欧盟政府为银行争取权利的意愿做出妥协或让步，于是造成了两家监管者（欧盟和 IASB）之间的对抗。当时，人们认为，对抗对两个监管者都可能造成极大的损害。如果欧盟支持一项修订的金融工具会计规定，而这项规定与 IAS 39 有着重要的差异（尽管可能很小），那么支撑欧盟公司账户的原则就会与支撑非欧盟公司账户的原则不同，这会扰乱国际会计协调化的目标（我们在下一章讨论）。一项共同的会计规范需要双方的妥协。

如我们在本章前面所讨论的，在两个强势（有时候明显不让步）的国际监管机构之间达成折中的障碍之一在于：会计准则（财务会计报告本身）是综合考虑各种社会和经济因素的结果。[①] 因此，它们与社会（准则是在这个社会中制定的）的价值观、行为规范以及期望联系非常紧密。所以，值得质疑的是，是否能够宣传财务会计是*中立的*或是*客观的*（Hines，1988，1991）。尽管有人常常认为在概念框架中提议的披露应该对决策有用，但这还远远不够。建议的规定必须被选区内的各方所认可，人们认为从提议中获得的好处必须大于其可能产生的成本。明显地，决定这些成本和收益是非常成问题的，这一领域常常要用到学术建议和学术研究。Beaver（1973，p. 56）指出："不计后果……很难想象一个政策制定机构……将能选择最佳的会计准则。"

May 和 Sundem（1976，p. 750）进一步阐述了这个观点。他们认为："如果忽视了会计政策的社会福利影响，监管机构存在的基础将会消失。"

正如前面提到的，尽管会计准则制定者原则上需要在特定会计规定实施前考虑其潜在的成本和收益，但在实际操作中并不简单。IASB 在 2008 年发布的一项征求意见稿（作为 IASB 和美国财务会计准则委员会联合制定的一项新的财务报告概念框架的程序中的一部分）中称：

委员会（IASB 和 FASB）注意到，在准则制定者对财务报告进行严格的成本—效益分析时存在的主要问题是，不能量化某一报告要求的收益，甚至不能辨认出全部收益。然而，获取有关一项要求的最初和后续成本的全面、客观的量化信息，或没能实施这项要求也都是极度困难的。无论困难有多大，准则制定者都应该努力将与所提议的财务报告要求有关的收益和成本全部考虑到（p. 61）。

考虑任何可能的经济后果（成本和收益）时必然包括对各种后果的权衡。例如，如果牺牲中立性或真实反映以减少对一些团体的潜在消极影响（例如，否则就会要求编制者披露所有权信息，或修改他们的会计政策，不然可能违反现有的债务合同），这可能对依据所提供的信息做出决策的使用者产生消极影响。

尽管人们承认会计准则的制定考虑了社会和经济后果，这也是许多司法体系（包括澳大利亚）的要求——公司财务报告要"真实和公允"，澳大利亚的研究（Deegan、Kent 和 Lin，1994）表明审计师普遍认为遵守会计准则是必要的，而且由此可以充分确定被审计单位的财务报告是公允和真实的，但是当这些准则的制定依赖

① 在这一点上我们不再继续使用监管的经济利益集团理论的观点。如果我们坚持这个观点，那么我们认为准则制定者将支持那些最迎合其私人利益的建议。

于各种经济和社会后果时，我们真的能说它们是*真实的*吗？也许更容易说它是*公允的*，因为这些财务报告是根据会计准则中规定的原则编制的。“真实”本身显然是一个很难界定的概念，这可以解释为什么在一些司法体系中，只要财务报告仅仅符合相关会计规范和公认会计实务，那么就认定其达到“真实和公允”了。

另一个需要考虑的问题是假定财务报告使用者通常知道会计报告是各种政治压力的结果，或他们期望报告客观、准确地反映了组织的经营成果和财务状况，这合理吗？实际上尽管证据有限，但可以确定在这方面存在着一个会计报告*期望差距*。[①] 根据 Solomons（1978，p. 71），“如果使用者对正在运用的计量方法很清楚，那么出于某一政治目的选择该计量方式是相当合适的。”但是，假定财务报告使用者能够或者准备好承认财务会计一定要适应政治因素，这种想法现实吗？而且，使用者如果知道这些的话，他们能够或者会依靠财务报告吗？对资本市场的信心会减少吗？

在新规则被引入（或是现有准则被改变）之前需要考虑经济后果的观点也假定首先（在做出任何修改之前）有某种不需要说明或重新平衡的公平。如 Collett（1995，p. 27）所说：

> 不仅是处于依赖地位的使用者，所有受影响的团体（如报告的编制者）都有权在决定一项准则的实施时将自身的利益考虑进去，这一主张假定在其准则实施之前地位是平等的。但是，如果使用者在准则实施之前就受到误导（例如，因为某些负债项目不在资产负债表内），那么报告编制者的利益在准则制定程序中一直被忽视的观点就失去了说服力。

就像安然这个例子，通过复杂的财务安排使大量负债“不在资产负债表内反映”，结果导致这些负债被“隐藏”起来，财务账户的使用者无法看到。如 Unerman 和 O'Dwyer（2004）解释说，安然的财务报告描绘出的假象让许多人（包括安然的员工）遭受了金钱损失，如果他们知道安然负债的真实数量的话，可能不会对其投资。最终对编制安然财务报告负有责任的高级主管似乎提供了误导性的信息，导致以一种高度无效的方式将经济资源分配给外部团体——但是当时可能被安然的高级主管认为这一方式符合他们的个人利益。也许在这个案例中，缺乏充分的监管造成了非常现实和重大的经济后果，这也潜在证明了在一些情况下或许需要监管来保护不那么有权势的利益相关者的利益。

还有另一个相关问题留给读者去思考。考虑到实施会计准则是为了限定允许财务报告编制者做的事情，即以公共利益来规范其行为，因此在制定会计准则时监管者考虑财务报告编制者的观点，这样做合适吗？正如我们能够看到的，规范会计实务需要许多艰难的评定。

本章小结

在本章中，我们了解了各种赞成或反对财务会计监管的观点。我们看到“自由市场”（反对监管）方式的提倡者认为组织存在着自愿生成会计信息的私人经济动机，强制实施会计监管会导致成本高昂的无效性。为了支持他们减少财务会计监管的

① Liggio（1974）与 Deegan 和 Rankin（1999）给出期望差距的定义。期望差距是指使用者关于信息某一属性的期望与编制者认为使用者对信息期望的内容之间的差异。

观点，自由市场的提倡者依据像私人契约（减少代理成本）、经理人市场和公司并购市场这样的机制。

相反，赞成监管方式的提倡者认为会计信息不应该像其他商品一样对待。因为它是一种“公共物品”，依赖供需的力量是不切实际的。因为财务信息使用者能以零成本获得信息（他们能“搭便车”），所以编制者会倾向于生成一个较少数量的信息，而不是社会最优的数量（这本身就很难确定）。而且，有一种观点是组织的利益相关者有权知道主体的各种信息，常常需要监管来确保所有报告主体都能坚守这份责任。引入监管的依据通常是出于“公共利益”的考虑，观点是监管者平衡了监管成本与立法带来的经济和社会收益。显然，很难对成本和收益做出估计，并且几乎总是受到批评性评论。

关于为什么首先要引入监管还有其他观点。一种看法（前面提过）是为选民利益工作的监管者实施的法律是为了*公共利益*（公共利益理论）。公共利益理论不认为所有人都主要受*自利*的驱动（因此，公共利益理论提出的假设与经济理论的假设不一致，后者的核心假设正是所有个体都受自利驱动，这一自利与努力实现个人财富最大化紧密相联）。但是，其他支持监管的经济利益理论的研究人员做出了自利的假设。他们认为*所有*个体的*所有*行为都能追溯到自利，*所有*人都会想方设法增加个人经济财富。[①] 根据这个观点，监管者将寻求选票和资金等选举支持，而且法律也将倾向于那些能提供选票或资金来支持监管者连任的那些集团。

俘获理论提供了关于监管发展的另一个观点。它认为尽管实施监管可能本意是好的（例如，为了“公共利益”），但是经过一段时间，受监管的团体将趋向于控制（或俘获）监管者，以至于监管将最终支持那些原本想控制的团体。

在本章我们还了解到对潜在的经济和社会后果影响会计准则发展的看法。鉴于此，我们质疑财务会计报告是否能真正地被认为是中立的、客观的和真实反映——像IASB/AASB《*财务报表编制和列报框架*》所认为的那样。

思考题

3.1 什么是监管?

3.2 如本章所表明的，一些人认为对财务会计的监管过度，应该被减少。

(a) 这些人用怎样的论证来支持这个观点?

(b) 你怎样估计这些论证的逻辑性?

3.3“次品市场”观点的依据是什么?

3.4 鉴于制定会计准则所涉及的程序，你认为可以将会计准则看做“中立的”吗(也就是说，不是把某些选民的利益置于其他人之上)?

3.5 FASB 的网站（2008 年末）上称:

FASB 承诺遵循一个公开、有序的准则制定程序，避免将任何特定利益置于其他许多依靠财务信息的利益之上。委员会认为通过制定中立的准则能够最好地满足广泛

---

① 当然，有许多研究人员反对人类行为的这一观点。Gray、Owen 和 Adams（1996）等作者称，这个观点是“道德上的破产”，并且对努力解决迫在眉睫的全球问题（如持续的全球环境恶化等）几乎不抱希望。我们将在第 8 章和第 9 章考虑其中一些观点。

的公共利益，最终对相似的交易和环境采用同样的会计处理方式，不同的交易和环境应该用不同的方式处理。

你同意这段论述吗？也就是说，你认为FASB不会支持任何特定利益集团，或者会计准则最终将是“中立的”吗？明确说明你的答案所依据的理论。

3.6“财务会计信息是公共物品”这一说法的含义是什么？

3.7 对监管的需求可能更像公共物品吗？为什么？

3.8 为什么会发生“会计准则超载”？

3.9 能用公平或公正原则解释监管干预吗？如果可以，这个观点的依据是什么？

3.10 一些研究人员认为即使缺乏信息，组织也有动力向组织外部的某些团体提供有关经营成果和财务状况的可靠信息，否则组织的经营成本会上升。这种看法的依据是什么？

3.11 你期望即使在缺乏要求上市公司执行独立财务报告审计的规定时，也存在独立财务报告审计吗？为什么？

3.12 一些公司认为引入强制报告要求会扼制报告的创新。你认为引入对报告特定部分（例如社会和环境报告）的强制报告要求会扼制报告中的创新吗？

3.13 阅读并评价下面这篇从Cooper和Keim（1983，p. 202）中摘录的一段：

同样应该指出的是，对于金融市场的公众信心方面的披露规定（以及其他安全监管方面）的效果的实质和程度是未知的。从未读过招股说明书或者甚至翻阅过10－K报告的投资者可能对金融体系更有信心，因为SEC及其规范构成了金融体系整体所必需的一部分。这种提高对投资程序感知的可信度和完整性的有益效果是减少了所有公司的资本成本，这个效果意义重大。

3.14 私人契约激励将有助于保证即使没有监管，组织也会向各自的利益相关者提供要求的信息。评价这个观点。

3.15 为什么管理者劳动力市场激励管理者自愿对外部团体提供信息？

3.16 什么是“公司并购市场”？它的存在如何激励组织即使在缺乏监管时也会做出会计披露？

3.17 市场失灵被定义为市场效力不能生成社会中“正确”数量的信息，也就是说，生成的信息达到了社会边际成本等于边际收益那一点。尽管该计算在理论上可行，但在实际中应用这个市场失灵的定义存在许多问题。具体有哪些问题呢？

3.18 一篇题为“汉尼斯‘了解TNT的价值’”（《澳大利亚人》，1999－06－18，p. 24）的新闻报道了一位因涉嫌内部人交易而面临法庭裁决的人。这篇新闻中提到：

在运输业巨头TNT公司收到荷兰KPN公司收购要约的3个月之前，麦格理银行执行董事西蒙·汉尼斯就已知悉了银行对TNT股票的估值，昨日，陪审团对此进行了审理。

法庭断言汉尼斯使用化名马克·博斯，利用上述机密信息提前购买期权，在1996年10月要约收购时赚取了200万美元。麦格理银行一直为TNT的收购要约提供咨询服务，唐宁中央区法院陪审团之前审理了对汉尼斯的指控，他声称对涉及TNT的可能交易仅有大致的了解。现年39岁的汉尼斯对一项关于内部交易的指控和两项关于精心安排银行提款以规避报告规定的指控并不认罪。

（a）本章回顾的有关监管的理论观点中，哪个观点能最好地解释禁止内部人交易的立法？

（b）“自由市场”方式的提倡者如何证明废除有关内部人交易的立法是合理的？

3.19 下面哪个假设是关于监管者动机的：

（a）监管的公共利益理论？

（b）监管的俘获理论？

（c）监管的经济利益理论？

3.20 根据“公共利益理论”，假定监管者在设计监管内容时不受“个人利益”驱动，这现实吗？

3.21 监管者受个人利益的驱动符合公共利益吗？

3.22 辨别并评价你熟悉的一项会计准则在引入后可能会产生的主要的负面经济和社会后果。

3.23 在监管的经济利益理论下，什么因素会决定某一利益集团是否能确保实施直接支持该集团而非其他集团的立法？

3.24 “财务会计准则是一项政治程序的产物”这一说法的含义是什么？为什么程序是“政治性”的？

3.25 事实上会计准则制定者会考虑会计准则的经济和社会后果，这与如果按照会计准则和其他公认会计原则编制出的会计报告将是中立和客观的观点一致吗？

3.26 如果会计准则制定者认为某一会计准则可能会对一些财务报告编制者产生不利影响，你认为他应该怎么办？证明你的观点的合理性。

3.27 阅读会计头条 3.7，从俘获理论的视角解释参议院的担心。

会计头条 3.7　监管俘获的担忧

委员会发现首席科学家的双重角色对当局有害

Orietta Guerrera

参议院发现罗宾·贝特汉姆作为首席科学家的职责与其作为矿业巨头力拓集团首席技术管的职责相冲突后提出建议：联邦政府首席科学家这一职位应该是全职的。

委员会已经调查了贝特汉姆博士的两项兼职之间可能发生的冲突，称他的双重角色损害了公众对政府的信任。

但是，委员会认为没有证据显示贝特汉姆博士的表现不适合或不适当。

政府不允许贝特汉姆博士对参议院预算委员会提出的利益冲突指控做出回应，在这之后，委员会着手展开了这项调查。

绿党领袖鲍勃·布朗担心，受煤炭开采行业支持，贝特汉姆博士对填埋温室气体排放物的程序提出的建议使大部分程序不用接受检测。昨天，布朗参议员要求贝特汉姆博士辞职，但报告并未予以采纳。

受工党、民主党和绿党支持的《多数报告》提出了四点建议，包括应该将首席科学家的职位设定为全职的，并且要和其他政府的高级公职一样，有同样的问责措施。

委员会说“由贝特汉姆博士双重角色引起的潜在和明显的利益冲突和其他任何实际的利益冲突一样”，都对首席科学家办公室造成了损害。但是，在一些持异议的报告中，政府的参议员拒绝承认存在冲突。

《年代报》，2004－08－06

3.28 假设政府监管者决定所有总部在澳大利亚的公司必须在年报中单独披露用于培训员工的费用。公司还必须将年利润的5%用于员工培训。要求：

（a）用公*共利益理论*解释监管者的决定；

（b）用*监管的经济利益集团理论*解释监管者的决定。

3.29 会计头条3.8讨论了欧洲银行为何能够成功游说欧盟（EU），使其受会计准则“淡化”版本——IAS 39的监管。解释一下欧盟支持会计准则“淡化”版本的决定是否和“监管的公共利益理论观点”一致，或者是否能通过另一种理论观点解释（你需要试着辨别是哪种理论）。

会计头条3.8　公司游说会计准则的例子

本地公司须执行IAS 39

Mark Fenton-Jones

欧盟决定接受有关金融工具估值的国际会计准则的修订版本，此前该准则一直备受争议，但在澳大利亚不可能采用修订后的准则，因为各公司受到警告要加紧步伐，为1月引入国际会计准则（IAS）做好准备。

经历了长达一年的僵持，欧盟成员国于上周五正式通过包括IAS 39的“淡化”版本在内的国际财务报告准则（IFRS）。

这个特殊的准则是关于会计如何处理金融工具的，比如衍生金融工具、担保和贷款。修订版本取消了套期保值会计和金融资产及负债的公允价值计量选择权的有关规定。

修改后的准则将成为新国际财务报告准则的一部分，于2005年1月1日对大约7 000家欧盟上市公司生效。

选择以公允价值计量所有金融资产和金融负债，以及套期保值会计的选择权都是悬而未决的问题，依然是国际会计准则理事会和欧洲中央银行（即谨慎的监管者和银行业）之间要进一步讨论的议题。

欧盟的官员认为对IAS 39的修改保留了原有内容的95%，他们期望修改后的条款所存在的问题能够在未来一年内解决。

在官方网站上，欧盟称：“因此接下来我们要尽快达成这一目标，如有可能在不迟于2005年年底修订的IAS 39将会得到欧盟委员会的全面通过。”

想采用IASB制定的IAS 39中的套期保值会计条款的欧盟国家可以使用原条款。IASB的总部设在伦敦，是一家准则制定机构，制定了国际财务报告准则。

国际会计准则理事会的澳大利亚成员沃伦·麦格雷戈期望在美国上市的欧洲银行能够全面执行IAS 39。

麦格雷戈先生说：“在欧洲只有少数银行会执行修订的条款。”他还期望澳大利亚的银行能够完全遵守 IAS 39。

澳大利亚准则制定者已经宣布本国的公司将从 2005 年 1 月 1 日开始执行 IAS 39 2004 年 3 月的版本，并会随未来准则的修订做进一步调整。

新西兰还没有发表 IAS 39 的最终版本，将从 2007 年开始强制执行该准则。

英国特许公认会计师公会的行政总裁爱伦·布理维说，围绕 IAS 39 的争论已经为利益集团的游说和政治干预准则制定程序打开了空间。

反对 IAS 39 原始版本的主要是法国的银行，他们担心采用市场价格而不是获得时的成本价格计量衍生金融工具会引起账户出现不利的波动。

欧盟的执行机构和金融监管的发起人欧盟委员会希望在准则翻译成欧盟全部 20 种官方语言之后，能够在 11 月底采用 IAS 39 的折中形式。

"对澳大利亚和新西兰公司应该没有影响。澳大利亚和新西兰将满怀希望地全面执行国际财务报告准则，不会因欧盟目前采用的修订准则而有所动摇。"布理维先生说。

普华永道调查了 39 家公司，大部分为上市公司，结果显示 90% 的受调查公司理解执行国际财务报告准则的重要性，同时 85% 的公司说它们对现有技术和资源及时完成转变毫无信心。

调查还显示，75% 的公司认为它们还有重要的工作要做，要正确辨认出完成 2005 年首次执行 IFRS 的报告所缺少的信息。

普华永道国际财务报告准则项目负责人罗伯特·贝克说："调查结果为加紧准备执行国际财务报告准则的公司敲响了警钟。"

《澳大利亚金融评论报》，2004 - 10 - 08

3.30 阅读会计头条 3.9，利用监管中的某一理论（选择一个最适合的理论）解释有哪些因素会促使法国前总统雅克·希拉克游说反对有争议的会计准则？

会计头条 3.9　公司游说会计准则的影响

欧盟推迟会计准则

Antonia Senior

欧盟委员会屈服于银行和法国政府的游说，于昨日承诺推迟执行新的衍生金融工具会计准则，该准则是在安然事件后起草的。

弗里茨·博克斯坦是负责领导推动泛欧洲金融服务的欧盟委员。他说，如果下个月矛盾双方没能达成共识，他将暂时搁置明年实施两项新会计准则的计划。

由国际会计准则理事会拟定的这项备受争议的准则会强制公司将衍生金融工具的损失和利得反映在账上。

大多数公司核算衍生金融产品等金融工具时是根据取得时支付的成本，这种方法意味着衍生金融产品通常不出现在公司账户上。

银行和保险公司一直在游说反对这项准则，他们害怕新准则会使其资产负债表上出现巨额亏损。

博克斯坦先生说他会在本月成立一个行业专家委员会，来检验受争议的准则：

"我们将看到在最后期限3月中旬之前我们能解决什么，目前尚不能解决的问题将交由更高级别的委员会解决。"

如果博克斯坦先生按照他所威胁的那样，将悬而未决的准则暂时搁置，那么欧盟的公司将不得不执行新准则的大部分内容，但是继续按照他们现在的方法核算金融工具。

在博克斯坦先生的评论之前，反对新准则的密集游说已经获得了法国政府的公开支持。法国总统雅克·希拉克去年写信给欧盟委员会时说，新准则"会给金融稳定带来严重后果"。

但是会计准则的支持者们说准则对于了解企业真实的财务健康状况是很重要的。他们说，新准则会杜绝安然公司、美国能源公司将表现不佳的资产转移给私人合作伙伴，即所谓的特殊目的实体。突然披露在账户中从未出现过的巨额债务导致公司倒闭。

国际会计准则理事会去年年底对准则做出让步，但是批评家说修订做得远远不够。国际会计准则理事会坚持公允价值的概念，公允价值是将公司持有的所有资产都按照市场价值计量。观察家担心双方太过坚持已见，以致无法对利害攸关的会计准则达成折中的意见。

国际会计准则理事会担心任何淡化准则的举动都会阻止欧洲与美国的会计准则趋同——也是这个项目的长期目标。

所有的欧洲公司从2005年开始必须使用新的国际会计准则报告公司数据。但是，国际会计准则理事会直到3月中旬才会公布两项受争议准则的最终细节。欧盟已经通过了大部分IASB提案，必须在强制执行前支持有关衍生金融工具准则的任何版本。

一位国际会计准则理事会的发言人说："理事会正在与许多利益相关方讨论，我们希望能够在3月底前结束审议。"

《澳大利亚人》，2004-02-04

3.31 阅读会计头条3.10，然后回答下列问题：
可以用哪种监管理论解释大卫·泰迪爵士的行为？
似乎可以用哪种监管理论解释欧洲银行为游说付出的努力？
似乎可以用哪种监管理论解释欧洲保险公司为游说付出的努力？
鲁瑟·皮克的行为是否与她被商业组织"俘获"的观点一致？解释你的答案。

会计头条3.10　会计准则制定者对企业游说行动的反应

无情的泰迪

Bruce Andrews

"无论发生什么，国际准则都将于明年年初发布。"国际会计准则理事会主席大卫·泰迪爵士说。

欧洲和澳大利亚的公司都小心翼翼地采用部分新国际会计准则，担心新准则会对资产负债表和损益表产生影响，但国际会计准则理事会（IASB）主席大卫·泰迪爵士决定所有的新准则都将于明年第一季度前发布。

他正在遭遇阻力。许多公司的倒闭激发了改革的热情，例如安然、世通、澳大利亚兴业保险公司以及在澳大利亚已经发展放缓的电通公司。在泰迪向欧洲的银行在金融工具准则上做出妥协之后，他坚持其余准则被全面采用，不接受进一步修改，这恰与欧洲的保险公司针锋相对。泰迪已经消除了澳大利亚政府和企业对准则的误解。

泰迪和欧洲大公司之间的矛盾导致准则最终内容不确定，使会计师为客户提供咨询变得困难。普华永道金融服务合伙人伊恩·哈蒙德说，这种不确定性让一些澳大利亚公司拖延了为新准则进行的准备工作。

最近罗伯特哈夫管理资源公司公布了一项调查，调查对象是150家澳大利亚公司的财务经理，结果发现其中33%的经理还没有着手准备采用新准则，13%的财务经理甚至毫无头绪。财务报告理事会承诺澳大利亚将于2005年1月1日采用新准则，但很多公司为了能够记录财务数据以备比较，不得不从2004年7月1日起就开始使用新准则。

泰迪已经在一次与大公司产生矛盾时做出了让步。今年6月欧洲的银行——在欧洲银行联合会的组织下聚集在一起——成功游说了国际会计准则理事会修改新的金融工具会计准则，以允许所有的银行继续进行宏观套期业务。他们可以继续通过套期保值规避所有贷款组合的风险。准则要求银行对每一项单独的贷款对冲风险或者将套期放入损益表中核算，这会导致报告利润出现巨大的波动。IASB将于今年年末发布修改准则的征求意见稿，准则将于2004年3月发布。

泰迪说他不会向欧洲银行妥协，即使金融工具准则与美国准则不相容。修改的准则允许银行宏观对冲风险，而FAS 133则不允许。泰迪说，金融工具的国际会计准则是一个半成品，一旦正式启用，他将与美国会计准则制定者一起编写替代它的准则，“这会花费5年的时间。”

保险公司看到银行赢得了让步倍受鼓舞，自发地进行商讨。在7月末，一些欧洲保险公司的首席执行官呼吁与IASB商议改变银行也曾经争取过的金融工具准则。保险公司也担心准则会增加报告利润的波动性，因为准则要求投资资产按照市场价值计量，并且将有关的利得和损失记入损益表。

泰迪坚称，除非证明他是错的，否则他不会屈服于大公司施加的压力。他说，一些欧洲公司不愿意采用新的金融工具准则，正在发起一场针对他个人的运动。“他们告诉政府我没有听取意见，我不了解这个行业。而我太了解这个行业了。”

泰迪还在与澳大利亚会计准则委员会（AASB）较量。委员会代理主席鲁瑟·皮克想与IASB谈判，要求在自创无形资产计价方面新旧准则的转换更简单。澳大利亚的公司都支持委员会的努力。G100由澳大利亚93家大公司和国有企业的财务总监代表组成，该组织主席约翰·斯坦霍普说，他们已经在写给泰迪的信中表达了成员们的担心，包括IASB对无形资产的规定将对澳大利亚企业产生的影响。

泰迪说，澳大利亚无形资产的计价准则是“可悲的”，“你们是唯一如此核算无形资产的人”。

当2005年新会计准则开始执行时，澳大利亚的公司将不得不把无形资产的价值从资产负债表中核销，无论是内部自创还是从外部获得后重新估价的，因为他们没有按照国际会计准则的方法对无形资产估值。1999年，安永统计澳大利亚公司的账上大约有价值400亿美元的无形资产（例如，刊头名称、许可权、商标和知识产权）。

皮克认为，泰迪的批评是不公平的。她说："对于我们放弃的任何一项澳大利亚的准则，我们都会采用相应的国际准则，我们都是放弃了更好的而采用更差的。唯一的例外是无形资产和金融工具准则，这还是因为我们没有金融工具准则。"

皮克说，根据基本法律的规定，准则一定要符合澳大利亚的最佳经济利益，澳大利亚准则委员会正在被迫与泰迪和IASB谈判，商讨如何向新的无形资产准则转换。他们认为从澳大利亚资产负债表上减少400亿美元并不符合澳大利亚经济的最佳利益。皮克说："这将会影响公司支付股利的能力……这可能会影响股票价格，将会影响贷款合同，还会影响利息扣除。"

哈蒙德怀疑AASB是否能赢得这次较量。"我们告诉我们的客户：'不要设想谈判有何进展，继续为引入现有版本准则做好准备。'IASB已经听取了澳大利亚反对者们对无形资产准则的意见，也给AASB重新编写准则的机会。皮克说这项工程要到2005年以后才能完成。""我们可能要到明年这个时侯才着手进行。我们要回到最初的起点，从一张空白的纸开始。"

皮克说，她在与IASB谈判改变新会计准则，以允许公司在强制执行之前分阶段地采用准则，使这个过渡更顺利。她说澳大利亚*法律解释法*禁止法规（例如会计准则）涉及其他在实施时还不存在的法规。

第一项国际会计准则——IFRS 1就提及了随后的准则，泰迪同情皮克的苦衷，但是拒绝做出让步。"欧洲或者其他地方的委员会向我谈起过提前采用准则的事情。但是我决定，在采用新准则时，我们不得不让每个人都接受这种像"大爆炸"一样的方式。"

皮克和斯坦霍普说澳大利亚公司依然支持采用新准则，因为从长期来看这样做会带来好处。海外投资者在能很容易地将澳大利亚公司的财务报告与海外公司作比较时，会更倾向于在澳大利亚投资。但是，皮克说，欧洲银行在游说反对金融工具准则上取得的成功可能会鼓励澳大利亚公司加入到说服泰迪和IASB对无形资产准则做出更多改变的游说活动中。

《澳大利亚商业周刊》，2003－08－28

3.32 世界面临的最紧迫的问题之一是全球变暖。为了有效地解决这一问题，世界各国的政府需要引入监管以减缓企业活动对环境的影响。这种监管必然要求公司对其经营方式做出重大改变，这毫无疑问将对许多组织的盈利能力产生消极影响（但是，从长远看，如果不采取措施，组织将不复存在，也没有利润可言）。请阐述本章中讨论的各种理论是否希望引入最终对后代有益但会要求公司改变现有经营方式的监管。

3.33 让我们假设政府开始担心现有的披露规定只关注组织的财务业绩，却不能解决公司其他方面的业绩问题，包括不能提供有关公司的社会和环境影响的信息以及组织为提高社会和环境业绩而实施的各项新措施和投资。正因如此，政府决定通过立法要求公司不仅提供有关其经营产生的社会和环境影响的信息，还要包括公司实施的社会和环境措施。要求：

（a）从公共利益理论角度解释政府立法的理由，以及政府最终将如何评估是否应该真正引入提议的立法。

（b）从俘获理论的角度预测：从长远来看，哪类选民会从社会和环境披露立法中受益？

（c）从监管的经济利益集团理论角度预测：任何可能引入的立法是否会导致公司在社会和环境业绩方面的受托责任增加，尽管这种增加的受托责任会影响污染严重的大型组织取得财务上的成功。

第 4 章 国际会计

学习目标

在完成本章的学习之后，读者应该：

·了解最近国际会计准则理事会和其他准则制定机构着手建立一套世界各国通用的统一的会计准则（这套会计准则被称为国际财务报告准则，IFRS）这一动向的背景；

·了解各国采用 IFRS 所带来的利弊；

·意识到在许多国家采用 IFRS 之前，各国采用的会计政策与会计实务存在着许多重大的差异，而由于各国选择采用由国际会计准则理事会发布的准则，这些差异在不断缩小；

·了解用不同理论解释为什么国家采用某种会计实务，并能够评价在存在不同理论的前提下制定一套国际标准化的会计准则是否合适；

·能够解释会计"协调"和"标准化"的含义；

·能够从国际化的视角辨别和解释会计实务协调化或标准化过程中会获得的利益和遇到的障碍；

·了解导致更深入的国际会计协调的关键因素。

开篇问题

从 2005 年开始，由国际会计准则理事会（IASB）发布的会计准则已经成为澳大利亚和其他一些国家遵循的会计准则（包括欧盟的一些成员国）。你认为不同的国家应该采用一致的会计准则吗？也就是说，尽管存在不同的文化、法律制度以及财务体系，财务会计的方法仍然"普遍适用"是合理的吗？一个国家采用 IASB 发布的会计准则所带来的利弊分别是什么呢？

引 言

在前面的章节中我们了解了监管怎样塑造财务报告实务。我们看到有多种因素能够影响监管者的行为（例如，监管者认为符合"公共利益"的做法有哪些，或是新提出的会计准则对经济的影响），以及当判断可能影响监管者最终决定支持或反对某一财务会计要求的因素时可以应用的各种观点。我们了解到当给定一项潜在的交易或事项时，会计监管的差别或变化会导致得出不同的会计报告"数据"，而这些报告的会计结果的差异会如何带来积极和消极的社会与经济后果。因此，显而易见，任何不同国家之间的会计监管差异会导致对特定一组交易或事项的会计处理结果存在差异。

本章讨论在没有努力使会计实务国际协调化或标准化的情况下不同的理论对会计监管与实务因国家而异的原因做出的解释。本章还解释了在许多国家最近决定采用 IASB 颁布的准则之前，各国的会计实务存在巨大差异的原因。鉴于之前的研究阐明了来自不同国家或拥有不同文化的人有不同的信息需求和期望，本章探讨了各国近来为建立一套全球适用的会计准则而做出努力的内在逻辑。本章还解决了这样一个问题：不同国家的组织采用同一种会计准则，显然是要接受这一财务报告的“普遍适用”方法，这样做是否有意义呢？

在本章我们还会讨论最近主要由 IASB 倡导的建立一套全球适用的统一的会计准则。已经有一百多个国家采用了 IASB 发布的准则，尽管 IASB 的准则常常与这些国家国内原有的准则有很大差异。在全球会计协调化的大趋势下有一个例外，美国已经决定不采用 IASB 的准则。迄今为止，美国继续使用国内原有的，由财务会计准则委员会（FASB）发布的会计准则，尽管在 2008 年，美国证券交易委员会（SEC）通过了一项裁定，允许同时在美国证券交易所上市的国外上市公司根据国际财务报告准则（IFRS）编制报告，而不需要改用美国的公认会计程序。FASB 和 IASB 已就消除准则间的差异（准则趋同）进行磋商，一旦达成协议，SEC 表示美国国内的公司可能会强制执行 IFRS，就像其他大多数国家一样。然而，美国采用 IFRS 的时机尚不确定。

本章开头简要讨论各国采用 IFRS 前，不同国家会计实务中存在的国际差异。

4.1 在近来的标准化倡议之前会计存在国际差异的证据

近几年，许多国家（包括澳大利亚和欧盟成员国）选择采用 IASB 颁布的会计准则，并通常自 2005 年起正式执行。然而，为了了解在最近努力实现会计标准化之前，不同国家的会计规则如何导致差异巨大的会计结果（因此要考虑有关标准化的一些争论），我们需要考察一些真实的例子，即某家公司的经营成果是如何因用于核算各类交易的会计准则的不同而显著不同的。

在最近广泛接受 IFRS 之前，Nobes 和 Parker（2004，p. 4）开展的一项研究对少数总部设在欧盟的跨国公司的经营成果进行对比，这些公司同时按照它们本国的会计规则和美国会计规则编制报告。例如，对比分析显示，2000 年英瑞制药公司阿斯利康（AstraZeneca）基本的经济交易和事项在英国会计规则下报告利润为 95.21 万英镑，而在美国会计规则下报告利润为 297.07 万英镑——完全相同的交易和事项得出的报告利润差异率竟达 212%！在近期重复进行这项研究，阿斯利康 2003 年的年报显示，按照英国会计规则计算得到的利润是 30.36 万英镑，而按照美国会计规则计算得到的利润是 22.68 万英镑，差异率是 25%。阿斯利康的资产负债表（现在被称为财务状况表）中，2003 年 12 月 31 日的股东权益按照英国会计准则计算是 131.78 万英镑，而按照美国会计准则计算则变成了 336.54 万英镑，差异率是 155%。尽管这么大的差异率是不正常的，但通过检验几乎所有按照不止一种会计规范报告经营结果的公司财务报告就会发现，按照不同规范得出的经营成果和财务状况都存在差异。在这方面请参考《澳大利亚金融评论》中的一篇文章（1998－11－25）：

> 西方各国的会计和报告准则的重要差异不时会占据头版头条。最具冲击性的要数戴姆勒—奔驰于 1993 年 10 月在纽约证券交易所上市（第一家在美国上市的德国公司）。
>
> 当公司将所有账户从德国会计规则改用美国通用会计准则编制时，第一年上半年的 1 680 万马克的利润成为令人难以置信的 9 490 万马克的亏损。
>
> 德国企业集团赫斯特公司（Hoechst）自 1994 年开始采用国际会计准则（IAS），

最近也在纽约证券交易所上市。在将自己的账户按照美国公认会计原则调整的过程中，17 亿马克的利润变成了 570 万马克的亏损。

会计头条 4.1 描述了澳大利亚的新闻集团（News Corporation Ltd）按照澳大利亚会计准则计算出的巨额会计利润在改用美国会计准则时如何变成了重大亏损。

会计头条 4.1　会计规则国际差异对利润产生影响的例证

新闻集团的昂贵教训：不要搬到美国

Finola Burke

根据美国证券交易委员会的文件显示，美国会计准则使新闻集团 2000 年度 19.2 亿美元的净利润变成了 3.29 亿美元的损失。

尽管按美国会计准则计算的损失不会改变新闻集团上一财年年末报告的利润，但可以看出如果新闻集团把总部搬到美国，它的账户会有多大的不同。

在计算少数股东损益前，新闻集团按美国会计准则计算的结果与按原有方式报告的去年收入相比，净差额为 24 亿美元的损失。

美国公认会计原则（US GAAP）不允许公司将开办费资本化、将非正常利得和损失入账，或者重估刊头或电视经营许可权。折旧的处理也有区别。

美国公认会计原则使得新闻集团当年亏损，而不是获得将近 20 亿美元的利润，同时将其经营收入从按照澳大利亚会计准则计算的 27.4 亿美元缩减到 15 亿美元。

——《澳大利亚人》，2000－11－15，p. 32.

不同国家的会计规则存在差异，证明这一点的一个更生动的例子是安然公司。Unerman 和 O'Dwyer（2004）解释说，在安然公司倒闭之后，欧洲国家的许多会计监管者、实务者和政客声称，让安然公司能够隐藏巨大的债务且不在资产负债表中反映的会计实务在欧洲不起作用。在英国，这种解释突出了英国和美国会计监管方式的差异。有人认为在英国会计的监管下，这些负债不会作为资产负债表外项目处理，这使得安然公司的资产负债表在英国和美国的会计实务中可能产生重大差异。

我们现在可以考虑不同国家的会计原则会产生差异巨大的利润或损失这一事实是否能成为许多国家决定采用 IASB 发布的会计准则的原因。显而易见，如果不同国家采用相同的会计原则，在不同国家报告的会计结果的差异也将随之消失。你认为呢？消除会计结果中的国际差异能为国际会计标准化提供充分的理由吗？当然，IASB 和欧盟的监管者以及其他国家（如澳大利亚）正是用这个理由使采用 IFRS 名正言顺。

在下面的部分中，我们将了解用来使国际会计标准化的努力合理化的因素。但是，还应该意识到，有许多会计研究人员认为，仍有充分的理由支持不同国家（在文化、法律制度、金融体系等方面各国间有着根本性的差异）采取不同的会计原则。用于解释期望保留国际差异的理论原因，反过来可以用作反对国际会计标准化（虽然这是 IASB 想极力促成的）的可能论据。在本章结尾，我们将介绍反对国际会计标准化的各种理论观点。

4.2　不同国家采用不同的会计方法真的有问题吗？

在考虑会计体系标准化的优势之前，我们首先要澄清几个重要的术语，这很有帮助。Nobes 和 Parker（2004，p. 77）区分了会计“协调”和“标准化”两个概念。他们将“协调”定义为“通过设定变动程度的范围增加会计实务兼容性的程序”。

会计“标准化”被解释为“似乎暗示了一套［比协调］更严格、范围更窄的原则”（p. 77）。因此，比起标准化，协调似乎允许更大的弹性，但是，正如 Nobes 和 Parker（2004）所指出的，在国际会计中，这两个概念总是被当作同义词来用。尽管如此，但通过 IASB 的努力，目前似乎正在进行的是一个标准化的程序。

Nobes 和 Parker（2004）解释说，最近努力增强国际财务会计*标准化*的原因与之前某一国家用于解释财务会计标准化的原因相似。如果投资者增加对不同国家企业的投资，同时这些投资者将财务报告作为投资决策所依据的重要信息来源，许多人（但不是所有人）会持有这样一种观点：标准化很重要，能让他们读懂财务报告，还能为比较不同国家企业的财务会计数据提供一个合理的依据。正像国内的情况一样（见第 2 章和第 3 章的论证），如果所有的账户都根据同一套基本的假设和会计原则编制，财务会计信息的*可理解性*和*可解释性*应该会更强。如果一个国际投资者需要了解大量不同的会计假设、原则和规范，那么做出快速而有效的国际投资决策会成为一项更复杂的任务。

进一步而言，如果一家跨国公司的长期融资需要量对于某国的融资供应商来说过于巨大，该公司可能需要通过在其他多个国家的证券交易所上市以获得更多融资。基于保护国内投资者的考虑，如果某公司编制的财务报告与所有其他上市公司的财务报告没有可比性，即没有用可比较的假设（或原则）编制财务会计报告，某国证券交易所的监管者可能不愿意同意该公司在本国上市。此外，对于一家要根据每个交易所的会计原则编制财务会计报告的公司来说，如果存在一套国际认可的会计原则，且该公司上市的所有交易所都接受这套原则，必将大大简化公司的会计程序。对于所有在任一交易所上市的公司来说，使用一套单一的国际会计原则和规范很有意义。

Nobes 和 Parker（2004）提出的有关会计国际标准化的另一个更深入的原因是，它将为跨国会计师和审计师事务所调动经验丰富的员工提供更大的灵活性和更高的效率。

澳大利亚政府多年来一直关注本国会计准则和其他国家的差异，这也反映出国际标准化的优势。政府的关注具体体现在从 1995 年开始澳大利亚就参与了将国际会计准则委员会（IASB 的前身）发布的会计准则与本国准则相协调（不是最初就是“标准化”的）的过程。“协调程序”要求澳大利亚会计准则尽可能与国际会计准则（IAS）兼容，但当澳大利亚的处理方法更恰当时，仍允许有一定出入。1997 年发布的一份文件（名为《会计准则：为澳大利亚企业带来国际机遇》），作为澳大利亚政府的公司法经济改革计划的一部分，讨论了努力协调会计准则的理由。文件中称（p. 15）：

> 在澳大利亚，使用独一无二的国内会计准则毫无益处，因为其他国家对它不熟悉，也就无法理解。即使这些准则代表了最佳实务，澳大利亚也不一定能够吸引到资本，因为外国公司和投资者不能对澳大利亚的企业做出合理的评估，尤其是不能与本

国的企业进行比较。[①] 需要通用的会计语言，以促进投资者评价国内和国外的公司，并避免形成国外上市公司可能耗费巨大的会计惯例，这些都是反对单纯保留国内的财务报告制度的有力论证。

这一观点还与《政策说明6：国际协调政策》（澳大利亚会计准则理事会，1996年4月）的观点一致，强调需要财务报告的国际可比性。正如《政策说明6：国际协调政策》在段落1.2中提到的：

资本市场的全球化导致对高质量、国际可比的财务信息需求不断增加。理事会认为他们应该通过奉行澳大利亚会计准则国际协调的政策为这类信息的供应提供便利。在这方面，澳大利亚会计准则国际协调是指这样一个程序：可以使准则在所有重要方面与其他国家及国际准则制定者颁布的准则具有可比性。

Ball（2006，p. 11）找出了其他许多优势，这些优势常用来支持财务报告的国际标准化。首先，采用IFRS的前提是，相对于IFRS所取代的国内会计准则产生的信息而言，这一决定将带来更准确、全面和及时的财务报告信息。由于这类信息无法从其他途径获得，因此应该会使得股票市场中的估值更有依据，从而降低投资者面临的风险。采用IFRS的另一项优势是能够为大小投资者都提供更多的财务信息。小投资者可能无法像大型的专业投资机构那样能够从其他渠道获得或预测某些财务报告信息。提高财务报告的质量将使小投资者更有能力与职业投资者（较大的投资者）竞争，因此在小投资者与消息灵通的职业投资者交易时，将减少前者的风险（这类风险被称为“逆向选择”）。[②]

除了前面介绍的内容之外，还可以列出与国际会计标准化有关的许多优势。尽管如此，但将这些优势量化显然是非常困难的。例如，澳大利亚由于预感采用IFRS会带来各种经济利益，目前已经接受了IFRS，但是没有真实的证据表明该国在经济上比如果一直采用原来国内制定的会计准则要好。正如Ball（2006，p. 9）所说，“几乎没有什么经验研究或理论能够真正证明在全国或全世界实行统一的会计原则的优势或劣势”。

因此，从经验角度来看，财务报告理事会（FRC）在2002年（澳大利亚在2005年采用IFRS）做出的决定是否“正确”尚不清楚。此外，国内大部分公司是否能够享有采用IFRS的好处，或者这些好处是否仅限于大型跨国公司，还无法确定。如果只有较大规模的组织能够受益，那么或许我们应当质疑要求国内所有公司都从使用国内准则转换为IFRS这一程序的公平性。在这方面，Chand和White（2007）质疑了IFRS与欠发达小国（如资本市场相对较小的斐济）的相关性。他们提出疑问（p. 607）：

为什么像斐济这样没有完善的资本市场的发展中国家也要采用IFRS呢？有关协调化的会计准则对国内使用者和本地社区的影响的问题大部分悬而未决。

我们已经找出了与标准化有关的一些优势（在本章后面我们还将讨论与之相关

① 协调会导致澳大利亚放弃能够代表“最佳实务”的某些准则，这一观点十分有趣。它暗示协调会使得会计系统不那么理想。此外，放弃“最佳实务”明显会对质量特征有影响，如真实反映和中立性。

② “逆向选择”是一个经济学术语，代表在市场中买方不能准确估计要购买的产品质量，而卖方了解其所售产品的质量。

的一些劣势)，现在我们考察在国际范围内实现标准化会计的主要机构——IASB。

4.3 对 IASB 及其全球化行动的简要回顾

接下来的内容描述了最近在全球范围内实施的财务会计标准化倡议。我们将对 IASB（这家机构处于全球会计标准化的核心地位）作简要的介绍，并回顾它的发展历史。我们还将简要介绍欧盟和澳大利亚为标准化做出的努力。

在回顾 IASB 的发展历史时，我们或许要追溯到 50 年前，还要提到英格兰及威尔士特许会计师公会（ICAEW）的前任主席 Henry Benson。Benson 于 1966 年当选为 ICAEW 的主席，他是 1854 年创立 Coopers 会计师事务所（经过多次合并，后来组成了普华永道会计师事务所）的四兄弟之一的孙子。Veron（2007，p. 10）概括了 Benson 对国际会计的影响：

就职当天（1966），Benson 对协会的理事会发表了简短的讲话，其中提到了他受邀访问加拿大特许会计师协会和美国注册会计师协会。他补充道："长期以来，我一直怀有这样的感觉，我们与这两家协会的关系十分友好，却又很疏远，如果理事会同意，我将尝试与它们建立更紧密的联系"。

这短短几句话标志着国际会计准则制定的开端。Benson 在 1989 年出版的自传《会计人生》中回忆了这一时刻，书中写道：

"在这个阶段，我个人的、未公开说明的意愿是使其成为会计职业的转折点，正如我预料中的一样。英国、美国和加拿大是当时会计界最重要的三个国家，但是彼此几乎没有交流。没人尝试使三方关系进一步密切，以促进整个会计界的利益，或是为会计和审计问题寻求一个共同的解决方法。由于地理位置的缘故，加拿大特许会计师协会和美国注册会计师协会的关系比我们密切，但三家只奉行自己的政策，没有提及其他两家，也没有与其他两家进行合作。我希望改变这一状况。"

在 Benson 的访问之后，三家机构于 1967 年 2 月联合成立了国际会计师研究组织。该组织不久就发布了有关会计议题的文件，并逐渐形成了自己的理论框架。它后来成为 1973 年创立国际会计准则委员会（IASC）的基础，此时更多的会计机构加入了进来，除加拿大、英国（还包括与英国联合的爱尔兰）和美国外，还有来自澳大利亚、法国、德国、日本、墨西哥以及荷兰的会计机构。IASC 提出的目标是发布国际准则作为参考，并在未来引导各国准则趋同。Benson 顺理成章地被任命为 IASC 的首任主席，并在伦敦设立了办公室。

IASC 在 1973 年成立时提出的目标是：

站在公众利益的角度制定和发布编报财务报告所需遵守的会计准则，并提高其在世界各国的认可度与遵循度；完善和协调与财务报告编报有关的监管、会计准则和程序（IASC，1998，p. 6）。

Veron（2007）描述了 IASC 在 1973 年成立之后所做的工作（p. 11）：

IASC 在保证的时间内制定并发布了越来越多的文件，这些文件构成了一个不断完善的规则体系，最终在 1998 年完成了一套由 39 项准则组成的所谓"核心"国际会计准则（IAS）。与此同时，为了适应不断增多的、日益多样化的利益相关者基础，IASC 的管理也在不断发展。比利时、印度、以色列、新西兰、巴基斯坦和津巴布韦早在1974年就成为了IASC的会员，其他许多国家也紧随其后。1981年，来自世界银行、联合国、经合组织以及其他各类市场参与者的代表组成了IASC的顾问组。1987年，证券委员会国际组织（IOSCO，将美国证券交易委员会与世界其他国家的同行聚集在一起）加入该顾问组。1990年，欧洲文员会和美国准则制定机构（FASB）成为IASC会议的观察员。2000年，IOSCO建议跨国交易或交叉上市可采用国际会计准则。同时，许多发展中国家习惯于借鉴IAS来起草本国的准则。一些国家，如黎巴嫩和津巴布韦，甚至要求银行或公开上市公司使用IAS。一些发达国家，如比利时、法国、意大利和德国，也通过立法允许大型上市公司公布合并报表时使用IAS或与其相似的准则，不需要将其与国内的准则“调整一致”。在20世纪90年代末亚洲金融危机爆发后，国际会计准则也得到由工业化国家组成的G7集团和由金融监管者组成、由位于巴塞尔的国际清算银行主办的金融稳定论坛的青睐。

在20世纪90年代末，IASC的运作方式发生了巨大的变化。IASC基金会成立了，这家机构由若干委员组成，负责监督新成立的国际会计准则理事会，理事会于2001年开始运营①。IASC基金会的委员对IASB的管理和监督负责，包括提供资金。然而，他们不能参与有关准则的任何技术性事务。与准则相关的技术性事务完全交由IASB承担。

IASC基金会还负责任命IASB、国际财务报告解释委员会（IFRIC）（与IASB同时成立）以及准则咨询委员会的成员。简而言之，根据IASB的网站，IFRIC是IASC基金会的解释性机构，其任务是定期对现有国际财务报告准则（IFRS）范围内普遍出现的基本会计问题进行审查。IFRIC的工作宗旨是对特定交易和事项的恰当会计处理达成共识（IFRIC解释公告），并对这些问题提出权威指南。IFRIC包括14名成员，他们分别来自不同的国家，有着不同的专业背景。IFRIC解释公告可能在报告主体要以不同方式解读某项报告要求的时候发布。

根据IASB网站上的介绍，准则咨询委员会（SAC）是为国际会计准则理事会（IASB）与广大代表进行磋商而设的论坛，这些代表来自使用者群体、财务报告编制者、财务分析师、学者、审计师、监管者以及职业会计团体，这些人受IASB工作的影响，也对其感兴趣。SAC每年与IASB会晤3次，就各类问题向IASB提出建议，包括IASB的议程以及工作计划。应该注意的是，IASC于2008年发布了一项名为“章程回顾：公众受托责任与IASB的构成——做出改变的建议”的文件，文件作为5年定期回顾的一部分，对IASB未来将如何架构和管理提出了大量的改进意见。我们在未来将看到IASB职能的定期改进。

IASB有14名成员，其中12名是常任理事，其余2名是非常任理事。根据IASC基金会章程，IASB成员必须：

具备国际业务的专业背景、经验，熟悉市场情况，这样的人员组合在一起，能够代表现有最佳的技术和经验，有利于制定出高质量、全球性的会计准则。

为了通过一项准则，IASB的14名成员中需要有2/3投赞成票。但应该注意的是，IASB没有权力要求某一国家采用某些准则。正如我们将在下文中所看到的，

① IASC基金会由22名委员组成，其中6名来自北美洲，6名来自欧洲，6名来自亚太地区，其余4名来自其他地区，以达到总体的区域平衡。

IASB 不能强制会计准则生效，这意味着不同国家可能会以不太统一的方式运用 IFRS 的各项规定。

IASB 的会计规范方式主要是遵循英美模式（将在下文中解释），但是它最初发布的许多国际会计准则（IAS）准许各种会计选择。正因如此，这些准则在会计实务国际*标准化*方面并不是特别有效，因为不同的公司（或国家）可以使用本质不同的会计政策，却仍能宣称它们只遵循唯一一套国际会计准则规范。因此，遵循国际会计准则并不能保证或提高会计账户的*可比性*或*可理解性*——会计监管的关键目标——证券交易所不认可用这样的账户编制财务报告以支持公司在其交易所上市。①

证券委员会国际组织（IOSCO）是一家在世界范围内代表政府证券监管的机构，它在 20 世纪 80 年代后期承认，为了促进更多的跨国公司从多国的证券交易所募集资金，采用唯一一套严格的国际会计准则将很有帮助，承诺任何受 IOSCO 成员监管的证券交易所都认可。这会减少公司目前为股票上市所在国出具一套不同的财务会计结果所耗费的成本。但是，为了达到这个目的，要接受国际会计准则必须使其在会计实务标准化方面更有效，因此需要准许一套范围更窄的会计实务或选择。

相应地，IASC（随后被 IASB 取代）开展了一项*可比性和改进计划*来缩小在 IAS 中允许选择的范围，藉此使其被 IOSCO 接受（Purvis、Gernon 和 Diamond，1991）。这个计划最终促使一套修订的核心国际会计准则于 1999 年发布，这套国际会计准则后来被 IOSCO 成员所接受——却独缺美国证券交易委员会这一重要成员。在得到 IOSCO 的认同之后，任何一家公司在按照修订的 IAS 拟订账户时，都可以用这套单独根据国际会计准则编制的账户来支持它在世界上任何一个受 IOSCO 成员监管的证券交易所上市——仍然不包括美国。

在完成了这一核心的可比性和改进计划后，IASC 在 2001 年被 IASB 取代，IASB 采用了所有现有的国际会计准则，并从 2001 年开始以国际财务报告准则（IFRS）② 的形式发布新规范。IASB 的结构比它的前身 IASC 更独立也更严谨（尽管仍对 IASB 的独立性存有顾虑，我们会在本章后面的部分讨论）。

尽管美国证券交易委员会仍然不接受对 IASB、国际财务报告准则以及国际会计准则的改革，不将其作为美国公司为了在美国证券交易所上市而编制财务报告的充分依据③，但是，IASB 和美国准则制定机构（财务会计准则委员会）一直在努力减少国际准则和美国会计准则之间的差异，这项工作被称为“趋同项目”（Nobes 和 Parker，2004）。我们马上会讨论到这个项目。

参与到国际会计实务标准化进程中的一个十分关键的参与者是欧盟（EU）。④ 欧

---

① IASB 的《编报财务报表的框架》将可比性和可理解性作为财务信息的两个主要质量特征（另外两个是相关性和可靠性）。

② 当 IASC 发布会计准则时，称其为国际会计准则（IASs）。当 IASB 现在发布准则时，称其为国际财务报告准则（IFRSs）。许多 IASC 的准则仍然存在，尽管许多已经被 IASB 修改或更新。这些修改过的准则仍然被称为 IASs，并保留了原有的标题和序号，而不是变成一项 IFRS，也就是说在国际层面上有许多 IASs，同时也有许多新发布的 IFRSs。目前可应用的会计准则列表可以在 IASB 的网站上找到，网址是 www. iasb. org。

③ 正如在本章中强调的，允许国外的上市公司在美国根据 IFRS 编制财务报告，但是这一让步并不适用于美国公司。

④ 欧盟的前身为欧洲共同体（在这之前被称为共同市场）。这是一个政府间合作组织，由 27 个西欧国家在《马斯特里赫特条约》下于 1993 年 12 月建立，有自己的体制结构和决策框架。成员包括奥地利、比利时、保加利亚、塞浦路斯、捷克共和国、爱沙尼亚、英国、丹麦、芬兰、法国、德国、希腊、匈牙利、爱尔兰、意大利、拉脱维亚、立陶宛、卢森堡、马耳他、荷兰、波兰、葡萄牙、罗马尼亚、西班牙、斯洛伐克、斯洛文尼亚和瑞典。

盟参与会计规范是以欧盟的身份（而不是把它交给各成员国），主要是因为欧盟的一项基本原则，即在欧盟境内人民、商品和资本可以自由流动。正如前面讨论过的，不同国家使用不同的会计规则为投资者理解和比较不同国家的公司财务报告设置了障碍，也为他们自由地向不同欧盟成员国的公司投入资本设置了障碍（禁止资本自由流动）。在欧盟，会计协调的方式一直与 IASC/IASB 的方式不同。这并不出乎意料，因为欧盟的大多数国家遵循的是欧洲大陆会计体系，而不是 IASC/IASB 的英美模式，所以欧洲的会计协调方式一直以来是通过立法实现的。这项立法主要是以欧盟公司法指令的形式，须经欧盟同意，然后在每个欧盟成员国内落实。这是一个漫长的过程，在 20 世纪 90 年代，欧盟意识到这种方式太不灵活，以致难以回应动态经营环境的要求，在这个环境中，财务会计实务需要迅速适应快速变化的经营实务——尤其是对依赖“外部”融资方式的公司来说。而在许多欧洲大陆国家，越来越多的大型公司正是依靠这种形式融资的（“外部融资方式”是指从股东等不参与组织管理的一方获得融资）。

在 2000 年提出建议之后，2002 年欧盟同意从 2005 年 1 月 1 日开始所有在欧盟任何一家证券交易所上市的公司须按照国际会计准则和国际财务报告准则的编制合并账户。[①] 这一举动被视为既能保证会计准则足够灵活以适应动态经营环境的需要，也能确保欧盟上市公司的财务账户维持国际可信度。会计头条 4.2 显示了欧盟采用国际会计准则和国际财务报告准则的更多细节，这是一篇欧盟委员会在 2002 年正式采用这一会计规范路线时发布的新闻稿。

会计头条 4.2　欧盟采用国际会计准则和国际财务报告准则

同意采用国际会计准则将对投资者有利并有助于推动欧盟经济

在一项单独的宣读议案中，欧盟委员会对理事会的决定表示欢迎，这一决定要求上市公司（包括银行和保险公司）从 2005 年开始按照国际会计准则（IAS）编制合并报表（见 IP/01/200 和备忘录/01/40）。准则的规定可以确保公司账户在整个欧盟都更加可靠和透明，并且更加容易进行比较，这有助于消除跨国证券交易的障碍。这也将反过来提高市场的有效性，减少企业筹资成本，最终提高竞争力并促进经济增长。国际会计准则规定是由委员会于 2001 年 2 月提出的。这是“金融服务行动计划”的重要举措，并在过去几周取得了重大进展（见 IP/02/796）。与指令不同，欧盟的规定具有法律效力，但不需要转化为国家立法。成员国可以选择将准则的规定扩张到非上市公司和个人账户的编制。虽然欧盟委员会提出采用国际会计准则的提议距安然事件发生还有很长一段时间，但这依然是有助于保护欧盟免受类似问题困扰的一系列措施之一。其他措施有欧盟委员会最近提出的《审计独立师建议》（见 IP/02/723）和修改《会计指令》的议案（见 IP/02/799）。

内部市场委员弗里茨·博克斯坦说：“我很高兴国际会计准则的规定在这项单独的宣读议案中得到采用，也很赞赏议会和理事会的积极态度。我相信国际会计准则是现有的最好准则。应用这些准则会结束欧盟目前财务报告的巴别塔现象。国际会计准

① 对于少数公司，最后期限是 2007 年而不是 2005 年。

则还会使我们免受玩忽职守的伤害。它意味着投资者和其他利益相关者可以将同类内容进行比较，还会帮助欧洲公司在世界市场上募集资金时与对手平等竞争。更重要的是，在我最近访问美国时，我看到了一线希望，美国将会与我们共同努力实现会计准则的趋同。”

为了确保适当的政治监督，规定建立起一种新的欧盟机制，以评估国际会计准则理事会（IASB）采用的国际会计准则。国际会计准则理事会总部坐落在伦敦，是国际会计准则的制定机构，为准则在欧盟境内的使用提供法律支持。会计管理委员会主席由欧盟委员会任命，并由成员国代表组成，会计管理委员会将决定是否在欧盟委员会提议的基础上支持国际会计准则。

在这次任务中，欧盟委员会将得到欧洲财务报告咨询组（EFRAG）的帮助，这一组织由来自几个成员国私营部门的会计专家组成。

EFRAG 提出了有关如何在欧洲法律环境下使用国际会计准则的技术性专家意见，并且积极地参与到了国际会计准则制定过程中。欧盟委员会邀请所有关注财务报告的相关方积极地参与到 EFRAG 的工作中。欧盟委员会最近提出会计指南的修改意见，会计指南会对国际会计准则规定进行补充，对于没有将国际会计准则应用到所有企业的成员国，允许其编制具有相似的、高质量的财务报告（见 IP/02/799）。

欧盟委员会新闻发布稿，索引：IP/02/827，2002－02－07

会计头条 4.2 表明，对于支持国际会计准则/国家财务会计准则的观点，采用它是因为相信人们在做出各种决策时需要信息（这可以和后面的决策有用论相联系——其中一些我们在第 5 章和第 6 章中会讲到），以及相信个人和资本市场会如何对会计信息做出反应（这可以和后面的行为与资本市场研究联系——第 10 章和第 11 章讨论的内容），采用国际会计准则/国家财务会计准则符合公共利益，而非受某一选区的私人利益驱动（我们在第 3 章讨论过公共利益理论和私人利益理论）。似乎也有人认为新的会计方法会在不同国家以一种相似的方式被接受（也许与本章中的一些主张不同——如宗教、文化或税制会影响各种可供选择的会计方法的有用性）。

尽管对于采用国际会计准则和国际财务报告准则，欧盟委员会表现出了极大的热情，但还有对法律和政治上的担忧——欧盟不会允许自己提前支持这样的规范，即将会在未来的某个时间由某个不受其控制的国际机构制定出来（Nobes 和 Parker，2004）。也就是说，欧盟要在考虑了国际财务报告准则细节的前提下，才愿意对未来所有的国际财务报告准则（会适用于很多欧盟企业）进行全面认可。因此，如同在会计头条 4.2 中看到的，欧盟建立了这样一种机制，使得每一项国际会计准则和国际财务报告准则在成为欧盟上市公司强制性规定之前，都需要单独经欧盟批准。这一批准程序涉及一个由 11 名成员组成的委员会，名为欧洲财务报告咨询组（EFRAG），其成员来自财务报告的编制者和使用者，他们向新成立的欧盟会计规范委员会（ARC）报告对每项国际会计准则和国际财务报告准则的评论。[①] 欧盟会计规范委员会（ARC）由每个欧盟成员国派一名代表组成，他们投票表决是否建议欧盟委员会批准通过国际会计准则和国际财务报告准则，要求 27 名成员中要有 2/3 建议批准。

① 要了解更多有关 EFRAG 和 ARC 的详细情况，分别参见以下网站：www. efrag. org 和 http：//ec. europa. eu/internal_ market/accounting/committees_ en. htm。

2004年，有政府提出IAS 39是不切实际的，还可能引发他们国家的银行产生潜在的、严重的负面经济后果，他们使用前面提到的机制阻止了IAS 39《金融工具准则》议案在欧盟全数通过的提议。有趣的是，推测欧盟修改IASB发布的会计准则（与全面标准化渐行渐远）这一做法是否会破坏IASB鼓励其他国家（最明显的是美国）采用IFRS的努力。当某些国家（如欧盟的成员国）决定对IASB发布的准则做出修改时，标准化带来的益处潜在地被缩减了。

我们现在来看澳大利亚为使其会计实务与国际实务协调一致或者标准化而做出的努力。正如之前指出的，自20世纪90年代中期以来，澳大利亚就采用了协调政策。通过这一程序，澳大利亚会计准则得到了修订，尽管与IASC发布的准则不完全一致，但也极具可比性。就在修订几近完成、许多修订后的会计准则已经发布的时候，2002年，财务报告理事会（FRC）做出决定，澳大利亚将“采用”IASB发布的会计准则，并且不接受任何差异（也就是说，从协调一致转为标准化）。[1] 这导致在2005年又发布了另一套适用的会计准则。这一时期对澳大利亚的会计人员来说十分令人沮丧。因为他们才适应之前刚刚颁布的为了与国际会计准则协调的新准则，转而为了支持采用国际会计准则的标准化程序，这套修订（协调化）的准则又被废弃了。财务报告理事会发布的公告概述了*采用*国际会计准则的方向，会计头条4.3再现了这篇公告。可以看出，会计头条4.3中赞同标准化的论证其实与会计头条4.2表达的支持论据有很多相似之处。

会计头条4.3　澳大利亚采用国际会计准则和国际财务报告准则

从2005年开始采用国际会计准则

财务报告理事会（FRC）主席杰弗里·卢西（Jeffrey Lucy）今天下午宣布财务报告理事会正式支持澳大利亚自2005年起采用国际会计准则。

适值公*司法*进行必要修改之时且受政府支持，这意味着自2005年起，公司法要求报告主体使用的会计准则将是国际会计准则理事会发布的准则。

在6月28日举行的会议上，财务报告理事会考虑了这一问题，并同意2005年的目标，这一目标符合近日议会秘书向财政大臣伊恩·坎贝尔（Ian Campbell）议员所做的报告。卢西先生赞扬了澳大利亚政府在过去5年中支持会计准则国际趋同工作中表现出的强势领导能力。这一目标在1997年政府发布的公司法经济改革计划倡议书（CLERP 1）、1999年修正的*《澳大利亚证券和投资委员会法2001》*中都有所体现。

澳大利亚政府认为一套被主要国际资本市场所接受的单独的高质量会计准则会大大帮助跨国公司投资者减少投资成本，帮助澳大利亚公司筹资或在海外上市，财务报告理事会完全支持澳大利亚政府的观点。

卢西先生表示他理解2005年1月1日这个时间比澳大利亚政府预想得要迟一些。但是这取决于欧盟要求其上市公司从这个时间开始根据国际会计准则编制合并报表，

① FRC对澳大利亚会计准则委员会（以及澳大利亚审计委员会）有监督职能，并任命AASB的成员（但不是主席）。FRC包括主席在内共有19名成员。有关FRC的更多详细情况见www.frc.gov.au。

也为了支持欧盟这一单独的市场目标。在这方面澳大利亚肯定不能滞后于欧洲，卢西先生说。他也表达了自己支持并且会努力促成美国进一步与国际会计准则趋同，并最终会采用国际会计准则的观点。

卢西先生很高兴看到国际会计准则理事会主席大卫·泰迪爵士在伦敦发表声明，对财务报告理事会的决定表示欢迎。泰迪爵士说财务报告理事会的声明正说明了越来越多的人支持在2005年形成并执行一套单独的高质量国际会计准则。

“澳大利亚政府继续在准则制定中扮演着领导者的角色，信任投票就是这种领导角色的体现，也会增加与高质量国际准则趋同的动力。澳大利亚有关各方投入和积极参与的、由吉斯·阿尔弗雷德森领导的澳大利亚会计准则委员会目前正是也将是保证国际会计准则理事会成功的重要因素。正是通过像澳大利亚会计准则委员会这样的国家准则制定者们以及我们各个委员会的成员，我们才能共同研究出解决会计问题的高质量方法，才能充分利用各种研究课题的资源。因为这些课题尚未纳入国际议程中，所以可以加速结论的形成，也可以联系世界范围的利益相关者，并且更好地理解运营环境的差异，从而履行我们作为全球准则制定者的职责。”

完整的声明详见国际会计准则网站 www. iasb. org. uk。

商业和会计专业人士还将需要适应一些准则的重大变化和复杂的新准则，几年来，澳大利亚会计准则委员会一直在致力于将自己的准则与国际会计准则理事会的准则协调一致，结果在两者间产生了巨大的协同作用。

卢西先生敦促会计机构为其职业发展计划的变化及其对会计教育的影响做好准备。他还呼吁商界充分参与到对国际会计准则理事会将在澳大利亚发布的准则征求意见稿的评议中来。

卢西先生指出，从现在起到2005年，财务报告理事会和澳大利亚会计准则委员会也需要考虑执行问题（不用考虑准则的内容）。例如，可能会涉及在2005年1月1日之前在澳大利亚引入国际会计准则的时机问题（在1月1日之前执行的是澳大利亚会计准则），同样还有一些准则的解释问题。

财务报告理事会和澳大利亚会计准则委员会将尽其所能保证支持者了解这些问题，并为了实现采用国际会计准则进行总体战略的沟通。

卢西先生也坚信澳大利亚会通过财务报告理事会在2002—2003年度对国际会计准则委员会（IASC）基金会做出重要的财务贡献。这一贡献将来自财务报告理事会现有的基金（由联邦政府、州政府、地方政府、三家会计机构以及澳大利亚证券交易所捐助，用于准则制定进程）和金融行业发展账户的资金（坎贝尔议员于6月12日宣布的）。

财务报告理事会的职能还包括进一步制定一套供世界范围使用的会计准则，以及在澳大利亚推广采用实务中最好的会计准则，如果能够采用，私营部门和政府机构都将受益。

国际会计准则理事会总部设在伦敦，为了公共利益致力于单独制定一套高质量的全球会计准则，这套准则要求财务报告中的信息透明且可比较。为了实现这一目标，国际会计准则理事会与各国准则制定机构包括澳大利亚会计准则委员会进行合作，以达到全世界的会计准则趋同。

在过去几年，澳大利亚会计准则委员会已经与国际会计准则进行协调。作为准则制定的联络人，他们与国际会计准则理事会有着密切的工作关系，他们根据IASB的工作计划来调整自己的工作计划，并且为了领导或支持IASB议程中的计划已经准备好进行资源的分配。近日，澳大利亚会计准则委员会已经邀请在澳大利亚的支持者对国际会计准则理事会发布的一些征求意见稿进行评论。

澳大利亚人积极参与国际会计准则理事会的工作。肯·斯宾塞是国际会计准则理事会监督机构、国际会计准则理事会基金管理委员会的成员，还是基金提名委员会的主席。沃伦·麦克格雷格是国际会计准则理事会的理事，也是澳大利亚和新西兰的指定联络员。凯文·史蒂文森是澳大利亚会计研究基金会的前负责人，现在担任国际会计准则理事会技术活动的负责人。澳大利亚人还在国际会计准则理事会咨询委员会（彼得·戴伊和伊恩·麦金托什）和解释委员会（韦恩·罗纳根）工作。

《财务报告理事会公告》，2002/4，2002-07-03。© 澳大利亚联邦，经授权复制

4.4 美国在财务会计国际标准化中的作用

触发100多个国家采用IFRS的主要事件是欧盟自2005年起采用IFRS作为公开上市公司编制合并财务报告的会计准则这一决定。[①] 在澳大利亚，财务报告理事会（FRC）跟随欧盟的领导，于2002年决定澳大利亚从2005年开始采用IFRS。在采用IFRS之前，这些国家使用的通常是国内制定的会计准则。

在世界各国都采用IFRS时，美国是一个明显的例外。但在考虑美国在全球标准化中的地位之前，我们先要简要了解在美国负有会计监管责任的两家主要机构，分别是证券交易委员会和财务会计准则委员会。回顾这两家机构的历史，在1929年美国股市大崩盘之后，1933年和1934年新实施的美国证券立法促成了证券交易委员会（SEC）的创立。SEC被赋予制定会计规范的权力，但它决定依赖美国会计职业界的专业能力制定会计准则。在接下来的几十年间，美国会计职业界制定了不同的文件，后来成为众所周知的“公认会计原则”（GAAP）。在1973年，SEC将制定会计准则的任务委托给新成立的财务会计准则委员会（FASB）。[②] FASB是一家代表“公共利益”的私营机构。尽管FASB是作为一家独立机构而设立的，但SEC在认为恰当的时候，有权干预FASB发布的准则。[③]

在美国，仍然是依赖于FASB发布的准则，而非IASB发布的准则。也就是说，不像其他许多国家，美国还没有采用IFRS。鉴于美国代表了世界主要的资本市场，它的不参与代表了在全球采用IFRS过程中的重大局限性。美国坚决不采用IFRS，它认为自己的“规则导向”准则优于IASB的“原则导向”准则。[④] 然而，这一决心似

---

① 采用IFRS的议案是在欧洲议会和欧洲理事会于2002年7月19日发布的一项规定中证实的。IFRC和IFRIC的解释公告一经IASB采用，需要由欧盟委员会做出专门声明（并翻译成多国语言），将其并入欧盟的法律。国内的准则仍被广泛应用于欧洲国家编制单独（非合并）财务报表。

② 在此之前，会计原则委员会（美国特许执业会计师协会下设的委员会）负责制定美国的GAAP。

③ 要了解SEC和FASB的更多详细情况，请分别登录如下网站：www.sec.gov和www.fasb.org。

④ 在基本条件下，规则导向会计准则相对较长，并对如何将不同交易和事项的特定属性登记入账有明确的指引。相反，原则导向会计准则不够详细，但更加简洁。在原则导向会计准则中，不对具体的交易和事项做出规定，而只是涉及所要遵循的一般原则。这些原则包含在会计概念框架中。比起规则导向会计准则，原则导向会计准则要求更高水平的职业判断。举一个关于两者差异的例子，规则导向会计准则规定某类无形资产要在20年内摊销，而原则导向会计准则则要求随着无形资产经济价值的减少从会计期初开始摊销。一般认为，FASB发布的会计准则比IASB发布的会计准则（是原则导向的）更倾向于规则导向。

乎随着2001—2002年度发生的各类涉及安然等公司的“会计丑闻”而逐渐动摇了。[①] 正如Veron（2007，p. 23）所说：

20世纪90年代末股票市场泡沫的破裂、2001年12月安然公司的破产以及2002年其他会计丑闻的爆发，使准则的内容彻底被修改了。在这一波争议之前，个别的美国公认会计原则偶尔会受到批评，但总体上说，在美国和其他地方普遍还是认为美国的公认会计原则是现有的最佳的一套会计准则……但安然的倒闭打破了对高质量的认可。它将一些具体的美国GAAP的缺点暴露了出来，最显著的地方是在合并方面，有关合并的原则给安然留有足够的余地来隐藏其现在为世人皆知的“特殊目的实体”(起的名字都很有趣，如奇科、猛禽、杰迪，还有大母鹿)，不在资产负债表上反映，并将靠垃圾资产担保的真正的负债转移到这些特殊目的实体中……在2002年2月，参议员委员会在调查安然破产时听取了IASB主席大卫·泰迪的证词，他明确抨击了在美国GAAP中广为使用的规则导向方式，将其与IASB更倾向于原则导向的立场进行了对比。不久之后出台的萨班斯—奥克斯利法案专门要求SEC研究在美国如何引入更倾向于原则导向的体系（如IFRS）。

由于意识到美国会计规定的一些局限性，FASB和IASB于2002年达成协议，共同对IASB和FASB的准则趋同与完善做出努力。趋同项目的最终结果将是美国采用IFRS。正如Veron（2007，p. 24）所说：

自从21世纪初以来，FASB一直与IASB共同致力于缩小美国GAAP与IFRS之间的差异——他们将这一过程称之为“趋同”，但事实上与单边的趋同，如澳大利亚或韩国的会计准则与IFRS的趋同完全不同。在2002年9月签署的《诺沃克协议》[②] 中记载的，并在2006年2月一份FASB—IASB谅解备忘录中重申的前提条件是朝着彼此趋同而不是单方面趋同的。在这个过程中，在某些问题上FASB采用的准则与现有的IFRS（例如股票期权费用化）一致或接近；在其他问题上，IASB采用与现有的美国GAAP一致或接近的准则，如IFRS 8《经营分部》；还有一些问题上，两家机构共同制定全新的准则项目。

尽管在国际社会（包括美国）上，要最终实现只有一套会计准则似乎是一个长期目标，美国采用IFRS（有些人对此仍持怀疑态度）的时间尚不确定。显然，对于IASB来说，要实现它的目标，制定出“为通用财务报告所使用的一套单一的高质量、可理解并且国际化的财务报告准则（国际财务报告准则）”（见IASB网站），它要鼓励美国采用其准则。然而，在这一点上，美国采用IFRS并为美国公司所用似乎是许多年以后的事。能否采用IFRS最终还将取决于SEC和FASB是否满意IASB/FASB趋同项目的结果。无论如何，从2007年末起，SEC采用的规则允许外国私有公司（但不包括美国本土公司）向SEC提交根据IFRS编制的财务报告，而不需要提供根据美国公认会计原则（GAAP）编制的调整表。也就是说，在世界各国众多证券交易所交叉上市（包括在美国上市）的外国公司现在可以在美国提交财务报告，即使该报告

① 安然公司是一家总部位于德克萨斯州的能源公司。在2001年底破产以前，它的雇员达到22 000名，是世界主要的电力、天然气、纸浆和纸张生产公司以及通讯公司，2000年的报告收入达到1 110亿美元。公司的财务状况是通过过度的财务诈骗而实现的，这一事实在2001年底浮出水面。安然事件是美国历史上最大也是最复杂的破产案件之一。

② 协议是在FASB的所在地——康涅狄格州诺沃克市签订的，因此被称为《诺沃克协议》。

不是根据美国会计准则编制的，也不用按照美国的GAAP编制调整表。SEC的决定是要求外国私有公司如果要利用这一选择权，必须在报表附注中明确并且毫无保留地声明其财务报告是遵照IASB发布的IFRS（未经改动）编制的，并且它们必须提供无保留意见审计报告，其中对财务报告是遵照IASB发布的IFRS编制的有明确的意见。SEC在解释其对外国公司所做的这一让步的依据时称（2007，p. 16）：

正如在建议发布稿中讨论过的，在美国GAAP与IASB发布的IFRS之间不断朝向趋同迈进也是我们接受IFRS财务报告而不包括美国GAAP调整表的另一个考虑因素。我们相信投资者能够理解，并同时采用IFRS和美国的GAAP，我们也相信这两个体系能够在美国公共资本市场上以在这一规则制定中描述的方式共存，即使IFRS和美国的GAAP之间的趋同尚未完成，两套会计准则下的报告结果仍有差异。

因此，事实上在美国可以递交两类财务报告（在其他许多国家也是这样）。外国公司在美国可以根据IFRS递交报告，而美国本土的公司必须根据美国的GAAP递交报告。有趣的是，SEC称这两个体系可以共存。如果不同的体系可以共存，这是对需要所有国家采用IFRS的质疑吗？你作为读者是怎么认为的呢？澳大利亚财务报告理事会早在2002年就认为如果澳大利亚保留自有准则，这将对澳大利亚的资本市场造成破坏，美国支持双重体系的立场打破了澳大利亚的这一观点吗？

接下来的两篇新闻发布稿为2002年IASB和FASB努力促进各自的会计准则趋同的决定，以及SEC在2007年不要求外国公司按照美国GAAP编制调整表的决定提供了额外的信息。

FASB和IASB的联合新闻发布
2002年10月29日

FASB和IASB同意共同致力于全球会计准则的趋同。

财务会计准则委员会（FASB）和国际会计准则理事会（IASB）在英国伦敦签署了一份谅解备忘录，标志着双方向实现对美国和国际会计准则趋同的承诺迈出了重要一步。FASB和IASB在伦敦举行的一场为期两天的会议上向主要国家的准则制定机构的主席们递交了这项协议。FASB和IASB之间的协议代表了在9月联合召开会议后的最新承诺，承诺对现有以及将来的会计问题将采取可兼容的、高质量的解决措施。

协议的签署伴随着最近双方达成的决议，决定在现有议程中增加一项联合短期趋同项目。联合短期趋同项目将要求双方尽最大努力对美国和国际会计准则提出修改意见，这些意见将反映出针对某些具体指明的差异的通用解决办法。依照双方委员会既定的处理程序，FASB和IASB期望通过发布一项征求意见稿，在2003年下半年之前来解决一些或者所有指明的差异。消除这些差异，以及双方通过在联合项目不断取得的进展以及未来工作计划的协作来承诺消除或减少剩余的差异，这些都将对各国管辖内的财务报告可比性起到完善作用。

FASB主席罗伯特·H. 赫茨（Robert H. Herz）评价道："FASB承诺努力的目标是制定出全球适用的高质量报告准则，以此支持健全的全球资本市场。通过与IASB在短期趋同项目上的合作以及较长期的项目大大提高了成功的概率。我们的协议为合作实现我们共同的目标指明了道路。"

IASB 主席大卫·泰迪爵士对这一协议表示欢迎，他评价道："这标志着我们与各国准则制定机构的合作又迈出了重要一步，我们将共同完成一套真正全球性的会计准则。尽管在我们面前还有很多挑战，但我仍满怀信心，坚信我们能够消除各国与国际准则之间的主要差异，并且借鉴美国 GAAP、国际财务报告准则以及其他国家准则中的最优之处，世界的资本市场将有一套投资者可以信赖的全球性会计准则。"

IASB 新闻发布稿

2007 年 11 月 15 日

SEC 投票同意取消调整要求，IASB 对此表示欢迎。

国际会计准则理事会（IASB）对美国证券交易委员会（SEC）今日做出的决议表示欢迎，SEC 决定对遵照 IASB 发布的国际财务报告准则（IFRSs）的非美国公司撤销其按美国公认会计原则（GAAP）调整财务报告的要求。

为财务报告制定出一种单独的高质量语言，并被世界各国的资本市场接受，这一直是 IASB 自 2001 年成立以来的主要目标，今天的决议朝着这一目标的实现又迈出了重要一步。欧盟采用了国际财务报告准则，并于 2005 年生效，澳大利亚、中国香港以及韩国也纷纷做出类似决定，这使得更多的国家和地区加入到这一进程中来，目前有超过 100 个国家和地区要求或允许使用国际财务报告准则。其他主要国家于 2007 年宣布为在本国市场接受国际财务报告准则或加速本国准则与国际财务报告准则趋同划定了时间线，在此之后，SEC 做出了上述决议。包括加拿大、印度和韩国在内的许多国家将在 2011 年采用国际财务报告准则。在巴西，上市公司将从 2010 年开始遵守国际财务报告准则，日本公认会计原则与国际财务报告准则的趋同有望在 2011 年实现。在今年年初，中国引入了一套完整的新会计准则，意在与国际财务报告准则趋同。

IASB 主席大卫·泰迪爵士在评价 SEC 的决议时说：

美国证券交易委员会决定允许非美国公司按照国际财务报告准则编制报表，并且不需要根据美国的公认会计原则进行调整，对此我们感到十分高兴。IASB 仍然坚持承诺与美国财务会计准则委员会就 2006 年 2 月的谅解备忘录进行合作，以实现为世界统一的资本市场提供财务报告通用语言这一目标。

正如上面提到的，美国抵制本土组织采用国际财务报告准则。尽管有种观点认为国际财务报告准则终将被采用，但这可能是多年以后的事了。在美国财务会计基金会（FAC）[①] 于 2007 年向 SEC 提交的一份回函中对此做出了最好的总结，回函是应 SEC 发布的一份概念公告的要求，提供其对美国最终采用国际财务报告准则的意见。

概念公告问："证券交易委员会对所有其余的美国［非政府］公司按照国际财务报告准则编制财务报告的要求是合理的，评论员会预料到这种情形吗？"我们认为对这个问题的答案是肯定的。依照我们的观点，现在正是制订计划让所有的美国上市公司采用 IFRS 改进版本的最好时机。我们并不是建议马上就采用现有的 IFRS，因为美国财务报告体系的多种因素需要在采用 IFRS 之前做出调整，并且这些调整需要花费

① 财务会计基金会成立于 1972 年，是一家独立的私营组织，职责是监督和管理 FASB，并为其提供资金。它还负责选取 FASB 的成员。

几年来完成。此外，在美国公开上市公司采用 IFRS 之前还要对 IFRS 进一步完善（财务会计基金会，2007，p. 5）。

因此，尽管财务会计基金会认为最终在美国采用 IFRS 是一个不错的想法，但依它的观点，采用 IFRS 要在若干年以后，要给予 IFRS 足够的时间来进一步完善，也要给美国报告体系充足的时间做好转换的准备。财务会计基金会提出了如下建议（2007，p. 7）：

我们建议从美国公认会计原则转换为国际财务报告准则要通过一个双管齐下的"完善并采用"的程序：

· 程序的第一步包括与 IASB 合作改进在美国公认会计原则和国际财务报告准则中都不太具有高质量的部分。2006 年的谅解备忘录指出了其中的很大一部分（如租赁、财务报告列报、收入确认），其他部分（如已经完成的概念框架的关键地方）也应该考虑到。蓝图将拟订出一份时间表，以监督在每个需要改进的地方制定新的通用高质量准则。

· 程序的第二步涉及 FASB 采用其他所有不需要改进的部分中可应用的 IFRS。这将使美国公开上市公司有序地接纳大部分 IASB 准则，同时允许 IASB 和 FASB 将资源集中在财务报告中需要做出重大改进的地方。

我们支持完善并采用的方式，理由如下：

· 现有的美国公认会计原则和国际财务报告准则都要求改进一些重要的地方。通过 IASB 与 FASB 的共同努力，在这些需要改进的地方制定出完善的准则，这将对国内以及国外的财务报告使用者都有益处。

· 这一方式导致要在几年之后才能采用 IFRS 准则，这避免了因突然强制转换为 IFRS 而引起的能力限制，或者能够将能力限制降到最低。

· 这一方式允许在改进或采用 IFRS 的同时，其他基础要素也可以得到改善和趋同。

· 完善并采用的方式避免了美国资本市场参与者在面对两种会计体系时额外增加的成本和复杂程度。

因此，如果 SEC 记下了财务会计基金会的这些考虑，在美国准备好采用 IFRS 之前，还要为改进 IFRS 做大量的工作。有趣的是，其他许多国家（包括澳大利亚）准备好在许多目前的"改进项目"完成之前就采用 IFRS。

财务会计基金会也对 IASB 的独立性表示担心，它想要在美国愿意采用 IASB 发布的 IFRS 之前，IASB 的管理政策能够有所改变。基金会特别担心 IASB 接受资助的不确定性，其中很大一部分资助来自四大会计师事务所，它们各自向 IASB 捐赠了 100 万美元——IASB 对这些事务所有直接影响。财务会计基金会（2007，p. 8）要求建立机制以"向 IASB 提供充足稳定的资金和工作人员，以此保证其作为独立的高质量会计准则制定机构的可持续性"。财务会计基金会（2007，p. 8）还进一步阐述道，它不"支持美国公开上市公司采用 IFRS，直到制定出能为 IASB 在未来相当长的一段时间内的活动提供充足资金的机制"。

财务会计基金会还担心许多司法管辖区在执行 IFRS 之前就对其做出修改。这些国家宣称其采用了 IFRS，但他们的做法显然会破坏其允诺的会计一致性。正如财务会计基金会（2007，p. 3）所说：

需要达成协议以消除在IASB发布每项IFRS之后各个司法管辖区内单独的审查和批准程序。这种事后的司法程序与制定一套单独的高质量国际会计准则的目标不一致，证据是许多司法管辖区内已对IFRS进行了本地化的调整。

在2008年，IASC基金会对IASB的组织和治理实务提出了大量修改意见。① 这些修改是否足以解除像财务会计基金会等不同利益相关者的担忧，将在未来几年日渐明朗。

4.5 会计准则国际标准化必然导致会计实务国际标准化吗？

在众多有着不同执行机制、不同形式的资本市场、不同文化等的不同国家实现会计准则标准化，会有人认为这将导致会计实务的标准化。当然这似乎是IASB的核心假设。但是这种想法现实吗？会计准则的国际标准化会导致会计实务的国际标准化吗？通过接下来的讨论，我们将看到有关会计准则的标准化并不必然导致实务标准化的众多原因。因此，与Nobes（2006）的观点一致，尽管IASB不断努力实现标准化，会计的国际差异研究（以及原因和动机）仍是重要的研究领域。② 我们将了解引入IFRS后仍存在国际差异的诸多原因。

4.5.1 税收制度的差异

Nobes（2006，p. 235）对比了德国和英国税收制度中的差异，以确定为什么在采用了IFRS后，两国的财务会计实务却存在体系上的不同。他说：

在德国，为了计算应税收入和可分配收入，公司需要继续按照《商法典》（HGB）规定的常规规则编制未合并财务报告。这与用IFRS编制合并或非合并报告无关（Haller和Eierle，2004）。在某些领域，编制未合并财务报告时运用受税收驱动的会计选择，可能会影响用IFRS编制的合并财务报告。例如，在德国，资产减值是可以扣税的（但在英国不可以），所以，人们对其青睐有加。鉴于IFRS的减值程序中需要人为判断，在德国用IFRS编制的合并财务报告中也能看出可抵税的资产减值。

英国允许在个别公司的财务报告中运用IFRS，因此将其作为计算应税收入的起点。税收机关通常期望母公司与英国其他集团成员的报表作为集团报表要使用同样的会计政策。举个例子，无形资产的确认和计量对纳税有影响。于是，鉴于IFRS在这一部分要求大量的个人判断，使用IFRS的个别公司有动力对IAS 38《无形资产》做出解释，以使资本化的部分最小，进而纳税最少，这将体现在合并财务报告中。

4.5.2 经济和政治对财务报告产生影响的差异

还有人认为一国的经济和政治势力存在的差异也将对会计处理过程中做出的不同

① 如前所述，在2008年7月，IASC基金会发布了一份题为“宪章审查：IASB的公共受托责任和结构——修改意见”的报告。在2008年9月20日前接收公众的意见，并于2009年进行修改。

② 就像Nobes（2006）指出的，历史上有大量的会计研究人员专门对不同国家采用的会计方法或实务出现差异的原因和理由进行了研究。其中许多研究人员认为随着全球采用IFRS，他们专门的研究领域将不复存在。然而，正如我们在这部分内容中将看到的，尽管IFRS得到了广泛的采用，不同国家运用的会计方法仍会不断出现差异，因此还会出现针对国际会计差异的研究领域。

决策和判断产生影响。Ball（2006，p. 15）说：

对实行统一的实务持怀疑态度的根本原因是激励编制者（经理）和执法者（审计师、法院、监管者、委员会、大股东、政治家、分析师、评级机构、媒体）的动机仍然主要是本土化的。所有会计应计项目（与简单地计算现金相对）都涉及对未来现金流量的判断。于是，在实施会计规则时就留有了大量的回旋余地。因此，强势的本地经济和政治势力会决定经理、审计师、法院、监管者、委员会及其他相关方如何影响规则的实施。历史上，这些势力就对财务报告实务施加了实质性的影响，并且不可能马上停止，不管有没有IFRS。与实现实际报告行为的统一相比，实现会计准则的统一要容易得多。前者要求对决定实际行为的根本经济和政治力量进行彻底的改变。

4.5.3 在国家层面上对IFRS做出的修改

如前所述，美国的财务会计基金会担心的问题之一是IASB没有能力对已决定采用IFRS的国家强制要求应用它的会计准则。这样做会导致某国的监管机构决定在某项IFRS发布前对其做出修改。这正是欧盟在接受IAS 39时所做的。如果是在国家的层次上对IFRS做出修改，这将导致在国际上不一致的会计实务。Ball（2006，p. 16）说：

本地政治和经济因素对IFRS最明显的影响就在于国家接受准则的程度。这种情况已在欧盟发生，但程度轻微，欧盟从IAS 39中“剔除了”对利率套期保值应用公允价值会计的规定。欧盟版本的IAS 39的出台是为了回应法国政府施加的巨大政治压力，而法国政府是为了回应本国银行对资产负债表波动的担心。只要按照IFRS编制的报告结果对当地利益产生了不利影响，类似的情况就必定还会发生。

Veron（2007，p. 41）对IFRS的局部修改做出了如下评论：

如果根据各国拟订的建议指导准则的实施，那么一国的准则会逐渐与他国偏离……IFRS的主要承诺是让公司的账户具有可比性，以方便各国、各部门的投资者做出正确的选择，而这一承诺也将岌岌可危。SEC的主席最近坚持称“我们已能够确信IFRS确实是一套单独的国际会计准则，而不是起了相同名字的多重准则的组合”。

4.5.4 实施、监控与执行的差异

这里的观点是：尽管IASB做出了努力，但除非会计准则的实施和后续执行机制具有一致性，否则我们不能期望会计实务能够统一。也就是说，在实施、监控和执行已经采用的会计准则上存在国际性的不一致，这将导致准则应用的不一致，反过来会削弱财务报告的国际可比性。对于会计准则的实施，不同国家应用IFRS的专业水平不同。

Nobes（2006，p. 242）在考虑德国和英国的会计实务差异时解释道：

在欧盟，强制要求（包括监督）遵守IFRS仍然是件国家大事。有人认为（La Porta等，1997）英国在强制执行会计规则方面比德国更强硬。Hope（2003）设立了一项衡量遵守程度的指标，结果显示德国明显低于英国。此外，收集到的大量证据表

明尽管会由经理出具一份经审计的遵守声明（如 Street 和 Bryant，2000；Street 和 Gray，2001），德国的企业集团仍未严格遵守国际会计准则。相反，在英国，自从在 1990 年成立了财务报告审查小组（FRRP），准则的遵照程度一直很高（Brown 和 Tarea，2005）。

通过 IASB 的努力将真正实现会计实务的国际一致性，Ball（2006，p. 16）对这一想法背后的逻辑提出了质疑，他说：

真的有人相信以这样或那样的方式宣布采用 IFRS 的大约 100 个国家会以同等标准实施准则吗？采用 IFRS 的国家中，有的国家会计和审计职业界十分发达，同时还有发达的资本市场（如澳大利亚），而有的国家并不具备相似的发达制度背景（如亚美尼亚、哥斯达黎加、厄瓜多尔、埃及、肯尼亚、科威特、尼泊尔、特立尼达和多巴哥、乌克兰）。即使在欧盟内部，也能在所有国家以同等标准实施 IFRS 吗？欧盟成员国中采用 IFRS 的国家包括奥地利、比利时、塞浦路斯、捷克共和国、丹麦、德国、爱沙尼亚、希腊、西班牙、法国、爱尔兰、意大利、拉脱维亚、立陶宛、卢森堡、匈牙利、马耳他、荷兰、葡萄牙、斯洛文尼亚、斯洛伐克、芬兰、瑞典和英国。众所周知，欧盟统一的经济规则在总体上没有得以平等的实施。财务报告原则难道不会这样吗？

会计应计项目通常要求至少有一些主观判断的成分，因此可能受经理或审计师的动机影响。我们来看 IAS 36 和 IAS 38 的例子，这两项准则要求定期查看长期有形和无形资产，检查其是否发生减值，并按公允价值计价。我们真的认为所有采用 IFRS 的国家中的经理和审计师们都将以同样的尽责和同样的无情仔细梳理公司的资产组合以发现减值的资产吗？所有采用 IFRS 的国家中的审计师、监管机构、法院、委员会、分析师、评级机构和媒体以及其他公司财务报告的监督者会实施同等程度的监督吗？如果因严重的经济下滑导致公司资产大范围的减值，所有国家的政府机构和监管部门都同样对此视而不见吗？

为了避免拖欠贷款或破产，他们会同样地对没能在资产负债表上记录减值的公司表示同情吗（像日本的银行申请延长期限）？本地的政治和经济因素过去对财务报告施加过影响，而现在它们会停止对真正的财务报告实务施加影响吗？或者采用会计准则的国家彼此间的趋同会在准则实施的范围内抵消分歧吗？

最近 IFRS 内在的总体趋势是以公允价值作为资产计量的基础，Ball（2006）还认为这一趋势本身就会制造不一致，因为许多国家缺乏拥有多种类型资产的市场，包括金融资产。在“市场交易冷清”的国家，相对而言，在更多情况下要求通过估计来判断“公允价值”。Ball（p. 17）称：

有些国家由于市场的流动性较差，资产减值的信息比较匮乏，为公允价值会计中进行判断提供了更多空间，而这些国家正是那些本地的执行制度（审计职业界、法律保护、监管等）薄弱的国家，这使得情况变得更糟。判断是会计准则实施过程中通常会具有的特性，但是市场缺乏流动性的国家会按照 IFRS 转为公允价值会计并采用公允价值准则，致使各国更加依赖判断。

会计实务潜在发生的变化（由于这部分内容所提到的原因）最终会导致投资者被误导，以至于相信采用了 IFRS 就会实现国际会计实务的一致性。也就是说，采用

IFRS 会（不正确地）被解释为标志着一个国家已经改进了报告质量。在某种程度上说，尽管在准则的执行程度上存在局限性，采用 IFRS 仍为一个国家的财务报告带来了一定程度的合理性。Ball（pp. 22 ~23）说：

财务报告质量存在大量的国际性差异是不可避免的，我主要担心的是投资者会被误导，以至于相信实务实现了统一，而事实并非如此，甚至对于老练的投资者，财务报告质量目前存在的国际性差异将被隐藏在看起来统一的准则背后……对于投资者来说，采用 IFRS 是有关编制者的财务报告质量的信号，与此相关的问题是所有国家几乎不用耗费任何代价就可以宣称它们的报告是高质量的。例如，采用了理论上可获得的最高质量的会计准则。采用 IFRS 最可能使素质较低的国家耗费的成本较少，原因有两点：第一，素质较低的国家在实际执行已采用的准则时几乎不会花费多少经济和政治成本。只有素质较高的国家才更可能在实际执行 IFRS 时耗费成本。因为它们的制度（如较高质量的审计职业界、更有效率的法院系统、更好的股东诉讼规则）更可能要求执行任何已采用的准则。第二，素质较低的国家通过全盘接受 IFRS 能够避免花费成本运行自己的准则制定机构，这一成本在比例上可能比较大规模经济体的成本要高。

Ball 讨论了与 IFRS 有关的“搭便车”问题。[①] 如果“合理性象征”（如 IFRS）能够以低成本获得，某些会计水平低的国家将选择采用 IFRS，因为这样做能为国家带来良好的声誉。然而，这一选择会使会计水平较高的国家花费高昂的成本，这些国家会建立适当的实施、监督和强制执行机制。正如 Ball（p. 23）所说：

典型的“搭便车”问题出现了：低素质的国家用的是 IFRS 这块“金字招牌”，基本上不会花费什么成本，所以它们都会照做。如果采用 IFRS 是一种免费商品，会有公司或国家不拿吗？如果说采用 IFRS 无需花费任何成本，还有谁会说“我们不会采用高质量的准则”？

Ball（p. 24）提出的如下建议或许是上述问题的解决方法：

把 IFRS 作为有关质量信息的信号的唯一方法是在各国的财务报告体系中纳入信号的成本，而这一成本是低素质的机构不准备支付的。这必然会建立一套全球的有效执行机制，使采用 IFRS 但未有效实施的国家因借用 IFRS 这块金字招牌而受到惩罚，或禁止其使用。如果缺乏有效的全球执行机制，对于低素质的国家来说，使用 IFRS 这块招牌基本无需耗费任何成本，同时，尽管采用了 IFRS，本地的政治和经济因素还是不可避免地会对本地财务报告实务施加实质性的影响。如果允许所有国家都可以使用 IFRS 这个标签，就会失去会计准则中有关报告质量差异的信息，那么准则执行的质量而不是准则本身会成为可用的质量信号。

会计头条 4.4 列举了一家欧盟公司的例子，这家公司似乎违反了 IASB 的准则，这篇文章强调 IASB 没有能力强制要求遵守它制定的准则。文章还提到了 IFRS 在世界各国应用方式的不一致性。

---

① 正如在第 3 章中解释的，搭便车是指利用了商品或服务而没有支付相关的产品或服务成本的一方。

会计头条 4.4 一家欧盟公司违反了一项 IASB 的准则

漏洞让银行有机会改写日历

Floyd Norris

大型跨国银行承认其一直在触犯既有的会计规则，这样的事并不常见，但却正是法国兴业银行所做的，因欺诈行为导致在 1 月份损失了 64 亿欧元——现在相当于 97 亿美元。

在 2007 年的财务报告中，这家法国银行将这一年的损失冲抵了 15 亿欧元的利润，据说这些利润是由一位叫杰瑞米·柯维尔的交易员赚取的，他向管理层隐瞒了在金融远期市场下了巨额赌注的事实。

把损失从 2008 年——损失真正发生的时间——移到 2007 年，兴业银行的做法在会计界引起了巨大的轰动，也对正在转向使用国际会计准则的许多国家能否一致地应用这套准则提出了质疑。

尽管总部位于伦敦的国际会计准则理事会制定了规则，但是没有一家国际组织有权力强制实施这些准则，并确保公司能够遵守。

在本周发布的年报中，兴业银行援引国际会计准则的“真实公允”条款，该条款规定“在极少数情况下，管理层认为遵守”准则的规定“会产生误导作用，以致与财务报告的目标相矛盾”，在这种情况下公司可以违反准则的规定。

过去，这项条款极少在欧洲使用，在美国也有一条相似的规定，但也几乎从未被援引过。一位欧洲的审计师说在过去的 40 年中，他从未看过有人使用这项特殊规定，另一位审计师说他能回忆起来的唯一一次援引该条款是处理极端复杂的养老金计划问题，在制定准则时还没有考虑到这个问题。

一些准则制定者对兴业银行援引这项条款的做法不以为然。

“这样做不合适，”现已退休的 IASB 和美国会计准则委员会的前理事安东尼·T. 柯普说道，“他们在操纵盈余。”

IASB 的理事之一约翰·史密斯说：“损失实际上发生在 2008 年，但在 2007 年报告，这根本不具有真实性。这也引起了质疑：他们是多么富有创造性地解释其他领域的会计规则。”他说理事会应该考虑废除“真实和公允”的特殊规定，“如果是用他们已有的解释方式来解释该条款的话”。

兴业银行称负责审计兴业银行的安永和德勤两家会计师事务所都同意这样的会计处理，法国的监管机构也表示同意。致电两家事务所的国际总部但都无人应答，兴业银行说任何一位财务主管都不会接受采访。

在美国，证券交易委员会对是否采用国家的会计规则有最终发言权。对于国际会计准则来说，尽管一些欧洲监管机构和证券委员会国际组织组成了咨询组，但是却没有和美国证券交易委员会相似的机构存在。这两个团体似乎会讨论兴业银行的案子，但它们不能采取行动，除非法国的监管机构改变主意。

“IASB 认为投资者会对此感到不安，”美国出版物《分析师会计观察》的编辑杰克·西谢尔斯基说，“尽管‘真实和公允至高无上’是有道理的，但该条款顾及到这样的事实，即按照理事会的原则并不总是能编制出最好的报告，你需要判断正确以使投资者感到公平。兴业银行及其审计师看起来更想试图安抚的投资者或监管者是那些愿意相信他们说结束就结束的人，而不管实际上是否已经结束。”

不止在2007年底没有亏损，如果没有发现柯维尔的所作所为，兴业银行一直都不会有亏损。根据兴业银行董事会的特别委员会报告，柯维尔到2007年底赚取了利润，到2008年如果算上未平的仓位就几乎没什么盈利了。

但在1月初他就下重注赌德国DAX指数和道琼斯欧洲蓝筹指数会上涨。而相反它们都大幅度下跌了。当银行在1月中旬得知了这些仓位后便迅速平仓，而那时股市正处于今年到目前为止的最低点。

兴业银行称在年报中应用的两条会计准则——IAS 10《资产负债表日后事项》和IAS 39《金融工具：确认和计量》一直有违银行经营结果的公允列报，但是兴业银行并没有详细说明为什么它认为是这样。

IAS 39中提到的一条规定在法国极具争议，因为银行认为这条规定不合理地限制了它们的会计处理。欧盟委员会“剔除”了这条规定，允许欧洲企业忽略这部分准则，兴业银行照做了。委员会责令会计准则理事会与银行举行会晤以找出它们可以接受的规定，但在过去几年尽管会晤多次，却一直没有达成协议。

阅读了2007年年报的投资者能看出援引“真实和公允”特殊规定的决定所造成的影响，但不能确定如果银行完全执行IAS 39，利润会受多少影响。

通过把整个事件推回到2007年，兴业银行似乎希望既把事件掩盖起来，又可以再次强调2008年亏损了多少。它强调的净损失49亿欧元是用2007年的利润冲抵2008年的亏损后的结果。

银行或许实现了这些目标，代价是激起了在没有国际监管机构的情况下国际会计准则能执行到何种程度的争论。

《纽约时报》，2008－03－07，p. C1

如果根据这部分材料，全球采用IFRS将使国际会计实务达成一致的想法会遭到质疑。会计实务中还会继续出现国际性的差异，这些差异还将为会计学者提供一个有趣的研究领域。然而，从更基本的层面来看，让会计实务达到全球性的一致真的是个不错的想法吗？换句话说，使会计实务达到全球标准化这一IASB的核心追求犯了逻辑上的错误吗？当资本、劳动力和产品市场在本质上存在国际性的差异，监管和强制执行机制、经济和政治的影响力以及文化都存在差异，财务报告仍采用各国“一刀切”的方式合适吗？

4.6 对会计中存在差异的解释

伦敦的国际会计准则理事会制定出的财务会计准则一定会满足各国财务报告使用者的信息需求吗？将一套既定的会计准则同样用于南美的一家服务企业、澳大利亚的一家矿业公司或中国的一家制造企业，这样做有意义吗？作为读者，你有什么想法？Chand和White（2007，p. 606）对这方面做了如下评论：

某国一旦采用了国际财务报告准则，就要求跨国公司以及本地企业遵守这些准则。一套为了全世界财务报告使用者的需要制定的准则，尤其是那些谋求国际可比性的准则必然不会满足特定国家使用者的要求。国际会计准则理事会在制定国际财务报告准则时考虑不到所有成员国的个别国家、文化和政治因素。发展中国家运用IASB的准则——在这些国家有各类外部信息使用者，他们在国际复杂多样的文化、社会和政治环境下经营——不应该期望这样做会得到最佳结果（Hopwood，2000；Ngangan等，2005）。因此，至关重要的根本问题是，谁从协调、趋同中获益最大？

Chand和White的观点很有趣。鉴于目前有100多个国家采用了IFRS，有明确的证据表明所有国家都从采用IFRS中获益了，还是这些好处被分散到某些国家不同类型、不同规模的组织中了呢？Perera（1989）等认为某些国家的会计实务在传统上会通过演变去适应某一时期的某种社会环境。尽管在2005年（当年有许多国家，但并非全部国家采用了IFRS）以前，不同国家采用的会计体系有很大的不同，但都普遍接受在经济发达国家经过演变的两种主要财务会计模式：英美模式和欧洲大陆模式（Mueller，1967；Nobes，1984）。[①] 英美模式的特点是会计体系受职业会计机构而不是政府的巨大影响，强调资本市场的重要性（使用这种模式的国家中的企业通常十分依赖来自公众的权益和债务融资），依赖"真实和公允"、"公允列报"等词语，而这些都是依据对经济实质重于法律形式（法律形式受立法约束）的考虑。

而欧洲大陆模式的特点往往是会计职业界的产出相对较少，几乎不依赖诸如真实和公允这样的质量要求，而是更强烈地依赖于政府。会计方法与税务规则紧密相关，信息本质上倾向于保护债权人而不是投资者本身的利益（使用这些欧洲大陆模式的国家中的企业历史上趋向于从家庭资源、政府或放贷人——通常是银行——获得大部分长期资金）。

随着时间的过去，人们给出了许多原因来解释不同国家的会计方法中的差异。Mueller（1968）建议这种不同之处可能由国家基本法律的差异、实施的政治体系（例如，资本主义/自由市场体系与中央集权/共产主义体系）或经济发展水平造成的。如Mueller（1968，p.95）解释道：

> 社会中，会计履行一种服务的职能。除非会计首先仍然是切实有用的，否则这种职能岌岌可危。由此，它必须应对不断变化的社会需求，必须反映其所在的社会、政治、法律和经济环境。它的意义在于反映这些环境的能力。

税收制度、教育水平和经济发展水平等其他因素也被视为解释会计实务差异的原因（Doupnik和Salter，1995）。目前没有一项单独明确的理论来解释为什么在没有努力使会计达到标准化的情况下，我们会期望找出会计实务的国际差异。人们给出了许多原因。Nobes（1998）进行了文献综述，证实人们提出了许多用来解释差异的原因：

1. 企业所有权和财务体系的本质
2. 殖民继承
3. 入侵
4. 税收
5. 通货膨胀
6. 教育水平

① 例如，法国、意大利、西班牙和德国常常作为欧洲大陆模式的代表，而美国、英国、爱尔兰、荷兰、加拿大、澳大利亚和新西兰常常作为英美模式的代表。

7. 会计职业界的年龄和规模
8. 经济发展水平
9. 法律系统
10. 文化
11. 历史
12. 地理
13. 语言
14. 理论影响
15. 政治制度、社会环境
16. 宗教

根据 Nobes（1998），许多因素彼此联系。一些是有关“制度的”，另一些则是关于文化的更广泛的概念。在接下来的部分我们将详细了解其中一些因素。再一次要强调的是由于许多国家采用了 IFRS，很多会计实务中存在的差异被消除。在阅读材料之后，读者们会质疑如此各异的国家采用同一套会计准则是否恰当。

4.6.1 文化

文化是一个很广泛的概念，人们认为它会对法律制度、税收制度、企业成立和融资的方式等都有影响。多年以来，文化在心理学、人类学和社会学领域被用作解释社会体制差异的依据（Hofstede，1980）。在最近的几十年里，它也被用来试着解释会计体系中的差异。早期的一篇研究文化对会计影响的论文是由 Violet（1983）撰写的，他认为会计是一项“社会技术活动”，涉及人类和非人类资源之间的相互作用。由于这两者的相互作用，Violet 声称会计不能被看做与文化无关。Violet（1983，p. 8）将会计与文化结合，认为：

会计是一种由大多数文化建立起来的社会机制，用来报告和解释发生在经济交易中的特定社会现象。作为一种社会机制，会计受文化假定的约束，融入了某些文化传统和要素。会计不能被孤立为文化的一个独立成分，也不能据此对其进行分析。它像人类以及其他社会机制一样，是文化的产物，并归因于运用它的文化的演进。既然会计是由文化决定的，那么其他文化传统、信仰和机制也会对其产生影响。

Takatera 和 Yamamoto（1987）将文化定义为“反映典型行为特征的规范、价值观和惯例的一种表达方式”。Hofstede（1980，p. 25）将文化定义为“将一群人与另一群人区分开来的集体的思想规划”。它描述了一种社会制度或集体秉持的价值观（Gray，p. 4），而非个体层面上持有的价值观。“价值观”决定行为。Gray（p. 4）解释说文化一词常常被用来形容作为一个整体的社会或国家，而“亚文化”被用在组织、职业界（如会计职业界）或家庭层面上。人们认为某一社会里不同的亚文化有共同的特征。在随后的讨论中我们将深入探讨 Sid Gray 教授的著作。这篇著作被公认为构成了对会计与国家文化之间关系的最严谨的研究之一，两者之间在某种程度上是依赖的关系。

Gray（p. 5）认为，“方法论框架在被纳入文化之后可以用来解释和预测在会计体系中的国际差异以及各国会计发展模式的差异”。任何对文化的考察必定要选择文化的哪些方面对考虑的问题十分重要，以及反过来如何着手衡量相关的文化属性，这一过程十分困难。如 Perera（1989，p. 43）所述，“文化研究的特征是由一个独特的问题赋予的，而这个问题是由文化的丰富内涵引起的”。[①] Gray 引用了 Hofstede（1980，1983）的著作。Gray（1988，p. 5）解释道：

Hofstede（1980，1983）的研究着眼于查明文化的结构性要素，尤其是那些对组织和机构的工作情况中已知的行为影响最强烈的要素。心理学家从 50 多个国家的跨国公司雇员中收集了有关“价值观”的数据，这可能是曾经进行的最广泛的跨文化研究。随后的统计分析和推理揭示了四个基本的社会价值观维度，并可以将被调查的国家定位于其中。这些维度得到了研究领域中前期工作的大力支持，分别被标记为个人主义、权力距离、不确定性规避和阳刚。这些维度被认为代表了文化系统中的一种普遍结构。著作中还显示了如何根据国家在这四种维度上的得分将其划分至不同的文化区域。[②]

Gray 认为会计人员的价值体系衍生自社会的价值观，并与之相关（通过 Hofstede 的个人主义、权力距离、不确定性规避和阳刚这四个维度反映出来）。[③] 会计人员也持有的这些社会价值观（Gray 称之为“会计亚文化”）会反过来影响各国会计体系的发展。因此，在这一点上，我们或许会开始质疑是否能按照“一刀切”的观点发展会计体系——由国际会计准则理事会（IASB）采用的一种方式。但是，尽管有人认为不同的价值体系和会计体系之间本该有一些联系，随着时间的推移，本会发生许多事来混淆这种可能的关系。例如，Baydoun 和 Willett（1995，p. 72）在提到发展中国家时说：

发展中国家的会计体系要是独立演变的话，很可能与我们如今在欧洲看到的形式相当不同。但是，发展中国家使用的大多数会计体系是直接从西方通过多种渠道引入的，如过去的殖民统治、西方跨国公司、本地职业组织（常常最初是由西方的职业组织成立的）的影响、工业化国家的援助和贷款机构。

回到 Hofstede 的著作，由 Hofstede 确定的四个社会价值观维度可以总结如下（引自 Hofstede，1984）：

· 个人主义与集体主义

个人主义代表对社会中松散的社会框架的偏好，在这样的社会里，个体只关心他们自己和他们的直系亲属。相反，集体主义则赞成紧密的社会框架，在这样的社会里，个体期望他们的亲属、家族或是其他同集体的人来照顾他们，作为这种照顾的交换条件，他们对集体拥有绝对的忠诚（很明显集体主义一词在这里不是用来描述任何特定的社会制度）。这个维度所解决的根本问题是社会所维系的个体之间相互依存的程度。它和人们的自我意识（“我”或“我们”）有关。

关于个人主义与集体主义这个文化维度，有趣的是注意到大量经济理论是依据自利和理性经济人（采取行动以牺牲他人为代价来实现个人财富最大化的人）的概念。这正是基于个人主义维度。在一个展示集体主义的文化中，人们期望社会成员互相照

---

① Perera（1989，p. 43）进一步陈述说：“因此，分析文化对某一特定亚文化成员行为的影响是很重要的，研究人员选择的文化的构成内容或维度必须是对所研究的文化行为的某一方面最贴切的反应。”这显然不是一份简单的工作。

② Hofstede 的著作依据的是在 IBM 内部进行的国际性调查。这份态度调查从 1967 年开始，至 1973 年结束，最终共收到来自 66 个国家 88 000 名雇员的 117 000 份反馈（Baskerville，2003）。Hofstede 是负责这项调查的高级研究人员。

③ Hofstede 的理论，尽管被用于会计问题，仍属于跨文化的心理学文献，本身不直接和会计相关。

顾，并且相互忠诚。①

·大与小的权力距离

权力距离是社会成员对机构和组织中权力分配不平等这一事实的接受程度。这既影响社会中权力较小者的行为，也影响权力较大者的行为。在权力距离大的社会中，人们接受一种等级秩序，在这个等级秩序中每个人都有自己的位置，不需要更多的说明。在权力距离小的社会中，人们争取权力平等，并要求对权力不均说明理由。这个维度所解决的根本问题是社会怎样处理人们之间的不平等。这对人们建立机构和组织的方式有明显的影响。

·强与弱的不确定性规避

不确定性规避是社会成员对不确定和模糊感到不舒服的程度。这种感觉使他们有了承诺确定性的想法，也使他们要维持用来保护一致性的制度。对不确定性规避较强的社会维持着刚性的信念和行为准则，不能容忍异常的人物和想法。对不确定性规避较弱的社会保持一种更宽松的氛围，在这种氛围下，实践比原则更重要，更容易容忍异常行为。这个维度解决的根本问题是社会对时间不能倒流以及未来无法预知这一事实作何反应：它尝试控制未来还是任其发生。与权力距离一样，确定性规避也对人们建立机构和组织的方式有影响。

·阳刚和阴柔

阳刚代表社会中对成就、英雄主义、决断性和物质成功的偏好。反之，阴柔则强调关系、谦虚、关注弱势和生活质量。这一维度解决的根本问题是社会按性别（与生物相反）分配社会角色的方式。

如前面所述，当国家按照这四种维度给分，许多国家的得分会很接近，反映出这些国家有相似的文化价值观。②③ 了解 Hofstede 的价值维度后，Gray 的下一步是将其与他认为在会计亚文化中所存在的价值观相联系。Gray 发展出四种被认为与会计亚文化相关的会计价值观，目的是将这四种会计价值观直接与 Hofstede 的四种社会价值观相关联（我们在前面讨论过）。Gray 的四种会计价值观定义如下：

·职业化与法律管制

偏好个人职业判断的存在与职业自我规范的保留，与之相对的是服从约定的法律要求和法律管制。

·统一性与灵活性

偏好公司执行统一的会计实务，随着时间的推移持续使用这些实务，与之相对的是根据公司自身的环境灵活处理。

·稳健主义与乐观主义

---

① 由 Watts 和 Zimmerman 创立的实证会计理论（我们将在第7章深入探讨）试图解释和预计管理者对会计方法的选择。在创立这项理论时，Watts 和 Zimmerman 假定个体总会依据个人利益采取行动。这种假设在一个拥护集体主义的社会中是无效的。同样，Hamid，Craig 和 Clarke（1993）认为西方文化下的财务理论不适用于伊斯兰文化。根据这些作者的观点，伊斯兰的原则是不允许支付利息。他们（p. 146）认为，西方财务理论中的大部分，特别是借鉴了将风险解释为与利益相关的资本资产定价模型，不能作为（伊斯兰）会计和财务理论的一部分。

② 例如，在四种社会价值观上有相似分数的其中一组包括澳大利亚、加拿大、爱尔兰、新西兰、英国和美国；另一组包括丹麦、芬兰、挪威和瑞典。还有一组包括印度尼西亚、巴基斯坦、中国台湾和泰国。观点是在这些不同组别的国家中的人们享有类似的文化，因此有着相似的标准和价值体系。

③ 许多作者批评 Hofstede 的著作。其中一种观点认为 Hofstede 将文化等同于国家（也就是说每个国家被视为只有一种文化），而实际上许多文化可以在一个国家中共存（Baskerville，2003）。

偏好谨慎的计量方式以便应对未来事件的不确定性，与之相对的是更乐观、自由放任、风险承担的方法。

·保密与透明

偏好保密和对商业信息披露的限制，只对那些密切参与管理和融资的人透露，与之相对的是更透明、开放和公开说明的方式。

Gray（1988）之后又提出了许多假设，将Hofstede的四种社会文化维度与他的四种会计价值观相关联。[①] 他的第一个假设是：

假设1：一个国家在个人主义维度上的排名越高，在不确定性规避与权力距离维度上的排名越低，那么更可能具有职业化的价值观。

第一个假设的依据是偏好应用判断（如确定是否真实和公允）而非严格的规定，在这种情况下，人们更倾向于个人主义，相对来说人们与用自我判断而不是服从严格规定的人相处更舒服，不同的人被允许做出判断，而不是依赖严格的“上述”规则（权力距离小）。

Gray的第二个假设是：

假设2：一个国家在不确定性规避和权力距离维度上的排名越高，在个人主义维度上的排名越低，那么更可能具有统一性的价值观。

第二个假设的依据是乐于规避不确定性的组织更偏好严格的行为准则和更强的一致性。对统一性的愿望也被认为与*集体主义*（与个人*主义*相对）的偏好一致，并相对更会接受*权力距离*较大的社会，在这样的社会里法律更容易被接受。

Gray的第三个假设是：

假设3：一个国家在不确定性规避维度上的排名越高，在个人主义和阳刚维度上的排名越低，那么越有可能具有稳健主义的价值观。

一方面，如前所述，稳健主义暗示着会计人员喜欢谨慎（传统上意味着利润和资产以一种保守的方式计算，趋向于低估而非高估）这样的概念。第三个假设的依据是拥有高度不确定性规避特征的社会愿意用更谨慎的方式来处理现存的不确定性。另一方面，稳健主义被看做与较少关心个人成就的社会相关。表明有阳刚倾向的社会强调成就——由此可以看出期望阳刚程度较低会导致更偏向于稳健的会计准则。阳刚程度较高的社会被视为更愿意使用会带来更好业绩的会计方法。

Gray的第四个假设是：

假设4：一个国家在不确定性规避和权力距离维度上的排名越高，在个人主义和阳刚维度上的排名越低，那么更可能具有保密的价值观。

第四个假设的依据是偏好不确定性规避的社会比较不愿意披露更多的信息，因为这会导致冲突、竞争和安全问题。同时，认可权力距离较大的社会会接受受限制的信息，会维持权力的不平等。而且，偏好集体主义方式而不是个人主义方式的社会愿意只对一小部分人披露信息来保护那些与公司关系亲密的人，这也反映出对那些组织外部的人有限的关注。一个更阳刚的社会可以提供有关其财务状况和经营成果的更多信息，以便能够与不同主体的业绩水平进行比较（阳刚的社会被认为更关注诸如一家

① 尽管Gray（1988）提出了四个假设，但没有加以实证检验。为了检验它们，必须确定某一国家的会计系统在Gray提出的这四个维度上的分数是高还是低，就像其他人后来做的那样。

企业的业绩排名在另一家企业之上还是之下的问题）。但是，更阳刚的社会披露更多的会计信息，作为对这个一般定位的附加说明，Gray（1988，p. 11）认为“一项与阳刚显著但不甚重要的联系似乎可能是更强调生活质量、人文和环境，关怀程度更高的社会更趋向于开放，特别是有关社会的信息方面”。[①]表 4—1 总结了 Gray 的会计价值观和 Hofstede 的文化价值观之间的假说关系。

表 4—1　Gray 的会计价值观和 Hofstede 的文化价值观之间的假说关系总结

文化价值观（来自 Hofstede）	会计价值观（来自 Gray）			
	职业化	统一性	稳健主义	保密
权力距离	−	+	?	+
不确定性规避	−	+	+	+
个人主义	+	−	−	−
阳刚	?	?	−	−

注：“＋”表示正相关；“－”表示负相关；“?”表示关系不确定。

Gray（1988）进一步对能在会计价值观与会计系统的权威和执行力之间（它们受法律管制或职业方式的决定和执行的程度），以及与会计体系的计量和披露特征之间建立的关系进行了假设。根据 Gray（1988，p. 12）的观点：

会计价值体系与会计体系的职业或法律权威及其执行力最相关，这使得会计价值体系看上去属于职业化和统一性维度，在这一维度中它们关注规范以及执行和统一的程度……会计价值观与实务中使用的计量方式以及信息的披露程度最相关，显然是属于稳健主义和保密维度。

Gray 对社会价值观、会计价值观和会计实务之间的联系总结如图 4—1 所示：

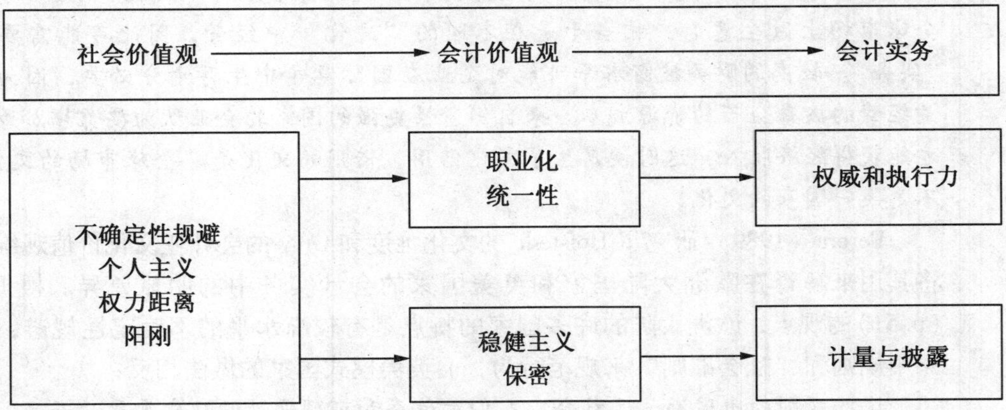

图 4—1　Gray 对社会价值观、会计价值观与会计实务之间的假设关系

资料来源：H. H. E. Fechner&A. Kilgore（1994），“The influence of cultural factors on accounting practice”，*International Journal of Accounting*，29，p. 269。

① 社会相关信息与诸如健康和安全、雇员教育和培训、慈善捐赠、社区支持项目以及环境绩效等问题相关。较阴柔的（不太阳刚的）社会倾向于认为这些问题更重要。因此，尽管阴柔可能与较少的财务披露相关，但是与更多的社会披露相关。

Perera（1989，p. 47）对表4—1总结的关系进行了另外的讨论。他说：

职业化程度越高，职业的自我规范程度越高，需要政府的干预越少。会计亚文化对统一性的偏好程度对会计体系应用的方式有影响。统一性的程度越高，职业判断的程度越低，应用会计准则和程序的力度越强。会计亚文化对稳健主义的偏好程度会影响实务中使用的计量方法。稳健主义程度越高，与传统计量实务的联系就越紧。会计亚文化对保密的偏好程度会影响会计报告中信息披露的程度。保密性越强，披露程度就越低。

Gray研究的目标之一是就各国的文化而言，解释国家之间的差异如何阻碍了任何会计准则国际标准化的步伐，或是对形成某种形式的协调或标准化的努力带来质疑。尽管上述一些材料可能看上去有些（也许没有）令人困惑，但是它确实代表着一项相当有知识含量的研究，它试图将难以衡量的构想、文化与会计亚文化价值观中的差异联系在一起，并最终与采用的会计体系中的差异相关联。尽管我们或许不能记住上述所有的假设关系，但重要的是我们了解了研究人员怎样试图将文化衡量与会计实务相联系。

其他一些作者也使用了Hofstede的文化维度。① Zarzeski（1996）提供的证据支持这样一种观点，即在相对更偏向于个人主义和阳刚、较少对不确定性规避的国家中的主体的披露程度更高。Zarzeski还考虑了与国际形象有关的问题，发现那些有着相对较好国际形象的主体与其他主体相比往往保密性较差。而且，来自欧洲大陆的主体（像法国和德国），传统上比英美公司更倾向于主要靠债务融资，披露程度也低于英美公司。就保密性而言，Zarzeski表示本地的企业与跨国企业相比更可能披露与其文化保密度相当的信息。在解释这点时，他说（p. 20）：

全球市场与公司在本国所面对的市场相比是一种不同的“文化”。当一家公司在全球市场上做生意时，相当于是在不同的“文化”中经营，因此可能需要不同的“实务”。较高的财务披露水平可能对企业在国际竞争中生存十分必要，因为对高质量经营的披露会节约资源成本。来自保密性更强的国家的企业认为要靠增加财务披露才能获得经济收入，这时便产生了文化借用。借用的文化是“全球市场的文化”，而不是某一国家的文化。

Perera（1989）研究了Hofstede的文化维度和Gray的会计亚文化价值观维度，并将其用来解释在欧洲大陆国家和英美国家的会计实务中的明显差异。根据Perera（p. 51）的观点，欧洲大陆的许多国家的特点是有较高水平的不确定性规避，这些国家用规则和“社会准则”来规范行为，而英美模式国家的做法相反：

这些规则的出现满足了社会中人们对秩序和可预见性的情感需要，而且人们在没有规则的情况下会感到不舒服。因此，总体上说，与不确定性规避较弱的国家相比，在对不确定性规避较强的社会中，人们希望有更规范化和制度化的程序。

英美国家的会计亚文化中更偏向于有个人的职业判断、维持职业自我规范，并依

① Baydoun和Willett（1995，p. 72）在测试Hofstede-Gray理论的时候发现了许多问题。他们强调许多会计体系可能是从有着不同文化的其他国家引入的。如他们所说，“由于财务信息要求的自然演变过程被干预，发展中国家的现代会计实务都受到了不利影响，继而根据Hofstede-Gray的理论框架使用从发展中国家获得的数据以形成有关相关性的推论时要加倍小心”。

据个别公司的环境灵活应对，而欧洲大陆的会计亚文化偏向于服从规定的法律要求与法律管制，维持公司之间统一的会计实务，以及持续应用这些实务。同时，后者更支持谨慎和小心的收益计量方式，以应对未来事件的不确定性，并且通过只向参与到组织管理和财务中的人披露信息来保证信息的保密性。

这些特征反过来常常影响各自的会计体系和实务中已知的披露程度。例如，法国和联邦德国的职业化程度相对较低，稳健主义和保密程度相对较高，这两者结合对披露程度有消极的影响。集体主义和反个人主义的社会价值观要求企业通过提供信息的方式对社会负责。因此，政府干预和规定某些披露要求是必要的，包括与社会会计有关的规定。而且，会计职业界不可能反对这种情况，因为这样的会计亚文化更愿意服从规定的法律规范和法定管制。相比之下，在美国和英国，尽管职业化水平相对较高，并且稳健主义和保密程度较低，这样结合起来往往对会计实务中的信息披露有积极的影响。社会的个人主义价值观更关注向股东或投资者提供信息，而较少关注涉及社会责任的问题。

Baydoun 和 Willett（1995）使用 Hofstede－Gray 理论调查了在黎巴嫩使用法国统一会计体系（职业化程度低，统一性高，而且被认为是相当稳健的）的情况。根据 Baydoun 和 Willett 的调查，在第一次世界大战结束之后，盟军最高法院同意法国对黎巴嫩进行强制管制。黎巴嫩一直到 1943 年都是法国的殖民地。法国军队直到 1946 年才撤离。法国和黎巴嫩之间的贸易联系十分紧密，这种关系一直存在，在 1983 年，法国政府资助黎巴嫩政府应用法国会计体系（UAS）。有趣的是，法国的体系是否真的适合黎巴嫩的文化环境。Baydoun 和 Willett 提供的证据指出黎巴嫩和法国在权力距离和个人主义维度中的排名十分相似。但是，黎巴嫩在不确定性规避中的排名较低，在阳刚中的排名较高。以此为据（可以参看表 4—1），Baydoun 和 Willett（p. 81）总结说："在财务报告实务中黎巴嫩的要求本应是较低的统一性、稳健主义和保密性。"① 他们进一步陈述道（p. 87）：

假定文化相关性应该成为决定财务报告形式的一个因素，我们预计黎巴嫩的财务报告在横向和纵向上均不一致，以包含更多的市场价值信息并提供更多分散的信息。通常数据的公布日期应该相对较为灵活，并且较少要求采用像成本和市价孰低这类的稳健估价原则。这些规定以及其他类似规定似乎目前还不能直接得到检验。1983 年以来，所有的黎巴嫩公司都被要求遵守法国统一的会计体系，这个体系也尚未经修改来适应法国和黎巴嫩的文化差异……但我们的分析表明，未来将会或应该会在黎巴嫩会计中实施包括上述内容在内的修改。

Chand 和 White（2007）探索了斐济社会中的不同文化属性，以确定最近在斐济采用 IFRS 是否有意义。他们的观点是比起 IASB 制定的原则导向的准则，规则导向的准则更合适。他们说道（p. 616）：

斐济由两个民族——斐济族和印度族——共同组成。两个民族展示的文化特征都是规避不确定性并偏向于规则至上的社会，反对个体通过个人主动性和职业判断来采

① 在研究过程中，Baydoun 和 Willett 在很多方面批判了 Gray 的著作。例如，他们（p. 82）认为，"Gray 所有的会计价值观都是按照对特定行为过程的偏好来下的定义，而不是按照财务报告的明显属性来下的定义，如在 FASB 概念框架项目中描述的质量特征"。同时，他们还认为 Gray 的理论没有明确表示会偏好何种形式的财务报告。

取适当行动（见 Chand，2005）。斐济社会的另一个特征表现为全能的领导人与选民之间较大的权力距离。斐济的众多企业都声称要促进斐济族人参与到经济建设中来。受过教育而雄辩的委托人尽管有胆量质疑财务报告，但常常会受到提醒：斐济不容忍这样的挑战。由于采用了国际财务报告准则，因此斐济的财务报告都是原则导向的，这样的财务报告要求进行职业判断，并在报告程序中引入了模棱两可的部分，结果是遮盖而非增强了受托责任（Davie，1999，2000）。这类企业的经理来自斐济的精英圈，和许多精英人士一样，不容非精英人士的挑战，经理们会“请求”会计师进行判断，使企业报告的财务状况比经济实质要好。文化价值观要求斐济的会计师答应这一“请求”。规则导向的会计准则会保护会计师免于这类“请求”。在斐济，规则导向的会计准则会减少会计报告的潜在相关性，但应该提高报告的透明度和委托人对它的信心。

4.6.2 宗教

许多以文化为基础的研究，尤其以 Hofstede 和 Gray 的著作为基础的研究，常常是将国家按照社会和会计亚文化来进行划分的；这被视为对协调、标准化过程的适当性提出的深刻见解，尤其是在辨别其中存在的局限性方面。也就是说，Gray 著作的特点是它受限于所研究的国家的固有特征。在随后的工作中，Hamid、Craig 和 Clarke（1993）研究了*宗教*这一文化输入或因素对会计实务的影响。如他们所阐述的，宗教超越了国界。他们研究了存在于许多国家的伊斯兰文化往往不会接受“西方的”会计实务，他们反思了宗教问题在先前的会计文献中如何只占有极小的一部分。他们说（p. 134）：

现存有关经济活动和伊斯兰教之间相互作用的文献需要继续扩充以捕捉遵守伊斯兰的信仰对伊斯兰框架下的商业和金融结构的特殊影响。特别是许多西方会计实务与伊斯兰原则的不兼容性需要予以解释。因为伊斯兰的法律属于罗马法理学，英美模式的会计实务不能自动适应这种法律对经济行为的影响方式。并且，许多西方会计实务借鉴的假设与伊斯兰的信条相冲突……不像西方传统，人们很难理解基本的商业道德自发地源自宗教实务，而不是来自由职业协会设计并对成员强制实施的准则（主要是礼节）。

Hamid、Craig 和 Clarke 指出伊斯兰传统确实有经管责任的概念——但是，这是对上帝而非权益或债务资本的供应者而言的。也就是说，穆斯林认为他们持有资产并非为了他们自己，而是为了上帝。还有一些其他基本的差异，例如，伊斯兰国家排斥债务融资，禁止利息偿付，这种做法对会计准则的国际协调进程有重大影响。

……协调化对于要实施许多标准的西方会计程序来说是十分必要的，而在这些程序中利息计算是不可缺少的一部分。许多过去和现在的西方准则在贴现程序中融入货币时间价值概念的做法不被伊斯兰国家所承认（p. 144）。[①]

由此，Hamid、Craig 和 Clark 似乎提出了一个逻辑论证，即宗教会对所选择的会计体系有主要影响。宗教会潜在影响人们如何经营与决策。如我们将在第 6 章所看到

① 例如，在西方会计准则中，贴现的概念用于职工福利、租赁资本化、资产减值和保险公司。

的，美国、澳大利亚、加拿大、英国和新西兰（有趣的是，Hofstede 把这些国家分成一组）等国家制定的概念框架项目，以及 IASB 的前身（国际会计准则委员会，也就是 IASC）制定的概念框架项目依据的根本目标是财务报告使用者要求财务信息作为理性经济决策的基础（而“理性”的内容可能会依赖于文化）。这种理性的经济决策考虑了货币时间价值，这必然要求考虑适当的利率和折现率。在一些社会中，如伊斯兰国家，这可能不是相关的目标。进一步说，只有在考虑了框架使用的环境后才能提出某一会计框架优于其他框架的主张。

我们已经从广泛的文化（包括宗教的）影响方面研究了一些寻求解释国际会计差异的理论，下面我们将进一步探索理论家们认为在任何国家任何时候都会影响会计实务的五个更具体的制度因素。在阅读接下来的部分时，你会觉得这些制度因素都是相关联的，都能和我们刚刚研究的文化影响相联系。在阅读下面的章节时，尝试将文化影响和制度因素（广泛地）结合起来，这有助于更加深入地理解文化和制度因素。

4.6.3 法律体系

不同国家的法律体系可以被划分成两大类：普通法系和罗马法系。在普通法系中，规定性的成文法历来相对较少。取而代之的是，法律主体是由法官应用有限的成文法和之前某一案例的判决结果而发展起来的。各项判决随后成为未来案件审理的法律先例。普通法起源于英国，并扩展到前英国殖民地（如美国、加拿大、澳大利亚和新西兰）。相反，在罗马法系中，议会（成文）法常常十分详细，涵盖了日常生活的大多数方面。这对会计的影响是在普通法国家，我们会发现指导会计实务的详细会计法律相对较少，因此，会计实务的发展历来更多是依靠会计人员（和审计师）的职业判断。而在罗马法系中则恰好相反，我们预期会发现一套编纂的会计法律，详细地规定了各类交易或事项应该如何进行账务处理。这种类型的体系中，在记账或发展会计实务中很少需要或很少有机会使用职业判断。

如 Nobes 和 Parker（2004）解释说，普通法系是在 1066 年诺曼征服英国后发展起来的，而罗马法系是在欧洲大陆国家发展起来的，并扩展到比利时、法国、德国、意大利、葡萄牙和西班牙的前殖民地。法律制度和实务的发展都深深受到英国影响的国家往往属于普通法系。相反，大多数欧洲大陆国家，以及法律制度的发展受这些国家影响的国家往往属于罗马法系。这些国家包括欧盟的大多数成员（除了英格兰、威尔士和爱尔兰），以及世界上曾经是欧洲大陆各国殖民地的其他国家。①

因此，在欧盟，我们预计在英格兰、威尔士、爱尔兰和苏格兰部分地区，编纂的会计法律历来相对较少，会计实务的发展依靠会计人员的职业判断。至于欧盟，我们预计会计实务历来是由详细编纂的会计法律（或法律认可的规范）发展起来的，很少依靠职业会计师的介入。与普通法系的国家相比，采用 IFRS（通常认为是原则导向的）对于罗马法系的国家而言是十分重大的改变。

---

① Nobes 和 Parker（2004）指出，极少数国家（像苏格兰、南非和以色列）形成的法律制度结合了普通法和罗马法两种体系。

4.6.4 企业所有权和融资制度

第二个关键的制度因素是企业所有权和融资系统，研究人员已经论证出这一因素历来就对国家会计实务的形成有影响。和法律制度类似，可以将这个因素大致分为两种不同的类型："外部"和"内部"制度。

在"外部"制度中，外部股东（也就是那些不参与公司管理的人）对于许多经营活动来讲是十分重要的融资来源。由于这些外部股东不会参与到具体的公司管理中，因此不会得到公司详细的管理会计信息，他们需要得到额外的财务信息来帮助其制定投资决策。他们可能会投资一定数量的公司股票，并需要通过和其他公司的业绩进行比较等方式评价任一公司业绩的依据。在外部融资制度中，为了确保向各个公司高效地分配资金，对外部投资者（以及潜在投资者）而言重要的是向其提供能够公允、均衡并无偏地反映企业基本经济业绩的财务会计信息。由此，鉴于外部融资的重要意义，财务会计的发展一直以来的主要目标是向外部股东提供这种公允、均衡、无偏见的信息——这个过程需要大量的职业判断（Nobes，1998），例如，处理在撰写会计准则或立法时无法轻易预见的经营实务中经常性的发展或创新。

相反，在"内部"融资制度中，外部股东融资不那么重要。取而代之，家族企业成为主导，并且/或主要的长期资金来源往往是银行或政府（Zysman，1983）。家族企业的所有者往往会得到详细的内部管理会计信息，所以对于通过财务报告提供信息来帮助股东制定投资决策的需要并不明显。在一些国家（如德国），银行历来是大公司长期融资的主要来源（而不是外部股东），银行和公司往往形成了长期的支持性关系。这种关系体现在银行在其作为主要债权人的公司监事会有一名代表，公司向这些代表提供给所有监事会成员都可获得的详细的管理会计信息。在家族企业中，考虑到主要的融资提供者是企业的"内部人士"，能够获得详细的管理会计信息，财务会计几乎不存在提供信息帮助制定外部投资决策的压力（Nobes，1998）。[①] Nobes 和 Parker（2004）解释说在政府提供了大量长期经营资金的制度中，政府代表常常成为国有企业的董事，由此能获得内部管理信息。因此，内部融资制度主导的所有国家共有的一个特征是会计的主要作用往往不是提供公允、均衡和无偏见的信息来帮助外部投资者做出有效的投资决策。因此，与外部融资国家相比，这些国家中财务会计的发展是为了履行不同的职能。职能之一是提供计算所得税负债的信息，下一部分将对此进行探讨。

内部融资制度占主导的国家往往是罗马法系的国家。而外部融资的国家通常是普通法系的国家（La Porta 等，1997）。因此，大多数欧洲大陆国家（荷兰是明显的例外，它既是罗马法系的国家，又有大量外部融资）一直都依赖内部形式的融资，结果是这些国家的财务会计不是用来服务于资本市场的投资决策需要。相反，英国和爱尔兰（还有其他非欧洲国家中，如美国、澳大利亚和新西兰）对外部形式的融资依赖性很强，会计的主要作用往往是服务于资本市场的信息需求，为其提供公允、均衡

① 就其本身而言，主体不会被看做报告主体。我们将在第 6 章讨论"报告主体"的话题。报告主体为持有组织股份并且不能获得信息以满足特定信息需求的相关方编制一般目的财务报告，他们不能掌握满足其具体信息需求的信息。

和无偏见的信息。①

举一个将融资制度和会计实务差异联系在一起的经验研究的例子，Pratt 和 Behr（1987）比较了美国和瑞士采用的准则制定程序。准则和采用的程序中的差异可以通过“规模、复杂性和资本交易多样性的差异，所有权的广泛分布以及资本市场参与者的投机本质”来解释。

Chand 和 White（2007）研究了在斐济十分普遍的所有权和融资制度，认为最近在斐济采用 IFRS 造成了之前从未经历过的低效率。也就是说，他们认为 IFRS 和斐济原有的融资制度并不匹配。他们阐述道（p. 615）：

融资制度——尤其是商业银行——主宰着斐济的资本市场。几乎所有的斐济国有控股企业都依据这些制度进行融资。两家商业银行控制了银行业 75% 的市场份额，并行使着双寡头垄断的权力（财政部，1999）。许多企业因此需要向银行提供财务报告，银行成为其主要的融资者。与其他国家一样，斐济的银行关注的是准借款人提供的财务稳定性和安全性评估，以及评估既定客户对贷款协议的遵守程度。银行通常要求借款人在资产评估和衡量资本充足率时采用稳健的方法，以此作为获得融资的必要条件（Watts，2003）。银行试图使客户的报告遵照银行规定的特定框架和准则。在无竞争的环境下经营的银行能够要求客户按银行确定的内容重新编制财务报告，以保证融资的安全性和持续性。银行要求按其所需提供会计信息，而无须通过游说监管机构制定报告准则来满足这些需求。Kanaenabogi（2003）提供的证据表明斐济的银行在评估贷款申请时通常以稳健的方法评估担保资产。银行将稳健假设应用到资产评估中，并以此作为有序清算价值，而正式的独立估值则得不到保障。

应用斐济现有的会计规则和 IFRS 而确定的会计价值观在评价企业偿债能力时不被接受，因此 Kanaenabogi 认为遵守两套被审计的财务报告是对企业强加的不必要财务负担。所以，法国、德国和日本采用的稳健财务报告模式（Briston，1978；Radebaugh 和 Gray，2002）或许比 IASB 的模式更适合斐济国内的经济状况。

在结束讨论不同融资制度对会计实务形式的影响之前，我们应该强调的是随着全球化经营范围的不断扩大，任何国家的跨国公司越来越依赖不止一国的融资。这些国家的公司历来依赖内部融资，他们的资金需要已经超过了内部融资来源的筹资能力，有些公司现在也逐渐开始依赖外部融资——向本国和其他国家的股东融资。因此，与外部融资制度有关的信息要求现在对欧洲大陆国家许多大型公司也适用（Nobes 和 Parker，2004）。

4.6.5 税制

在外部融资制度占主导的国家，财务会计实务的发展一直以来是为了能够体现公允、均衡和无偏见的企业基本经济业绩，以帮助提升外部投资者投资分配决策的有效性。这种制度要求会计反映某种经济实质。例如，公司会选择最能反映固定资产使用方式的折旧方法。

相反，在采用内部融资制度的国家，不存在要求财务报告反映某种形式的基本经

① 我们会在最后一章看到，许多批判性会计理论家强烈反对会计信息是公允、均衡和无偏见的。

济实质的压力。而财务报告的发展是出于不同的目的，其中一个重要的目的就是纳税计算（Nobes 和 Parker，2004）。在大多数传统上严重依赖内部融资形式的欧洲大陆国家中，如果公司要求税务减免，这项减免必须在财务报告中有所体现。例如，如果一家公司希望利用法律允许的最大应税折旧减免来减少所得税负债，它必须将这项应税折旧减免体现在财务报告中。应税折旧减免由税法确定，不一定与任一年度固定资产的实际使用数量相关。因此，在许多历来依赖内部融资制度的欧洲国家，财务会计结果预计将受税法条款的实质性影响并由其决定。

在采用外部融资形式的国家，纳税账户历来与财务账户分开核算。因此，如果一家公司希望获得这些国家的法律允许的最大应税折旧减免，这不会影响公司财务报告中报告利润的计算。因此，这些财务报告可以包括为反映资产使用情况而计提的折旧，不影响公司要求在纳税账户中利用最大应税折旧减免的能力，税法条款也因此不会对财务报告施加太多影响。

鉴于内部融资制度和罗马法系国家之间高度相关（La Porta 等，1997），在许多罗马法系的欧洲大陆国家（荷兰是典型的例外），详细的税法条款有效地成为详细的会计规范的很大一部分。再一次强调，在这些国家采用 IFRS 代表了对其传统会计实务所作的重大改变。

4.6.6 会计职业的力量

任何国家会计职业的力量历来由我们在前面讨论的制度因素决定，并帮助制度因素增强对财务会计体系的影响（Nobes 和 Parker，2004）。在外部长期融资制度占主导、税法几乎不影响财务会计的普通法国家中，相对来说基本没有成文法对财务报告内容做出规定。这些财务报告的主要目的是代表了公允、均衡与无偏见的企业基本经济业绩，这要求运用职业判断来处理各种情形。因此，这些国家历来需要大量的会计人员，他们能够应用职业判断以最适合的方式在公司财务会计报告中反映特殊交易和事项。这种对有能力并有机会运用职业判断的会计人员的需求导致在英国、爱尔兰、美国、澳大利亚和新西兰等国家形成了强大而有力的会计职业界。像我们在第 2 章所看到的，强大的会计职业界一直在有效地游说政府来确保会计监管体系为运用职业判断留有了空间，由此可能加强了会计职业界的力量和影响。

相反，在以内部融资制度为主导的罗马法系国家中，遵守内容翔实的税法条款对财务账户的形成施加了实质性的影响，在编制财务会计报告时几乎没有必要也没有空间运用职业判断。与依靠外部融资的普通法系国家相比，这类国家中会计职业发展的推动力少了很多。与英国、爱尔兰、澳大利亚和美国的同行相比，许多欧洲大陆国家的会计职业界往往规模较小，势力也较弱（就影响力而言）。Nobes 和 Parker（2004）认为这些较为弱势的会计职业界产生的影响是巩固了不需运用职业判断的会计实务，因为有效地实施灵活的会计实务要求有相当多的会计职业人员愿意（并且善于）运用职业判断来处理复杂的会计问题。

4.6.7 历史的偶然事件

如在本章开头部分所述，会计体系往往被公认为遵循了英美模式或欧洲大陆模式。目前为止，本章所讨论的文化和制度差异支持这个观点，遵循英美模式的国家往往属于普通法系、依靠外部融资、税法几乎不影响财务会计，并且强大的会计职业界惯于运用大量职业判断，遵循欧洲大陆模式的国家则与此不同。如果我们承认这些影响在国家会计实务的形成中至关重要，则可以想象遵循英美模式国家的会计实务历来大体相似。但是，这与本章第一部分提出的证据不一致。例如，我们看到跨国制药公司阿斯利康的报告利润和净资产按照英国会计准则计算的结果和按照美国准则计算的结果有很大不同。如果我们本章目前研究的文化和制度因素对会计实务的形成意义重大，并且这些因素在英国和美国大体相似，那么在英国和美国之间一定存在其他重要的影响因素。

Nobes 和 Parker（2004）提到了“历史偶然事件”这一额外因素的重要性，该因素的影响仅限于对受偶然事件影响的个别国家的会计体系。例如，1929 年华尔街股灾爆发后，美国设立了着眼于保护投资者的证券交易法，而当时在英国没有这项立法。这项立法包括制定一些会计规定，这项工作被委派给私营部门的会计准则制定机构，后者制定出了一套详细的美国会计准则（正如我们预计会在罗马法系国家中看到的那样）。与此相反，20 世纪 80 年代后期在英国发生了一系列著名的会计失败案例之后，英国制定了一套更偏向于原则导向的会计规范体系。Unerman 和 O'Dwyer（2004）强调，在 2001 年安然公司的会计丑闻之后，许多英国人认为不同的监管体系会防止安然公司像在美国那样在英国使用创造性会计。回到阿斯利康的例子，在研究财务报告中根据英国和美国准则计算的不同结果编制的对账表后，明显可以看出两套会计规范之间的本质区别（以这家公司为例）在于英国和美国兼并与重组会计处理（包括商誉的计算）的差异。在英国，不同的压力（可能包括每个国家的利益相关方的各类游说）会导致英国和美国的兼并与重组会计准则有所不同，但考虑到 IASB 和 FASB 不断为趋同做出的努力，这些差异在未来可能会大幅度减少。

至此，本章提出了许多用以解释不同国家实行的会计体系的因素，包括文化、宗教（文化的子集）和制度（我们也能想象它会受文化影响）。人们提出了许多因素来解释会计体系为何历来存在国际差异，我们针对如何辨别这些因素的讨论还远远不够详尽；但是所参考的研究表明，一种通用的会计方法（像在英国、爱尔兰、荷兰、美国、澳大利亚、新西兰或加拿大使用的）可能适合某一环境，但不适合其他环境，因此宣称存在“最佳”会计的体系可能有些天真。基于这种观点，我们可以回顾美国财务会计准则委员会的前任主席 Dennis Beresford 的观点，他曾经宣称美国的会计和报告体系被公认为是“世界上最全面最精密的体系” （Wyatt 和 Yospe 引述，1993）。一些（也许是大多数）国家认为美国的体系是精密的——但是也有一些国家依据文化、宗教或制度因素可能认为美国的体系是非常不着边际的。

尽管有多种因素为会计实务存在国际差异提供了符合逻辑的解释，但是几十年来人们一直在通过大量的努力来减少不同国家会计体系之间存在的差异。其中大部分的努力以许多国家采用 IFRS 而告终。本章提供的材料会让读者很好地理解不同国家的会计体系为什么在进行财务会计标准化之前彼此不同。读者或许还会对会计国际标准化是否合适有自己的见解。作为读者，你有何看法？文化属性、融资制度、宗教信仰、税制、历史等彼此各异的国家全部采用同一种会计准则，这样做合适吗？在下面的章节我们将对会计标准化的进程中遇到的障碍作一些总结性的评论。

4.7 有关财务会计标准化进程中遇到障碍的结论

正如我们讨论过的，确立并维持会计国际标准化的一个关键障碍是国际的文化和制度差异，这些差异最先导致财务会计彼此不同。如前所述，如果这些因素继续因国家而异，那么很难看出一套单独的会计规则（如 IASB 发布的准则）如何对所有国家都适合或都恰当。也就是说，由于可以用理论来解释会计历来因国家不同而有所差异的原因（如文化、宗教或制度因素），会计持续标准化的一个关键障碍正是这些合理原因继续存在的事实。尽管许多国家已经采用或计划在近期采用国际会计报告准则，但如果国际会计报告准则明显与这些国家的财务会计需求极不相关，没有什么能够严厉阻止它们放弃国际会计报告准则。当然对于这些国家来说，放弃国际会计报告准则代价高昂而且十分困难，但也不是没有可能的。

举一个阻碍维持标准化的例子，Perera（1989，p. 52）研究了将英美模式的会计技巧成功转移到发展中国家的可能性。他指出："从英美模式国家中转移来的这种技巧可能不起作用，它们在文化上与接收国不相关或是有功能障碍。"

Perera 还认为国际会计准则本身受到英美会计模式的很大影响，就其本身而言，这些准则往往反映了某些特定国家的环境和思维模式。他认为这些准则可能会在与英美模式国家的环境不同的国家中面临相关性问题。因此，如果大部分德国公司继续依赖"内部"形式融资，并且德国继续使用罗马法系，对于大多数德国公司来说，之前使用的编纂的会计规范与强制实施的英美模式的会计体系相比可能会更适合。[①] Nobes 和 Parker（2004）认为在这种情形下，一种双重体系更适合，即要求各国公司都按照传统上发展起来的本国体系编制财务报告，同时进行国际融资的公司可以按照英美模式的国际会计准则额外编制一套财务报告（可能只包括合并或集团账户）。[②]

Nobes 和 Parker（2004）进一步指出协调化的另一个障碍，即一些国家缺乏发达的会计职业界。因此，在一些会计职业界发展不健全的国家中，在实施依据英美职业判断模型制定的国际会计规范（如国际会计报告准则）时可能在一开始就有问题。此外，一些国家可能出于民族主义的考虑不想被看做实施了公认与英美制度密切相关的国际会计准则体系。

如我们在第 2 章、第 3 章中看到的，在国际标准化进程中最后一个潜在但至关重要的障碍是会计规范能够并确实会产生经济后果（Nobes 和 Parker，2004）。多年以后，个别国家的政府可能会后悔把真的会产生经济后果的程序（会计准则制定）的控制权交给一家它们无法施加影响的国际机构——IASB（澳大利亚政府确实对此表示担心，AASB 制定会计准则的职能已经转移给 IASB——尽管 AASB 对 IASB 制定的准则有投入）。最近 IASB 遇到了诸多困难，即一些欧盟国家拒绝完全采用修订的 IAS 39，部分原因是这些条款可能对这些国家的银行有消极的经济影响，我们在第 3 章了

---

① 以类似的方式强制实施详细的会计体系可能对澳大利亚、英国、美国或新西兰不合适，例如，这些依靠"外部"融资系统的国家要求财务账户提供公允、均衡的信息来反映某种形式的基本经济实质。

② 在这方面，尽管欧盟成员国的公司被要求按 IASB 发布的会计准则编制合并财务报告，但这种规定仅限于在证券交易所上市的公司。

解了这会如何影响国际标准化进程。

本章小结

本章中，我们辨别并研究了国际会计实务中的历史差异，同时了解了众多用来解释产生这些差异（包括文化、作为文化子集的宗教、法律制度、融资制度、税收制度、会计职业界和历史事件中的差异）的原因（来自于不同的理论观点）。大部分对国际比较会计的研究都质疑在全世界统一采用一种会计体系（IASB 的长期目标）的做法是否恰当。

尽管许多研究者质疑“西式风格”的会计准则与各国的相关性，一些国际组织仍然为鼓励文化差异巨大的国家采用国际会计准则/国际财务报告准则而做出不断的努力。这意味着一些国际组织中的成员既没有意识到准则可能不相关，也没有因其不适合本国国情而选择拒绝。一些国家继续为在国内贯彻执行国际准则做着努力，比如澳大利亚和欧盟的一些成员国，我们预计这种争论还会继续下去。

思考题

4.1 什么是财务会计的协调和/或标准化?

4.2 会计全球标准化要求美国采用 IFRS。你认为美国有可能会在近期接受 IFRS 吗？你认为有哪些因素会阻止某一国家采用 IFRS?

4.3 指出可以用来解释不同国家使用不同会计制度的因素。

4.4 不同国家采用 IFRS 一定意味着其采用的会计程序和实务在国际上也是一致的并具有可比性吗?

4.5 根据 Hofstede-Gray 模型，简要说明社会价值观与会计价值观和会计实务之间的假设关系。

4.6 在国际社会中为会计实务标准化做出的所有努力都体现一种信念，即“一刀切”的做法是合理的。这种想法天真吗?

4.7 虽然人们常常认为在某些国家不同的价值体系和会计制度之间应当有某种联系，但也有人（例如，Baydoun 和 Willett，1995）认为，随着时间的推移，一些代表性事件的发生会混淆这种预期的关系。哪些类型的事件会混淆这种预期的关系?

4.8 Baydoun 和 Willett（1995，p. 72）在检验 Hofstede-Gray 理论时提出了很多问题。他们强调很多会计制度是从其他不同文化的国家引入的。像他们所说的，“由于财务信息要求的自然发展过程被干预，因此发展中国家的现代会计实务都受到了不利影响。继而根据 Hofstede-Gray 的理论框架使用从发展中国家获得的数据以形成有关相关性的推论时要加倍小心”。解释 Baydoun 和 Willett 提出的观点。你认为他们的观点是正确的吗?

4.9 本章提到，Hamid、Craig 和 Clarke（1993）提出，宗教对特定国家的会计制度有很大的影响，在“西方”会计方法传入这些国家之前，必须确定特定的宗教信仰是否会使“西方”会计政策不相关。解释他们的观点。

4.10 有些国家的组织在很大程度上依赖股票市场而不是其他资金来源，Nobes（1998）认为这些国家会更倾向于让这些组织公开披露信息。评价这个观点。

4.11 在20世纪90年代初期，美国财务会计准则委员会主席 Dennis Beresford 宣称美国会计和财务报告制度被公认为是“世界上最全面、最精密的体系”。评价这个观点。你认为这一观点的真实性在2001—2002年度发生了安然、世通公司和安达信会计丑闻后会发生改变吗？你认为美国的会计制度在所有文化中都被公认为是最精密的吗？

4.12 你认为期待最终会出现一套国际统一的会计准则是现实的吗？什么因素会促进或者阻碍这一目标的达成？

4.13 你是否期望在最近各国开始采用 IFRS 的行动之前，设立在某国的大型国际化公司和只在本国运营的公司会采用不同的会计政策？说明你的理由。

4.14 假设根据财务报告理事会的决议，澳大利亚没有决定从2005年开始应用 IFRS，那么流入澳大利亚的外国资本将会受到限制，评价这一假设的合理性。

4.15 解释所有欧盟成员国的财务会计标准化的进程中可能存在的障碍。考虑到这些障碍，你认为欧盟让所有成员国接受标准化进程的做法是否天真？

4.16 采用 IFRS 会给国家带来哪些可预见的利益？

4.17 在最近各个国家进行的会计标准化行动的基础上，像 AASB 和 IASB 这样的组织似乎一直在忽略一些表明我们为何期待找出财务会计实务中的差异的学术研究吗？

4.18 有人常常认为 FASB 的会计准则是规则导向的，而 IASB 发布的会计准则是原则导向的。规则导向的准则就其本性而言十分复杂，尤其是如果试图要涵盖尽可能多的情况。你认为规避规则导向会计准则的要求还是规避原则导向会计准则的要求更容易？

4.19 会计准则制定机构在设计会计监管措施尤其是考虑到人们期望输出的财务报告是客观、没有偏见的时候，考虑文化和宗教方面的因素是否合适？

4.20 澳大利亚、美国和英国运用的不同会计准则存在历史差异，可能有哪些原因？

4.21 全球的会计准则标准化一定等同于会计实务的标准化吗？

4.22 2009年初 FASB 的网站（www.fasb.org）中有一篇题为“FASB 的真相”的文章，内容与如何制定会计准则的信息有关。选取其中一部分，内容如下：

每项 FASB 的解释公告都是以草案的形式（征求意见稿）发布的，以听取公众意见。当委员会对这些发布稿达成一致结论时，委员会指示人员准备一份提议的征求意见稿，并需要由委员会审议。在经过进一步的讨论和修订后，委员会成员以手写投票的方式对发布的征求意见稿进行投票。要求委员会的绝大多数成员投赞成票才能通过一份文件以征求意见稿的形式发布。如果存在其他的观点，就会在文件中加以解释并发布到 FASB 的网站上。

征求意见稿负责阐明提议的财务会计和报告准则，建议的生效日期和过渡办法、背景信息以及对委员会的结论所依据的解释。

在征求意见期结束时，期间长短由委员会酌情决定，但不应该少于30天，所有的意见函和立场声明书都经由研究人员分析。这是在寻找有关准则发布的新信息和有说服力的论述，这样做并不意在单纯“清点”对于一项既定的观点赞同或反对的票数有多少。除了要研究这一分析结果，委员会成员还要审核意见函以帮助他们达成结论。

委员会的进一步商议

在分析并研究了意见之后，委员会重新就议题进行商议。在程序的早期阶段，所有委员会的会议都接收公众的观察员。委员会研究对征求意见稿提出的意见，并在最终定稿中纳入修改建议。如果有必要做出实质性的修改，委员会就要决定发布一项修订的征求意见稿，以获取额外的公众意见。当已经充分考虑了所有合理的选择，委员会对此表示满意时，会指示研究人员制定最终文件的草案，并经委员会审议。对最终定稿要进行投票，也是以手写投票的形式。只要有4票赞成就可以通过一项公告的采用。

财务会计准则公告

大多数技术项目的最终产品是财务会计准则公告。与征求意见稿一样，公告负责阐明实际的准则、建议的生效日期和过渡办法、背景信息、对项目研究的简要总结，以及委员会结论的依据，包括拒绝重大可选择解决办法的理由。公告还指明了支持和反对准则发布的委员会成员，以及持有任何异议的理由。

已知制定会计准则所涉及的程序——包括让选民对征求意见稿提出意见——你认为美国制定的会计准则与其他国家制定的会计准则一样吗？说明你的理由。

4.23 IASC（1998，p.50）规定："许多发展中国家和新兴工业化国家正在把国际会计准则作为国家的规定或国家规定的依据。这些国家对相关的、可靠的财务信息的需求在日益增长，以满足国内信息使用者和国际资本提供者的要求。"你认为国际会计准则/国际财务报告准则可以提供能满足所有国家财务报告使用者需要的"相关和可靠的信息"吗？

4.24 Chand和White（2007，p.606）在研究IFRS和发展中国家的相关性时阐述道：

尽管全球化和趋同的力量使会计实务朝向统一的或至少是协调的财务报告规则框架迈进，但这不可能最好地迎合不同的财务报告使用者复杂多样的利益。

解释Chand和White这一声明的理由。

4.25 Ball（2006，p.17）发表了如下评论：

总之，仅仅是粗略地回顾采用IFRS国家的政治和经济的多样化，以及它们过去和现在的财务报告实务，就会使仅有统一的准则就会促成统一的财务报告这一主张看起来十分天真。

解释Ball评论的依据。

4.26 Irvine（2008，p.127）发表了如下评论：

全球的会计技术（包括IFRS）为发展中国家提供了合理性。与此相似，新兴的经济体如果希望在全球资本市场中获得信任，需要采用西方的会计技术。

解释Irvine评论的依据。

4.27 FASB的网站（2009年初）上称：

委员会在概念和准则上的工作是依据意在获得新见解和新想法的研究。研究是由FASB的人员和其他人，包括其他国家和国际会计准则制定机构开展的。在正式的议事规则规定的“既定程序”下，委员会的活动向公众开放，接受公众的参与和观察。FASB 积极征求不同选民对会计问题的看法。

FASB 称它考虑了选民们的观点。你认为在美国，“选民”的财务信息需求或期望与其他国家人民的财务信息需求或期望不同吗？为什么？

4.28 FASB 的网站（2009 年初）上称，FASB 打算：

仅在期望的收益超过预计的成本时才颁布准则。尽管可靠、高质量的成本—效益计算几乎不太可能实现，但委员会努力确定提议的准则会满足重要的需要，并且与其他可能选择的方式相比，强制实施准则的成本与总体的收益相比是合理的。

你认为这种成本—效益所考虑的因素会因国家而异吗？如果是这样，诸如 IASB 等全球性会计准则制定机构如何确定成本—效益这一因素呢？

4.29 Ball（2006，p. 17）称：

根据 IASB 的章程，IASB 是准则制定机构，其制定的准则没有执行机制。它可以哄骗国家和企业表面上采用 IFRS，但不能要求它们在实务中执行。有些国家虽采用了 IASB 的准则，但由于经理、审计师和本地监管者没能完全执行准则导致财务报告实务质量低下，既便如此，IASB 也不能惩罚这样的企业和国家。它也不能不允许甚至劝阻素质较低的企业或国家使用它的“金字招牌”。个别国家仍然是自有金融市场的主要监管者，包括欧盟成员国。这将 IFRS 暴露于只在表面上被采用的风险之下。

评价 Ball 的评论。你赞同还是反对他的观点？提出你的观点。

4.30 Ball（2006，p. 22）发表了如下评论：

有本地的政治和经济因素对当地财务报告实务施加实质性影响，同时又缺乏有效的全世界的执行机制，采用 IFRS 的意义及影响尚不清楚。在目前一时的热情下，IFRS 的“金字招牌”正得意洋洋，并且采用 IFRS 被看做高质量的标志。我不确定这种看法还将持续多久。

你是否同意 Ball 对采用 IFRS 带来的未来“价值”提出的质疑，给出你的观点。

4.31 欧盟委员会在 2002 年的一次新闻发布会上做出了如下声明：

欧盟委员会欢迎理事会在一项单独的议案宣读中采用对上市公司（包括银行和保险公司）的监管，要求其从 2005 年开始根据国际会计准则（IAS）编制合并报表（见 IP/01/200 和备忘录/01/04）。监管将通过确保欧盟内的公司账户更加可靠和透明，并更容易进行比较，来帮助消除跨国交易证券的障碍。这反过来会提高市场的有效性，并减少企业的筹资成本，最终完善竞争机制并有助于促进经济增长。

评价上述声明。特别是要考虑在有着不同概貌和执行机制的不同国家，采用 IFRS 是否必然会产生更加“可靠”和“可比较”的财务信息。

第5章 规范会计理论——物价变动会计

学习目标

在完成本章的学习之后，读者应该：

· 清楚历史成本会计在处理与变动物价相关的各种问题时，有一些特定的能力局限；

· 清楚许多已经形成的备选会计方法是用来解决与变动会计有关的问题；

· 能够识别不同备选会计方法的优点和缺点；

· 理解在某一会计方法下计算的利润将取决于所采用的资本保全视角。

开篇问题

大公司的财务报告中常常采用不同的资产计价方法。将在不同年份获得的固定资产（或可能是重置的）简单地相加得出一个总价值，即使各种成本或估值可能不会反映个别资产现有的价值。例如，依照 IAS 16/AASB 116《固定资产》，允许一些类别的固定资产用成本减去计提折旧的方式来计量，而另一类资产允许用公允价值计量。[1] 将不同的计量结果简单地加在一起，提供出固定资产的总价值——这个总额既不代表成本也不代表公允价值。

应考虑的问题包括：

· 在会计实务中，我们将不同年份获得或估价的资产相加在一起，不做调整，可以想象这些年货币的购买力完全不同，对此有何批评意见呢？

· 有哪些备选会计方法（替代历史成本会计）是用来解决物价变动的问题，会计职业界对这些备选方式的接受程度又是如何呢？

· 历史成本的替代方法有哪些优点和缺点？

引　言

在第3章中我们了解了关于为什么要实施监管的各种理论解释。来自公*共利益理论*、*俘获理论*和*监管的经济利益理论*的观点并不是试图解释何种形式的监管最好或最有效。这些理论通过采用某些关于个人行为和动机的理论假设，试图解释哪些相关方最有可能尝试影响监管的程序，并且可能获得成功。

在这一章，我们考虑一些*规范*会计理论。各种规范理论依据对人们*需要*的信息类型（与人们*想要*的信息类型不同）的特定判断，规定了应该如何开展财务会计程序。[2]

长久以来，许多备受尊敬的学者们创立了大量的规范会计理论。但是，这些理论都没能被会计职业界所接受，或是在财务会计监管中要求强制执行。在本章，我们部分上

---

[1] 在本章中，当提到一项会计准则时，是指国际会计准则以及澳大利亚准则的等效部分。例如，关于固定资产，国际准则是 IAS 16，澳大利亚等效的是 AASB 116。因此，我们将相关的准则称为 IAS 16/AASB 116。

[2] 相反，实证理论试图解释和预测会计实务，而不是寻求对特定行为做出规范。实证会计理论是第7章和第8章分析的主题。

借助第3章介绍的材料，考虑为什么一些建议的会计方法最终被职业界和/或会计准则制定者接受，而许多则被废弃或是拒绝。我们怀疑拒绝这些方法是否和论证的*优点*（或缺乏优点）有关，或是由于各种充满既得利益和经济影响的准则制定程序的*政治本质*。在本章，我们具体考虑各种规定性的会计理论（规范理论），提出这些理论的人们认为历史成本会计存在太多缺陷，特别是在物价上涨时期。国际会计准则委员会（后来被国际会计准则理事会取代）在IAS 29（第2段）中总结了其中的一些缺陷。

在恶性通货膨胀的经济中，按未经调整的当地货币报告经营成果和财务状况毫无用处。货币迅速失去购买力，以至于比较发生在不同时期的交易和其他事项的金额会产生误导，甚至比较发生在同一会计时期内的金额也会如此。

5.1 物价上涨时期历史成本会计的局限性

长久以来，许多著名的学者一直对历史成本会计进行批判，尤其是有关它不能在物价上涨时提供有用的信息。① 例如，在20世纪20年代到30年代，由Sweeney、MacNeal、Canning和Paton提出的批判。从20世纪50年代开始，这种批评逐渐升级，著名的学者（像Chambers、Sterling、Edwards和Bell）规定了不同的会计模型，他们认为这些模型比传统的历史成本会计能提供更有用的信息。这样的研究一直持续到20世纪80年代初期，但是之后在世界范围内通货膨胀开始有所下降，这类研究也随之减少。然而争论还在继续。②

历史成本会计假定货币有持久不变的购买力。如Elliot（1986，p. 33）所说：

在历史成本模式中一个固有和麻烦的假定是，货币单位是固定不变的，不随时间的变化而改变。但是，现代经济的三个组成部分使该假设同创立模型时相比不那么有效。③

第一个组成部分是特定物价水平变动，是由技术进步和消费者偏好的转移引起的；第二个部分是整体物价水平变动（通货膨胀）；第三个部分是货币汇率浮动。因此，财务报告中报告的公司的账面价值只是偶然性地反映了资产的现值。

再一次强调的是，在我们现有的会计准则中，许多资产能够或是必须采用历史成本计量（例如，存货必须按成本计量——或是在低于成本时用可变现净值计量——按照IAS 16/AASB 116，当某一主体已经对某一类固定资产采用“成本模式”计量，那么这类固定资产按成本计价）。尽管在20世纪70年代和80年代的高度通货膨胀时期，对历史成本会计的批评之声也很多，但仍有许多人支持历史成本会计。尽管我们在下一章讨论的概念框架和一些最近发布的会计准则已经引入了现值——或公允价值——计量方法，如今使用的主流会计方法仍是基于历史成本会计。因此，会计职业

---

① 多年以来，这些批评似乎已经被会计监管者接受了——至少是在零零散散的基础上。近几年来发布的多种会计准则都要求在计量资产时使用公允价值。例如，金融工具（依据IAS 39/AASB 139），固定资产（按照IAS 16/AASB 116采用了公允价值计量模式——这一会计准则让财务报告编制者在成本模式和公允价值模式之间选择一种模式计量固定资产），一些无形资产（当存在“活跃市场”时依照IAS 38/AASB 138），投资性资产（依照IAS 14/AASB 114）和生物资产（依照IAS 41/AASB 141）相对于历史成本，要求采用公允价值计量。

② 例如，有许多争议是关于存货计量规则（按照IAS 2/AASB 102，要求存货按照成本和可变现净值孰低的原则计量）在存货的市场（公允）价值大大超过它的成本时是否提供了相关的信息。

③ 如在第2章陈述的，会计的历史成本方法最早的记录出现在1494年弗朗西斯科·芒克·帕乔利著名的《算术、几何、比及比例概要》一书中。

界和报告主体倾向于至少部分上继续支持历史成本会计方法。① 许多学者用企业仍继续应用历史成本会计这一事实来支持其继续使用（在某种程度上是一种会计达尔文主义的观点——认为那些最有成效的将经久不衰）。例如，Mautz（1973）陈述说：

会计之所以能发展成今天这个样子主要不是因为会计师的愿望，而是由于商人们的影响。如果多年以来那些做管理和投资决策的人一直都没有发现以历史成本为基础的财务报告的有用性，那么可能早就对会计做出改动了。②③

有人认为（如 Chambers，1996）历史成本会计信息在物价上涨时期会存在不具有相关性的问题。也就是说，被告知某物在许多年前的价格，而它的现值（可能通过重置成本或是市场现值反映）可能完全不同，这样的做法是否有用遭到了质疑。还有人认为可加性也是个真实存在的问题。将在不同时期、购买力不同时取得的资产相加在一起是否符合逻辑，这一问题仍然备受争议。④

在许多国家，允许组织重估其非流动资产。但经常发生的是，不同资产是在不同时期重估的（使用本地货币——例如美元或是欧元——在不同时期有不同的购买力），而为了在资产负债表中披露，将重估的资产与那些继续按成本计价的资产全部相加在一起。⑤

还有一种观点认为不考虑物价变动的会计方法，如历史成本会计，可能倾向于在物价上涨时高估利润，按历史成本给股东分配利润实际上能造成对营运能力的侵蚀。例如，假定某公司在 2010 年初开始运营，有 20 000 件单价 5 美元的存货，共计 100 000美元。如果年末存货全部销售出去，有资产（现金）120 000 美元，全年所有者没有投入，没有借款也没向所有者分配利润，那么，在历史成本制度下，利润会达到 20 000 美元。如果全部的 200 000 美元利润以股利的形式分配给所有者，那么金融资本和年初的时候相同。金融资本保持完整。⑥

但是，如果在整个时期价格一直在上涨，那么主体实际的营运能力可能不会保持完整，让我们假定该公司在支付了 20 000 美元的股利后希望再获得 20 000 件存货，但是发现会计年度末重置成本增加到每件 5.4 美元。公司将只能用可用的 100 000 美元购买 18 518 件存货。公司分配了全部的历史成本利润 20 000 美元，并且对上涨的物价不做任何调整，使其获得货物和服务的能力在下一年度下降了。一些提倡替代的会计方法的人会规定当期利润按 120 000 美元减去 20 000 件每件 5.4 美元，也就是

① IAS 16/AASB 116 让报告主体在“成本模式”（以历史成本衡量固定资产）和“公允价值模式”之间选择一种来计量某一类固定资产。“公允价值模式”要求对资产按公允价值重估（本质上意味着采用历史成本的修正版本），这种方式考虑了价值的变动。在重估价值的基础上修改折旧额是核算物价变动影响的一种有限方式。

② 但是，因为有些方法一直在用不等于没有其他更好的方法。这是决策有用研究的支持者常犯的错误。这样的研究尝试根据特定调查对象或使用者表明某种方法是否会对他们的特定目的有用，据此判断支持还是反对该方法。有些方法常常会更“有用”——但是被调查者不知道。如 Gray，Owen 和 Adams（1996，p.75）所述：“决策有用声称描述了会计总体，特别是财务报告的核心特征。描述会计对决策有用与描述螺丝刀能用于钻洞一样不具任何启发性——总比什么都没有好（因此就变成了‘有用’），但恐怕没人想要拿螺丝刀钻洞。”

③ Elliot（1986）对这一领域缺少达成一致的协议进行了反思，他采用了相反的观点。Elliot（p.35）仍以进化作比喻，他说：“在市场中有越来越多的证据表明……基于历史成本的信息对于现代商业社会逐渐失去了有用性。财务会计职业界要解决的问题是使会计模式更趋近于相关性，不然就要面对与恐龙和信鸽一样的命运”。

④ 在现有的会计准则下，像固定资产这样的资产可以用公允价值或成本计量。IAS 16/AASB 116 允许报告主体在对不同类别的固定资产采用公允价值模式还是成本模式进行选择。因此，我们目前的情况是，即使在同一类资产中（例如固定资产），一些资产可能按成本计量，而其他资产可能按公允价值计量。

⑤ 关于固定资产，IAS 16/AASB 116 要求一旦按公允价值进行重估，就必须经常定期地进行重估，以确保这类资产中每一项的账面价值与其报告期的公允价值都不会有重大差异。然而，仍然会有实例证明有些资产连续三到五年都未被重估，却仍与那些最近重估过的资产合计在一起。

⑥ 尽管有人会认为按公允价值计量的存货会提供相关的信息，但是 IAS 2/IAS 102“存货”禁止重估存货。IAS 2/IAS 102 具体要求存货按成本和可变现净值孰低计量。

12 000美元，来计算更精确。也就是说，如果 12 000 美元以股利的形式分配给所有者，公司仍然能购买与年初时相同数量的存货（20 000 件）——它的购买力保持不变。① 尽管按历史成本计量存货存在问题，依照 IAS 2/AASB 102，仍要求组织按成本对存货计价（或是可变现净值孰低）。

关于变动价格的会计处理，我们可以简要并有效地参考 IAS 41《农业》（或是澳大利亚的 AASB 141）。IAS 41 给出了生物资产（例如葡萄藤或牛）的计量原则。会计准则要求生物资产在不同期间公允价值的变化要作为当期损益处理。在制定会计准则时，一些学者（Robert、Staunto 和 Hagan，1995）认为物价变动引起的公允价值上升应该与因物理变化（例如生物资产规模和数目的变化）引起的公允价值变动相区别。他们认为只有物理变化引起的变动才能作为利得和损失的一部分处理。尽管 IAS 41 将公允价值的全部变动作为收益的一部分处理，但有趣的是，IAS 41“鼓励”有关将物价变动与物理变化引起的生物资产公允价值变动进行区分的披露。如在 IAS 41 的第 51 段中所述：

> 由于市场上的物理变化和价格变动，生物资产的公允价值减去估计销售费用会发生变动。对物理和价格变化进行单独披露，对评价当期业绩和未来前景，特别是当生产循环超过一年时，大有益处。在这种情况下，某一主体受到鼓励按组或其他方式披露包含在利得和损失中的公允价值减去估计销售费用的变动值。这些变动是由物理变化和物价变动引起的。这些信息在当生产循环不超过一年时通常不太有用（例如养鸡或种植谷物）。

关于上述披露的指南，为什么监管者认为分开披露与生物资产有关的价格变动和物理变化会使财务报告使用者受益，而在涉及其他类别资产的会计准则中却没有相似的建议。考虑这一问题十分有趣。这稍微有些不一致。

回到使用历史成本这个问题上，人们一直认为在历史成本会计将实际发生在以前年度的持有利得计入到本年的收入中，歪曲了本年的经营结果。② 例如，一些资产可能在以前年度以一个非常低的成本取得（可能预计资产的未来价格会上涨），但是在历史成本下，由这一原因引起的利得只有在以后年度资产卖出时才能确认。举例说明，让我们假定报告主体在2002 年以 1 000 000 美元获得一块土地。它的公允价值在 2006 年涨到 1 300 000 美元，在 2009 年达到 1 700 000 美元。2010 年决定按其最新的公允价值 1 900 000 美元出售该土地。如果这块土地一直按历史成本计量，那么在 2010 年度的利润增加 900 000 美元，尽管公允价值是在过去的 8 年中累计获得的。可以认为，将所有的利得放在最后一年的利润中歪曲了当期和以前年度的会计结果。历史成本会计另一个潜在的问题是可能会歪曲“资产收益率”的计量结果。例如，有一家组织以 100 万美元获得了一些机器设备，以此获得了 100 000 美元的利润。这家组织的资产收益率是 10%。如果另一家组织之后以 2 000 000 美元（由于物价上涨）购买了同类型的资产，并获得利润 150 000 美元，那么根据在历史成本下计算的资产

① 在一些国家，像美国，采用的成本流动假设是后进先出（LIFO）法（该方法不被 IAS 2/IAS 102 允许）。应用后进先出法的效果是销售成本由最后发出商品的成本决定。在物价上涨时，该成本会增加，因此会导致报告利润减少。这对物价变动可能腐蚀组织实际的营运能力提供了某种程度的保护（尽管不完全）。

② 持有利得是指资产为报告主体持有时获得的利得。

收益率，第二家组织似乎效率较低。

公认的一种观点是只应该用利润分配股利（这被许多国家的公司法奉为圣旨）。但是核心的问题是我们如何衡量利润。利润的定义有很多种。由 Hicks（1946）提出的一个著名的定义是利润（他称之为“收益”）是在一个人在期末与期初保持同等富裕的情况下所可能消费的最高数额。对“富裕”的看法依赖于资本保全的概念——但是是哪一个？不同的概念将对利润持有不同的观点。

有许多资本保全的观点。其中一种观点是建立在保持金融资本完整的基础上的，也是历史成本会计所采取的立场。在历史成本会计下，股利一般只会在不会腐蚀金融资本的范围内支付，如在之前的例子中所阐述的，以股利的形式分配给所有者 20 000 美元，没有因价格变动及其对主体购买力的影响而做出相应调整。

另一个资本保全的观点着眼于保持购买力不变。① 在这个观点下，历史成本账户随货币购买力（通常用物价指数）的变化而调整，在物价上涨时期，调整后的收入与在历史成本会计下计算的收入相比会有所下降。举一个例子，在一般物价水平调整会计下（我们将在本章的后面做更全面的介绍），用某一项目的历史成本乘以年末所选的物价指数，再除以获得资产时的物价指数来对其进行调整。例如，如果一块土地以 1 200 000 美元售出，在以 1 000 000 美元取得时的物价指数是 100，本期期末的物价指数为 118（反映出价格上涨了 18%），那么调整后的成本就是 1 180 000 美元，调整过的利润是 20 000 美元（历史成本下是 200 000 美元）。② 应该意识到的是，在这种根据一般物价水平调整的会计方法下，1 180 000 美元的价值不会必然（除了由于偶然）反映土地的现行市场价值。各种资产将用相同的一般物价指数进行调整。

另一种会计方法使用实际的现有价值（与用物价指数调整历史成本相反），设法给出计量利润的方法。如果分配了利润，这种方法会保持实物营运资本不变。这种会计方法（会被称为现行成本会计）使用现有价值，可以依据现值、入账价格（例如重置成本）或是脱手价格确定。

回顾通货膨胀体现在财务报告中的影响。会计头条 5.1 是发表在 1975 年 4 月（这一时期是高通胀期，此时关于通胀会计的争论很普遍）的一期《澳大利亚人》上的一篇文章。

会计头条 5.1　探讨在物价变动会计这一领域中的职业积极性

需要根据通货膨胀调整账簿

Brain Mahoney

由于通胀加剧，眼看着他们的资本大船正在缓慢下沉，公司董事和会计师们终于要着手解决这个问题。

---

① Gray、Owen、Adams（1996，p. 74）也给出了另一个资本保全的概念——包括环境资本。他们认为：“证明公司‘收入’包括一个重要的资本分配因素是很简单的事情——这一重要因素是‘环境资本’。会计的一项重要原则是收入必须考虑到资本保全。当前的组织行为显然没有维持环境资本，并导致高估盈余。如果在收入数据中考虑环境资本的缩减，那么在这些年里，西方世界可能没有一家公司实际上有任何盈利。”我们将在第 9 章深入考虑这一问题。

② 因此，如果将 20 000 美元以股利形式分配，主要体现在与期初拥有同一块土地时的状况相同（假设实际价格上涨的值与所用的特定物价指数一致）。

他们并不是要找出一种克服它的方法，而是决定在公司的账户中记录通胀的影响。

参加上周举办的一年一度的维多利亚州代表大会的澳大利亚特许会计师公会会员以及澳大利亚悉尼董事学会的一部分董事，周三要求引入某种形式的通货膨胀会计。

目前已初步拟订出一份有关这种会计形式的征求意见稿——货币购买力的变化——由澳大利亚特许会计师公会和澳大利亚会计师协会共同发布。

在这份征求意见稿中，数据依照不变购买力的指数进行调整。

还有一份草案是关于另一种通货膨胀会计的形式——重置成本——将在几个月内出台。在这之后，有望通过决议选择支持其中一种会计形式。

重置成本会计旨在显示非货币性资产预计被替代时的重置价值，并对利润做出后续调整。

正如澳大利亚特许会计师公会在维多利亚州的会议上指出的，如果一家公司在通胀率达到20%的时期仍能报告稳定的利润，那么，这家公司根据新方案调整后的利润会降低20%。

在现有的历史成本会计下，公司在没有按“通胀汇率”转换的情况下比较不同价值的货币，导致一些公司实际上是用资本来支付股利。

在悉尼Wentworth酒店召开的董事研讨会上，有超过200位董事被告知：直到公司开始将真实的通胀影响反映在盈余中时，他们才能有望看到政府采取像芬兰那样的行动，即在每一季度公布通胀指数。

R. N. H. Denton先生是一位来自爱尔兰Young and Outhwaite的会计师。他告诉董事们：“我预言，越来越多的公司仅仅为了维持其经营水平就会导致资本出现问题。”

“这是一个信心被严重动摇的资本市场，市场质疑行业现在是否能赚取足够的收益以在实质上弥补资本。”

“还要补充的一点是，我们的税收政策还没有意识到通货膨胀的影响。将税率降至45%，仅降低了2.5%根本无济于事，这一税率对于真实的收益来说太高了。”他说。

《澳大利亚人》，1975年4月11日，p. 12

在随后的讨论中，我们会考虑许多在物价上涨时运用的不同的财务会计方法。讨论虽不全面，但确实对各方规定的一些模式提出了见解。[①]

5.2 现行购买力会计

现行购买力会计（也叫做一般购买力会计、一般物价水平会计或不变币值会计）能追溯到Sweeney（1964，但是最初出版于1936年）等作者的早期著作。从那时起便受到许多其他学者的支持。现行购买力会计（CPPA）在不同时期也受到全世界的职业会计机构的支持（但是更多的是在财务报告按历史成本会计原则编报时以补充

① 例如，我们不会考虑用现值决定收入的方法。这种方法没有得到广泛的支持，但符合Hicks的收入定义（也可能会被认为是一种真实的收入计量方法）。现值方法会确定公司资产和负债的折现值，并以此作为财务报告的编制基础。在这样的方法下计算的资产价值将取决于不同的预期，如预期在生产环节使用资产会收回的现金流（使用价值）或是现行市场价值（交易价值）。这样的方法依靠许多假设和判断，包括确定适当的折现率。在现值会计方法下，利润是在保持各期净资产现值不变的条件下能够收回的金额。

披露的形式出现)。CPPA 是建立在这样一种观点之上，即在物价上涨时期，如果某一主体要分配按历史成本计算的未经调整的利润，结果会减少主体的真实价值——也就是说，实质上该主体存在着分配资本的风险。

对于物价变动会计的发展，大部分研究最初是有关在历史成本账户的基础上重新调整历史成本来反映变动的物价，但是是用特定的物价指数来重新调整账户。这是本章这一部分要介绍的一种方法。后来的文献倾向于研究现行成本会计（我们在本章后面讨论)。相对于重新调整历史价值，这种会计方法改变了现值的计量基础。会计职业界的做法符合这一趋势。他们最初倾向于支持按价格水平调整账户（使用指数)，但是后来倾向于转到现行成本会计。后者要求主体找出报告主体持有的单个资产的现值。①②

CPPA 要借助指数的运用。这一方法公认为比靠对特定资产估计现值的方法应用起来更简单，成本也更低。③ 最初有人认为尝试找出所有单个资产现值的做法成本太高，并且可能也没有必要。有人建议从实际出发应用价格指数，而不考虑具体商品和服务的物价变动。

5.2.1 计算指数

在应用一般物价水平会计时，必须使用物价指数。物价指数是商品和服务现行价格的加权平均值与前一时期的加权平均价格之比，通常将前一时期称为“基年”。物价指数可能范围很宽，也可能很窄——它们可能和某一行业特定资产的价格变动相关(具体的物价指数)，或者可能依据消费的各类商品和服务（一般物价指数，像澳大利亚消费者物价指数（CPI))。

但是，应该使用哪种物价指数呢？我们应该使用一般物价指数的变动（例如，像澳大利亚的 CPI 中所反映的）还是应该使用与产品资源的取得联系更紧密的指数？对此没有明确的答案。从股东的角度，CPI 或许可以更准确地反映他们的购买方式——但是对于不同地区的股东来说，价格的变化幅度不同。更近一步来说，在建立某一特定指数时会假定每个人的消费方式都相同，但其实不然。指数的选择是很主观的。在某一职业机构推荐现行购买力会计时，就会建议采用 CPI 类型的指数。

因为现行购买力会计依靠物价指数的运用，考虑如何建立这些指数很有帮助。为了解释建立指数的一种普遍方法，我们可以参考下面的例子。它与建立澳大利亚消费者物价指数的方式是一致的。让我们假设有三种商品（A、B 和 C)，在基年以如下价格消费了如下数量：

① 现值可以根据入账价格或脱手价格来确定。如我们将看到的，存在许多有关哪种“现行”价值最合适的争论。
② 在美国于 1976 年发布 190 号会计系列公告这一时期，职业界加强了对使用重置成本的支持。
③ 但是，在乘以一般通胀率这类指数后，重新调整后的价值实际代表了什么含义，人们对此产生许多疑问。这种困惑反映在质疑按购买力变化调整的信息是否具有相关性的研究中。

年份	商品 A		商品 B		商品 C	
	价格	数量	价格	数量	价格	数量
基年（2010）	10.00	100	15.00	200	20.00	250
2011	12.00		15.50		21.20	

从上面的数据中我们可以看出价格上涨了。常常将基年的物价指数赋值为 100，同时还经常假定消费的数量保持不变，这样可以计算出 2011 年末的物价指数：

100 ×（12.00 ×100）+（15.50 ×200）+（21.20 ×250）/［（10.00 ×100）+（15.00 × 200）+（20.00 ×250）］=106.67100

从上面的计算我们能看出，计算结果显示，这特定的一揽子商品的价格从 2010 年到 2011 年平均提高了 6.67%。物价指数的倒数表示一般购买力在前后时期的变化。例如，如果指数从 100 提高到 106.67，如上面的例子中的计算结果一样，美元的购买力是原来的 93.75%（100 ÷106.67），也就是说美元的购买力下降了。

5.2.2 进行现行购买力的调整

当运用 CPPA 时，所有的调整都在期末进行。调整的对象是按历史成本惯例编制的账户。当考虑由于货币购买力变化（由于通货膨胀）引起资产价值的变动时，有必要将货币性资产和非货币性资产分开考虑。货币性资产是指货币价值保持不变的资产，例如现金和对具体数量现金的要求权（例如应收账款和按固定金额可赎回的投资）。这些资产不会因通货膨胀改变其货币价值。例如，如果我们持有 10 美元的现金，同时存在急剧的通货膨胀，那么虽然我们仍然持有 10 美元现金，但是资产的购买力随着时间降低了。

非货币性资产可以被定义为那些由于通货膨胀，货币等价物随着时间而变动的资产，包括固定资产和存货。例如，存货可能在年初时成本为 100 美元，但是由于通货膨胀，同样的存货在年末可能价值 110 美元。相对于货币性资产，非货币性资产的购买力被假定为即使出现通货膨胀也保持不变。

大多数负债有固定的货币值（有义务在未来某一时间支付预先指定数量的现金，与特定货币的购买力变化无关），因此，负债通常被看做货币性项目（货币性负债）。另一方面，非货币性负债尽管不常见，但仍包括未来转移商品和服务的义务。这些项目的货币等价物会发生变动。

货币性净资产被定义为货币性资产减去货币性负债。在通货膨胀时期，货币性资产的持有者实际上会遭受损失，因为其持有的货币性资产在期末的购买力与期初相比有所下降（一般物价水平上涨的越多，损失越大）。相反，货币性负债的持有者会获利，因为在期末，他们需要偿付的金额与期初相比有所减少（在购买力方面）。

让我们来看一个能说明如何计算货币性项目的利得或损失的例子（在现行购买力会计下，利得或损失与货币性净资产（而不是非货币性净资产）有关）。我们假定一家组织在期初持有下列资产和负债：

	$
流动资产	
现金	6 000
存货	9 000
	15 000
非流动资产	
土地	10 000
资产总额	25 000
负债	
银行贷款	5 000
所有者权益	20 000

我们再假设从期初开始，一般物价水平增长了5%。让我们再做一个简化的假设（稍后可以放宽这个假设），即公司全年没有任何交易，年末持有与年初相同的资产和负债。假定可以通过CPI的变化反映出的一般物价增长了5%，那么按CPI调整后的价值是：

	未调整的 $	价格调整因素 $	调整后的 $
流动资产			
现金	6 000		6 000
存货	9 000	0.05	9 450
	15 000		15 450
非流动资产			
土地	10 000	0.05	10 500
资产总额	25 000		25 950
负债			
银行贷款	5 000		5 000
所有者权益	20 000		20 950

再次重申，货币性项目不需按某一物价指数的变化做出调整，因为不管是否发生通货膨胀，它们都会保有相同的货币价值。现行购买力会计的假设是组织不会因非货币性资产的购买力而获利或遭受损失，但是相反，它将因持有的货币性净资产购买力发生变化而获利或遭受损失。在上面的例子中，主体如果想在年末与年初同样“富裕”，需要有价值21 000美元的净资产（等于20 000×1.05），以获得与一年前相同的购买力（假定物价普遍上涨了5%）。就年末的美元而言，在上述的例子中，主体在调整的项目中有50美元的损失（调整后的净资产价值为20 950美元，与期初的20 000美元不具有相同的购买力）。像上面指出的，这50美元的损失与持有的货币性

净资产有关，与持有的非货币性净资产无关，具体算法是用现金的余额减去银行贷款余额，再乘以一般物价水平增长数。也就是（6 000 - 5 000）×0.05。如果在此期间，货币性负债大于货币性资产，企业就会获得购买力利得。如果持有的货币性资产和货币性负债的金额相同，那么不产生任何利得和损失。

再次要强调的是，在现行购买力会计下，假定主体持有的非货币性资产不会引起主体购买力的变化。在一般物价水平会计下，按现行购买力对非货币性资产重新调整，不确认利得或损失。购买力损失仅在持有货币性净资产时才可能产生。如1974年英国发布的第7号标准会计实务临时公告（PSSAP 7）的第7段中所指出的：

假定非货币性资产持有者在只有通货膨胀的情况下既不会获得也不会损失购买力，因为这些资产价格的变化将会补偿英镑购买力发生的任何变化。

要考虑的一个重要问题是，应该如何将购买力的利得或损失确认收益。应该将其计入当期损益，还是直接转入一项准备？通常推荐的会计方法都是将利得或损失计入收入。这样的建议可以在美国第6号会计研究公报（1961年发布）、会计原则委员会（APB）第3号公告（由美国注册会计师协会（AICPA）于1969年发布）、美国财务会计准则委员会（FASB）名为“一般购买力单位中的财务报告”的征求意见稿以及会计准则指导委员会（英国）1974年发布的第7号临时标准会计实务中找到。

再举一个计算货币性项目的购买力利得或损失的例子。我们假定四个季度的CPI指数如下：

年初	120
第一季度末	125
第二季度末	130
第三季度末	132
第四季度末	135

我们再假定货币性净资产有如下变动（总货币性资产减去总货币性负债）：

货币性净资产期初数		$ 100 000
流入：		
第一季度净流入	20 000	
第二季度净流入	24 000	
总流入		44 000
流出：		
第三季度净流出	(17 000)	
第四季度净流出	(13 000)	
总流出		(30 000)
货币性净资产期末数		$ 114 000

在年末美元的购买力方面，购买力的利得或损失可以这样计算：

	未调整的美元值		物价指数		调整后的美元值
净货币性资产期初数	$ 100 000	×	135/120	=	$ 112 500
流入：					
第一季度净流入	$ 20 000	×	135/125	=	$ 21 600
第二季度净流入	$ 24 000	×	135/130	=	$ 24 923
流出：					
第三季度流出	$（17 000）	×	135/132	=	$（17 386）
第四季度流出	$（13 000）	×	135/135	=	$（13 000）
根据购买力变化调整的货币性净资产期末数					$ 128 637

上面的计算反映出当某一交易发生时，为了具有同样的购买力，就期末美元数而言，年末要有价值 128 637 美元的货币性净资产。[①] 但是实际的余额却是 114 000 美元。因此，按照现行购买力会计，14 637 美元的购买力损失将作为费用计入当期损益。

我们现在看一个关于 CPPA 调整的更真实的例子。在目前会计年度的期末将重新调整财务报告来反映购买力。我们假定主体在 2010 年 1 月 1 日开始运营，未调整的资产负债表（财务状况表）如下所示：

CPP 有限公司 2010 年 1 月 1 日财务状况表		
流动资产		
现金	10 000	
存货	25 000	35 000
非流动资产		
厂房和机器设备	90 000	
土地	75 000	165 000
资产总额		200 000
流动负债		
银行透支	10 000	
非流动负债		
银行贷款	10 000	
负债总额		20 000
净资产		180 000
代表：		
股东权益		
实缴股本		180 000

① 例如，我们可以考虑最初货币性净资产的期初余额是 10 000 美元。为了便于说明，我们假设用现金 100 000 美元表示。条件是通货膨胀导致一般物价指数从 120 上升到 135，为了在期末有同样的一般购买力，需要的现金数是 112 500 美元。需要的 112 500 美元和实际拥有的 100 000 美元之间的差异作为因持有现金造成的购买力损失处理。相反，如果货币性净资产的余额是负 100 000 美元，意味着货币性负债大于货币性资产，那么由于我们必须支付的金额的购买力随着时间有所下降，我们将获利。

CPP 有限公司本年的经营成果显示在下列按历史成本编制的期末利润表和财务状况表中。

CPP 有限公司 2010 年度利润表

销售收入		200 000
减去：		
产品成本		
期初存货	25 000	
购入	110 000	
	135 000	
期末存货	35 000	100 000
毛利		100 000
其他费用		
管理费用	9 000	
财务费用	1 000	
折旧	9 000	19 000
税前经营利润		81 000
所得税		26 000
税后经营利润		55 000
期初留存收益		0
拟派股利		15 000
期末留存收益		40 000

CPP 有限公司 2010 年 12 月 31 日财务状况表

流动资产		
现金	100 000	
应收账款	20 000	
存货	35 000	155 000
非流动资产		
固定资产	90 000	
累计折旧	（9 000）	
土地	75 000	156 000
资产总额		311 000
流动负债		
银行透支	10 000	

续表

应付账款	30 000	
应交税金	26 000	
应付股利	15 000	81 000
非流动负债		
长期借款	10 000	10 000
负债总额		91 000
净资产		220 000
代表：		
股东权益		
实缴资本		180 000
留存收益		40 000
		220 000

正如我们已经阐述过的，在 CPPA 下，利得或损失只在持有货币性净资产时才会产生。为了确定利得或损失，我们必须考虑货币性净资产的变动。例如，如果组织在年内销售存货，这将最终对现金产生影响。但是，随着时间过去，现金购买商品和服务的能力会降低，因此，在这一年现金会产生购买力损失。相反，在这一年中费用会减少现金。物价上涨时，需要更多的现金来支付费用，因此在某种意义上说，当年早些时候发生的费用会让我们获利（逻辑是，如果费用发生在当年晚些时候，则需要更多的现金）。

我们必须辨别出货币性净资产从期初到期末发生的变动。

货币性净资产从 2010 年 1 月 1 日到 12 月 31 日的变动		
	2010 年 1 月 1 日	2010 年 12 月 31 日
货币性资产		
现金	10 000	100 000
应收账款	—	20 000
	10 000	120 000
减去：		
货币性负债		
银行透支	10 000	10 000
应付账款		30 000
应交税金		26 000
应付股利		15 000
长期借款	10 000	10 000
	20 000	91 000
净货币性资产	(10 000)	29 000

为了确定对 CPP 有限公司的调整金额，我们必须分清货币性净资产变动的原因。

期初和期末货币性净资产调节表	
期初净货币性资产	(10 000)
销售	200 000
商品采购	(110 000)
利息支出	(1 000)
管理费用支出	(9 000)
所得税费用	(26 000)
股利	(15 000)
期末净货币性资产	29 000

我们需要确定的是如果所有的交易都发生在年末，公司是否得转让与按币值计量一致的金额，而实际上应该是一致的。如果是转让相同的项目，在本年度任何对外支付的金额如果发生在年末则需支付的更多。然而本年取得的任何收入将因购买力而贬值。

为了对购买力的变化做出调整，我们需要详细了解价格在全年是如何变动的，我们还要知道变动实际是何时发生的。我们做出以下假设：

- 财务费用和管理费用在全年均匀发生。
- 所得税负债在年末发生。
- 在年末宣告股利。
- 年末持有的存货是在最后一个季度取得的。
- 全年均有存货采购。
- 全年均有销售实现。

我们还假定年初的价格水平指数是 130。随后的指数如下：

2010 年 12 月 31 日	140
全年平均值	135
第一季度平均值	132
第二季度平均值	135
第三季度平均值	137
第四季度平均值	139

通常的做法是采用某一时期物价指数的平均值，而不是用某一交易日的物价指数（通常不能获得）。

	调整前	指数	调整后
期初净货币性资产	(10 000)	140/130	(10 769)
销售	200 000	140/135	207 407
商品采购	(110 000)	140/135	(114 074)

续表

	调整前	指数	调整后
利息支出	(1 000)	140/135	(1 037)
管理费用支出	(9 000)	140/135	(9 333)
所得税费用	(26 000)	140/140	(26 000)
股利	(15 000)	140/140	(15 000)
期末净货币性资产	29 000		31 194

29 000 美元和 31 194 美元之间的差额表示有 2 194 美元的损失。把它看作损失是因为为了使主体在年末的购买力与其持有特定货币性净资产时一样，主体需要的金额是调整后的 31 914 美元，而不是实际金额 29 000 美元。2 194 美元的损失将作为“购买力损失”项目出现在按物价水平调整后的利润表中（见下表）。

按物价水平调整的 2010 年度利润表			
销售收入	200 000	140/135	207 407
减去**商品销售成本**			
期初存货	25 000	140/130	26 923
购入	110 000	140/135	114 074
	135 000		140 997
期末存货	35 000	140/139	35 252
	100 000		105 745
毛利	100 000		101 662
其他费用			
管理费用	9 000	140/135	9 333
财务费用	1 000	140/135	1 037
折旧	9 000	140/130	9 692
	19 000		20 062
税前利润	81 000		81 600
所得税	26 000	140/140	26 000
期初税后利润	55 000		55 600
购买力损失			2 194
			53 406
期初留存收益	0		0
拟派股利	15 000	140/140	15 000
期末留存收益	40 000		38 406

按物价水平调整的2010年12月31日财务状况表			
流动资产			
现金	100 000		100 000
应收账款	20 000		20 000
存货	35 000	140/139	35 252
流动资产合计	155 000		155 252
非流动资产			
固定资产	90 000	140/130	96 923
累计折旧	(9 000)	140/130	(9 692)
土地	75 000	140/130	80 769
非流动资产合计	156 000		168 000
资产总额	311 000		323 252
流动负债			
银行透支	10 000		10 000
应付账款	30 000		30 000
应交税金	26 000		26 000
应付股利	15 000		15 000
非流动负债			
长期借款	10 000		10 000
负债总额	91 000		91 000
净资产	220 000		232 252
代表:			
股东权益			
实缴资本	180 000	140/130	193 846
留存收益	40 000		38 406
	220 000		232 252

通过上面的财务状况表（资产负债表）我们能够再一次强调：非货币性项目被转化为代表年末购买力的美元，但是货币性项目已经是表示现行购买力的货币形式，因此，货币性资产的报告余额不用做任何变动。

CPPA的一个主要优点就是容易操作。该方法依靠的数据在历史成本会计下已经可以获得，而且不需要报告主体花费成本和努力收集不同非货币性资产的现值。CPI数据随时就能获得。但是，如前面所指出的，一般物价指数中包括的商品和服务的价格变动可能反映不出不同行业商品和服务的价格变动。也就是说，不同行业受通货膨胀的影响不同。

CPPA的另一种可能的局限是，在这种会计方法下产生的信息实际上会让使用者感到困惑。他们可能认为调整后的金额反映了具体资产的具体价值（这也可以作为对历史成本信息的批评）。但是，由于所有的资产都使用相同的指数，这种情况几乎不会发生。另一个潜在的局限性是各种研究（比如研究在 CPPA 信息披露的前后股价变动的情况）未能找到论据来说明 CPPA 下产生的数据与决策相关（信息发布时几乎不会引起任何股价的反应）。我们会在本章末尾介绍这部分内容。

5.3 现行成本会计

现行成本会计（CCA）是多种替代历史成本会计的选择之一，已经赢得了最多的认可。此方法最著名的倡导者包括 Paton（1922）、Edwards 和 Bell（1961）。这些作者决定拒绝历史成本会计和现行购买力会计，支持考虑实际估价的方法。如我们将看到的，CCA 与历史成本会计不同，它区分了交易获得的利润和持有资产的利得。

持有利得可以被看做可实现的或是未实现的。如果在确认收益时采用了金融资本保全的观点，那么可以将持有利得或损失作为收入处理。或者如果采用实物资本保全的观点，可以将其作为资本调整处理。[①] 一些 CCA 的版本，如 Edwards 和 Bell 所提议的，采用实物资本保全的方法对收入进行确认。在此方法下，根据重置成本确定评估价值，[②] 经营收入表示为可实现的收入减去问题资产的重置成本。有人认为这种方法计量收益的方式代表了在保持经营能力不变的情况下可供分配的最大值。例如，假定某主体获得了 150 件单价 10 美元的存货，卖掉其中的 100 件，每件 15 美元，此时重置成本是 12 美元/件。我们同时假定剩下的 50 件存货在年末的重置成本是 14 美元。根据 Edwards 和 Bell 的方法，可供分配股利的经营利润是 300 美元，即 100 ×（15 - 12）。从销售货物实现的利得是 100 ×（12 - 10），等于 200 美元，期末存货中未实现的持有利得是 50 ×（14 - 10），即 200 美元。已实现和未实现的持有利得都不能用作股利分配。[③]

在运用 CCA 时，调整通常在年末进行，并用历史成本账户作为调整基础。如果我们采用 Edwards 和 Bell 的利润计算方法，在确保组织的经营能力保持不变后会得到经营利润。Edwards 和 Bell 相信最好是用重置成本计算经营利润。[④,⑤] 如前面所指出的，在计算经营利润时，因持有资产获得的利得（持有利得）单独列示，并不能用于分配股利——尽管在计算营业利润时要将其包括在内。例如，如果某主体取得了价值 20 美元的商品，并以 30 美元卖出，那么营业利润是 10 美元，意味着这 10 美元可以用于分配并且仍能保证金融资本完整（这是历史成本会计采用的方法）。但是，如果商品销售时的重置成本是 23 美元，那么其中的 3 美元可以被看做持有利得。为了维持实物经营能力，只有 7 美元可用作分配——现行成本的经营利润将是 7 美元。没

---

① 在一些国家，可以通过增加资产同时增加准备的方式使非流动资产重估后增值，如使用重估增值账户。这个增加的金额通常不会作为收入处理，因此，这样的处理和收入确认的实物资本保全方法是一致的（这个方法收录在有关固定资产的 IAS 16/AASB 116 和有关无形资产的 IAS 38/AASB 138 中）。

② 我们在本章后面还会介绍一些替代依靠脱手（销售）价格的现行成本会计的方法。

③ 和在历史成本会计下计算收入的方法相比，我们发现，如果我们将 CCA 方法计算的经营利润 300 美元加上实现的持有利得 200 美元，那么结果和历史成本会计下计算的收入相同。

④ 在某种程度上，Edward 和 Bell 的方法代表了计算利润的“真实收益”法。他们认为，只有在考虑了不同资产的重置成本后才能正确地计算（也就是“真实的”）利润。

⑤ 支持在计算利润时要求保全财务成本这一方法（历史成本的支持者）的人把持有利得作为收入处理，而支持保全实物成本以确定利润的人（如 Edward 和 Bell）倾向于将持有利得排除在收入之外。大部分国家在发布的文件中对 CCA 采用的是实物资本的观点。

有调整销售收入。用于分配的这 7 美元可以与历史成本会计下用于分配的金额进行比较。因为历史成本会计采用了金融资本保全的观点，10 美元可用作股利分配，从而保全了金融资本（但会造成对组织营运能力的侵蚀）。

关于非流动资产，为了确定现行成本的经营利润，应根据资产的重置成本计提折旧。例如，如果一台设备在 2009 年取得时成本是 100 000 美元，预计寿命是 10 年，没有残值，那么假设采用直线法计提折旧，在历史成本下的折旧费用是每年 10 000 美元。如果在 2010 年末，设备的重置成本增加到 120 000 美元，那么在现行成本会计下，在确定现行成本的经营利润时需要再减去 2 000 美元。但是，这 2 000 美元将作为实现的节约成本处理（因为如果该主体没有获得此项资产，历史成本的利润会较低），而且会在营业利润中确认（会在经营利润的下面加回来），另外的 18 000 美元会被确认为一项尚未实现的节约成本，也会包含在营业利润中。使用现行购买力会计，因为货币性资产已经按当前的货币金额登记入账了，并且这一币值能够代表期末的购买力，那么就不需要重新调整货币性资产项目了。

举一个有关 CCA 的一个版本的例子（和 Edwards 和 Bell 提议的一致），我们看下面的例子。CCA 有限公司的期初财务状况表（资产负债表）如下。假定这是 CCA 有限公司经营的第一年。

CCA 有限公司 2010 年 1 月 1 日财务状况表		
流动资产		
现金	10 000	
存货	25 000	35 000
非流动资产		
固定资产	90 000	
土地	75 000	165 000
资产总额		200 000
流动负债		
银行透支	10 000	
非流动负债		
长期借款	10 000	
负债总额		20 000
净资产		180 000
代表：		
股东权益		
实缴资本		180 000

CCA Limited 经营一年后的未经调整的利润表和财务状况表如下：

CCA 有限公司 2010 年度利润表		
销售收入		200 000
减去:		
商品销售成本		
期初存货	25 000	
购入	110 000	
	135 000	
期末存货	35 000	100 000
毛利		100 000
其他费用		
管理费用	9 000	
财务费用	1 000	
折旧	9 000	19 000
税前经营利润		81 000
所得税		26 000
税后经营利润		55 000
期初留存收益		0
拟派股利		15 000
期末留存收益		40 000

CPP 有限公司 2010 年 12 月 31 日财务状况表		
流动资产		
现金	100 000	
应收账款	20 000	
存货	35 000	155 000
非流动资产		
固定资产	90 000	
累计折旧	(9 000)	
土地	75 000	156 000
资产总额		311 000
流动负债		
银行透支	10 000	
应付账款	30 000	

续表

应交税金	26 000	
应付股利	15 000	81 000
非流动负债		
长期借款	10 000	10 000
负债总额		91 000
净资产		220 000
代表：		
	股东权益	
实缴资本		180 000
留存收益		40 000
		220 000

我们假定年末库存存货是 3 500 件，每件 10 美元。年末重置成本是每件 11 美元。我们还假定全年实际销售商品的重置成本是 105 000 美元（历史成本是 100 000 美元），年末固定资产的重置成本增加到 115 000 美元。固定资产的预计使用年限是 10 年，没有残值。年末土地的重置成本是 75 000 美元。

CCA 有限公司 2010 年度利润表		
经现行成本会计调整		
销售收入		200 000
减去：		
商品销售成本		105 000
		95 000
其他费用		
管理费用	9 000	
财务费用	1 000	
所得税	26 000	
折旧（115 000 × 1/10）	11 500	47 500
现时成本经营利润		47 500
实现的节约		
实际销售存货实现的节约		5 000
实际发生折旧实现的节约		
发生了［（115 000 − 90 000）× 1/10］		2 500
历史成本利润		55 000
未实现的节约		

续表

持有存货的利得——尚未实现		3 500
持有固定资产的利得——尚未通过计提折旧实现 [（115 000 - 90 000）×9/10]		22 500
营业利润		81 000
期初留存收益		0
拟派股利		15 000
期末留存收益		66 000
CPP 有限公司 2010 年 12 月 31 日财务状况表		
经现行成本会计调整		
流动资产		
现金	100 000	
应收账款	20 000	
存货	38 500	158 500
非流动资产		
固定资产	115 000	
累计折旧	（11 500）	
土地	75 000	178 500
资产总额		337 000
流动负债		
银行透支	10 000	
应付账款	30 000	
应交税金	26 000	
应付股利	15 000	81 000
非流动负债		
长期借款	10 000	10 000
负债总额		91 000
净资产		246 000
代表：		
股东权益		
实缴资本		180 000
留存收益		66 000
		246 000

按照 Edwards 和 Bell 提出的 CCA 模式，所有的非货币性资产要根据各自的重置成本进行调整。与历史成本会计不同，它不需要成本流转假设（像后进先出法、先进先出法、加权平均法）。营业利润显示主体如何从资源成本的增长中获得财务方面的利得——这是历史成本会计常常忽视的地方。上面的例子和 CCA 的许多版本一致，不对货币性净资产的购买力变化作调整（与 CPPA 相反）。①

加入持有利得或损失之前的现行成本经营利润与实现的持有利得两者都与实现的概念紧密相关，并且两者的和等于历史成本利润。

有人声称将经营利润与持有利得和损失（包括实现和未实现的）区分开来会提高所提供的信息的有用性。持有利得被认为不同于交易利润，因为前者是由市场范围的变动引起的，而这些变动大部分都不受管理的控制。Edwards 和 Bell（1961，p. 73）认为：

这两种利得常常是完全不同的决策的结果。公司决定生产过程全程或任一阶段持有的资产数量以及生产过程本身需要的资产数量上常常拥有相当大的自由……激励公司选择其中一种方法获得利润的动力不同，并且两种方法获得利润所依赖的事项不同，如果要对涉及的两类决策做出有意义的评价，这些不同之处要求将两种利得分开处理。

与应用 CPPA 一样，人们发现上述 CCA 模式也有许多优点和缺陷。其中一些批评和它们对重置成本的依赖有关。我们刚刚讲的 CCA 模式使用重置价值，但是重置成本的合理性是什么？或许它反映了某一资产的“真实”价值。如果市场参与者准备好按重置成本支付，并且如果我们假定了经济的合理性，那么支付的金额必须反映出资产预计能产生的回报。但是，对所有公司而言可能不值那个金额（重置成本）——如果有选择权，一些公司可能不会选择对给定的资产进行重置。而且，过去的成本是沉没成本，如果要求主体取得新的厂房，它会发现购买不同类型的资产更有效率并且成本更低。如果真的买了这项资产，那么可能说明它实际上值钱得多。进一步说，如果公司决定出售资产，重置成本不能反映它将值多少钱。

如先前所指出的，有人认为将持有利得和损失同其他结果分开的做法是对管理业绩的更好的见解，因为这些利得和损失是因为组织外部施加的影响产生的；但是，也有人对此提出批评，依据是在价格变动前购买资产也属于有效经营。

有关 CCA 的另一种潜在的局限性是确定重置成本常常很困难。这种方法也遭到了人们的批评，有人认为通过折旧分摊重置成本仍然是武断的，就像历史成本会计一样。

CCA 的一个优点是使不同主体的业绩更具有可比性，因为某一主体不会单纯地由于较早购买资产而使得利润较高，而在历史成本下较早购买资产会导致较低的折旧，进而形成较高的利润。

Chambers 是基于脱手价格的 CCA 方法的提倡者，他特别反对 Edwards 和 Bell 的会计模式。他说（1995，p. 82）：“在对过去的判断和对未来的决策方面，Edwards 和

---

① 一些 CCA 的变型确实在计算利润时将某些购买力的变化包含在内。例如，如果某主体借款一百万元，当时市场要求的回报率为 6%，但之后要求的回报率上升到 8%，那么未实现的节约包括主体获得的债务与在新回报率下获得的债务之间的差额。这一因较低的利息费用形成的未实现的节约会使组织在整个贷款期间受益。

Bell 的现行价值会计毫不相关而且具有误导性”。

我们在下一部分介绍 Chambers 和其他一些学者提出的替代会计模式——这一模式依靠脱手价格的运用。

5.4 脱手价格会计：Chambers 的持续现时会计

脱手价格会计是由 MacNeal、Sterling 和 Chambers 等研究人员提出的。它是现行成本会计的一种形式，依据在资产负债表日按净售价（脱手价格）对资产进行评估，同时还以有序出售为基础。Chambers 新创了一个词叫做“现时现金等价物”，用来指主体预计从有序出售资产中获得的现金。他认为现时现金等价物的信息是有效决策的基础。他将他的会计方法称为持续现时会计，也就是 CoCoA。

尽管在 20 世纪 50 年代 Chambers 开展了一些后来经常被引用的研究（例如 Chambers，1955），但是他的大量研究工作是在 1966 年出版了《会计、估价与经济行为》一书时达到顶峰的。这份文献强调制定经济决策需要的关键信息与适应能力有关——这也是现时现金等价物的功能。资产负债表（财务状况表）被看做主要的财务报表，应该显示主体资产的净售价。利润会直接与适应性资本的变化相关，适应性资本由主体资产的总脱手价格反映。

正如前面所述，收益计算的方式在某种程度上是依靠对财富的定义。根据脱手价格会计的提倡者 Sterling（1970b，p. 189）所陈述的：

当前“销售”价格是用于计量某一时点财富的恰当且正确的估价系数，收益是用这种方法计算出的不同时点财富的差额。

和 Sterling 的观点一致，Chambers（1966，p. 91）陈述说：

目前在任何时候，所有过去的价格仅仅是历史。只有现在的价格才会影响行动的选择。某一商品 10 年前的价格与假设 20 年后的价格一样与上述问题没有任何联系。由于在货币购买力不变的一段时间内，个别价格甚至都可能发生变化，而且货币的一般购买力在一些个别价格不变的情况下可能发生变化，那么尽管价格与现在在市场中的经营能力必然相关，但从过去的价格中不会得出有用的推断。每一次对金融资产的计量都是为了选择一种行动方案——买入、持有、卖出——是在某一时点上，在当时的环境下，按当时的货币单位进行的计量，即使计量过程本身需要花费一些时间。

排除所有过去的价格，有两种价格可以用来计量持有的非货币性资产的货币价值：购买价格和销售价格。但是购买价格，或是重置价格，显示不出在现有基础上为了使自己适应当前环境将现金投入市场的能力，而销售价格可以显示出这一能力。因此我们建议对于所有未来可能在市场中采取的行动，一致相关的单一金融资产是持有商品的市场销售价格或是可变现价格。可变现价格可以被称为现时现金等价物。出于适应性的目的，如果需要的货币超出了人们现有的金额，他们希望知道购买某一物品需要的货币符号的数量或销售该物品会获得的货币符号的数量。①

我们可以看出 Chambers 对人们需要何种信息做出了判断。这与 Edwards 和 Bell 等作者一样，不同于一些早期的研究，后者为了辨别出特定原则和假设而对现有的会

① 引用自 Riahi - Belkaoui（2004，pp. 496 - 497）。

计实务进行记录（描述性研究），[①] Chambers 着手制定在他看来是高级的会计模式——这一模式代表着与现存实务的巨大差异。我们可以称其为“描述性”或“规范性”研究。该研究常常强调历史成本的局限性，随后在确保更有利于决策的基础上提出替代方案。Chambers 采用决策有用的方法，在这一方法下，他采用决策模型的观点。[②]

Chambers 的方法关注新的机会；他认为主体对不断变化的环境的适应能力以及评价未来决策的最重要的信息是现时现金等价物。Chambers 对会计目标的假设是指导未来的行为。适应能力是关键，适应变化环境的能力取决于手中持有资产的现时现金等价物。主体资产的现时市场价值越高，组织适应变化环境的能力就越强。

如先前所述，在 Chambers 模型中，利润与主体资产的现时净售价的增加（或减少）直接相关。没有区分实现和未实现的利得。不像其他会计模型，所有的利得作为利润的一部分处理。在保持主体的适应能力（适应性资本）的同时，全部利润就是可供分配的金额。CoCoA 在确认收入方面摒弃了实现的概念，因此相对于历史成本会计，收入确认的时点有所改变。收入确认不是在销售时点，而是在生产或购买等时点上。

和 Edwards 和 Bell 的 CCA 方法不同，在 CoCoA 方法下，考虑到一般购买力的变化要进行调整，将其称为“资本保全调整”。资本保全调整也构成了当期收益的一部分，相应的贷方计入资本保全准备（属于所有者权益）。在确定资本保全调整时，期初的主体剩余权益（即净资产）乘以整个期间一般物价指数的变化比例。例如，期初的剩余权益（或所有者权益）是 5 000 000 美元，物价指数从 140 增加到 148，那么资本保全调整（在价格上涨的情况下是一项费用）的计算过程是：$ 5 000 000 × 8/140 = $ 285 714。根据 Chambers（1995，p. 86）：

> 从期初与期末资本的名义差异中扣除资本保全或通货膨胀调整，会给予购买力的净增值当期的真实收益。通货膨胀调整会自动涵盖因持有货币净值和货币等值净资产引起的购买力利得和损失。实际净收入是交易完成的净实现收入或净现金流入（a）、价格变化调整与资产负债表日持有资产价值未实现变动的合计（b）、通货膨胀调整（c）三者的代数和。通货膨胀调整的金额会按比例加到投入资本和未分配盈余中，使这些账户的期末值以最新购买力为单位。

会计头条 5.2 总结了一些上述的观点。这篇文章发表在《澳大利亚金融评论》（1973 年 5 月 10 日）上。文章报道了 Chambers 对于历史成本会计的一些担忧。

会计头条 5.2 Raymond Chambers 教授的一些观点

公司报告失败在何处——Chambers 教授

公司的财务报告一般不能给出有关其财务状况和利润的公正看法，悉尼大学的会

① 举一个有关理论发展的归纳（描述）方法的具体例子，我们可以参考 Grady 的著作（1965）。这项研究是受美国注册会计师协会的委托，记录了当时的公认会计惯例。

② 如在第 1 章所述，决策有用研究公认有两个分支，即决策者的关注点和决策模型的关注点。决策者的关注点所开展的研究是询问决策制定者需要何种信息。另一方面，在决策模型的关注点下，根据研究人员对有效决策必需何种信息的看法，学者们创立了模型，并在之后规范了信息内容（例如，所提供的信息要与报告主体资产的市场价值有关）。这个研究分支通常假定不同的利益相关者有相同的信息需求。不像决策者的关注点，决策模型的关注点不向决策者询问想要的信息，取而代之的是，它关注研究人员认为哪类信息对决策有用。

计学教授 R. J. Chambers 昨天晚上表示。

他呼吁加强公司报告的立法，来保证资产负债表能确认具体资产的价格变化，同时确保损益账户能够反映一般购买力的变化。

使用的会计规则实际上完全不同，以至于公司之间的比较常常具有误导性。

会计人员对这些规则的争论已持续多年，但是，会计人员还未确定可以逐年提供一致和最新信息的规则。

Chambers 教授在对大学的帕乔利学会发表的演讲中概括出对公司法的具体修改意见，在他的新书《Securities and Obscurities》中有提到。

Chambers 教授对规范资产负债表报告的法律的修改意见是没有哪张资产负债表注定会对公司的事态提供真实和公允的观点，除非一些资产列示的金额是最接近正常商业活动中的净售价的值。

应收款项应该是最接近在资产负债表日预计能收到或可收回的金额。

对于损益账户，Chambers 教授积极主张只有在计算损益时将全年资产净售价的变化和法案议程中具体提到的记账单位购买力变动在全年的影响包括在内，才能算是提供了真实和公允的观点。

Chambers 教授说，成千上万的股东因过时的信息或虚构的报导内容在证券投资上已经损失数百万美金了。

《澳大利亚金融评论》，1973 年 5 月 10 日，p. 30

下面的信息是说明 CoCoA 的一个简单的例子。假定 Cocoa 有限公司在 2010 年 6 月 30 日的财务状况表如下，一张是按历史成本会计编制的，另一张使用 CoCoA。

Cocoa 有限公司 2010 年 6 月 30 日历史成本财务状况表	
资产	
现金	6 000
存货	10 000
固定资产	24 000
资产总额	40 000
负债	
长期借款	10 000
净资产	30 000
代表:	
所有者权益	
实缴资本	10 000
留存收益	20 000
	30 000

Cocoa 有限公司 2010 年 6 月 30 日 CoCoA 财务状况表	
资产	
现金	6 000
存货	16 000
固定资产	28 000
资产总额	50 000
负债	
长期借款	10 000
净资产	40 000
代表:	
所有者权益	
实缴资本	10 000
留存收益	22 000
资本保全准备	8 000
	40 000

我们假定截至 2011 年 6 月 30 日的会计年度，所有期初的存货都已出售，售价为

16 000美元，同样数量的存货以11 000美元的成本重新取得（零售价格是18 000美元）。工资2 000美元，历史成本折旧是固定资产账面价值的5%。整个期间物价上涨了10%，固定资产的市场净值估价为29 000美元。

到2011年6月30日为止，在历史成本会计和CoCoA下确定的收益计算如下：

Cocoa有限公司2011年6月30日历史成本损益表

销售收入	16 000
销售成本	(10 000)
毛利	6 000
工资费用	(2 000)
折旧	(1 200)
净利润	2 800
期初留存收益	20 000
期末留存收益	22 800

Cocoa有限公司2011年6月30日CoCoA损益表

存货销售价格	18 000
存货成本	11 000
营业利润	7 000
工资费用	(2 000)
厂房脱手价格增加额	1 000
资本保全	
调整（40 000×0.10）	(4 000)
净利润	2 000
期初留存收益	22 000
期末留存收益	24 000

Cocoa有限公司2011年6月30日历史成本财务状况表

资产	
现金	9 000
存货	11 000
固定资产（净值）	22 800
资产总额	42 800
负债	
长期借款	10 000
净资产	32 800
代表：	
所有者权益	
实缴资本	10 000
留存收益	22 800
	32 800

Cocoa有限公司2011年6月30日CoCoA财务状况表

资产	
现金	9 000
存货	18 000
固定资产	29 000
资产总额	56 000
负债	
长期借款	10 000
净资产	46 000
代表：	
所有者权益	
实缴资本	10 000
留存收益	24 000
资本保全准备	12 000
	46 000

必须记住的是，在CoCoA方法下，当上述记录的存货以18 000美元售出，不确认任何利润或损失。在购买存货时才确认这种利得，利得是CoCoa有限公司预计的零售价格（净相关费用）和成本的差额。因此，再一次强调CoCoA和历史成本会计相比在收入确认原则上有根本的转变。

和其他会计方法一样，CoCoA也有许多的优点和缺点。关于优点，CoCoA的提倡者认为通过对所有资产使用同一种估值方法（脱手价格），估值结果能合理地相加在一起（这常称为“可加性”）。[①] 当采用CoCoA时，因为折旧的计提是以脱手价格的变动为基础的，那么就没有必要对折旧进行主观的成本分配。

现在考虑可能的局限性，尽管有少数备受尊敬的学者对其表示支持（更多的人支持重置成本），CoCoA从未获得广泛的认可。而且，如果实施CoCoA，那么将使财务会计发生重要而根本性的转变（例如，包括收入确认时点的主要转变和对资产评估的大调整）。这本身可能导致许多不可接受的社会和经济后果。

脱手价格的相关性同时也受到质疑，特别是如果我们不计划出售资产（正如如果不打算置换资产我们也会质疑重置成本的相关性一样）。此外，在CoCoA下，专门用途的资产（如鼓风炉）被认为是无价值的，因为他们不能被分开处置。这一断言常常受到挑战，因为它忽视了资产的“使用价值”。[②] 再进一步说，如果主体会持续经营，那么对所有资产的评估都建立在脱手价格基础上，这样做合适吗？确定脱手价值的过程也会使财务报告具有一定程度的主观性（相对于历史成本），尤其是如果资产是独一无二的。

CoCoA还要求资产在现时现金等价物方面要单独评估，而不是捆绑在一起。因此，CoCoA不会将商誉确认为资产，因为不能将它单独销售。证据表明，资产一起出售的价值和单独出售每项资产收到的总额相比有很大不同（Larson 和 Schattke，1966）。

正如Chambers批评Edwards和Bell的模式，Edwards和Bell也不同意Chambers的模型。例如，Edwards（1975，p. 238）说：

> 我不相信在买方市场采用脱手价格作为持续经营期间资产评估的正常基础所能具有的优点。这些是特殊价值，只适合于特殊情况。原则上我不反对随时记录这些脱手价格，如Solomons（1966）所说的，当公司确定不置换资产或甚至是不改变资产的功能时，如果脱手价格低于入账价值，我也不会反对用前者替换后者。

5.5 对价格调整会计信息的需求

一种常常用来评价某一披露有用性的研究方法是寻找信息发布前后的股票市场反应（股票价格反应），理由是如果股票价格对披露做出反应，那么该项披露一定具有信息含量。也就是说，信息会影响参与到资本市场的个人决策。许多研究关注股票市

① 这可以和现在的情况进行对比，目前人们经常发现不同类型的资产使用不同的方法进行估值（例如，对于存货——成本和可实现净值孰低；对于有价证券——公允价值；对于建筑物——成本或公允价值；对于应收款项——票面价值减去计提的坏账准备），但却将其简单地加在一起得出资产总额。

② 关于“使用价值”，逻辑上说，如果一项资产的“使用价值”大于其市场价值，那么将继续保留该资产，否则将被出售。“使用价值”在IAS 36/AASB 136中被定义为预计从资产中获得的未来现金流量的现值。因此，重点是主体或许会选择出售其持有的资产（Solomons，1966）。此外，专门用途的资产可能对某一主体有特定价值，但是对其他主体而言就不是了。

场对现时成本与 CPPA 信息的反应。研究结果不具有确定性，像 Ro（1980、1981）、Beaver、Christie 和 Griffin（1980），Gheyara 和 Boatsman（1980），Beaver 和 Landsman（1987），Murdoch（1986），Schaefer（1984），Dyckman（1969），Morris（1975）以及 Peterson（1975）的研究都发现，只有有限的证据能表明在现行成本信息披露前后价格发生了波动。（但是，Lobo 和 Song（1989）以及 Bublitz、Freka 和 McKeown（1985）提供的有限证据表明现行成本披露具有信息含量）。

尽管大多数股票价格研究表明对价格调整后的会计信息极少或没有反应，未能找到重大的股票价格反应可能是由于采用的研究方法有局限性。例如，在 CCA/CPPA 信息发布前后也会有其他信息的发布。但是，鉴于多数研究表明股票市场很少或几乎没有反应，我们有理由相信当这样的信息在年报中披露时市场并不看重这些信息。当然对于资本市场为何会对这样信息没有反应这个问题存在许多因素。可能是个人或是组织能够从除公司年报外的其他渠道获得这些信息，因此，既然市场已经觉察到这些信息，当年报发布时就预期不会有什么反应了。

除了分析股价反应之外，另一种研究特定信息明显具有有用性的方式是进行问卷调查。对管理者的调查（例如，Ferguson 和 Wines，1986）表明对 CCA 仅获得了有限的公司支持，因为管理者们举出诸如费用、披露带来的有限收益、缺少认同等问题是 CCA 缺乏支持的原因。

在美国，关于第 33 号 FASB 公告的相关性（要求既有 CCA 又有 CPPA 的信息），Elliot（1986，p. 33）陈述到：

FASB 第 33 号公告要求披露估值信息要建立在 1～2 种基础上，或者是价格水平调整，或者是现行成本。在这项规则下有效开展的调查表明，使用者并未发现信息有帮助，也不使用这些信息，他们说这些信息没有告诉他们任何不知道的内容。信息的编制者抱怨称：这对于收集信息来说是种滋扰。

考虑到上述结果，总体来讲，或许可以认为仅有有限的证据支持这样的观点：核算变动价格的方法已经被视为成功地向财务报告使用者提供了相关信息。这是一个有趣的结果，特别是看到许多组织长久以来已经选择在年报中提供 CCA/CPPA 信息，甚至是在没有规定这样做的时候就已做出披露，同时，也有许多组织积极地游说支持或反对这一特定的会计方法。出于披露的目的选择这种方法，或是为它进行游说，暗示公司的管理层至少认为其提供的信息是相关的，并可能影响行为——与一些调查以及先前提到的股价研究的观点不一致。

Watts 和 Zimmerman（1978）发表的一篇颇具影响力的论文试图分析公司采用替代的会计方法的动机。这篇论文被公认为是在实证会计理论（我们在第 7 章探讨）的发展中最重要的论文之一。作者调查了公司管理者对 FASB 在 1974 年就一般物价水平会计（现行购买力会计）发布的讨论备忘录采取的游说立场。就本章讨论的内容来看，如果引入一般物价水平会计，那么随着市价的上涨，报告的利润与根据历史成本惯例计算出的利润相比会有所降低。利润的减少是由于诸如较高的折旧和因持有货币性净资产带来的购买力损失等因素引起的。

Watts 和 Zimmerman 提出政治程序是解释公司管理者更可能支持或反对引入一般物价水平会计的主要因素。政治程序本身被看做对财富转移的竞争。例如一些团体可能游说政府将财富从某个公司或行业转移（例如，通过提高税额、降低关税支持、减少补贴、提高奖励工资以及更严格的许可证协议）到其他组织和团体，否则这些组织和团体会被认为遭遇了不公正的对待。除了政府，像消费者团体（可能通过商品抵制）、雇员团体（通过加薪要求或罢工）和社会利益团体（通过妨碍经营或游说政府）等团体可以通过政治程序转移组织的财富。

Watts 和 Zimmerman 的观点是被认为在政治上可见的主体更可能支持允许他们减少报告利润的会计方法。高盈利本身被认为是导致对某公司多余的（可能代价高昂的）关注和监督的因素。

Watts 和 Zimmerman 站在自利因素的基础上（而不是按"公共利益"考虑这些问题）解释公司向 FASB 提交的回函中的游说立场。[①] 研究表明，大公司（而且大公司被看做更具政治敏锐性）支持一般物价水平，因为它能够使公司报告较少的利润。[②,③]

其他研究也表明公司可能因 CCA 提供的政治利益而支持它。在物价上涨时期，CCA 的采用（正如一般物价水平会计）能导致利润降低。在一项新西兰的研究中，Wong（1988）调查了新西兰公司在 1977 年和 1981 年的会计实务，发现采用 CCA 的公司比不采用的公司有更高的有效税率和更大的市场集中度，且两个变量都暗示了政治能见度。在一项英国的研究中，Sutton 发现政治上敏感的公司更可能通过游说支持 CCA。Sutton 调查了在英国针对一份提议的会计准则征求意见稿的游说建议，该会计准则建议披露 CCA 的信息。他运用实证会计理论的观点，找出了支持这样一种观点的依据，观点是从规定中获得好处的组织试图通过游说来支持该规定。期望获得好处的公司有：

·资本密集型公司，因为预计采用 CCA 会降低利润（由于较高的折旧），而且如果为了税收的目的采用此方法会格外受益；

·对政治敏感的公司，因为它会允许公司显示下降的利润。

从另一个视角来检查可能想到的通货膨胀调整的会计信息所带来的政治"效益"，Broadbent 和 Laughlin（2005）引用了在英国 20 世纪 70 年代掀起的讨论，其内容是当时英国政府认为与 CCA 相比 CPPA 可能会产生不想见到的经济影响。主要的问题是政府认为按 CPPA 编制的账户会在英国经济需要投资时反而加速撤资。为了支持他们的论证，Broadbent 和 Laughlin（2005）引用 Bryer 和 Brignall（1985，p. 32）的论述。他们称，在发起一项检查通货膨胀会计的政府委员会调查时，一位政府大臣评论到：

> 通货膨胀会计……比起纯粹的会计方法涉及更广泛的问题。委员会会"考虑广泛的问题，包括对投资和效率的影响；通过资本市场实现资源配置；抑制英国通胀的需要"。[④]

---

① 我们在第 7 章讨论，而且我们也在先前的章节中讨论过，实证会计理论关键的假设之一是所有个体的行为受自利因素激励，自利和个人财富最大化的目标直接相关。

② 但是，Ball 和 Foster（1982）表示除了政治敏感性，规模还可以说明许多问题（如行业会员资格）。

③ Watts 和 Zimmerman 的研究中许多调查对象都是石油行业的成员。这些行业人员也倾向于赞成引入一般物价水平会计。与政治成本假说吻合，1974 年（调查回函的时间）是对石油公司严密监管的时期。

④ 这一引述表明会计规范对经济更广泛的影响普遍存在，与第 3 章的讨论内容一致。

5.6 对不同物价变动会计方法的专业支持

随着时间的推移，不同的会计方法在物价上涨时期得到了不同程度的支持。CPPA在20世纪60年代至70年代中期普遍受到会计准则制定者的支持，美国、英国、加拿大、澳大利亚、新西兰、爱尔兰、阿根廷、智利和墨西哥等许多国家都发布了文件以支持该方法。例如，在美国，美国注册会计师协会（AICPA）在1961年发布的第6期会计研究上支持按一般物价水平重新调整。会计原则委员会也支持第3号公告中的实务，FASB也早于第3号公告前发布了一份征求意见稿，支持一般购买力的运用——《一般购买力单位下的财务报告》——要求将CPPA作为补充信息进行披露。

从大约1975年开始，人们转为倾向于支持CCA。1976年，SEC发布会计系列公告（ARS）190，要求某些大企业在提供关于“会计年度末存货和生产能力的估计现行重置成本”的补充信息，“为此要编制一张资产负债表，并列明最近两个会计年度内基于重置成本的销售成本和折旧的大致金额”。在澳大利亚，1983年发布了名为“现行成本会计”的会计实务公告（SAP 1）。尽管不要求强制执行，SAP 1建议报告主体提供CCA的补充信息。在英国，1975年桑迪兰兹委员会（一家政府委员会）声明支持CCA。1980年，会计准则委员会（英国）发布了16号标准会计实务公告（SSAP 16），要求补充披露现行成本数据（SSAP 16于1985年被取消）。

在20世纪70年代末至80年代初期，许多会计准则制定者发表建议支持CPPA和CCA两者结合披露信息。在美国、英国、加拿大、澳大利亚、爱尔兰、联邦德国和墨西哥都发表了这种“混合式”报告的建议。例如，在1979年FASB发布的第33号财务会计准则公告（SFAS 33），要求提供混合的信息包括：

- 货币性净资产的购买力利得和损失；
- 以现行成本为基础确定的收入；
- 期末存货和固定资产的现行成本。

在20世纪80年代中期，通胀程度整体下降，全球的会计职业界渐渐不再讨论物价变动时期的会计问题。例如，在1984年，据报道，会计准则审核委员会（后来成为澳大利亚会计准则委员会）的会员Ron Cotton（《澳大利亚金融评论》，1984年1月19日）说：“当现行成本会计不受到公众或政府的支持时，委员会还有更重要的事情要考虑。”Cotton也表示委员会下次在1894年1月的首次会晤中如果将现行成本会计列为优先考虑的内容，他会感到“吃惊和失望的”。

去考虑为什么某一会计方法没有获得或维持职业界的支持是一件很有趣的事情。或许是因为（如Broadbent和Laughlin所说，2005）职业界像许多研究者一样，对信息的相关性持怀疑态度，尤其是在低通胀的时候。如果他们确实质疑信息与各方（如资本市场）的相关性，那么对于他们来说，考虑到实施新的会计制度所涉及的成本，很难从“公共利益”角度支持监管。①

即使不担心信息的相关性，准则制定者还可能担心会计惯例的巨大变化会导致资

① Broadbent和Laughlin（2005）认为，“公共利益”的概念会因人（或利益团体）而异，也会随时间改变。

本市场中出现大范围的中断和混乱，因此可能不符合公共利益。尽管一直存在大量会计矛盾和争论（例如，如何核算商誉或研究开发或怎样核算对联营公司的投资），这样的争论常常只影响账户的一小部分。采用一种新的会计模式会产生更广泛的影响，这也不会符合公共利益。

有人推测采用新的会计方法可能会对政府最终征收的税款总额有影响。如 Zeff 和 Dharan（1996，p. 632）陈述说：

一些政府害怕在现行成本会计（同时实现实物资本保全）下使报告利润整体降低的会计方案会给随之而来的公司所得税法改革增加压力。

在整个 20 世纪 70 年代到 80 年代，许多企业反对引入替代的会计方法（替代历史成本）。公司对多种可供选择会计方法的反对可以用监管的经济利益理论中采用的自利的概念来解释。在历史成本会计下，管理层可以采用某种机制来控制报告的盈利能力。持有利得直到资产被售出后才会确认为收入。例如，一家企业在几年以前获得了另一家企业的一部分股份。在预计报告利润比管理层希望实现的要少的时候，管理层会选择销售一部分股票来抵消损失。如果引入了替代的会计方法，会失去这种操纵报告结果的能力。[①] 因此，这样的公司可能会游说政府，而建议的基础源于自利。由于在大多数准则指定机构中通常会有公司或是行业代表，同时也有这样的可能性，即公司/行业利益能有效俘获准则制定程序（Walker，1987）。

如我们已经在本章之前介绍过，一些证据表明按变动物价调整后的会计信息可能与参与资本市场的各方的决策程序不相关（像各种股价研究所反映的一样），因此替代的会计方法可能不会得到分析家的认可。（分析家接受监管的私人经济利益理论，如果引入替代的会计方法，他们不会得到任何个人利益）。

当然，我们永远不会知道为什么某些当事方不支持特定的会计方法，但是我们能看到的是由公共利益理论、俘获理论或监管的经济利益理论——这些理论我们在前面的章节中用大篇幅讨论过——提出的其他解释。

在所有 CCA/CPPA 的争论中，许多重要的学者继续提倡他们支持的会计方法（一些人在 20 世纪 90 年代还继续这么做），甚至还发布了他们自己的征求意见稿（见会计头条 5.3）。我们显然能推测出驱使他们的原因——是出于公共利益还是个人私利？你认为呢？

会计头条 5.3　研究人员创造性地寻求支持某一会计方法的案例

Chambers 起草了最终方案

悉尼大学的 R. J. Chambers 教授发布自己关于通胀会计的“征求意见稿”，让会计界为之一震。

Chambers 教授喜好的方法——又称为“持续现时会计”（CoCoA）——与澳大利亚特许会计师协会和澳大利亚会计师协会发布的两份征求意见稿唱起了对台戏。

这些意见稿涵盖了现行购买力（CPP）和现值会计（CVA）。草案内容接受职业

---

① 在最近的几年，管理层计量权益性投资的随意性降低了。IAS 39/AASB 139 规定一项总体是这类投资要以公允价值计量。

界的公开评论和建议，截止到12月31日。

即使职业界对最受认可的方法展开极为热烈的讨论，Chambers教授的立场也十分坚定。到目前为止，CVA认可度稍微高于CPP。

在他的征求意见稿中对三种方法进行了评价。在回答了一系列反问之后，他自己的方法明确地出现在第一位。

同时他也表明，CPP和CVA会导致账户中出现奇怪的结果，因为它们只对价格和物价水平进行了部分处理。

“不能预计公司特定资产的价格的变动率（甚至是同一方向）与一般物价指数相同。

CoCoA揭示了这一事实，而CPP却忽略了它——CoCoA同时也考虑了被CVA忽略的实际净资产购买力下降的情况”，他说。

《澳大利亚人》，1975年11月3日，p. 5

对于哪种会计方法最适合物价变动会计的争论远没有定论。尽管该领域的争论从20世纪80年代中期开始有所减少，但很有可能的是，如果通货膨胀恢复到之前的高水平，这样的争论将会再一次被触发。不同作者创立的会计模式在许多方面不同。其中一些差异是由于对会计作用和有效决策必要的信息种类的看法有着根本的差异。因为历史成本惯例下的会计系统产生的信息应用于许多决策中，可以想象会计惯例发生的重大改变会产生广泛的社会和经济影响。这本身将限制对我们现有的（某种程度上是过时的）会计系统做出任何重大的修改/改变。这种观点是在20世纪60年代提出来的，可以说，这种观点现在也是有用的。

举一个例子，看看职业界通常如何不愿实施重大的改革。我们来看在1961年和1962年开展的活动。当时美国注册会计师协会（AICPA）的会计研究部门委托进行了Moonitz（1961）与Sprouse和Moonitz（1962）的研究。在这些文件中，作者建议会计计量体系应该从历史成本转为以现值为基础的体系。但是，在Sprouse和Moonitz的研究发表之前，AICPA的会计原则委员会说起Sprouse、Moonitz以及Moonitz的研究时称：“尽管这些研究对会计原则是有价值的贡献，但是与公认会计原则截然不同，目前还不能被接受”（会计原则委员会声明，AICPA，1962年4月）。

尽管本章重点介绍了有关在物价变动时如何最好地计量主体财务业绩的各种问题和争论，我们必须记住财务业绩只是主体总体表现的一个方面。我们在第9章会看到，存在许多关于如何计量和报告主体的社会和环境绩效信息的争论，与本章我们看到的争论一样，上述争论远没有出现定论。会计实务产生了大量有趣的争论。

本章小结

在本章，我们探讨了不同的会计模式，这些会计模式是用来提供物价上涨时期的财务信息的。这些模式的创立是由于历史成本的局限性，尤其是在物价上涨时期。历史成本的批评家认为，因为历史成本采用与维持金融资本完整有关的资本保全观点，它趋向于在物价上涨时期高估利润。历史成本会计假设货币购买力不随时间变化而改变。关于物价上涨时期最好的会计模式的热烈讨论从20世纪60年代一直持续到80年代中期。在这段时期，通胀水平相对很高。在这之后，全球的通胀水平开始降低，对于采用何种模式调整上涨物价的讨论逐渐消失。但是，国际会计准则理事会（IASB）和澳大利亚会计准则委员会（AASB）等监管机构普遍开始在各种会计准则中使用公允价值——尽管只是在制定特定准则时采用公允价值，而不是全面采用。尽管这么说，但仍然有各类资产以历史成本为基础进行计量。[①]

学者们提议了许多可供选择的模式。例如，现行购买力会计（CPPA）是早期创立的模式之一。在20世纪60年代至70年代，CPPA得到了许多会计职业机构的支持，尽管后来支持转向了现行成本会计。CPPA用历史成本会计产生的数据作为财务报告的基础。在每个期末，CPPA应用物价指数，通常是一般物价指数，来调整历史成本数据。为了编制资产负债表（财务状况表），针对非货币性资产进行调整。货币性项目不用物价指数调整。但是，尽管货币性项目在披露时不做调整，持有的货币性项目会形成购买力利得或损失，后者将计入当期的损益。持有非货币性项目的利得和损失不登记入账。使用CPPA的一个优点在于其容易应用。它单纯应用已有的历史成本会计数据，再对这些数据应用物价指数。缺点是调整过的价格可能不能很好地反映问题项目的实际价值。

我们了解的另一种会计模式叫做现行成本会计（CCA）。它使用资产的实际评估价值，通常是依据重置成本，在考虑生产和销售环节中使用的资产的重置成本后计算经营利润。考虑到重置成本的变化对非货币性资产做出调整，折旧费用也是以重置成本变化为基础进行调整的。尽管现在不使用，CCA在20世纪80年代吸引了职业会计机构的支持。CCA的反对者认为如果主体不考虑置换资产，重置成本就没有任何相关性，而且进一步说，重置成本可能不能准确地反映问题资产的现行市场价值。

最后介绍的会计模式是持续现时会计（CoCoA）。CoCoA的一个关键目标是提供有关主体适应变化环境的能力的信息。利润直接与适应能力的变化相关。计算出的利润的金额既能用来分配，也能维持适应性资本的完整。CoCoA不区分已实现和未实现的利得。CoCoA要求对所有资产只用一种估价方法（基于脱手价格）。这也是支持CoCoA的一点。没有必要随意分配成本，如计提折旧。对CoCoA的批评包括：如果没有意图出售资产，那么依据脱手（出售）价格评估的资产价值是否具有相关性。同时，许多人挑战这种观点。他们说，如果一项资产不能被单独售出，那么它就不具有价值（如商誉）。也有人认为，以销售价格为基础来评估项目会使会计的主观性达到不可接受的程度，尤其是如果准备评估的项目是非常专业化的而且是在市场上不常见的。

思考题

5.1 如果有的话，历史成本会计关于货币购买力做出了什么假设？

5.2 试列举一些对在物价上涨时采用历史成本会计的批评。

5.3 在允许采用历史成本与要求根据现行价值计量之间，你认为为什么公司管理层可能更倾向于前者？

5.4 正如本章所示，Mautz（1973）做了如下陈述：

---

① 例如，主体采用“成本模式”计量存货和固定资产。

会计之所以能发展成今天这个样子主要不是因为会计师的愿望，而是由于商人们的影响。如果多年以来那些做管理和投资决策的人一直都没有发现以历史成本为基础的财务报告的有用性，那么可能早就对会计做出改动了。

要求：评价上面这段陈述。

5.5 Chambers 所提到的“可加性”问题是什么？

5.6 解释源于维持金融资本（如历史成本会计中要求的）观点下的收益和保持实物资本不变这一体系下的收益两者之间的区别。

5.7 在现行购买力会计中：

（a）为什么必须将货币性资产和非货币性资产分开考虑呢？

（b）为什么持有货币性资产会形成购买力损失，而持有非货币性资产则不会形成购买力损失？

5.8 Chambers 反对按照重置成本评估资产的理由是什么？

5.9 如果某一组织采用持续现时会计，同时有商品销售，那么销售商品的利润将在何时确认？怎样和历史成本会计进行比较？

5.10 什么是持有利得？如果应用现行成本会计应如何处理持有利得？我们需要区分已实现和未实现的持有利得吗？

5.11 应该允许将持有利得形成的“利润”分配给股东吗？说明你的理由。

5.12 历史成会会计有哪些主要的优点和缺点？

5.13 现行购买力会计有哪些主要的优点和缺点？

5.14 现行成本会计（应用重置成本）有哪些主要的优点和缺点？

5.15 持续现时会计有哪些主要的优点和缺点？

5.16 评价 Chambers（1995，p. 82）的陈述——“在对过去的判断和对未来的决策这方面，Edwards 和 Bell 的现行价值会计毫不相关而且具有误导性。除非对计入预算期的货币价值的金额有最新的声明，否则无法进行恰当的预算。”

5.17 评价 Edwards（1975，p. 238）的陈述——“我不相信在买方市场采用脱手价格作为持续经营期间资产评估的正常基础所能具有的优点。这些是特殊价值，只适合于特殊情况。原则上我不反对随时记录这些脱手价格，如 Solomons（1966）所说，当公司确定不置换资产或甚至是不改变资产的功能时，如果脱手价格低于入账价值，我也不反对用前者替换后者。”

5.18 尽管像 Chambers、Edwards 和 Bell，以及 Sterling 等学者做出了努力，历史成本会计依然在我们目前的财务会计中保侍着主导地位。对于历史成本会计依然是主要的会计方法，你是怎么认为的？

5.19 正如本章所指出的，各种研究支持这样一种观点，即 CCA/CPPA 与财务报告使用者的相关性很小。然而却有众多的团体进行游说，以支持这种方法，而且还在他们的年报中自愿提供此类信息。你认为为什么会这样？

5.20 国际会计准则理事会（IASB）的“财务报表编报框架”没有规定具体的计量方法。然而，近年来发布的会计准则表明有逐渐减少使用历史成本的趋势，同时有逐渐增加运用公允价值的趋势。你认为为什么会发生这种情况？进一步说，对于一直没有对概念框架进行修订以建议采用另一种代替历史成本的计量属性——比如说采用公允价值，你认为有何原因呢？

5.21 依据 Watts 和 Zimmerman（1978）的观点，哪些因素会驱动公司管理层通过游说支持一般物价水平会计（现行购买力会计）？

第6章　规范会计理论——概念框架项目的案例

学习目标

在完成本章的学习之后，读者应该：

· 理解概念框架在财务报告实务中扮演的角色；

· 了解各种现有概念框架项目的发展历史；

· 能够辨别、解释和严格评价在概念框架中制定的各种组成模块；

· 能够辨别概念框架的建立和发展带来的优缺点；

· 了解最近由国际会计准则理事会和美国财务会计准则委员会为制定一项改进的财务报告概念框架而联合采取的行动；

· 能够识别一些可能帮助或阻碍概念框架项目发展的因素，包括政治因素；

· 能够解释社会中哪些团体可能从概念框架项目的建立和发展中受益。

开篇问题

许多年来，财务会计实务缺少一种公认的理论——能清晰地阐述财务报告的目标，概括财务信息的质量特征要求，或是对何时和如何确认与计量会计各种要素提出明确的指南。由于缺乏公认的理论，会计准则的制定越来越倾向于只针对特殊问题，不同准则之间存在许多不一致。例如，与不同类别资产相关的会计准则使用不同的确认和计量标准。有人认为制定概念框架使财务报告得到改进，这种改进的财务报告将给财务报告阅读者带来益处，因为它会使他们能够在充分了解信息后做出更有效的资源分配决策。你同意这种观点吗？你的观点的依据是什么？

引　言

在第5章我们了解到许多由一些知名的会计学者提出的规范会计理论。这些理论是解决在物价变动时（通常物价上涨与通货膨胀有关）应如何开展财务会计工作的各种相关会计问题的。这些理论包括现行购买力会计、现行成本会计和持续现时会计（或叫脱手价格会计）。正如在第5章中已经阐明的，这些规范理论代表了与现有会计实务极为重大的偏离，未能受到世界范围内职业会计机构和监管机构的支持，而且随着大多数国家通胀水平的下降，关于变动价格会计可选择方法的相对益处的讨论在近些年已经渐渐销声匿迹了。然而，在最近一段时期，会计准则制定者们越来越倾向于用公允价值作为计量许多资产的基础，由此逐渐减少对历史成本的使用。采用公允价值会考虑到许多物价变动的影响。

尽管在第5章中讨论的各种用于解决变动物价的规范理论没有最终赢得会计职业界的支持，但是，像美国、英国、加拿大、澳大利亚和新西兰这些国家的职业会计团体，以及国际会计准则委员会（后来成为国际会计准则理事会），已经开展了制定会计概念框架的工作。框架本身可被看做形成了*规范会计理论*。在本章，我们了解“概念框架”的含义，以及为什么某一职业团体认为有必要制定概念框架。概念框架有许多优点和缺点，在本章，我们介绍的某些观点认为概念框架应该起到使会计职业界的存在合理化的作用。在澳大利亚采用的是国际会计准则理事会发布的概念框架，称之为IASB财务报告编制与列报框架（或简称为IASB框架）。[①] 因此，本章中的大量讨论提到了IASB框架中的指南。然而，正如我们在本章中所解释的，目前IASB和美国的财务会计准则委员会正联合采取行动制定一项修订的概念框架。这一工作分多个阶段进行，预计要花费许多年才能完成框架的制度。在本章的不同地方提到了IASB和FASB在最近共同发布的文件，这些文件表明未来的概念框架中会具体包括哪些规定。

6.1 什么是会计概念框架？

关于什么构成了“概念框架”没有确定的观点。美国财务会计准则委员会（FASB）制定了最早的财务概念框架之一，将其定义为“由相互关联的目标和与基本概念组成的连贯的理论体系，预期会形成统一的准则”（第1号财务会计概念公告：*企业财务报告目标*，1978）。

在第1章我们将“理论”定义为（《牛津英语字典》中的定义）“用来解释、叙述一组事实或现象的一系列概念体系或陈述方案”。这个定义和会计研究人员Hendriksen（1970，p.1）给出的定义很像。他将理论定义为“一组合乎逻辑，具有假设性、概念化和务实性的原则，能够形成为某个存在疑问的领域提供一般性参考的框架”。看看这些关于“理论”的定义和FASB对概念框架的定义，我们有理由认为概念框架试图提出一套结构性很强的会计理论，因为概念框架做出了大量的被认为具有规范特征的规定（也就是说，框架规定了某些处理方法，如出于财务报告目的何时确认资产）。根据FASB，概念框架“规定了财务会计和报告的本质、功能和局限性”（如第1号财务会计概念公告：企业财务报告目标中所阐述的，1978）。正如我们在之前的章节了解到的，人们认为对实务做出“规定”的理论是规范理论。

在最近几年，美国财务会计准则委员会（FASB）和国际会计准则理事会（IASB）一直在采取联合行动，共同制定一项改进的财务报告概念框架。在2006年7月，FASB和IASB共同发布了一份讨论稿：《改进的财务报告概念框架的初步意见：财务报告目标与决策有用的财务报告信息的质量特征》。这份讨论稿是两家委员会发布的一系列文件中的第一份，是两家在制定一项通用的财务报告概念框架项目中的一部分。委员会收到了近200份有关讨论稿的回函。在考虑了多方面的意见之后，他们于2008年5月发布了一份征求意见稿。这份文件名为《改进的财务报告概念框架的征求意见稿》。项目的这一阶段专门解决财务报告目标和决策有用的财务报告信息的质量特征和约束。根据征求意见稿的内容，概念框架是：

> 源于同一目标的概念组成的连贯体系。财务报告目标是框架的基础。其他的概念为以下方面提供了指南：确定财务报告边界；选择要代表的交易，或是事项和环境；应该如何对其进行确认和计量（或披露）；应该如何在财务报告中对其进行总结和联系。

这一定义表明，财务报告的目标是IASB和FASB共同制定的概念框架的基本组

① 所有的片段和引述来自IASB框架，© 2009 国际会计准则委员会基金会。保留所有权利。不许可复制或转载。

成部分。因此，如果某些个人或组织不同意 IASB 和 FASB 确定的目标，他们很可能不会同意修订的概念框架中做出的不同规定。①

参与制定概念框架的人们所持的观点是如果财务报告实务的发展具有逻辑性而且是统一的（会对建立公众对会计实务的信心十分重要）。我们需要首先在一些重要的事情上达成共识，如：*财务报告*的真正意义是什么以及它的范围应该包括什么；组织的哪些特点和属性会表明主体应该编制通用目的的财务报告；财务报告的目标是什么；财务信息应该具有什么样的*质量特征*；财务报告的要素有哪些；不同会计要素应该采用什么计量原则等等。有人提出，除非我们在重要的问题上达成共识，像上面提到的，否则制定出的会计准则将会只是针对特殊的问题，或是不成体系。一直以来制定的各种会计准则之间仅有有限的一致性。

如果一开始没有对财务会计的*目标*达成一致，或是在像什么是*资产*或是*负债*等问题上没有达成一致，那么考虑怎样核算特定的支出项目可能有一定的逻辑性。但是，许多年来，许多没有概念框架的国家也制定出了会计准则。例如，英国的会计准则理事会在 1991 年开展了财务概念框架的制订计划。在澳大利亚，第一份会计概念公告（SAC 1：报告主体的定义）是在 1990 年发布的。澳大利亚概念框架——直到 2005 年才完成——由 4 份会计概念公告（SACs）构成。但是，最初在这两个国家发布的和会计实务有关的建议是在 20 世纪 40 年代，几年过后才制定出会计准则。到英国概念框架于 1999 年发布的时候（名为原则公告），已经有许多会计准则了。在澳大利亚也存在相似的情况，许多会计准则在 1990 年 SAC 1 发布之前就有了。没有概念框架，也反映出在许多重要的财务报告领域缺少共识。英国和澳大利亚已经发布的各种会计准则中存在一定程度的不一致。这种概念框架的缺失引来了大量批评的声音，如 Horngren（1981，p. 94）说：

> 所有的监管机构因为使用不成体系的方法解决某一时期的会计问题，已经遭到严厉指责。观察家已经声明在会计准则制定程序中没有足够的理性。批评家多次谈到需要一个概念框架。

在制定会计概念框架的时候，必须要筑起大量“组成部分”。框架必须按特定的顺序来制定，在构筑接下来的“组成部分”之前，对有些问题必须要求达成一致。图 6—1 概括了 20 世纪 80 年代由国际会计准则委员会（IASC）制定的框架，后来被 IASC 的继任者国际会计准则理事会（IASB）所采用。尽管最初将其称为 IASC 框架，但现在改称为 IASB 财务报表编报框架（或简称 IASB 框架）。这一框架是已经采用国际财务报告准则（IFRSs）的澳大利亚和其他国家正在使用的，而且一直要用到 IASB 和 FASB 发布新制定的概念框架。在澳大利亚，IASB 框架被称为 AASB 框架。

在这一点上要指出的是，在澳大利亚，澳大利亚会计准则委员会（AASB）负有制定会计概念框架的责任，其框架试图对通用财务报告的本质、主题、目的和广泛内容给出定义。澳大利亚财务报告理事会（FRC）于 2002 做出的决议决定，澳大利亚将采用由 IASB 在 2005 年发布的会计准则，相关的要求是澳大利亚也采用 IASB（或

① 2008 年 IASB 和 FASB 发布的概念框架草案中提到的财务报告目标为：通用财务报告的目标是提供有关报告主体的财务信息。这些信息有利于现有和潜在的权益投资者、债权人以及其他债权人按其作为资本提供者的能力做出决策。对资本提供者的决策有用的信息也会对那些不是资本提供者的其他财务报告使用者有用。

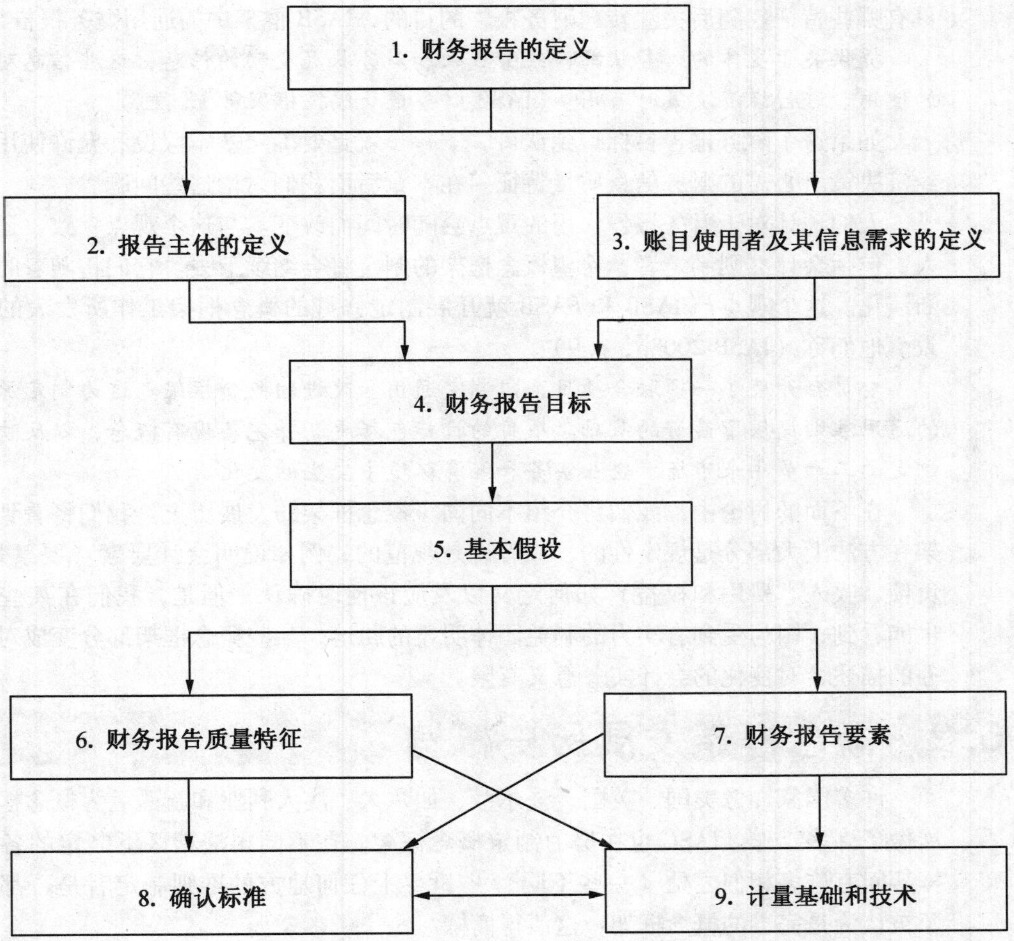

图 6—1　概念框架的组成内容（依据 IASC/IASB 框架）

更准确地说，是它的前身 IASC）制定的概念框架。在一些方面，这代表了某种程度的倒退，因为普遍认为澳大利亚概念框架比 IASB 框架更健全。但是，由于国际财务报告准则与 IASB 框架是一致的，同时澳大利亚接受了国际财务报告准则，所以澳大利亚也不得不采用 IASB 框架。这也是其他一些已经采用国际财务报告准则的国家的情况。正如已经指出的，并且我们将在本章后面讨论的，在 2005 年 IASB 和 FASB 开始共同努力制定一项修订的概念框架。完成修订框架的时间尚不确定。

IASC/IASB 对概念框架的观点同时也和一些国家制定的概念框架中给出的定义普遍一致，尽管不同框架相对强调的部分有些许不同。

首先要解决的问题是*财务报告*的定义。除非在这一问题上达成一定共识，否则很难构建财务报告的框架。已经确定了财务报告的含义，那么关注点转到财务报告的主题上来，特别是要求什么样的主体编制通用财务报告①，以及这些报告的使用者可能

① 会计概念框架与通用财务报告相关（它满足大量使用者团体的需要，其中许多人有共同的信息需求），而非特殊目的财务报告（特殊目的的财务报告是专门被设计来满足某一特殊使用者或团体的信息需要的）。在本章后面，我们将深入探讨通用财务报告的定义。

具有哪些特征。随后关注转向财务报告的目的。IASB 框架中的通用财务报告目标是：

提供关于主体的财务状况、经营成果和财务状况变动的信息，这些信息对大范围的使用者进行经济决策时有用。(IASB 财务报表编报框架第 12 段。)

如果这个财务报告目标得到认可，下一步就是要确定基本假设和允许使用者进行经济决策所必需的财务信息质量特征。在本章后面我们讨论这些问题。

人们预计对于财务报告作用的观点会随时间而改变。与这个观点一致，还有许多人，包括会计准则制定者，希望概念框架的制定将会继续下去。它们将随着时间而不断演化。这个观点与 IASB 和 FASB 就开展制定修订的概念框架工作所发表的评论一致。他们称（IASB 2008a，p. 9）：

委员会开展了一项联合项目，以制定通用和改进的概念框架。这为制定原则导向的通用准则提供了最好的基础。项目的目标包括更新并完善现有概念，以反映自概念制定的二十多年来市场、企业实务和经济环境中发生的变化。

在下面的讨论中，我们将介绍不同国家概念框架的发展历史。我们将看到概念框架在方法上大部分是规定性的，或者说是规范的，例如说明会计要素（要素是资产、负债、收入、费用和权益）如何定义以及应该何时确认。但是，我们在某些情况中也能看到，因为受到有实力的利益团体明显的胁迫，某些概念框架部分变成对现有实务的描述，对变化的会计实务意义有限。

6.2 概念框架发展历史概览

许多国家，像美国、英国、爱尔兰、加拿大、澳大利亚和新西兰为概念框架的发展做了许多工作。IASC 也在努力制定概念框架。在不同司法辖区下制定的各种概念框架间有许多相似之处（一些不同）。[①] 世界上任何地方的准则制定者是否都制定出了被认为是完善的概念框架，这值得商榷。

一个在制定财务报告框架中特别活跃的国家是美国。最初，美国开展的一些工作包括创立关于应如何开展会计工作的*规范理论*，而其他的研究是发展有关会计工作通常是如何进行的*描述性理论*。例如，在 1961 年和 1962 年美国注册会计师协会（AICPA）的会计研究部门委托 Moonitz（1961）与 Moonitz 和 Sprouse（1962）进行研究。这些理论家规定，会计实务应该从以历史成本为基础的体系转向以现值为基础的体系。这项工作被认为“与公认原则截然不同”（AICPA，1973），被职业界所放弃。AICPA 而后委托 Grady 发展了一种会计理论。Grady 的理论（1965）主要描述现存实务（它依据归纳推理——如第 1 章所讲的），因此毫无争议。他的工作促成会计原则委员会（APB）在 1970 年发布了第 4 号公告：《企业财务报告的基本概念和会计原则》。因为它没有争议性，并单纯反映了当时的公认会计原则，APB 第 4 号公告有极

---

① 这引发了可能重复努力的问题，以及让不同国家将资源集中起来制定统一的概念框架是否能使成本更有效的问题。但是，如 Kenneth Most 在 Staunton（1984，p. 87）时说，当比较澳大利亚和美国的概念框架时，“概念框架不同于一件直线夹克；一种尺寸不能适合所有人。控制这个国家（美国）准则制定程序的教条主义者不受制于经济、社会学和职业界的影响，而同样因素会影响面临相似任务的澳大利亚人”。和本观点一致，第 4 章介绍了如何用文化等因素来解释不同国家的准则制定者发布的原则间的不同之处。但是，随着全球范围内对 IFRS 的使用不断增多，以及相关的 IASB 框架的采用，看上去会计监管者似乎认为全球趋同（“一刀切”方法）比文化差异更重要。后者会影响某一国家或文化的信息需要。至于 IASB 和 FASB 的共同努力，在未来几年我们将看到引入一项在全球适用的单一概念框架——这似乎又再一次忽视了不同国家有不同的信息需求和期望的观点。

高的可能被 AICPA 的选民所接受（Miller 和 Reading，1986）。

6.2.1 Trueblood 报告

尽管 APB 第 4 号公告未引起巨大争议，会计职业界因明显缺少真正的理论框架而遭到了一些批评。① 当时的公认会计原则允许会计处理的多样性，许多人认为这是个问题。在对财务报告的作用和目标，会计要素合适的定义、确认和计量原则等关键问题上存在分歧。为了应对这些批评，AICPA 在 1971 年成立了特鲁伯罗德委员会（以委员会主席罗伯特·特鲁伯罗德（Robert Trueblood）的名字命名）。委员会发布了特鲁伯罗德报告（由 AICPA 在 1973 年发布），报告中列出了会计的 12 个目标和财务信息应该具有的 7 项质量特征（相关性和重要性、形式和实质、真实性、免于偏见、可比性、一贯性、可理解性）。

报告的第一个目标是指财务报告要提供对经济决策有用的信息。也就是说，关注财务报告使用者的信息需要。这个目标在随后发布的文件中继续被引用，表明决策有用（与经管责任等概念相对）是财务报告的主要目标。②③ 这可以和先前的会计作用观点进行对比。例如，由 AICPA 在 1953 年发布的第 1 号会计研究公报中没有提到使用者的信息需求。公报称：

> 会计是以一种重要的方式，在至少作为财务符号一部分的货币、交易和事项方面进行记录、分类和总结，并解释其结果的艺术。

由特鲁伯罗德委员会提出的第二个目标是财务报告主要服务于那些仅有有限的权力、能力或资源来获得信息的使用者，他们依靠财务报告作为获取企业活动信息的主要来源。这个目标也在随后发布的文件中继续被引用，趋向于与当时进行的许多研究相背离。这一点很有趣。大量在 20 世纪 60 年代后期及以后进行的研究支持*有效市场假说*（在第 10 章有更全面的介绍），即市场对公开可获取的信息反应迅速，无论信息在何时第一次公开可用。研究有效市场假说的人认为，只要信息对某人公开可用，已知市场效率的假设，那么该信息将在所有感兴趣的使用者间迅速扩散开来。在美国和其他地方，特鲁伯罗德委员会和之后负责制定概念框架的委员会似乎并不支持这个市场有效的观点。

特鲁伯罗德委员会认识到不同种类的资产和负债使用不同类型的估价方法。这一直是困扰许多研究人员的问题，如 Raymond Chambers（第 5 章提到的）。但是特鲁伯罗德委员会指出，不同的估价原则与不同种类的资产相关，因此忽视了 Chambers 等人提出的“可加性问题”。如我们很快就会知道的，规定特定的估价或计量方法是那些有责任制定概念框架的人们不愿意去承担的事情。

---

① Peasnell（1982，p. 245）提到 APB 第 4 号公告时指出，它“充其量是一份防御性的、描述性的文件”。

② 这种关注决策使用者需要的观点在早期的文件中也得到了拥护。A statement of Basic Accounting Theory，由美国会计协会在 1966 年发布的。在 1970 年的第 4 号公告中也获得拥护。

③ “决策有用”和“受托责任”常用于表述财务信息的作用。如果特定信息对制定特定决策是有用的（决策有用），如有关分配稀缺资源的决策，那么这样就会满足“决策有用”的标准。从会计的角度来看，“受托责任”是指这样一个过程——在这个过程中，经理声明他或她会如何利用委托给他们的资源。传统上，这被视为历史成本会计的一个关键作用。

6.2.2 FASB 概念框架项目

在1974年，美国会计原则委员会被美国财务会计准则委员会（FASB）取代。FASB在存在初期就着手开展概念框架项目。第一次发布财务会计概念公告（SFAC）第1号《*公司财务报告目标*》是在1978年。之后它还发布了另外6项财务会计概念公告。最新的SFAC第7号《*会计计量使用现金流量信息和现值*》于2000年发布。最初的财务会计概念公告是相当具有规范性的（也就是说，它们试图规定应该如何开展会计工作），但是当SFAC第5号《*公司财务报告的确认和计量*》在1984年发布时，FASB似乎在选择一种大量描述现有会计实务的方法。FASB不是规定某一估价方法，而是描述各种通用的估价方法：历史成本、现行成本（重置成本）、现行市场价值（脱手价值）、可实现净值（销售获得的金额减去与销售相关的成本）和未来现金流量的（折）现值。Solomons（1986）认为，未能率先规范某种估价方法只是一种"借口"。还有许多人也赞同这种观点。例如，Nussbaumer（1992，p.238）说：

……SFAC 5（1984年12月）的发布是FASB概念框架项目中最令人失望的事情。它除了描述现有的实务外什么也没做；它不具有丝毫的规定性。FASB答应在SFAC 5中处理的确认和计量问题并没有得到解决，计量问题被回避了……如果FASB在只有7名委员的时候不能达成共识，那么整个职业界在这些问题上就不可能达成共识。FASB在这些问题上应该给整个职业界做出表率，不应为图方便而对其妥协。

Miller（1990）的看法与此相似。他认为，FASB概念框架最初提出了许多迫在眉睫的会计改革。例如，SFAC第1号明确地将财务报告使用者的需要放在首要考虑的位置。但是，当SFAC第5号发布时，"FASB没有足够的政治意愿去压倒反对改革的势力，也不愿支持在项目的确认和计量阶段广泛地应用现值，这股势头便消失了"（Miller，1990，p.32）。有趣的是，自从SFAC 5发布以来，FASB有关概念框架项目的活动很有限。SFAC 6于1985年发布，但这主要是一项早期公告（SFAC 3）的替代品。后来只发布了一项SFAC（SFAC 7，在2000年）。计量问题似乎是概念框架项目的一个真正的绊脚石。如果FASB对一种估价方法的支持胜过其他方法，将与现有会计实务产生重大分歧，不可能得到选民的认同。① 尽管这是猜测，或许FASB太过于政治化了。我们在本章的后面进行深入探讨。

6.2.3 （英国）《公司报告》

其他概念框架项目的进展也很缓慢。在英国，早期是在*公司报告*中制定了有关财务报告目标和识别使用者的指南，以及财务报告中使用的方法。这份报告是由英格兰和威尔士特许会计师协会的会计准则指导委员会于1976年制定的讨论稿。在本章接下来的讨论中，我们能看到，《公司报告》特别关注解决社会的权利。对于在社会中经营的主体，社会有权利获得其财务信息。采用的观点是如果社会允许组织经营，那么组织对社会负有责任。这种责任包括有义务提供有关其财务业绩的信息。这种财务

① 现行会计实务要求对不同种类的资产采用不同的计量方法。例如，存货采用成本与可变现净值孰低的方法，而有价证券以公允价值计量。如果发布的概念框架要求对所有资产采用同一种计量基础，这会对各种修订的会计准则产生重大影响。

报告使用者的观点比其他国家制定的框架中所采用的观点范围更广，涉及的团体与组织没有直接的经济利益，但是受其持续经营的影响。

《公司报告》也是英国政府法律改革绿皮书的一部分。这份报告最终没有形成法律，它的内容也未得到会计职业界的普遍认可。在1991年，英国会计准则委员会着手开展概念框架项目。框架在很大程度上与构成FASB与IASC框架的主要原则一致，由此放弃了在《公司报告》中提出的*使用者权利*这一更广泛的概念。

6.2.4 澳大利亚及其他地区概念框架的发展

澳大利亚、加拿大和新西兰等其他国家已投入资源致力于概念框架的发展。在澳大利亚，概念框架的工作始于20世纪80年代，在1990年发布了四项会计概念公告中的第一份。澳大利亚概念框架和FASB项目有许多相似之处。与FASB一样，其主要的困难是规范特定的计量原则。[①] 加拿大最初于1980年发布了一份名为《公司报告：未来演变》的文件。这份报告由Edward Stamp撰写，因此也把它称为《Stamp报告》。这份报告看上去基本照搬《公司报告》（这并不意外，因为Stamp是《公司报告》的作者之一），并且像《公司报告》一样，也未被会计职业界所接受。随后，进一步开展的工作是制定与FASB有很多共同点的概念框架。在1990年，新西兰的会计研究与准则委员会也开始了制定概念框架的工作，并且与在其他国家制定的框架有许多相似之处。从国际层面上讲，IASC在1989年发布了名为《财务报告编制与列报框架》的概念框架，在许多方面与上述国家制定的概念框架相似。考虑到国际会计准则/国际财务报告准则在欧洲和全球财务报告中占据了新的中心地位（尤其是自2005年1月以来），一些人认为IASB需要更新的概念框架来指导它的会计准则制定程序。IASB对此的回应是，与FASB联合采取行动制定一项新的概念框架。

这些信息所要表明的是许多国家投入资源发展概念框架。同时显而易见的是那些负责制定框架的人既不愿让会计实务发生巨大变化（这会明显限制他们对财务报告做出重大改变的能力）。在框架暗示有重大变化的地方，这些变化也不被会计职业界和许多选民们接受。下面的讨论将给出这个问题的原因。

6.2.5 IASB和FASB当前的努力

从2005年开始，IASB和FASB共同致力于制定修订版的概念框架，双方都将使用该框架。由于“趋同项目”，即IASB和FASB共同努力将两套会计准则趋同，便产生了对修订版概念框架的需要。最终的目标是IASB和FASB的会计准则具有高度的可比性，使美国将最终采用国际财务报告准则，并且在全球范围内将使用一套会计准则（国际财务报告准则）。正如在第4章所指出的，美国与其他国家不同，此时它并未采用国际财务报告准则，并且继续使用本国制定的会计准则。

趋同之前，由IASB和FASB各自发布的准则之间存在许多差异。两个委员会制

---

① 如前所述，澳大利亚从2005年开始采用IASB概念框架。这一举动依据的观点是随着澳大利亚从2005年选择采用国际会计准则/国际财务报告准则——许多都代表了澳大利亚会计准则重大的变化——那么它也不得不支持IASB的框架，鉴于国际会计准则和近期发布的国际财务报告准则的制定至少部分上是依据IASB框架的内容。澳大利亚采用国际财务报告准则意味着不但失去了制定会计准则的控制权，同时也失去了制定概念框架的控制权。当框架完成时，澳大利亚将采用IASB和FASB制定的新的概念框架，而澳大利亚几乎未参与到该框架的制定中。

定的概念框架也有许多差异。考虑到在 IASB 和 FASB 发布的会计准则趋同过程中所付出的努力，需要一个统一的概念框架。FASB 和 IASB（2005，p. 2）在解释需要一个修订的概念框架时，陈述说：

如果依据不同的框架决策，委员会将在准则趋同过程中面临许多难题……FASB 现有的概念公告和 IASB 的框架主要是在 20 世纪 70 年代和 80 年代之间制定的，表意清楚的概念经过很长一段时间才成为原则导向准则的一个充分的基础……尽管现有的概念是有帮助的，如果未来发布的准则是依据现有的 FASB 概念公告和 IASB 框架，那么 IASB 和 FASB 将不能完全实现发布一套通用的原则导向准则这一目标。那是因为这些文件需要细化、更新、完善和趋同。现有框架的许多方面并不一定需要做出改动，而是将同一概念本质的不同表达方式趋同。因此，项目将不会试图全面重新考虑现存的概念公告和框架的所有方面。取而代之的是，它将关注需要细化、更新或是完善的部分，尤其要关注不久更可能屈从于准则制定利益的概念问题。

关于制定统一的概念框架需要花费的时间问题上，FASB 和 IASB（2005，p. 16）陈述到：

联合项目是两个委员会主要的工作，会花费几年时间。在这段空白时期，委员会会参考现有框架指导准则的制定。

概念框架的工作将分如下八个阶段完成。在 2009 年初，A、B、C 和 D 四个阶段已经开始了：

阶段	*项目*
A	目标与信息质量特征。
B	要素的定义、确认和计量。
C	计量。
D	报告主体概念。
E	财务报告的边界，以及列报和披露。
F	框架的目标和地位。
G	非盈利组织对框架的应用。
H	其他问题。

修订概念框架进程的细节可以在 IASB 的网站（www. iasb. org）上通过概念框架项目的链接找到。

6.3 概念框架的组成部分

在本节我们了解一些在现有概念框架项目中已经形成的指南。讨论的主题包括报告主体的定义、财务报告已知使用者、通用财务报告目标、通用财务报告应该具有的质量特征、财务报告要素、财务报告要素确认和计量的可能方法。主要关注 IASB 框架现有的部分，因为这一部分框架正在指导许多已经决定采用 IFRS 的国家的会计实务，如澳大利亚。在合适的地方，我们还将参考 IASB/FASB 的联合概念框架项目目前开展的工作，考虑到这一工作会预示未来可能形成的指南。

6.3.1 报告主体的定义

有关财务报告的所有讨论中的一个关键问题是，主体的哪些特征表明它明显需要编制通用财务报告。*通用财务报告*是指由*报告主体*发布的，遵照会计准则和其他公认会计原则编制的财务报告，用来满足不同类型使用者的信息需要。这些财务报告可以与特殊目的财务报告进行比较，而特殊目的财务报告是用来满足特定使用者和团体的信息需要的。如先前所述，我们在本章了解的指南是关于通用财务报告的。

一些研究人员，如 Walker（2003），一直在批评用概念框架指导通用财务报告的实用性，因为单一的一套（框架）会计概念不可能满足各类不同利益相关者的信息多样性需求。

显而易见，不应该期望所有的主体都能编制通用财务报告。例如，要求一家街角小店的店主/经理编制通用财务报告（遵守大量的会计准则）的收益是有限的。几乎没有什么外部使用者在这个组织中持有巨额股份或有重大的利益关系。对于这类主体，它们的财务报告与概念框架有关，某些概念框架对其提供的指导有限。例如，IASC《财务报告编制与列报框架》中的第八段——记住这个框架现在已被采用作为 IASB 框架了（还有 AASB 框架）——中写道：

框架应用与所有的商业、工业和服务业报告主体的财务报告中，无论是公共还是私营部门。对于某一主体来说，使用者将其财务报告作为关于主体的主要财务信息来源，这样的主体叫作报告主体。

和上面的讨论一致，在 IASB 框架（第六段）中认为，通用财务报告应该“直接针对大范围使用者的普遍信息需求”。

与 IASB 框架相比，澳大利亚制定的概念框架更详细地阐述了报告主体概念。澳大利亚框架也更详细地阐述了通用财务报告的目标。因此，当澳大利亚于 2005 年采用 IASB 框架，同时也决定澳大利亚将继续使用四项会计概念公告中的两项。这四项公告是澳大利亚概念框架项目的一部分。也就是说，在 2005 年，澳大利亚概念框架成为 IASB 框架和两项澳大利亚会计概念公告混合的产物。特别是，澳大利亚保留了第 1 号会计概念公告《报告主体的定义》和第 2 号公告《通用财务报告目标》的使用权。IASB 框架取代了另两项会计概念公告，即第 3 号公告《财务报告的质量特征》和第 4 号公告《财务报告要素的定义和确认》。

在 FASB 和 IASB 的合作中，人们预计至少在某种程度上会用到第 1 号会计概念公告来进一步发展 IASB 和 FASB 联合概念框架中的报告主体概念。FASB 和 IASB（2005，p. 13）具体说道：

澳大利亚会计准则委员会确实在 1990 年发布了一份概念公告《报告主体的定义》，为经济主体下了定义，并检验了这个概念的含义，经济主体的定义是在共同控制下的一群主体，使用者依据通用财务报告做出有关这群主体共同经营的资源分配决策。委员会会发现这份概念公告对于形成一个完整、趋同的报告主体概念是有用的。

2008 年 5 月，IASB 发布了一份名为《初步意见——财务报告概念框架：报告主体》的文件，作为 IASB 和 FASB 联合项目的一部分。IASB 在陈述该报告的背景时（2008b，p. 1）称：

委员会现有的概念框架不包括报告主体的概念。IASB 的框架《财务报告编制与列报框架》用一句话为报告主体下了定义，并且没做进一步的解释。FASB 的《财务会计概念框架》既不包括报告主体的定义，也未对如何辨别报告主体加以讨论。结果，两个框架都没有确定报告主体的概念。项目在这一阶段（D 阶段）的目标是制定出报告主体的概念，并将其包括在委员会的通用概念框架中。

为了进一步弄清报告主体的构成内容，第 1 号会计概念公告称，所有的报告主体都应编制通用财务报告。通用财务报告被认为是遵照概念框架声明和会计准则而编制的。第 1 号会计概念公告的第 6 段进一步将通用财务报告定义为“试图满足使用者的普遍信息需求，这些使用者不能要求报告按其需求来编制，尤其是满足他们所有的信息需求”。

此外，在第 1 号会计概念公告的第 8 段中说，当存在这样的使用者时，应该编制通用财务报告，“他们的信息需求有共同的要素，而且这些使用者不能命令信息的编制来满足他们个人的信息需求”。

如果一个主体不被认为是一家报告主体（也就是说，缺少依靠通用财务报告的使用者），将不会要求其编制通用财务报告——也就是说，没有必要要求其遵守会计准则的规定。

因此，某一主体是否被划分为报告主体是由使用者的信息需求来决定的，并且要依靠职业判断。当判定某些使用者依靠通用财务报告来制定并评价资源分配决策，同时他们没有其他的渠道获得与制定决策相关的信息时，就认为这样的主体是报告主体。当依靠的程度不明显时，第 1 号会计概念公告提出了用以判断报告主体的因素（因此需要编制通用财务报告）。这些因素包括：

· 管理层与在主体享有经济利益的人分离（第 20 段）——随着所有权的分布越来越广以及/或经营权和所有权的分离程度越来越大，主体被认为是报告主体的可能性就越大。

· 主体对其他相关方的经济或政治的重要性/影响（第 21 段）——随着主体越来越占据市场的主导地位以及/或它对外部相关方的福利的潜在影响越来越大，主体被认为是报告主体的可能性就越大。

· 主体的财务特征（第 22 段）——随着销售量、资产价值、债务程度、消费者数量和雇员数量的不断增长，主体被认为是报告主体的可能性就越大。

显而易见，澳大利亚定义报告主体的方式是很主观的，并且会导致关于某一主体是否是报告主体的矛盾意见。有趣的是，澳大利亚法律制定了更客观的标准来判定何时要求公司提供按照准则编制的财务报告，这些标准写在《公司法》中，与收入总额、资产的货币价值以及雇员数量等计量方式有关。

6.3.2 财务报告的使用者

如果概念框架的设计是用来满足“大范围使用者的信息需求”，为了能有效地满足需求，框架必须能辨别出潜在的使用者及其主要的信息需求。IASB 框架中的第 9 段对使用者的定义包括投资者、雇员、债权人、供应商、消费者、政府部门和公众，比美国 FASB 使用的定义内容更广泛。在 FASB 的第 1 号财务会计概念公告（SFAC

1）中，财务报告主要关注现有和潜在的投资者及其他使用者（有直接经济利益或是某种程度上有间接经济利益的人，例如股票经纪人、分析师、律师或是监管机构）。在 SFAC 1 中，似乎很少考虑到公众是财务报告的合法使用者。但是，在 IASB 框架中，尽管辨别出许多使用者（按照他们可能的信息需求的性质），有人认为设计用来满足投资者信息需求的会计信息通常也会满足其他使用者的需求。根据“投资者是主体风险资本的提供者”，这项声明就是合理的（第 10 段），但是框架未解释为什么对风险资本的提供者有用的信息也可能在大多数情形下对其他类型的利益相关者也有用。

在澳大利亚，第 2 号会计概念公告（SAC 2）《通用财务报告目标》辨别出三种主要的通用报告使用者团体：资源提供者、商品和服务接收者以及履行审查和监督职能的团体。资源提供者包括雇员、债权人、债务人、供应商、投资者和捐助者，而商品接受者包括消费者和受益人。履行审查和监督职能的团体包括议会、政府、监管机构、分析师、工会、消费者组织、媒体和特殊利益集团。

因此 SAC 2 对使用者的定义范围很广，通过提到如“特殊利益团体”等相关方，可以解释为定义涵盖了“公众”。尽管可能没有像英国《公司报告》中的定义范围那么广——后者考虑了获得信息的“权利”，这种信息权利不一定和资源分配决策相关——澳大利亚的文件中对使用者的定义比 FASB 和 IASB 的定义要宽泛得多。在 SFAC 1 中，财务报告主要关注现有和潜在的投资者和其他使用者（有直接财务利益或是在某种程度上有间接经济利益的人，例如股票经纪人、分析师、律师或是监管机构）。在 SFAC 1 中，未对公众作为财务报告合理的使用者做太多考虑。

至于哪些团体应该被看做企业财务信息的合理使用者这一问题引起了许多争论。有许多人，包括《公司报告》的作者，认为所有受企业经营影响的团体都有权利获得报告主体的信息，包括财务信息，无论他们是否进行资源分配决策。

确实有许多人质疑对制定“资源分配决策”的信息需求是否是在确定组织是否有公共义务提供有关其财务业绩的信息时唯一或是主要的考虑问题。[①] 组织，尤其是大型企业，会对社会产生许多社会和经济影响，并且这些影响不只限于投资者或考虑要对组织投资的人。在很大程度上，组织影响的程度及其将有害影响降到最低的能力，将与它所控制的财务资源相关。就这点而言，可以得出一个合理的结论，即社会中的不同团体对组织的财务状况和经营成果信息都抱有合理的兴趣，并且把使用者的定义限定为投资者的做法似乎过于简单化。作为概念框架项目的一部分，IASB 在 2008 年发布的征求意见稿中写道（IASB 2008a，p. 16）：

> 主要的使用者团体包括现有的和潜在的权益投资者、债权人及其他债权人，无论他们是如何获得或者即将获得利益的。在框架中，*资本提供者*和*主张权利者*都可以用来指主要的使用者团体。
>
> 经理与主体的董事会（统称为管理层）也对主体的财务信息感兴趣。然而，管理层与主体的主要关系不是作为资本提供者。管理层有责任编制财务报告；管理层不是报告预定的接受者。其他有特殊需求的使用者，如供应商、消费者和雇员（当不

---

① 在第 9 章进一步探讨这个问题。

作为资本提供者时），以及政府机构和公众成员，也会发现满足资本提供者需求的信息对他们也同样有用；但是，由于资本提供者有更直接更即时的需求，财务报告并不主要针对这些其他的团体。

我们从这两段引文中可以看出，IASB 和 FASB 在目前的工作中对通用财务报告的使用者似乎仍持有狭隘的观点，并且往往无视那些在组织中没有直接经济利益的使用者的信息权利或需求。

关于期望财务报告的读者能具有的专业水平问题，公认的是期望读者具备一定程度的财务会计能力。因此，会计准则的制定以此为基础。FASB 概念框架提到了“熟悉情况的读者”。IASB 框架的第 25 段对此予以解释：“假定使用者对商业和经济活动以及会计有一定程度的了解，并愿意以合理的努力研究这些信息。”在最近的概念框架项目中，IASB（2008a，p. 40）与其观点一致，称：

假定财务报告的使用者对商业和经济活动以及会计有一定程度的了解，并能够读懂财务报告。在做决策时，使用者也应该以合理的努力重新审查并分析报告中的信息。

在考虑财务信息应该具有的规定的质量特征时（例如，相关性、可理解性）要求对报告使用者的能力做出一些假设。似乎那些负责制定概念框架的人认为没有任何会计专业知识的人不是报告主体的财务报告预计的读者（即使这样的人可能投入了大量钱财）。我们已经确定了通用财务报告的读者，现在要介绍的是针对这些使用者的报告目标。

6.3.3 通用财务报告的目标

长期以来，许多目标都归因于财务报告提供的信息。① 从传统上来说，列举的目标能够让外部人评估管理层的经管责任——也就是说，托付于管理层的资源是否已经为了预计或是适当的目的而使用。公认的是历史成本会计能够让管理层有效地对提供给报告主体的资源的经管责任予以报告。

另一个财务报告目标已经被普遍接受，具体内容是协助报告使用者制定经济决策。也就是说，最近较少强调财务报告的受托经营责任功能。例如，FASB 在 SFAC 1 中指出财务报告的主要目标是财务报告：

……应该为现有和潜在的投资者和债权人以及其他使用者提供有用的信息，来进行理性的投资、信贷和相似的决策。

这个目标提到了“理性的”决策。在经济和会计文献中普遍认为理性决策是使预期效用最大化的决策，而这里所说的效用常常被认为和财富最大化相关。FASB 框架强调那些在报告主体中有经济利害关系的人的信息需求。例如，上述目标提到的现有的和潜在的投资者和债权人的需要。目标也提到了“其他人”的需求，但是“其他人”也被解释为在报告主体中有经济利益的人。

这种对财务报告使用者的会计信息需求的关注在其他概念框架中也有所体现。例

---

① 在 1974 年 FASB 发布的讨论备忘录中，FASB 将目标定义为“努力的方向，可能是一个目标或是行动结束，或是一种意愿”。可能存在疑问的是信息本身是否能有目标。当然，信息使用者在运用信息后可以实现（或不实现）目标。但是，会计准则制定者常常谈到财务信息目标。关于这点，我们维持这一惯例。

如，在IASB框架中，财务报告的目标是“提供关于企业财务状况、经营成果和财务状况变化的信息，是对大范围的使用者决策有用的信息”（第12段）。[1] 这和澳大利亚发布的第2号会计概念公告（SAC 2）一致。SAC 2认为通用会计报告的目标是“为使用者制定和评估分配稀缺资源的决策提供有用的信息”。

IASB框架解释说：经济决策应该依据对企业未来现金流的评估。这表明通用财务报告的主要目标是帮助利益相关者判断可能的未来现金流。至于报告体系，一系列现金流预测对现有的着眼于报告过去交易和事项（其中一部分）结果的会计实务显然是一个重大的变化。但是，IASB框架（第15段）而后解释道：

如果提供给使用者的信息是关注主体的财务状况、经营成果和财务状况的变化，那么他们最好能够评估产生现金和现金等价物的能力。

因此，尽管财务报告的目标是为了帮助制定依据未来现金流的经济决策，IASB框架认为这个能让利益相关者评估现金流的目标将会通过资产负债表（也被称为财务状况表）、利润表（现在被称为综合收益表）和现金流量/资金流量表包含的信息得到有效的应对。因此，不必彻底改变主要的财务报告类型，但如果财务报告整体（也就是年报和账户）的目标是提供对经济决策有用的信息，这种改变就是必要的。

一旦我们接触到*决策有用*这个概念——它被所有的概念框架项目所接受——我们会有这样的疑问：历史成本信息（可以说对评价经管责任有用）是否对财务报告使用者的决策是有用的，如是否向某个组织投资或是借出资金。可以说，如果可以获得现行市场价值的信息，制定这样的决策会更有效。我们在第5章介绍的Chambers的持续现时会计模式里，财务会计的一个目标是提供关于主体的*适应能力*的信息。历史成本信息不能有助于实现这个目标。有趣的是，尽管IASB框架实际上并未解决计量问题，许多最近发布的会计准则要求对资产的估值以“公允价值”为基础，而对各种负债的估值也要以现值为基础。实际上，会计监管者似乎在逃避采用概念框架作为制定通用财务报告计量原则的基础，取而代之的是通过不断发布新会计准则的方式来对会计计量原则进行主要的修改。这种方式似乎不符合建立概念框架的理由。

除了*经管责任*和*决策有用*，另一个常常列举的财务报告目标是能够让报告主体阐明主体和其负有责任的其他团体之间的受托责任。Gray、Owen和Adams（1996，p. 38）给出了受托责任的定义：“对负有责任的行为提供说明或清算的义务。”由此引出的问题是报告主体对*谁*负有受托责任？为什么？对此有许多看法。在FASB项目中，那些有责任制定框架的人似乎认为有义务为那些在报告主体中有直接经济利益的人提供有关主体财务业绩的说明。强调的重点似乎是经济效率。这可以与英国《公司报告》中的指南进行对比。它认为只要组织接受某些责任，社会就会有效地允许它们存在，其中一种是组织有责任向整个社会解释它们的行为，而不是单独对那些在主体中有经济利益的人负责。《公司报告》的第25段做出了如下阐述：

获取公共信息的权利不是由报告主体的直接经济或人际关系引起的，而是由经济主体在我们的社会中起的总体作用引起的。这样的组织因社会的许可而存在，它们被赋予了特殊的法律和经营特权；他们为人力资源、材料和能源而竞争，而且他们利用

① IASB框架中明确提出的一个补充目标是更传统的财务报告经管责任，在第14段中写道，“财务报告也表明了管理层的经管责任，或是管理层对托管资源的受托责任”。

社会自有的资产，如道路和港口。

尽管《公司报告》强调了财务报告的受托责任观，但是这并未获得普遍认可。英国的立场（通过 ASB 随后的概念框架项目）基本上认可决策者的关注点，主要考虑的是那些在组织中有经济利益或利害关系的人的需要。

为了理解 IASB 和 FASB 对财务报告目标的“目前的想法”，参考 IASB 发布的一份征求意见稿很有帮助。这份意见稿是 IASB 为制定修订的概念框架而不断努力的成果。在财务报告目标方面，意见稿（IASB，2008a，p. 14）称：

通用财务报告的目标是提供有关报告主体的财务信息，这些信息对现有和潜在的权益投资者、债权人和其他债权人作为资本提供者，在能力范围内做出决策有帮助。对资本提供者决策有用的信息对其他非资本提供者的财务报告使用者也有帮助。

作为规范的会计理论，我们是否会接受新的概念框架中的规定取决于我们是否同意构成这项理论基础的关键假设和目标。因此，如果我们不同意上述的财务报告目标，我们很可能会排斥修订的概念框架中的大部分内容。

在继续了解一些建议的财务信息质量特征之前，出于完整性的目的，我们将简要提及占 IASB 框架单独一部分的基本假设，但是在其他大多数概念框架项目中没有给予其如此的重视。这些基本假设仅仅是为了使财务报告能满足提供有助于经济决策信息的目标。财务报告的编制应该以权责发生制和持续经营为基础。IASB 框架的第 22 段和 23 段具体阐述道：

22. 为了达到他们的目标，财务报告的编制以会计权责发生制为基础。在这个基础上，交易和其他事项的结果在发生时（不是在现金或现金等价物收到或支付时）确认，在相关期间登记入账并在财务报告中列报。以权责发生制为基础编制的财务报告告诉使用者不仅是过去的交易涉及现金支付和收取，还包括在未来支付现金的义务与在未来收到现金的资源。因此，财务报告提供的有关过去的交易和其他事项的信息类型是对使用者进行经济决策最有用的。

23. 编制财务报告通常依据的假设是：主体是持续经营的，并将在可预见的未来继续经营。因此，假定主体既没有动机也没有必要去清算或大幅度缩减经营规模；如果存在这样的动机或必要，财务报告可能得在不同的基础上编制。如果这样的话，要披露使用的基础。

6.3.4 财务报告的质量特征

如果人们认为财务信息应该对经济决策有用，如概念框架所表明的，那么随后要考虑的问题（或按早先使用的术语，随后要考虑的“组成部分”）是：如果财务信息对这样的决策有用的话（暗示缺少这样的质量会让通用财务报告达不到关键目标），它应该具有的质量特征（属性或质量）。

概念框架已经投入了大量的物力来讨论财务信息的质量特征。IASB 确认的四项主要质量特征分别是*可理解性*、*相关性*、*可靠性*和*可比性*。

· 可理解性

在 IASB 框架中，如果信息能被有一定经济和会计知识的使用者理解（如本章之前讨论的），就认为它是*可理解的*。但是，这不意味着和经济决策相关的复杂信息应该从财务报告中省略，只是因为它可能不被一些使用者理解。鉴于制定概念框架主要是用来在确定会计规则的过程中指导会计准则制定者（而不是主体在编制财务报告时要提及的一系列规则），最好将*可理解性*这个质量特征看做对准则制定者提出的要求（或挑战），来确保根据他们制定的处理复杂问题的会计准则做出的会计披露具有可理解性（不管潜在的交易或事项是否是复杂的）。根据你在会计实务方面的知识，你认为会计准则制定者是否成功地完成了这项任务？

· 相关性

在 IASB 框架中，信息被认为是相关的，如果它：

……通过帮助使用者评估过去、现在或未来的事项，或者坚持或更正他们过去的评价来影响他们的经济决策（第 26 段）。

相关性主要包括两方面内容——相关的信息应该既有*预测价值*又有*反馈（或确认）价值*，后者是指信息在坚持或更正早期预测时的效用。

· 重要性

和*相关性*概念联系紧密的是*重要性*概念。各种概念框架项目都将这个质量特征包括在内。例如，在 IASB 框架的第 30 段中写道，某个项目是重要的如果：

……它的遗漏或错误陈述会影响使用者依据财务报告做出的经济决策……重要性给出了分界点，而不是作为有用的信息必须具备的主要质量特征。

重要性是限制提供给财务报告使用者易于理解的信息数量的依据。可以说，为报告的读者提供成百页可能相关和可靠的信息是非常糟糕的做法——这只会带来信息超载。但是，重要性非常依赖主观判断，有时我们可以预计，当未能披露一些被认为对报告主体可能有害的信息时，重要性实际上会被当做上述行为合理化的理由。

· 可靠性

我们来看另一个重要的质量特征，如果信息“免于重大的偏见及错误并且使用者可以信任它能够真实反映”它宣称要反映的潜在事项，那么信息就是可靠的（IASB 框架，第 31 段）。在美国，SFAC 2 将可靠性定义为“确保信息免于错误和偏见并能忠实反映它意欲要反映的事项的信息质量”。SFAC 2 指出可靠性有*真实反映*、*可验证性*和*中立性*的作用。根据 SFAC 2，*真实反映*指“一种计量方法或一种描述与其意欲反映的内容之间的一致或共识”。*可验证性*在 SFAC 2 中的定义是“通过在测量人员之间达成共识，确保信息能反映它意欲反映的事项，或是在使用所选择的计量方法时没有错误或偏差的能力”。*中立性*是指信息的构建或编制不是为了产生一个事先确定的结果。

除了免于偏见和重大错误之外，IASB 框架从*真实反映*、*实质重于形式*、*中立性*、*审慎性*和*完整性*五个方面来评定可靠性。当交易的经济实质和法律形式不一致时，*实质重于形式*要求会计反映交易的经济实质（影响）。IASB 框架的第 37 段中称*审慎性*是“在不确定的情况下做出所要求的估计时，在判断中加入的谨慎程度”，但这不至于造成“过度预防，故意低估资产或收入，或是故意高估负债或费用”，因为这会和中立性的要求相矛盾。

审慎性的概念与中立性和真实反映三者结合在一起，影响着在传统上如何操作财务会计。传统上讲，会计人员采取稳健主义或审慎的原则。在实务中，这意味着资产列示的价值绝不能超过它们的可实现价值（但是，它们可以被低估），负债绝不能被低估（尽管普遍认为可以低估负债）。也就是说，传统上存在一种偏见，认为应该低估主体的净资产。这样的理念似乎和“免于偏见”的质量特征不一致。在最近的概念框架项目中（如英国会计准则委员会的*原则公告*和澳大利亚的概念框架项目）以及最近在许多司法辖区内制定的会计准则中，对审慎性的要求被“软化了”，以此支持将更多的关注放在中立性和真实反映上。

· 可比性

IASB 框架的最后一个主要的质量特征是*可比性*。为了有助于不同主体的财务报告进行比较（对某一主体不同时期的报告进行比较），披露和计量方法必须一致——但是如果和主体环境不再相关时应该改变。Loftus（2003）和 Booth（2003）、Wells（2003）的研究认为概念框架的一个关键作用应该是生成一致的会计准则，这样会使不同主体之间的会计信息具有可比性。如果没有这种可比性，使用者难以评价会计信息。

一致性等可行的特征暗示限制报告主体能使用的会计方法的做法有许多优点。但是，其他学者认为，任何减少主体能使用的会计方法的行为可能导致企业的经营效率降低（Watts 和 Zimmerman，1986）。例如，管理层选择某一会计方法是因为他们相信在特定的并可能是独一无二的情况下，特定的会计方法可以最好地反映出企业的基本绩效。限制使用特定会计方法会造成外部团体监控主体绩效的效率降低，而人们认为这本身会增加报告主体的成本（应用在实证会计理论中的“效率观”，详见第 7 章）。

与*效率观*一致，如果假定公司采用特定会计方法是因为该方法能最好地反映主体根本的经济业绩，那么一些理论家认为财务会计监管向报告主体施加了无根据的成本。例如，如果发布了一项新的会计准则，禁止使用一种某一组织在用的会计方法，这将造成效率低下，因为编制出的财务报告将不再能最好地反映出企业的绩效。许多理论家认为在给定的情形下，同时政府和/或其他人不加以干涉时，管理层能够选出最适合的会计方法。

· 平衡相关性和可靠性

回到 IASB 框架的具体要求上来，如果信息有助于做出经济决策，那么该信息应具有四项主要的质量特征，这一点很重要。但是，与*可理解性*和*可比性*相比，IASB 框架似乎更看重*可靠性*和*相关性*。在平衡相关性和可靠性时，第 32 段指出“信息可能相关，但本质或表达上毫不可靠，以至于它的确认可能具有误导性”。

在决定是否披露某一信息时另一个需要考虑的因素是在生产相关和可靠的信息时可能会有的约束条件。IASB 框架讨论了两种这样的约束条件：*及时性*、*平衡成本和效益*。关于前者，第 43 段认为对于多数会计信息来说，要对迅速生成信息（由此提高了信息的相关性）和准确计量这种信息（因此是*可靠的*）两者之间做出权衡，因为如果要生成准确的信息，常常需要经过一段时间后进行进一步的证实。在这些情形下，如何平衡相关性和可靠性要依据主观判断（也就是说，需要多长时间才能达到规定的可靠性程度）。

也就是说，我们确保信息可靠的时间花的越长（可能通过各种审计方式），信息相关度就越低。

另一个主要的约束条件是考虑披露的成本和效益，这是一种非常主观的行为，需要对许多问题做出决策。IASB 框架的第 44 段要求“信息产生的效益应该大于提供信息的成本”。但是我们要从谁的角度来考虑成本和效益呢？属于一些使用者团体的成本和效益比其他团体的更重要或更不重要吗？等等此类问题。任何关于成本效益的分析都主要依靠职业判断并接受批评意见。

有趣的是参考 IASB 和 FASB 关于财务报告可行的质量特征的“最新观点”。在 IASB 和 FASB 的联合行动中，它们于 2008 年发布了一份征求意见稿（IASB，2008a）。意见稿中写道：

有用的财务信息必须具备两个基本的质量特征——*相关性*和*真实反映*。

因此，尽管现有的《IASB 财务报告编制与列报框架》有四项主要的财务报告质量特征（相关性、可靠性、可理解性和可比性），IASB 和 FASB 政治制定的概念框架草案将四项“主要质量特征”缩减为两项“基本的质量特征”：*相关性*和*真实反映*。

在 2008 年的征求意见稿中可靠性质量特征被“真实反映”所取代；在之前的文件中，“真实反映”被当做可靠性的一个组成部分。关于真实反映，征求意见稿中写道（IASB，2008 a，p. 36）：

当对经济现象的描述完整、中立，并免于重大错误时，便达到了真实反映。真实反映经济现象的财务信息描述了潜在交易、事项或环境的经济实质，而它并不总是与法律形式相同。

在解释为什么会建议替换掉“可靠性”作为主要的财务报告质量特征，征求意见稿中写道（IASB，2008 a，p. 47）：

考虑到可靠性质量特征的本质以及有关它的长期问题的严重程度，还有之前为解决这些问题而付出的努力，委员会决定重新考虑可靠性这个概念。由于未来对可靠性含义的解释不可能有多少成效，委员会找到了另一个能够更清楚地传达出本意的概念。

真实反映——财务报告对经济现象的真实描述——是决策有用的信息所要具备的基本条件。为了真实地反映经济现象，会计的反映必须是完整、中立并免于重大错误的。据此，委员会提议“真实反映”应包括之前的框架中所包含的可靠性的所有关键质量。

IASB 框架确定的另两个主要的质量特征是*可理解性*和*可比性*，在 IASB 的草案文件中将其重命名为“加强的质量特征”。另外两个“加强的质量特征”也被包括在内（因此一共有四项“加强的质量特征”），分别是*可验证性*和*及时性*。IASB（2008 a，p. 38）称：

加强的质量特征是对基本质量特征的补充。加强的质量特征将较为有用的信息与不太有用的信息区分开来。加强的质量特征分别是*可比性*、*可验证性*、*及时性*和*可理解性*。这些特征加强了相关并真实反映的财务报告信息的决策有用性。

· 财务报告能中立无偏地反映主体的经营成果和财务状况吗？

正如上述一些材料所反映的，通过回顾现有的概念框架，如 IASB 框架或是 IASB 和 FASB 合作提议的框架，可以看出概念框架支持这样一种观点，即如果恰当地执行，会计能够提出有关报告主体经营成果和财务状况的客观（*中立的*和*真实反映*）看法。Hines（1991，p. 314）回顾这一观点时说：

……奠定概念框架的本体论假设认为财务会计与经济现实之间是一种单向的、映照的或是真实复制的关系：经济现实客观存在，为多数人所了解，具体而且独立于财务会计实务；财务会计反映、映照、表现或计量这一业已存在的现实。

事实上，功能强大的会计体系的作用可以和制图（绘制地图）相对比。也就是说，就像某一地区能客观地被“绘制”，一些人认为企业的财务状况和经营成果也能如此（Solomons，1978）。但是，正如我们所认识到的，会计实务非常依赖职业判断。正如我们将在有关确认的小节中看到的，财务会计要素在一些司法管辖区和 IASB 框架中明确地与评估概率有关。显而易见，这样的评估带有一定程度的主观性。制图并不依赖对概率的主观评估。①

尽管概念框架支持如中立性和真实反映等质量特征，相信财务会计能客观反映主体的绩效是否有效或现实呢？在第 3 章我们了解到一些调查了会计监管的经济后果的研究。它解释说，在一家会计准则制定机构发布新的或修改的报告要求之前，它会试图考虑决定发布这项会计准则之后会产生的经济后果。即使提议的会计规则被认为是会计核算的最好方式（无论是否是确定的——这当然会成为一项具有争议的话题），如果这项会计规则将造成向某些团体（例如报告编制者）强加大量成本，那么准则制定者会放弃实施该准则的计划。一旦职业界开始考虑某些会计准则的经济后果，很难想象能真正地将会计准则和会计看做是客观或中立的。

有一篇文献是关于经济影响的问题（实证会计理论，我们已经简要讨论过了，并将在第 7 章继续探讨），文中指出那些负责编制财务报告的人将受自利的影响来选择会计方法，而这些会计方法会为他们的个人财富带来令人满意的结果。也就是说，这篇文献预测会计职能涉及的经理或其他人总是将他们的个人利益置于他人之上。②如果我们接受这篇文献的观点，我们可能会因客观性和中立性并不真实而不予以考虑。自利的观点常常被用来解释“创造性会计”的现象——是指那些负责编制财务报告的人从他们的角度来选择能够提供最想要的结果的会计方法（如在安然发生的情况）。

会计准则和概念框架构成通用财务报告的基础。正如我们在前面章节所提到的，会计准则和概念框架的制度要通过公开咨询，包括发布征求意见稿，接下来审阅由各种利益团体提出的建议，包括报告编制者和财务信息的使用者。因此，可以认为最终完成的会计准则和概念框架的程序是政治性的。政治的解决方法和妥协影响着列报的财务信息，因此，这种信息是政治程序的结果——在这个程序中，与其他团体相比，具有特定属性（权力）的团体对最终的财务报告规定有相对更大的影响。可以认为，这对披露的财务信息的中立性和客观性有影响。Hines（1989，p. 80）认为许多不参与准则制定程序的个人会非常吃惊地发现会计准则的制定实际上是多么具有政治性。她

---

① 如果制图依赖对概率的主观评估，我们可以想象，当船长仅能依据海洋地图判断某块暗礁很可能安全越过时，会出现大量的死伤。

② 实证会计理论的提倡者常常举的一个例子是给予管理者与会计系统的结果，例如与利润联系紧密的奖金。人们会认为在这样的情况下，管理者将有动机提高报告利润，而不是保持客观中立。

说："不仅应该由职业会计师来统一规范会计知识，会计信息的使用者也应参与其中，会计的局外人可能觉得这是一件不寻常的事——很像医生和病人合作发展医学知识"。

许多作者写了大量有关会计中立性这一明显的"神话"的材料，Hines 也是其中一位。Hines（1988）认为参与会计实务和监管的团体，在关于应该强调主体业绩哪些属性的问题上（例如，*利润*或*资产的回报率*），以及主体经营的哪些属性（例如，员工健康和安全的支出）不用单独强调或说明的问题上施加了他们自己的判断。会计人员"假借"客观性的名义，能决定主体经营的哪些方面是重要的，以及可以用哪些方法作为比较不同企业之间业绩的方式。例如，美国 SFAC 1 告诉我们，报告收益可以用于衡量某一时期*企业的业绩*（第 45 段）——但显然还有其他关于企业业绩的观点（一些方法相对于财务性，更具有社会性）。[①] Hines（1991，p. 322）强调会计师在*传达现实*的同时也在*虚构现实*。

如果人们把对现实的定义或对它的描述，例如一份组织结构图、一项预算或是一套财务报告，当做现实，那么他们的行为将以此为依据，并由此能永远描述现实。为了达到这个目的，还要证实上述对现实的描述。已经按照现实的定义而采取行动，并且由此造成的后果源自现实的概念。回顾过去，对于社会演员来说，这些同样的后果似乎证明了他们真的将行为建立在现实的定义上……基于上述的描述做出的决策和采取的行动对后果进行了预测。回顾过去，这些后果通常证实了后续描述的正确性，比如一名调查员或一位新闻记者暗示某套"健康的"财务报告并没做到真实反映，某家公司"真的"陷入了麻烦之中。如果这种新的现实的定义被比方说债权人接受了，他们会感到恐慌并会促使公司破产，或者他们会通过法庭程序申请破产清算。如果接受了新的现实的定义，它将"从后果中被证明是真实的"，因为人们依据它采取行动。

直到会计人员确定某些项目值得作为会计制度的内容，否则在某种意义上这个问题或项目并不存在。该项目不具有透明性，并且就其而言也看不出有任何受托责任。Handel（1982，p. 36）采用了这种观点，他认为：

独立于账户存在的事物在会计将其入账后就具有了人为的痕迹。不存在的事物也可以通过登记入账变得对人类有意义……账簿在定义事实的同时本身就是这一事实……登记并认可账簿的过程是基本的社会程序……账户并不会大致准确地描述事情。相反，账户在事情发生的环境下确定将哪些内容登记入账。无论根据其他准则的规定这些记录准确与否，账户仍依具体情况定义事实，具体情况是指人们根据他们的行动中可以登记入账的内容采取行动。账户为行动提供了依据，为事实下了定义。只要它仍然负有会计责任，这种行为就会继续。[②]

因此，我们可以看到有许多观点认为中立性等特征尽管在概念框架的发展中起了一定的作用，但是人们不能或是可能从不期望能用它来反映财务报告潜在的特征。和本书呈现的许多材料观点一致，我们是否接受这些观点取决于个人的看法。Baker 和 Bettner（1997，p. 293）下列的声明是质疑相信会计实务具有客观性和中立性的总结

① 当然，财务"业绩"和关于应该应用哪种会计方法、资产应该按多少年摊销等等的判断联系非常紧密。而且，因为会计规则随着时间改变，这本身会导致报告利润的变化，由此导致在可见的"业绩"上的变化。

② 引自 Hines（1991）。

性评论：

会计创造和控制社会现实的能力转化成使用它的人的权力。这样的权力存在于组织和机构中，被用来灌输价值观，维持合理性神话，掩盖冲突和提升自我永存的社会秩序。在整个社会，会计的影响渗透到有关财富分配、社会公正、政治形态和环境恶化等重要的问题中。和公众的意见相比，会计不是经济现实的静态反映，而是一种具有高度党派性的活动。[①]

6.3.5 财务报告要素定义

我们已经了解了有关财务信息需要具备的质量特征的观点，我们要了解的下一个组成部分是财务报告要素是如何定义的。概念框架中的定义指出了认定某一项目属于某一类要素之前（例如，在确认它为资产之前）需要具备的特征或属性。另一方面，确认标准（我们将在本章的下一节讨论）是用来确定某个项目是否确实能列示在财务报告中（也就是说，是否应该确认某一交易或事项对账户产生了影响）。

在定义财务报告要素时采用了其他可替代的方法。在美国，在 SFAC 3 中确定了 10 个财务报告要素，随后在 SFAC 6 中也是如此。[②] 这些要素分别是资产、负债、权益、投资、分配、综合收益、收入、费用、利得和损失。IASC 1989 年的框架（后来成为 IASB 框架）确定了 5 个要素，分为两大类。第一类是与*财务状况*有关的要素，包括*资产*、*负债*和*权益*；第二类是和*经营成果*有关的要素，包括*收益*和*费用*。在英国，在 ASB 1999 年的框架中定义的要素介于美国和 IASB 框架之间，分别是*资产*、*负债*、*所有者利益*、*利得*、*损失*、*所有者投入*和*对所有者分配*。根据 SAC 4（现在由 IASB 框架所替代），澳大利亚概念框架确定了 5 个要素，分别是资产、负债、权益、收入和费用。

FASB 概念框架中并不是仅仅有一个单一的名为*收益*的要素（或是在 ASB 框架中的利得），而是规定了两个要素——*收入*和*利得*。其中收入与主体“持续的主要或核心经营”有关，而利得是关于“次要或偶然的交易”。显然，FASB 分类体系要求对项目是否和主体重要经营相关这一问题做出判断。这种区分允许存在这样的可能性，即管理者可能投机取巧地操纵项目，将其作为持续经营的部分处理或是作为次要或偶然的交易来处理。

有不同的方式可以用来确定利润（收入减去费用）。其中两种方式通常被称为*资产负债观*和*收入费用观*。资产负债观将利润和报告主体的资产和负债的变化联系在一起，而收入费用观则是趋向于依靠配比原则等概念，这种方法非常关注实际发生的交易，较少考虑资产和负债价值的变化。大多数概念框架项目，包括 IASB 框架和 FASB 框架，都采用资产负债观。在这些框架内，财务报告要素的定义必须从资产和负债开始，因为其他要素的定义是由资产和负债的定义衍生出来的。随着我们对每一个会计要素的了解，这应该变得显而易见——我们马上就要开始依次了解每一个要素。有关确定利润的“资产负债观”，FASB 和 IASB（2005，p. 7 和 8）陈述说：

---

① 会计实务提供了维持现有权力和财富状况的手段，这一观点由受青睐的“精英”提出，我们将在第 12 章对其进行进一步的调查。在第 12 章中，我们要了解一群被称为“批判理论家”的研究成果。

② SFAC 3 被 SFAC 6 取代。SFAC 3 和商业企业有关。SFAC 6 包括非营利组织。

在两个（FASB和IASB）框架中，要素的定义与“资产负债观”一致。在这种观点下，收益是对企业某一时期净资源增量的计量，主要由资产的增加和负债的减少确定。对收益的定义是基于经济学中很流行的一种理论：主体的收益客观上是由其财富的变化加上当期消费的金额决定的（Hick，pp. 178－179，1946）。在负债、权益以及根据资产定义的收益的定义中也贯彻了这种观点。也就是说，这个观点赋予了资产“在概念中的首要地位”。这种观点和“收入费用观”相对。根据后者，收益是企业某一时期盈利活动的产出和投入的差额，主要是由收入（合理确认）和费用（或者合理地与收入配比，或者用一种避免扭曲收益的方式系统并合理地分配到报告期间）确定的……一些评论家最近提倡采用收入费用观。但是，在最近由2002年萨班斯法案授权进行的一项有关原则导向准则的研究中，美国证券交易委员会认为：

……在准则制定中使用收入费用观是不合适的——特别是在目标导向的体制下……历史经验表明，资产负债观通过对潜在的经济实质做出最强的概念映射，能最恰当地稳固准则制定程序（p. 30）。

……FASB在继续迈向目标导向准则制定体制时应该维持资产负债观（p. 42）。

·资产的定义

在IASB框架中，第49页（a）给出的资产定义是：

……由过去的事项产生的，为主体控制的，预计能给主体带来未来经济利益的资源。

这个定义和FASB采用的定义很像，确定出三个重要特征：

1. 必须有预计的未来经济利益。
2. 报告主体必须*控制*产生未来经济利益的资源。
3. 使报告主体控制未来经济利益的交易或其他事项必须已经发生。

IASB框架明确表示未来经济利益可以与利益资源——一种特定的对象或权利——区分开来。定义指的是利益而不是资源。因此，一个对象或权利是否作为资产披露将取决于它可能带来的经济利益。没有利益，该对象不应该作为资产披露。IASB框架的第59段陈述说：

在发生支出和生成资产两者之间有紧密的关联，但是这两者不一定完全吻合。因此，当某一主体发生支出时，这证明会有未来的经济利益，但这不是已经获得了满足资产定义的某个项目的决定性证据。

概念框架不要求某个项目在确认为资产之前必须具有交换价值。经济利益可能源于它在组织中的持续使用（常常指使用价值）。这种方法可以和Raymond Chambers提出的会计模式——持续现时会计（我们在第5章所了解的）——进行对比。根据Chambers的会计方法，如果一项资产不具有现行市场价值（交换价值），那么无论它是否具有使用价值，都不会包含在财务报告中。

*控制*的特征与报告主体从资产获益并拒绝或管制他人获益的能力有关。控制能力通常起源于法律权利。但是，法律的可执行性不是控制存在的一个先决条件。因此，重要的是意识到在资产能在主体的财务状况表（资产负债表）内列示之前就需要能够对其控制，而不是具有法定所有权。通常受控制的资产为企业拥有，但是这并不总是这样。IASB框架的第57段指出：

在确定资产的存在时，所有权并不是基本条件；因此，例如如果主体控制了租入财产预计能带来的利益，那么这项财产也是主体的资产。尽管主体控制利益的能力常常源自法律权利，即使不存在法律控制，某个项目也可能满足资产的定义。

尽管上述资产的定义正被采用国际财务报告准则的国家（如澳大利亚）所使用，应该注意的是，这个定义在未来几年可能发生改变。鉴于资产的定义对财务报告至关重要，可以想象，任何改动都会对财务报告产生广泛的影响。在FASB和IASB的合作中，FASB和IASB发布了一份名为《项目更新：概念框架——B阶段：要素和确认》的文件。这份文件提到，现在的资产定义依据“控制”、“预计”、利益“流入”的概念，存在许多缺陷。委员会提出（FASB，2008）：

委员会同意现行框架中的资产定义具有如下缺陷：

一些使用者将“预计”（IASB定义）和“很可能”（FASB定义）的概念误解为为了满足定义的条件，未来经济利益流入的可能性必须很高。这将未来经济利益流入的可能性较低的资产项目排除在外。

定义过多地强调了识别未来经济利益流入，而不关注当前存在的项目——经济资源。

一些使用者误解了“控制”的概念，并把它理解为合并会计中的控制概念。这一概念应该关注主体是否有某种权利或有某种特权获得经济资源。

定义过分强调了要辨别产生资产的过去的交易或事项，而不关注主体是否能在资产负债表日获得经济资源。

在咨询了技术专家之后，委员会决定考虑下面关于资产的可行定义：

主体的资产是主体可以通过强制执行的权利或其他方式获得或限制他人获得的现有经济资源。

这个定义是否会替换现在的定义将在几年之后揭晓。当然这个定义本身似乎也有一些局限性。

·负债的定义

IASB第49段（b）将负债定义为：

……主体过去的事项形成的，预期对其结算会导致经济利益流出主体的现时义务。

这个定义也和其他概念框架给出的定义十分相似。和资产定义一样，负债有三个重要的特征：

1. 预计未来必须有弃置的经济利益或有经济利益流向其他主体。
2. 必须是一项现时义务。
3. 必须是过去的交易或其他事项形成该义务。

上述给出的负债定义并不仅限于法律义务的“负债”。在某些情况下，权益或通常的企业实务指定目前存在对外部团体的义务，这时也应该确认负债。《财务报告编制与列报框架》（IASB）的第60段中写道：

负债的一个重要特征是主体有现时的义务。义务是按某一方式行动或执行的责任或职责。义务可能由于法律约束力的契约和法定条件而具有法律强制性。通常的情况是，例如，因收到商品和服务而要支付的金额。但是，义务源自正常的企业经营、习惯和维持良好的商业关系或公平行为。例如，如果某一主体出于政策要求决定修复产品的故障，即使在过了保证期之后这些故障才变得明显，那么预计花费在已售商品上的金额就是负债。

因此，在主体的资产负债表（或者叫做财务状况表）中出现的负债可能包括具有法律强制性的义务，以及被认为是公平或推定的义务。当判定负债是否存在时，管理层的意图或行为需要加以考虑。也就是说，主体的管理层或理事机构的行为或表现，或者经济环境的变化，直接影响在外部人士的合理预期或行为。尽管他们没有法律权利，但他们可能通过其他的制裁方法让主体无从选择，只能牺牲未来的经济利益。这种现时的义务有时被称做"公平义务"或是"推定义务"。公平义务受社会或道德制裁或是习惯的主宰，而不是法律制裁。推定义务是由特殊情况下的事实创造、推断或臆测出来的，而不是由与另一主体达成的协议引起的，或是由政府施加的。

确定公平或推定义务是否存在常常比识别法律义务更困难。在大多数情况下，需要用主观判断来决定公平或是推定义务是否存在。其中一个判断依据是主体除了牺牲未来的经济利益外，没有其他实际的替代方法——这暗示不存在自行处理的权利。当主体保留了自行处理的权利以避免牺牲任何未来的经济利益时，就不存在负债，也不对其确认。因此，仅有主体的管理层或理事机构的决策不能确认负债。这样的决策不能标志现时义务的形成，由于还缺少别的条件，主体保留了撤销决定的能力，由此避免了牺牲未来的经济利益。例如，某企业的管理层或理事机构可能决定要修补最近在产品中发现的一处缺损，尽管就缺损的性质而言，产品的购买者不期待企业这么做。企业公开宣布上述提议，或是承诺用其他方式来修补缺损之前，除了满足现有消费者的法定和合同权利外，没有推定的或其他的现时义务。

规定负债的确认要依据对其他主体的现时义务，这对各种准备账户的披露有影响，如保全准备。一些国家的公认会计实务要求将这些金额作为负债披露，即使它不包括对外部团体的义务。IASB 框架第 64 段部分阐述了这一问题，里面写道：

……当一项准备具有现时义务，并满足其余部分的定义时，即使金额是估计出来的，它也是一项负债。比如在现有担保下预付款项的准备，以及履行养老金义务的准备。

因此，IASB 框架要求估计（因此是不确定的）现时义务。该义务是由过去的事项形成的并可能导致经济资源的流出。这样的现时义务按负债处理。在较近一段时期的概念框架中（如 ASB 的英国和爱尔兰框架，以及澳大利亚会计准则委员会的框架——因为欧盟和澳大利亚从 2005 年开始采用 IASs 和 IFRSs，所以两者实际上都被旧的 IASB 框架取代了），明确规定不能将未承诺的准备划分为负债。例如，在澳大利亚 SAC 4 的第 60 段中写道：

一些主体在对大型固定资产实行大修理、修补和更新时，常常在他们的财务报告中为这些要在未来进行的工作做"准备"，同时将其确认为费用。这些准备不满足负债的定义，因为主体没有对外部团体的现时义务……同时，一些主体为未保险的未来损失创造了"准备"（有时称其为"自我保险准备"），目的是使主体保留资金来应对在未来可能发生的损失。在这些情况下，主体对外部团体没有义务。[①]

与资产的定义一样，IASB 和 FASB 最近也建议修订负债的定义。IASB（2008b）称：

委员会同意现行框架中的负债定义具有如下缺陷：

一些使用者将“预计”（IASB 定义）和“很可能”（FASB 定义）的概念误解为为了满足定义的条件，未来经济利益流出的可能性必须很高。这将未来经济利益流出的可能性较低的负债项目排除在外。

定义过多地强调了识别未来经济利益流出，而不关注当前存在的项目——经济义务。

定义过分强调了要识别形成负债的过去的交易或事项，而不关注主体是否在资产负债表日有经济义务。委员会考虑了下面关于负债的可行定义：

“主体的*负债*是要求主体强制执行的现时经济义务。”

与建议的资产定义一样，提议对负债定义的修改可能会对财务报告产生重大影响。例如，该定义会将不要求企业强制执行的推定或公平义务排除在外。这会产生与现有实务的较大分歧。再次重申，建议的定义最终是否会成为修订的概念框架的一部分尚待讨论。

· 权益的定义

IASB 框架的第 49 段（c）将权益定义为“主体的资产减去它的所有负债后的剩余利益”。也就是说，权益等于资产减去负债（在公司里权益用“股东权益”表示）。这个定义本质上与 FASB 和 ASB（还有澳大利亚之前的概念框架）给出的定义一样。剩余利益是对报告主体净资产的主张或权利。作为剩余利益，其对报告主体的资产要求权排在负债之后。和确定利润的*资产负债观*一致（在前面讨论过），权益的定义直接依据资产和负债的定义。损益、收入和费用可依据权益变化（即净资产的变化）进行计算。

· 收益的定义

和*资产负债观*一致，由 IASB 框架规定的收益（和费用）的定义依据已给出的资产和负债的定义。第 70 段（a）定义收入为：

……在会计期间会导致权益增加的、与所有者投入资本无关的经济利益流入，表现为资产流入企业，或资产增值或负债的减少。

这个定义与 FASB 的定义大体一致，除了 FASB 在 SFAC 3 和 SFAC 6 中的定义限定收益来自与主体“持续的主要或核心经营”相关的交易和事项。

因此可以认为，收益来自引起报告主体净资产增加的交易或事项。严格来讲，根据收益的定义，所有资产市场价值的增加都可以被确认为收益。但是，情况常常并非如此。

在 IASB 框架中，在正常的交易关系中可以确认收益，此外，一方向另一方的转移也可以确认收益，如补贴、捐赠、遗赠或是豁免的负债。

IASB 框架将收益进一步细分为收入和利得。依照 IASB 框架，“收入产生于主体

① 正如之前所述，在澳大利亚，SAC 4 在 2005 年被 IASB 框架取代。

的日常活动，有不同的称谓，如销售额、手续费、利息、股利、版税和租金”。“利得”代表其他满足收入定义的项目，可能是也可能不是在企业的日常活动中产生的。例如，利得包括处置非流动资产获得的收益。在确定部分收益是应该划分为收入还是利得时要涉及某种程度的职业判断。从概念上讲，我们还不清楚为什么 IASB 框架将收益划分为收入和利得。框架内仅对这种划分给出了最低限度的解释。

· 费用的定义

和收益一样，费用的定义依赖于资产和负债的定义。IASB 框架的第 70 段（b）将费用定义为：

……在会计期间导致所有者权益减少的、与向所有者分配利润无关的经济利益的减少，体现为资产的流出，或资产损耗或负债增加。

在 IASB 框架中没有提到传统的将费用与相关收入“配比”的概念。FASB 在 SFAC 3 和 SFAC 6 中给出的定义也是如此，但限定费用来自于与“持续的主要或核心经营”相关的交易和事项。[①]

因此可以认为收益来自引起报告主体净资产减少的交易或事项，而非那些导致向所有者分配利润的事项。它们包括由不受主体控制的事项引起的损失（净资产减少）——如因火灾或洪水造成的未保险部分的损失，或是由未对冲的外汇汇率变化引起的损失。

回顾上述费用的定义（我们知道它是直接依据资产和负债的定义），我们看到如果主体用尽了某项资源或将其毁坏，但是主体并没有控制该资源——也就是说，不是主体的一项资产——那么只要不产生任何负债或罚款，主体就不确认任何费用。例如，如果某个主体污染了环境，但没有相关的罚款，不管主体造成了多大程度的污染或是对与他人共享的资源（并且不被报告主体控制）有多大程度的破坏，主体都不会确认费用，报告利润也不会受到影响。这被看做财务会计的一种局限，许多主体采用的一些试验性的方法是用来确认其经营所产生的外部性，但这却被传统会计体系，包括那些由各种概念框架项目提出的会计体系所忽略。（将外部性纳入财务会计的方法通常指全面成本会计，我们将在第 9 章探讨）。

IASB 框架没有利润的单独定义，而是仅将收益和费用定义为经营成果要素。利润是一个表象的问题，由收入和费用两个要素的差额表示。

6.3.6 财务报告要素的确认

我们已经了解了财务报告要素（资产、负债、权益、收益和费用）的定义，接下来要考虑的组成部分是这些要素的确认标准。确认标准被用来确定某个项目是否确实属于财务报告的任一要素。例如，应该将一项支出确认为资产吗？确认问题和计量问题有关，我们在本章的下一节考虑计量的问题。在 IASB 框架等概念框架下，如果一个项目不能可靠地计量，它就不能被确认。

IASB 框架的第 83 段具体提到了所有的会计要素：

满足要素定义的项目应该被确认，如果：

---

① SFAC 3 和 SFAC 6 给出的费用的定义是“在报告期间，因销售或生产商品、提供服务，或执行其他构成主体持续的重要或核心经营业务的活动而造成资产流出主体或资产被消耗，或是主体的负债增加（或是两者都有）。”

(a) 与项目有关的未来经济利益很可能流入或流出主体；并且

(b) 该项目的成本或价值能够可靠计量。

因此，要素确认取决于能可靠计量的未来经济利益流入或流出的可能程度。很明显，考虑*可能性*是很主观的，以至于不同组织的不同人可能对相似的项目做出不同的可能性估计。这将影响可比性——财务报告的质量特征。IASB 框架提供的有关判断可能性的指南相对极少，仅仅（在第 85 段）说：

估计未来经济利益流的不确定程度要依据在编制财务报告时可获得的证据。

尽管对“很可能”的界定是财务报告要素的确认标准中十分关键的环节——如前所述——但遗憾的是，IASB 框架并未界定“很可能”（也许他们认为这很明显）。我们可以从被取代的澳大利亚 SAC 4 中找到相关的指南，第 40 段将“很可能”定义为“更可能，而不是不太可能”。

IASB 框架的其他段落也提到确认要依靠重要性原则。考虑到各种要素定义之间的相互关联，确认交易或事项涉及的一种要素时需要确认和该交易或事项有关的所有要素。例如，如果某个事项的发生导致对固定资产价值减少的确认（例如折旧），那么该事项对资产和费用的影响都必须被确认。

如上面所述，确认问题常常被认为和计量问题紧密相关。例如，Sterling（1985）认为，如果我们尚不确定要确认资产的哪些计量特征的话，就不该讨论何时或怎样确认会计要素。Sterling 认为在考虑计量问题之前要先考虑确认问题。这种观点似乎有点“本末倒置”，你对此怎么看?

6.3.7 计量原则

尽管财务报告要素的确认要求要素必须是可以合理准确计量的，但是概念框架对计量问题提供了非常有限的规定。资产和负债常常（当然是按照 IASs/IFRSs 的实务）依据所属的类型采用不同的计量方式。考虑到定义资产和负债的方式，这会对报告利润产生直接影响。例如，负债常常依据现值、票面价值或其他基础记录。至于资产，有许多种计量方式。例如，存货按成本和可实现净值孰低来计量，一些像固定资产等非流动资产要按历史成本减去计提的折旧来计量，而像金融资产等其他资产则以公允价值计量。

和计量有关的问题似乎代表着在 FASB 概念框架发展中的一块绊脚石。尽管最初希望 FASB 框架是规范性的。当 SFAC 5 于 1984 年发布时，FASB 似乎在回避计量难题，取而代之的是公告描述了计量会计要素的多种方法。SFAC 5 仅仅指出在实务中有 5 种公认的可供选择的计量基础：历史成本、现行重置成本、现行市场价值、可实现净值和现值。像在之前所指出的，人们普遍认为这种描述性方法只是代表 FASB 用以推脱的“借口”（Solomons，1986）。除现行市场价值（可以将其看做由现行重置成本和可实现净（销售）值组成的）外，IASB 框架明确承认的可接受计量基础与 FASB 框架一样。

如之前所述，IASB 和 FASB 现在正共同努力制定一项新的完善的概念框架。关于计量，FASB 和 IASB（2005，p. 12）说道：

计量问题是两个框架最不完善的领域之一……两个框架（IASB 和 FASB 框架）

都列举了在实务中使用的计量属性。这份列表基本一致，包括历史成本、现行成本、可实现的（处置）总价值或净值、现行市场价值和预计未来现金流的现值。两个框架都表示预计还将继续使用不同的计量属性。但是，两个框架既没有指导怎样在列出的计量属性之间做出选择，也没有考虑其他理论上的可能性。换句话说，框架缺乏全面发展的计量观念……有关采用何种计量属性的争论长期以来一直都未解决——尤其是在历史价格和现行价格的计量之间——这个关于记账单位的未决难题可能使计量成为此项目最具挑战性的部分。

IASB 和 FASB 联合概念框架项目的 C 阶段解决计量问题。对此 IASB 和 FASB 确定了 9 个可能的计量基础：*过去入账价格*、*过去脱手价格*、*修正过去金额*、*现行入账价格*、*现行脱手价格*、*现行等价物价格*、*使用价值*、*未来入账价格*和*未来脱手价格*。但是，人们预计就资产和负债的最佳计量基础达成一致结论还需要花费许多年的时间。

我们已经了解了财务报告要素的定义、确认和计量，现在将了解的是制定概念框架带来的潜在益处。

6.4 有概念框架的益处

制定概念框架的成本很高，而且会受到多种形式的政治干预。尽管最初前景良好，但是多年以来它们的进程在某些方面相当缓慢并且令人失望。看看 IASB 和 FASB 的联合项目与之前的一些框架相比会有多成功，这将很有趣。还值得继续发展这些框架吗？在这一节我们会了解一些很可能是遵从概念框架的制定由准则制定机构提出的已知的优点（我们同时也将讨论一些批评）。已知的优点包括：

1. 会计准则应该更具有一致性和逻辑性，因为它们是根据一组有序的概念制定出来的。也就是说，会计准则的制定将以达成一致的原则为导向。这个观点是如果缺乏连贯的理论，会计准则的制定可能在某种程度上是就事论事。如 FASB 和 IASB (2005，p. 1）所述：

> 为了以原则为导向，准则不能是惯例的集合，而应该植根于基本的概念。为了使有关不同问题的准则能形成一致的财务会计和报告，基本概念需要构建出一个完整的、全面的和内在一致的框架。

2. 准则制定者更应该对他们的决策负责，因为在具体规定背后的想法应该更明确，而任何概念上的分歧可能会包含在某一会计准则中。

3. 应该加强准则制定者及其选民之间的沟通程序，因为当准则制定者寻求公众意见的时候，提议的会计准则的概念基础会更加明显。编制者和审计师将更好地理解他们为什么要报告/审计。也有一种观点认为，概念框架应该缓解在会计准则制定过程中可能施加的一些政治压力——在某种程度上，概念框架提供了对政治攻击的防护。

4. 会计准则的发展应该更经济，因为制定的概念将指导准则制定者做决策。

5. 当会计概念说明了某一问题，就没有必要制定有关这一问题的额外的会计准则。

6. 概念框架有强调财务报告具有“决策有用性”的作用，而不只限于关注与经管责任相关的问题。

关于概念框架一些可能的缺陷，由于所有的活动至少在某种程度上都是建立在游说程序和政治行为的基础上，因此总是存在对某些团体潜在不利的方面。

也许一些小型组织觉得报告要求过多，负担过重，因为分析家一直能够说服监管者，使其相信某一信息对经济的有效运行十分必要。

另一个关于概念框架项目的批评与他们的关注重点有关。通用财务报告主要将焦点集中在经济上，常常忽视了不涉及市场交易或财产权的交换的交易或事项。也就是说，不能和“市场价格”相联系的交易或事项不被确认。例如，最近大量的文献都在批评传统财务会计不能对企业主体造成的环境外部性进行确认（见 Deegan 和 Rankin，1997；Gray 和 Bebbington，2001；Gray 等，1996；Rubenstein，1992）。

从这一点出发，有人认为，通过关注经济业绩，这本身进一步强调了与不同层次社会或环境绩效相关的经济业绩的重要性——而且随着日益明确企业应该采用可持续发展观，这逐渐成为一个更棘手的问题。Hines（1988）、Gray 和 Bebbington（2001）等作者认为会计职业界会对广大社会所能接受的社会行为形式产生重大影响。正如先前所表示的，会计既能反映又能构建社会期望。例如，如果提出用利润和相关的财务数据衡量组织是否成功的最佳方式，可能会有人认为主要的考虑因素——组织和社会两方——将是影响这种衡量方式的活动。如果会计人员受到鼓励采用其他类型的业绩指标，包括那些与环境和其他社会绩效有关的指标，可以想象，这个消息会慢慢传开以拓宽人们对组织业绩的期望。但是目前，正如会计系统的输出所表明的，常常用盈利能力作为企业成功的指标。

另一个对概念框架的批评是它们仅仅是对现有实务的汇总（Dean 和 Clark，2003；Hines，1989），把一系列描述现有实务的文件放在一起，而不是规定一个“理想的”或逻辑上可取的会计方法。Hines（1989）也认为，由会计监管机构制定的会计规范只不过是政治程序的残余，就其本身而言不能代表任何理想的模式。

也有人认为，从会计准则制定者的角度来看，概念框架还有一个更重要的目标，这个目标不会给财务报告使用者带来好处。Hines（1989）提供的证据表明，概念框架项目实际上是在职业界受到威胁的情况下启动的——它们是“在受到政府干预的威胁时期或是在竞争时期，赋予准则制定委员会合理性的一种战略手段”。

为了支持她的观点，Hines 提到在加拿大进行的研究。加拿大特许会计师协会（CICA）在 20 世纪 80 年代很少将精力放在概念框架项目上。协会从 1980 年开始制定框架，Hines 认为这一时期“在加拿大充满了对会计准则制定的改革和谴责压力”（1989，p. 88）。但是，协会一直“缺乏”兴趣，直到另一家加拿大职业会计机构——注册会计师协会，通过其在加拿大的会计准则机构从 1986 年开始制定概念框架。这被认为是对 CICA 的威胁，“CICA 受到刺激开始采取行动”。Solomons（1983）也提供了一种观点，认为概念框架对其他利益集团的政治干预起到了防护作用。

6.5 概念框架作为使准则制定机构合理化的一种手段

尽管会计准则制定者提出了概念框架的许多好处，其中一些已在前面讨论过了，但许多作者（包括 Hines 和 Solomons，前面介绍的）认为制定出来的概念框架主要是对实际制定或委托制定框架的团体有好处。有人认为概念框架通过“提高会计职业界的公共地位”，一直被用作确保他们持续存在的手段（Dopuch 和 Sunder，1980，p. 17）。如 Hines（1989，p. 74）认为：

会计人员不得不继续在职业化的探索中挣扎的主要阻碍之一来自缺乏一套正式的会计知识体系而产生的威胁。这形成了一种感觉，即具有这样的理论知识在形成和复制他们作为职业界的社会身份时十分重要……将这些尝试（建立概念框架）视为对会计知识体系的要求权，这种方式比起从技术性/功能性的角度似乎可以更好地解释这些项目。为了保持并加强职业化和社会流动，会计知识体系被当做一种能够减少政府干预的威胁并与其他集团竞争的政治资源。

人们认为概念框架为增强职业界的自我监管能力提供了一种方法，由此消除发生政府干预的可能性。Hines（1991，p. 328）说：

概念框架认定了客观世界的假设，将其合理化并加以复制。就其本身而言，框架在构筑社会世界中发挥着作用……概念框架使会计职业界具有了社会合理性。

由于客观性假设是我们社会的核心前提……那些能够利用客观性假设的人在不断积累基本形式的社会能力。通过挖掘这一核心观点可以实现合理化，因为围绕这一观点所产生的账户被看做“正常的”。实施概念框架项目还要继续依赖如“真实反映”、“中立性”、“可靠性”等信息质量，这并不让人感到吃惊或反常……框架假定存在一个具体的、客观的世界，尽管过去的概念框架没能成功制定出达到这些质量标准的会计准则。会计人员通过“计量的专业知识”能优先接近客观世界，基于这一假设推测出的话题有助于为职业界的能力和自治构建出设想的合理性。

如果我们接受 Hines 的观点，那么我们可能会拒绝相信会计职业界试图揭示任何*真相*或*想法*，相反我们会认为概念框架的发展是一种用来确保职业界生存的政治行为。Horngren（1981，p. 87）回顾了概念框架在帮助职业会计机构生存中所起到的作用。他指出：

FASB 不会把有效的时间留给技术竞争力问题。关键的问题是委员会具有以最终的选民认可的方式解决不同选区之间冲突的能力，最终的选民是指具有绝对权势和影响力的联邦政府，特别是 SEC（当然，联邦政府也受到来自其他选民的压力）。这种能力会在 FASB 的决策、任命和概念框架中清楚地显现出来。因此如果 FASB 的存在是令人满意的，那么概念框架就是称心的。也就是说，框架可能会有助于赋予委员会权力。毕竟，委员会没有强制执行的力量。取而代之的是，实际上委员会必须依赖于说服力。

本章小结

在本章，我们了解了概念框架的发展。概念框架由许多组成部分构成，它们涵盖了财务报告程序中的核心问题。从技术性或功能性的角度，会计准则制定者认为概念框架的制定将带来财务报告实务的改进，这将反过来使财务报告更有助于报告使用者做出经济决策。在存在一个精心制定的概念框架的前提下，人们会期待由此产生的信息对报告使用者更相关，也更可靠。使用遵照逻辑制定的概念框架也将促进相互一致的会计准则的发展。而且，有一种观点认为，概念框架将使选民们能更全面地理解为什么某一会计准则会规定采用特定的方法以及它是如何规定的。当没有具体的会计准则时，概念框架也将为编制者提供指南。

在考虑概念框架是否成功方面，许多作者认为概念框架是失败的，并质疑这样的工作是否应该继续（Dopuch 和 Sunder，1980）。和计量有关的问题似乎对概念框架的持续发展来说真的是块绊脚石。改进，或在某些情况下是缺乏改进，强调了会计准则制定程序的政治性，表明如果选民不支持某一方法的话，准则制定者便会经常放弃对这一方法的努力。

尽管我们能质疑概念框架的技术成果，但是一些作者认为改进技术不是准则制定者的目标。他们认为概念框架的建立实际上是用以支持会计人员在社会中的持续存在和地位。如 Hines（1989，p. 79）陈述说：

通过假定建立在一套职业界特有的正式的理论知识之上，职业界的力量、职业界的威信和财务奖励在社会中被合理化了，自此以后，这种神秘性遭受损失的可能性对职业界的成功进步或是社会再生产都构成了威胁。在英国、美国、加拿大和澳大利亚出现了许多概念框架项目，把这当做对上述威胁的回应比从阐述和讨论概念框架的功能性/技术性角度理解要好得多。

我们承认制定概念框架是用来改进会计实务，还是用来帮助那些会计职业界的人，这显然取决于个人的看法。读完本章之后，你应该会更了解情况并能够对此做出判断。

思考题

6.1 什么是会计概念框架？

6.2 你认为我们需要概念框架吗？说明你的理由。

6.3 为什么澳大利亚从 2005 年开始采用国际会计准则理事会（IASB）的框架？

6.4 准则制定者支持概念框架项目的发展能带来什么样的好处或利益？你认为在实务中这些利益能实现吗？

6.5 概念框架项目明确了一些财务信息如果对经济决策有用就应具有的质量标准。其中两个属性是*中立性*和*真实反映*。你认为现实中财务信息会是中立的并做到真实反映吗？说明你的理由。

6.6 IASB 框架中所描述的“谨慎性”概念和同样是 IASB 框架中描述的“中立性”概念一致吗？

6.7 人们认为财务信息应该具有的两个主要质量特征是*相关性*和*可靠性*。其中一项比另一项更重要，还是二者同等重要？

6.8 通用财务报告有哪些可能的目标？哪些目标似乎已经包含在现有的概念框架项目之内？

6.9 社会中的哪些集团有可能从会计概念框架的制定中受益？

6.10 你认为概念框架已成功地实现了其既定的目标吗？为什么？

6.11 概念框架尚未对计量问题做出规定，你认为为什么会是这样？

6.12 Hines（1989，p. 89）认为，概念框架是“在受到政府干预的威胁时期或是在竞争时期，赋予准则制定委员会合理性的一种战略手段”。解释她这一观点的依据是什么，并思考概念框架发展的历史是否支持她的观点。

6.13《公司报告》（英国）中提到了“公众知悉信息的权利”。这与在其他概念框架项目中所采用的观点有什么不同？

6.14 根据 IASB 框架，期望财务报告使用者能掌握何种程度的会计知识？你同意这种观点吗？

6.15 Hines（1991）称，“在传递真实性的同时，会计师也在创造真实性”。她的意思是什么？

6.16 在本章中，我们讨论了如果新制定的要求代表对现行实务的重大改变，会计准则制定者是如何发现这些新的要求很难获得支持的。你认为为什么会是这样？你认为可能缺乏的支持会影响会计准则制定者所采取的策略吗？

6.17 你认为在 IASB 和 FASB 的联合项目中新提出的资产和负债的定义（在本章引述了）如果最终被采用，对通用财务报告将产生重大影响吗？为什么？

6.18 在 IASB 框架的第 9 段给出了财务报告使用者的定义，包括投资者、雇员、债权人、供应商、顾客、政府及其机构，以及公众。以你的观点，IASB 框架花了多少篇幅考虑信息需求和“公众”的期望呢？对于社会成员在评估公司对社会做出的贡献方面，概念框架真的规定了要披露成员们认为对此有用的信息吗？

6.19 在 IASB 和 FASB 联合实施的概念框架项目中，建议了如下的通用财务报告目标（IASB，2008a，p. 14）：

通用财务报告目标是提供有关报告注意的财务信息。这些信息对现有和潜在的权益投资者、债权人及其他债权人就其作为资本提供者的能力范围内所做的决策有帮助。对于资本提供者的决策有用的信息也会对其他不是资本提供者的财务报告使用者有用。

根据上述定义，通用财务报告对那些试图评估组织的社会和环境绩效的人来说有相关性吗？

6.20 对于国际财务会计，你同意“一刀切”的方法——也就是说，所有国家都应该采用同样的会计准则和概念框架吗？说明你的理由。

6.21 阅读下面摘自 FASB 和 IASB（2005，p. 5）的一段话并评价这个观点：“可靠性应该是财务报告计量的主要特征”。

一些 FASB 和 IASB 的选民质疑理事会在制定具体会计准则时对相关性和可靠性之间的权衡。例如，这些选民质疑在要求财务报告计量反映公允价值而不是历史成本时做出权衡的适当性。他们的基本假定似乎是尽管会有人认为公允价值的相关性更强，但历史成本更加可靠。在这种情况下，这些选民认定权衡相关性和可靠性有利于历史成本而不是公允价值，或者更概括地说，可靠性应成为财务报表计量的主要特征。

6.22 FASB 和 IASB（2005，p. 12）：

关于采用哪一种计量属性——特别是在历史价格和现行价格之间——是长期存在的未解决的争议；同时，尚未解决的计账单位的难题很可能使计量成为这个项目中最具挑战性的部分之一。

要求：解释为什么计量将会成为 FASB 和 IASB 联合制定的概念框架中最具挑战

性的部分。

6.23 Hines（1991，p. 328）做出了如下陈述：

概念框架认定了客观世界的假设，将其合理化并加以复制。就其本身而言，框架在构筑社会世界中发挥着作用……概念框架使会计职业界具有了社会合理性。

由于客观性假设是我们社会的核心前提……那些能够利用客观性假设的人在不断积累基本形式的社会能力。通过挖掘这一核心观点可以实现合理化，因为围绕这一观点所产生的账户被看做“正常的”。实施概念框架项目还要继续依赖如“真实反映”、“中立性”、“可靠性”等信息质量，这并不让人感到吃惊或反常……框架假定存在一个具体的、客观的世界，尽管过去的概念框架没能成功制定出达到这些质量标准的会计准则。会计人员通过“计量的专业知识”能优先接近客观世界，基于这一假设推测出的话题有助于为职业界的能力和自治构建出设想的合理性。

要求：解释并评价 Hines 的陈述。

第7章 实证会计理论

学习目标

在完成本章的学习之后，读者应该理解：

·怎样区分实证理论与规范理论；

·实证会计理论（PAT）的起源；

·会计在最小化企业交易成本中扮演的角色；

·如何用会计减少与不同政治程序有关的成本；

·与债权人和管理者等有关方达成的某一以会计为基础的协议会如何为管理者提供操纵会计数据的动机；

·对 PAT 的一些批评。

开篇问题

公司管理层常常花费大量的时间和精力向会计监管者就强制执行的会计规定（例如会计准则）的引入或修改发表意见。例如，澳大利亚从 2005 年开始采用一项关于无形资产的新会计准则，即 AASB 138。AASB 138《无形资产》依据国际会计准则 IAS 38，要求许多无形资产——如内部产生的品牌名称、商标和研究支出——从财务状况表（也叫做资产负债表）移出。澳大利亚的公司之前被允许将这些资产纳入财务状况表，由于许多资产不允许列报，这项新准则对财务状况表产生了重大影响。在新准则生效之前，一篇发表在 2004 年 6 月 19 日的《澳大利亚人》上的文章（名为“预计注销 400 亿美元”）推测“大约将有 400 亿元从澳大利亚前 180 家公司中抹除”。在实施新准则之前，许多公司给 AASB 和 IASB 的意见中认为 AASB 138/IASB 38 不能说明问题资产的内在经济实质，由此得到的财务报告也不会反映内在的经济实质。许多组织的执行官游说反对在澳大利亚引入 AASB 138。是什么驱使他们提出这种反对意见呢？

引　言

在本书前面的章节中我们了解了许多和财务会计有关的问题，包括解释财务会计监管的需要和需求的理论以及对财务会计国际差异的解释。我们也介绍了规范会计理论——特别介绍了规定在物价上涨时期如何实施财务会计的理论，以及规范会计要素应如何定义、计量并何时确认的概念框架项目。

在本章我们将关注点转移到另一种理论，该理论寻求解释为什么组织的管理者会选择采用某一会计方法而非其他。也就是说，在本章我们不介绍规定应该怎样实施财务会计的理论（规范理论）。

在财务会计中我们常常要在几种可供选择的会计方法中选出一种来核算某一交易或事项——也就是说，尽管有许多会计准则，对某一具体项目或事项的核算仍然存在一定程度的灵活性。为什么管理者在面对可选的会计方法时，会选择采用或支持其中一种而非其他的。本章讨论的理论——实证会计理论——对此问题提出了一个特殊的视角。实证会计理论在很大程度上依赖经济文献的假设。例如，假定“市场”有效的理论，以及假定所有个体行为都受自利驱动的理论。和大多数会计理论一样，实证会计理论存在支持者的同时也有反对者。本章的结尾将回顾对实证会计理论的一些批评。

7.1 定义实证会计理论

正如在第1章所指出的，*实证会计理论*是寻求解释和预测某一现象的理论。根据Watts（1995，p. 334）、Friedman（1953）让*实证研究*一词在经济学中流行开来，这个词被用来将寻求*解释*和*预测*（实证研究）的研究和目的与做出*规定*（正如在前面的章节中解释过的，描述性研究常常被称为*规范*研究）的研究区别开来。本章要讨论的主题是由Watts和Zimmerman普及开来的实证会计理论，属于实证会计理论。[①] 如在第1章指出的，我们在本书中用普通字体表示试图解释和预测会计实务的理论大类（也就是“实证会计理论”），用黑体字（实证会计理论）专门指Watts和Zimmerman的实证会计理论。因此，尽管有些令人困惑，我们必须记住Watts和Zimmerman的实证会计理论是一项特殊的实证会计理论。如果Watts和Zimmerman选择别的名字（或“商标”）命名他们的理论的话，那么就不会有这种困惑了。根据Watts和Zimmerman（1990，p. 148）：

> 我们采用经济学中的“实证”这一标签。在经济学中，这个词被用来将那些旨在解释和预测的研究与以规定为目标的研究区分开来。考虑到这个词在经济学中已经被赋予的内涵，我们认为它在区分旨在理解会计的会计研究和做出规定的会计研究中也将是有用的……“实证”一词创造出了一个商标。和所有商标一样，它能够传达信息。“可口可乐”、“柯达”、“李维斯”传达了信息。

如Watts和Zimmerman（1986，p. 7）所述，实证会计理论（此后用PAT指代）：

> ……关注于解释会计实务。它被设计用来解释和预测哪家公司会或哪家公司不会使用某一会计方法……但是对于公司应该使用哪种方法，它没做任何说明。[②]

实证理论可以与规范理论相对照。在第5章和第6章我们了解了不同的规范会计理论。规范理论规定了*应该*如何实施某项实务，这个规定可能与现有的实务大相径庭。当某一理论家规定了实际实务中应力图达到的一些指标、标准或目标，便产生了规范理论。例如，Chambers的会计理论被他称做持续现时会计。在这个理论下，Chambers规定所有资产应该按市场净值计量；依据Chambers的理论，这种信息比历史成本信息更有利于明智的决策，实际上历史成本可能具有误导性。Chambers对会计的作用做出了判断（提供与主体对变化环境的适应能力有关的信息）。基于这个判断，他规定了特定的会计实务。

回到PAT上来，我们将在本章揭示PAT关注向组织提供资源的各类人之间的关

---

① 合理性理论、制度理论和利益相关者理论将在第8章介绍，它们是实证理论的其他例子。例如，合理性理论预测在某些情况下企业将采用积极或有利的披露，以获得、维持或重塑企业的合理性。这些其他的实证理论不像**实证会计理论**，它们不依据古典经济学理论。

② 相似地，我们在第8章介绍的另外三种实证理论，利益相关者理论（管理的角度）、制度理论和合理性理论，对是什么驱使企业做出某些披露这一问题提供了其他解释（除PAT的解释外）。这些理论观点也不规定特定的披露行为或方法。

系以及怎样用会计来帮助这些关系发挥作用。例如所有者（权益资金的提供者）和管理者（管理劳动力的提供者）之间的关系，或者是管理者和公司债务提供者（即债权人）的关系。许多关系都涉及一方（委托人）委托另一方（代理人）制定决策——这被称为代理关系。

当决策权被委托给他人时，会损失部分效率，并会引起随之而来的成本。例如，如果所有者（委托人）向管理者（代理人）授予决策权，管理者可能不会像所有者那样努力工作，因为管理者不能直接享有组织的经营成果。由管理者的不善经营带来的任何可能的利润损失被看做在这种代理关系下因授权决策而产生的成本——代理成本。在 PAT 中将这种因所有者授予管理者决策权而产生的代理成本叫做*权益的代理成本*。

由 Watts 和 Zimmerman 还有其他人发展起来的 PAT 是基于经济学的核心假设，即所有个体的行为都受*私利*的驱动，如果这些行为会增加他们的财富，那么个体总是用机会主义的方式行事。忠诚度、道德观等等概念不包含在这个理论当中（正如它们通常也不包含在其他会计或经济理论当中）。考虑到私利驱动*所有*个体行为的假设（在许多人认为这是一个过于简单的假设），PAT 预测企业会试图设置一些机制使公司管理者（代理人）的利益和公司所有者（委托人）的利益趋向一致。在本章后面我们会讨论到，在使利益趋向一致的方法中，有一些是依据会计系统的输出结果（如向管理者提供一部分企业的*利润*）。这种基于会计的“校准机制”所在之处，就有对编制财务报告的需要。PAT 推测管理者将他们自己与编制这些财务报告“缔结”在一起。① 这本身的代价是巨大的，在 PAT 中被称做“缔约成本”。如果我们假定管理者（代理人）负有编制财务报告的责任，那么 PAT 也预测这些报告需要经过审计或是监督，否则假设私利存在（PAT 持有的假设），代理人会试图高估利润，由此增加他们占利润的绝对份额。在 PAT 中，执行审计的成本被称做“监督成本”。

为了说明组织内部产生的代理问题，可能发生各种缔约和监督成本。如果和 PAT 相反，假设个体*总是*为了他们员工的利益而工作，那么就不需要这类活动——而可能要审查管理者经营的效率。因为 PAT 假定不是所有代理人的机会主义行为都受契约安排或其他的控制，总是存在与任命代理人有关的剩余成本。

我们已经概括性地介绍了 PAT，现在来看看 PAT 的起源和发展。在本章后面我们会回到怎样用会计来减少公司内部冲突的问题上。下面的讨论表明 PAT 的形成源于经济学文献，主要依据市场有效的假设（来自有效市场假说）、关于资本市场对会计信息的反应的研究（由资本资产定价模型等模式发展而来）以及使企业内部冲突最小化的契约安排的作用（来自代理理论）。

7.2 实证会计理论的起源和发展

会计中的实证研究在 20 世纪 60 年代中期开始显现，并在 20 世纪 70 年代和 80 年代成为财务会计主要的研究范式。在此之前，会计研究中占主流的类型是规范会计研究——基于理论家对基本会计目标的观点做出规定。这一时期著名的规范研究学者

① 从 PAT 的角度，缔约发生在代理人保证执行或不执行某些活动的时候。

包括 Sterling、Edwards、Bell 和 Chambers。这一时期的研究大多关注如何在物价上涨时期进行会计核算。[①] 这样的规范理论不检验现有实务——也就是说，它不是经验性的。

Watts（1995，p. 299）对 20 世纪 50 年代到 70 年代的会计研究趋势提出了自己的见解。参考这一趋势的证据，并依据 Dyckman 和 Zeff（1984）的研究，他记录了两家主要的学术杂志大量采用的资料——《会计评论》和《会计研究杂志》。[②] 他说：

> 在 20 世纪 60 年代中期会计引入了实证研究，这代表了一种范式的转移。在此之前，在当时主流的英文学术杂志(《会计评论》)上发表的论文，最常见的类型是规范研究（像 Edwards 和 Bell，Chambers 和 Sterling 的文章）。在 1956—1963 年之间，《会计评论》共有 365 篇文章是这种类型的。这些论文使用有关现象和目标的假设来推断出它们的规定。它们不是用系统的证据或/以及为正式的检测事先提出假设。在 1956—1963 年之间《会计评论》发表的文章中只有 3% 是经验研究，大多数没有被设计用来检测假设。实际上，这一时期没有任何一篇论文尝试用数学模型或稍微不拘泥于形式的方法来解释现行的会计。现在，几乎所有发表在《会计评论》上的文章都延续实证研究这一惯例，其他大部分主流的学术杂志也是如此（都始于 1963 年之后）。[③]

在回顾是什么导致研究范式从规范转换到实证这一问题时，Watts（1995，p. 299）认为：

> 范式转换和在 20 世纪 50 年代后期和 60 年代早期美国商学院发生的变化有关。由福特基金会和卡内基基金会共同委托进行的关于商业教育的报告是这些变化的催化剂……形成假设并检验是研究成功的关键。[④]

上述引文中提到了“形成假设并检验”的“关键”性。这本身代表了对构成“成功研究”的要素的一种偏见。假设的形成是用来对预测进行检验。例如，在具体的条件下，会计人员会选择特定的会计方法——这种类型的问题吸引着按 PAT 框架从事研究的学者。另一方面，规范研究人员不会形成并检测假设的原因是他们不关心*是什么*(可以用经验检测)，而关心*应该是什么*。因此，规范研究人员没有必要发展任何预测性的假设——但不应以此认定他们的研究工作不“成功”而不采用他们的研究。

然而，规范研究的反对者认为在不能提供“可证伪的”预测（或假设）时，规范研究人员没有满足知识进步所必需的要求。正如我们在第 1 章所指出的，在研究领域，有一小部分人叫做“证伪主义者”（主要代表人物是 Karl Popper）。他们认为知

---

① 我们在第 5 章介绍了这些理论家的研究。如在第 1 章和第 5 章所指出的，像 Sterling、Chambers 和其他许多学者特别反对实证研究，尤其是 PAT。在他们的谴责声中，其中一项批评认为 PAT 尽管试图解释和预测会计人员的行为，但是对会计人员应该采用什么样的会计方法来对财务报告使用者提供有用的信息这一问题没有给出任何规定。

② 鉴于还有许多其他会计杂志，人们很容易认为只依据这两家杂志得出数据可能不能代表所有进行中的会计研究。而且，证据表明这些杂志的编辑非常支持实证研究，但其他杂志的编辑不一定持同样的态度。但是，在 20 世纪 60 年代到 70 年代确实存在着转向实证研究的重大趋势。

③ 正如我们可以想象到的，许多研究人员不支持实证研究范式，因此会质疑 Watts 的观点：靶标实证研究的杂志都是“主流的”学术杂志。

④ 正如在第 1 章所指出的，范式是指采用某一理论假设、研究目标和研究方法来促进知识进步的方法（Kuhn，1962）。

识是通过反复尝试形成的，并且“良好的研究”应该是所产生的观点或假设在不能获得支持该主张或假设的证据时可以将其拒绝（也就是说假设应该是可证伪的）。如果理论不能产生可证伪的假设，那么证伪主义者会认为该理论是有缺陷的。

也有观点认为，大约在20世纪60年代中期和整个70年代，计算设备有了突飞猛进的改进，这使得采用大规模的统计分析——实证研究范式下使用的方法——逐渐具有了可操作性。如Watts和Zimmerman（1986，p. 339）陈述说：

在20世纪60年代开始使用计算机和大量可用计算机处理的数据库（CRSP和Compustat数据库）。部分是由于经验研究的成本变得更低，会计研究人员开始采用金融和经济的实证理论。这促进了实证会计研究的发展，并产生了经过实证理论的方法论训练的研究人员。[①]

Watts参考了一篇Ball和Brown（1968）发表的对实证研究范式的认可至关重要的论文。据Watts说（1995，p. 303），这篇论文在《会计研究杂志》上发表之后引起了对会计相关的资本市场研究的广泛兴趣（这个研究试图解释和预测股票价格对公开发布的会计信息的反应），并导致在这一领域发表的论文数量不断增加（我们马上会介绍这篇论文）。Watts（1995，p. 303）在回顾随后发表的文章向实证研究转移时说道：

在《会计研究杂志》上发表的以经验研究为主的论文的比重，从1967年的13%上升到1968年的31%，到1972年达到60%。规范论文占《会计研究杂志》中的论文比重从1967年的24%下降到1968年的7%，到1972年为0。《会计评论》（另一份主流期刊）紧跟其后并停止发表规范论文。研究资本市场的经验性论文是实证主义的传统。规范主义者质疑它提出的证据和解释，但是没有提出他们自己的反证。他们没有接受过训练，也不愿在这个领域与之竞争。

7.2.1 有效市场假说的作用

从20世纪60年代开始对PAT发展很关键的一个因素是Fama等理论家的研究，尤其是和有效市场假说（EMH）的发展有关的研究。EMH依据的假设是资本市场对公开可获得的信息以一种有效而无偏见的方式做出反应。[②] 采用的观点是证券价格对公开可获得的信息的信息含量做出反应，这种信息不受会计披露的限制。资本被认为是具有高度竞争性的，结果是预计新发布的公开信息会迅速体现在股票价格中。如Watts和Zimmerman（1986，p. 6）所说：

构成EMH的基础是对信息的竞争。竞争驱使投资者和财务分析师从公司财务报告以外的其他渠道，甚至是公司以外的渠道获得有关公司的信息。例如，分析师会获

---

① 在第12章（介绍了批判性理论家的观点）我们介绍了关于实证会计在20世纪70年代和80年代繁荣起来的其他原因。这些理论家（如Mouck，1992；Tinker等，1991）认为许多会计研究人员提供研究结果和观点是为了使特定的政治意识形态合法化并将其保持下去。举一个例子，在20世纪70年代后期和80年代，世界上有些国家的政府采取了放松管制的举措，尤其是在美国和英国。在这一时期，按实证会计理论框架从事研究的学者以及接受市场有效假说的学者占据主流。这些研究人员常常站在反监管的立场上，这个立场和当时政府的观点吻合。巧合的是，批判性理论家表明，这些号召放松管制的研究也许是为了吸引政府对研究资金的大量投入，由此为理论发展提供了进一步的资源。

② 随后检测EMH的研究主要采用了半强式有效市场假说。在半强式有效市场假说下，公司证券的市场价格反映了所有公开可获得的信息。根据Watts和Zimmerman（1986，p. 19），可获得的证据大体上和半强式有效市场假说一致。另两种有效市场形式（有较少的经验研究支持）也被提出。弱势有效市场假定现在的证券价格仅仅反映了与过去价格和交易量有关的信息。强式有效市场假定证券价格反映了在这个时间点上任何人所知道的所有信息（包括未公开的信息）。我们将在第9章对资本市场研究（和EMH）进行更全面的介绍。

得一家汽车公司的每周生产数据，并与管理层会谈。他们也就公司的销售问题采访竞争者，就公司的信誉问题采访债权人。

如果会计结果由组织发布，并且这些结果已经由市场预期出来了（可能是根据中期公告），那么预计证券价格不会对发布的会计结果有所反应。和传统财务理论一致，证券价格是由对证券的未来现金流量现值的看法所决定的，当这些看法发生变化时（由于获得了某一“新”信息），证券价格预期将会发生改变。①

因为预计股票价格会对不同渠道的信息做出反应（信息和预测未来现金流有关），有一种观点认为，管理层不能以机会主义的方式通过更改会计方法来操纵股价。如果会计方法的更改不会让现金流发生变化，那么 EMH 早期的支持者认为资本市场不会有所反应。而且，因为资本市场使用的数据有多种来源，如果管理者披露的信息不太真实、这些信息不能被证实或者与其他可获得的信息相矛盾，那么假定市场是有效的，市场会质疑管理者是否正直。结果，市场将渐渐对管理者的披露投以较少的关注。Watts 和 Zimmerman（1986）依据这种观点来反对实施大量的会计监管。因为会计信息只是信息的一种来源，假定市场在评估信息方面是有效的，并且其他可能不能被证实的证据的存在，所以人们认为施加会计监管益处有限。②

7.2.2 股票价格对非预期的盈余公告的反应

Ball 和 Brown（1968）以及 Beaver（1968）等学者试图以经验方法调查股票市场对会计盈余公告的反应。Ball 和 Brown 利用《华尔街日报》上的每月盈余公告信息和股票回报率信息，调查了会计盈余发生的非预期变化是否会导致企业证券的超常收益。根据 EMH，Ball 和 Brown 提出，如果盈余公告对资本市场有用（在宣告中有新的或是非预期的信息），那么股票价格会做出调整来反映新信息。正如他们（1968，p. 159）所说的：

如果证券价格实际上在可以获得新信息时能对它做出迅速调整的话，那么证券价格的变化会反映出信息流向市场。一项与发布收入报告有关的股票价格观察结果会证明收入数据中反映的信息是有用的。

由此，Ball 和 Brown 需要确定盈余公告是否包含任何非预期的，因此可能“有用”的信息。他们用统计模型计算出在没有盈余公告的情况下，主体*预期盈余*的估测值。他们也需要一个模型来估计在没有信息的情况下，因持有主体的证券，市场的收益是多少。也就是说，他们需要能够确定证券的正常收益是多少，这样他们就可以确定是否产生了任何超常收益（假定这和信息披露有关）。

确定正常收益时假设盈余公告没有任何非预期的信息，依据的市场模型是从资本资产定价模型（CAPM）中得到的。③ 我们将在第 10 章对这些模型进行更全面的讨论。简要地说，CAPM 以过去的信息为基础，通过采用线性模型，为证券的预期收益

---

① 在调查资本市场对盈余公告的反应的研究中，人们普遍认为会计盈余与现金流高度相关，因此有关会计盈余的新信息被视为代表有关现金流入的新信息。

② 如我们在第 3 章所指出的，监管的“自由市场”方式的提倡者（即人们采取反监管的立场）常常使用的观点是，各种市场（如资本市场和管理劳动力市场）是有效的，而且它们会惩罚不能提供有效反映企业绩效信息的管理者。因此，市场将“鼓励”全面披露，因此认为没有必要实施监管规定或干涉。

③ 股票收益率通常的计算方式是考虑当期证券价格的变化以及当期收到的任何股利。

率制定出一项指标。① 某一证券预期收益率的计算是用无风险收益率（如持有政府债券的收益率），加上风险/收益部分。后者根据相对于整个（多样化）股票市场的波动，某一证券的收益率历来的浮动情况确定。预期收益率和实际收益率的差额是超常收益率。Ball 和 Brown 的研究结果大体上支持的观点是如果盈余（或利润）宣告提供了非预期的信息，资本市场会对该信息做出反应，反应的方式是主体的证券产生超常收益率。

通过指出盈余（或利润）宣告（主要依据历史成本会计）影响股票价格，Ball 和 Brown 认为他们提出的证据证明了历史成本信息也对市场有用。② 这和多位规范理论家（如 Chambers）有直接的冲突，他们认为历史成本信息毫无用处并且具有误导性。③ 资本市场显然不这么想（如果我们承认股票价格变化反映了会计信息的有用性）④。在这一点上，Watts 和 Zimmerman（1986，p. 161）认为：

> 一些批评家认为，由于盈余是用几种不同的估值方法（如历史成本、现行成本和市场价值）计算出来的，因此盈余数据是没有意义的，以这些数据为基础的股票价格不能区分有效和次有效的公司。考虑到 EMH，没有证据能证明这个指责。正向的股票价格变化和积极的非预期盈余相联系，而反向的股票价格变化和消极的非预期盈余相关。因此，既然股票价格是一种无偏见的价值估计，那么盈余变化是计量价值变化的方法。

在整个 20 世纪 70 年代及随后的时间里，发表了许多记录会计盈余和证券收益率之间关系的研究（我们在第 10 章介绍其中一些研究）。但是，尽管这篇文献支持 EMH，但还不能解释为*什么*会把某一会计方法作为首选。也就是说，该项研究没有提供任何假说来*预测*和*解释*会计选择——而现有的研究仅仅考虑了市场对最终披露的反应。

7.2.3 用代理理论解释和预测管理层的会计政策选择

依据 EMH 的许多研究假定合约成本和信息成本是零，同时假定资本市场可以有效地“化解”管理层选择不同会计方法的影响。⑤ 例如，如果某主体决定改变存货成本流入假设并且这会导致报告利润的增加，而后假定市场能够“识破”这个变化，当不存在对现金流的明显影响（例如通过改变纳税额）时，股票价格就没有反应。因此，如果某一会计方法对纳税额没有直接的影响，假定市场是有效的并能够理解使

---

① CAPM 的发展一般归功于 Sharpe（1964）和 Lintner（1965）的研究成果。

② 许多研究紧随 Ball 和 Brown（1968）之后。例如，后续研究表明盈余公告的信息内容和股票价格变化之间的关系对小公司越来越重要。也就是说，整体上，较大公司的盈余公告相对有较少的信息含量（举例）。和 EMH 一致，可通过下面的事实来解释，较大型公司趋向于拥有更多有关其自身的流通的信息，同时会吸引像证券分析师等相关方的更多的关注。因此，一般而言，较大型公司的盈余公告更具有预测性，因此在盈余公告之前就已经体现在股票价格之中了。

③ Ball 和 Brown 的研究结果也被认为是重要的，因为他们强调会计数据不是企业信息的唯一（主要）来源。这和许多规范理论家的观点相反，他们认为会计数据是唯一的，或者至少是最重要的企业信息的来源，因此，他们关心获得会计数据的“权利”。

④ 另一个值得被指出的是 Ball 和 Brown 以及随后的研究者从事的研究实际上代表了对 EMH 的共同检验，同时也是用来估计预期收益率和正常收益率的程序。也就是说，不能产生重要的结果（甚至是不能成功产生重要的结果）可能是由于在计算预期收益率和正常收益率时模型设定的问题，而不是假设本身的问题。

⑤ 但是，如在本章后面所表明的，随后形成的论证支持一种相反的观点，即会计方法的改变可能对现金流产生影响（因此影响股票价格）。例如，人们认为新的会计方法能更有效地提供公司业绩的信息，因此可以使公司以更低的成本吸引到更多资金（也许因为投资者认为可获得的信息更可靠）。而且，如我们即将看到的，许多和现金流相联系的合约安排（例如有的合约是按利润的一定比例支付管理者报酬）与会计数据紧密相关，因此，改变这些数据能最终改变现金流（因此，如果我们相信公司证券的价值代表了对公司预计未来现金流量净现值的预期，这些数据最终能改变公司价值）。

用某一会计方法的效果，就不能解释为什么管理层选择一种会计方法而非其他。正如 Watts 和 Zimmerman（1990，p. 132）所说：

信息观（如Ball 和 Brown，1968）不能产生用以解释和预测会计选择的假设，关于这一问题的一个重要原因是在构成经验研究的财务理论中，会计选择本身不会影响公司价值。信息没有成本，在 CAPM 框架内没有交易成本。因此，如果会计方法不影响纳税额，也就不影响公司价值。在这种情况下，预测和解释会计选择就没有事实依据。会计是不相关的。

然而，有证据指出公司管理者为某些可能包括在会计准则中的会计方法花费大量资源游说监管者。对这样的人，会计方法的选择*确实*重要。而且，有证据（例如，Kaplan 和 Roll，1972）表明，同行业的公司经常在特定时期转换会计方法。

解释管理者选择特定会计方法的关键因素来自代理理论。代理理论对为什么选择某一会计方法如此重要给出了一个必要的解释，因此，代理理论是 PAT 发展中的一个重要的方面。代理理论关注委托人和代理人的关系（例如，股东和公司管理者之间的关系）。由于信息不对称，这种关系会造成许多不确定性。代理理论承认交易成本和信息成本的存在。

Jensen 和 Meckling（1976）的论文是一篇在代理理论的发展中很关键的论文，Watts 和 Zimmerman 在发展 PAT 时在很大程度上依赖这篇论文。Jensen 和 Meckling 定义代理关系为：

一个或更多人（委托人）雇用另一个人（代理人）以他们的名义从事一些服务的契约，其中涉及向代理人授予一些决策权。①

依靠传统经济学文献（包括采用像所有个体受使自身财富最大化的愿望驱动等假设），Jensen 和 Meckling 考虑了在代理人和委托人之间的关系和冲突，以及对于存在这些潜在冲突的公司，有效市场和各种契约机制如何能有助于实现其成本最小化。

在代理理论中，运作良好的公司被视为将其代理成本最小化的公司（那些在委托—代理关系中固有的成本）。正如本章之前所述，如果没有机制让代理人为其行为付出代价，这些行为会对所有者（委托人）产生不利影响，假定代理人（管理者）将有动机享有许多特权，并以牺牲委托人（所有者）为代价使用保密信息获得个人利益。代理理论的核心是激励问题。如 Lambert（2001）所说：

代理理论模型构建的哲学基础是：在潜在的激励问题确实存在的经济背景下，检查激励问题及其“解决措施”是十分重要的。利益冲突的典型原因包括：(1) 代理人厌恶工作，(2) 代理人为了私人消费或使用转移资源，(3) 时间跨度有差，比如代理人较少关心现时行为的未来效果，因为他以后可能不在公司工作，或是代理人关心他的行为怎样影响其他人对他的能力的评估，这将影响未来报酬，或者是 (4) 代理人有不同程度的风险厌恶。

代理理论假定委托人会认为代理人（与委托人一样，实际上是所有个体）会受自利的驱使，因此委托人预计管理者，除非被限制这么做，否则会采取自私的行为，这可能会对委托人的经济福利有害。没有任何契约机制来限制代理人潜在的机会主义

① 这个契约不一定是一份书面的合同。也就是说，它可能仅仅包括有关委托人希望管理者如何行事的隐性条款。

行为，委托人预料到代理人的机会主义行为后，会向其支付较少的工资。[①] 鉴于管理者可能采取的不利行为，较低的工资是对委托人的一种补偿（这被称为*价格保护*）。因此，代理理论采取的观点认为，通常来讲，代理人为委托人所预料到的代理人的机会主义行为付出了代价。因此有人认为，代理人有动机订立契约安排，这样似乎能够使他们不再有能力做出太多不利于委托人利益的行为。关于这一点，Watts 和 Zimmerman（1986，p. 184）认为：

这个（观点）提出了 Jensen 和 Meckling 的分析中的主要见解：代理人，而非委托人，有动机订立监督契约。外部的股东不关心是否实施监督（常常包括会计和审计）。资本市场的竞争导致价格保护，并保证外部投资者会获得正常收益。业主经理人（代理人）有动机提出保证来限制他们的在职消费，因为业主经理人获得了所有收益……通过竞争和合理预期，有些业主经理人有动机采取减少价值的行为（机会主义行为），如过度在职消费、偷懒、出售外部股份时偷窃。他们要承担这些非正常行为的成本。因此他们有动机订立合约来限制并监督这些行为。管理劳动力市场的价格保护削弱了（但没有消除）上述动机。[②]

也就是说，如果假定管理者想要更高的工资，那么他们有动机订立合约安排使他们做出有害所有者利益行为的能力降到最低（其中的许多合约安排和会计数据紧密相关）。经理（代理人）将有动机提供信息来说明他们的所作所为没有对所有者（委托人）不利。[③]

Lambert（2001，p. 4）在回顾为什么许多会计研究人员把代理理论作为他们研究的一部分时说：

代理理论对会计研究者如此有吸引力是由于它的主要特征是允许我们明确地将利益冲突、激励问题和控制激励问题的机制纳入我们的模型中。这很重要，因为会计和审计的许多动机与激励问题的控制有关。例如，我们坚持审计师要具有“独立性”是因为我们不认为我们能信任管理者自己会发布真实的报告。相似地，关注目标和可证实信息以及财务报告实行稳健主义的动机大部分在于激励问题。在最基本的层面上，代理理论在会计研究中被用来陈述两个问题：（1）信息、会计和报酬系统的特征怎样影响（减少或使其更糟）激励问题，以及（2）激励问题的存在怎样影响信息、会计和报酬系统的设计和结构。

7.2.4 企业作为“契约的联结”的观点

在代理理论文献中，企业本身被看做“契约的联结（nexus of contracts）”。这些契约的订立意在保证所有按自我利益行事的相关方同时受到激励，使组织价值最大化。关于企业作为“契约的联结”的观点与 Smiths 和 Watts（1983，p. 3）关于公司

---

① 或如果公司向内部出售股份，在缺少对管理者的合同约束时，股东将以较低的价格购买公司的股票。

② 在这方面，提到业主经理人是要暗示有些经理在组织中有一定的所有权，但并不拥有整个组织。这段引文也反映出**实证会计理论**信奉市场的有效性——如资本市场或劳动力市场。假定这类市场能有效地按预期的风险水平——比如关于经理是机会主义者的风险——调整规定的收益率。

③ 这些关于经理的机会主义行为的观点都是“平均的”观点。委托人不会确切知道个别代理人是否会采取不利于委托人经济福利的特定机会主义策略。相反，认为每个人都受自利驱使的委托人会假定通常来讲代理人会采用这样的策略，据此委托人会实施价格保护。因此，不承诺限制特定行为的代理人将受到惩罚（以低工资的形式），即使他们个人最终不会选择采取有害于委托人的行为。

的定义一致。他们将公司定义为：

……在要求获得共同输出结果的有关各方之间的一组契约。有关各方包括股东、债券持有人、经理、员工、供应商和消费者。公司的范畴经由契约下的一组权利来界定。公司的寿命不确定，构成公司的这套契约随着时间而不断演变。

代理理论不认为个体会以除了私利以外的原因行动，企业运行良好的关键之处在于设置了机制（契约）来确保有益于个体的行为也能给企业带来好处。[①] 公司与不同个人和团体协商制定出许多契约，这些契约旨在减少可能发生的利益冲突及相关的不确定性（也就是说，公司是契约的联结）。除了内部机制（如经理的薪酬机制，支付给经理的奖金和会计利润相关），也存在其他市场范围的机制，这些机制同样也被认为是对经理机会主义行为的限制。也就是说，除了“公司”内部各种合约安排的作用，20 世纪 70 年代的文献也提出各种市场，如公*司控制市场*和*经理人市场*，为经理们按所有者的利益工作提供了动机（Fama，1980）。[②] 如 Bushman 和 Smith（2001，p. 238）所述：

公司控制机制是为了使经理按照投资者的利益采取行动而对其进行训导的方式。控制机制包括内部机制，如管理激励计划、董事监督、内部劳动力市场，以及外部机制，如外部股东或债券持有者监督、公司控制市场、产品市场竞争、外部管理劳动力市场和用来保护外部投资者免受公司内部人员侵占的证券法。

如上面所指出的，代理理论为公司的存在提供了一种解释。公司的建立被看做个人通过一系列单独的交易与“市场”打交道时可选择的一种生产或提供商品和服务的有效方式。[③] 如 Emanuel. J. Wong 和 N. Wong（2003，p. 151）所说：

当使用市场的成本过高时，公司成为代替市场的一种选择。当一家公司取代了市场，在决定如何做决策时，权威代替了价格机制……会计与员工合同、报酬协议、债务协议以及包括审计及薪酬委员会在内的董事会一起构成了日后逐渐发展成为治理公司的结构体系。这些制度设计成为公司有效的契约技术。因为会计是契约技术的一部分，通过发展得以完善的会计控制和制度以及委员会的结构是有效的，用于在合约安排中计算数据的会计方法同样有效。

从代理理论角度解释公司的存在常常依据罗纳德·科斯（Ronald Coase）早期的研究。如 Emanuel. J. Wong 和 N. Wong（2003，p. 152）所述：

Coase（1937）认为，公司是为了管理相同交易（不然可以与市场参与者交易）而可以选择的一种组织形式。例如，公司可以自己生产原材料而不是从市场上获得。Coase 指出公司之所以存在是因为使用价格机制需要耗费成本。这些成本具体包括找出相关价格的成本，确定质量的成本，为每一项交易单独谈判并签订合约的成本。进一步说，这些成本与起草一份长期契约有关。由于不确定性（即对未来世界可能的

---

① 正如在本章后面所显示的，将管理者利益和公司所有者利益趋向一致的一种方式是给管理者一定份额的企业利润。因此，管理者将受到激励来提高利润（扩大他/她自身的财富），这种自利活动也会给所有者带来好处。任何事情都是公平的，他们也会从高额的会计盈余中获利。

② 第 3 章概述了“经理人市场”和“公司收购市场”的有效运行对经理们的影响。在第 3 章，我们还介绍了有关这些市场效率的假设为一些反对对会计披露实施监管的人提供了正当的理由。

③ 例如，如果我们想要一辆新车，我们可以向专门生产汽车的厂商（已在不同的生产要素提供者之间制定出有效的契约机制）购买，或者可以亲自通过“市场”与轮胎、座椅、引擎、宽屏幕、收音机、框架、机械师等的供应商协商。人们普遍承认，由于企业固有的契约有效性，从专门生产汽车的厂商购买比自己组织生产要有效得多。

状况了解不够并且所有涉及的关系都不完整）和有限理性（即由于人类接收、储存、检索和加工信息的能力有限，致使他们在进行经济决策时有局限性），制定出完善的契约是不可行的（Williamson，1975、1985、1988、1996）。Coase 认为，长期契约中的规模经济是导致在公司内部组织活动的原因……Coase 和 Williamson 的分析认为，公司之所以存在，是因为它们的契约成本有效。经济达尔文主义确信竞争将除去无效的结构和设计得不好的组织。长期以来，幸存下来的制度结构是公司有效的契约技术。因为会计是契约技术的一部分，公司使用的会计控制和制度以及用来减少公司各有关方之间利益冲突并与公司的价值提升活动一致的会计方法也同样有效。Watts 和 Zimmerman（1990，p. 134）将这些程序描述为有效的会计选择，因为他们“是相似的经济均衡的结果”。

公司之所以存在是因为它是协调不同代理人活动的一种有效方式。正如我们所解释过的，我们假定公司雇用的每位代理人都按照他或她的自利来行事。委托人会意识到这种自利的存在。除非代理人能够表明他们所开展的工作符合委托人的利益，否则委托人预计代理人采取的行动对他们来说代价高昂，于是会降低支付给代理人的报酬。在了解了这些之后，我们预测代理人有动机提供信息来表明他们为了所有者（委托人）的利益而工作，以此获取较高的报酬。这种预测（代理理论）和认为市场有效的观点结合在一起，历来被研究人员用作反对会计监管的论据。即使缺乏监管，经理（代理人）也被认为有动机提供能最好地反映出主体基本业绩的信息。不这么做会对他们的声誉产生负面影响，由此将消极地影响他们从组织或其他地方获得的收入总额。Watts 和 Zimmerman（1986，p. 192）在提到 Fama 的研究时说：

Fama（1980）认为有关管理者减少价值的机会主义行为的信息最终会被知道，并影响他们的声誉。结果，如果经理在职期间消费了大量的津贴（例如偷懒），这最终会被他人知道，经理们也会获得这样的名声。预计这样的经理在未来会过度消费津贴，他们未来的报酬会减少。因此，即使经理的报酬在他们过度消费期间不被调整，他们仍然要承担过度消费的成本——他们未来报酬减少额的现值。如果经理很快退休并且没有延期支付的报酬（即报酬在退休之后支付），会减轻这种效果。

7.2.5 实证会计理论的兴起

在 20 世纪 70 年代中后期形成的理论认为市场是有效的，并且建议依据契约安排来控制代理人自利行为。公司存在的原因也是根据公司能有效减少总交易成本来解释的。这项研究为 PAT 的发展提供了必要的基础。PAT 强调了会计在减少企业代理成本中的作用（包括所有者和经理之间存在的冲突）。同时也强调许多与会计系统的输出相关的有效书面契约是有效的公司治理结构的重要组成部分。

早期记录契约成本因素①以及政治程序因素怎样影响会计方法选择的论文中的一篇是 Watts 和 Zimmerman（1977），当时并没有吸引太多的关注。但是，Watts 和 Zimmerman（1978a）在第二年成为在 PAT 的发展和认可过程中的一篇关键论文。它

① 契约成本是由与他方（例如经理）“订立合同”或达成共识发生的成本，其中一方为另一方提供特定服务并获得报酬。契约成本包括：找到另一方订立合同的成本、就合约进行谈判的成本、监督协议以预计的方式被实现的成本、可能发生的重新谈判成本等等。

尝试着去解释与公司管理者就 1974 年 FASB 关于一般物价水平调整（GPLAs）的讨论备忘录采取的游说立场。根据 Watts 和 Zimmerman（1978a，p. 113）：

在这篇文章中，我们假定个体为实现自身效用最大化而采取行动。在这样做的时候，他们是机智和创新的。这个假设明显的影响是管理者依据自我私利对会计准则进行游说。①

如在第 5 章所指出的，一般物价水平会计通过使用一般物价指数对历史成本利润进行调整，将变动物价的影响考虑进去。在通货膨胀的时候，通常会导致收益下降，同时资产增加。

Watts 和 Zimmerman 考虑了某些组织的属性会如何影响组织管理者支持或反对某一会计规定。在所有考虑的因素中，一个是支付给管理者的奖金和报告利润紧密相关的概率（他们将其称为管理层报酬假设），另一个是企业受到严格的政治监督的概率（他们将其称为政治成本假说）。关于政治监督和相关的成本问题，Watts 和 Zimmerman（1978a，p. 115）认为：

为了面对可能出现的政府干扰，公司利用许多手段，如媒体中的社会责任运动、政府游说以及选择使报告盈余达到最小的会计程序。由于高额的报告利润和垄断地租与公众息息相关，因此“高额”利润会引起关注。通过避免这种关注，管理层能降低不利的政治行为的可能性，由此减少它的预计成本（包括公司在反对政治行为过程中会发生的法律成本）。政治成本包括工会因大额报告利润而提高要求所带来的成本。政治成本的大小主要取决于公司规模。

Watts 和 Zimmerman 的研究结果（1978a）不支持管理层报酬假设。② 这很可能是因为讨论备忘录要求披露 GPLA，并将其作为财务报告的补充说明，但不要求财务报告本身做出改动（预期奖金计划和财务报告中的数据相关）。但是，关于政治成本假说有重大发现。③ 更具体来说，较大型公司（注定受到更严格的政治监督）倾向于支持讨论备忘录——这种方法表明（随着物价上涨）公司利润因通胀影响而做出调整后比调整之前的报告利润低。④ Watts 和 Zimmerman 的观点是，通过显示较低的调整后的利润，这些公司会吸引较少的政治注意，由此有关方试图从公司转移财富的可能性较小（也许以要求增税、降低关税保护、提高工资等等的方式）。在论文的结尾处，Watts 和 Zimmerman（p. 131）写道：

用于解释管理层投票表决是否采用一般物价水平会计的行为的最重要的因素是公司规模（在控制盈余变动方向之后）。在其他条件不变时，较大规模的公司如果盈余

---

① 同其他许多经济学家一样，Watts 和 Zimmerman 也忽略了在非财务方面的个体效用函数，并单纯假定个体的效用或福利在他们的财富实现最大化时也会达到最大。或许非财务方面的个体效用函数被忽视的原因是考虑这些方面难度过高以至于不能建立模型。

② 具体而言，Watts 和 Zimmerman（1978，p. 116）给出的有关管理层报酬计划的预测是“通过更改会计准则使报告盈余增加，在其他条件不变的情况下，这会导致更大的奖励收入。但是这会减少公司的现金流，股票价格也会下降。只要每位管理者税后奖励收入的现值大于每位管理者的股票投资组合的减少值，我们预计管理层会支持这样的会计变化”。

③ 政治成本是企业外部的团体出于某些政治行为可能对企业施加的成本。这些成本可能包括增加纳税额、增加的工资要求或产品抵制。

④ Watts 和 Zimmerman（1978，p. 118）对政治成本的预测是“经理们出于纳税、政治和监管因素的考虑，和选择报告较高盈余的会计准则相比，有更大的动机选择能报告较少盈余的会计准则（由此增加现金流、公司价值和他们的福利），由此增加他们的激励报酬。但是，这一预测的条件会使公司受到监管或遭受政治压力。在小型（即较低的政治成本）未受到监管的公司中，我们预计，如果在激励报酬中的预计利得大于先前预计的纳税额，经理一定有动机选择能报告较高利润的会计准则。最后，我们预计，经理也会考虑会计准则对公司记账成本（因此也会对他们的福利）产生的影响”。

下降的话，更可能支持 GPLA。这个结果和我们的政府干预观点一致，因为较大规模的公司更可能遭受政府干预，因此比小规模企业失去的更多。

在 Watts 和 Zimmerman 的论文（1978a）之后，PAT 领域的研究逐步繁盛起来。其中大部分的工作试图解决 Watts 和 Zimmerman 研究成果中的固有局限。例如，后续研究承认报告利润受许多不同的会计选择影响（而不是仅有一种选择，如选择使用 GPLA），其中一些选择可能增加收益，而另一些可能会使收益下降（由此可能互相抵消）。Zmijewski 和 Hagerman（1981）开展的研究试图预测管理层对四项可选会计方法的选择，分别是如何核算折旧、库存（存货）、投资税收抵免和过去的养老金成本。

1990 年，Watts 和 Zimmerman 在《会计评论》上发表了一篇文章，介绍了实证会计理论十年的发展历程（《实证会计理论：十年回顾》）。他们辨别出在 PAT 文献中经常用到的三个关键假设，这些假设是用来解释和预测组织支持或反对某一会计方法的原因。这些假设被称为"管理层报酬假说"（或是"奖金计划假说"）、"负债假说"（或是"负债/权益假说"）和"政治成本假说"。Watts 和 Zimmerman（1990，p. 138）这样解释这些假说：

奖金计划假说是指享有（和报告利润紧密相关的）奖金计划的公司经理更可能使用增加当期报告收益的会计方法。如果董事会的薪酬委员会不随所选择的方法对奖金做出调整，上述选择大概会增加奖金的现值。目前对选择的研究结果普遍和奖金计划假说一致。

因此，在其他条件相同的情况下，这个假说预测，如果管理者以会计利润等业绩指标作为衡量标准来获得奖励，那么他们会偏好使利润增加的额度能提高他们的奖金的会计方法。关于"负债假说"，他们说（p. 139）：

负债/权益假说预计公司的负债/权益率越高，管理者使用增加收益的会计方法的可能性越大。负债/权益率越高，公司越容易违反债务契约的限定条件。① 契约的限定条件越紧，违反契约和发生技术性违约的可能性越大。审慎的管理者通过选择能增加收益的会计方法可以放宽债务契约的限定条件，并减少技术性违约的成本。②

因此，在其他条件相同的情况下，如果公司和债权人签订了协议，这些协议包含基于会计的债务契约（如规定可允许的最高负债/权益率或资产负债率限定条件），那么管理者有动机采用能削弱限定条件的潜在影响的会计方法（如采用能增加报告利润和资产的会计方法）。关于他们研究中的第三个假说——"政治成本假说"——Watts 和 Zimmerman（1990，p. 139）阐述道：

政治成本假说预测大型公司而不是小公司更可能通过会计选择来减少报告利润。规模是政治关注的替代变量。奠定这个假说的假说是对于个人而言，熟知会计利润是否真的表示垄断利润，以及在颁布法律和规范来提高他们福利的政治程序中与他人

---

① 本章中我们列举的一些例子中提到了债务契约。契约作为一种承诺，是由借款人在获取贷款时纳入合同中的内容，这些承诺（契约）具体限定了借款人所能采取的行动，或者具体要求借款人采取特定行动。

② 正如在这里指出的，Watts 和 Zimmerman 假设"负债/权益率越高，公司越容易违反债务契约的限定条件"。它假定对于所有订立了协议的组织，它们的协议都包含限定了债款总额占总资产或总权益比例的契约。尽管回到二十世纪七八十年代这个假设还算合理，当时大多数大型企业都订立了这样的协议安排，但 Mather 和 Peirson（2006）提出的证据表明尽管大部分大型企业仍然同意债务契约，但最近协商的契约中只有不到半数限定了总负债占总资产或总权益的一定比例。因此该假设的预测力大不如前。尽管如此，它仍对有杠杆约束的企业起到一定的预测作用。

“缔约”，都要付出高昂的代价。因此，理性的个人不会完全了解情况。在这一方面，政治程序和市场程序没什么不同。考虑到信息和监督成本，管理者有动机谨慎对待会计利润，政治程序中的有关各方会满足于事后机会主义的合理金额。

因此，在其他条件相同的情况下，如果管理者认为他们处于大规模的政治监督之下，这会驱使他们采用能减少报告收益的会计方法。人们会认为，组织通过实施商业行为为所有者带来大量的利润，同时对交易涉及的其他方，如员工，提供有限的回报，以此来剥削其他的相关方，减少报告利润会降低人们有上述想法的可能性。如何根据报告利润批评公司对购买其产品的消费者要价过高，如何能用利润作为号召政府制裁某一公司的合理理由，会计头条 7.1 为这两个问题做出了提示。在这篇文章中，作者批评了壳牌公司及其“可憎的利润”。阅读这篇文章，并判断如果壳牌公司没有记录如此高额的利润，Evans 是否还能采取这么坚定的立场。

会计头条 7.1　实例：用利润证明公司在剥削他人的断言

355 亿的壳牌说谢谢你

澳大利亚的家庭促成石油巨头壳牌公司的全球年度总利润达到了惊人的 355 亿美元。

NRMA 昨日称，该公司去年每小时就能赚取 400 万美元的利润，它应向澳大利亚的车主道谢。

壳牌全年的净利润是欧洲公司的最高纪录。

“如今的壳牌相当富有，他们被允许向澳大利亚的车主漫天要价，也就不难看出该公司为什么这么有钱了。”NRMA 的主席 Alan Evans 说。

“当我们考虑到悉尼的车主要为每升汽油支付 1.47 美元时……壳牌在澳大利亚的公司应该向所有车主道谢没错。正是因为他们，公司才获得了天文数字般的利润。”

Evans 说，联邦政府即将任命的石油特派员必须被赋予权力，借此来惩罚石油公司对汽油定价过高的行为。

“除非澳大利亚的汽油定价方式有所改变，否则石油公司还将继续赚取可憎的利润”，他说。

《每日电讯》，2008 年 2 月 2 日

使用上述三种假说（管理层报酬假说、负债/权益假说和政治成本假说）的研究人员，以及许多这样的研究者，经常采用的观点是管理者（或代理人）在选择特定会计方法时会按机会主义行事（例如，管理者会选择特定会计方法，因为这么做将增加利润，从而增加他们的奖金）。Watts 和 Zimmerman 的研究（1978a）主要依据机会主义观。但是，随后的许多 PAT 研究也采用效率观。这种观点提出管理者选择使用某种会计方法是因为该方法能最有效地反映出企业的表现如何。例如，管理者可能会选择某种折旧方法，不是因为这种方法会增加他或她的奖金（机会主义视角），而是因为它能最正确地反映出资产的使用情况。下面的讨论介绍了关于 PAT 的机会主义观和效率观。实际中常常很难确定到底是机会主义还是效率因素驱使管理者对某种方法做出选择——这也是许多这类研究的局限之一。

7.3 机会主义观和效率观

如前所述，应用 PAT 的研究常常要么采用*效率观*，要么采用*机会主义观*。在效率观下，研究人员解释了如何设置各种契约机制来使公司的代理成本降到最低，即和从委托人（如所有者）向代理人（如管理者）授予决策权相关的成本。效率观经常被称为事前观——事前意思是“在事情发生之前”——因为它考虑要预先设置何种机制，目标是使未来的代理和契约成本最小化。例如，在做出监管规定之前，世界上的许多企业自愿编制面向公众的财务报告。即使不存在任何监管要求，这些财务报告也常常要经过审计（Morris，1984）。① Jensen 和 Meckling（1976）等研究人员认为，在实务中提供经审计的财务报告会真正节约成本，因为它能够让组织以更低的成本吸引资金。由于审计，外部团体获得的关于企业资源和义务的信息更可靠，这使得企业可以以更低的成本吸引资金，由此增加企业的价值。

在 PAT 的这种效率（事前）观下，也有人认为，公司之所以采用某种会计实务是因为这样的方法最好地反映出了主体基本的财务业绩。不同的组织特征被用来解释为什么不同的公司采用不同的会计方法。例如，从可选的方法中选出特定的一种资产折旧规则是因为它最好地反映了资产的使用情况。预测对同一资产有多种用途的公司将会采用不同的折旧或摊销政策。也就是说，企业的经营性质不同，这些差异会导致采用的会计方法有所不同（其他政策也是如此）。有人认为，通过提供最好地反映公司业绩的业绩衡量方法，投资者和其他有关方不需要再从其他渠道获得同样多的额外信息。这会带来成本节约。

Whittered（1987）是采用效率观进行研究的一个例子。他试图解释在没有相关监管要求的时候，为什么公司自愿编制面向公众的合并财务报表。他发现，当公司借入资金时，债务的担保常用的形式是企业集团下的其他主体提供的信用保证。在呈现关于集团借入和偿还债务能力的信息方面，合并财务报表被认为是一种比向借款人提供集团每一主体的个别财务报表更有效的方式。②

和效率观一致，如果假定公司采用某一会计方法是因为该方法最好地反映了主体的经济业绩（由此减少了投资者风险和公司的资本成本），那么 PAT 理论家论证说财务会计监管对报告主体施加了无根据的成本。例如，如果发布一项新的会计准则来禁止特定组织使用某种会计方法，这将失去效率，因为期末的财务报表不再能最好地反映出企业业绩。许多 PAT 理论家认为，管理者在给定的情况下最能够选择出适当的会计方法，政府不应该干预这个过程。③

另一方面，PAT 的机会主义观采用了给定的协商过的公司契约安排（其中一些

---

① Benston（1969）给出的证据表明，所有在纽约证券交易所上市的公司在 1926 年公布了资产负债表，而当时并没有直接的规定要求这样做。此外，82% 的报表经过一名注册会计师的审计，而当时也没有直接的法律规定要求这样做。

② 这些结果也得到 Mian 和 Smith（1990）的支持。他们使用美国的数据，发现在 94 号财务会计准则（要求在合并财务报表内包含金融子公司）发布之前，合并财务报表中就已包括了金融子公司，这与集团公司的成员之间是否存在债务担保直接相关。如 Watts（1995，p. 332）指出，在不同时期和不同国家进行的两个独立的研究（Mian 和 Smith，1990；Whittered，1987）发现了相同的结果，这一事实有力地证明了效率观可以解释这种类型的会计选择。

③ 在这个方面，我们可以参考 AASB 138“无形资产”（依据 IAS 38“无形资产”）。这个会计准则要求所有的研究支出在发生时作为费用处理，不管这项支出是否能带来未来经济利益（但是，AASB 138 确实允许在某些严格的规定下，开发支出可以转入下期）。所有研究支出在发生时计入费用的规定是非常谨慎的，并且不允许财务报告读者区分进行有价值研究的主体（就产生未来经济利益而言）和那些从事失败的研究项目的主体。出于财务会计目的，所有的研究（好的或坏的）应同等对待。可以说，这不会提高通用财务报告在评估各自的报告主体过去和未来的绩效方面的“有效性”。

在本章后面讨论)，并试图解释和预测某些随后会发生的机会主义行为。最初可能会对某些特定的契约安排进行协商，因为人们认为它们能最有效地使公司内部的不同个体利益趋于一致，由此为公司节约成本。但是，写出一份全面的合约，里面包含所有情况下使用的所有会计方法的指南是不可能的，也是无效的——因此总是为想按机会主义行事的管理者留有一定空间。

机会主义观常常被称为事后观——事后指在事情发生之后——因为它考虑了一旦各种契约安排生效就可能采取的机会主义行为。例如，为了实现代理成本最小化(效率观)，要协商的契约协议可能要为管理者提供基于主体产生的利润的奖金。一旦契约生效，管理者会选择采用能增加会计利润并因此增加奖金的会计方法（机会主义观)。管理者可能会选择采用能增加收益的特定的资产折旧法（例如选择资产在较长使用年限内折旧)，尽管它可能反映不出资产的实际使用情况。假定在 PAT 下，只要管理者认为特定的会计方法会增加个人财富，他们就会投机性地选择这种方法。PAT 也假定委托人预测管理者是机会主义者。在了解了这一点后，委托人经常规定要为特定目的而使用的会计方法。例如，奖金计划协议可能规定应该用特定的折旧或摊销方法，如直线摊销法，来计算用于确定奖金的收益。但是，如前面所提到的，人们认为事先规定在所有情况下使用的所有会计方法成本太高。因此 PAT 提议对于代理人总有一定空间来投机性地优先选择某一会计方法。对许多组织的报道发现，这些企业高估了报告盈余和资产。例如，会计头条 7.2 是一件涉及 Harris Scarfe 的众所周知的“创造性会计”案例。在这个案例中，会计人员被“老板强制参与到创造性会计中”。创造性会计的结果是利润和资产被大大地高估了。由 PAT 提供的机会主义观给出了高估报告资产和利润的一些可能的原因。主体抬高利润和资产可能是为了回避已经由债权人限定的约束条件——例如，债权人可能规定了要到达的资产负债率水平或最低盈余要求（或许在债务协议中以协商的利息保障倍数的形式)。随着负债程度的不断提高，预计投机性地高估资产和收益的趋势也会增加（如果我们认同 PAT 提出的观点)。投机性会计活动的程度经常只是在公司破产后才变得明显（像 Harris Scarfe 的案例)，而此时资产高估的程度已经相当突出了。

会计头条 7.2　创造性会计的案例

因舞弊金额达 3 600 万美元，Harris 会计人员入狱

Mark Steene

一名会计人员因篡改一家零售连锁商店的账簿，金额达到 3 600 万美元，昨天被判最少 3 年的监禁。

但是作为 Harris Scarfe 的首席财务官和秘书，57 岁的 Alan Hodgson 昨天声称，他是受老板要求被迫参与到创造性会计中的。

他的辩护律师告诉南澳大利亚区法院，公司的首席执行官 Adam Trescowthick 迫使他在账目上做手脚。他说，Trescowthick 先生“坚持让资产负债表达到他的预期”。

Harris Scarfe 在去年 4 月份因负债 1.6 亿美元而倒闭，在 11 月份管理层收购拯救这家公司之前，这个金额最终猛涨到 2.75 亿美元。

Hodgson 在 Harris Scarfe 每年的年薪超过 25 万美元，他昨天早上和夫人 Helen 手挽手出现在法庭上，还带着过夜的行李。

Hodgson 承认了 24 项造假记录和在 1996 年 9 月到去年 2 月之间 8 次向澳大利亚证券交易所传播假消息。

尽管他个人未从此次舞弊中获益，他在舞弊中降低了公司的账面损失，并提高了公司的账面利润，但是法庭认为 Hodgson 的行为产生了深远而严重的后果。

法官 David Bright 说，Hodgson 错误地描绘出一幅公司的财务状况仍然良好的图画，允许它从新股发行中募集到 350 万美元并获得 670 万美元的贷款。

但是他承认 Hodgson 并不是单独行动，他说："很明显" 这牵涉到了其他人。

Bright 法官说 Hodgson 的行为使公司得以继续运营，投资者最后的损失可达上千万美元。

"我承认，你就像个赌徒，还在希望公司有一天可以走出困境，"他说。"你说你受到压力。他是一个强势者。你屈服了。"

"你曾经坚持的正直形象已经荡然无存。"

Michael Boylan 为 Hodgson 辩护，说他的当事人热爱在 Harris Scarfe 的工作，为公司取得的成就感到非常自豪。Boylan 认为他的当事人知道他错误地屈服于老板的压力之下。

"那种压力很正常。" 他说。

"它不是一个借口。"

"他有责任，尽管这意味着他会失去工作。"

"那是本应该发生的。"

"我强调他做的不是为了他自己。"

"他失去了他的工作、他的声誉和他的家庭。"

检察官 Thomas Muir 说，法庭应该警告那些像 Hodgson 的人。"处在这种位置上的人不能遵守这些命令"，他说。

"后果随处可见。这一点必须让大家认识到。"

法官 Bright 判被告 Hodgson 最长 6 年的监禁。

Courier－Mail，2002 年 6 月 27 日

接下来讨论的是各种在所有者和管理者之间以及债权人和管理者之间存在的契约安排，尤其是那些依据会计系统输出的契约安排。再一次强调，最初认为设定这些契约安排是为了减少公司的代理成本（效率观）。但是，实证会计理论家认为，一旦设定了安排，相关方如果有能力则将采用控制策略来为他们产生最大的经济效益（机会主义视角）。下面的材料也考虑了政治程序和公司怎样使用会计来使潜在的政治监督成本降到最低。

尽管一些研究人员倾向于用 PAT 的效率观或机会主义观来解释特定的会计选择，应该指出的是，在现实中，很难肯定会计选择单独只受效率或机会主义的动机驱使。如 Fields、Lys 和 Vincent（2001）所说：

未受约束的会计选择可能对财务报告使用者施加成本，因为编制者可能有动机传达出谋取私利的信息。例如，管理者可能从私利的角度选择会计方法，尝试在持有的

股票期权到期之前提高股票价格。另一方面，管理者通过客观的评估，认为当前的股票价格被低估了（依据他们的私人信息），受此驱使，他们会做出同样的会计选择。在实际中，很难区分这两种情况，但是正是出现了这种混合的动机才让会计选择的研究变得有趣。

7.4 所有者—管理者缔约

如果管理者拥有公司，那么管理者会承担他们自己特权消费的有关成本。特权消费包括出于私人目的的公司资源的消费（例如，管理者可能购买了一辆昂贵的公司用车，购置了异常奢侈的办公场所，住在非常豪华的酒店）或是产生并占用了大量空闲时间。随着管理者占所有权的比重下降，管理者开始承担较少的自己的特权消费的成本。这些成本开始被公司所有者吸收。

如前所述，PAT采用的一个核心假设是所有个体的行为都受自利的驱动，个体的主要兴趣在于使自身财富最大化。这样的假设经常被称为“理性经济人”假设。如果认为所有的个体都是为了自我利益而采取行动，那么所有者会预计管理者（他们的代理人）采取的行动可能不会总是符合所有者的利益（委托人）。而且，因为他们在公司中的地位，管理者能接触到委托人无法获得的信息（这个问题常常被称为“信息不对称”），这可能会进一步提高管理者采取牺牲所有者利益而有益于自己的活动的能力。这种由代理关系产生的差异行为的成本（也就是说，委托人和任命的代表他来履行职责的代理人之间的关系），如前面所述，被称做代理成本（Jensen 和 Meckling，1976）。

在PAT中假定委托人预计他们的代理人会采取对公司价值不利的行动，委托人会将这一点作价考虑到准备支付给管理者的金额中。也就是说，由于缺乏控制，为了减少管理者采取投机行为的能力，委托人会预料到这样的行为，并最终将支付给管理者较低的工资。也就是说，委托人会实施价格保护。较低的工资补偿了委托人因预计的代理人投机行为可能造成的损失。因此，管理者将承担一些他们可能采取，也可能不采取的投机行为的成本。如果预计管理者从额外的工资中获得的满足超过预计他们从消耗特权中获得的满足，那么如果管理者能以契约承诺自己不去消耗特权，他们可能会更富有。也就是说，他们用契约承诺或约束自己，以减少他们可采取的那套活动（其中一些对所有者不利）。当然，公司的所有者在同意增加支付给管理者的数目之前，需要确保任何契约性的承诺都得以遵守，为此要进行监督。在一个个体完全熟悉情况的市场中，可以认为管理者最终会承担与缔约和监督机制相关的成本（Jensen 和 Meckling，1976）。但是，市场常常不是完全熟悉情况的。

管理者的报酬可能是固定的（即独立于业绩表现的固定工资水平），或者可能是依据经营结果计算出来的，或者是两者的结合。如果管理者仅仅获得固定的报酬，假定存在自利，那么管理者不会想承担大的风险，因为他或她不能分享任何潜在的利益。管理者也仅有有限的动机来采用增加公司价值的战略（不像权益所有者，他们持有的公司股份会增值）。与债权人一样，有固定报酬的管理者想保住他们固定的收益流。有固定收益流的管理者除了会反对带有风险的项目，这些项目对持有公司权益的人有益，他们还可能不愿采用最佳的债务水平，因为债权人对债务的要求权和管理者自己固定的收益流会互相竞争。

假定自利驱动着管理者的行为，或许有必要实行薪酬计划，使为管理者提供报酬的方式至少部分上与公司业绩挂钩。这将符合管理者的利益，因为管理者可能获得更多的报酬，同时不需要承担投机行为的成本（这种行为可能不会发生）。如果公司业绩提高了，支付给管理者的报酬也会相应增加。为了使所有者和管理者的利益趋向一致，要实施与公司业绩绑定的奖金计划。如果公司表现良好，双方都将受益。

7.4.1 一般奖金计划

将管理者的报酬与公司利润、公司销售额或者资产回报率挂钩是普遍会采用的实务。也就是说，管理者的薪酬依据会计系统的输出计算。将管理者的报酬与公司股票的市价挂钩也是普遍会采用的实务。这可以通过持有公司股权，或通过获得与公司证券的市场价值波动明显相关的现金奖金来实现。Deegan（1997）列举了一些在澳大利亚用于计算管理者报酬的会计绩效衡量方式：

- 上年税后利润百分比
- 对股利支付调整后的税后利润百分比
- 上年税前利润百分比
- 上年部门利润百分比
- 上年部门销售额百分比
- 上年会计的资产收益率的百分比
- 上年部门销售额的百分比加上公司税后利润的百分比
- 上年部门销售额的百分比加上公司税前利润的百分比
- 前两年部门销售额的百分比加上前两年部门税前利润的百分比
- 上年公司销售额的百分比加上公司税后利润的百分比
- 前两年税前利润的平均值
- 前 3 年税前利润的平均值
- 前 6 个月税前利润的平均值

7.4.2 以会计为基础的奖金计划

如前面所指出的，以会计为基础的奖金计划是相当普遍的做法。Bushman 和 Smith 在考虑美国的使用情况时（2001，p. 250）说：

在美国，公开上市公司在高管报酬计划中广泛且明确使用了会计数据，并且有关的使用情况都有案可稽。Murphy（1998）报告了韬睿咨询公司（Tower Perrin）在 1996—1997 年间的调查数据。这项调查包括美国 177 家公开上市公司年度奖金计划中的详细信息。Murphy 报告说，177 家样本公司中有 161 家在年度奖金计划中明确采用了至少一种会计利润的计量方法。调查对象中的 68 家公司在年度奖金计划中使用单一一种绩效计量方式，65 家使用会计利润的计量方法。尽管采用的会计计量方法常常是利润的货币价值，Murphy 同时也报告说，常用到的是以每股利润为基础，计算边际差异、收益率或增长率来表达。Ittner、Larker 和 Pajan（1997）使用委托书和私有调查数据，收集了美国 317 家公司 1993—1994 年间的年度奖金计划中详细的绩效衡量信息。这些公司来自48个不同的行业大类。Ittner，Larker和Pajan记录了317家公司中有312家报告说在年度奖金计划中至少采用一种财务计量方式。每股盈余、净收入和经营收入是最常见的财务计量方式，每个都被超过1/4的样本公司使用。

鉴于支付给管理者的金额可能与会计数据直接绑定（如利润/销售额/资产），组织使用的任何会计方法的变化都将影响支付的奖金（除非奖金已经明确地与最初商定奖金计划时正在使用的会计方法所产生的会计数据直接绑定——有时将这种情况称为运用“冻结的GAAP”）。[①] 这样的变化可能是由于新会计准则的发布引起的。例如，AASB 138《无形资产》（2004年在澳大利亚发布，从2005年开始生效）允许一些开发（不是研究）支出在某些情况下可以作为无形资产予以资本化。考虑一下如果发布一项要求注销所有研发支出的新规定会产生的后果。因为这样的变化，一些先前将开发费用资本化的公司利润会减少，支付给管理者的奖金也可能变化。和古典财务理论一致，如果承认公司价值是公司未来现金流的函数，那么组织的价值可能发生变化（也许是因为用在开发上的支出变少了）。因此，一旦我们考虑公司的契约安排，实证会计理论家们会认为我们可以开始相信会计方法的变化能导致现金流的变化，由此导致企业价值发生变化（因为正如我们已经强调的，企业的价值与对企业未来现金流量现值的预期直接相关）。这个观点和EMH早期拥护者的观点相反。他们认为会计方法的变化不影响股票价格，除非这些变化直接影响所得税等费用。

举一个最近的例子，我们可以推测在一些国家中采用IAS 38（或是澳大利亚的AASB 138）《无形资产》（这一准则规定所有的研究支出必须在发生时计入费用）将怎样影响各类组织的研究和开发活动。例如，受制于某些规定，澳大利亚、新西兰、法国和斯堪的纳维亚的上市公司在2005年之前可以将研究支出资本化。随着从2005年开始采用国际财务报告准则（IFRSs），不再允许这样处理，所有的研究支出必须在发生时费用化（满足特定条件时可以将开发支出资本化）。结果有人预计，这项会计准则会影响这些国家中的一些公司开展的研究的数量。在“奖金假说”下，预计如果支付给管理者的奖金与会计利润挂钩，并且鉴于对研究支出“苛刻的”处理规定（说它是“苛刻的”是因为研究支出在发生时就必须计入费用），管理层奖金的存在可能激励管理者降低研究支出水平，由此增加他们奖金的金额。这种减少研究支出的战略可能在管理者要退休的时候更明显——原因是在研究支出和随后产生经济利益之间的时间间隔可能会比到管理者退休的时间更长（我们马上将回到这个“视野问题”上来）。通过对现金流产生的相关影响，预计研究活动中发生的这种变化反过来会影响报告主体的权益价值（股票价格）。这个例子表明了会计准则中的变化会如何对组织的股价产生实际的影响。

当然，奖金的确定也可能会依据在商定薪酬协议期间实行的“旧的”会计规则（也许通过管理层报酬契约中的某一条款）。这样一来，在公认会计原则中的变化就不会影响奖金，但是并不总是这样的。依赖会计数据的合同可以依据“浮动的”公认会计原则。这暗示如果某项会计规则发生变化，并且会影响公司商定的合同中的条款，公司价值（通过相关的现金流的变化）可能会相应地发生改变。PAT认为，如

---

① 如果基于会计的合约安排是根据资产负债表日正在使用的会计规则计算出来的（并且当新会计准则发布时这些规则在也会随之改变），那么这些协议被认为是依靠“滚动的GAAP”（也叫做“浮动的GAAP”）。

果会计政策中的变化对公司现金流没有影响，那么公司可以无视这个变化。

Emanuel、Wong 和 Wong 在解释使用基于会计的奖金计划时（2003，p. 155）认为：

会计盈余常常用来计算管理者的回报（Smith 和 Watts，1982；Healy，1985；Sloan，1993），因为它比其他衡量管理者业绩的方式，如股票价格和实现的现金流，更有效。有两点原因：第一，股票价格更容易受市场因素的影响，市场因素不受管理层的控制，因此在隔离管理者行为产生的绩效部分不那么有效（Sloan，1993）；第二，实现的现金流未考虑管理者的行为，而采取这些行为是为了增加公司价值。因此实现的现金流没有及时计量管理者的行为对公司业绩的影响效果，特别是当衡量业绩的时间间隔很短时（Dechow，1994）。此外，会计盈余具有各种令人满意的特征，而其他业绩衡量方式并不具备，包括客观性、可靠性、可验证性和稳健主义（Watts 和 Zimmerman，1986，pp. 205 – 207）。因为会计盈余在计量公司业绩方面是有效的，所以它们在确定有关业绩的赏罚中扮演着重要的角色。我们观察到，以盈余为基础的奖金计划提供了使管理者和股东的利益趋于一致的有效的手段。这样一来，管理者就不会参与投机活动，因为这样的行为有违公司价值最大化。盈余是一种很好的计量未来现金流的方式，其他所有条件不变，在这种情况下，更高的盈余会带来更高的公司价值和更多的管理者报酬。除了报酬之外，会计业绩计量方式也影响公司员工其他种类的奖励和惩罚，如继续雇用和晋升（Blackwell 等，1994）。

7.4.3　操纵会计数据的动机

在考虑实现以会计输出为依据的激励计划时，存在一种可能性，即根据会计利润来奖励管理者可能诱使他们操纵相关的会计数据来提高他们的表面业绩，重要的是提高他们的相关报酬（机会主义观）。也就是说，会计利润并不总能毫无偏见地衡量公司业绩或价值。Healy（1985）说明了由于基于会计的奖金计划的出现，管理者可能会选择投机性地操纵会计数据。他发现，按照计划，达到预先指定的盈余水平之后才会奖励管理者，此时管理者会采用使奖金最大化的会计方法。当利润不能达到奖金计划规定的最低水平时，管理者似乎会采用能进一步减少当期收益的策略（常常称为“洗大澡”），但是会导致在随后的期间里更高的收益——这一时期利润会高于规定的临界值。举一个例子，管理者可能在某一期间注销一项资产，反正在此期间也不会赚得奖金，这样在未来期间就不用再计提折旧，而与利润相关的奖金就会得以支付。[①]

实现公司资源的现值最大化的投资战略不一定会定期产生统一的现金流或会计利润。一些战略可能在前几年产生最小的会计回报，但仍然代表公司的最佳选择。依据会计利润奖励管理者可能会打消他们采用这类战略的积极性。也就是说，它可能鼓励管理层将重点放在短期，而不是长期。

在 Lewellen、Loderer 和 Martin（1987）的研究中发现，在美国，如果管理者的报酬依据以会计为基础的业绩衡量方式，如利润，那么接近退休的管理者更不可能实行

---

① Holthausen、Larcker 和 Sloan（1995）利用有关公司报酬计划的私人数据也调查了管理者在出现管理层报酬计划时的行为。他们的结论证实了 Healy（1985）的观点，除了他们没有发现任何证据支持管理者在盈余低于预先设定的临界值时会进行“洗大澡”的观点。

研究和开发支出。原因是，按照美国会计准则，所有的研究和开发支出不得不在发生时作为费用处理，因此研究和开发会直接导致利润减少。尽管人们认为研究和开发支出将会在随后的几年带来收益，要退休的管理者那时可能已经不在公司，也不会享有利得。也就是说，管理者的员工视野短于组织持续经营的有关“视野”（假定后者是未定的）。“视野”的差异常常被称为“视野问题”。因此，预计以会计利润为基础获得报酬的自利的管理者不会在临近退休时开展研究和开发活动，因为管理者不会分享到任何相关的利得。当然，这不利于公司的持续经营（和价值）。在这样的情况下，按照效率观，应该建议有研发支出的企业把快退休的管理者排除在分享利润的奖金计划之外，或是为了执行计划，在调整研究和开发支出之后计算“利润”。或者，快退休的管理者的报酬可以按照基于市场的计划来计算，该计划和组织的长期绩效紧密相关。例如，或许参与到公司研发之中的经理预计在不久的将来要退休，应该分配给他可以购买公司股票的期权（股票期权），但该期权在他或她退休的3~4年之后才能行权。这样就能鼓励经理实施在他或她离开组织后才会成功的计划了。

7.4.4 基于市场的奖金计划

涉及采矿或高科技研发的公司的会计盈余可能会剧烈波动。可能实行的成功战略在一些会计期间可能不产生会计盈余。在这种行业中，实证会计理论家们认为根据公司证券的市场价值来奖励管理者更为合理，假定预计未来现金流量的净现值会对此产生影响。它可以通过依据股票价格的增长获得现金奖金来实现，或通过提供给管理者公司的股票或股票期权来实现。如果公司股票价值提高，管理者和所有者都将受益（他们的利益趋向一致）。重要的是，管理者会受到提高公司价值的激励。在对澳大利亚管理者的调查中，Deegan（1997）提供的证据表明，21%被调查的管理者持有他们雇主的股份。

正如已经指出的，基于管理者与会计利润相关的激励可能有相反的效果，会诱使他们采取不符合股东利益的行为，尤其在研发支出方面。正如之前所解释过的，美国规定所有的研究和开发支出在发生时要费用化，因此当公司从事研究和开发时，利润会迅速下降。[①] 除了最初对利润的影响，也有证据显示资本市场常常不会把大量支出用在研究和开发上，因为在这类支出中存在许多固有的不确定性（Kothari 等，2002；Lev 和 Sougiannis，1996）——也就是说，人们认为市场低估了研究和开发支出带来的好处。Cheng 在研究美国的首席执行官（CEO）的个人动机时（2004，p. 307）认为：

> CEO 们考虑研发（R&D）支出的成本和效益，并且（与自利的假设一致），他们只有在预计个人收益大于个人成本时才会在 R&D 上投资。他们预计 R&D 支出的成本包括 R&D 支出对短期会计和股票业绩的消极影响，因为这些计量方式影响 CEO 的报酬和工作安全（Dechow 和 Skinner，2000；Murphy，1999）。R&D 支出对现行会计盈余的消极影响是，由于在美国 GAAP 下 R&D 支出常常立刻被费用化了。因此，想增加现行会计盈余的 CEO 们有动机减少 R&D 支出（例如 Baber 等，1991；Dechow

① 相反，IAS 38《无形资产》（在澳大利亚是 AASB 138）规定，研究支出在发生时费用化，但是允许开发支出资本化，条件是未来经济利益“很可能”流入，同时成本能可靠地计量。

和 Sloan，1991）。除此之外，CEO 们可能认为 R&D 投资和其他投资相比在对短期股票价格的影响方面不那么令人满意（因为资本市场倾向于低估 R&D 支出）。与其他支出相比，R&D 项目在管理者和股东之间形成了更高程度的信息不对称（例如，Chan 等，2001；Kothari 等，2002）和未来收益的更大不确定性（例如，Chan 等，2001；Kothari 等，2002）。结果，现行股票价格可能不会完全反映 R&D 支出的未来收益（Lev 和 Sougiannis，1996）。因此，关心短期股票价格的 CEO 们可能会减少 R&D 支出以增加其他的投资，因为这些投资收益能更全面（或更好）地反映在现时股票价格中。

随着管理者临近退休，上述影响愈发变得明显。如 Cheng（2004，p. 308）所述：

CEO 们关注短期的会计和股票业绩。这些关注让 CEO 们有动机减少 R&D 支出。当 CEO 们临近退休或是遭遇盈余不足时，这种动机变得更加强烈（Baber 等，1991；Dechow 和 Sloan，1991）。随着 CEO 们临近退休，他们不太可能从目前的 R&D 投资中获得收益。与此同时，由于不像过去那样担心管理劳动力市场的惩戒措施，CEO 们不再担心前途的问题，他们变得更注重短期行为（Gibbons 和 Murphy，1992）。同样，当面临经济业绩恶化的时候，CEO 更关心 R&D 支出会带来预计的个人成本，因为不良的业绩可能导致工作中断以及公司被收购，这可能剥夺了 CEO 对现有 R&D 支出的未来的权利。因此，CEO 们有动机减少 R&D 支出以扭转业绩差的局面，特别是当预期的业绩下降不大，而且更容易扭转的时候。

鉴于人们可以想象得到高层管理者有动机减少在研究和开发方面的支出（尤其是如果提供给他们的奖金和会计利润挂钩），或许可以预测到会订立额外的契约安排来减少降低研究和开发支出的动机。一种方式是让那些有权决定高层管理者工资的人（通常是由组织内部成立的薪酬委员会负责，薪酬委员会通常是由非管理层董事组成）特别将管理层的工资调整成与研究和开发活动直接相关。如 Cheng（2004，p. 308）所说：

当 CEO 减少 R&D 支出的动机变得更强烈时，薪酬委员会可以通过调整 CEO 的报酬安排来削弱这种动机。这样的调整应该影响到 CEO 考虑支持 R&D 支出会引起的预计个人收益和预计个人成本。一种可能的调整是在 R&D 支出的变化和 CEO 薪酬变化之间建立起一种更正向的联系。这种更紧密的联系使得增加 R&D 支出对 CEO 更有益，减少 R&D 支出对 CEO 而言代价更大。

Cheng（2004）的结论表明，薪酬委员会常常在研发支出变化和 CEO 总报酬的变化之间建立一种联系。此外，它还常常以股票期权的形式提供给即将退休的管理者报酬。授予管理者股票期权增加了管理者的长期关注，由此进一步激励 CEO 们开展最佳水平的研发活动。①

在考虑使用股票期权以及基于会计的奖金计划时，还有一些问题是有关奖励管理者的方式受股票价格波动的影响。首先，影响股票的价格因素不仅有被管理者控制

① 举一个关于使用股票期权的例子，Cheng（2004，p. 321）提到一家大型美国公司提供给 CEO 的期权。根据 Cheng 的说法，“公司的 CEO 计划在 2000 年 4 月 1 日退休，年龄 64 岁。薪酬委员会在 1997 年同意授予 CEO 1 500 000 份股票期权，以期提供通过股票期权来激励他继续为直到退休以及退休以后股票价格的提高而努力。一半的期权要到 CEO 66 岁时才可以行权。”

的，还包括来自外界的市场范围的因素。也就是说，股票价格可能为管理层业绩计量提供了一种“嘈杂的”方式——“嘈杂”在某种意义上是指股票价格不仅受管理者行为的影响，还主要受管理者无法控制的市场总体变动的影响。而且，只有高级管理层有可能对公司现金流、公司证券的价值产生重要影响。因此，市场相关的动机可能只适用于高层管理者。提供股份给较低的管理层可能起不到激励作用，因为他们的个体行为（和高层管理者相比）几乎不可能影响股票价格进而影响到他们的个人财富。与此一致，与其他员工相比，高层管理者更加普遍地持有雇主的股份。在 Deegan（1997）的样本中，35%的高层管理者、16%的中层管理者以及6%的基层管理者持有雇主的股份。

会计头条 7.3 反映了高管分享企业业绩的常用方式，显示出 CSR 有限公司如何通过长期和短期的激励来奖励 CEO。短期激励和利润分享计划有关，而长期激励与股票价格变化相关。人们认为，按上述方式奖励高管应该使高管（代理人）的利益和股东（委托人）的利益趋于一致——这种观点和 PAT 以及代理理论一致。预计这样的计划仅限于高层管理者，因为他们最有能力影响股票价格。但是，近些年，股东对高管的股票期权计划的规模指责声不断。从 PAT 的角度来看，这可能表明股东认为这类计划的规模可能会大幅稀释股东现有股份的价值（通过按未来市场价值的大幅折现价格发行新股来造成稀释），以至于对现在股东造成的成本超过了股票期权带来的代理收益。

会计头条 7.3　运用长期和短期激励的例子

生活甜如蜜：CSR 总裁获得 400 万美元

Teresa Ooi

CSR 首席执行官兼总经理 Alec Brennan 因促进今年盈利大幅增长了43%而获得410万美元的薪酬。2004年，他的薪酬是290万美元。

截至3月31日，Brennan 全年共获得工资116万美元、短期奖金71.5万美元、长期激励160万美元，而去年他总共得到290万美元，其中包括60万美元的短期激励、393 018 美元的长期奖金。

Brennan 于1969年加入了这家主营制糖、建筑和建筑材料的公司。他将公司的净收益提高了79%，达到2 870 万美元。

盈余的大幅提升来自在亚洲对糖的需求猛增，因为印度和泰国连续两年的干旱打击了制糖作物的种植，提高了粗糖价格。制糖方面的盈利比上年翻了一番，从3 760 万美元提高到8980 万美元。

2003年，公司分离出水泥生产部门 Rinker，剩下制糖、建筑材料以及铝业三项业务，此时 Brennan 成为了总经理。

在分拆的时候，CSR 的市场价值是15亿美元，在两年内已经增长到超过了22亿美元。

瑞银集团的 Mark Ebbinghaus 说，CSR 作为建筑材料制造商，在充满竞争的市场表现很强势，同时也面临着波动剧烈的糖类价格。

"Brennan 的表现已经超出了预期。他因出色运行企业而知名，被人们尊称为具有长远眼光的首席执行官。"

公司解释道，Brennan 的薪酬大部分"依靠增加股东的价值"。

"短期激励是在既定的年份奖励业绩——CSR 在计算重大项目之前的净利润上升了25.3%，达到 2.01 亿美元（包括重大项目的净利润上升了79%，达 2.87 亿美元）。现金流也增加了10.5%，达到 3.21 亿美元，股利从 11 美分增长到 12 美分。Alec 选择用他今年的全部短期激励 71.5 万美元购得 CSR 的股份。"

"购买75 万股长期激励（价值160 万美元）的当年，CSR 的股东回报总额（股票价格加股利）在澳大利亚基准指数的200 家公司中排名前50。"

"公司强调，所有在激励计划下购买的股票都是在股票市场购得的，因此对于股东来说不会有稀释作用。"

Brennan 现在持有 310 万股 CSR 的股票。

CSR 的股价昨日收于 2.6 美元，增长了 1 美分。

《澳大利亚人》，2005 年 6 月 16 日

总体来说，人们认为实施基于会计或是基于市场的业绩计量方式或奖励计划的可能性部分上会受相对"嘈杂的"基于市场的业绩计量方式与基于会计的业绩计量方式两方面的考虑因素驱动。相对来说，更依靠基于会计还是基于市场的业绩计量方式可能取决于每种计量方式对一般的市场（基本上不可控制）因素的相对敏感性。Sloan（1993）指出，CEO 的工资和奖金报酬相对来说似乎与具有如下特征的公司的会计盈余更趋于一致：

· 相对而言，股票回报对一般市场波动更敏感（相对更嘈杂）；
· 会计盈余与公司的股票价值中因公司因素产生的波动高度相关；
· 会计盈余与权益价值的市场波动有不太积极（更消极）的联系。

尽管上面的观点讨论了如果提供给管理者与组织股票价值绑定的报酬，他们会如何或者为什么为了所有者的利益工作，但是也有观点认为，如果给予管理者组织的股权，那么这将对鼓励管理者提高披露水平有其他积极的影响。如果没有组织的股权，管理者可能有动机不让股东和其他利益相关者获得信息。如 Nagar、Nanda 和 Wysocki（2003，p. 284）阐述道：

管理者避免披露私人信息是因为这样的披露会减少他们私人控制的利益。例如，缺乏信息披露限制了资本和劳动力市场有效监督和约束管理者的能力（Shleifer 和 Vishny，1989）。披露代理问题因此被看做构成其他代理问题的一个基础问题。实践者也附和认为，管理者表现出了固有的向投资人隐瞒信息的倾向，即使是在美国资本市场这样的"高度披露"环境中也是如此。在最近思腾思特（Stern Stewart）高管圆桌会议的小组讨论中提到："一切都是平等的，大多数公司的管理者只有在他们不得不披露的时候才这么做。他们不想让你清楚地知道他们在做什么，也不想让你知道他们在做的小赌注"（Stern Stewart，2001，p. 37）。

Nagar、Nanda 和 Wysocki（2003）关注管理者可能有动机限制披露。他们认为提供管理者组织的股权（例如，股票或股票期权）会起到减少"非披露倾向"的作用。具体来说，他们认为（p. 284）：

基于股票（股份）价格的激励会从管理者那里引出好消息和坏消息。一方面，管理者有动机发布好消息和坏消息是因为它们会提升股价。另一方面，投资者对沉默可能的消极解释（Verecchia，1983；Milgrom，1981）和诉讼成本（减少管理者所有者权益的价值）是发布坏消息的诱因。因此，我们认为管理上基于股票价格的激励，作为期间报酬和累积股份的方式，有助于使长期的管理披露意愿与投资者披露意愿趋向一致，并缓和代理披露问题……我们基本的前提是，以股票价格为基础的激励是使管理层披露意愿与股东的意愿趋于一致的契约机制。

Nagar、Nanda 和 Wysocki 的研究结果与他们的预期一致。他们的研究结果表明，提供给经理们股权激励会使经理倾向于披露更多的信息。具体而言，他们发现，通过经常性的盈余预测与分析师对公司披露的评级衡量的公司披露，随着与 CEO 的报酬绑定的股票价格以及 CEO 持有股票价值的增加而增多。

在考虑使用基于股份还是基于会计的奖金计划时，基于会计的奖励具有的优点是会计结果可以基于子单位或部门的绩效，但是必须确保个人不会以整个组织为代价而仅关注部门的绩效。

实证会计理论假设，如果根据会计数据对一名经理给予奖励（例如，基于利润分配），那么该经理会受到操纵会计数据的激励。基于这样的假设，审计过的财务报表的价值变得十分显著。如果管理层仅负责会计数据的收集汇编，那么根据会计数据奖励经理（这一战略目的在于将所有者和经营者的利益联系在一起）或许并不合适。审计师的责任是裁定采用的会计方法的合理性。然而，要记住的是，仍有机会主义存在的空间。

上面的论证集中讨论的是，管理层的奖励制度会如何受到选定的特定会计方法的直接影响。选择使用特定会计方法可以使管理层通过其他间接方式得到奖励。例如，DeAngelo（1988）提出的证据表明当个体，如组织的经理，面临对其职位的竞争时，他们会在竞争之前采用能够增加报告利润的会计方法（增加的报告盈余与任何明显的现金流量的增加不相关），以此支持其连任。DeAngelo 还说明，现在的经理仍然不能保留在组织中的职位，新任命的经理会倾向于一就职就确认大量费用（也就是“洗大澡”）以试图强调他们接手的“烂摊子”。上面描述的这类战略与实证会计理论中的机会主义观点一致。新晋 CEO 会采用“洗大澡”这一观点也得到了 Wells（2002）的证实。Wells（p. 191）运用澳大利亚的数据阐述道：

有证据支持新晋 CEO 在职位交替当年会进行“盈余清洗”的观点……通过对盈余管理的检验得出的证据表明，在 CEO 更换当年，收入减少了盈余管理，更换 CEO 最严重的后果归类为“非常规的”。在这一条件下，新晋 CEO 通常不会支持过去的决策，还会暗中批评那些可能会使盈余管理变差的决策。不仅如此，将卸任的 CEO 不能抑制这种行为。这凸显了一项重要的公司治理问题，即到任管理层在 CEO 更换之后有机会采取盈余管理，而 CEO 继任程序对此的抑制效果会是如何。[①]

除了使用特定激励计划来鼓励员工在当期按所有者的利益工作，特定的薪酬计划也能被用来留住关键的员工。例如，提供给员工股票期权，但这些期权要在几年之后

---

① 在 Crikey. com 上报道的信息（名为“澳新银行老板加入了‘清除甲板’俱乐部”，2007 年 10 月 26 日）也提出了证据表明 13 家澳大利亚大型上市公司——包括澳新银行——新任命的首席执行官如何在就职初期大规模地注销资产。

才能行权，并且如果员工离开组织，这些期权会被收回。这样做不仅能激励他们增加组织的价值，还能鼓励他们留在企业（Deegan，1997）。正如 Balsam 和 Miharjo（2007，p. 96）所说：

股权薪酬，或更确切地说是可收回的股权薪酬，会强加给主管人员一项成本，而有前途的员工不会愿意偿付这项成本，通过这种方式可以减少主管人员自愿的变更……绝大多数公开上市的公司都会向其主管提供股权薪酬，通常是以股票期权的方式，以此挽留他们并激励他们按股东的利益行事。股权薪酬将主管薪酬直接与股东财富绑定，并随后使公司主管的利益与股东的利益趋向一致。

Balsam 和 Miharjo 提供的证据表明，给予主管不能在几年内行权的期权不能留住表现突出的主管。相反，这样的期权几乎不会让表现较差的管理者有动机留在公司，因为较差的业绩会转化为较低的股票价格，由此使期权变得毫无价值——于是消除了任何挽留的努力。

在考虑了经理们与委托人之间的契约关系以及如何用会计来减少潜在冲突的相关成本后，我们现在可以考虑债权人与经理们的关系。我们将会看到会计可以用于约束这种冲突的影响，并由此使得组织能够以比其他情况下更低的成本吸引资金。

7.5 债务契约

当一方向另一个组织借出资金时，资金的接受方会采取活动以降低甚至消除资金被偿还的可能性。与借款人的分歧行为相关的成本在实证会计理论中被称为*债务的代理成本*，在实证会计理论中，出借方将会预期到分歧行为。例如，资金的接受方会支付过多的股利，在组织中留下很少的资产来偿付债务。另一种可能是组织会吸收额外或者过多的负债。新的债权人会与原有的债权人竞争债务的偿还。

此外，借入资金的企业还会投资于高风险的项目。这样的战略也不会对债权持有人（也可以把他们叫做“债权人”）有益。债权人只有固定金额的要求权（也就是说，他们收到的是固定的利息）。因此如果项目产生了高额利润，他们得不到任何更多的回报，而不像所有者，他们会在增加的企业价值中获得自己相应的份额。如果项目失败了，对于一项高风险的项目来说是很可能的，债权人什么都得不到。债权人因此不会在任何“上扬”（利润）中分得一杯羹，却要承受任何重大损失（“下挫”）的后果。

在缺少保护债权人利益的保障措施时，债权的持有人便会认定管理层将采取并不总是对其有利的行动——如上面描述的——结果是，为了补偿债权人的高风险敞口，他们会要求企业支付更高的利息成本（Smith 和 Warner，1979）。

如果企业同意不支付过多的股利、不吸收高水平债务、不投资于过高风险的项目，那么就可以假设企业能够以较低的成本吸引到债务资本。依据较低利息成本带来的收益与限制管理层如何使用可获取资金的有关成本之间的差额，管理层会选择签订限制他们随后行为的协议。再一次强调，签订这类包含限制性债务契约的协议从公司的角度来看是一项有效的策略，因为这很可能会使公司吸引资金的成本降低。

除了明确同意不采取特定行动（如吸收高水平债务或者投资于特定的风险投资），如果采用特定的会计方法会降低吸引债务资本的成本，管理层也会同意采用这类会计方法。例如，Zhang（2008）认为经理们会同意采用稳健的会计方法，因为他们相信这会降低债权人面临的风险。稳健的会计方法使组织偏向于在确认利得和损失时更容易确认后者，这与传统的“稳健主义学说”一致。稳健的会计实务也限制组织进行过多的（或者可能是禁止进行）资产重估。相较于不采用稳健会计方法的组织，稳健的会计方法使组织低估利润和净资产（即权益）（也就是说，这类方法对财务状况和经营成果采取“稳健的计量方式”）。它也意味着限定了负债相对于资产的金额（或负债股本比）、限定了利润超过利息的倍数（被称为“利息保障倍数”的条款）的债务契约对于那些采用稳健会计方法的组织会更严格或更有约束力。正如Zhang（2008）的观点，越具有约束力的契约越会提前对违约风险做出警告，并由此减少出借方（如银行）的风险敞口。究其原因是由于管理层不太有能力规避严格的契约（例如通过资产重估），这样的契约会在管理层有空间放宽限定条件之前就引发对贷款协议的技术性违约，或许是通过资产重估的方式。出借方越早采取行动捍卫资金，他们的风险越小。

Zhang（2008）报告称，采用稳健会计方法的借款人会以较低的利率吸引到资金（对借款人有益）。这与Ahmed等（2002）的观点一致，他们也发现采用稳健的会计方法会降低吸引资本的成本。根据Zhang（2008），采用稳健会计方法的借款人也更可能违背债务合同，并且是较早违背（早期的违约信号使债权人面临的风险较低，这解释了为什么他们准备以较低成本出借资金）。

Whittred和Zimmer（1986）提供了有关澳大利亚公共债务合同的历史证据，他们发现在1962年和1985年之间订立的公债合同：①

……几乎没有例外，信托契约为公共债务设置了总额以及可能存在的债务担保金额的限制。这种限定条件最普遍的是与有形资产总额相比，较少与股东权益相比。最常观察到的限定条件是将总额和担保债务限定为有形资产总额的一部分（p. 22）。②

Whittred和Zimmer提供了有关公共债务发行的信息。Cotter（1998a）提出了澳大利亚上市公司和银行在1993年到1995年期间商定的私募债务合同的证据。她的发现揭示了（p. 187）：

杠杆契约通常用于银行贷款合同，最常用于计算杠杆的方法是用总负债比上总有形资产。此外，提前支付契约通常包括在较大规模企业的贷款合约中，它限制了向其他出借人的担保债务的金额，并被定义为总有形资产的一个百分数。③

因此，很明显，多年来澳大利亚私募和公开的债务合同都包括直接与会计数据挂钩的限定性契约。当契约限定了可发行的债务总额——正如Whittred和Zimmer（1986）以及Cotter（1998 a）发现的结果——我们认为，这会降低现有债权人的风险。我们进一步认为，这会转换为“受保护”的债权人收取的较低利率。当一项债

---

① 当我们把某些事称为“公开发行”时，是指公众可以对特定的证券（如债券、无担保债券或可转换债券）投资（发行的有关条款通常在公众可以看到的招股文件中列明）。公开发行债务的投资者要有一名代表所有公众投资者利益的受托人。相反，私募债务只涉及有限数量的相关方（或许只是一方，如银行）之间根据协议提供给组织债务资本。

② 在债务合同中，计量资产时常常将无形资产排除在外。这是由于考虑到如果组织遭遇经济困境，那么它的许多无形资产（如商标、专利和商誉）会变得没什么价值。

③ Cotter（1998a）写道：在90年代，银行成为公司债务的主要来源。这可能与早期Whittred和Zimmer（1986）检验的情况相反。在80年代早期，澳大利亚的公司更倾向于通过公开募集资金取得债务资本，而不是私下与银行等机构进行交易。

务合同的契约（或债务合同条款）被打破时，这种情况被称为借款协议的“技术性违约”。如果出现这种情况，依据债务合同中的条款，债权人有权利要求立即偿还债务，或者有权利获得用于债务担保的特定资产。或者，债权人可以同意重新商定合同的条款，并且不强制执行违约的条件，但是正如下面要指明的，只有针对私募债务协议，鉴于协商合同时只涉及有限数量的相关方，符合这些条件才会重新协商合同条款。

关于债务合同中的债务限定条件，Cotter（1998a）发现，通常用于债务协议中的资产的定义考虑到了重新估值的资产。然而，出于设定债务限定条件的目的，一些银行将重估的频率限制在每两年或三年一次，而其他银行倾向于禁止企业经理进行重估。这些限制降低了企业通过重估资产放宽债务限定条件的能力。Cotter（1998a）还发现，除了资产负债率这一限制，在债务协议中还使用偿付比率和流动比率的限制条款。这些条款通常要求息税前净利润至少比利息费用高出一个最低的倍数。在 Cotter 的研究中，利息保障倍数的范围在 1.5 ~4 之间。Cotter 检验的流动比率条款要求流动资产是流动负债的 1 ~2 倍，具体视借款企业的规模和行业而定。

在近期的研究中，Mather 和 Peirson（2006）分析了澳大利亚从 1991 年到 2001 年之间公开发行和私募的债务。他们报告说，相对于 Whittred 和 Zimmer 运用的较早样本，公债发行显示了“使用资产负债率作为限定条件，如限制负债总额/资产总额的契约已经大量减少，最近的样本合同中只有 28% 包括这些契约”（p. 292）。然而，Mather 和 Peirson 提出的证据表明，对于限定了总负债占总资产的比率的契约，尽管对这类契约的使用越来越少，但相对于几年前，现在使用的契约种类似乎还是要多得多。他们发现，在债务合同的其他契约中的要求规定了要达到的最低利息保障倍数、最低股利保障倍数、最小流动比率以及最低资本净值。再一次强调，如果这些基于会计的最低要求得不到满足，就认为借款人发生了对债务协议的技术性违约，债权人可以决定收回资金。正如我们已经讨论过的，订立各类债务契约的目的是向债权人提供定期而及时的指标，用于估算借款人无法偿还债务的概率。违背了债务契约，表明违约的可能性提高了。但需要意识到的是，契约的衡量标准仅仅表明了组织不会偿还借款的几率大小，组织发生了对契约的技术性违约不能完全说明该组织不会偿还借款。

当使用会计数据订立债务合同时，合同既可以依据签署时正在使用的会计原则（通常称为“冻结的 GAAP”），也可以依据每年资产负债表日正在使用的会计原则（称为“滚动的 GAAP”）。Mather 和 Peirson 发现，在所有公开发行的债务合同中都使用滚动（或浮动）的 GAAP 计算合同中的特定比率。使用滚动的 GAAP 增加了借款人的风险，因为如果 IASB 发布的一项新准则（AASB 随之发布了该准则）更改了特定资产、负债、收益和费用的处理方法，这可能造成组织对贷款协议的技术性违约。例如，新发布的会计准则可能要求之前确认的资产要全部费用化，并计入综合收益表。这会对资产负债率的限定条件或利息保障倍数有显著的影响。这本身会激励组织积极地游说会计准则制定机构，以反对某一会计准则的起草。正如 Mather 和 Peirson（p. 294）所说：

在澳大利亚运用滚动的 GAAP 意味着新（或修订的）会计准则会造成在合同商定时无法预料的违约。

当比较公开发行和私募债务使用的契约时，Mather 和 Peirson（2006）发现，在公债合同样本中使用的基于会计契约的平均数（均值是 1.5）小于私募债务合同样本中使用的契约的平均数（均值是 3.5）。也就是说，对私募债务协议有更严格的限制。与此相似，在限定了负债总额占有形资产总额的债务契约中，Mather 和 Peirson 发现，"公债契约施加的限定（负债总额/有形资产总额平均在 82.2% 以下）似乎没有私募合同中限定的严格（平均限制在 75.2% 以下）"。私募债务合同比公债合同更严格，这个事实可以用效率观解释。当违背契约时，组织在技术上违反了债务合同，它可以选择尝试与债权人协商出一种不用立即偿还债务的折中办法。但对于公开发行的债务很难商定出折中办法，因为涉及的有关方过于复杂，其中一些甚至无法取得联系，这使得重新谈判很难甚至不可能获得成功。因此，我们预计会发现，在公债合同中的契约没有私募债务合同中的那么严格。[①] 正如 Mather 和 Peirson（p. 305）所说：

对比我们取自于最近公开发行的债务合同的样本，私募债务合同包含数量更多、种类更全，同时也更严格的财务契约。我们也记录了这些合同中使用的财务契约的相关会计原则中的差异。私募债务合同中专门对负债和盈余下的定义比起公债合同中的定义要更严格。我们的调查结果支持这样的理论：有些合同具有限制性的契约并且有重新商定的弹性。这样的合同更适合借款人与私募债务市场而非公债市场的金融中介订立合同，公债市场的特征是有复杂多样并且数量庞大的投资者。

正如管理层报酬契约中所述，PAT 假设债务契约的存在（最初设置债务契约是用作减少债务代理成本的机制，可以通过效率观来解释）提供后续（可追溯的）动机，激励管理层操纵会计数据。随着基于会计的限定方式被破坏，操纵数据的动机也在不断加大。正如 Watts（1995，p. 323）所说：

早期债务契约动机选择的研究检验了有较高杠杆效应（杠杆比率）的企业更可能使用增加盈余的会计方法来避免违约（杠杆假设）。基本的假设是企业的杠杆效应越高，债务契约的限定就越严格，企业也越可能改变会计方法来避免违约。这种改变通常被解释为机会主义行为，因为技术性违约虽然会将财富转移给债权人，但也会避免企业真的违约，防止其因资不抵债而破产。

例如，如果企业在合同中同意负债占有形资产总额的比率应该维持在某一特定数值之下，那么如果比率超过了该数值（导致贷款协议的技术性违约），管理层会有动机虚增资产或虚减负债。这与 Christie（1990）以及 Watts 和 Zimmerman（1990）报告的结果一致。这样的行为并不是客观的。在这个意义上，管理层明显会表现出机会主义特征，并且不会为持有公司债权的个人的利益着想。债务协议通常要求财务报告经过审计。

其他考虑管理层在债务合约下如何操纵会计数据的研究包括 Defond 和 Jiambalvo（1994）与 Sweeney（1994）的研究。这两项研究调查了那些已知的违背会计债务契约条款的企业管理者的行为。Defond 和 Jiambalvo（1994）提供的证据表明，经理们会在违反协议的前后两年内操纵会计应计项目。相似地，Sweeney（1994）发现，当一家企业要违背债务协议时，在发生了会计债务契约的技术性违约的企业中，经理们

① 正如 Mather 和 Peirson（2006）所指出的，在公开发行的债务中，通常指派一名信托人代表个体投资者的利益。然而仍然要求个体投资者同意为了保证不发生债务契约的技术性违约而采取的任何行动。

会更倾向于采取增加收入的策略。增加收入的会计策略包括在计算养老金负债时改变关键假设以及在计量存货时采用后进先出成本流假设。

Sweeney（1994）也表明，有动机操纵会计盈余的管理者也会在战略上确定何时首先采取一项新的会计要求。新会计准则发布时，通常有一段转换时期（可能是好几年）。在这段时期，组织可以自愿选择实施新的会计要求；在转换时期结束后，便会强制使用新要求。Sweeney 表示，违背债务合约的组织倾向于较早采用能增加收入的要求，并拖延采用会导致报告收益减少的会计方法。

债务契约有时会限制企业使用的会计技术，因此要求对公布的会计数据做出调整。例如，前面已经阐述过，Cotter（1998a）显示银行贷款合同在计算比率（如“资产负债率”）的限定条件时，有时不允许将资产的重估部分作为“资产”定义中的内容。然而，这些重估在外部报告中是允许算做资产的。因此，贷款协议有时要求在计算任何债务合同中的限制性契约之前，将重估部分（或是其他会计准则允许的会计调整）从公布的会计数据中去除。

在会计方面，管理层通常可以以多种不同方式对特殊项目进行会计处理，即管理层有多种可供选择的方法将现有会计限制的影响降到最低。因此，对于债权人来说，最佳的做法是提前规定管理层必须使用的所有会计方法。然而，正如前文已经阐述的，预先写好“完整”的契约成本过高，在实际中也无法实现。结果是管理层总会有一些自主决定的能力，这样可以放宽与债权人协商的限制条件。外部审计师（如果委任了审计师）的作用就是裁定所选的会计方法的合理性。

除了使用债务契约条款（如资产负债率的限制条件或是最低利息保障倍数的规定），这些条款可能会违背，也可能不会，另一项越来越被广泛使用的契约机制被称为“绩效定价”。Beatty 和 Weber（2003，p. 120）参考了美国的数据，阐述道：

绩效定价在银行债务契约中是一个相对较新的特征，它明确地把银行贷款的利率与借款人目前的信用等级联系起来。Asquith、Beatty 和 Webber（2002）记录的绩效定价的特点通常是用诸如负债比息税折旧及摊销前利润（EBITDA）、杠杆比率和利息保障倍数等财务比率衡量借款人的信用等级，即合同中收取的利率并不是在贷款期限内保持固定不变的，而是随着财务绩效的计量结果改变而反方向变动。有些契约条款要求仅在借款人违反了单一临界值时会计信息影响贷款利率。与这样的条款相比，绩效定价在会计信息与利率之间建立起一种更持久、更直接的联系。因此，绩效定价可能会给予经理们额外的在改变会计方法时有意采用增加收入的会计方法的动机。

Beatty 和 Weber（2003）探讨了现有基于会计的绩效定价是否会使借款人更倾向于采用增加收入的会计方法。

Beatty 和 Weber 还写道，债务契约通常禁止借款人自由改变会计方法来影响契约中比率的计算。因此他们预期，如果债务契约允许这种影响契约比率计算的变动，借款人在改变会计方法时更可能做出增加收入的变动。

尽管之前我们在这一章已经讨论了借款人通常会同意各种合同限制条件（包括对允许使用的会计方法的限制条件）以试图减少他们需要支付的利息成本和其他贷款成本，Beatty 和 Weber（2003）还暗示有些借款人在实际中会同意支付较高的利息成本，以获取在选择会计方法时更多的灵活性。也就是说，如果我们承认加诸于借款人的限制条件（这些条件会降低借款人转移放贷人财富的能力，因此也潜在地减少了债务代理成本）会导致成本减少，那么相反，我们可以推测在某些环境下，一些经理会准备为更大的灵活性付出代价——即有能力选择其他会计计量方法大有用处。

Beatty 和 Weber 在讨论研究结果时还发现，在他们选取的 125 家样本借款公司中，有 75 家至少有一项合同允许自由改变影响契约计算的会计方法。可以预测，他们发现，比起在其他企业中，债务合同不允许用新会计方法计算债务契约条款，这样的企业更可能采用增加收入的会计方法。此外，他们发现这样的企业采用增加收入的方法的可能性随着对债务契约的技术性违约成本的增加而增加。结合现有的会计绩效定价，他们的研究结果表明，如果债务契约中包括会计绩效定价，借款人在改变会计方法时更可能做出增加收入的会计变动。

我们已经讨论了经理们如何有动机采用增加收入的会计方法，现在我们可以简要地考虑独立审计师的作用。对于审计师以及本章目前为止的讨论，有人认为在以下情况下对财务报表审计（即受外部相关方的监督）有特殊要求：

· 管理层依据会计系统产生的数据获得奖励（因此给予管理层高报会计数据来增加个人物质奖励的动机）；以及

· 当企业获得贷款时，会有基于会计的契约条款保护债权人的投资。

与上述内容一致，人们还认为，随着经理持有企业的股份减少，债务占总资产的比重增加，相应地将会增加审计的需求。在这一方面，Ettredge、Simon、Smith 和 Stone（1994）表明，自愿选择接受中期财务报表审计的组织倾向于有更高的杠杆比率和企业中较低的管理层持股率。

我们在下一节了解对政治程序的预期如何影响管理者对会计方法的选择。

7.6 政治成本

正如之前所述，企业（尤其是较大规模的）有时处于不同群体的审视之下，如政府、员工团体、消费者团体、环境游说团体等等。例如，企业的规模经常被看做是市场权力的标志，规模本身也能够吸引监管机构的注意，如澳大利亚竞争暨消费者委员会、英国竞争委员会或者美国联邦贸易委员。

政府和利益集团会公开地宣扬这一观点，即某一特定组织（通常是大型组织）创造过多的利润，却没有向社会的其他部门支付“公平的份额”（例如，组织支付的工资过低、商品价格过高、对环境和社会义务的财政承担过低、纳税也过少等等）。Watts 和 Zimmerman（1978b，1986）强调了在 20 世纪 70 年代末期由美国的消费者、工会以及政府共同公开发表的对美国石油公司的诉求。诉求的内容是石油公司获得了过多的报告利润，而实际上却是在利用整个国家。有人认为这样的诉求致使政府强制征收以“超额利润”税形式出现的额外税赋。

与 Watts 和 Zimmerman（1978b）早期的著作观点一致，有人认为，为了减少不利的政治关注以及这种关注引起的相关成本（包括提高的税额、提高的工资要求或抵制产品的相关成本），对政治敏感的企业（通常指大型企业）应该采用会使报告利润减少的会计方法。[①] 然而，较低的报告利润受到较少的政治审查这一观点（并且最终导致财富从企业转走）假设在政治程序中涉及的各方不能或者不准备“解释”经理们各类会计选择的影响。也就是说，经理们总会仅仅通过优先采用一种会计方法（收入减少）的方式就可以愚弄那些参与政治程序的人。关于这一点，Fields 等（2001，p. 260）阐述道：

为了使盈余管理获得成功，原有的摩擦必须存在，并且至少必须有部分会计信息使用者不能或者不愿对盈余管理的效果做出完整的解释……政治成本动机隐含的假设是会计信息使用者（如工会或政府机构）可能不能完全理解盈余管理的效果。

然而，为什么会存在这样的情况：外部相关方由于管理层对不同会计方法的选择而潜在地被管理层“愚弄”，而在别的情况下却假设（与有效市场假说一致）其他市场（如资本市场）中的个体能够有效地解释管理层对会计方法的选择？

关于政治成本，有一种观点从经济学的角度出发，认为在政治市场中，个体的行为会引起对“良好结果”的有限期待（Downs，1957）。例如，如果个体试图了解政府从许多可能的行为中选择采用某一特定行为的原因，那么收集这样的信息成本很高。然而个体的选票几乎不可能影响政府的存在。因此，个体会选择保持合理程度的不知情。然而，如果形成了特定的利益集团，那么这样的信息成本可以分摊，调查政府行为的能力也能提高。除政府之外的一些团体也采取了相似的观点，如工会代表、消费者组织等等。这些组织机构的高层职员代表了不同的群体，而这些机构的选民也只有有限的完全知晓他们的活动的动机。

由于实证会计理论假设所有个体（包括利益集团的高层职员、政治家等）的所有行为都受自利的驱使，可以预测，利益集团的代表会采用使自身财富最大化的策略。他们知道他们的选民有有限的完全了解其活动的动机。

我们了解了上面的论点后，就可以考虑政治家的行为了。由于政治家们知道高盈利的公司并不受大量选民的欢迎，他们可以通过反对这些公司赢得“选票”。然而，Watts 和 Zimmerman（1979）认为，政治家们会宣称他们采取的行动代表了“公众的利益”，因为显然他们需要掩盖这些事实上最大限度地满足了他们个人利益的行为。正如 Watts 和 Zimmerman（1979，p. 283）所说：

在最近几年，经济学家们一直在质疑公共利益假设是否与观察到的现象一致。他们还提出了另一种假设——参与到政治程序之中的个人的行为都是依据自身利益（自利假设）的。比起那些公共利益假设，该假设的内涵与观察到的现象更为一致。[②]

政治家们为了使其行为合理化，可以仅仅以企业的报告利润作为他们行为的借口。他们知道个体选民不可能面临调查政治家动机的成本，或者是调查如何确定公司利润的成本（即通过采用特定的会计方法所得的利润是否不是那么客观）。为了减少政治家们的借口，预计可能对政治敏感的企业会预测政治家们的行为，由此易受政治

① 用企业规模作为政治成本的替代变量有许多困难，比如企业规模还可以替代许多其他因素，如行业成员，这些在 Ball 和 Foster（1982）中都有所阐述。

② 在本书的第 3 章我们讨论了不同的监管理论。理论之一，公共利益理论认为，监管者不受自我利益的驱动，而是选择按照社会的最大利益设置监管内容。相反，监管的经济利益集团理论假设每个人，包括监管者，受他们自身利益的驱使，因此监管者设置的监管内容最大限度地满足了他们的自身利益而不是社会大众的利益。后一理论与实证会计理论中体现的假设契合得最紧密。

影响的企业的管理层会有动机减少报告利润。正如 Watts 和 Zimmerman（1979, p. 281）所说：

政府委员会经常在监管程序中使用财务报告的内容（比率设定、反托拉斯等）。此外，议会还常常根据这些报告立法。这反过来为管理层提供了选择会计程序的动机。这样的会计程序可以减少成本或者增加由于政府监管者和立法者的行为带来的收益。

有趣的是，当媒体报道一家企业的盈利能力时，他们几乎不对计算这些利润的会计方法给予任何关注。在某种程度上来说，利润是一种对组织绩效的客观衡量方式（很像政府会依靠利润来支持某一特定行为）。媒体对具有较高盈利能力的公司的报道能够潜在地引起一家企业的政治成本。在前面的讨论中我们探讨了利益团体的代表会用利润使特定行为合理化。在这方面我们可以参考会计头条 7.4。这篇文章提到了联邦银行的高额利润，并质疑银行在创造如此高额利润的同时如何还能缩减这么多员工的开支。高额利润，伴随着员工的失业，被视为对政府潜在的“双重挑衅”，使政府引入立法来减少银行对社会潜在的不负责的行为。文中也引述了工会领袖对银行的指责，认为组织的行为带有“难以置信的傲慢”。在某种程度上来说，报告的会计利润可以用作推动对银行信贷实务更严格的监管、要求银行加薪并降低裁员水平的理由。如果报告利润不这么高，也就不会有太多机会要求加强监管或减少裁员。正如 Watts 和 Zimmerman（1978b, p. 115）所说：

通过避免由于垄断地租带来的高额利润引起的关注，管理层可以减少产生负面政治行为的可能性，并由此减少预期会产生的成本（包括企业反对政治行为而产生的法律成本）。工会因企业的高额利润而增加了需求，由此向企业强加的成本属于政治成本。

会计头条 7.4　利润作为政治程序中的一项考虑因素

澳大利亚联邦银行在宣告盈利当天裁减了 1 000 名员工

Anthony Hughes

昨日，联邦银行在报告了年盈利 26 亿美元的同时削减了 1 000 个职位，一家主要的消费者组织指责联邦银行这一做法是在藐视联邦政府。

该银行承诺要维持 1 000 家分支机构。澳大利亚消费者协会对此也表示怀疑，指责该银行过去在这些承诺上出尔反尔，还将许多分支机构的服务等级降级。

“他们虽然保留了像现在这样的分支机构，但问题是这些地方会提供何种等级的服务”，消协的金融服务政策官员 Catherine Wolthuizen 说。

“银行在宣告高额利润的同一天宣布裁员，这几乎是银行对政府是否会对该行业实施监管的双重挑衅。”

但是银行称，裁员并不包括那些直接面向客户的员工。最近宣布的先期裁员的 500 个岗位包括分支机构和地区部门的后勤员工以及信贷员。

澳大利亚联邦银行的经理 David Murray 称，银行需要提高生产率以应对预期消费者信贷的减少以及衰退的美国经济会拖延商业信贷回升的可能性。

在其他地区大约会增设550个新岗位，最可能的是在只面向“优质”客户的部门。

该银行净利润11%的增长来自银行部门，6%的增长来自佣金和其他手续费收入，这部分收入达到12.4亿美元，还有一部分增长是由于对主要的储蓄账户收费结构做了重新调整。

今年早些时候银行新增了每月统一收取5美元手续费的规定，并宣称这一规定对消费者来说是一种更透明的结构。然而，独立分析师估计这种做法会为银行增加几百万美元的年收入。

金融部门工会的全国秘书长Tony Beck称其成员的工作安全随着银行利润的增长变得更加岌岌可危。

“这家公司旨在成为一个良好的企业公民，它的CEO试图成为社区的领袖，而企业的表现却带有难以置信的傲慢”，Beck说。

澳新银行已经承诺不会再关闭任何在乡镇的分支机构，而西太平洋银行也“暂停”关闭分支机构。

“我们知道通过两次合并（维多利亚州立银行和康联集团）已经全部理顺了我们的分支系统……我们现在拥有的网点规模能够满足客户的要求”，Murray说。

尽管进行了裁员，Murray承诺银行会获得消费者对服务水平更好的反馈，并解决了在分支机构排队等候的问题。

该银行还利用昨日的盈余公告号召在全球的公司会计信任危机下规定更高的公司治理标准。澳大利亚联邦银行昨天成为少数放弃管理层期权的企业之一。Murray认为期权会造成消极的“行为后果”，尤其是在美国。

但是经理们仍可以用股票作为激励报酬。Murray还持有150万股期权，估计在满足了要求达到的最低股价表现后会有至少几百万美元的盈利。

《悉尼先驱晨报》，2002年8月22日

参考会计头条7.5，这是另一篇有关如何将报告利润用在政治辩论中的例子。这篇文章中提到了发生在澳大利亚航空公司与其技师以及他们的工会代表之间的争论。了解公司的利润如何用于为澳航不支付足额的工资提供正当的理由。再一次强调，与实证会计理论的政治成本假说一致，我们可以认为如果公司没有报告如此高额的利润，也就不会有增加工资的要求。

会计头条7.5　高额公司利润被用做要求加薪的正当理由

对技师工资的争论陷入僵局

John Stapleton

澳大利亚工会理事会（ACTU）要求澳大利亚航空公司在退出与其技师的工资谈判后重回到谈判桌上。公司取消了原定于本周召开的工资诉求会议，促使在3个州举行了罢工会议。

100名技师于昨日上午召开了长达4个小时的罢工会议，同时还有另外100名技师从昨晚6时持续罢工到10时。预计在墨尔本约有120名技师将于今天上午罢工。

管理人员和退休人员顶替了这些罢工技师的工作。

ACTU 主席 Sharan Burrow 称，航空技师工会 ALAEA 不想让罢工继续。“我们要求澳航回到谈判桌上，他们拒绝了，”她说，“他们取消了会议。这真难以置信。不坐到谈判桌上是对员工的不尊重，我们不可能与这样的公司谈判”。

技师们要求提高5%的工资，而公司则只同意提高3%。Burrow 女士谴责该公司的高级主管一边利用技师的才能，一边在盈利达到历史最高时许给自己成百上千万的报酬。她的话引来一片呼声。她说公司盈利的增长速度是工资增长速度的两倍。

工会理事称，公司同意的增长率低于通胀水平，这实际意味着会削减工资并降低他们的生活水平。

Burrow 女士说，澳航的利润预计在今年会增长40%，达到15亿美元。许诺给技师提高工资会使公司额外增加200万美元的成本。“真令人羞愧，”她说，“提高工资的要求对澳航来说完全是小菜一碟”。

澳航的首席执行官 Geoff Dixon 去年自己的薪酬涨幅达到22%，年薪达到700万美元，她说：“原理简单却关系重大：技师以及其他员工对确保飞机在空中正常飞行至关重要，并且提供了高质量的服务，他们不应该被削减工资，而此时澳航的主管们却拿着巨额的奖金，公司的盈利也创新高。”

“也要提醒澳航的管理层，削减工资和成本不会吸引更多的顾客，可能会将航空公司的服务与标准置于危险的境地。澳航的技师们具备良好的技能和职业素质，他们值得受到尊重。”ALAEA 联邦秘书长 Steve Purvinas 告诉技师们澳航的经理希望他们能同意3%的加薪政策，却不把这项政策用在自己身上。

“由于对轮班工作征税，大部分澳航的技师是家庭唯一的收入来源，他们为了养活家庭超时工作，”他说，“通宵户外的轮班工作对技师们造成了伤害。大多数人至少离过一次婚，并且寿命比澳大利亚的平均水平短7年。”

每天，技师们获得资格并对成千上万人的安全负责。“在每名工会技师的职业生涯中，平均要通过超过150门的考试，其中许多考试要求利用技师自己的时间拼命学习”，他说。

一名技师对《澳大利亚人》说，他的基本工资是63 000美元，用这些钱在悉尼抚养孩子并偿还贷款几乎不可能。他的妻子很难找到一份工作，因为他的轮岗作息“极端”不规律。“任何时候都有5 000个人在空中飞来飞去，他们的生命要靠我的工作来保障”，他说。

他的工作曾被认为是具有高技术含量的职业，应该得到相对高的工资，但是他如今的工资才刚刚超过平均水平。

在接受《澳大利亚人》的采访之后不久，这名技师就接到了管理层的电话，警告他别在媒体面前乱说话。

澳航的首席执行官 Geoff Dixon 指责工会“虚构事实”，还说只要罢工还在继续，他就不会谈判。

“他们的要求破坏了秩序，我们不会成全他们，”他说，“我们准备一直等到罢工结束。我们不会改变对此的态度。我们对公司未来的长期规划已了然于胸。如果这意味着我们的一些乘客暂时感到不舒服，情况就是这样。这些人必须知道不管他们做了什么，根本不会改变我们的想法。”

澳航拒绝透露因昨天的罢工延误或取消了多少架航班。据业内消息，估计取消了6架航班。

航空公司称，绝大部分乘客在超过预定航班时间的30分钟内都得到重新安置了。

《澳大利亚人》，2008年5月30日，p. 40

大量的研究考虑了特定会计方法如何用于减少政治成本。除了 Watts 和 Zimmerman 的著作，Jones（1991）也进行了相关的研究，他在美国的一项研究中考虑了国内5种行业共23家企业的行为，这些企业是1980年到1985年期间政府所做的有关进口的调查对象。这些由国际贸易委员会开展的政府调查试图确定国内企业是否承受来自国外竞争的威胁。如果这些威胁是不公平的，政府可以采取诸如关税保护的手段来缓解威胁。政府在制定决策时依靠大量的因素，包括如利润和销售额等经济衡量标准。研究结果显示，在调查当年样本企业选择的会计策略使报告利润减少。在政府进行调查的前后两年都没有证据证明这种行为的存在（或许表明政治家在进行调查时“目光相当短浅”）。

在一项英国的研究中，Sutton（1988）发现，对政治敏感的企业更可能通过游说支持现行成本会计。[①] 在一项新西兰的研究中，Wong（1988）调查了在1977年到1981年间新西兰企业的实务，并发现采用现行成本会计（有减少报告利润的作用）的企业比其他企业拥有更高的有效税率和更大的市场集中率。有效税率和市场集中率都是用于衡量政治敏锐性的标准。

Ness 和 Mirza（1991）等作者还认为，在组织年报中的特定自愿社会披露可以被解释为努力减少披露主体政治成本的尝试。Ness 和 Mirza（1991）研究了大量英国企业的环境披露实务。他们认为，石油行业的企业由于在环境方面的做法已经形成了不良的声誉，不同的利益集团会利用这一声誉将财富从企业转移走（大概也会把经理的财富转移走）。如果某些团体游说政府强制征收特定税款（或许与环境绩效有关），或者是如果特定的员工团体采取行动坚持认为企业应该制定战略来提高其环境绩效和声誉，就会产生这样的财富转移。Ness 和 Mirza 认为，如果企业自愿地提供环境披露（通常是正面的或是自我赞美性质的），就会减少未来从企业转移走的财富。他们发现，与预期的一致，石油企业在年度报告中所做的环境披露比其他行业企业披露得更多。作者认为这是因为石油企业更具有财富被转移走的潜在风险。

在总结我们关于政治成本的讨论前，参考2006年2月4日刊登在《世纪报》（p. 5）的一则头条十分有用。这则头条题为“壳牌公司盈利热度高达31亿美元，却使许多人受冻”。在2005年到2006年间，燃料价格在世界范围内又创新高。这些高价意味着许多人难以筹集维持基本需求（如取暖）的钱。可以说，当高额的燃料成本负面地影响了这么多人时，对于壳牌公司报告历史最高利润来说，这段时期并不是在政治上最有利的时期。下面是这篇新闻报道的部分摘录：

① 尽管我们在本章中介绍的大量研究调查了不同会计方法的选择，应该注意的是，在最近几年，越来越多的研究关注的焦点是操纵会计应计项目的。相对于调查特定会计方法的选择（例如，使用直线法折旧与余额递减法折旧），应计项目的研究更有难度，并且要求使用建模技术来辨别可操控应计项目（受管理层控制）和非可操控应计项目（Jones, 1991）。还可以从效率观或机会主义观来解释应计项目的运用（Guay、Kothari 和 Watts, 1996）。

星期四石油巨头壳牌宣布取得了前所未有的高额利润后，受到了来自消费者、工会以及环保组织的声讨。壳牌依靠飞速上涨的油价 1 小时获利 150 万英镑（350 万美元）。

"现在正是政府果断地行动，引入适当的暴利税的时候"，运输与普通工人工会的秘书长 Tony Woodley 说道。

"暴利税可以迅速加强金融援助计划，并可以支持养老金保障基金。"

同时，贫困活动家们认为壳牌获得的利润是以一百多万个家庭陷入燃料危机为代价的。

代表英国运输业的道路运输协会也加入了对壳牌的声讨中。协会敦促政府从石油企业中再抽取一点点利润，并用这部分钱减少道路运输经营者的燃油税。

《年代报》的文章显示出了如何用会计利润将针对组织的行动合理化。如果壳牌的利润不是这么高，或许就不会要求采取这样的行动。这与 Watts 和 Zimmerman 的政治成本假说一致。

在这一点上，我们已经知道，实证会计理论表明，选择特定的会计方法会对与债务契约相关的现金流、与管理层报酬计划相关的现金流以及企业的政治成本产生影响。这些影响可以用于解释企业为何优先选择特定的会计方法。实证会计理论还指出，使用特定会计方法会有反效果。例如，如果企业要采用一项能增加收入的政策（例如，可以将某一个项目在发生时资本化而不是费用化），那么这样做会降低违反债务限制条款的概率；然而，由于较高的利润，它会提高企业的政治能见度。我们认为，经理们会选择平衡冲突效应（同时也使其自身财富最大化）的最佳会计方法。

实证会计理论在 19 世纪 70 年代成为会计研究人员的主导理论。[①] 它代表了对许多规范理论家的挑战，并与许多有建树的研究人员的观点相矛盾。许多人公开批判实证会计理论。在本章的总结部分我们要了解其中的一些批判。

7.7 对实证会计理论的一些批判

对实证会计理论的一项广泛的批判是它不做出规定，并因此不提供改进会计实务的方法。有人认为单纯解释和预测会计实务——这是实证会计理论的目标——是不够的。Sterling（1990，p. 130）将其与医学类比，阐述道：

PAT 不能克服出具相同答案的问题，因为它仅限于描述性的问题。如果它想知道怎样解决某一问题或纠正某个错误（这两者不仅要进行描述，还要对形势做出评估），那么它可能会接着研究不同的问题，并在解决之前的问题后得到不同的答案。如果我们把医学问题限于对天花病毒的描述上，例如，不考虑接种疫苗的处方，随着病毒数量的增加以及变异不断出现，我们会需要越来越多的描述性研究。幸运的是，Edward Jenner 是偏好规范的，这使他发现了如何把牛痘用作疫苗，因此最终消灭了天花。这也为医学中有待解决的其他问题腾出了空间。

Howieson（1996，p. 31）提供了一种观点，实证会计理论家不能做出规定，这使得他们将自己与执业会计人员疏远开来。如他所述：

---

① 尽管实证会计理论仍被广泛使用，许多会计学派现在仍在积极促进其他的理论。

……可以说，学者们不情愿解决政策问题等于废除了为支持他们的社会服务的职责。在其他活动中，执业者每天都在担心他们应该选择何种会计规则。学者在传统上扮演着这类规范问题的评论员和改革者的角色。由于关注实证问题，他们可能会忽视在社会中扮演的一个重要角色。

对PAT的第二项批判是它不是像其声称的那样是*价值中*立的。回顾各种采用PAT的研究，我们会发现，这些研究普遍缺乏规定（也就是说，没有为人们*应该*做什么提供指南——而是解释或预测他们将做什么）。实证会计理论家通常宣称他们不想将个人观点强加给其他人，以此为他们的做法提供正当理由，而是宁愿提供关于特定行为预期产生的影响的信息，让人们自己决定他们应该做什么（例如，他们可能会提出证据证明这样一种预测，即要违背以会计为基础的债务契约的组织会采用增加公司报告利润和资产的会计方法）。但是，如许多会计学者所指出的，选择一种用于研究的理论（如PAT）要依据价值判断；研究的内容依据价值判断；认为所有的个人行为受自利驱动是一种价值判断，等等。[①] 此外，Watts 和 Zimmerman 在辨别会计研究的目标时似乎是采取规范研究的立场。据他们所说，"会计理论的目标是为了解释和预测会计实务"（1986，p. 2）。显然还有许多其他关于会计理论作用的观点。因此，无论在PAT还是其他理论的指导下，没有一项研究是价值中立的。尽管Watts 和 Zimmerman 在数年里没有继续争论 PAT 是价值中立的，他们最终承认（1990，p. 146）：

实证理论充斥着价值观。Tinker 等（1982，p. 167）认为，所有的研究都充斥着价值观，并且在社会中不是中立的。特别是，"披着实证理论外衣的现实主义宣称理论至上，因为它本身就是事实，而不是价值观"（p. 172）。我们承认价值观在确定研究时的重要性：研究人员和使用者的偏好都会对研究程序产生影响。

对PAT的第三项批判是关于它的基本假说，即所有行为受个人财富最大化的愿望所驱动。对于许多研究人员而言，这样的假说代表了一个关于人类的过于消极和简单化的观点。在这方面，Gray、Owen 和 Adams（1996，p. 75）称PAT提出了"世界丧失了道德的观点"。鉴于每个人被注定要按照自身利益采取行动，自利的观点也被应用到学术研究中。例如，Watts 和 Zimmerman（1990，p. 146）认为：

研究人员选择调查的话题、使用的方法和所做的假设。研究人员的偏好和预计的回报（出版和引用）会影响他们对话题、方法和假设的选择。

许多学者会挑战这一观点，认为他们之所以开展研究是因为个人真的对某一问题感兴趣。自利问题的另一个影响是将这一自利假设纳入到本科生的教学中（世界上许多大学已经这样做了）可能使学生们认为当他们以后在工作中不得不做决策时，将他们个人利益置于他人之上既是可接受的又是可预测的。这样的一种人生观是否符合更广泛的社会的利益或许令人怀疑。[②] 然而，尽管在经济学学科中假定所有的行为

---

① 在第12章我们也会了解到一些研究人员认为**实证会计理论**家在提出市场优势、股东（资产阶级）权利等观点的时候采用一种保守的右派思想体系。

② 它当然与任何对生态和社会的可持续发展的探求——我们在第9章讨论这个问题——不一致。为了接受可持续发展——定义为发展既满足当今世界需要，同时又不损害未来子孙满足他们自身需要的能力（世界环境与发展委员会，1987）——我们需要考虑后代人的利益。如果我们接受并提倡的观点是私利驱使着现有的*所有*行为，那么这样的假设对任何可持续发展的探求几乎不抱有任何希望。

都受最大化个人财富的愿望驱动不是对人性的过度假设，这个假设一直是众多过去和现存经济学理论的基石（这不是证明假设合理的理由）。

另一个对 PAT 的批判是，自从 PAT 发端于 20 世纪 70 年代以来，要解决的问题一直未取得大的进展。从早期 Watts 和 Zimmerman（1978b）的著作直到后来的各类 PAT 研究，一直有三个重要假说：债务假说（提出要违背以会计为基础的债务契约的组织会选择增加利润和资产的会计方法）；奖金假说（提出享有以会计为基础的奖金计划的管理者会选择能使利润增长的会计方法）；政治成本假说（提出受到政治监督的企业会采用减少报告收益的会计方法）。我们回顾近期的 PAT 文献发现，学者们在不同的环境下针对不同的会计政策问题仍在检验这些假说——即使自 Watts 和 Zimmerman（1978b）发表后已过去了将近 30 年。Sterling（1990，p. 130）对此提出了下面的问题：

（PAT）可能有哪些成果？我预测所有的研究成果都千篇一律：20 年后，我们的周围将充斥着有关管理者及其他人在对自己有利时会趋向于操纵会计数据的研究报告。

Fields、Lys 和 Vincent（2001，p. 301）对预料到的 PAT 缺乏进展的问题评价道：

我们基本上认为有必要中止现有的研究日程，返回到这个领域的“基础”工作上来。在某种意义上，会计选择这一领域成为了自身成功的牺牲品，并且超出了理论发展、统计技术和研究设计的范围，而这些是支撑该领域研究的必不可少的条件。因此在这个领域得以进一步发展之前，我们要求重新做好这些基础工作。

同时，在实务中，当组织选择了多种会计方法，其中许多可能对财务业绩和状况有负面影响，此时许多在 PAT 下的研究却仅考虑其中一种会计方法（例如，一家主体是否会重估某一类非流动资产）。也就是说，当研究人员在研究某个主体是否会选择采用增加收益的会计方法时，同时主体可能正在采用另一种（未研究的）减少收益的会计方法。在公司的所有会计选择中只考虑其中一种会计方法，这种研究方式得出的结论十分片面。Fields、Lys 和 Vincent 就此（2001，p. 288）说道：

大部分（PAT）的工作是在迫使做出会计选择的目标范围内检验对某一会计方法的选择，而管理者可能选择多种会计方法以实现某一具体目标。结果，一次只检验一种选择可能会掩盖通过多种选择得到的整体效果。

Fields、Lys 和 Vincent（2001，p. 290）进一步阐述道：

除了要解决体现在应计项目等方面的多重会计选择的问题，会计选择的动机也存在复杂多样并潜在互相冲突的问题。大部分研究讨论的焦点是会计选择决策的单一动机。例如，有关薪酬的文献关注管理者是否可以酌情采用会计方法使自身报酬最大化，结果暗示管理者的行为是以牺牲股东为代价的。但是，如果真是这样的话，为什么薪酬合同允许酌情处理呢？一个看似合理的答案是从股东的角度来说，管理者的行为不仅能被预料，同时也是他们愿意见到的。例如，使管理者薪酬最大化的会计选择同时也会减少违反债券契约的概率或增加资产的估值。但是，这样的动机常常不包含在研究范围之中。许多文献每次只集中于一个目标，由此错过了更有意思的问题，即不同目标之间的权衡与相互作用的问题。此外，我们尚不清楚研究结论是否可以归因于分析中的某一具体动机；一般来说，符合某一假设的研究结果也符合许多其他假设。例如，选择能增加盈余的会计方法似乎是一种机会主义选择（以牺牲公司其他股东的利益为代价来使管理者受益），而实际上可能是管理者为了避免债券契约的违约而采取的应对措施（因此是以牺牲债权人为代价使所有其他的利益相关者受益）。最后，20世纪90年代的研究关注的焦点几乎毫无例外地都集中于20世纪70年代和80年代确认的动机。通常将常见的可疑动机集中起来。但是，我们猜测，通过调查另外的动机可以获得新见解。反过来，多重冲突的问题可以被看做在计量经济学中熟知的“关联省略变量”问题的一个特例。

人们还批判PAT的文献中使用的计量方法或替代变量常常过于简单。Fields、Lys和Vincent（2001，p. 272）陈述道：

20世纪80年代的大部分文献研究了负债假说，使用的替代变量极为粗糙，如杠杆比率替代公司要违背债务契约的可能性。但是，Lys（1984）提出的证据表明，由于杠杆是内部决定的，除非对资产实施风险控制，否则用杠杆比率作为违约风险的替代变量不太合适。另一方面，Duke和Hunt（1990）确定用权益负债率适于替代契约违约的可能性，包括留存收益、有形净资产和营运资本，但不适用于其他契约。在20世纪90年代，研究人员为了避免使用替代变量而开始直接研究实际上违约的公司。

还有人批判PAT在科学上是存在缺陷的。有人认为，既然按照PAT产生的假说（如，负债假说、奖金假说和政治成本假说）常常得不到支持，那么从科学上讲我们应该拒绝PAT。Christenson（1983，p. 18）说：

例如，有人告诉我们“我们只能希望实证理论通常能站得住脚”（Watts和Zimmerman，1978，p. 127，n. 37）。也有人建议我们“要记住，与所有的经验理论一样，我们只关注总体趋势”（Watts和Zimmerman，1978，pp. 288－289），其中“总体”一词是指“在多数情况下是真实或适用的”这种不确定的含义，而非肯定地认为是“相关的、有关系，或是对阶层的每位成员都适用”（《美国传统词典》，1969，p. 548）……容许破例的法律没有任何意义，了解这样的法律毫无用处。Watts和Zimmerman通过论证他们的理论允许破例，谴责这些理论没有意义且毫无用处。

然而，作为一项对人的研究（会计是一项由人实施的程序，会计程序本身不能离开会计人员而存在），很难想到有任何模型或理论可以全面解释人类行为。实际上，如果能够全面解释人类的行为，也就意味着人性的丧失。任何有关人类活动或选择程序的理论总能站得住脚吗？PAT预测并不总能站得住脚，Watts和Zimmerman（1990，p. 148）对此的辩护是：

但是一些会计研究通过运用这种方法论已经有效地预测了世界的运行方式。有些方法论产出了有用的结果，不应该仅仅因为它不能预计所有的人类行为而放弃它。我们会因某些事情适用于一些情况但在所有情况下并不一定可行就舍弃它吗？

还有人对PAT的批判是，实证研究者认为他们能制定出预计能在不同情况下运行的法律和规则，那么一位独立、公正，不受个人看法、特质或偏见影响的观察家能够确定唯一的基本“事实”（Tinker、Merino和Neimark，1982，p. 167）。也就是说，事实客观存在，这一点显而易见，观察家对事实的看法要和其他人的观点一致。这被称做“现实主义哲学”。许多研究人员对这个哲学观点提出了挑战（如Hines，

1988）。他们论证说，在进行大规模的经验研究时，实证研究人员忽视了许多组织间的特定关系，只搜集他们认为相关的信息。不同的人可能会认为其他信息更相关。许多批判“现实主义观点”的研究人员论证说，通过进行深入的案例研究，可以获得更多的见解。实证研究人员会提出反面的观点，但是案例研究具体到某一时间和地点，因此不能普遍适用于更广泛的人群中。这种关于研究方法论的观点在文献中大量存在，采用不同范式的研究人员几乎不可能对有效研究的构成内容达成一致意见。Watts 和 Zimmerman 的研究受到了大量批判，在为他们的研究辩护时他们承认说（1990，p. 149）：

有关方法论的争论对于大多数的研究人员来说是一种“谁都不能取胜”的局面，因为每一方都根据不同的范式，用不同的规则进行论证，并且不基于共同立场。我们在这里做出回复是因为一些人将我们的默不作声误解为对批判的默认。

尽管可以说上面的批判确实有一些价值，但是 PAT 确实仍在为许多会计研究人员所应用。一些著名的会计研究杂志仍在继续发表 PAT 研究（尽管数量似乎有所下降）。世界上许多主流的会计研究院校也仍在教授这种方法。必须记住的是，所有的会计理论都有局限性。它们必然是对“真实世界”的抽象。就个人而言，我们是否偏好其中一种会计理论取决于我们对本章提出的许多问题的假设。

本章小结

实证理论寻求去解释和预测某一现象。我们在本章了解了实证会计理论（PAT），一个寻求解释和预测管理者会计方法选择的理论。PAT 关注组织内部与外部的各种个体之间的关系，对于每个契约方按照他或她的私人利益行动产生的高昂成本，解释如何运用财务会计使其最小化。所有个人行为受自利驱动的经济观点是 PAT 的核心。PAT 预测通过订立契约安排以使受自利驱动的各有关方的利益趋向一致。其中许多契约安排会使用会计系统的输出。

PAT 在 20 世纪 70 年代和 80 年代成为了主要的研究范式，它的发展大多归功于业已开展的研究工作，包括有效市场假说（EMH）和代理理论。EMH 提出了资本市场对新信息有反应的证据，但是几乎没有解释为什么管理者会选择使用特定的会计方法。PAT 的发展填补了这项空白。

PAT 应用代理理论，关注委托人和代理人之间的关系。PAT 提出代理人有动机订立各种契约。公司本身被看做联结许多受自利驱动的个体之间契约的一种纽带。最初订立契约安排是由于效率的原因。完善的契约会减少公司内部可能产生的整体的代理成本。而且，预计代理者会采用那些能最有效地反映他们自己业绩的会计方法。监管被认为是在契约协议中引入了不必要的成本和无效性，尤其是它经常会减少本可以采用的会计方法的数量。

PAT 早期的研究依赖于三个核心假说：负债假说、奖金假说以及政治成本假说。奖金假说从效率观的角度预测许多组织会提供给他们的管理者与公司业绩绑定的奖金，这些奖金常常直接和会计数据相关（例如，可能把一部分利润奖励给管理层）。提供业绩为基础的报酬会激励自利的管理者为了所有者的最佳利益而工作。但是，在机会主义观下，PAT 预测，一旦实施了奖金计划，管理者会在能侥幸逃脱的前提下，操纵利润等业绩指标，以获得更高额的个人回报。

负债假说预测，为了减少吸引债务资本的成本，公司将和债权人订立契约安排，这会减少管理者侵占债权人财富的可能性。在获得债务融资之前安排这种协定被看做一种吸引较低成本资金的有效方式。但是，一旦订立了债务合同，PAT 的机会主义观会预测公司，特别是那些快要违背债务契约的公司，会采用最小化或放宽债务限定条件的会计方法。

政治成本假说探讨公司和各种外部相关方之间的关系。这些相关方尽管可能不具有直接的契约式关系，但是能通过各种形式将财富从公司转移出去。人们认为高额利润使企业招致负面和代价高昂的关注，因此对政治敏感的企业管理者会寻找能降低政治监督水平的方法。一种方式是采用会减少报告利润的会计方法。大多数对政治成本假说的检验使用公司规模作为政治监督存在的替代变量。

在本章中，我们也介绍了许多对 PAT 的批判。包括在各种批判之中对 PAT 核心假说的挑战，即所有的个人行为都受自利驱使。另一个主要的批判是 PAT 没能为执业会计师应该如何核算不同交易或事项方面做出规定。

思考题

7.1 早期实证研究调查了会计信息披露引起股价变动的证据，但是这样的研究没有解释为什么最初会选定某种会计方法。实证会计理论怎样填补这方面的空白？

7.2 解释实证会计理论的*管理层奖金假说*和*负债假说*。

7.3 如果支付给管理者一定比例的利润，会产生操纵利润的动机吗？委托人会预料到这一点吗？如果能预料到的话，委托人会对这种预期做出何种反应？

7.4 什么是*代理关系*？什么是*代理成本*？如何减少代理成本？

7.5 解释实证会计理论的*政治成本假说*。

7.6 解释实证会计理论的*效率观*和*机会主义观*。为什么一个被看做是事后的另一个被看做是事前的呢？

7.7 债务合同中有些基于会计的契约是依据“滚动的 GAAP”订立的，有些基于会计的契约则是运用“冻结的 GAAP”订立的。对比商定这两类合同的经理，前者更可能就一项提议的会计准则游说会计准则制定机构吗？为什么？

7.8 组织通常和债权人有许多契约安排，许多契约将会计数据纳入其中。

（a）为什么组织同意和债权人达成这样的协议呢？

（b）一般情况下，债权人会从这样的协议中得到好处吗？

7.9 实证会计理论家通常认为管理者能够仅仅通过采用能减少报告收益的会计方法来降低政治成本。这是否暗示了政治程序中涉及的有关方具有所谓的效率。如果是这样，持有观点的是什么？

7.10 如果报告主体可以选择将一项支出费用化或者资本化，并且该主体受到高度的政治监督，那么根据实证会计理论的政治成本假说，预测该主体会做出何种选择？说明你的理由。

7.11 假定 Kahuna 有限公司决定在会计年度结束前重估升值的非流动资产，效果是增加公司的总资产和股东权益总额。

（a）用实证会计理论的负债假说解释管理层重估资产的决定。

（b）用实证会计理论的*管理层薪酬假说*解释管理层重估资产的决定。

7.12 Mather 和 Peirson（2006）报告说，公共债务合同中平均有较少的基于会计的债务契约，而且契约的约束力也较小。（例如，在公共和私募债务协议中，有关资产负债率这一限定条件的契约在公债协议中较为“宽松”，意味着公债合同中的这个比值通常较高。）为什么会是这样？

7.13 实证会计理论假定所有的个体行为受自利驱动，而自利与财富最大化相关。

（a）这是一个有用和/或者现实可行的假设吗？

（b）假如接受这个假设，为什么政治家们还会引入特定的规范呢？

（c）学者们为什么会研究某些问题？

7.14 对 PAT 有哪些批判？你同意这些批判吗？为什么同意或是为什么不同意？

7.15 Zhang（2008）认为，如果借款人采用了稳健的会计方法，会降低债权人的风险敞口，也会减少借款人的利息成本。这个论断的依据是什么？

7.16 阅读会计头条 7.6。正如我们将读到的，Babcock 和 Brown 与债权人谈判，保证它的市值不会低于每股 7.50 美元，但股价跌到了这个协定金额以下。这意味着如果债权人选择行使权利，可以要求偿还资金。从 PAT 的理论视角，Babcock 为什么会同意这项市值规定，而不是其他类型的契约，比如对企业资产负债率的限定条件？此外，为什么银行通过谈判将这条市值协定纳入债务协议中？

会计头条 7.6　债务契约违约的案例

遭受重创的 Babcock 要与银行会面

Richard Gluyas

本周 Babcock 和 Brown 的投资人一直处于焦急的等待之中，由 24 家银行组成的联合组织在考虑是否需要正式审查 28 亿美元的贷款安排。

Babcock 与债权人的初步讨论定于今明两天进行。上周末股价的暴跌导致股票价格没能达到市值的最低要求：25 亿美元或者是每股 7.50 美元。

Babcock 股价在周五下跌了 1.65 美元，跌至 5.25 美元，致使股票价值损失了 4.5 亿多美元，而就在 12 个月之前股价还高达 34.63 美元。

Trevor Loewensohn 是 Babcock 资本市场的负责人，他昨日说已于周四通知了公司的贷款银行：股价已经达到了临界点。

“达到临界点并不意味着公司违背了任何债务契约，”他说，“我们不久将与银行会面，向他们通报公司财务状况的最新消息。”

同时，“公司还在正常运营”，Loewensohn 说，公司还在继续进行资产销售和其他活动。这些都是公司日常经营计划中的一部分。

最乐观的前景是 25 家银行迅速判定自去年 4 月订立贷款协议以来，Babcock 的现金流、利息保障倍数和企业的总体运营状况没有发生重大改变。

但是最初全球对股票杠杆的厌恶引发了对 Babcock 的信用危机，随后公众对子公司 Babcock 和 Brown 电力的经营模式和债务危机的担心更加剧了这种信用危机。

周五，标准普尔将 Babcock 和 Brown 国际的评级从 BBB 下调为 BB +，并且处于负面观察中。标准普尔称，评级是根据用于融资的“高质量”资产，但是为了维持新的信用等级，要求集团有确切的未来经营结构和融资安排，还要恢复市场对 Babcock 的信心。

如果银行要求进行审查，就要开展为期 4 个月的咨询。在第四个月末，如果 Babcock 的市值仍在 25 亿美元之下，并且没有针对债权人的任何行动方针，至少有 2/3 的债权人有权利向 Babcock 送达通知书，要求公司在 90 天内偿还贷款。

分析师已开始暗示 Babcock 可能会被强制要求降价出售全球的基础设施资产，以减少集团贷款中的 500 亿美元债务。

集团下属公司包括爱尔兰最大的电讯公司 Eircom，一条美国的石油管线，英国的港口、新南威尔士州的学校和发电厂。瑞士联合银行的分析师 Jonathan Mott 说，Babcock 可能会变卖风力发电的部分，用这部分额外的收入来偿还贷款。

一些观察家曾质疑 Babcock 的高层主管为什么没有通过增持自有股份来支持他们的判断。

但是，发言人说高管们不能趁乱浑水摸鱼，应在 8 月份中期报告结果发布之后再做打算。

《澳大利亚人》，2008 年 6 月 16 日，p. 29

7. 17 阅读会计头条 7. 7，采用实证会计理论的观点考虑下面的问题：

(a) 如果新的会计准则对利润产生影响，那么这会影响公司价值吗？如果是的话，为什么？

(b) 某一会计方法的实行会对组织的效率产生影响吗？

会计头条 7. 7　发布新准则的影响

Foster's：更少商誉，更高盈利

Anthony Hughes

在利润报告即将陆续公布之际，Foster's 于周五首先发布了盈余报告。根据新准则的规定，Foster's 的净资产将减少 12 亿美元。这再次凸显了投资者在试图获悉公司盈余的真实状况时所面临的挑战。

澳大利亚开始采用国际财务报告准则（IFRS），这意味着 Foster's 上年资产负债表中的净资产从 46 亿美元降至 33. 7 亿美元。减少的原因主要是由于新准则不允许确认内部形成的商标权的商誉。

净资产减少的另一个主要原因是新准则要求考虑根据资产的账面价值与计税基础的差额计算出的递延所得税负债。

尽管 Foster's 最近用 30 亿美元成功收购酿酒商 Southcorp 的可能性以及它从合并中充分汲取协同效应的能力都值得怀疑，但是账户的变化不会影响收购。这家主营酿造及制酒的集团告诉分析师，资产负债表的调整不会影响它的现金流或支付股利的能力。

但是由于不再确认商誉的摊销费用，报告的利润会比较高。

在新准则下，每年都要对商誉进行“减值测试”，摊销费用的取消能增加利润。如果从2004年下半年就开始在Foster's的账户中应用新准则，公司会获得7.832亿美元的净利润，而非实际报告中的7.57亿美元。

像Foster's这样的公司报告的资产类别有所减少，这也意味着这些公司报告的剔除折旧后的资产回报率将更高。

改用新准则引起了人们的担心。由于准则在某些方面存在不确定性，致使公司宣布的利润数据可能有误导性，公司也不愿预测未来的利润。同时还有人担心信用评级机构将如何应对资产负债表中的价值如此剧烈的波动。

但是新准则的运用可以使投资分析师更容易将国内公司与全球的同行相比较。在Foster's的例子中，这意味着投资分析师将能够更好地分辨出Foster's的业绩是优于还是逊于全球酒业和酿造业的同行，如Diageo和Pernod Ricard。

荷兰银行资产管理公司的Mark Nathan说道：“新准则的应用在不同公司和行业间也有所不同。会有人担心新准则是否不如澳大利亚的现有准则，不能更真实地描绘出公司的财务状况和经营成果，但是总的来说，新准则是一个进步。”

但是，Goldman Sachs JBWere（澳大利亚的一家私人财富管理公司）在发给客户的函件中说，鉴于公司报告经营成果的期限缩短了，新准则“只能应用到8月的最后两到三周的数据中。”Foster's的股价上涨了2美分，收于5.46美元。

《澳大利亚金融评论》，2005年7月30日

7.18 会计头条7.8是一篇在英国发表的文章。阅读这篇文章，应用实证会计理论回答下面的问题：

（a）从效率观的角度考虑，为什么在期权会计上引入新规则对组织来说代价巨大？

（b）为什么在期权会计上引入新准则对管理者来说代价巨大？

（c）监管者制定这个新规则的动机是什么？

会计头条7.8　引入对期权会计的会计规范

你得到公平的股份了吗？

Joanna Osborne

毕马威IFRS技术高级合伙人

上个月，IASB发布了有关股份支付的第2号国际财务会计准则，并在2005年1月1日应用于公司以股份支付报酬的活动中。这会影响英国上市公司在IFRS下首次编制的第一份集团财务报告。

在英国，紧急行动小组发布的第17号文件已经规定应将股份支付费用化。但是鉴于这项费用是授予当日的股价和雇员贡献（内在价值）之间的差额，IFRS 2要求股份支付按公允价值费用化。

包括上述差异，新规定与英国现有实务存在的差异意味着从2005年开始在公司账户中记录的股份支付的费用金额和记录频率都将大幅提高。

IFRS 2尝试用每份股票期权的公允价值乘以最终授予员工的股权数来衡量雇员

为企业提供服务的公允价值。这种计量方式对公司的账户来说是一种更大的冲击，因为期权的公允价值将会高于股票的内在价值。

为了理解这一点，我们可以比较两种不同的雇员薪酬方案，一种包括现金加上3年后以今天的价格购买股票的期权，另一种只包括股票的所有权。

在第一个方案里，尽管你收不到像第二个方案中的少量股利，但能获得3年的现金利息。这项方案的主要报酬是单向性质的股票期权。

实际上，这是一场免费的赌注，赌约是3年后的股价是否会高于今天的价格。如果你拥有实际的股份，当价格下跌时，你会遭受损失。如果你有期权，只要你不行权就不会遭受损失——你仍然拥有现金和利息。如果股价上升，你在两种方案中都会获利。

但是，确定授予当日股票的公允价值是一项很复杂的工作，因为涉及预测未来股价的变动等因素。但现有的数学技术十分成熟而且容易掌握，例如布莱克——斯科尔斯期权定价模型和二项式模型。期权交易员使用这些模型来预测未来股价的变动，由此推出期权的公允价值……

姗姗来迟的IFRS 2将使公司在现金和股份或是期权中，无论选择哪种方式支付薪酬对损益账户的影响都一样，但在核算股份支付时难以避免地会大幅增加费用。

《会计时代报》(英国)，2004年3月8日

7.19 阅读会计头条7.4（见本章内容)，解释为什么像这种公开的报道可能会使组织付出巨大的代价。实证会计理论家会如何预期银行对这篇报道的反应?

7.20 阅读会计头条7.9，这篇文章讨论了澳大利亚的Harrris Scarfe公司所用的会计实务。Harris Scarfe的报告结果显示，公司不恰当地高估了资产并低估了负债。

要求：讨论这是否符合PAT提出的机会主义观，从契约的角度解释为什么组织希望高估资产和低估负债。

会计头条7.9　公司被发现投机性地高估资产和低估负债

零售巨头失宠后留下的余震

Colin James

Colin James解释了围绕Harris Scarfe的这出剧是如何展开的。

Harris Scarfe的执行主席Adam Trescowthick说高级经理们在他接任主席之后就来找他商量对策时，他惊呆了。他们列出了对公司财务账户不规范的各项指控，致使全国范围内的35家分店濒临倒闭。

Trescowthick现年36岁，从他父亲Donald Trescowthick爵士手中接管了Harris Scarfe的主席职位。在了解情况后，他火速召集了普华永道的外部审计师。

一项调查确认了最坏的情况：公司高估资产和低估负债的情况已经持续长达6年，导致公司处于无法偿付债务的危险境地。

Trescowthick和他的董事会成员们——前任Independent Holdings经理John Patter，前任AFL总裁Ross Oakley，前任Young Rubicam and Mattingley主席David Mattingley，墨尔本律师Roger Curtis以及Donald爵士最小的儿子、信息技术顾问Mark——在3月

29 日星期五获悉了这个消息。

6 天前，他们告知澳大利亚证监会有关 Harris Scarfe 的首席运营官 Dan Mclaughlin 在为公司效力 27 年后辞职的消息。

随后，在 3 月 28 日，财务总监 Alan Hodgson 通知董事会成员他要请病假。

那天晚些时候，Trescowthick 和其他董事决定召集毕马威国际会计师事务所的会计师。他们告诉董事会要采取措施保证不再有更多的债务发生。他们还建议 Harris Scarfe 直到情况稳定后再偿还债务。

毕马威告知 Trescowthick，他必须立即将现状通报给公司最大的担保债权人澳大利亚新西兰银行集团。

公司定于在第二天和银行的阿德莱德信用中心会谈。会上，Trescowthick 说如果救急资金不能在 48 小时内到位，Harris Scarfe 将不得不停止交易并指派破产管理人。

第二次会议在 4 月 1 日星期六举行。会上，毕马威的代表简要介绍了 Harris Scarfe 的财务不规范的情况。

第二天，澳大利亚新西兰银行告诉 Harris Scarfe 的董事会它不再提供任何资金。澳新银行明确表示，如果公司指派破产管理人，它将不顾这一举动，直接任命一名接管人来确保银行的利益受到保护。

Trescowthick 和其他董事与银行会面，力求避免公司被接管。他们请求银行延长还款期限，使其有充裕的时间来任命破产管理人。银行同意临时暂缓偿还贷款，使 Harris Scarfe 能在 4 月 3 日星期四任命毕马威的会计师 Michael Dwyer 和 Lindsay Maxsted 为破产管理人。

3 天后，银行的耐心到了极限。面临潜在的 6 700 万美元损失，澳新银行指派阿德莱德破产专家 Bruce Carter 为接管人。他在周三宣布，将出售 Harris Scarfe 公司来偿还债务。

出售 Harris Scarfe 对它的 1 200 名无担保债权人来说并不会感到吃惊，其中许多人已经好几年都很难从 Harris Scarfe 收回欠款了。

一些人被迫雇用讨债人来确保能够收回欠款。澳大利亚商业研究（ABR）是一家信用公司，在 1 月采访了 Hodgson，并将访谈内容纳入 3 月 23 日向供应商所做的报告之中。正是这天，公司将首席运营官 McLaughlin 辞职的消息宣布给澳大利亚证券交易所。

本报获得了 ABR 的报告，里面写道：Hodgson 认为由于消费税、利息率、上涨的汽油价格和后奥运的消费萧条，Harris Scarfe 今年的经营十分困难。

ABR 在对 Harris Scarfe 的评估中警告债权人在向南澳大利亚州、新南威尔士州、昆士兰州、西澳大利亚州和塔斯马尼亚州的店铺供货时要保持谨慎。根据公司提供的数据，ABR 称其价值 195 433 000 美元的资产“主要是通过债务筹得的”，公司的负债高达 118 576 000 美元。

观察到这种情况“表明了担忧的一个原因”。ABR 说，公司处在“不利的空头地位，意味着短期资产不能弥补短期债务”。

这一情况在星期四得到证实。这一天，Dwyer 和 Maxsted 在 Thebarton 剧院举办的债权人会议上陈述了他们的初步报告。

Dwyer 和 Maxsted 说，在澳新银行和债权人拒绝提供更多的贷款后，我们对 Harris Scarfe 的现金流预测进行了“更全面的调查”，结果“显示公司一直在低估负债而且高估资产”。

这种“系统性的高估利润使公司获得了澳新银行和债权人更多的注资”，他们说。

Dwyer 和 Maxsted 告诉债权人，在减少 1 720 万美元资产并增加 1 630 万美元负债后才是公司“更准确的财务状况”。

他们说，还会继续调查这些不规范的财务记录是如何发生的。

公司记录已被查封，复件被送至澳大利亚证券与投资委员会。Trescowthick 在任命 Dwyer 和 Maxsted 两位会计师后提醒委员会关注此事。

这两名会计师和澳大利亚证券与投资委员会的调查员密切合作，务求揭开 Harris Scarfe 内部的神秘面纱，并弄清误导性的财务账户如何能维持长达 6 年之久。

Trescowthick，是由 Patten 和 Hodgson 负责确保公司财务记录的准确性的公司内部审计委员会的成员。Trescowthick 说，高层管理者并没有向董事们反映这些问题。

董事们将对这一情况进行仔细的调查，因为确保完全熟悉他们所代表的公司的财务状况是董事们应该负有的法律义务。

澳大利亚证券与投资委员会也将调查董事会的报告。他们依据由安永和普华永道的审计师过去 7 年为 Harris Scarfe 出具的报告的准确性。

两家事务所从 1996 年至去年期间均向澳大利亚证券与投资委员会和澳大利亚证券交易所提出了正式声明，称已经“按照澳大利亚审计准则执行了”对账户的全面审计。

事务所的声明还包括向澳大利亚证监会的陈述，称“我们的程序是在测试的基础上，检验支持财务报告中的金额和其他披露的证据，并评估会计政策和重大会计估计”。

《阿德莱德广告客户》，2001 年 4 月 14 日

第8章 非监管的公司报告决策：系统导向理论的考虑

学习目标

在完成本章的学习之后，读者应该：

· 理解社会或股东的观念如何影响组织的披露政策；

· 理解如何应用合理性理论、利益相关者理论和制度理论解释某个实体选择性地自愿披露一些特殊事项的原因；

· 理解组织合理性的含义以及公司在年报和公司网站等处披露的信息如何作为一项战略来保持或恢复组织的合理性；

· 理解某一特定利益相关组织的权力和信息需求是如何影响公司披露政策的；

· 理解一种观点——一个成功的组织必须有能力协调或管理各方的需求（有时这些要求是相互冲突的），包括不同的利益相关者对信息的需求。

开篇问题

在2008年10月7日的《每日电讯》（悉尼）上，有一篇文章的标题为：《银行私吞利息——每天都从民众手中抢走50万美元》。这篇文章专门批评澳大利亚的商业银行没有完全按澳大利亚储备银行（RBA）出台的降息政策下调利率："澳大利亚的主要银行公布的上一财年利润高达100多亿美元，却拒绝保证完全传递RBA的降息政策……为了保护大银行的利润，澳大利亚的居民损失了成百上千万美元，以至于他们无力负担多年来最萧条的圣诞节前大采购。"

你期望银行对这种负面的媒体曝光做出回应吗？如果是的话，原因何在？更进一步说，你认为银行会将对其没能将完整的降息传递给消费者的批评披露在年报或公司网站上吗？你认为这些披露应该以什么形式出现？

引 言

在第7章，我们考虑了若干关于为何企业管理层会自发地选择提供特定信息给组织外部相关方的理论观点。这些观点基于实证会计理论。在本章中，我们通过其他可选的理论观点来解决这个问题。具体来说，我们考虑合理性理论、利益相关者理论以及制度理论。

正如我们在整本书中，特别是第1章中所强调的，理论是对现实的抽象，因此，特定的理论不可能对某种特定的行为做出完整的解释或描述。因此有时参考其他可供选择的理论观点是十分有帮助的。不同研究人员虽然是在研究同一种现象，但会选择采取不同的理论观点。[①] 作者偏好其中一种理论观点而非其他，至少部分上来说应归因于他们特有的价值判断。正如O'Leary（1985，p. 88）所说：

理论学家面对理论与论据存在有争议的联系时，其所持有的观点受他们自身的价

---

① 例如，有些研究人员从**实证会计理论**范式着手（例如，Ness和Miraz，1991），认为可以将组织自愿披露社会责任信息解释为是为了减少政治成本。社会责任报告也可以用合理性理论观点来解释（例如，Deegan、Rankin和Tobin，2002），或用利益相关者理论观点来解释（例如，Swift，2001）。

值观念或意识形态的影响。

最近几年，相当多的研究人员采用了合理性理论、利益相关者理论与制度理论这三种理论观点。这些理论有时会被称为“系统导向理论”。按照 Gray、Owen 和 Adams（1996，p. 45）所说：

……组织和社会的系统导向观……可以使我们更专注于信息和披露在组织、国家、个人以及团体之间的关系中的作用。

系统导向理论也被称为“开放系统理论”。Suchman（1995，p. 571）在评价运用开放系统理论时曾说：

开放系统理论将组织的边界重新定义为可渗透的和有问题的……组织环境中的很多动态不是来源于技术或物质上的规定，而是源于文化的规范、符号、信仰和礼仪。公司的披露政策应代表一种重要的方法，通过这种方法管理层能够影响外部对组织的看法。

在基于系统的观点中，人们假定在社会中运行的主体受社会的影响，并反过来影响社会。图 8—1 极为简洁地展示了这种关系。

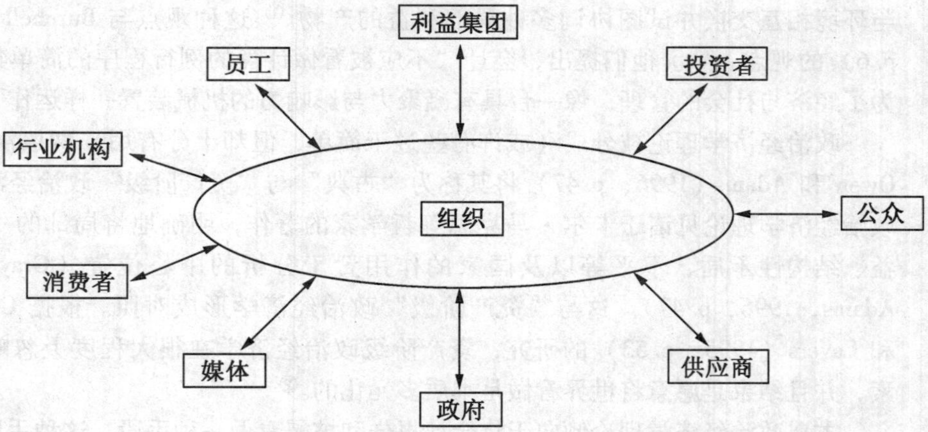

图 8—1　组织是更广泛的社会系统的组成部分

合理性理论、利益相关者理论和制度理论认为，会计披露政策构成了影响组织与有相互作用的其他各方之间关系的战略。在最近一段时间里，利益相关者理论与合理性理论经常应用于解释组织在年报中披露某些社会责任的原因。[①] 然而，这些理论也可用于解释公司采用特定财务报告技术的原因。在本章中，我们将主要关注这两种理论，但在本章结尾处我们也会简要介绍一些针对制度理论最新应用于分析自愿的公司报告的观点。这些理论对特定的管理决策，如信息披露决策做出了解释和预测。在这方面可以将这些理论视为实证理论（与规范理论相对，后者用于规定应如何采取某些行动）。

8.1　政治经济学理论

根据 Gray、Owen 和 Adams（1996），合理性理论与利益相关者理论都来自同一个

① 我们在第 9 章中会更全面地介绍社会责任披露。然而，在现阶段，我们将社会责任披露定义为：所披露的内容包括组织与其物理和社会环境相互作用的信息，包括社区参与、自然环境、人力资源、能源以及产品安全（Gray 和 Bebbington，2001；Gray、Owen 和 Adams，1996）。

更为广泛的理论，即*政治经济学理论*。本章介绍的另一种理论——制度理论——也可以与政治经济学理论联系在一起。“政治经济”由 Gray、Owen 和 Adams（p. 47）定义为“社会、政治与经济架构，在此架构中人类的生活得以延续”。其中包含的观点为*社会*、*政治*与*经济*三者密不可分，对经济问题的调查应考虑到产生经济活动的这个政治、经济与制度架构，否则，对经济问题的调查毫无意义。有人认为从政治经济学的角度，研究人员能够考虑到更广泛的（社会的）问题，这些问题影响组织如何运作以及组织选择披露何种信息。根据 Guthrie 和 Parker（1990，p. 166）的观点：

政治经济学的观点将会计报告看做有关社会、政治以及经济的文件。这些文件作为工具，用于构建、维持并合理化政治、经济上的安排、制度以及思想主题，使其有助于实现公司的私人利益。披露有能力为一系列多元化的报告接收者传递社会、政治及经济的含义。

Guthrie 和 Parker（1990，p. 166）进一步阐明，公司报告不可能被看做是中立、无偏见的（反映真实性的）文件，而是像很多职业会计机构所暗示的那样，是公司与环境相互交换并试图协调多种局部利益的产物。[①] 这种观点与 Burchell 等（1980，p. 6）的观点一致。他们提出，会计“不应被看做计算的例行程序的简单集合，而是为了经济与社会的管理，像一台具有凝聚力与影响力的机械装置一样运作”。

政治经济学理论被分成（或许有些过于简单，但却十分有用）两股洪流。Gray、Owen 和 Adams（1996，p. 47）将其称为“古典”与“资产阶级”政治经济学。古典政治经济学理论见诸于卡尔·马克思等哲学家的著作，明确地将局部的（阶级）利益、结构性矛盾、不平等以及国家的作用置于分析的中心位置（Gray、Owen 和 Adams，1996，p. 47）。这与“资产阶级”政治经济学形成对照。根据 Gray、Kouhy 和 Lavers（1995，p. 53）的研究，资产阶级政治经济学在很大程度上忽略了这些要素，并且结果是愿意将世界看做是本质多元化的。[②]

古典政治经济学理论倾向于将会计报告和披露看做一种手段。这种手段一面维护控制稀缺资源（资本）的人的有利地位（如财富和权力），一面削弱那些没有稀缺资本的人的地位。古典政治经济学理论着重于社会中的结构性矛盾。[③]

根据 Cooper 和 Sherer（1984），会计的研究应识别社会中的*权力*和*矛盾*，并继而关注会计报告对收入分配、社会中财富和权力的影响。这与 Lowe 和 Tinker（1977）的观点一致。他们认为，大部分会计研究是基于社会的多元化概念（正如之前提过的，认为没有一个集团支配其他集团）。根据 Lowe 和 Tinker，多元化观点认为（他们认为这并不正确）权力是分散的，社会由许多个体组成，这些个体更愿意在社会选择中占支配地位，没有一个个体能一直影响社会（或者是社会中的会计功能）。像 Lowe 和 Tinker（1977），或是 Cooper 和 Sherer（1984）等研究人员反对这种观点，并

① 正如我们应该知道的，世界各地的职业会计机构发布了文件（通常是概念框架项目的构成内容），指出财务报告应当包含中立性与真实反映的特征。政治经济学理论的拥护者认为，大量政治社会问题的出现使这种观点变得不切实际。

② 多元化观点认为，不同阶级的利益相关者拥有影响公司、政府以及其他主体决策的能力。在这种观点下，会计并非是用于迎合具体的利益（有时称之为“精英“）。源于资产阶级政治经济学理论的合理性理论等将研究重点放在“社会”而不是社会中的亚群体上，忽略了“社会中的抗争和不平等”（Puxty，1991）。

③ 例如，在考虑社会责任报告的实务时，古典政治经济学家通常认为自19世纪80年代以来，可以将公司增加环境披露看做是尝试对环境组织所采取行动的回应，而事实上却是试图从这些组织手中争取到主动权并控制环境议程，以使资本得以继续发挥长处——从资本中赚钱（Gray、Owen 和 Adams，1996，p. 47）。

提出了反对意见。他们认为，多元化观点忽视了大量的证据，这些证据都表明社会中的大多数人是由一小部分明确定义的精英们所控制的——精英运用会计（以及其他机制）作为维持他们统治地位的手段。我们在第 12 章讨论批判性会计理论观点时会进一步考虑持上述观点的作者的著作。这类研究人员倾向于对现行会计和报告技术极端挑剔。

根据 Gray、Owen 和 Adams（1996），以及上面简略提到的，在另一方面，资产阶级政治经济学没有明确考虑结构性矛盾和阶级斗争，而是“倾向于关注在本质多元化的世界中，各团体间的相互作用（例如，一家公司与环境压力集团的谈判，或者是地方政府与国家的谈判）”。合理性理论和利益相关者理论正是源自这个政治经济学的分支。资产阶级政治经济学理论既未质疑也未研究社会中不同的阶级结构（和可能存在的斗争）。[①] 然而，制度理论既可以应用于古典政治经济学的概念中，也可以体现在资产阶级政治经济学的概念之中。我们现在首先讨论合理性理论。

8.2 合理性理论

合理性理论认为组织不断地保证它们是在各自的社会边界和规范中运作。也就是说，它们试图确保外部的相关者会将他们的活动视为“合理的”。这些边界和规范并不是固定的，而是随时在变化，因此要求组织对其所处的伦理（道德）环境有所回应。Lindbolm（1994）区分了*合理性*和*合理化*两个概念，认为前者是一种状态或条件，后者是使组织变得合理的过程。根据 Lindbolm（p. 2），合理性是指：

……当主体的价值体系与其所处的更大范围的社会系统的价值体系一致时形成的一种条件或状态。当两个价值体系出现不一致时，无论这种不一致是已经存在的还是潜在会发生的，都会对主体的合理性造成威胁。

合理性是一个相对的概念。它是相对于主体所在的社会系统，并且在特定的*时间*和*地点*所特有的。正如 Suchman（1995，p. 574）所说：

合理性是一个广义的观念或假设，具体是指在某种社会构筑的体系中的规范、价值观和定义中，主体的行为是令人满意的、恰当的或是合适的。

在合理性理论中，“合理性”是组织赖以生存的资源（Dowling 和 Pfeffer，1975；O'Donovan，2002）。它是社会赋予组织的，也是组织希望得到并不断追求的。然而，不同于其他“资源”，组织能够通过不同的与披露相关的策略来影响或操纵这种资源（Woodward、Edward 和 Birkin，1996）。

合理性理论与资源依靠理论的观点一致（见 Pfeffer 和 Salancik，1978），认为只要管理者认为这种特殊的资源——合理性——对组织的生存至关重要，他们就会实施维持这种资源持续供应的战略。正如我们不久会见到的，以获取、维持或者修复合理性为目标的战略（通常称为“合理化战略”）包括有目的的披露，或者控制有关方，或者与有关各方合作。前提是社会认为这些有关方具有合理性，因此能够“通过合作带来合理性”（Oliver，1991；Deegan 和 Blomquist，2005）。

对于一个在追求合理性的组织来说，重要的不是组织的真实行为，而是社会对组

① **实证会计理论**是第 7 章的讨论重点，该理论也没有考虑社会中的不平等问题或者是会计在维护这些不平等中的作用。

织行为的了解或看法形成了合理性。信息披露在建立公司合理性中至关重要。正如 Suchman（1995，p. 574）所述：

一个组织可以戏剧化地与社会规范背道而驰，而又因没人注意到这种不一致而保留了它的合理性。合理性是在社会中构建的，因为它反映了具有合理性的主体的行为与一些社会集团共享的信条（或假定是共享的）的一致性；因此，合理性依赖于集体观众，而又独立于特定的观察员。

Nasi 等（1997，p. 300）也同意"合理性"是建立在*认知*的基础上，他们说：

当判定某个公司是"公正的并且值得受到支持"时，该公司就具有合理性（Dowling 和 Pfeffer，1975）。因此合理性不是对公司"正当性"的抽象衡量，而是对判断公司行为是否妥当的社会认知进行衡量（Suchman，1995）。它衡量社会对公司及其活动的态度，范围从高度合理到高度不合理。还需要指出的是，合理性是建立在有关公司行为的文化理念上的社会架构。因此，对公司的需求随着时间不断变化，并且不同的社会经常对合理的公司行为构成内容有不同看法。

8.2.1 合理性、公众期望与社会契约

合理性理论依赖于这样的观念，即在有争议的组织与其所处的社会中存在一种"社会契约"。虽然并不容易给"社会契约"下定义，但这个概念被用于代表社会对组织应该如何运作的大量隐含和外露的期望。有人认为在传统上，利润最大化曾经被认为是公司业绩的最佳衡量标准（Abbott 和 Monsen，1979；Heard 和 Bolce，1981；Patten，1991、1992；Ramanathan，1976）。在这个观念下，企业的利润被看做是衡量组织合理性的最全面的标准（Ramanathan，1976）。然而，公众的期望近几年经历了巨大的变化。Heard 和 Bolce（1981）提到了美国在十九世纪六七十年代的宣传运动愈演愈烈，以及社会问题的相关立法急剧增加，包括美国在这一时期颁布的对环境和雇员的健康和安全立法。随着社会期望的加深，人们预测成功的企业会回应并解决由他们的活动引起的人类、环境以及其他社会后果（Heard 和 Bolce，1981）。

有人认为社会越来越期待企业"将支出用于修复或防止对周遭环境的破坏上，确保消费者、雇员以及那些居住在产品生产、废物排泄地区的居民的健康和安全……"（Tinker 和 Neimark，1987，p. 84）。继而，拥有不良社会与环境业绩记录的企业会发现在一个重视环境清洁的社会，为了维持经营而获得必要的资源与支持变得越来越困难。或许这与几十年前的情况截然不同。

合理性理论认为，社会允许组织在一定的范围内持续经营。这个范围是指组织满足社会期望的程度，也就是指组织遵守社会契约的程度。合理性理论强调组织必须考虑普遍的公众利益，而不仅仅是组织投资者的利益。没有遵守社会期望（即遵守"社会契约"的条款），社会会对其加以制裁，例如用法律约束组织的经营行为、限制资源（如金融资本和劳动力）的供应，并且/或者减少对其产品的需求（有时通过有组织的消费者联合抵制）。

依据合理性理论，组织并非天生有权利享有资源。相反，获得自愿的权利是要争取的。合理性（从社会的角度）与经营权是连在一起的。正如 Mathews（1993，p. 26）所说：

社会契约存在于公司（通常是有限责任公司）和社会的个体成员之间。社会（作为独立个体的集合）提供给公司法律地位和属性以及拥有和使用自然资源、雇用员工的权利。组织利用社会资源，同时向周围环境输出产品和劳务以及废品。组织并非天生有权利享有这些益处。为了准许企业的存在，社会会期望其获得的收益应该超过成本。

会计头条 8.1 摘自报纸上的一篇文章，文中一名来自澳大利亚最大银行之一的主管承认他的组织违背了“社会契约”。有趣的是，社会契约这一概念正被越来越多的管理者提及（我们将在本章随后的部分看到关于这点的更多证据）。

会计头条 8.1　银行与社区间的社会契约

西太平洋银行主管承认银行在乡镇地区的做法是失败的

Sid Harris

西太平洋银行执行主管 Michael Hawker 昨天承认银行在过去的 10 年内迅速关闭一大批位于乡镇地区的分行是一个“错误”，并且这种做法破坏了与社区订立的“社会契约”。

Hawker 先生是银行商务与个人理财部门的集团执行官。他说，面对放松监管之后的激烈竞争，银行已经看不清需求在何处，这也引起了大量客户的担忧。

他在昆士兰朗里奇举行的一场全国农民联盟会议上说，对于关闭乡镇地区分行的处理应该更加谨慎。“我想我们现在讨论的是我们做过的最不恰当的事情”，他说。

“我认为社区中的每个人都会说这里发生了很多戏剧性的变化，我认为我们犯了很多错误，对此毫无疑问。”

1990 到 1998 年间，澳大利亚境内关闭了 1 306 家银行，其中 406 家位于乡镇地区；同时也关闭了 1 345 间办事处，其中 1 071 间位于主要城市之外。

Hawker 先生说，技术的进步意味着“店内”银行理财服务的普及——指提供基本的出纳交易及担保业务的电话服务——这可以使乡镇地区免遭失去银行服务的境遇。去年 11 月，西太平洋银行针对其 969 家分行发起了一项价值 3 亿美元的审查与重整计划。这一计划估计将使大约 150 家分行转为从事“店内银行理财服务”。

《澳大利亚人》1999 年 5 月 20 日，p. 1

“社会契约”的概念并不是最近才出现的，许多哲学家曾经讨论过这个概念，如托马斯·霍布斯（1588—1679），约翰·洛克（1632—1704）以及让—雅克·卢梭（1712—1778）。Shocker 和 Sethi（1974，p. 67）很好地概述了社会契约的概念：

任何社会机构——企业也不例外——明显或暗含地通过社会契约在社会中运作，其生存和发展基于：

1. 向社会传递一些对社会有益的内容，同时，

2. 机构从一些集团获取权力，同时要向这些集团分配经济、社会或政治方面的好处。

在一个动态的社会里，机构权力的来源以及对其提供服务的需求都不是恒久不变的。因此，机构必须声明社会需要它的服务，还要声明集团从它的回报中获益是经过

了社会的认可，这样才能不断满足合理性与相关性的双重检验。

需要强调的是，社会契约是理论性的构想，因此个体不可能轻易找到一份社会契约的范本。对于社会期望组织在其不同属性的活动中如何表现，不同的管理者有不同见解（也就是说，经理们对契约持有不同的看法）——这至少部分上能够解释为什么有些管理者在处理问题上与其他管理者不同。如果一名管理者采取了某个特定的行动，随即发现这种行动不被社会所接受（例如，从亚洲的血汗工厂购买服装——这一问题最近激怒了很多人），合理性理论会将此解释为该名管理者误解了社会契约的条款，并且这种误解随后会对组织的生存产生负面的影响。对于耐克、GAP 以及其他服装与鞋类生产商与各种备受污蔑的血汗工厂的合作，媒体进行了大量的报道，考虑其中的影响。

社会契约由大量的条款（或条件）构成——有的条款显而易见，有的条款则暗含于其中。Gray、Owen 和 Adams（1996）提出，法律要求提供了契约的显性条款，而其他未立法的社会期望将契约的隐性条款具体化了。也就是说，在法律与社会规范之间有着并不完善的关联关系（正如反映在社会契约中的），根据 Dowling 和 Pfeffer（1975），这种差别有三个主要原因。第一，尽管法律是对社会规范和价值观的反映，但法律系统的调整跟不上社会规范与价值观的变化。第二，法律系统通常力求达到一致性，而社会规范和期望可以是矛盾的。第三，有人提出，尽管社会或许不接受某种行为，但它可能不愿将对这些行为的约束纳入法律范畴，或者是社会的结构不够完善，不能通过法律限定这些行为。预计管理者的观念会大幅度转变与构成“契约”的隐形条款有关。

正如澳大利亚最大的银行之一，西太平洋银行的 CEO David Morgan 所指出的一样，在 Deegan 和 Rankin（1996，p. 54）和 Deegan（ 2002，p. 293 ）中 ，按照合理性理论，如果一个组织不能证明其持续经营的正当性，那么在一定意义上，社会可能会撤销其持续经营的“契约”。具体可能是通过减少消费者数量或消除对企业产品的需求，通过供应商取消劳动力和金融资本的供应，和/或者组织游说政府增加税收、罚款或是用法律禁止那些不符合社会期望的行为。正如会计头条 8. 2 中所显示的，Davied Morgan 具体提到西太平洋银行与社会已有的“社会契约”，并强调说如何遵守社会契约对于确保获得社会各部门的支持至关重要。这些部门包括员工、消费者、供应商和投资者。他还强调，强调社会期望并接受企业的社会责任都是符合企业利益的做法——这通常被称为“有见识的私利观”。

会计头条 8. 2　遵守“社会契约”的重要性

重视企业的核心价值观在于如何创造可持续利润

David Morgan

David Morgan 写道：渐进式管理的前提是如何创造持续利润，而公司责任的风气将会为企业带来有形的利益。

毋庸置疑，公司的根本责任就是使股东的长期回报最大化。然而，公司社会责任的概念体现在这个等式的何处呢？还是它仅仅是核心业务的转移呢？

恰恰相反，公司社会责任是创造可持续利润的核心。成功地管理社会、伦理、环境和其他非财务驱动因素的领导者更有助于确保一个稳定、适应力强的公司，能够更好地提供可持续的股东价值。

简而言之，公司需要想要为其工作的员工，想要对其产品或服务消费的顾客，能够为其供应的供应商，当然还有对它进行长期投入的投资者。

就西太平洋银行而言，企业责任是指在道德、诚信和责任上的表现。我们肩负的责任是应对社会和环境对企业经营的影响。我们尝试奉行这种隐形的社会契约，该契约是存在于我们与我们为之服务的社会之间的。

渐进式的管理越来越以这种理性、负责任的方式为前提。这就是为什么公司责任并不孤立于西太平洋的核心活动。它不是附加的。它是我们的核心策略——嵌入在我们的经营模式之中。

通过创建一个人们想在其中工作的地方，我们要提高雇员的留任度并且能够更好地吸引高素质的员工——对于在今后几十年中服务行业将面临的深刻的人口变化和劳动力的萎缩，这是一个至关重要的问题。充满积极性的员工对顾客的满意程度有着强烈而积极的影响。顾客们与负有责任感和道德的企业打交道时会感觉良好，并且社会也会对扮演正面角色的本地公司予以支持。

这些都是公司责任风气能带来的有形利益。我们也可以从环保行动中获得真正意义上最大限度的节省。实质上，我们已经降低了水电和纸张的消耗和成本，这大大减少了温室气体的排放。事实上，自从我们加入了1996年联邦政府的温室挑战计划以来，已经削减了32%温室气体排放量。

我们正与供应商们共同努力，以确保他们了解与业务有关的具体的环境、社会、道德风险和机遇，并具备解决这些问题的能力。

自从旅程开始以来，我们已走过了漫长的道路，但是终点线却在不断地向前推移，因为我们了解了更多关于创造财务、社会和环境的资本，以及如何获得这些资本的机会。

西太平洋银行是赤道原则的全球签署者，也是澳大利亚唯一的签署者，赤道原则是一个风险评估框架，是用于在项目融资中评估社会和环境风险的最佳实践标准。

其中一个关键的挑战是主流的金融市场还没有完全将企业的社会责任因素转化为投资和估价决策。因此，在充分考虑并适当评价这些价值驱动因素之前，我们还有很多工作要做。

在这次讨论中，我们将继续发挥主导作用，因为这是一件正确的事——也因为它会培养良好的商业意识。

David Morgan 是西太平洋银行的CEO。

《年代报》，2005年8月18日

鉴于业务运行的潜在成本超出了“社会契约”的范畴，Dowling 和 Pfeffer (1975) 指出组织将采取各种行动以确保他们的经营被视为是合理的。也就是说，他们将试图使“其行为相关或暗含的社会价值观与企业所在的社会中可以接受的行为规范”趋向一致（Dowling 和 Pfeffer，1975，p. 122）。为了确保企业能够了解不断变化的社会期望，会随之做出回应，管理者需要具备特定的“技能”。下面的一段评论摘自墨尔本《年代报》中的一篇题为《有了企业教练，一切有所不同》的文章(2006年7月27日，p. 10)。这段评论可以反映出这一观点：

前必和必拓首席执行官 John Prescott 曾告诉商业人士和商业评论的读者，赢得在社会中的经营许可并且让公众认可企业的合理性对企业的生存至关重要。“为了维持合理性，并且保证经营的良好环境，我们除了要具备在传统的经营方式中所重视的财务、技术和营销能力外，维持合理性的技能和方法也同等重要”，他说。

8.2.2 合理性与不断变化的社会期望

随着社会期望的改变，组织也必须适应并随之改变。也就是说，如果社会对组织业绩的期望发生变化，那么组织就需要表明它所经营的内容也随之改变（或者需要通过明确的沟通，并证明为什么它的经营内容并没有改变）。这与必和必拓公司的*《可持续报告》*（2008）的内容一致，报告中称（p. 15）：

通过预测并理解社会中的趋势——新的监管内容、社会期望的提高、科学技术的进步——并且评估这些趋势与我们经营模式的符合程度，我们主动进行长期规划的能力将有所提高。

Lindblom（1994，p. 3）谈到与不断变化的期望有关的动态时阐述道：

合理性是动态的，因为相关公众一直在评估企业的产出、方法和目标是否适应不断发展的期望。如果公司的行为不做任何改变，合理性差距将会被拉大。事实上，随着相关公众的期望不断变化，公司必须做出改变，否则随着冲突不断升级，积极和消极的支持不断减少，合理性差距将会不断扩大。

“合理性差距”一词——上面的引述中使用的——是一个已经被很多研究人员所使用过的术语。它被用来描述这样一种状况：社会认为组织*应该如何行动*与组织*已经做出的行动*之间缺乏一致性。Sethi（1978）在解释合理性差距是如何出现的时候，描述了差距的两个主要来源。首先，社会的期望可能会变化，即使该组织和以往的运营方式相同，也将产生差距。举个这方面的例子，Nasi 等（1997，p. 301）说：

举例来说，对于20世纪70年代的美国烟草公司而言，越来越多的人意识到吸烟给健康造成的不良后果，这一认识导致了一项重大的并不断扩大的合理性差距(Miles 和 Cameron，1982)。烟草公司没有改变其活动，它们的形象仍和过去一样，然而人们对它们在社会中的作用的评价突然完全改变了；它们面临着重大且不断扩大的合理性差距。

正如我们已经强调的，社会期望并不是一成不变的，随着时间的推移，要求企业必须响应环境现在和未来的变化。组织会根据社会期望而有所改变，如果这种改变的势头慢于社会期望的改变，那么合理性差距便会增加。

即使组织的表现没有背离社会期望看到的恰当表现，合理性本身也会受到威胁。这可能是因为组织没有做出披露，声明它与社会期望保持一致，而社会期望可能也随着时间而变化。换句话说，可以认为合理性受到信息披露的影响，而不是单纯受公司行为变动（未披露）的影响。正如上面所述，如果社会对公司业绩的期望发生变化，那么可以说组织需要声明它的经营内容和经营方式也正在改变（或者或许需要通过明确的沟通并证明为什么它的经营内容和经营方式没有改变）。

根据 Sethi（1977），当过去关于组织的未知信息现在变成已知时——或许是通过新闻媒体公布的——产生了合理性差距的第二个重要来源。Nasi 等（1997 年，p. 301）阐述这种可能性时提到了一个有趣的概念——“组织的阴影”。他们说：

关于公司的潜在信息主体对公众来说是无法获得的——公司阴影（Bowles，1991）——会始终威胁公司合理性。当部分组织的阴影被揭露时，不管是偶然的还是通过活动家或记者的活动所揭露出来的，一个合理性差距就会产生。

关于上述合理性差距的来源，我们可以考虑社会对媒体揭示某个运动服装公司（如耐克）利用亚洲的血汗工厂、揭示在遥远的国度采矿公司的尾砂坝对环境造成的污染（如必和必拓公司在巴布亚新几内亚的经营）或者是揭示某些公司的产品如何影响消费者的健康（如电影《超码的我》中讲述的对麦当劳调查的反应），会如何反应。所有这些媒体的揭示对涉及的企业的成本都产生了重大影响——为了解决合理性问题，组织通常要依靠不同的披露政策。

合理性差距的概念已被 O'Donovan（2002）以图表的形式描绘出来（见图 8—2）。O'Donovan 在解释该图时说：

根据社会价值和规范，标记 X 的区域（在图 8—2 中）代表了公司活动与社会对公司及其活动的期望一致的部分。Y 和 Z 区域代表了公司行为与社会对这些行为的看法不一致的部分。这些区域代表了“非合理性”或合理性差距（Sethi，1978）。公司的目标是变得合理。为了使 X 区域尽可能大就要缩小合理性差距。可以采用许多合理化手段和披露方式来缩小合理性差距。

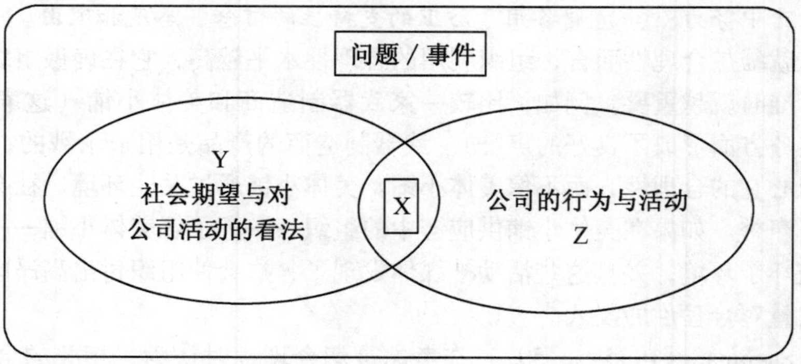

图 8—2 问题/事件与公司的合理性

资料来源：G. O'Donovan（2002），“Environmental Disclosures in the Annual Report: Extending the Applicability and Predictive Power of Legitimacy Theory”，*Accounting, Auditing and Accountability Journal*，15（3）.

在社会和环境会计领域已经开展的众多采用合理性理论的研究通常关注在发生了某种形式的威胁合理性的事件后，组织为重获合理性而采取的行动。但 Suchman（1995）和 O'Donovan（2002）等作者称，合理化策略既可以用于*获取*、*维持*合理性也可以用于*重塑*合理性。根据 O'Donovan（2002，p. 349）：

选取不同的合理化技术/手段是依据组织是否尝试获取或扩大合理性，维持现有的合理性水平，还是重塑丧失的合理性或捍卫受威胁的合理性。

尽管研究人员提议采取不同的合理化手段是依据主体是否试图*获取*、*维持*或*重塑*

合理性，但在这一领域的理论发展仍十分薄弱。尽管有文献对此做了一般性的评述，但在获取、维持或重塑合理性方面仍缺乏各自有效的合理化战略指南。文献提到，当组织进入新的经营领域时产生了对合理性的需要，而之前组织在该领域没有任何声誉。在这种情况下，组织遭到了“新进入一个领域的脆弱性”（Ashforth 和 Gibbs，1990），它需要主动采取行动以赢得认可。

通常认为*维持*合理性比*取得*或*重塑*合理性要简单得多（O'Donovan，2002；Ashforth 和 Gibbs，1990）。维持合理性的一个“招数”是能够预测出不断变化的社会的感知。根据 Suchman（1995，p. 594），维持合理性的策略分为两类——预测未来的变化和保护过去的成就。关于监控或预测不断变化的社会感知，Suchman（1995，p. 95）说：

管理者必须防范过于沉迷于自身合理化的神话中，以至于忽视了企业的外部发展，结果导致神话破灭。事先告诫管理者要先发制人，预先协调、遴选或操控，使组织与其环境关系密切；如果没有事先告诫管理者，他们会发现自己一直挣扎于收复失地之中。总的来说，感性策略包括监控文化环境，吸取环境的因素用于组织的决策程序，通常是雇用跨界人员，把他们当作桥梁。组织通过他们能够学习大众的价值观、信念和反应。

关于保护过去的（加强合理性）成就，Suchman（1995，p. 595）说：

除了要防范未知的挑战，组织还要继续维护已取得的合理性。特别是组织可以通过将合理性从不连贯转换为连贯的形式来巩固安全性。在很大程度上这可以归结为：(a) 为了防止失误而对内部的运作实施监督；(b) 少用引人注目的技术手段，而倾向于暗中努力；(c) 储备用于防卫的支持性的信念、态度和理由。

就*维持*合理性而言，组织利用的合理性水平越高，它在确保组织不偏离其确立的高标准时就越重要。例如，比较一家武器制造商和美体小铺（这家公司在社会和环境实务方面形成了良好的声誉）。武器制造商的产品是用来杀戮的，这样的组织不用太担心它的合理性，而不像美体小铺。美体小铺通过关注环境、社会和动物的福利换取了声誉。如果在美体小铺供应链中的组织——不了解美体小铺——进行了动物测试或破坏了环境，并且这些活动被媒体发现了，这会使组织付出高昂的代价。组织会失去大量*对合理性的投入*。

Suchman（1995，p. 597）在考虑重塑合理性时认为，相关的合理化技术倾向于被动对地应对未知的危机。重塑和获取合理性在许多方面是相似的。正如 O'Donovan（2002，p. 350）所说：

重塑合理性与不同层次的危机管理有关（Davidson，1991；Elsbach 和 Sutton，1992）。重塑合理性在某些方面与获得合理性是相似的。如果发生了危机，就需要实施主动的策略，就像是过去 20 年间烟草行业的做法（Pava 和 Krausz，1997）。然而，一般来说，主要的差异是重塑合理性的策略是被动的，通常是应对未知或刚发生的危机，而获取合理性的技术通常是事前的、主动的并且通常与危机无关。

下面的讨论考虑了公司管理层可以用于获取、维持或重塑合理性的策略。正如已经指出的，理论的发展还不够充分，不能将具体的合理化技术与获取、维持或重塑合理性联系起来。大部分提议的合理化技术似乎都与特定危机下重塑合理性有关——也是许多社会和环境会计领域的研究人员关注的焦点（接受合理性理论）。然而，所有的合理化战略都依靠披露。

Dowling 和 Pfeffer（1975，p. 127）总结出当组织遇到威胁合理性的事件时可以将其活动合理化的方法：

· 组织能够调整其产品、目标以及经营方法，以符合主流的合理性定义。

· 组织能够尝试通过沟通的方式改变社会合理性的定义，使其与组织现行的实务、产品与价值观一致。

· 组织能够尝试通过沟通的方式，成为带有强烈合理性标志、价值观或制度的组织。

与 Dowling 和 Pfeffer 的“沟通”策略一致，因组织的行为（或经营）与社会的期望和价值观有差异，使得组织的合理性遭受了质疑，Lindblom（1994）建议此时组织可以大量采用这样的策略。Lindblom（1994）确定了组织在这些情况下采取行动，以获取、维持或重塑合理性时的 4 个步骤（与 Dowling 和 Pfeffer 的理论有重复的地方）。组织可以：

1. 设法教导并让“有关公众”获悉组织的绩效和活动的（真实）改善状况，这些变化可以使组织的活动与业绩更符合社会的价值观和期望；

2. 设法改变“有关公众”对组织业绩和活动的认知——但不改变组织的实际行为（在公司报告中做出披露会错误地表明公司的业绩和活动已经改变）；

3. 设法将公众注意力转移到其他相关问题，借此方式来操纵公众的知觉，如情绪符号，以此试图声明组织如何满足了其他领域的社会期望；或者是，

4. 设法改变外部对其绩效的期望，比如声明某些社会期望不合理。

8.2.3 会计报告在合理化战略中的应用

根据 Lindblom、Dowling 和 Pfeffer，组织可以通过在年报中向公众披露信息来实施上述各项战略。当然，正如我们即将讨论的，许多社会责任会计的研究人员都采用了这个观点。例如，一家企业会提供信息来反对或消除公众可获得的负面新闻，或仅仅是提供信息给利益相关方，让其了解组织之前未公开的属性。除此以外，组织会将注意力吸引到它的长处上，例如在环保方面获得的奖励或实施的安全行动，而忽略或轻描淡写有负面影响的信息，如污染或工作场所事故等。

在考虑了以上建议的不同合理化技术后，我们可以看出这些技术或许只是符号化的（并不真实反映企业活动的实际变化），也可能是实质性的（反映了公司活动的真实变化）。正如 Ashforth 和 Gibbs（1990）所指出的，运用实质性的管理技巧“涉及组织目标、结构、程序或社会制度化的实践中的真实的物质的变化”（p. 178）。相反，符号化的合理化管理技巧则以一种“似乎与社会价值观念与期望一致”的方式描绘公司行为（Ashforth 和 Gibbs，1990，p. 180）。例如，公司会颁布包括环境问题在内的不同问题的政策，但不会强制要求或设立机制全面采用这些政策。其他符号化的管理技巧包括为行为道歉或找借口（Ashforth 和 Gibbs，1990）。

根据 Ashforth 和 Gibbs，公司没有必要在实质性的管理技巧和符号化管理技巧二者中选择其一，公司可以将两种技巧混合使用，每种技巧的应用程度不同。作为一个潜在运用“合理化符号”的实例，我们来考虑 Deegan 和 Blomquist（2005）的研究。

Deegan 和 Blomquist 调查了由澳大利亚矿业协会制定的澳大利亚矿业环境管理规定。许多澳大利亚的采矿企业都签署了这项法规。该规定在其诸项要求中有一条报告要求，内容是要求签署方在签订该协议的两年内准备并发布一份面向公众的环境报告。由于担心采矿企业所发布的报告的质量，澳大利亚的 WWF（正式名称为"世界自然基金会"）评估了法规签署方发布的报告的质量。基金会评估了根据 WWF 制定的特殊报告标准编制的报告。评估结果发表在其发布的题为：《矿业环境报告：矿石还是负担?》的文件中。在解释该规范的设立以及 WWF 随后的参与对矿业的合理性做出了何种贡献上，Deegan 和 Blomquist 提及了 Richardson 和 Dowling（1986）的工作。Richardson 和 Dowling 提到了"合理性符号"和"程序合理化"——两者互相关联。根据 Richardson 和 Dowling（1986，p. 102）：

程序合理化代表一个谈判的过程，通过这一过程创造出了社会的价值观及其与特殊社会关系和社会产物的内在联系，并将其制度化，如合理性符号。在这一过程中，价值标准和社会结构都发生了变化。

Deegan 和 Blomquist（2005）在讨论他们的研究结果时说：

在上面的例子中，合理性符号是澳大利亚矿业环境管理规定。正如 Richardson 和 Dowling 强调的，合理性符号随时接受"挑战和改变"，并且它们只能通过那些被社会认为是拥有高"价值标准"的相关者的支持和肯定来维持其存在（这个过程是有第三方参与的合理化程序）。可以说，WWF 具有高"价值标准"，因此，他们的参与会增加规定的合理性，并且强化了公众的认知，使公众更加确信该规定具有"高度的真实性"，并独立于其制定机构（澳大利亚矿业协会）。事实的确如此，（来自澳大利亚矿业协会参与制定规定的）受访者持有一致的观点，认为：WWF 的参与有助于确立该项规定的社会地位。通过审查规定签署方的报告政策，WWF 有效地将规定作为其"拥护"的"价值标准"（Giddens，1976）——这似乎对该行业有利。尽管当时没有收集未签署规定的企业的数据，可以想象得到，WWF 对规范的"支持"会鼓励其他组织随后签署该项规定。当然，在 WWF 参与之后，成员的数量增加了（尽管显然成员的增加还可以归因于许多其他因素）。

与 Dowling 和 Pfeffer 以及 Lindblom 采取的立场一致，Hurst（1970）认为会计以及会计报告的主要职能之一是将公司的存在合理化。这种观点强调了财务报表及其他相关披露的战略特征。

8.2.4 公司对社会契约重要性的认识

如果组织没有按社会期望的方式进行运作（即与社会契约一致，或者有时候将其称为"社会中的经营许可"），它们会受到处罚。这种存在于合理性理论中的观点被各国的公司管理者广泛接受。例如，西太平洋银行的一名高级主管最近在《西太平洋 2007 利益相关者影响报告》中发表的一项声明里体现了这种观点——西太平洋银行是澳大利亚最大的银行之一。这名主管回顾了澳大利亚银行最近的一些举措，以及这些措施如何对银行的合理性产生了消极的影响，他说道（p. 35）：

10 年前，我第一手看到了忽略社会期望所付出的代价。如果弄错了这一点你就会迅速意识到声誉、社会的经营许可以及监管风险都不仅是抽象的概念，需要经历很长一段时间才能获得社会的支持。这些天我们尽可能地听取各种意见，并密切关注人们期望从企业中获得什么，尤其是从我们这里获得什么。

英瑞跨国制药公司阿斯利康在2000年的《公司社会责任报告》中有如下论述（p. 4）：

社会可持续性的目标是向社会的全体成员提供较高质量的生活。为了对这个目标有所贡献，我们需要理解社会的期望是不断变化的。通过考虑我们的所有利益相关者——雇员、顾客、股东以及更广泛的社会——以及我们的经营给他们带来的正面或负面的影响来更加清晰地辨认出我们的社会目标。

在AstraZeneca公司2003年的《公司责任总结报告》（p. 1）中，首席执行官（Tom Mckillop爵士）继续谈到这一话题：

我们的声誉是建立在所有利益相关者的信任与信心之上的，这也是阿斯利康公司最有价值的资产之一。除了我们对竞争和绩效的承诺，我们将继续在核心价值观的指引下实现可持续的成功……利益相关者的期望一直在发展，我们不断地密切关注内外部环境中与我们的经营相关的问题，这些问题影响或关注着当今的社会……公司责任（CR）并不是可有可无的——而是我们所做的不可或缺的一部分。我们的战略包括在所有活动中考虑公司责任，这一战略已初见成效。

与合理性理论一致，上面的论述反映了这样的观点：组织如果要获得成功，必须做出调整，以适应社会期望。这一观点也反映在必和必拓公司的《2008可持续报告》中，报告中称（p. 15）：

我们的底线绩效要依据对资源的使用、保护并维持我们的经营和成长许可……使用资源对我们的持续经营至关重要。获得资源的基本原则是有效地满足与经营的环境和社会方面有关的政治和社会的强烈期望。

必和必拓公司在2008年《年报》中也提到了遵循社会期望的重要性（反映在“经营许可”中）。第11页中写道：

尽管我们尽了最大的努力，出于最好的打算，仍然会有健康、安全和/或环境的事件或事故发生的风险，这会对我们的声誉或经营许可产生消极的影响。

《年报》第56页进一步写道：

我们的社会经营许可取决于我们承担所有经营责任的能力，包括与我们的社会有效合作的能力。定期、公开并诚实的对话是建立稳固关系的关键。我们的社会关系专家要负责发展并培养与人的关系，这些人受我们的经营影响并对我们的经营感兴趣，因此我们要理解他们的关注、希望和抱负。

上面的论述表明，合理性理论中体现的观念反映出公司的主管站在公众的立场上。他们似乎认为满足社会的期望能够保护或提高盈利能力，而没有满足社会期望不利于企业的持续经营和生存。

8.2.5 合理性理论的经验检验

最近几年，许多选择研究社会与环境报告实务的会计研究人员都在使用合理性理论。[①] 大量的论文辨别了出现在年报中的特定类型的社会责任披露。研究人员在解释这些披露时，依据这些披露构成了会计师及其管理者获取或维持各自组织的合理性而采取的战略组合的一部分。我们现在介绍一些这方面的论文。

Hogner（1982）早期进行的一项研究试图将合理性理论与公司社会披露政策联系在一起。这项纵向研究查阅了美国钢铁公司自1901年起超过80年的年报中的公司社会责任报告，分析数据每年的变化。Hogner展示了每年社会披露的变动程度，并且推断这种变化代表了公司对不断变化的社会期望的回应。

Patten（1992）侧重于关注北美石油公司所作的环境披露的范围变化，包括埃克森石油公司1989年发生在阿拉斯加的埃克森瓦尔迪兹事件前后——该事件是有史以来最大的石油泄漏事件之一，并且对许多生物及其栖息的环境产生了重大影响。他认为，如果阿拉斯加的石油泄漏事件是对石油行业合理性的威胁，而不仅仅是针对埃克森公司，那么合理性理论便会建议该行业中的企业应通过增加年报中环境披露的数量予以应对。Patten的研究结果表明，石油企业在1989之后增加了环境披露，这与合理化观点一致。整个行业都增加了披露，尽管事件仅与一家石油公司直接相关。他说道（1992，p.475）：

……似乎至少对于环境披露来说，对企业合理性的威胁诱使企业在年报中加入更多的社会责任信息。

在一项澳大利亚的研究中，Deegan和Rankin（1996）试图利用合理性理论解释公司在受到有关环境的起诉期间，公司年报的环境披露政策会发生系统的变化。作者查阅了1990至1993年间澳大利亚环保机构（EPA）成功起诉（任何由这些机构做出的起诉都记录在EPA对公众公开的年报中）的样本企业所实践的环境披露实务。这些企业违背了不同的环境保护法律。最终的样本容量为20家企业，被起诉总计78次。作者重新审阅了这些企业的年报，以确定环境披露的程度。20家未被起诉的企业组成了控制组，样本组的企业年报与控制组的年报按照行业和规模进行比对。

这20家被起诉的企业中，18家在年报中提供了环境信息，但披露仍主要是正面的，是关于组织绩效的"好消息"，并且披露是定性的。只有两家企业披露了诉讼的所有细节。Deegan和Rankin发现，被起诉的企业在被起诉的年份比在样本期间的其他年份中披露更多的环境信息（有利的方面）。公司做出披露是为了消除EPA起诉造成的影响。与未被起诉的企业相比，经EPA起诉的企业也会披露更多的环境信息。作者得出结论：向公众披露环境起诉的有关信息对牵涉的企业的披露政策会产生影响。

了解了Patten（1992）以及Deegan和Rankin（1996）的理论，我们来看会计头条8.3，这则新闻是关于必和必拓公司以及有关几名矿工死亡的文件。阅读这则新闻，然后考虑如何运用合理性理论预测行业中的企业对于这种公众新闻会做出何种反应。你认为必和必拓公司违背了社会契约吗？如果违背了，你认为它会利用年报尝试重获合理性吗？你认为首席执行官的言论会有助于公司重获合理性吗？

---

① 然而，需要意识到的是，合理性理论可以用作解释不同类型披露的基础，而不是有关社会和环境绩效的问题。不论原因为何，比起其他的会计研究人员，社会和环境会计研究人员更倾向于采用合理性理论。

会计头条 8.3 媒体对必和必拓公司安全纪录的负面报道

5 周内连续 4 名必和必拓的工人丧命

Jamie Freed

随着对其部门 5 周内连续有 3 名工人死亡的报告，必和必拓公司临时中止了在澳大利亚西部的矿石经营。

周四，一名 19 岁的临时工死于杨迪矿区（Yandi）发生的车辆事故。昨日，工人们收到了一份额外的安全简报，其中规定了他们要履行的新的安全守则。

自 7 月 30 日以来，必和必拓在全球共报告了 4 起死亡事故。其中 3 起发生在西澳大利亚的铁矿石场——3 人之中有两人是杨迪矿区的临时工——另外一起事故发生在南非的煤矿。

在上一财年，必和必拓共报告了 11 名矿工的死亡事故，其中 5 名死于 11 月份发生在安哥拉的直升机坠机事件中。据报道，在这之前的 3 年内每年有 3 人死亡。在此期间，Chip Goodyear 是总裁。

自 Marius Kloppers 于 10 月份接任总裁以来，他就一直关注恶化的安全记录。

他在 7 月的一份备忘录中告诉员工，“在新的一年里，我们应采取行动，郑重承诺确保每位员工在每天工作结束的时候都能安全地回到家中”。“这是我们来年的核心目标，产品和财务结果都是次要的。”

感人至深的一刻发生在必和必拓 11 月份召开的年会上，当时 Kloppers 说在安哥拉发生的直升机坠机事故对他“个人而言是沉痛的打击”。

在死亡名单中有必和必拓在安哥拉的首席运营官，同时也是 Kloppers 多年的好友。

必和必拓的收购目标力拓公司今年也发生了人身伤亡事故。在一场离秘鲁 LaGranja 铜矿不远的直升机坠机事故中共有 10 名员工和临时工丧命，另一名员工死在法国的滑石粉工厂。

年前，力拓的事故死亡率低于必和必拓。在 2006 年和 2007 年的经营活动中分别有 3 名工人因事故死亡，在 2005 年是 2 名。

力拓澳大利亚分公司最近发生的一起事故是在 2004 年，不是在铁矿石部门。

比起力拓，必和必拓在 Pilbara 矿区倾向于使用更多的临时工。最近在杨迪矿区死亡的两名工人是由承包商 HWE 矿业雇用的，它代表必和必拓经营矿厂。

力拓和必和必拓对部门主管的奖励，部分上是依据安全记录。力拓每年都会明确声明各部门主管是否实现、超过或是没有达到他们的安全目标，而必和必拓没有这么做。

《悉尼先驱晨报》，2008 年 9 月 6 日，p. 43

在另一项采用合理性理论的研究中，Deegan 和 Gordon（1996）重新查阅了样本公司 1980 年至 1991 年在年报中所作的环境披露。他们调查了公司环境披露实务的目标以及在这段时期环境披露的趋势。他们还设法确定企业做出环境披露是否是因为环保组织对特定行业环境绩效的关注。Deegan 和 Gordon（1996）的研究结果表明，在其他的研究发现中，在研究覆盖的时限内：（1）公司环境披露内容的不断增加与环保组织成员层级的不断提高正相关；（2）公司环境披露都是自我称赞的；（3）公司所属行业的环境敏感性与公司环境披露的程度正相关。[①] 这些结果都与合理性理论一致。

Gray、Kouhy 和 Lavers（1995）对英国企业在 1979 年到 1991 年间的社会与环境披露进行了纵向的审阅。在讨论公司环境披露政策的趋势时，他们运用合理性理论，并具体提到了我们在本章前面章节介绍的 Lindblom（1994）的战略。在考虑了公司的披露程度和类型之后，他们谈到（p. 65）：

环境披露的基调、定位以及重点与 Lindblom 第一、第二和第三合理化战略密切相关。极少数公司会认为出于企业与环境的相互作用，“改变实际的绩效”是必要的（Lindblom 的第一个战略）并通过公司社会报告告知给“相关公众”。同样，企业的环境披露成为了一种尝试：第一，尝试改变对环境绩效的认知——改变对某些行业是否是“肮脏的”和“不负责任的”的认知（Lindblom 的第二个战略）；第二，正如 Lindblom 所说，分散对主要环境问题的注意力（第三个合理化战略）。越来越多的企业正被要求在环境保护方面呈现令人满意的业绩。公司社会报告似乎成为组织满足（操纵）上述要求的工具之一。

Gray、Kouhy 和 Lavers 对于在健康和安全披露中发现的趋势（p. 65）谈到：

我们相信：企业承受着来自不同的“相关公众”越来越多的压力，要求他们提高在健康与安全方面的业绩，并采用公司社会报告来管理这种“合理性差距”。也就是说，尽管披露就其本身来说没有体现出改善的健康与安全纪录（由于缺少之前的信息，不可能进行评估），但确实表达出公司越来越多地关注于保护和培训员工。这种披露有助于树立组织在健康和安全领域认真承担责任的有竞争力的和关心员工与环境的形象。就其本身来说，健康与安全披露似乎是对 Lindblom 第二个合理化战略——“改变认知”——的有力证明。

Deegan、Rankin 和 Voght（2000）也利用合理性理论解释了在所选行业的企业年报中包含的社会披露如何在该行业发生重大社会事故或灾难时做出改变。该研究的结果与合理性理论一致，并且显示了企业确实在企业或行业发生重大社会事故时改变了披露政策。作者认为“研究结果突出了自愿社会披露的战略特征，并且与这种观点一致，即管理层认为年报中的社会披露是一个有用的工具，可以减少不利于公司形象的事件对公司的影响”（p. 127）。

Deegan、Rankin 和 Tobin（2002）做了进一步的纵向研究，查阅了澳大利亚一家大型企业必和必拓公司在 1983 年至 1997 年年报中有关社会和环境问题的披露。这项研究表明媒体对某些社会和环境问题的关注程度（是社会对这些问题关注程度的替代变量）与在这些问题上披露多少呈正相关的关系。

将合理性理论应用于财务（相对于社会和环境）披露实务中，一项美国的研究认为，对会计框架的选择与想要增加组织的合理性相关。Carpenter 和 Feroz（1992）认为，纽约州（政府）采用公认会计程序（GAAP）的决策（采用应计制而不是基于现金流量的会计方法）是“一项使该州的财务管理实务重获合理性的尝试”

---

① 环境敏感性是这样确定的：通过向环境保护组织寄送调查问卷，并由组织的官员为不同的行业评分（在0 ~5 的范围内），评分的依据是：根据行业的环境绩效/影响，该行业是否成为行动的焦点。

(p. 613)。根据 Carpenter 和 Feroz，纽约州在 1975 年爆发了财务危机，结果导致许多相关者开始质疑所有相关的政府部门财务报告实务的恰当性。为了重获合理性，该州选择执行 GAAP（结合了应计制会计）。正如 Carpenter 和 Feroz（pp. 635，637）所述：

纽约州需要合理性符号来向公众和信贷市场表明该州的财务处于良好的管理之下。GAAP 是一项制度化的合理性实务，采用 GAAP 可以使该州的财务管理实务重获合理性。州主计长提出的该州财务管理实务面临的挑战也引起了地方证券市场的混乱与担忧。混乱导致信用等级降低。为了重新提升信用等级，财务管理实务中需要有合理性符号。

GAAP 是否能解决州财务管理问题尚未有定论。的确如此，有明确的证据表明 GAAP 没有解决该州财务管理的问题。

纽约需要公众能够简单辨认的合理性符号。在财务报告领域，“GAAP”是确认的合理性符号。

根据 Carpenter 和 Feroz，很少有人去反对一个已经“公认”的体系——公认带来了合理性的印象。如他们所述（p. 632）：

在讨论是否用“GAAP”代替“应计制”以促进会计的转换时，讨论小组的成员认为没有人会反对公认的体系。这个词暗示其他的会计原则不会被会计职业界所接受。GAAP 似乎也没有政治意义。

正如我们已经在本章中所强调过的，合理性理论提出了公司披露（和其他公司战略）与社会期望之间的关系，观点是管理层会对社会关注的事做出反应，并做出必要的改变。但是这就给我们留下一个问题——管理层如何确定社会期望？有证据表明，管理层会依靠媒体等信息来源来确定社会期望。例如，Brown 和 Deegan（1998）调查了平面媒体对不同行业环境影响的报道量与这些行业的样本企业年报中环境披露的程度之间的关系。论证的基础是媒体在促进社会对于特定组织环境绩效的关注时特别有效。这种关注出现在何处，组织就会通过增加年报中环境信息的披露程度来回应。

Brown 和 Deegan 运用媒体针对某一特定问题的报道量作为社会关注的衡量标准（或替代变量）。他们明确提到了媒体议程设置理论。媒体议程设置理论提出了媒体对不同话题的关注重点与这些话题对大众而言的显著程度之间的关联（Ader，1995，p. 300）。① 在因果关系方面，他们认为媒体关注度的提高导致了社会对特定问题关注程度的提高。媒体并不是对公众优先次序的反映；反之，它们塑造了公众的优先次序。② 也就是说，媒体议程设置理论假定媒体塑造了公众的意识，媒体的议程先于公众对特定事件的关注（McCombs 和 Shaw，1972）。采用的观点是公众成员需要媒体来告诉他们在“真实世界”中某个问题有多重要，因为对于许多问题，个人无法从“真实世界”的线索中了解到它们的重要性。Neuman（1990）区分了“引人注目”

---

① 对于媒体议程设置理论的解释，参考 McCombs 和 Shaw（1972），Zucker（1978），Eyal、Winter 和 DeGeorge（1981），Blood（1981），McCombs（1981）以及 Ader（1995）。

② 有关媒体影响力的一个极端而有趣的观点来自 White（1973，p. 23）：在美国，他说，“美国媒体的力量是从来就有的。媒体为公众讨论设置议程；这种横扫政治的权力不受任何法律约束。媒体决定了人们要说的话和要考虑的事——这种特权在其他国家是暴君、神甫、政党以及官僚才有的。”

和“不引人注目”的问题。他指出，例如通货膨胀被看做引人注目问题的“典型例子”，因为公众每次去超级市场就会意识到通货膨胀，而不需要借由媒体对官方统计数据的报道才意识到这个问题对他们生活的影响。另一方面，不引人注目的问题包括国外的事件（如发生在离岸地点的污染事件，或是在遥远的工厂工作的情况），如果没有媒体这个渠道，公众就不会体会到也不会了解这些事件（Zucker，1978；Neuman，1990）。有人认为，媒体议程设置的效果对不引人注目的事件影响最明显。Brown 和 Deegan（1998）通过将媒体议程设置理论和合理性理论放在一起考虑，提出了一些论断，可以被总结为：

1. 管理层运用年报作为使持续经营的组织合理化的工具（来自合理性理论）。

2. 社会对某行业中一家具体企业环境绩效的关注会影响该行业所有企业的披露战略（与 Patten（1992）的理论一致，他采用了合理性理论）。

3. 媒体能够影响社会对事件的认知，如环境问题（来自媒体议程设置理论）。

4. 如果管理层对社会关注做出回应，并且如果我们承认媒体对特定社会和环境问题的关注度影响着社会的关注焦点，那么我们应该在年报对社会和环境问题的披露程度与媒体对这些问题的关注度之间发现关联。

Brown 和 Deegan（1998）的研究结果表明，对于研究过的大多数行业来说，媒体的关注度越高（通过翻阅大量平面媒体，如报纸和杂志确定的），年报中环境披露的程度也越高。

O'Donovan（1999）也考虑了媒体在塑造社会期望中的作用，以及公司管理层如何回应以暗中破坏媒体的关注度。O' Donovan（1999）提供了对来自 3 家澳大利亚大型企业（Amcor 有限公司、必和必拓有限公司和 ICI 澳大利亚有限公司）的高级主管的采访结果。经理们肯定，从他们的角度来看，媒体确实塑造了社会期望，并且公司披露是纠正“媒体持有或呈现错误观点”的唯一方式。O'Donovan 引述了受访经理的大量陈述。这些引述包括：

如果某件事得到大量媒体的报道，是的（新闻报道影响披露政策）。去年和今年我们提到在植物学湾的地下水调查，因为它吸引了媒体的报道，同时对悉尼的居民也是很重要的（C 公司——1 号受访者）。

年报中提及的环境问题真的试图解决媒体所描述的现今社会关注的问题。利益相关者便会理解我们公司在诸如回收利用、林业、氯气和温室气体等问题上的立场（A 公司——2 号采访者）。

有些公司的产品产自发展中国家，在这方面，Islam 和 Deegan（2008a）调查了两家大型运动服装和服饰生产商——耐克和 H&M——在社会和环境披露方面的实务。Islam 和 Deegan 发现全球媒体对某一与行业有关的社会问题的集中报道程度与社会披露的程度直接相关。特别是，他们发现一旦新闻媒体开始大规模曝光这些企业设在发展中国家的工厂工作条件恶劣，还雇用童工。这些跨国企业为了回应媒体的报道就会做出各种披露，指出企业主动承诺它们的产品不是来自遭人污蔑的、不安全的工作环境，它们也没有雇用童工。Islam 和 Deegan 发现他们获得的证据与新闻媒体能够影响西方消费者的期望这个观点是一致的（与媒体议程设置理论一致），由此造成了企业的合理性问题。企业随后在年报中做出披露，并将重点放在媒体高度曝光的问题上，以此来回应合理性危机。Islam 和 Deegan 表明，在新闻媒体开始为发展中国家的工作条件编故事之前（媒体对这些问题的关注始于20世纪90年代初期），企业大都没有对此做出披露。尽管在报纸开始连篇累牍地报道发展中国家的恶劣工作条件和雇用童工之前，这些国家早就存在这些问题了。Islam 和 Deegan 推测若不是西方的新闻媒体曝光了发展中国家的工作环境——造成了跨国企业的合理性差距——跨国企业就不会主动改善工作环境，也不会对此做法做出披露。

在考虑学者们提出的媒体关注度、公司合理性与公司披露政策（或战略）之间的关系时，我们可以参考会计头条8.4，这十分有趣。这篇新闻报道了一名高调的广播播音员如何能够通过影响社会来支持特定的组织。文章中指出，为了回报公司的赞助，广播台的播音员会缓和之前对公司的言论攻击。文章提到了早些时候对银行付钱给广播台的调查，据称，通过调查能够减少直接针对银行业的批评之声。文章也讨论了2003年澳大利亚广播委员会（ABT）针对广播电台与 Telstra 和 NRMA 公司之间赞助交易的调查。阅读这篇文章，然后思考文章中的内容与本章中已经呈现的观点是否一致。你认为牵涉到的组织会试图利用广播员赢得社会对组织的支持吗，你认为这样一种策略会补充或者替代年报中的披露吗？更进一步说，你认为揭露出银行与 Telstra 和 NRMA 公司之间的赞助交易会破坏组织的合理性吗？

会计头条 8.4 媒体在塑造社会认知中的作用

Laws，2UE 又一次因为公司赞助站在了被告席上

Errol Simper

在2001年3月，当 Tony Bell 的南十字集团出乎意料地付给悉尼广播电台 2UE 9 000万美元时，人们对此议论纷纷。但在这些议论中，最草率的莫过于 Bell 自己坚持认为前两年一直困扰 2UE 的现金换评论调查就是对媒体的“打击”。

Bell 是南十字集团的执行董事，他可能要找出这是否如他所想般是个打击。就在澳大利亚商业广播史上最大的丑闻——澳大利亚广播事业局对现金换评论进行了调查并得出结论：2UE 及其高调的主持人 John Laws 和 Alan Jones 5 次违反了传播服务法案，在90个不同场合违背了商业广播的职业注册规范——发生的三年后，不会再向联邦公诉总长起诉该广播台的行为。还没有人发现 2UE 触犯了法律，但在理论上，2UE 的行为可能使 Bell 失去 2UE 的许可。在实务中，可以对 Bell 罚款至少 100 万美元。

上周澳大利亚广播委员会宣布 Laws 在最近与 Telstra 和 NRMA 公司的赞助安排中又19次违反了赞助披露规定。大多数业内人士对此表示相当震惊。

有这种震惊的情绪是可以理解的。因为在2000年8月澳大利亚广播事业局的现金换评论报告并没有赦免 Laws，或者是 Jones，后者在那之后便投靠了 2UE 的竞争对手 2GB。广播局发现公司支付特定主持人的报偿直接影响了主持人在节目中对这些公司的评论。当局对 2UE 设置了严格的赞助披露义务，并且说 Laws 与澳大利亚银行协会、道路运输论坛、注册俱乐部以及悉尼星城赌场间的支付协议显示出了“协议与 Laws 先生在节目中的行为之间的因果关系”。

因此人们才会震惊。当然，像现年 68 岁的老练活动家 Richard John Sinclair Laws 不会再犯一次吗？当然，Laws 的头脑似乎很清楚。他在最近的澳大利亚广播局调查结果公布后告诉《澳大利亚人》的 Jane Schulze：“在 19 宗投诉中，大部分是因为我说他们是我们（2UE）的而不是我的赞助商，或者是因为我说他们是赞助商而不是主要赞助商。对我来说这似乎没什么区别。”

但一些媒体律师和学者强烈反对 Laws 认为“没什么区别”的观点。很多人相信一家广播电台声称某企业是“赞助商”可以或者很可能会使很多听众认为该企业是电台的广告客户。但是从现金换评论的调查结果来看，如果赞助是针对主持人的，那么意义就明显不同。这也引出了一个问题：为什么一家企业既付钱给电台打广告，又付钱给主持人？或许只有一封泄漏的信才能给出最全面的答案。这封信是通过 ABC 电视台的媒体观察节目当时的主持人 Richard Ackland 揭示出来的。这封信也促成了现金换评论的调查。澳大利亚银行协会当时的首席执行官 Tony Aveling 在描述澳大利亚银行协会付给 2UE 135 万美元（其中 50 万美元指定付给 Laws 本人）的协议时写道：“目的（支付 135 万美元）是让 John Laws 减少对银行的负面评论，从现在的平均一周四次减少到零，同时收到 Laws 先生正面的评论（为银行打广告），并且通过这么做改变澳大利亚人对银行的看法和态度。”

没有人说 Laws 与 Telstra 或 NRMA 公司有这样一份公然的协议。然而这封信清楚地表明了公司的心态：如果他们付了足够多的钱，广播主持人就不会对他们说三道四了。他们会为了钱成为公司有力的宣传员。

Telstra 愿意每年付给 Laws 超过 10 万美元以表示“对其个人的支持”。在 2002 年 9 月的《澳大利亚人》上，Geoff Elliott 揭露出了这一点，其中还用了一点法律的威胁。在 Laws 攻击联邦政府“受 Telstra 公司私有化的困扰”后，Telstra 公司有所发展，Laws 似乎在当时质疑这种做法的可取性。

《澳大利亚人》，2003 年 12 月 11 日

一系列其他的研究调查了管理者对公司报告在合理化战略中所起作用的态度。尽管很多研究支持合理性理论，仍有一些研究不支持合理性理论。[①] 例如，Wilmshurst 和 Frost（2000）进行了一项对首席财务官（CFO）的问卷调查，请他们对环境披露决策中的不同因素按重要性排序。Wilmshurst 和 Frost 接着分析了这些 CFO 们所在企业年报中的环境披露，并且发现了（p. 22）“竞争者对环境问题的反应和消费者对预测力关注会影响企业的环境披露”。这为“合理性理论的可应用性提供了有限的支持”。

O’Dwyer（2002）采访了 29 位来自爱尔兰 27 家大型企业的高级主管，并发现尽管在一系列强势利益相关者看来，许多经理意识到了组织的合理性受到了明显的威胁，但公司做出社会与环境报告的管理动机并不总是能用合理性理论解释。O’Dwyer 认为详细而密切的调查揭示了：

---

① 就像我们在第 1 章中所强调的，不可能期望特定理论的经验检验总是支持这些理论。可以有很多不同原因，包括研究人员在计量中的失误、对变量不恰当的定义和计量、从受访者处得到的是带有偏见的陈述等等。此外，即使研究人员以恰当和精确的方式进行研究，也不可能期望关于人类行为的理论总是提供对行为的完美预测——因此之前“成功”的理论可能在某些研究中不被支持。

……CSD（公司社会披露）普遍被认为是一种不成功的合理化机制。因此，尽管CSD有时被用作合理性程序的一部分，但最终仍被认为不能有助于确保组织的合理性状态。此外，尽管主要观点（在高级主管中）认为CSD不能促使组织达成合理性状态，我们仍将在采访之后对CSD的实务（被采访公司的）进行研究……揭示了很多受访者所在的公司继续参与某种形式的CSD。与被采访者的观点一致，当考虑上述在爱尔兰出现的情况时，这一点质疑了合理性理论能解释所有CSD动机的能力。

相反，在另外一项针对采访结果的研究中，该研究与样本中的6位经理讨论了一系列假设情况。O'Donovan（2002）在其中发现了对合理性理论的支持。

尽管大部分合理性活动是在公司的层次上，也有些活动是在行业的层次上，由此试图给整个行业带来合理性。例如，Deegan 和 Blomquist（2005）——在本章前部分提到过——提供了证据，即澳大利亚采矿业制定了他们行业内部的环境管理规范，以使整个行业具有合理性。例如，参与制定规范的一名澳大利亚矿业委员会的高级主管表示：

我认为在当时，制定它（规定）的真正目的是回应公众对澳大利亚的海外采矿企业的关注，但也包括国内的企业，因为我们发生过像 Ok Tedi 矿场污染事件和北部公园鸟类死亡事件。① 我想还有矿渣泄露的问题，所以矿业委员会普遍担忧并意识到公众的关注很可能至少部分上是合理的。该行业确实需要改进环境管理的方法，并且规定的制定也是对此做出的回应。

在总结针对合理性理论的讨论之前，我们需要知道的是如果企业由于担心合理性而做出披露，那么是对生存或盈利能力的考虑因素，而不是声明负有更大受托责任的意愿有效激励公司做出了这些披露。也就是说，有大量证据证明许多公司的披露是“合理化的工具而非受托责任机制”（Gray 和 Bebbington，2000，p. 16）。正如 Deegan、Rankin 和 Tobin（2002）提到公司社会和环境披露时说：

合理化的披露与公司的生存有关。在像澳大利亚这样的国家，只有有限的监管规定要求企业提供社会和环境信息，管理层也只有在受到胁迫时才会提供这类信息。相反，如果关注有限，那么披露也有限。这篇论文中的证据，以及别处的证据，都表明只有在社会的关注升级时或者是直到引入了具体的监管规定，取消了管理层自由披露的权利时，企业才会披露更多的内容。然而，如果公司的合理化活动获得了成功，那么或许公众要求政府引入披露立法而向政府施加的压力就会有所缓和，管理者也将能够保留对社会和环境报告实务的控制权。

8.2.6 区分合理性理论与实证会计理论

一些作者指出合理性理论的主张（可以以战略的方式将年报中的披露运用于调控组织与社会的关系）与政治成本假说的主张十分相似，后者是由实证会计理论发

① 简要介绍一下，文中提到的 Ok Tedi 事件影响了 BHP 公司（后来成为必和必拓公司）的持续经营。这场事故是由于采矿活动致使堤坝里的水含有矿渣，进而造成巴布亚新几内亚境内的河流多年来受到严重污染。事故使公司连续多年受到澳大利亚国内外公众大量的负面关注。

展出来的（我们在第7章讨论过）①。两者之间有一些相似之处。合理性理论依靠的核心概念是组织与社会之间的“社会契约”。合理性理论预测管理层会采取特定战略（包括报告战略），来试图向社会保证组织正在遵守社会的价值观念和规范（预计这些价值观和规范会随时间改变）。不像实证会计理论，合理性理论不依靠这些基于经济学的假设：所有的行动都是受自利的驱使（实现财富最大化）。合理性理论强调组织是社会的一部分。同时，不像实证会计理论，合理性理论不对市场效率做任何假设，如资本市场和经理人市场。

8.3 利益相关者理论

我们现在来看利益相关者理论。该理论有一条道德（伦理）的（也称为描述性的）分支，和一条实证的（管理的）分支。② 我们首先考虑道德分支，然后考虑实证（管理）分支。后者明确考虑了社会中存在的不同（利益相关者的）团体，以及特定利益相关者团体的期望如何对公司战略有更多（或更少）的影响。这反过来会影响如何考虑和干预利益相关者的期望。

在下面的讨论中，我们可以看到合理性理论与利益相关者理论有很多相似之处，因此，把两者当做两个完全不同的理论是不正确的。正如 Gray、Kouhy 和 Lavers（1995，p. 52）所说：

> 似乎对于我们来说，文献中的基本问题源于将两种理论看作关于报告行为的相互竞争的理论，而将“利益相关者理论”与“合理性理论”视作同一个问题的两种观点（互有交叉）更为恰当。这两种观点都是在关于政治经济学的假设框架之下的。

正如 Deegan（2002，p. 295）所指出的，两个理论都将组织的概念定位为一个更广泛的社会系统的一部分，组织对这个系统产生影响，同时也受社会中其他团体的影响。然而合理性理论讨论了社会整体的期望（浓缩于“社会契约”中），利益相关者理论通过提及社会中的特殊团体（利益相关者团体）提供更精炼的解决办法。本质上讲，利益相关者理论承认：由于不同的利益相关者团体对于组织如何进行经营持有不同观点，它们会与不同的社会契约，而不是与整个社会的一份契约“做出协定”。然而合理性理论暗示，利益相关者理论的管理分支明确提到利益相关者的权力问题，以及利益相关者相应的权力如何影响它们“迫使”组织遵守利益相关者期望的能力。

因此，正如我们已经阐述的，本章将合理性理论和利益相关者理论视为在很大程度上重复的理论，二者对激励管理行为的因素看法有些不同，但总体一致（Gray、Kouhy 和 Lavers，1995；O'Donovan，2002）。两种理论的区别主要与解决问题的方式有关——利益相关者理论关注组织与特殊利益相关者如何相互影响，合理性理论考虑与“社会”整体的相互影响。通过参考这两种理论，应该会得到关于管理层行为的

---

① 如第7章所述，**实证会计理论**提出，管理者受到激励采取措施使他们的自身财富最大化。有些机制能够使经理的利益与组织价值最大化的目标趋向一致，因此经理会采取这些会计和披露方法使从组织转移出去的财富降到最低——财富转移源于不同的政治程序。

② 利益相关者理论本身令人费解，许多不同的研究人员都声称在研究中运用了利益相关者理论，然而当我们翻阅这些研究时，我们看到这些研究应用的不同理论有不同的目标和假设——尽管这些理论都被标榜为“利益相关者理论”。如 Hasnas（1998，p. 26）所说，“利益相关者理论在某种程度上是一个麻烦的标记，因为它既是管理的经验理论，又是商业伦理的规范理论，而对这两者常常没有区分”。更正确地说，我们可以把“利益相关者理论”一词看作一把保护伞，它可以代表大量不同的理论，解决与利益相关者相关的不同问题，包括利益相关者的权利、利益相关者的权力或利益相关者的有效管理。

更全面的解释。Gray、Kouhy 和 Lavers（1995，p. 67）在与社会披露相关的研究中阐述道：

不需要将不同的理论观点视作为了解释某种现象而相互竞争，而应看作是对同一现象在不同层次的解决办法上用不同因素做出解释。因此，在我们理解社会披露实务时，合理性理论与利益相关者理论不是相互竞争的，而是互为补充的。

然而，值得注意的是，一些研究人员（如 Nasi 等，1997；Suchman，1995）坚持认为这些理论在本质上比本章以及其他章节中所认为的更加分散。例如，Nasi 等（1997，p. 296）认为尽管观点并非恰好对立，但每个观点都对公司在面临社会问题时是否有所反应以及反应的改进程度进行了大致不同的预测。他们进一步说道（p. 303），“尽管不同观点在对事项管理活动的需要和现实上看法一致，但在事项管理的本质和事项管理的管理动机上看法不一致”。

8.3.1 利益相关者理论的道德分支

利益相关者理论中道德或伦理（也称为规范的）的观点认为所有的利益相关者有权利受到组织的公平对待，并且不与利益相关者的权力问题直接相关。也就是说，组织应该对一个利益相关者的生活经历产生何种影响，决定了组织对该利益相关者负有的责任，而不是该利益相关者对组织施加（经济）权力的程度。正如 Hasnas（1998，p. 32）所说：

当从一种规范（道德）理论的视角来看时，利益相关者理论认为，无论对利益相关者的管理是否会提高财务业绩，经理们都应该以利益相关者的利益为前提进行经营。该理论将公司视作协调利益相关者之间利益的工具，而不是增加股东财务收益的机制，并且认为管理层不仅与股东，而且与所有的利益相关者都存在受托关系。根据规范的利益相关者理论，管理层必须均衡考虑所有利益相关者的利益。当这些利益发生冲突时，通过经营手段使这些冲突达到最佳平衡。当然这暗示出有这种情况发生：管理层至少会部分牺牲股东的利益来弥补其他利益相关者的利益。因此，规范形式的利益相关者理论的确暗示出企业负有真实的社会责任。

在利益相关者理论的道德分支中，有一种观点认为利益相关者拥有内在的权利（例如，享有安全工作环境的权利和公平支付的权利），并且这些权利不应被侵犯。[①] 也就是说，每一个利益相关者团体都值得为自身的利益考虑，而不仅仅是因为这些团体有能力促进其他团体，如股东的利益（Donaldson 和 Preston，1995，p. 66）。Stoney 和 Winstanley（2001，p. 608）解释说，利益相关者理论道德分支的基础是：

考虑利益相关者道德化的对待方式，要求淡化组织的经济动机——盈利——以重视组织的道德作用及其对人们生活产生的巨大影响。

很明显，对利益相关者权利的规范性讨论需要对利益相关者下定义。我们可以使用的一个定义是由 Freeman 和 Reed（1983，p. 91）提出的：

任何能够影响组织目标达成或受到组织目标达成影响的可辨认的团体或个人。

---

① 我们可以将这种观点与 Friedman（1962）提出的观点进行对比。他提出：“几乎没有什么趋势可以彻底颠覆我们自由社会最根本的基础，就如公司管理层接受了社会责任而不是尽可能多地为股东赚钱。这是一个完全颠覆性的学说”（p. 133）。

有趣的是，这个利益相关者的定义与必和必拓公司使用的“关键的利益相关者”的定义十分相似。在必和必拓 2008 年的《可持续报告》中写道（p. 31）：

关键的利益相关者通常是指那些受我们的经营消极或积极影响的人，这些人对我们的经营感兴趣，或者是对我们的经营产生影响。

显然，如果我们应用上述的定义，很多人（或其他组织）都能够被划分为利益相关者（例如，股东、债权人、政府、媒体、雇员、雇员的家庭、本地社区、本地慈善机构、后代人等等）。牢记这一点，Clarkson（1995）试图将利益相关者分为主要和次要的利益相关者。主要利益相关者被定义为“有了他的参与公司才能持续经营”（p. 106）。次要利益相关者被定义为“那些对公司产生潜移默化或直接影响，或者是受到公司潜移默化或直接影响，但并不参与公司交易，对公司的生存也不是必需的人或组织”（p. 107）。根据 Clarkson 的定义，主要利益相关者是管理层必须首要考虑的，因为组织若想维持长期的持续经营，必须满足所有主要利益相关者的利益。Clarkson 对主要利益相关者的定义与许多从利益相关者理论的管理角度进行研究的人员应用于利益相关者的定义相似，但是这种对主要利益相关者的关注会受到来自利益相关者理论道德分支的拥护者们的挑战——他们认为所有的利益相关者都有权得到管理层的关注。

所有的利益相关者（包括主要和次要的）都有特定的最低限度的权利，这些权利不能受到侵犯，这一更为宽泛的道德（和规范）观点可以被延伸为一个理念，即所有的利益相关者有权得到关于组织如何对他们施加影响的信息（可能通过污染、社会赞助、就业安全倡议等等）。即便他们选择不使用这些信息，并且即便他们对组织的生存不能产生直接的影响，也应如此（例如见 O'Dwyer，2005）。

在考虑信息知情权时，我们可以简要地参考 Gray、Owen 和 Adams（1996）在其“受托责任模型”中运用的收托责任观。他们将受托责任定义为（1996，p. 38）：

做出解释（绝不仅仅是财务方面的解释）的义务或对负有责任的行为的清算义务。

根据 Gray、Owen 和 Adams，受托责任包括两类责任或义务：

1. 采取特定行动的责任（或是克制不采取行动）；以及
2. 为这些行动做出解释的责任。

在他们的受托责任模型下，假定报告是受责任驱使而不是需求的驱使。表达的观点是，社会中的人有权利被告知组织经营情况的某些方面。[①] 有人认为该模型通过考虑权利，避开了考虑使用者需求及如何确定这些需求的问题（Gray、Owen 和 Maunders，1991）。将受托责任模型应用于公司社会报告中时，Gray、Owen 和 Maunders（1991，p. 15）认为：

……公司社会报告的作用是向整个社会（委托人）提供信息（受托责任?），这

① 在该模型中他们将社会视作“委托人”，将组织（有受托责任）视作“代理人”。然而，根据 Gray、Owen 和 Maunders（1991，p. 17），他们的“委托—代理人模型必须与‘代理理论’或‘经济委托—代理理论’区分开来。这两种理论被如 Jensen 和 Meckling（1976）、Ronen（1979）、Fellingham 和 Newman（1979）、Jensen（1983、1993）、Watts 和 Zimmerman（1986）等作者引用过。经济代理理论基于新古典主义经济学，它的假设也是源自新古典主义经济学。其中最重要的假设是委托人和代理人满脑子都是贪婪的想法，他们积极地试图通过牺牲对方的利益来获利。我们使用的委托—代理模型不做这些假设，也不采用经济学的假设，而宁愿将模型的起源归因于法理学（Macpherson，1973）”。

些信息是关于组织（代理人）对强加于它们身上的责任的履行程度（它遵守游戏规则了吗?）。

也就是说，公司报告的作用是告知社会组织对其负有责任的行动的履行程度。受托责任模型下的论断是委托人（社会）能够选择对信息需求完全被动接受。然而仍要求代理人（组织）做出解释——被动的、无要求的委托人仅仅选择不直接使用这些信息。Gray、Owen 和 Maunders（p. 6）认为："如果委托人选择忽略解释，那么这是他的特权和问题，而不是代理人的。作为代理人，仍然必须做出解释。"

Hurst（1970）也强调受托责任的重要性。他说道（p. 58）："一个行使实际权力的机构——强制人的意愿与行为——必须对它的目的和表现负有受托责任，并且采用的标准是不受其控制的。"经济发展委员会下设的研究与政策委员会（总部设在美国的组织）也强调了需要指明受托责任。该委员会称（1974，p. 21），"公司规模的扩大、市场权力的增强和对社会影响的提高自然会相应增加其负有的责任；在一个民主社会中，权力迟早会招致等价的受托责任"。

Gray、Owen 和 Adams（1996）运用社会契约的概念将企业的责任理论化（与之相对的是已经感知到的受托责任）。在他们的观点下，他们也认为法律提供了社会契约显性条款，而其他未通过立法的社会期望构成了契约的隐性条款。

在考虑上述关于组织应该以何种方式对待其利益相关者的规范观点时（与固有权力相关，包括信息知情权），应注意的是这些观点涉及研究人员各自对组织应该如何表现的看法，研究者的看法不一定与组织的实际表现一致。[①] 因此，不同的观点不能通过经验观察得到证实——如果研究人员提供的（实证）理论是对组织行为的描述或预测时，才有可能出现这种情况。正如 Donaldson 和 Preston（1995，p. 67）所说：

> 规范性理论的重点不是关注理论与观察到的公司存续中的事实之间的一致性，也不是意在检验利益相关者管理与常规的绩效衡量方式之间的关联关系。取而代之的是，一项规范理论是在一些基本的道德或哲学原则的基础上，试图解释投资者公司的运作情况，并为其提供指南。

尽管有些研究人员提倡这样一种观点：不论其个体控制的资源为何，所有的利益相关者自身的权利都是重要的，这一道德或伦理的观点并不一定能被所有人接受。例如，西澳大利亚州工商联合会（2005）对 2005 年澳大利亚政府公司社会责任调查提出的意见中称：

> 只要利益相关者提高或保护了股东的价值，他们的观点和实务就应该被顾及到。

在另一份针对同一项调查的意见中，澳大利亚商会（2005）称：

> 任何活动或责任的试金石是这项活动或责任的表现是否能合理地促进股东价值的增长。

做出上述评价的各方没有接受利益相关者理论的道德分支，而似乎是接受了与利益相关者理论管理分支一致的观点。

---

① 然而，Donaldson 和 Preston（1995）认为，观察显示，公司决策的制定经常出于道德的考虑，即使这么做不能提高公司利润或股东收益。根据 Donaldson 和 Preston，这种行为不仅被视为是合适的，也是可取的。他们认为，公司管理人员在顾及道德因素时，与其他公民一样负有道德责任，并且制止他们这样做是不明智的社会政策。

8.3.2 利益相关者理论的管理分支

我们现在转向利益相关者理论的观点，这一观点试图解释公司管理层很可能会关注特定利益相关者（通常是强势的）的期望。根据 Gray、Owen 和 Adams（1996），这种观点倾向于更加“以组织为中心”。Gray、Owen 和 Adams（1996，p. 45）说：

这里（在此观点下），组织辨别出的利益相关者，是参照组织与每个利益相关者团体的相互关系。为了促进组织的利益，组织要调控这些关系。（组织的利益不需要被限制在追求利益的常规假设上。）利益相关者对组织越重要，组织越要花更多的努力来调控与它的关系。为了获得利益相关者的支持和赞同，或分散他们的反对和不赞成，信息是组织能够用来管理（或操控）利益相关者的主要要素。

不像利益相关者理论的道德分支，这些（以组织为中心）理论经常能够通过经验观察来检验。

正如我们之前所学的，在合理性理论中，利益的承受者通常被定义为社会。在一项描述性的利益相关者管理分支理论中，也将组织视为更广泛的社会系统的一部分，但利益相关者理论的这个观点特别考虑了社会中的不同利益相关者团体，以及如果组织要生存下去，应该如何实现对这些利益相关者团体的最优化管理（因此我们把它称为利益相关者理论的“管理”角度）。[①] 如同合理性理论，人们认为不同利益相关者团体的期望会对组织的经营和披露政策有影响。组织不会平等地对所有利益相关者做出回应（从实务角度来看，他们很可能做不到），但是会回应那些人们认为有“权势”的利益相关者（Bailey、Harte 和 Sugden，2000；Buhr，2002）。Nasi 等（1997）据此观点表示，最强势的利益相关者会最先获得关照。这与 Wallace（1995，p. 87）的观点一致。他认为“在利益相关者的等级中越高，他们拥有的权力越大，他们的需求也会越复杂”。

一个利益相关者（例如，所有者、债权人或监管者）影响公司管理的权力被视作组织要求利益相关者对资源控制程度的函数（Ullman，1985）。利益相关者的资源对组织的生存和成功越重要，利益相关者的需求越可能得到满足。人们认为一个成功的组织应该能满足不同有权势利益相关者团体的要求（有时是矛盾的）。[②] 在这方面，Ullman（1985，p. 2）认为：

……我们的主张是组织在其有效的范围内得以生存。他们的有效性来自需求的管理，尤其是组织依靠的利益团体的需求。

权力本身会是因利益相关者—组织而异的，但可以受一些事项的限制，诸如对有限资源（财务、劳动力）的控制、接触有影响力的媒体、针对公司立法的能力或影响消费组织的商品和服务的能力。管理层制定出战略使公司资源尽可能与其环境进行最佳匹配，而不同利益相关者团体的行为被认为是对这种战略的约束。

一些研究人员将利益相关者权力连同利益相关者的其他属性一起加以考虑。例

① 通过比较，Donaldson 和 Preston（1995）提到，在利益相关者理论的工具性观点中，主要关注的重点是践行利益相关者管理的公司会在常规业绩中表现得相对成功。这明显与我们利益相关者理论的“管理”观点相似。

② 在考虑利益相关者理论的管理角度观点时，Hasnas（1998，p. 32）指出：“当将利益相关者理论看作是一种经验管理理论，用于规定能够提高企业业绩的方法时，它没有暗示企业具有任何社会责任。”

如，Mitchell、Agle 和 Wood（1997）构建起一个用于辨别利益相关者的框架，依据是每一类利益相关者对组织实现目标的重要程度。他们认为需要考虑利益相关者具有的三个特征，分别是权力、合理性和紧迫性。*权力*是指利益相关者能够向组织施加影响的程度。当利益相关者的需求符合广大社会的观念、价值观和信仰时，就具备了*合理性*。*紧迫性*是指组织对利益相关者的需求立即做出回应的反应速度。组织认为利益相关者具有的这三个属性的程度越高，他们对组织越重要。基于这个观点，Parthiban、Bloom 和 Hillman（2007）也发现组织更可能回应有权力、合理性和紧迫性的利益相关者的期望。

Freeman（1984）讨论了利益相关者对公司决策的动态影响。公司管理层的一个主要作用是为了实现公司的战略目标而评估满足利益相关者需求的重要性。此外，Friedman 和 Miles（2002）也指出，不同利益相关者团体各自的期望与权力随时间而改变。因此组织必须不断调整其经营和披露战略。Roberts（1992，p. 598）阐述道：

> 公司管理层的一个主要作用是为了实现公司的战略目标而评估满足利益相关者需求的重要性。随着利益相关者权力层次的提高，满足利益相关者需求的重要性也随之提高。

一个"好的"管理层能够成功地关照不同（重要的）利益相关者团体不同的，有时是矛盾的需求，如果我们能接受这一观点，那么与 Evan 和 Freeman（1988）的观点一致，我们或许实际上对公司成立的目的重新下了定义。Evan 和 Freeman（1988）说："在我们看来，公司成立的真正目的是作为协调利益相关者的工具。借助于公司，每个利益相关者团体通过自愿交换使自身更加富裕。"（p. 82）

正如上面所指出的，随着利益相关者权力层次的提高，满足利益相关者需求的重要性也增加了。其中一些可能是对组织活动有关信息的需求。根据许多作者的研究，例如 Ullman（1985）以及 Friedman 和 Miles（2002），利益相关者各自的资源/支持对组织越重要，公司经营会考虑特定利益相关者的期望的可能性越大。从这一观点来看，组织开展的不同活动，包括公共报告，将直接与特定利益相关者团体的期望相关。此外，组织有动力披露关于其针对各自利益相关者团体所做的不同项目和倡议的信息，以此来明确表明他们正在遵从那些利益相关者的期望。组织必须要平衡不同利益相关者团体的期望。另一些人认为，鉴于这些期望和权力会随时间而改变，组织必须不断地随之调整其经营和报告行为，Unerman 和 Bennett（2004）也支持这种观点。

从利益相关者理论的管理角度来说，信息（包括财务会计信息和有关组织社会绩效的信息）"是组织可采用的主要要素，用来管理（或操纵）利益相关者以获取他们的支持和赞同，或分散他们的反对和不满（Gray、Owen 和 Adams，1996，p. 46）"。这与我们在本章前面章节讨论过的 Lindblom（1994）提出的合理化战略一致。关于公司社会披露，Roberts（1992，p. 599）阐述道：

> ……社会责任活动有利于发展和维持与股东、债权人和政治机构令人满意的关系。通过履行和披露社会责任活动来树立公司承担社会责任的声誉是调控利益相关者

关系的战略的一部分。[1]

8.3.3 利益相关者理论的经验检验

在利用利益相关者理论来检验利益相关者影响公司社会责任披露的能力时，Roberts（1992）发现利益相关者权力的衡量方式及其相关的信息需求可以用来解释公司社会披露的程度和类型。

Neu、Warsame 和 Pedwell（1998）也发现了对此观点的支持，即比起其他团体，特定的利益相关者团体可以更有效地要求企业做出社会责任披露。他们重新翻阅了加拿大的一些对环境敏感的行业中的上市公司自 1982 年至 1991 年的年报。设法找出环境披露的多少与特定利益相关者团体的关注程度之间关联关系的计量方法。结果显示，比起环保主义者的关注，公司更积极地回应财务利益相关者和政府监管者的需求或关注。他们认为，研究结果支持了这样一种观点，即在公司面临利益相关者的利益冲突或期望冲突时，公司会选择将合理化的信息提供给那些被认为是对组织的生存更重要的利益相关者，而忽视不那么“重要”的利益相关者的需求或期望。

另一项研究调查了利益相关者的权力如何影响公司的披露决策，Islam 和 Deegan（2008b）调查了发展中国家的一家大型贸易组织的社会和环境披露实务。具体来说，他们调查了孟加拉国服装制造业联合会（BGMEA）的社会和报告实务。这家组织经由孟加拉国的政府授权，向服装生产厂商提供出口许可，由此使本地的服装生产商能够将产品销往海外，大部分买主是大型跨国企业。Islam 和 Deegan 采访了 BGMEA 的高级主管。他们表示，BGMEA 的经营和披露政策及其成员组织都受跨国买方企业（如耐克、Gap、锐步、H&M）的需求和期望的影响。他们认为，这些企业是最有权势的利益相关者。高级主管们还说，他们认为跨国买方企业的需求和期望直接反映出西方消费者的期望，西方消费者的期望又受西方新闻媒体的影响（与本章讨论过的媒体议程设置理论观点一致）。在这方面，BGMEA 的主管们提到，在 20 世纪 90 年代中期以前，跨国企业没有规定孟加拉国的服装生产企业的工厂作业条件，也没有禁止雇用童工。然而，当西方媒体开始连篇累牍地报道这些“血汗”工厂的恶劣工作环境以及对童工的雇用后，引起了西方消费者的关注。他们开始抵制大型跨国运动服装和服饰企业的产品。西方消费者是跨国企业的重要利益相关者。因此跨国企业开始对供应商的员工工作环境和雇用童工的问题施加了经营和报告的规定。BGMEA 的一位主管在回顾压力的变化以及 BGMEA 及其成员的反应时说（Islam 和 Deegan，2008b，p. 860）：

> 1990 年，跨国的买家只想要产品，没要求什么社会承诺，也没禁止雇用童工。现在跨国买方企业对我们的态度变了，或许是因为西方消费者施加的压力。我们不得不按照买家的要求做出改变，以适应全球的要求和限制条件。西方消费者和人权组织对国外的买家施加了压力，国外的买家就对我们施加压力。

---

[1] 我们又一次发现，大量运用利益相关者理论（如合理性理论）的会计研究已研究了与社会和环境披露有关的问题。尽管这些理论可以应用于财务披露，大多数财务会计实务的研究人员曾经，或至少迄今为止，倾向于运用其他理论，如**实证会计理论**。Barton、Hill 和 Sundaram（1989）及 Cornell 和 Shapiro（1987）从利益相关者的理论角度研究了与公司资本结构有关的问题。

利益相关者理论的管理分支并不直接提供关于应该披露何种信息的答案，而是指出信息的提供，包括年报中的信息，如果经过仔细考虑，对企业主体的持续经营是有帮助的。当然，如果我们接受这种世界观，我们仍会有这样的困惑：如何决定我们最重要的（强势）利益相关者是谁，以及他们各自的信息需求是什么。[①]

正如我们讨论过的，组织通常有众多的利益相关者，这些利益相关者对于组织如何运作有不同的期望。阅读会计头条8.5和会计头条8.6。会计头条8.5批评了银行向不同账户收取高额手续费的做法——手续费累计达到了30亿美元。一位澳大利亚消费者协会的高级行政人员提出了这样的观点：银行在“欺骗”消费者，且银行不会因他们的行为被追究责任。依你的观点，澳大利亚消费者协会是一个强势的利益相关者吗，以至于银行会降低手续费来解决他们关注的问题（采用利益相关者理论的管理角度观点）？如果我们采用利益相关者理论的道德/伦理角度观点，对这个问题的看法会有何不同呢？会计头条8.6是一个来自英国的例子。这篇文章报道了单亲家庭缺少获得银行信贷的能力，由此带来的影响是“迫使”单亲家庭借入带有高额利率的非银行形式贷款。和会计头条8.5一样，你会认为单身父母或单亲家庭慈善机构是强势的利益相关者吗，以至于银行会解决他们关注的问题（采用利益相关者理论的管理角度观点）？如果我们采用利益相关者理论的道德/伦理角度观点，对这个问题的看法又会有何不同呢？

会计头条8.5　利益相关者关注组织绩效的属性

银行靠手续费敛财近90亿美元

Matt Wade

去年，受空前大量使用信用卡的刺激，家庭支付的银行手续费破纪录地达到了30亿美元。

澳大利亚储备银行关于银行手续费的年报揭示了来自信用卡费的收入增长了38%，达到了6.04亿美元，几乎是两年内翻了一番。

储蓄存款的费用第一次达到了10亿美元，自2002年以来上升了15%。

银行目前在信用卡费上的收入与从家庭信贷上获得的手续费收入几乎持平。

储备银行指出：“信用卡消费的持续快速增长、每年会员费的增长、对透支账户收取更高额的费用、延期还款与提前取现，这些都形成了银行的信用卡费收入。”

除了激增的信用卡费收入外，还有信用卡利率的收费，后者平均涨幅超过16%。

昨天，单独的储备银行数据显示，3月份信用卡借款总额破纪录地提高到26.7亿美元。

澳大利亚储备银行手续费报告显示，去年银行手续费总额提高了12%，达到87

① 我们再一次强调，这项工作做起来并不轻松。例如，我们举个例子来说明（或许是个极端的例子），假设一家企业选择向一位老妇人提供一份详细说明了企业的熔炉何时排放煤灰的报告，这名老妇人居住在工厂附近的一间普通的房子里，给她看报告的目的是让她在这个时段不会把没洗完的衣物留在外边。从表面上看，这样一个人似乎不是一个强势的利益相关者，并且我们作为旁观者或许会质疑为何该企业会提供这样的披露。然而，我们会发现，这位老妇人的女儿在广播台工作，颇受欢迎，而且很高调，她的女儿会随时抱怨空气质量，社会为了支持企业而付出的代价是她的母亲每次将洗过的衣物晾在外面后都会沾上煤灰。通过与她的关系，这位老妇人是一个强势的利益相关者。为了缓和她的问题，企业向她提供煤灰排放的信息，以便于她能够安排洗衣服的时间。关于这个例子，应记住的是，利益相关者信息知情权的道德/伦理观点或许是这个人有权利获得信息，与她的女儿是否在媒体工作无关。

亿美元，比2002年多出10亿美元。

2003年，家庭支付于存款账户的费用为10.8亿美元，平均每个家庭400多美元。澳大利亚储备银行指出："信用卡费的快速增长对2003年银行手续费的增长贡献最大，存款账户以及家庭贷款的手续费收入也占了很大一部分。"

在自1995年至2002年增长了162个百分点后，去年每月平均的客户服务费稳定保持在52.5亿美元。

使用其他银行自动提款机的平均手续费从1.40美元提高到1.45美元，但网上银行的手续费仍维持在25美分。

源自家庭的收入比源自企业的增长的更快，但去年企业仍然支付了总计56亿美元的银行手续费，占手续费总收入的2/3。

昨日，消费者团体加紧呼吁对银行手续费实施更严格的监管。

澳大利亚消费者协会的财务政策官员Catherine Wolthuizen指出，澳大利亚储备银行的数据显示，银行在"欺骗"消费者，尤其是通过信用卡的手续费。

她说："这又一次充分显示了当监管者不会对银行追究责任时，银行能做到何种程度。"

新南威尔士大学金融服务政策中心主任Chris Connolly说，银行手续费必然会被迫提到选举日程上去。

他说："消费者会回首过去10年，并且指出每任政府在解决银行手续费增长的问题上一直都停滞不前。"

劳工部金融服务发言人Stepnen Conroy说，霍华德政府的"放手"政策令消费者失望。

"自1997年以来，家庭在手续费上的开支增长了161个百分点，"Conroy议员说道。"同一时期通货膨胀平均只增长了2.6个百分点。"

他说，劳工部会指导澳大利亚竞争与消费者委员会监控银行业的收费情况。

但是澳大利亚银行协会的主席David Bell认为，储备银行的数据显示，消费者支付给银行的费用少于1997年支付的。

他说："当家庭在一些如交易账户的产品上支付更多的手续费时，他们因投资利润率的下降节省了很多。"

澳大利亚储备银行认为，贷款利率的下降，尤其是家庭贷款方面，抵消了手续费收入的增长，但只有存款账户而没有贷款的银行顾客支付的手续费会增加。

银行手续费2003：

· 银行手续费收入总额上升12个百分点，达到87亿美元。
· 家庭手续费收入总额上升15个百分点，达到30亿美元。
· 信用卡费收入上升38个百分点，达到6.04亿美元。
· 维持存款账户手续费收入上升15个百分点，达到10.8亿美元。
· 家庭贷款手续费收入上升13个百分点，达到6.8亿美元。
· 企业手续费收入上升10个百分点，达到56亿美元。

《悉尼先驱晨报》，2004年5月21日

会计头条 8.6　特定利益相关者关注组织绩效属性的另一个实例

银行认为应该为单亲父母提供贷款

Phillip Inman

昨日，单亲家庭慈善机构指出，债务缠身的单亲父母们受到银行业的糟糕对待。银行用高利率的贷款惩罚他们，或者拒绝提供贷款，迫使其借入高利贷。

尽管过去 4 年来单亲父母们通过税收信用体系获得了大量政府补助，以此改善了财务状况，银行和其他出借人仍在不平等地对待他们，迫使他们为信贷支付更多。

去年，1/4 非单亲家庭有欠款。与此相比，几乎一半的（48%）单亲家庭有欠款。甚至有工作的父母们也经常无法摆脱短期、高额成本的债务。根据报告显示，有工作的单亲父母的负债率是一对夫妇中一人有工作家庭负债率的 2 倍——14%：7%。

慈善组织在一份 32 页的报告《个人理财与单亲家庭》中说道：事实揭示了单亲父母面临的大量问题，他们比有孩子的夫妇更有可能使用透支账户、信用卡和个人贷款。

……为了使开设基本银行账户更容易，银行不得不付出更多。和其他低收入群体一样，单亲父母会经常羞于开设活期存款账户，害怕因未批准的透支或跳票支付额外的罚款。

大部分的主要银行已设置了分拆的活期存款账户，即基本银行账户。这是应财政部的要求。他们支持银行采取措施，停止在财务上排斥较贫困的家庭。但是，低收入群体批评银行在这方面几乎毫无作为。

Simpson 女士认为财政部应该考虑设置一个目标，用于限定截至 2006 年要开设的基本账户数量。她说部长们应考虑敦促大银行以低成本发放小额贷款，吸引单亲父母，使其远离收取 50% 至 190% 贷款产品利率的高利贷。

《卫报》，2005 年 11 月

上面的讨论中已经分别考虑了利益相关者理论规范道德/伦理角度的观点和利益相关者理论管理角度（基于权势）的观点。通过分别讨论，可以解释为管理层仅有道德/伦理的意识或仅仅关注组织的生存，然而在实务中，在这极端的两点之间，可能存在一种介于两者之间的立场。通过对这两种观点分开考虑，我们很可能得到的仅仅是片面的观点，尽管任何一家企业的经理都不会处于一个极端或另一个极端。相反，可以说，很多企业的经理会受到道德因素和依据业绩的决策的双重驱使——而并非非此即彼。而 Wicks（1996）认为，在很多人认可的概念框架中，人们认为道德因素和市场因素构建出了一种完全独立的现实主义。Wicks 认为这种观点并不现实，因为它暗示了“当人们在市场中进行交易时，不能有任何道德想象力”。在利益相关者理论未来的研究方面，Rowley（1998）提供了一些有趣的建议。他提出（p. 2）：

在这个领域模糊规范性与描述性的分析是大有疑问的，然而，将它们分成不同的阵营同样是种冒险。我认为如果 10 年后我们最具挑战的问题与今天不同的话，我们将会需要理解规范性与描述性研究在我们研究问题时的互补作用。就像市场与社会一样，我们不能孤立地思考其中一项而忽视另一项。

我们又一次看到了这样的观点：特定的理论（会计）仅能提供给我们片面的观点，因此有时考虑不同理论观点的看法是有用的。另一个系统导向的理论观点是制度理论。该理论直到最近才开始用于分析自愿的公司报告决策。制度理论支持合理性的决定因素。这一理论解释说，组织面临着制度压力。这些压力带来的后果是使某一领域中的组织在形式和做法上倾向于一致。

8.4 制度理论

宽泛地讲，制度理论考虑组织的形式，并且对于在某一特定“组织领域”中的组织为何会呈现出相似的特征和形式，制度理论给出了解释。① 合理性理论讨论的内容是如何通过采取特定的披露战略来获得、维持或重获合理性，而制度理论探讨的是——从一个更广泛的层次上——组织如何通过采取特定的组织形式来获得合理性。根据 Carpenter 和 Feroz（2001，p. 565）：

制度理论提供了另一面透镜，通过它来观察选择某种会计规则的经济资源依赖动机（economic resource dependency incentives）。制度理论认为组织是在一个社会框架中运作，该框架由规范、价值观以及理所当然的假设构成，这些假设是关于恰当的或可接受的经济行为是由哪些内容组成的（Oliver，1997）。根据 Scott（1987）的观点，“制度要求组织做出改变，组织只能顺从于这种压力，因为通过这样做，它们会获得更高的合理性、更多的资源以及更强的生存能力”（p. 498）。

自 20 世纪 70 年代后期以来，通过 Meyer 和 Rowan（1977）、DiMaggio 和 Powell（1983）、Powell 和 DiMaggio（1991）以及 Zucker（1977，1978）等研究人员的努力，在管理学术文献中（更具体来说是在组织理论中），制度理论得以发展。

制度理论发展中的一篇主要的论文是 DiMaggio 和 Powell（1983）发表的。作者调查了组织间极其相似的原因。他们在进行研究时具体阐述道（p. 148）：

我们询问为什么在组织的形式和实务上存在如此令人吃惊的同质性；我们设法解释同质性，而不是差异性。在组织生命循环的最初阶段，组织领域在方法和形式上展现出了多样性。然而一旦一个领域建立好后，便有一股不可阻挡的推力使其趋向同质性。

根据 DiMaggio 和 Powell 的观点，社会中存在的不同势力使组织的形式变得相似。正如他们所说（1983，p. 148）：

一旦同一行业中迥然不同的组织被构建成一个真实的领域（我们将会讨论到，通过竞争、国家或职业），便会出现强大的势力，引导其变得彼此相似。

随着制度理论成为组织分析中一项主要且有影响力的理论观点，一些会计研究人员也采用了这种观点。一些管理会计研究者，如 Covaleske 和 Dirsmith（1988），Broadbent、Jacobs 和 Laughlin（2001）以及 Brignall 和 Modell（2000）就已采用了制度理论。一些研究审计的学者也采用了该理论，如 Rollins 和 Bremser（1997），还有其他研究会计职业的发展及作用方面的研究者也采用了制度理论，如 Fogarty

① DiMaggio 和 Powell（1983，p. 147）将“组织领域”定义为“这些组织集合在一起，构成了一个公认的制度化的生活领域：关键供应商、资源和产品的消费者、监管机构，以及其他生产相似产品、提供相似服务的组织”。

(1996)。与财务会计理论更直接相关，Fogarty（1992）将制度理论应用于分析会计准则制定程序。Dillard、Rigsby 和 Goodman（2004，p. 506）阐述道：

制度理论正成为组织理论中的占据主导地位的理论观点，并正逐渐被应用于会计研究中，用以研究组织中的会计实务。

制度理论为什么与调查公司自愿报告实务的研究人员有关，一个关键的原因是制度理论为利益相关者理论和合理性理论提供了一个补充性的观点，有助于了解组织如何理解并应对不断变化的社会期望和制度压力。在其他因素中，它将组织实务（如会计和公司报告）与社会的价值观联系起来，将组织实务与维持组织合理性的需要联系起来。有一种观点认为，组织的形式和实务会趋向于某种形式的同质性——即不同组织采用的组织结构（包括其报告系统的结构）及实务会变得相似，以符合社会或某些强势团体对"正常"组织的定义。如果组织的形式不是公认的"正常"形式或不是期待中的"正常"形式，可能会在获取或重塑合理性时遇到困难。正如 Dillard、Rigsby 和 Goodman（2004，p. 509）阐述道：

组织通过设计一项正式的结构，该结构符合现有环境中的规范和行为期望，借此可以声明其正在以一种恰当且充分的方式，为了共同推崇的目标而行动。

Dillard、Rigsby 和 Goodman（2004，p. 507）解释制度理论时说：

……关注构成组织基本特征的理所当然的假设、信念以及价值观的发展情况……与（基于会计的研究）暗示了社会文化与环境对会计实务的重要性；使用会计实务作为维持合理性的手段；以及从真实的技术与管理程序中将这些合理化的会计实务分离出来的可能性。

因此对于机制如何在特定的组织中变得制度化，制度理论提供了一种解释，通过这种机制，组织试图使其对实务与特征的看法与社会和文化的价值观（为了获得或者重塑合理性）相一致。这种机制可以包括由利益相关者理论和/或合理性理论提供的建议，但可以想象也包含了一个更宽泛的合理化机制。这就是这三种理论观点应被视为互为补充而非互相竞争的原因。

制度理论有两个主要的特征。第一个被称为*同构*，第二个被称为*分离性*。两者可以用于解释公司的自愿报告实务。

我们先考虑同构。"同构"一词广泛地使用在制度理论中，DiMaggio 和 Powell（1983，p. 149）将其定义为"一个制约过程，当一个群体面对同一组环境条件时，该制约过程迫使其中一个单位与其他单位相似"。也就是说，采取与其他组织存在差异的结构或程序（如报告程序）的组织会发现这种差异会招致批评。Carpenter 和 Feroz（2001，p. 566）进一步阐述道：

DiMaggio 和 Powell（1983）将使组织趋向于采取同样的结构和实务的过程称为同构，他们将其描述为组织的同质化。同构是一个过程。通过它，使一个群体面对同一组环境条件时，群体中的一个单位会变得与其他单位相似。这个同构过程使组织会在一定的范围内逐渐变得同质，并遵从更广泛的制度环境的期望。

Dillard、Rigsby 和 Goodman（2004，p. 509）解释说，"同构是指组织采用了一种制度实务"。某个组织自愿做出公司报告就是该组织的一项制度实务。在该组织中，公司自愿性报告适应并改变的过程就是同构过程。

DiMaggio 和 Powell（1983）阐述了三类同构过程（如自愿公司报告等制度实务适应并改变的过程）。这三类同构过程分别为*强制同构*、*模仿同构*和*规范同构*。考虑第一类同构过程，当组织所依靠的利益相关者向它们施加压力时，组织要改变它们的制度实务，这时就产生了*强制同构*（也就是说，这类同构与“权力”相关）。根据 DiMaggio 和 Powell（1983，p. 150）：

强制同构是由加入组织的正式与非正式的压力引起的，这些压力来自于其所依靠的其他组织或社会中的文化期望。组织会感到这些压力有影响力、有说服力或是加入共谋的邀请。

DiMaggio 和 Powell 提出了两个关于强制同构的一般假设。它们是：

假设一：一个组织依赖另一个组织的程度越高，它就会与这个组织在结构、环境和行为焦点上越相似。

假设二：组织 A 资源供应的集中程度越高，在同构的过程中，组织 A 与向其提供资源的组织相似程度就越大。

上述同构形式（强制同构）与利益相关者理论的管理分支有关（之前讨论过）。通过强制同构，一家企业将会，例如运用“自愿”公司报告披露来处理经济、社会、环境和道德的价值观，以及那些对公司影响力最大的利益相关者的关注。因此，对该企业有影响力的（或强势的）利益相关者强制要求它采取特定的自愿报告实务。

强制同构的思想应用于组织的不同实务中。例如，Carpenter 和 Feroz（2001，p. 571）将强制同构应用在政府对会计程序的选择上，他们阐述道：

其他能够提供资源的组织，如信贷市场，可以对政府主体行使权力。这种权力可以被用于规定使用某种制度规则——如 GAAP。

一家企业可能被迫调整现有的自愿公司报告实务（包括其报告的问题），使其符合强势的利益相关者的期望和需求（而很可能忽略不那么强势的利益相关者）。因为这些强势的利益相关者或许会与其他组织有相似的期望，所以不同组织采取的实务会趋向一致——制度实务会趋向于某种形式的一致性。Tuttle 和 Dillard（2007，p. 393）在谈到关于创造变革时说：

变革是由外部的资源激发出来的，这些外部资源包括一个强有力的组合（例如，消费者、供应商、竞争者）、政府监管、认证机构、有强大政治感召力的团体，或是强势的利益相关者。最初的动机是满足强势组合的需求，并源于想获得合理性的愿望，这一愿望体现在组织领域中的其他成员施加的政治影响中。这些影响可能是正式的或非正式的，可能包括对共谋的劝说和邀请。如果施加影响的团体有足够多的权力，变革就会发生。

在 20 世纪 90 年代中期，许多西方的消费者都关注跨国服装生产企业从发展中国家获取产品，在这些国家，当地的供应厂商雇用童工（Islam 和 Deegan，2008b）。由于消费者、西方的新闻媒体和各类游说团体施加的压力（强制的压力），大部分企业都制定了程序，以确保供应厂商不雇用童工。

也有人认为基金机构，如世界银行，经常向发展中国家开展的项目借出资金，有权力强制借款人采用符合其规定的会计和报告规则。以这种方式，从世界银行借入资金的主体会采用同样的报告实务——也就是强制同构。正如 Neu 和 Ocampo（2007，

p. 367）所说：

这些组织（如世界银行）在各类不同的制度领域，也就是“跨”领域经营。他们也拥有经济资本，能够进入完全不相关的领域，也可以促进具体实务的普及。世界银行和国际货币基金组织的经济资本实力，可以在他们的贷款活动中得到证明，这一实力使它们具有促进强制同构的能力（DiMaggio 和 Powell，1983），由此改变了之前独立存在的领域的日常实务……贷款协议中规定借款国应采用并运用特定的会计实务，如预算、审计和财务报告实务。通过这种方式，贷款协议促进了会计/财务实务在不同领域的普及。

DiMaggio 和 Powell（1983）具体提到的第二类同构过程是*模仿同构*。它包括组织试图效仿（或复制）或提高其他组织的制度实务，经常是为了获得在合理性方面的竞争优势。DiMaggio 和 Powell（1983，p. 151）在解释模仿同构时说道：

不确定性是促进模仿的有力的力量。当组织技术没有很好地得到理解时，当目标模棱两可时，或当环境创造了象征性的不确定时，组织会向其他组织看齐。

根据 DiMaggio 和 Powell 的观点，当一个组织遇到不确定性时，会选择效仿其他组织。他们在提供效仿（模仿同构）的案例时说（1983，p. 151）：

效仿的最戏剧化的案例之一是 19 世纪末日本的现代化主义者在制定新政府举措时效仿看似成功的西方典范而获得的成就。就这样，天皇政府派出官员学习法国的法庭、军队和警务，英国的海军和邮政系统，美国的银行业与艺术教育。美国公司现在正通过实践（他们认为的）日本模式解决本公司棘手的生产能力和雇员问题，将溢美之词反过来还给日本。在美国企业中快速扩散的质量圈和工作生活质量问题，至少部分上是尝试效仿日本和欧洲的成功经验。这些发展也含有一种惯例；企业采取这些“改革措施”来提高其合理性，来声明他们至少试图提高过工作条件。

DiMaggio 和 Powell（1983）提出了两个关于模仿同构的一般假设。它们是：

假设三：手段和目的之间的关系越不确定，组织越容易模仿其他组织，这些组织在它看来是成功的。

假设四：组织的目标越不明确，组织越容易模仿其他组织，这些组织在它看来是成功的。

Unerman 和 Bennett（2004）在公司社会报告中应用模仿同构的概念时解释道：

一些制度理论的研究……表明特定部门中的许多组织倾向于采用与该领域中其他主要组织所采用的政策和程序相似的新政策和新程序。这个过程被称为“模仿同构”，被解释为各个组织的经理们为维持或增进外部利益相关者对组织合理性的认识所作的多次尝试的结果，因为任何没有（最低限度）仿效同一领域其他组织采取带有革新性的实务和程序的组织，会冒着失去剩余部门合理性的风险（Broadbent、Jacobs 和 Laughlin，2001；Scott，1995）。通过这些观察结果可以看出，在缺乏任何制定有详细讨论机制的立法干预下，对于很多经理来说，通过引入机制可以使公司责任的确定变得更加公平，对此的一个关键动力是他们维持或者提高自身竞争优势的愿望。他们会通过执行利益相关者对话机制努力达成这一目标，有经济影响力的利益相关者很可能会认为经理们的这一做法比其竞争者采取的方式更有成效。对于能够促进人们广泛参与到公司责任的确定中来的机制，这些经理们不可能毫无怨言地随时准备接受这个机制，除非有经济影响力的利益相关者期望通过这种方式把处于经济边缘的利益相关者的利益也考虑进去。同时，这些经理仅可能执行他们认为有经济影响力的利益相关者会接受的最低限度的程序。

上面的讨论将模仿同构带来的压力与构成强制同构的压力联系在一起。Unerman 和 Bennett（2004）坚持认为，如果没有利益相关者施加的强制压力，就不可能有模仿或超越其他企业社会报告实务（制度实务）的压力。

DiMaggio 和 Powell（1983）阐明的最后一类同构过程是*规范同构*。这与要求采用特定制度实务的集体规范带来的压力相关。以公司报告为例，会计师为组织编制符合会计准则的会计报告（制度实务）。职业的期望是会计师会遵循会计准则。对于组织来说，这一职业期望就是一种规范同构的形式。在自愿报告实务方面，规范同构压力可能产生于经理所在的各种正式与非正式集团施加的不太正式的集体影响，例如经理的工作场所中形成的企业文化和工作惯例。这些压力会造成集体的管理观点，或支持或反对某种形式的报告实务，如有些集体的管理观点是期望并且有必要通过公司报告这一媒介，提供给各类利益相关者有关社会和环境的信息。DiMaggio 和 Powell 提供了两种关于规范同构的一般假设，分别为：

假设五：一个组织在选择管理人员与工作人员时越依靠学术认证，它与同领域中其他组织相似的程度越高。

假设六：组织的经理参与越多的贸易和职业协会，组织会（或将会）越像同领域中的其他组织。

上述两种假设强调了受过特殊培训的特定集体会趋于采用相似的实务（包括报告实务），否则会显得与他们的“集体”不一致——这些集体本身会形成正式或非正式的制裁，而强加制裁的对象偏离了被认可或被期望的行为。另一个规范同构的例子，Palmer、Jennings 和 Zhou（1993）发现参加精英商业学校的首席执行官（CEOs）可能会将企业的组织形式设置为多事业部式（MDF）（将组织分为不同的产品事业部）。多事业部的组织形式是精英商业学校教授的传统内容之一。掌握了这个重点的学生随后会成为 CEO。这些受过相似训练的总裁们会在特定类型的组织领域中组建出相似的组织。

在描述了三种形式的同构过程（强制、模仿和规范同构）之后，有趣的是要注意这些过程并不一定会如期望般使组织更加有效。就像 DiMaggio 和 Powell（1983, p. 153）所说：

重要的是要记住每种制度同构过程都是在缺乏证明其会增加内部组织效率的证据下进行的。组织有效性的提高通常是因组织与同领域的其他组织相似而受到奖励。这种相似度能使组织更容易与其他组织做交易，吸引有事业心的员工，被承认具有合理性和良好的声誉，并有资格获得公共资助和私人合同。然而，这些都不会保证严格奉行同构过程的组织会比其他对同构过程不是十分看重的组织经营得更有效率。

Carpenter 和 Feroz 就上述观点（2001, p. 569）陈述道：

制度理论假设组织会采用在同一领域的其他组织看来是合理的结构和管理实务，无论这些结构和管理实务是否真的有用。合理的结构或实务可以通过（组织在成立时就具有的）传统，通过模仿，通过强制，通过规范压力传递到同一领域的其他组织中……制度理论依据的假设是组织会回应其制度环境带来的压力，并且采用的结构和/或者程序是社会公认的恰当的选择……制度技术并不是建立在效率的基础上，而是应用于建立一个恰当、理性且现代的组织……组织可以设计出一个形式上的结构，这个结构遵循制度环境中虚构的规范，组织可以借此声明其正以一种恰当且充分的方式运行。Meyer 和 Ronan（1977）坚持认为公认程序的神话——如公认会计程序（GAAP）——可以防卫外部资源提供者的非理性认知，并使他们继续提供更多的道德和/或财政支持。

我们已经描述了三类同构，在实务中，并不总是能够轻易将这三类区分开来。正如 Carpenter 和 Feroz（2001，p. 563）所说：

DiMaggio 和 Powell（1983）指出并不总是能够区分三种形式的同构压力。事实上，在所有情况下，两类或更多类同构压力会同时出现。这使得确定哪种形式的制度压力影响力更大几乎是不可能的。

在将制度理论中的不同同构概念应用到会计中时，披露特定信息项目的决策更注重"表面"（或"形式"）而不是"实质"。正如 Carpenter 和 Feroz（2001，p. 570）在阐述关于政府采用的会计实务时说：

组织需要获得制度合理性，对此的一个证明是组织会收集并展示大量与实际决策没有直接关系的信息。因此，有些州政府虽然采用了 GAAP，却没有将 GAAP 的信息用于制定财务管理决策（如预算决策），它们采用 GAAP 的目的或许是为了获得制度合理性。

Carpenter 和 Feroz（2001）利用制度理论解释了美国 4 个州的政府决策：从依据记录现金流量的会计方法转换到基于 GAAP 的会计方法。他们在描述分析结果时阐述道：

我们的证据表明，政府早期采用 GAAP 可以理解为是受到了信贷市场的强制同构压力的影响，而后期采用 GAAP 似乎是由于规范和模仿的制度压力的共同影响……案例研究中显示的证据表明，严重又被拖延的财务压力或许是影响同构压力效力的重要条件，并且使政府较早决定采用 GAAP 编制对外财务报告。

他们进一步阐述道（p. 592）：

所有的州都受到来自会计职业界的规范同构压力，来自信贷市场和联邦政府的强制同构压力，后者要求其从 1975 年到 1984 年（包括 1984 年）采用 GAAP。1984 年，单一审计法（SAA）的通过和政府会计准则委员会（GASB）的成立极大增加了强制同构的制度压力。由于规范与强制同构压力在使州政府采用 GAAP 上很可能表现一致，因此不可能根据经验区分这两种形式的同构压力……我们留意到，在 1973 年后所有的州政府都在有效力的制度压力下采用了 GAAP。这些制度压力是由联邦政府、职业会计协会和信贷市场的代表造成的。这样，州政府受到至少两种形式的同构压力：规仿同构和强制同构……我们预测美国所有的州政府会最终向制度压力低头，这些压力要求政府做出变革并采用 GAAP 来编制对外财务报告。我们的预测是基于制度理论的观点。同时，我们从 4 个案例中可以看出制度压力会引起变革，预测也结合了这一结论。

我们现在把注意力转到制度理论的另一个特征上（不是同构）——"分离性"。

分离性暗示了当经理意识到有必要让组织看起来正在采用某种制度实务时，他们甚至会制定旨在实施这些实务的形式上的程序，而此时组织真实的实务可能与这些正式批准并公开宣布的程序和实务大相径庭。这样一来，真实的实务可以从制度化的（明显的）实务中分离出来。在自愿的公司报告实务方面，这种分离可以与合理性理论的一些观点相联系。根据合理性的观点，可以用社会和环境披露来树立起一个与组织真实的社会和环境绩效完全不同的组织形象。因而，通过公司报告树立组织的形象是一种社会和环境责任，而管理层实际的要务是使利润或股东价值最大化。正如Dillard、Rigsby和Goodman（2004，p. 510）所说：

分离性是指表面的组织结构或实务与真实的组织实务是截然不同的。换句话说，实务并没有整合进组织的管理与经营过程（它被分离了）中。比起组织的真实运营情况，形式上的结构对组织自身的呈现方式影响更大（Curruthers，1996）。在理想状况下，组织追求经济效率并试图使组织的层级与其开展的活动相符合。然而，在高度制度化的环境中，组织会面对在追求效率和在制度背景下需要适应的“习俗”之间的矛盾和不一致（Meyer和Rowan，1977）。在本质上，组织的形式管理系统中之所以纳入制度化、合理化的因素是因为无论这些因素是否直接会促进经济效率，都会维持企业形象并赋予企业合理性。

在总结对制度理论的回顾时，上述一些观点可以被概括为：由于存在不同的势力，致使组织呈现出特定的形式或采用特定报告实务。诸如合理性理论与利益相关者理论解释的是经理为什么会采取特别的战略（如做出某些披露来抵消特定事件对合理性的威胁），制度理论则是采用更宽泛的宏观视角来解释组织呈现特定形式或采取特定报告实务的原因。制度理论也提供了一个论点，当组织设置某些程序时，这些程序更多的是为了“展示”组织的形象而不是为了改善公司运营状况。在对合理性的讨论中，我们了解了管理者如何采取措施——如进行披露——来改变公众对组织合理性的认知。相反，采用制度理论的研究人员通常接受的观点是预期管理者会遵守强加在他们身上的规范。然而需要知道的是，制度理论、合理性理论与利益相关者理论之间有很多交叉之处。

本章小结

在本章，我们讨论了大量关于管理层为何选择做出某些披露的观点。具体来说，我们回顾了合理性理论、利益相关者理论和新兴起的（就财务报告范围）制度理论。这三种可以归类为系统导向的理论。系统导向理论将组织看作一个更宽泛的社会系统的一部分。

合理性理论、利益相关者理论和制度理论都与政治经济学理论相关。在该理论中，政治经济学构建了人类赖以生存的社会、政治和经济框架。在该框架下，社会、政治和经济问题密是不可分的。政治经济学理论可以划分为古典政治经济学或资产阶级政治经济学。资产阶级政治经济学理论忽视了社会中各种紧张局势，认为世界的本质是多元化的，并不存在某些阶级统治其他阶级的情况。合理性理论和利益相关者理论采用了资产阶级政治经济学的观点。制度理论既可以采用资产阶级也可以采用古典政治经济学的观点。

合理性理论依靠社会契约这一概念。社会契约代表了组织所在的社会的规范和期望，是一种隐含的契约。如果组织遵守社会契约的条款，人们就认为组织是合理的。该理论认为有了合理性，企业才会获得经营权，二者是一致的。该理论认为会计披露代表了组织能够使持续经营合理化的途径之一。在合理性受到威胁时，披露是重塑合理性的一种战略。在实务中，维持或重塑公司合理性的政策有时与声誉的风险管理相关联。

我们回顾了利益相关者理论的两种不同类别，分别是道德（或规范）分支和管理分支。利益相关者理论的道德分支讨论的是与信息知情权有关的问题。无论涉及的利益相关者有多大权力，该项权利都应得到维护。在道德分支中，披露被认为是受责任驱使的。另一方面，利益相关者理论的管理分支预测组织会趋向于满足那些对组织的持续生存有重要作用的利益相关者的信息需求。某位利益相关者是否收到信息将取决于组织认为其具有多大的影响力。通常认为有影响力的是控制稀缺资源的利益相关者。该理论认为信息披露代表了一项用来管理利益相关者的重要战略。

制度理论提供了一种对合理性理论和利益相关者理论补充的，并且部分重叠的观点。它解释了管理者会因受到压力而改变，或接受特定的自愿公司报告实务。这些压力可以是强制的、模仿的或规范的，最终组织形成的制度形象有时会盖过它的真实形象。

思考题

8.1 解释社会契约的概念，并回答社会契约与组织的合理性有什么关系。

8.2 什么是组织的合理性，为什么认为组织的合理性是一项“资源”？

8.3 解释为什么组织的合理性是因具体的时间和地点而异的。

8.4 合理性和社会契约与公司披露政策有什么关系？

8.5 公司管理层如何确定社会契约的条款（如果确实可能这么做）。如果一家企业违背了契约的条款，意味着什么？

8.6 如果组织的管理层认为该组织的运营可能没有符合社会期望（它打破了社会契约的条款），在合理性理论下，你预计管理层在接下来的时期内将采取什么行动？

8.7 如果一个组织卷入了一项重大事故或事件中，你会期望它用诸如年报这样的媒介尝试解释该事件吗？如果是的话，届时组织会怎样以及为什么以这种方式使用年报。

8.8 什么是“合理性差距”，为什么这样的差距会突然出现？

8.9“象征性的”合理化战略和“实质性的”合理化战略之间有什么区别？其中一类比另一类更有效吗？

8.10 在本章提供的材料基础上，你会期望管理层做出有关真实事件的披露，还是做出与其认为社会所察觉的真实事件有关的披露？为什么？

8.11 合理性理论、利益相关者理论和制度理论被认为是系统导向理论。这有什么含义？

8.12 本章将利益相关者理论分成了道德分支和管理分支。对于信息将会或应该在何时由组织提供，二者提出了不同的观点。解释这些观点的区别。

8.13 在利益相关者理论的管理角度下，我们预期组织会在何时满足特定利益相关者团体的信息需求？

8.14 阅读会计头条 8.6，这篇文章是关于社会某些部门宣称自己与财务无关。阅读这篇会计头条，然后回答问题：

（a）应用利益相关者理论的管理角度解释管理层是否关心单亲家庭慈善机构关注的问题。

（b）如果我们应用利益相关者理论的道德观点，管理层应该关心单亲家庭慈善机构关注的问题吗？

（c）如果社会认为银行的政策是不合理的，你会期望银行利用年报来捍卫它们的立场（合理性）吗？

8.15 阅读会计头条 8.7，运用合理性理论作为讨论的依据，解释为什么像麦当劳这样的企业会不想让一家电台对它做出负面评论。如果这家电台确实做出了负面评论，从公司披露的角度，麦当劳的反应会是怎样的呢？

会计头条 8.7 组织对合理性的认知受媒体的潜在影响

电台老板叫手下放过麦当劳

Amanda Meada

一份泄露的备忘录中提到，2UE 电台的高层领导要求播音员在播音时停止对麦当劳的诋毁，否则电台会失去与这位快餐连锁业巨头价值 17 万美元的广告合同。

这份备忘录是项目主管 John Brennan 于 2 月份签署的。备忘录中首次揭露出为了使 2UE 的广告商满意，电台会修改编辑评论。这一做法是该电台顶级文化中不可或缺的一部分。

“今年的收入会很难实现，我们需要获取我们能获得的一切帮助”，管理层备忘录中写道。

“电台的任何播音员现在必须停止对麦当劳发表诋毁言论。任何这样的评论都意味着立刻解约。”

下个月，澳大利亚广播事业局将调查这家电台，同时还将调查这份备忘录。

Brennan 先生的指示似乎违背了商业电台职业规范。在该规范下，电台必须促进新闻和时事节目准确而公正的报道。澳大利亚广播事业局会在单独的公开听证会中重审该规范，听证结果可能会取消自我监管。

备忘录与 2UE 总裁 John Conde 本周公开发表的声明矛盾，声明强调了电台管理层在涉及 John Laws 以及与澳大利亚银行协会已废止的价值 120 万美元的交易丑闻中所起的作用。

银行与 Laws 的交易也涉及限制他在广播时发表对该客户的负面评论。

麦当劳发言人 John Blyth 说公司没有意识到 2UE 发布了这样的指示，且从未在其广告合同中附上编辑评论的条件。

这份备忘录是写给 Alan Jones、John Laws、John Stanley、Mike Carlton、Peter Bosly、Ray Hadley、Stan Zemanek 以及其他 8 位播音员的。

高管层也参与了这份指示的制定。

在一封写给《澳大利亚人》的信中，Conde 先生证实 Brennan 先生写了这份备忘录，“写这份备忘录是（他的）过激表现”。他说 Brennan 先生已迅速澄清，说这份备忘录是要告诉员工他只是想避免任何播音员“丢掉”麦当劳的广告。“2UE 明确表示并没有设法剥夺编辑评论的权力。”

Conde 先生在另一份声明中称，2UE 及其附属机构将从与银行的交易中收到 70.7 万美元。Laws 说他得到了 30 万美元。

《澳大利亚人》，1999 年 7 月 22 日，p. 1

8.16 阅读会计头条 8.8，运用本章提供的资料，解释社会为何（或者也许是为何不）需要受到媒体的保护。

会计头条 8.8　媒体在影响公众舆论时所起的作用

不要滥用权力是一种民主的义务

Dacid Flint

澳大利亚广播事业局的调查从昨天开始，目标直指商业广播的诚信度。

媒体在我们的民主生活中起着核心作用，对于集中的权力抱有善意的怀疑。同时，媒体是对滥用权力最重要的制衡之一。实际上，在社会与媒体之间存在契约。媒体拥有相当多的自由，作为交换，有义务承担责任。

承担责任意味着新闻要尽可能真实。这意味着新闻与舆论必须区分开来，也意味着舆论应该是守信的。应该划清任何广告、新闻、舆论——广告式社论——之间模糊的界限。

一条广为接受的原则是新闻媒体不应受政府的监管，因为这样做太危险了。这也证明为了保留媒体的自由，有必要对政府进行制衡。当然，这并不意味着新闻报道是受法律豁免的。

电子传媒则根本不同。电子传媒（仍然）是一种稀缺的公众资源，没有监管便会毫无秩序，所以发放许可证是必不可少的。

任何民主社会都会存在的问题是如何监管电子传媒，电子传媒也能公正、准确地告知人们关乎公共利益的事项。在这方面，澳大利亚有着惊人的独创性。我们设计出一种混合系统，即独立的公共广播与商业广播并存。它的优点在几十年后才被欧洲人所理解。这种混合模式现已将 SBS（澳大利亚特别广播事业局）和社区广播纳入其中。这是一种很重要的模式，它确保了比在自由市场中更广泛的多样性。在这种模式下，媒体更能够公正、准确地将公共利益事项告知人们。

直到 1992 年，商业广播一直受到高度监管。但是由于法律的复杂性，这种监管很容易失去效力。谁从中受益了呢？当然不会是公众。在 1992 年的立法下，商业广播被赋予更多的自主权。但并不是旨在达到平面媒体认可的自我监管程度。更确切地说，这将会是一个共同监管的系统。要与公众充分讨论后才能制定媒体实务的规范。违反了规范不等于违犯了法律或许可中的任何条件。并且公共广播只把解决不了的投诉呈交给广播事业局受理。这一战略旨在鼓励良好的行为，如透明度和说服力。因此有人嘲笑澳大利亚广播事业局是一只“没牙的老虎”。

但是如果有确切证据表明规范没能保证社区的社会期望、法律要求得到满足，就应设计出一套针对一家电台、一个网络或者甚至是整个广播部门的更直接的监管措施。

但目前并没有确凿的证据，澳大利亚广播事业局此时只能提出毫无根据的主张。澳大利亚广播事业局只有发现了文件和经过起誓的证据才能确定真实事态并采取适当行动。

David Flint 教授是澳大利亚广播事业局的主席。

《澳大利亚人》，1999 年 7 月 22 日，p. 2

8.17 你会期望管理层担忧如会计头条 8.9 中描述的那种态度调查吗？解释你的答案，并解释这类调查会如何影响组织的披露政策。

会计头条 8.9　决定社会期望——态度调查的作用

健康位居社会问题之首

堪培拉：昨日的调查数据显示，健康已经超过犯罪成为澳大利亚面临的最重要的社会问题。

针对人们对环境问题的看法，一项调查发现，环境在重要性上排在第五位——尽管 3/4 的澳大利亚人至少关心一项环境问题。

澳大利亚统计局（ABS）的数据表明，29% 的调查对象认为健康是最重要的社会问题。

排在健康之后的分别是犯罪（24%）、教育和失业（均为 16%）以及环境问题（16%）。

在 1996 年，犯罪被视为最重要的社会问题，排在其之后的为健康、教育、失业和环境。

在最新的调查中，截至 1998 年 3 月，健康对于老年人是最重要的问题，而对于年龄在 35 ~44 岁的人来说是最不重要的。

总的来说，年龄较小的人更关注长期的环境问题，尽管 18 ~24 岁与 45 ~54 岁的人一样，最关注失业问题。

但是调查显示，71% 的澳大利亚人至少关注一个具体的环境问题。

这一数据在 1996 年达到 68% 后开始上升，但在 1992 年达到 75% 后开始下降。

居住在澳大利亚首都特区（ACT）的人们最关注环境问题，而塔斯马尼亚人最不关注环境问题。

空气污染继续成为澳大利亚人最担心的问题。32% 的调查对象认为空气污染是他们最关注的问题。

《The Chronicle》，1998 年 11 月 27 日，p. 22

8.18 阅读会计头条 8.10，并解释你是否认为银行会或者应该回应全国农民联合会关注的问题以及/或者是金融部门工会关注的问题。你依靠什么理论（如果有）来支持你的判断？

会计头条 8.10 利益相关者关注组织绩效的一种属性

银行又裁减了 1 000 个职位

Nicola Webber

尽管联邦银行的利润大涨了 11%，达到 26 亿美元，它还是要裁掉 1 000 个职位。

但银行已发誓不会再关闭任何分支机构——但不包括已经宣布关闭的。

联合会的官员十分震惊，他们昨天还说最近一次的裁员纯属造谣。他们说工人们担心自己的前途，不确定要找什么样的工作，也不知道去哪里找。

支持消费者的有关人士称，裁员最先会影响到消费者，并敦促联邦政府有所行动。

金融部门联合会的全国秘书长 Tony Beck 说，削减职位和关闭分支机构导致大批员工失去工作。

“简直难以置信，” Beck 说道，“他们刚砍掉了零售网络的 500 个职位，现在又削减了 1 000 个职位，这对我们是个不小的冲击。”

联邦银行昨日称，为了消除重复的岗位，提高效率，并取消一些后台处理，它还将裁掉 1 000 名员工。银行称会取消 1 550 个职位，同时新设 550 个职位，遣散费加上其他一些零星支出一共要花费 1 200 万美元。

银行去年宣布净利润为 26. 55 亿美元。同时，消费者支付了 18 亿美元的手续费、佣金和其他费用。

信贷费用的收入提高了 3 个百分点，达到 6. 18 亿美元，主要是由于住房贷款的增长。佣金和其他费用的收入提高了 6 个百分点，达到 12. 42 亿美元。

澳大利亚消费者协会敦促联邦政府保护消费者免于支付这些过多的费用。

消协还希望设立一份社会宪章，以规定进入银行业和银行业负担能力的最低标准。

消协的金融政策官员 Catherine Wolthuizen 昨天说，高额的利润和裁员是双重的打击。

“什么时候才能停止呢？” Wolthuizen 女士说，“如此大规模的裁员，使得银行机构精简到不能再精简，几乎没有多少人员可裁了。”

“对联邦银行这样贪婪的银行来说，赚得多少利润才够呢？在政府采取措施之前，它还会对消费者和社会的需求轻视到何种程度呢？”

《太阳先驱报》，2002 年 8 月 22 日，p. 5

8. 19 解释强制同构、模仿同构和规范同构的概念。这些概念怎样用于解释自愿公司报告实务？

8. 20 Larrinage – Gonzalez（2007，p. 151）写道：

毕马威对公司社会报告的调查结果显示，尽管在 1993 年，来自 10 个国家的前 100 家公司中有 13% 的公司单独报告了公司对环境和社会影响，这一数据在 2005 年的调查中翻了 3 倍，达到 33%（有 16 个国家）。同时，偶然的观察发现，在 20 世纪 90 年代，“环境”和/或者“健康和安全”报告占主导，而近些年来，大多数公司发布的是“环境和社会”，或者是“可持续”报告。要特别指出的是，从 2002 年的调查到2005年的调查，标记为“可持续”和“环境和社会”的独立报告的百分比（全球前250家公司）从24%上升到85%，同时环境、健康和安全报告的比例下降了（从73%下降至13%）。

要求：运用制度理论解释从环境、健康和安全报告大规模地转换为“可持续”和“环境和社会”报告的原因，以及报告名称改变的原因。

8.21 利益相关者理论、合理性理论与制度理论会在何种程度上对自愿的公司报告实务提出既相互竞争又彼此独立的解释观点?

8.22 在2005年7月，很多报纸中的文章讨论了快餐业“巨头”麦当劳在澳大利亚减少使用澳大利亚农场出产的作物（特别是土豆)，而倾向于使用从海外进口的产品。在一次对麦当劳澳大利亚网站的浏览中（2005年9月)，发现了一篇题为《在最近的媒体报道中把事实弄清楚》的新闻稿。这篇稿件是以自问自答的形式呈现的。麦当劳给自己提出的问题有：

· 麦当劳计划抛弃澳大利亚的农民吗?
· 我听说麦当劳要进口牛肉和橙汁。
· 麦当劳不会公正地对待这些农民，这是真的吗?

每个问题下设的答案都表明人们对麦当劳的担忧都是毫无根据的。

要求：

（a）用合理性理论和媒体议程设置理论解释麦当劳的反应。

（b）你认为麦当劳需要通过这些披露来保护其具有的高度“合理性”吗?

8.23 在一篇题为《利润放在健康之前：烟草制品成了超级市场促进大幅盈利的前10位商品》（《医药新闻》，2008年2月28日，p. 12）的文章中写道：

品牌香烟——澳大利亚英美烟草公司产的温菲尔德牌香烟——是超级市场销量第一的产品。

作为一名健康专家，我希望你和我一样，觉得这个消息令人厌恶。它完全是对这一事实的嘲弄：两家大型超市，Woolworths 和 Coles，一直试图染指药品市场。

通过这条信息，我们只能得出这样的结论：比起健康，他们更看重利润和贪婪。我敦促澳大利亚的药剂师们重视这个问题，因为再过不久，我们就会成为零售环境中为数不多的重视健康的企业了……然而借由在营销渠道中的大额投入，超市有能力说服澳大利亚民众他们的健康问题不在超市的考虑范围内，并且打出这类营销口号，如“人们要吃新鲜食品”。

要求：从合理性理论的角度和利益相关者理论的角度来解释澳大利亚的超市如何，或者是否会对这种公众舆论做出回应。

第9章　拓展的会计系统——在对外报告中纳入社会和环境因素

学习目标

在完成本章的学习之后，读者应该：

·了解关于企业责任的各种观点；

·能够解释组织责任和组织受托责任之间的关系；

·了解会计和受托责任之间的关系；

·了解不同的理论观点，这些观点能够解释组织为何会自愿向公众提供关于其社会和环境绩效的信息；

·了解最近在社会和环境会计中一些动向的理论基础；

·能够解释可持续发展的概念，并且能够解释组织如何报告在实现可持续发展的过程中所取得的进展；

·能够辨别传统财务会计在使报告使用者能够评价主体在社会和环境绩效方面的局限性。

开篇问题

1. 世界上的许多企业在公布的报告中讨论了它们的经济、环境和社会绩效。有许多企业公开声明其对可持续发展做出的承诺。例如，壳牌公司在《负责任的能源公司：壳牌2007年可持续发展报告》的前两页中写道：

> 欢迎阅读《壳牌公司可持续发展报告》。在此报告中描述了为兑现我们要促进可持续发展的承诺，我们在2007年所做的努力。对于我们来说，这意味着以对经济、环境和社会负责任的方式来满足世界不断增长的能源需求。包括现在负责任地经营我们的企业，并在未来帮助建立起牢靠的能源体系……十年前，在1997年的壳牌总体经营方针中，我们第一次做出了促进可持续发展的承诺。从那时起，它对我们越来越重要……对于我们来说，促进可持续发展意味着以对经济、环境和社会负责的方式来满足世界不断增长的能源需求。简而言之，就是确保我们的未来能源充足……为了兑现这个承诺，我们必须有意识地平衡短期和长期的利益；将经济、环境和社会的考虑因素纳入经营决策中；定期与我们的众多利益相关者沟通。我们还下定决心，用创造力和忍耐力解决看起来难以逾越的环境和社会难题……我们仍然承诺促进可持续发展，因为这符合我们的价值观念。它使我们更具有竞争力和盈利能力。它让我们更贴近顾客、员工和邻居，减少了我们的经营和财务风险，促进了有效经营，并为未来创造了新的有利可图的经营机遇。

向着可持续发展的目标迈进需要组织明确考虑其经济、社会和环境绩效的各个方面。但是为什么企业会把可持续性作为公司的目标而不是简单地以持续增长的盈利为目标呢？此外，如果一个主体接受可持续性报告（报告提供经济、社会和环境绩效的信息），这又会如何影响企业对受托责任的认知？

2. 世界上有很多职业会计团体都在积极倡导学者们对各类社会和环境报告问题进行研究。例如，在2004年，英格兰及威尔士特许会计师协会编制了一份题为《可持续性：会计师的作用（ICAEW，2004）》的报告。另一个总部设在英国的会计机构——英国特许公认会计师公会——自1991年起设立了一项环境报告奖（后来改为可持续发展报告奖，此奖项在许多国家实行，包括澳大利亚和新西兰）。在澳大利亚，澳大利亚特许会计师协会在1995年成立了环境会计特别工作组（后来成为三重底线问题组）。这类活动让我们产生这样的疑问：社会和环境报告问题是否真应该由职业会计机构解决？如果不是，那么谁有责任制定社会和环境报告指南？

3. 你认为组织应该披露何种社会和环境信息（一个规范的问题），他们应该披露给谁（谁是相关的利益相关者）？你认为你对组织受托责任的看法与本书其他的读者一致吗？你认为这些评价会带有多大的主观性？

引　言

本书前七章主要讲的内容是对外公布的财务会计信息在描述主体的经济/财务绩效方面的作用。鉴于这本书的书名——《财务会计理论》——将重点放在财务会计上自然无可非议。在学习财务会计的过程中，我们了解到在大多数国家，财务会计受到公司法、证券交易规定和会计准则的严格约束。然而，与之形成对照的是，主体在向公众披露社会和环境绩效信息时却缺乏相关的监管要求——这也是本章关注的重点。例如，在澳大利亚，大量的会计准则都是针对与财务绩效有关的问题，而没有一项会计准则关注社会或环境绩效。这一现象似乎在短期内不会有所改变。与之相似，尽管人们越来越关注气候变化等问题，以及大型企业对这类问题做出的实际贡献（以及公司帮助制订解决方案的能力），《公司法》和澳大利亚证券交易上市的规定强调财务业绩，却很少关注非财务特征——如社会和环境绩效。然而多年以来，澳大利亚国内外的许多组织都自发地向公众披露社会和环境对其经营的影响。

在第8章，通过探讨用于解释自愿（非监管）报告实务的理论，对于更广泛意义上的（非财务）组织活动，我们检验了一些与其受托责任相关的问题。在这一章中，我们将通过回顾研究机构的快速发展状况，形成我们对这些问题的理论解释。这些机构研究的是被越来越多的组织采用的社会和环境报告实务。这些社会环境报告实务经常被称为"公司社会责任报告"或"可持续发展报告"，后者涵盖除社会和环境可持续发展之外的（更传统的）财务/经济绩效的可持续发展。社会和环境报告通常包括向各类利益相关者提供主体绩效的信息，这些信息是关于主体与其所在的物理与社会环境之间的相互作用，还包括主体对员工的支持，对本地和海外社区的支持、安全纪录和自然资源的使用。公司社会责任本身已有很多种定义。一个被普遍接受的定义是欧共体委员会提出的（2001，p. 6）。它将公司社会责任定义为：

> 通过这一概念，公司自愿将社会和环境关注的焦点整合进企业经营以及与利益相关者的相互作用中。负有社会责任是指不仅满足法律的期望，还要超过标准，将"更多的人力物力"投入到人力资本、环境以及与利益相关者的关系之中。

由于公司社会责任报告（或者是我们经常提到的社会和环境报告）的领域相对较新，并且在不断变革（而且通常未受监管），对于涉足这个领域的会计师来说，这是个令人兴奋的领域。我们将看到新"类型"的会计人员——环境会计师和社会会计师——他们与"传统的"财务会计师一道工作。尽管缺乏相应的监管规定，要求公司准备一个账户，用来解释其对社会和环境的影响，并描述它们的社会和环境绩效，但许多大公司都自发地提供了在这些领域合理的综合账户。[①]

9.1 社会与环境报告发展史概述

早在20世纪90年代初，许多国家的公司就普遍开始披露企业经营对社会和环境的影响，这期间许多大型公司在报告它们对环境的影响方面取得了长足的进步。接着，大约从20世纪90年代中期开始，报告组织经营对社会的影响变得越来越流行（ICAEW，2004）。在90年代中期之前，这些实务采取的形式是在年报中披露（与财务报告一起）环境（后来是社会）政策、实务以及/或者是提供报告的组织的影响。随着这些报告实务被更广泛地采用，一些组织做出的社会和环境披露范围也越来越广，一些"走在前列"的组织开始将其详细的社会环境披露从年报和财务报表中分离出来，形成一份独立的社会和环境报告（但仍在年报中将这些披露加以总结）。一些公司早在90年代初期就开始编制这些独立的可持续发展报告。然而，自90年代末，独立形式的报告才开始被普遍接受，并成为一些国家和行业部门中的许多大型跨国企业的标准实务。例如，在澳大利亚，发布独立报告阐述在社会和环境方面绩效的大型组织包括：

· 必和必拓公司，其最新的报告（在撰写本书时）名为《为未来提供资源：2008 必和必拓可持续性报告》。在 www. bhpbilliton. com. au/bb/sustainableDevelopment/reports. jsp 上可以找到。

· 西太平洋银行公司，它在2008年发布了两份报告，分别是《环境、社会和治理绩效报告》和《利益相关者影响报告》。两份报告可以在 www. westpac. com. au/internet/publish. nsf/Content/WICR + Sustainability + Reports 上找到。

· 保瑞有限公司（Boral Ltd），最新的一份报告名为《2008 保瑞可持续发展报告》，可以在 http：//www. boral. com. au/common/CI _ CommunitySustainability. asp? nodes = &AUD = CommunitySustainability&site = CI 上找到。

· Wesfarmer 有限公司，最新的报告名为《可持续发展 07》，可以在 http：//www. wesfarmers. com. au/wesfarmer%5Fsusrep/上找到。

· VicSuper，最新的报告名为《VicSuper 可持续发展报告》，可以在 http：//www. vicsuper. com. au/www/html/964 - sustainability. asp？intSiteID = 1 上找到。

自20世纪90年代末期以来，许多公司加大了对互联网的使用，以传播有关社会环境政策和绩效的信息。许多组织还通过互联网参与到与各种利益相关者的对话当中，探讨不同的社会和环境问题。

尽管社会和环境报告实务在20世纪90年代初至90年代中期才在许多国家普及开来，但这并不是该实务发展的全部历程。一些研究发现并分析了一些非财务的自愿披露，这些披露是以不同的公司报告形式出现的，时间大概在90年代之前相当长的

① 为了深入了解众多编制社会环境报告的不同组织，我们可以参考不同的网站。在澳大利亚，澳大利亚环境、水、自然遗产与艺术部建立了专门的网站，上面提供了很多澳大利亚社会环境报告的链接。网址：www. deh. gov. au/industry/corporate/per/reports。CorporateMonitor. com 网站提供了全球范围内编制社会环境报告的公司的链接。它的网址是 www. corporatemonitor. com。

一段时期内，这证明了社会和环境报告的形式已经存在了几十年。

例如，Guthrie 和 Parker（1989）查阅了澳大利亚的公司 Broken Hill Proprietary 自 1885 年以来 100 年间的社会披露；Unerman（2000a，b）发现了英属荷兰壳牌石油公司自 1987 年以来每年的各类报告中都存在社会披露的证据——这些披露从 20 世纪 50 年代开始变得越来越普遍；Hogner（1982）发现的证据表明早在 1905 年，美国钢铁公司就有社会报告实务；Tinker 和 Neimark（1987，1988）以及 Neimark（1992）分析了美国通用汽车公司自 1916 年以来的年报中社会类别的披露；Adam 和 Harte（1998）分析了 1935 年以来英国的银行和零售业的社会报告形式。还有其他一些研究检查了 20 世纪六七十年代公司报告中的社会和环境披露，如 Buhr（1998）和 Campbell（2000）。因此，更精确地说，从 90 年代初期开始的社会和环境报告的发展是一种非财务报告实务的发展，而不是一个完全新兴的现象。

到目前为止，我们在本章中一直在用“社会和环境报告”和“可持续发展报告”这样的术语，其实还有另一个相关的重要概念是“三重底线报告”。三重底线报告由 Elkington（1997）定义为提供主体经济、环境与社会绩效信息的报告。大型跨国企业壳牌公司肩负起了普及这个概念的责任，因为它是在 20 世纪 90 年代第一个提出并发布“三重底线报告”的组织。报告的概念所针对的经济、环境和社会绩效这三个要素（或者是“底线”）直接与可持续发展的概念和目标联系在一起——这也是自 90 年代初以来在许多国家和大型企业的议程中逐渐显现出来的东西。可持续发展有不同的定义，但其中被最经常引用的是“既满足当代人的需求，又不危害后代人满足其需求的发展”（世界环境与发展委员会，1987）。

人们经常认为，如果通过恰当的应用，三重底线报告提供的信息可以使报告的读者能够评价组织或社会运作的可持续性如何。通常的观点是具有可持续性（长期的观点）的组织（或社会）必须在财务上是安全的（由获利能力这类衡量标准证明）；必须将负面的环境影响最小化（理想状态是完全消除）；必须表现得与社会期望一致，否则会失去“经营的社会许可”（我们在第 8 章讨论的概念）。这三个因素很明显高度相关。由于公司在经营过程中越来越重视“可持续性”，所以我们现在要深入考虑这一概念。

9.2 可持续发展的理念

自从 20 世纪 70 年代以来，在许多论坛上讨论过关于持续的经济发展对于环境和人类的影响。可持续发展并不是一件轻易能实现的事，很多人认为，至少在现阶段，可持续发展还只是空谈。

在世界范围内将可持续性纳入政府和企业日程的重要一步是由联合国代表大会提出的一份报告。这份名为《我们共同的未来》的报告是在 1987 年，由世界环境与发展委员会呈交的，当时该委员会的主席是挪威总理 Gro Harlem Brundtland。这份重要的文件后来广为人知的名字是《Brundtland 报告》。报告的内容简要来说是制定一项全球日程，通过变革来抗争或缓解对全球环境的持续压力——这些压力明显是不可持续的。公认的观点是企业必须改变其经营的方式，并且它们必须学会质疑其持有的传统经营目标和原则（有可能是受到政府的鼓励）。正如已在本章中指出的，

《Brundtland 报告》将可持续发展定义为：

……既满足当代人的需求又不危害后代人满足其需求的发展。

《Brundtland 报告》明确提出公平问题，尤其是与世代间公平相关的问题是可持续发展日程的核心。也就是说，在世界范围内，我们必须确保当代人的消费模式不会对后代人的生活质量产生消极影响。具体来说，我们应该能够说我们留给子孙的星球与我们从上一辈那里继承来的星球一样完好（希望状态更好）。朝着可持续性努力暗含了在做决策时，不应受短期自身利益的驱使（这是规范的主张）。这意味着为当代人创造的财富不应建立在将一切消耗殆尽的基础上，（现在）我们的消费和个人财富的积累，尽管在经济上或许是“合理的”（应用经常出现在经济学文献中的定义），但从全球或世代间的角度来说不一定是合理的。①

多年以来，来自不同途径的证据表明，人类活动（包括经营活动）对生态的影响已经超出了地球对这些影响的承受力（例如 Venetoulis、Chazan 和 Gaudet，2004）。该证据表明达到我们现在的消费水平（以及其他活动）是以破坏我们子孙后代赖以生存的生物圈为代价的。如果我们继续以这个水平“消费”世界的环境资源，那么总有一天，生物圈会被破坏到无法再支持接近现有人类数量的人类的生活——对于自然、社会和企业盈利能力，显然这不是种可持续的状况。就像在会计头条 9.1 中所指出的，这一观点现已成为世界科学界的主流观点。

会计头条 9.1　可持续性以及科学界的观点

据预测，这是气候变化

连续一年的气候灾害促使政治家们接受20年前的告诫，Geoff Strong 写道。

如果说战争教会了美国人地理，那么需要什么能让他们以及同样恣意挥霍矿物燃料的我们明白全球正在变暖呢？美国遭受了两次猛烈的飓风带来的死伤和巨额经济损失，在飓风 Wilma 上周再次袭击美国之后，人们开始注意到全球变暖的信息了。

在澳大利亚，最大的冲击莫过于联邦环境部长 Ian Campbell 承认争论到此结束了：人类不得不承认是他们的活动导致全球变暖，而且结果是灾难性的。

但是我们为什么要花这么久的时间才开始严肃对待这个问题，也才刚刚开始采取措施？了解温室效应的科学家们至少在20年前就已确信全球正在变暖了。

问题之一似乎是科学对确定性的定义让普通人，尤其是让公众选出的政府官员们听来有些含糊不清，更何况这些人大都不了解科学。

我的第一份关于温室气体导致全球变暖的报告提交给了现已停止出版的《国家时报》，距今有近20年了。我记得问起过科学家们，他们预测的结果准确性如何，得到的答案在随后这些年里一直不变：“我们并不是百分之百的确定，但是我们认为后果会是……”

从科学的角度，这表示他们95%～99%的确定，但留有1%犯错的余地，以防有人在论文中将其断章取义。

① 因此，追求最终实现可持续发展的人不但不会受自身利益驱使，而且不会把创造财富置于其他一切之上。如果我们相信第7章中介绍的实证会计理论家们采用的假设，即所有的行动都是受自身利益驱使，那么对于人们会考虑后代人的需求就不抱什么希望了。我们希望实证会计理论家们的假设不总是对的，否则地球就有大麻烦了！

保险业是世界上最大的赌徒，他们不需要这么高水平的确定性。至少从1995年开始，保险业就笃定这些预测是正确的。

在那一年的三月，世界最大的再保险公司，慕尼黑再保险公司宣称，变暖是人为导致的，并且加剧了自然灾害的发生，这一言论震惊了整个行业。公司的地质科学研究小组负责人 Gerhard Berz 博士说："今天，毫无疑问，全世界风暴、雷暴和洪水发生的次数和强度都在不断增长，这要归因于迅速上升的空气和海水温度。"

尽管借助超级电脑建立气候模型的研究进行了多年，都不及科学家们在1986年匆忙列出的气候变化引发的后果，这些结论最终被证明是十分准确的：气温变化，极端事件和水文学的预测，雪盖和生态学的研究从未停止，一些变化正在处于密切的观测之中。

我们位于 Aspendale 的澳大利亚联邦科学与工业研究组织大气研究部门的科学家们不受背景噪音的影响，甚至推测出了气候变化的影响会在何时首次显现出来的准确时间。他们预测说会在2000年之后出现，结果正是如此。

我回顾了对一些科学家的采访，其中包括部门的前负责人 Graeme Pearman 博士，以及科学顾问 Willem Bouma 博士。Pearman 说现在大气中二氧化碳的含量是两千万年来的最高水平。"20年前我们不知道的是二氧化碳在大气中会存留多久，我们现在知道这个期限是80年。"

不仅如此，我们生活的这个世界有超过60亿人口，地球承受着前所未有的巨大压力。

Bouma 说，事后看来，或许科学家们本应在发布预测时采用不同的措辞，并向公众传达更大的确定性，否则就不会浪费20年的时间。科学家们表示的不确定性，虽然为他们保住了后路，却让那些支持使用矿物燃料的院外活动集团和右翼集团等特权阶层展开了争论，拖延了20年的时间。

反政府的智囊团介入所有事情，除了放纵人们把气象学家刻画成追名逐利的人。

（关于气象学家说法的）争论的缺陷在于：首先，没人想看到事情发生；其次，如果有人能够证明事实并非如此的话，就会得诺贝尔奖了。

报道科学家们言论的记者也受到了公众的嘲笑。在1999年，一位读者将我告到媒体委员会，因为我曾写道："全球变暖已经持续10年了"。指控我的罪名是我没把氧气给予不相信氧气存在的人。

指控最终被驳回了。

问题是全球变暖的复杂性。通过一些能使科学变得浅显易懂的人，如 Tim Flannery，这种复杂性变成了一件幸事。

我们可以做出改变。最简单且痛苦最少的方式之一是在每一栋新住房上强制安装太阳能热水系统。热水消耗了家用能源的25%。而太阳能系统可以将这种耗费减少80%。任何其他的投入成本都会由减少的能源账单补偿回来。

国家气象中心在强调这种措施的价值时说，今年夏天维多利亚州很可能比往年热，这会导致空调的大量使用，而空调会引起温室效应。

正如飓风已经向我们证明的，地球的大气层能够摧毁人类为文明社会精心构筑的制度与结构。在卡特里娜飓风袭击新奥尔良之后，法律与秩序的迅速瓦解应该作为人类社会脆弱性的证明。我认为和将来与天气的斗争相比，我们对基地恐怖主义的战争显得无足轻重。

当我在写第一份报告时，最关注的问题之一是海平面上升，国家时报的编辑还附上了一幅国家歌剧院被海水淹没的漫画。如今，气象学家承认他们过去过高估计了海平面上升的问题，而且对海平面上升的预测也很不准确。

国家歌剧院很可能是安全的。孟加拉国，图瓦卢和基里巴斯就可怜了。

《年代报》，2005－10－31，p. 13

上面对可持续性的定义是解决世代间公平问题的要求，也就是说，要满足所有“当代世界居民”的需求，就要采取策略缓和现在困扰各国人民的贫困与饥饿问题。而从道德的视角，应明确做出努力以消除贫困与饥饿（这又是规范的主张），从更广泛的视角来看，如果某些群体急需钱（例如，如果他们在挨饿，而森林可以提供“免费”的供暖和收入，有可能期望他们保持森林完好无损吗?），就不可能期待这些群体关注本地或全球的环境问题（对可持续性是必要的）。特别贫困的国家做出的决策，如砍伐大片的雨林，对全世界都有严重的影响。任何对可持续性前景的展望都明确需要在全球范围内解决贫困问题。①

在《Brundtland 报告》之后，另一项有着更深远影响的事件是 1992 年在里约热内卢召开的地球峰会。这次峰会的与会者有世界各国的政府代表、众多的社会环境专家以及非政府组织。这次峰会又一次把可持续发展问题置于国际政治和经济的首要位置。峰会吸引了全球范围内相当多媒体的关注。地球峰会的一个重要成果是 21 世纪日程，这是 21 世纪的行动计划，也将可持续性列为国家间和全球持续发展的首要条件。

在地球峰会召开的同一年（1992 年），欧盟发布了一份署名为《面向可持续性》的文件，并将其作为其第五届行动方案的一部分。方案的建议之一是会计职业界应负起将环境成本纳入成本系统的责任。传统的财务会计忽略了社会和环境的成本和效益，这点我们在后面会讨论到。具体而言，欧盟倡导了一项“对会计概念、规则、惯例和方法论重新定义以将消耗和使用的环境资源计入全面的产品成本，并反映在市场价格中”（欧盟委员会，1992，第二卷，7.4 节，p. 67）。欧盟这项建议的基本原理是如果价格反映了产品的“全面成本”，包括环境成本，那么这类成本会随着生产和消费循环流转，而较高的成本会使消费模式更趋向于具有可持续性。② 至今，全世界的会计职业界都忽略了欧盟 1992 年的这一提议。

继里约热内卢的地球峰会之后，2002 年，在约翰内斯堡召开了第二次峰会。这次地球峰会的成果之一是颁布了一套重新修改的报告程序指南，规定了组织经营对社会和环境影响的报告程序。指南名为《可持续发展报告指南》，是由不同组织在全球报告行动组织的支持下制定的。我们将在本章随后更深入地讨论这些指南和全球报告行动组织。

可持续性理念自 20 世纪 80 年代末 90 年代初经历了重要的早期发展，许多政府、

① 另一个例子，2006 年 2 月发生在菲律宾的严重的山体塌方造成了数百人的死亡，这场灾害部分是由于非法的木材采运导致森林大面积减小。

② 这里存在道德问题，因为只有富人才能购买定价较高的产品（带有较高的“环境价格”）。

行业和职业团体以及非政府组织颁布了不同的文件来解决向可持续发展转换的需求。的确，可持续性似乎成为全世界政府和企业界的核心，《Brundtland 报告》提出的定义也被广泛接受。作为例子，思考一下下面诺基亚首席执行官在其 2004 年的《环境报告》（p. 4）中的评论：

领先带来的是更大的责任。作为我们行业的龙头企业，诺基亚也努力在环境绩效上成为领导者。后代人依靠我们保护和维持自然环境。我们相信每个人都会各尽其能。

诺基亚以负责任的方式经营，以此来推进可持续发展。我们在产品的生命周期中考虑环境的因素。能源效率一直是持续提高环境绩效的重点之一。我们一直坚持减少产品能源密集度，而在移动设备上使用的材料总量仅占几年前总量的一小部分。

下面内容摘自英国合作金融服务集团（Co - operative Financial Services Group）的《可持续性报告 2007/2008》，其中详细解释了组织承诺维持可持续发展的原因（p. 4）：

合作金融服务（CFS）意识到要以可持续方式发展业务——即业务的发展既满足现在的需求又不危害后代人满足其需求……“盈利能力”对 CFS 的持续存在至关重要，除此以外，“平衡”（在不同利益相关者的需求之间）是我们追求可持续性的关键因素。

我们知道地球的资源存在物理极限（在产生原材料和吸收废物两方面），任何超出这些极限的经营活动显然在长期都是非可持续性的且将需要重建。自然无法承受来自地壳的不断累积的废物，也不能承受来自人类社会的不断累积的废物，尤其是有些成分不能降解为无害的物质。此外，不应减少高产地区的种植面积（容量），也不应减少在这些地区种植作物的种类（多样性），并且必须确保能够在这些土地上栽种作物。我们认为这些是维持生态可持续性的最低要求。

上面的引文又一次强调世界各国的企业要将可持续性牢记于心，商业和会计的学生应该意识到这一点。

采用我们在第 8 章中探讨过的一些理论观点，我们可以进一步讨论如果可持续性成为社会期望的一部分（也就是成为社会契约的一部分），它必然会成为企业的目标。随着可持续发展的概念不断成为各类社会群体期望的一部分，社会群体期望得到组织、政府和其他主体针对可持续性的核心要求如何运作的有关信息。

可持续性和“三重底线”

正如前面提到的，许多组织构想的可持续性由三部分组成：经济、社会和环境。这一模型经常被称为可持续性的“三重底线”法。确实，全球报告行动组织制定出的可持续性报告指南（我们在本章后面的部分讨论）将绩效指标分为经济、环境和社会指标（社会指标又进一步分为劳动习惯、人权、社会和产品责任分级）。企业的财务业绩（或利润），在口语中经常被称为是企业的底线，所以单独关注经济绩效也可被认为是关注财务盈利能力的单一底线（数字）。三重底线拓宽了组织这种评估绩效的方式，从局限于关注单一财务利润底线拓宽至评估经济、社会和环境绩效的三重“底线”。

可持续性的这三个方面在较长时间内会趋于一致。短期内盈利可能会对社会和环境产生消极影响。中期内，假设企业在社会中运作，一些企业活动对社会产生的消极影响会导致社会功能的中断，而这些社会功能对于企业持续盈利是必须的——如基础设施（交通系统，公用事业等）、有良好秩序的市场和对财产权的尊重（法律和秩序）。如果其中任何一个系统遭受破坏，未来的盈利能力都将受到威胁。

尽管企业会逐步解决破坏的问题，并由此从一些被毁的社会系统中获利，但对于很多企业来说，不可能解决因大范围的社会故障引发的问题，这也会增加许多企业的财务成本，因为这些企业将不得不从市场上购买额外的服务。例如，如果许多企业局限于关注利润最大化，导致社会许多部门的失业率上升，贫困加剧，并且，如果法律和秩序遭到了破坏，那么富人可能因此受到威胁，尽管一些企业可以通过向他们提供额外的私人安保措施而获利，但对于大多数其他许多企业来说，由于他们的经营活动/市场会受到消极影响，进而会影响到他们的利润，并且他们还要为个人安全支付额外的费用。

这一情境只是企业关注利润最大化可能出现的众多后果之一，很多人会认为更可能出现其他的情况。然而，这个假想的情境强调了当企业只局限于关注短期利润最大化时，有可能造成社会系统的毁损。① 正如这一情境所证明的，在中期，如果仅关注利润最大化会导致社会系统的损毁，那么这既不是社会的也不是财务的/经济的可持续性。

在较长的时期内，关于平衡经济、社会和环境可持续性的论证颇为直截了当。论证的过程是：经济（包括经营活动）和所有社会系统共同在自然环境中运作。正如在本章之前概括的，如果企业（和其他人类）活动引起生物圈的毁灭，那么就不会有人类进行经营活动、购买经营产品或运营社会系统。在一个极端的假设中，环境毁灭导致人类的灭亡，也就不会再有利润或社会系统。因此，在较长的期间内，环境可持续性对社会和经济可持续性都是必不可少的，所以关注环境方面的“底线”绩效（或最小化的影响）对保证一个可持续的社会和经济底线都是必要的。

这些论证的意义与世代间要求可持续性的意义（我们之前讨论过）相似——在一个可持续的社会和生态系统中，牺牲一些短期的经济利益来确保长期可持续的经济利益是必要的。

Dillard、Brown 和 Marshall（2005，p. 81）解释说，在实务中，利用三重底线法获得可持续性的一个障碍是“社会系统占据主导并且利用自然系统”——尤其是基于经济的（基于利润的）社会系统占支配地位。他们认为，发展可持续性因此要求将这种经济支配生态的社会结构明确颠倒过来。我们只能猜测这样的换位能否发生。基于你对驱动人类行为动因的假设，你有何看法？

9.3 可持续性报告的阶段

我们已经知道组织做出社会和环境报告（可持续性报告或三重底线报告）不是新兴的现象，并且已经讨论过可持续发展的概念，我们现在将注意力转移到在组织报

① 有些人认为，大量不受限制的利润最大化导致众多社会系统毁损的一个真实的例子发生在20世纪90年代的俄罗斯——这个时期，随着苏联的解体，“牛仔资本主义”盛行，一小部分人变得非常富有，而绝大部分人仍在挨饿。

告社会和环境绩效的过程中需要做出的不同评估和决策。这类决策与以下问题相关：

· 主体为什么会决定向公众披露社会和环境绩效的信息？
· 与社会和环境披露直接相关的利益相关者都有谁？
· 组织会做出何种类型的社会和环境披露？
· 披露的格式应该是什么？

上面的第一个问题——*主体为什么决定披露信息？*——与管理层的报告动机有关。例如，由于组织认为它对不同的利益相关者负有*受托责任*，因此组织需要考虑是否要报告，或者报告的目的是否是想赢得强势利益相关者的支持。也就是说，任何特定组织采用可持续性报告都是受道德激励的意愿和关注于经济的动机这两个一般目标的驱使，前者是为了确保组织受益，或不会对社会和自然环境产生消极影响，后者是要运用社会和环境报告保护或提高股东价值。我们在第 8 章探讨利益相关者理论的道德/伦理（或规范）以及管理分支时，讨论过这一系列动机。在本章中，我们将介绍其他一些针对一般目标（或动机）的研究来补充这些观点，这些研究试图解释组织*为什么*会做出社会和环境报告。

一旦确定了主体*为什么*会决定报告，接下来就要决定信息将直接传递给*谁*（上面的第二点）。回顾我们在第 8 章讨论过的利益相关者理论的道德/伦理和管理分支，应该清楚的是，如果公司的社会和环境报告仅仅是满足管理层的推论和制定战略的需要，那么公司的社会和环境报告应直接报告给那些握有并对公司行使最大经济权力的利益相关者。相反的，受道德/伦理（第 8 章描述的利益相关者道德分支）的激励做出的社会和环境报告会试图处理更广范围的利益相关者的信息需求。具体来说，较为“道德”的报告方式会将报告直接呈送给受组织经营影响最大的利益相关者。

一旦组织决定了哪些利益相关者是报告的目标接受人，他们就会考虑这些特定利益相关者的信息需求。接着便会决定披露*何种*类型的信息（上面的第三点），以及社会和环境报告应该处理*什么*问题。辨别主体对*何种*问题负有责任并要对其做出解释，涉及组织与其确认的目标利益相关者之间的对话。一些研究已经阐述了与利益相关者进行沟通的这一过程中涉及的方方面面。

一旦组织确定了报告程序的目标（*为什么*报告），报告程序针对的利益相关者（报告给*谁*），这些利益相关者的信息需求（主体对*何种*问题负有责任并要做出解释——或者是报告应该涵盖哪些问题），社会和环境报告程序的最后阶段就是生成解决这些问题（利益相关者的信息需求）的报告（或者不止以一种报告形式）。这个阶段的内容很多，其中又涉及许多更详细的关于应该*如何*编制报告（一份或多份）的步骤。在这一阶段，尽管在两类报告程序中，有一些问题（如信息的可靠性）同样重要，但社会和环境报告程序的一些要素与财务会计概念框架中规定的财务报告程序相差很多。

在本章的随后几页，我们将按上述社会和环境报告每个阶段的顺序，逐步检验可持续性报告。我们将首先详细地探讨对于一般组织，特别是对于具体参与到公司社会责任和可持续性报告中的公司来说，实施公司社会责任和可持续性报告的动机（或目标，或者是*为什么*的问题）是什么。

9.4 社会和环境报告程序的目标——为*什么*阶段

由于在这一领域缺乏监管，社会和环境报告——本章的主题——主要是一项自愿的程序。即使缺乏监管，很多组织都会向公众发布社会和环境绩效的相关信息。这就引出了“他们为什么选择这样做”这个显而易见的问题。是什么激励他们自愿地公布信息？这些问题的答案直接与我们认为驱动个人行为的因素相关。本书的作者（Deegan）曾多次被要求帮助组织编制社会和环境报告。第一个必要的步骤是要求组织考虑“为什么”要编制报告。这个问题的答案会有助于将“给谁—报告什么—如何报告”的阶段串连起来。

正如我们在前几章中已经看到的，不同的研究人员对企业为何采用特定的经营和报告战略持不同观点。例如：

1. 在第 8 章，我们介绍了合理性理论及社会契约这一相关理念。在采用这一理论观点时我们认为如果管理层认为组织所在的社会期待某种特定活动，组织便会实施这项活动（并提供解释）。也就是说，这是社会契约的一部分，或像企业常说的，是经营许可的一部分。举一个实际的例子，必和必拓公司在其 2008 年《可持续性报告》中专门有一页是关于可持续发展的“商业案例”。[①] 公司记录的其中一个可持续发展的案例标题为《获得并维持我们经营和成长的许可》。[②] 在这个标题下面，报告写道：

> 获取资源对我们企业的可持续性来说至关重要。获取资源的关键在于有效地满足与我们在环境和社会方面的经营相关的强烈的政治和社会期望。

上面的观点与合理性理论的假设一致。根据合理性理论，主体开展的活动如果不符合社会的期望，就会使其失去合理性（会被认为它违背了社会契约），这反过来会影响主体获得社会的支持，进而影响组织的生存。[③] 遵守社会契约并不一定意味着成功。在合理性理论中，组织的合理性被认为是一项有价值的资源，组织的披露政策会对其产生影响。澳大利亚商业理事会（2005, p. 34）在讨论“社会的经营许可”（通常认为等同于“社会契约”）时称：

> 由于公司的不良行为，社会要求对公司进行更严格的监管，进而威胁到公司的经营许可，这样会增加公司的成本并限制其未来发展。最终，这会禁止公司销售某种产品或获取有价值的资源。相反的情况是具有很高 CSR 声誉的公司将更快地获取资源，并且比起竞争者来，受到的监管更少。

有趣的是澳大利亚商业理事会认为遵循社会的经营许可（或社会契约）将是有益的，因为这反过来意味着组织会受到较低程度的监管。

---

① “商业案例”经常被用于解释公司为什么会采用公司社会责任（CSR）活动。澳大利亚商业理事会（2005, p. 6）宣称“他们的会员企业都积极地参与 CSR 活动，因为有这样的商业案例让他们这么做。”这暗示了如果没有这个商业案例，这些会员就不会接受公司社会责任的概念了。可以说，在理想情况下，对于追求可持续性和解决气候变化的紧急行动，不应用商业案例来解释它们的正当性。

② 这个商业案例在 BHP 之前的多份《可持续性报告》中都被提到过，而且内容都一样，只有 2008 年的报告中没有。必和必拓公司也将关键定义汇编在一起。在这份汇编中，他们将“经营许可”定义为“为了设立并经营企业，而要确保和维护社会和监管者的信心和信任”。

③ 在第 8 章中讲过，社会契约是合理性理论中使用的概念，代表了社会对组织应该如何经营的大量的隐性和显性的期望。社会允许组织在满足社会期望的情况下持续经营。这些期望会随着时间而变化，不同个体（包括组织的经理）对这些期望在给定的时点上真正包括什么会有不同的看法。因此，不可能以任何形式精确地描述出社会契约的具体内容——然而，可以说，社会契约仍是一项描述组织与社会之间关系的有用构想。

2. 在第 8 章中我们也介绍了利益相关者理论。我们了解到利益相关者理论的一个观点（管理/实证观点而不是道德/规范观点）预测管理层可能会更趋向于满足强势利益相关者的期望。强势利益相关者控制着既稀缺又是实现组织目标（或者是管理者的目标）必不可少的资源。对大多数企业来说，强势利益相关者是那些有最大潜力影响企业产生最多的财务收益（或利润）的主体，换句话说，是那些对企业有最大经济权力和影响力的利益相关者。从这一理论角度来看，预计管理层会接受强势利益相关者期望的经济、社会和环境活动，并向他们解释这些活动。第 8 章还介绍了利益相关者理论的道德分支。这一分支采用了规范的观点，并且规定，对于受组织经营影响的相关者，不论他们是否会行使权力，组织都应考虑他们的权利。在这一理论观点下，利益相关者的定义更加宽泛，并且与 Freeman（1984）的定义一致。Freeman 将利益相关者定义为“任何受到实现企业目标的影响或能够影响企业目标实现的集体或个人”。[①] 因此，“为什么报告”这一问题的答案直接取决于管理层接受道德还是接受管理的推论。

3. 在第 8 章我们还进一步介绍了 Gray、Owen 和 Adams（1996）提出的受托责任模型。这个规范模型与利益相关者理论的道德分支有很多共同之处，在这个模型下，组织负有很多责任（至少包括法律的要求，还包括未纳入法律范畴的社会期望的要求），伴随着组织的每个责任，利益相关者都会获得一系列权利，包括由组织声明其受托责任与利益相关者的期望有关，由此获得的信息知情权。很明显，确定责任并不简单，不同的人对企业的责任，以及企业的受托责任有不同的观点。受托责任模型与利益相关者理论的道德分支相关。

4. 我们在第 8 章还介绍了制度理论。这个理论观点假定组织的经理们会由于各种各样的制度压力而制定或采用新的实务（如公司社会责任和/或者社会和环境报告）。例如，其他组织在这些领域制定了新的实务，经理们便会担心如果他们不仿效这些组织的做法，他们就会有这样的风险：一些在经济上强势的利益相关者会不认可他们的做法。

5. 在第 7 章我们介绍了实证会计理论。该理论预测所有人都受自身利益的驱动。[②] 就理论本身而言，该理论预测只有某些社会和环境活动及相关披露会为企业的管理层带来财富，企业才会开展这些活动并做出披露。

因此，经理们在决定披露信息（其中包括社会和环境绩效信息）时有不同的动机。这些不同的理论观点在解释组织为何会自愿做出社会和环境报告时并不相互矛盾。此外，正如在整本书中强调的，为解释特定行为而接受某一理论至少部分上是与个人的价值体系紧密相关的。

以上对可能的报告动机的讨论与特定理论紧密相联，有趣的是，行业认为某些因素会促使公司担负社会责任，并为他们的社会和环境绩效做出解释。2005 年年末，

---

① 在必和必拓公司的 2008 可持续性报告中，公司将它的利益相关者定义为“任何受必和必拓公司或其经营产生的财务或者安全、健康、环境和社会绩效影响的个人、集体或利益方”。这样的定义与研究利益相关者理论道德分支的人会采用的定义一致（例如，Freeman，1984），这一定义是基于必和必拓公司对利益相关者的影响，而不是利益相关者对公司可能产生的影响。

② 就理论本身而言，之前也提到过，这一理论很可能不希望向可持续发展迈进——如果我们接受了本章之前讨论过的《Brundtland 报告》对可持续性的定义，这种迈进会要求当代人停止消费以确保后代人的需求得到满足。为了后代人的利益牺牲现在的消费与**实证会计理论**中自利的核心假设是相互矛盾的。

在澳大利亚政府对公司社会责任的一份调查中，澳大利亚商业理事会呈交了一份报告，其中确认了大量“现有的面向更多公司社会责任的动机”。其中包括：

· 雇员招聘，激励和保留；
· 学习和创新；
· 声誉管理；
· 风险概况和风险管理；
· 竞争力和市场定位；
· 经营效率；
· 投资者关系与资本的取得；
· 经营许可。

2005 年澳大利亚政府调查的目的是为了考虑在公司社会责任和相关报告中引入更多的监管要求有何优点。调查要求利益相关方提出反馈意见，这次调查收到了 100 多份意见——其中很多来自公司和行业机构。许多公司和企业协会——如澳大利亚商业理事会——都反对引入额外的立法。我们可以用本书第 3 章中讨论过的一些监管理论解释这种反对立法的行为。①

如果我们考虑上述澳大利亚商业理事会确定的“动机”——这些动机被认为是在缺少监管的情况下也足以让公司做“正确的事”——我们可以看出这些动机都是使企业的价值实现最大化，而不一定非得是因为与之有互动关系的利益相关者做了“正确的事”（即动机与管理者的推论而不是与更广泛的道德考虑因素相关）。的确，澳大利亚商业理事会在反馈意见中通篇都提到股东价值最大化的必要性。理事会在报告中称：

> 任何活动或责任的试金石是这项活动或责任的表现是否能合理地促进股东价值的增长。

这类观点将股东置于所有利益相关者“权势等级”中的第一位。我们可以再一次质疑，仅使某一利益相关者团体（投资者）的财富达到最大是否能够长期解决气候变化这类真实存在而又不断变化的问题——我们认为不是。因此，如果我们询问澳大利亚商业理事会，公司“为什么”要做出报告，他们很可能回答这样做是为了股东的利益。相似地，采用了这一观点，理事会很可能认为如果解决气候变化的问题能够增加股东价值，那么它的成员应该仅解决这一个问题。确实如此，公司社会责任活动会为企业的所有者——股东——带来正面的效益，商业组织经常以此证明这类活动是正当的。澳大利亚商业理事会（2005，p. 11）称：“社会和环境等更广泛的参考因素，对于增加和保护长期价值以及相应潜在的、在一定时间内可以实现的股东财富来说是必不可少的。”组织做“正确的事”以及环境会为所有者（股东）带来效益的想法经常被称为“开明的自利”。例如，理事会在谈到公司社会责任（雇员招聘，激励和保留）的一个商业案例时称：

① 澳大利亚商业理事会（2005，p. 6）指出，“鉴于定义公司社会责任（CSR）的难度，以及 CSR 活动已经被澳大利亚的大型公司广为接受，通过立法干预，强制要求采用 CSR 会产生风险，即抑制现已采用 CSR 的澳大利亚公司对 CSR 方法的改革和创新”。我们很难确定这个论点的逻辑性，因为如果政府为 CSR 活动设定了最低标准，我们并不清楚这是否会抑制公司的改革和创新。正如很多公司现在已经做到的，他们可以轻易地做到比立法要求的更多。立法仅会为公司必须承担的社会和环境责任设立一个较低的限制。

公司是否能够成为有吸引力的潜在工作场所，是受其声誉的影响。吸引和挽留具有最丰富技术和经验的员工符合公司的战略利益，并且可以通过维持公司具有道德和吸引力的声誉，来鼓励这种做法（着重补充）。

会计头条9.2和9.3提供了公司在一些场合显示“开明的自利”的例子。在这些场合中，接受某种社会和环境绩效标准会给公司和所有者带来好处。

会计头条9.2　论证表明，即使缺乏监管，公司也会受到激励，提高社会和环境绩效

责任不再是问题

Tim Sheehy

在澳大利亚，并没有出现强制的规定，要求加强监管以使企业负有更多的社会责任。

现有的法律要求经理的行为要满足企业整体的最大利益，这也就允许企业考虑决策对利益相关者而不是股东的影响，利益相关者包括雇员、消费者、供应商、投资者和更广泛的社会群体等。

具有高水平绩效文化的企业之所以已经接受了公司责任，仅仅是因为这对企业有益。

我们可以愈发清楚地看到，那些忽略了其经营活动对社会和环境产生的长期影响，并拒绝参与与利益相关者持续对话的公司，是在将其自身的长远未来置于风险之中。

简而言之，澳大利亚注册秘书协会（CSA）并不支持任何立法，强制要求将社会责任作为经理的职责。

增加股东参与度的巨大好处之一是认识到目光短浅只关注短期利润不是可持续经营的方法。相反，真心实意地履行公司责任的政策可以为公司创造价值、建立消费者的信任、促进创新——这些都会给予公司竞争优势，并在长期经营中树立坚定、积极的公司形象。

很多澳大利亚的公司已经提出了公司责任的倡议。

例如，澳大利亚国家银行参与了碳排放项目，在这个项目中，全球85家机构投资者对《金融时报》评出的最具价值的前500名公司进行评估，评估的依据是这些公司在核心业务中考虑碳排放和气候变化的风险的程度。

与澳大利亚国家银行相似，必和必拓公司在全球开展了一系列公司责任活动，并在年度可持续性报告中对这些活动进行了综合报告。

良好的公司责任不应仅限于大型公开上市的公司。澳大利亚苏黎世金融服务有限责任公司与国际联合劝募协会合作开展了一个项目，该项目支持并鼓励员工花时间参与社会活动并向社会捐款。苏黎世最近还提出了一项全国绿色办公室倡议，鼓励更加环保的办公。

Flinders Ports Pty Ltd 赞助了南澳大利亚航海博物馆，并通过南澳调查科学中心资助“Port的一天”教育项目。

这些仅仅是一小部分例子，我们从中可以看出，在澳大利亚的公司里，是什么正在迅速成为正确的企业业务实务。现实的情况是，在没有监管的干预下，良好的公司责任正在形成。如今，通过参与社区活动，许多公司正仰赖公司责任带来的价值。

Tim Sheehy 是澳大利亚注册秘书协会的会长。

《年代报》，2005 - 10 - 27，p. 3

会计头条 9.3　简报：承担社会责任会带来商业利益

AMP 称，承担社会责任是值得的

Chris Wright

一项研究报告显示，承担社会责任的公司股价比其他公司一年高出 3%。

AMP Capital Investors 经营着 AMP Capital 澳大利亚可持续股票基金，分析了 4 年和 10 年这两段时间里，公司社会责任、公司对利益相关者的行为、员工和环境对股价表现的影响。

在排除了部门、规模和势头的影响后，AMP 得出结论：承担更多社会责任的公司股价比承担较少社会责任的公司股价在 4 年之中每年高出 4.8%，在 10 年之中每年高出 3%。行业可持续性的数据，社会、经济和技术趋势影响行业长期可行性的数据都不具有统计意义。

澳大利亚伦理或社会责任投资（SRI）基金管理的资金有 46 亿美元，根据伦理投资协会的消息，它长期以来一直试图说服投资者其使用的技术不会妨碍他们业绩的增长。

争论有两种观点。反对的一方认为，那些能够限制投资股票的基金也会限制股票的表现优于竞争者。另一方认为，那些对员工、股东和环境履行可持续实务的公司在长期经营中会更胜一筹。

尽管 AMP 的研究支持的论点是在道德上表现好的公司股票业绩良好，但更相关的问题是伦理基金能否经得起与主流竞争者的比较。AMP 宣称即使与主流经理们相比，在 1 至 3 年内，它的基金都会排在前 1/4 以内。然而，Mercer 投资顾问公司称每一年 SRI 经理的平均表现都逊于澳大利亚股票基金的平均表现。

《澳大利亚金融评论》，2005 - 03 - 31，p. 19

在考虑是什么激励经理们报告特定信息时要考虑到企业的受托责任。正如 Gray、Owen 和 Adams（1996）在其提出的受托责任模型中指出的——第 8 章中描述过，前面也简要地提过——组织的管理层是否选择披露特定信息（即他们是否会做出解释）至少部分上是因为他们认为组织对某种类型的业绩负有受托责任。也就是说，做出某种解释的行为（即会计）直接与对责任以及企业问责的认知紧密相关。

9.4.1　企业责任的狭隘观点

世界上的许多公司开始践行提供有关主体的社会和环境绩效信息的报告机制暗示着这些组织的管理层认为他们不仅对经济绩效有受托责任，对社会和环境绩效也是如此。尽管很多人持有这一观点，但这并不是所有人都认可的观点。例如，如果我们采

用一个相对极端的观点，即公司除了产生利润之外不负有任何社会或道德的责任，那么也就没有必要编制社会和环境报告，除非这些报告会提高公司的盈利能力。例如，考虑著名经济学家 Milton Friedman 的观点。在他的一本被广为引证的书，《资本主义与自由》中，Friedman（1962）反对公司管理者除了要实现利润最大化，还负有道德义务这一观点，他写下了（p. 133）这样的观点：

……显示了对自由经济的特征与性质的根本误解。在这种经济中，有一种且仅有一种企业责任，在遵循市场规则的条件下，企业使用资源并参与增加利润的活动，即在没有欺骗和舞弊的情况下，参与到开放、自由的竞争中。①②

可以说，除非社会和环境报告能够提高企业的盈利能力，否则 Milton Friedman 并不是社会和环境报告的有力拥护者。会计头条 9.4 提出了许多关于企业责任，以及公司社会责任和“底线”之间关系的问题。这篇文章也反映出一些与 Friedman 对公司社会责任的观点不同的见解。

会计头条 9.4　关于企业社会责任的观点

赚得社会声誉的企业

Leon Gettler

经济学家 Milton Friedman 曾写道“企业的社会责任是提高利润”，在近四十年之后，企业的总裁们说他们想带头解决像教育、卫生保健和外交政策等社会政治问题。

McKinsey 咨询公司进行的一项研究发现，几乎半数美国的总裁想扮演一个更重要的角色。而只有 1/7 的总裁认为自己只要做好现在的工作就好，给出的理由是没有时间，怕会招致针对他们或公司的负面宣传或负面反应，缺少参与政治的欲望。

上周举行了一次联合国全球契约会议，这次会议强调了公司责任和底线之间的联系，一项汇总了三份研究结果（分别是联合国、Goldman Sachs 和 McKinsey 进行的研究）的研究在会上将其研究结果公布出来。

Goldman Sachs 的研究表明，在过去的几年里，在公司治理、社会责任和环境方面表现良好的公司在股票市场的表现也优于其他公司。

但是报告强调了公司将这些问题纳入到战略和经营中时所面对的困难。

取而代之的是，这些公司似乎是把公司责任单独放在公司的一个次要位置上。

显然，与 Friedman 的学说盛行的时期相比，这些年来情况已经发生了变化。社会问题不一定与经营无关，它们也可能很重要。忽视了那些负面的问题可能使你的名誉受损，或者是受到法律的制裁。这些问题很重要，因为企业对社会有巨大的影响。想想工作、创新、研究和社会关系。而企业也在努力解决这些问题。

那么，这是企业和企业领导应该扮演的角色吗？企业领导应该花更多精力来应付

---

① 据 Charkson（1995，p. 103）：“Friedman 选择把社会问题和社会责任解释为非企业问题和非企业责任。像许多新古典经济学家一样，他把企业和社会分离开来，这使他能够坚持‘在商言商’。通过把社会和企业这两个抽象事物分割成两个独立的部分，Friedman 能够否定公司社会责任概念的必要性，甚至是正当性，诋毁它为一种完全颠覆性的学说。”

② 对比 Milton Friedman，美体小铺的创始人 Anita Roddick 在她的书《一切大不同：Anita Roddick 和美体小铺的旅程》（2007）的引言中写道：对于权力和影响力，我们先不考虑教堂和政治。在社会中，没有哪个机构比企业更有权势，这也是为什么我认为企业现在最要紧的是要带头承担起道德的义务。在商言商不应该指金钱，而应该指责任。是为了公众的利益，而不是个人的贪婪。

社会问题吗？还是应该把这些问题留给政府和其他社会成员？在商就只能言商，还是应该关注更多的问题？企业的老板如果更严肃地对待这些问题，你会更可能为他工作，或是向他的企业投入更多的资金吗？

《年代报》，2007－07－11，p. 2

很多会计专业的学生尽管取得了会计的从业资格，却从未考虑过与企业受托责任有关的问题，这多少有些令人吃惊。会计实务在相对简单的层次上可以被定义为向特定的利益相关者群体提供主体的信息，但不能脱离主体的责任和受托责任的范围。也就是说，组织会解释那些被认为应该得到解释的问题。这两点要同时考虑到（所以我们应该想想，没有详细了解公司受托责任的概念，又怎样学习会计呢）。

如果会计师承认主体对其社会和环境绩效负有责任和受托责任，那么他们会把核算组织的社会和环境绩效作为一项职责。如果他们不承认，那么他们就不会有动机进行核算。例如，如果他们采用的观点是公司的主要受托责任是向股东报告财务绩效，那么他们会认为公司只需要核算财务业绩，不会有动机向更大范围的利益相关者群体提供社会和环境绩效信息。的确，在过去，很多监管者有争议地接受了这个观点，他们集中对财务会计设置大量的规范，却忽略了对社会和环境会计的监管。这样的监管者似乎质疑社会和环境受托责任的相关性。这种狭隘地履行受托责任的方式，首要关注的似乎是股东和其他在组织中有财务风险的个人（而不是一般利益相关者）的需要和期望，通常将这种做法称为公司报告的“股东至上”观。很多国家都用这种方法监管对外报告（很不幸）。同样，如果仅教会在大学学习会计的学生如何从财务的角度核算组织的经营成果和财务状况，而不考虑社会或环境绩效，那些负责制订教学计划的人本身一定接受了这样的观点：企业的主要责任和受托责任受制于它的财务业绩。这个假设合理吗？

澳大利亚等许多国家广为认可的股东至上观正逐渐受到挑战。然而在这一阶段，政府倾向于让公司、行业机构以及“市场”来决定公司社会和环境披露的程度。仅有极其有限的披露要求是关于社会和环境的非财务绩效问题的，这证明了上述观点。在这方面，澳大利亚国家银行前总裁 Frank Cicutto 曾声明（引自《银行与金融服务日报》，2002 年 12 月，p. 17）：

在最近几十年，澳大利亚证券与交易委员会的成立以及澳大利亚证券市场上市规则的不断发展都是为了小心保护股东资金的有效使用。站在监管者的角度来说，将重点放在修改立法上是对投资者而不是社会履行受托责任。

与责任和受托责任进一步相关的问题是企业的责任是否仅限于当代人，还是应把对后代的影响也纳入当代管理层的决策中？正如之前提到过的，可持续发展已被定义为“既满足当代人的需求又不危害后代人满足其需求的发展”。如果我们接受可持续性的观念，就像定义中所表明的，我们现在的生产模式不应如此，因为现在的生产模式削弱了后代人满足其需求的能力。全世界许多组织公开承认了这一观点。例如，参考英国电信集团 2004 年的《社会和环境报告》（p. 25）中的一段话：

可持续发展的概念已经逐渐代表了一种新类型世界——在这里，经济增长带来了一个更加公正、包容的社会，同时，又为后代人保留了自然环境和地球上的不可再生资源。

这段引文反映了很多组织所提倡的公众立场。这些公众立场是否真的在公司的决策制定中起主要作用是另一个问题——我们不能十分肯定。会计头条 9.5 提出了一种反面的观点，文中称公司在公司社会责任和相关受托责任方面做得还不够。阅读这篇文章，然后思考你是否同意这一观点。

会计头条 9.5　对企业责任的看法

公司没能履行社会义务

Colin Brinsden

在世纪之交，社会责任是公司间的时髦字眼，但许多澳大利亚的企业却似乎没有将重心移到这上面来。

公司社会责任（CSR）的概念是，当企业关注利润和工人时，也应该意识到它们对环境和社会的影响。

Grant Thornton 咨询公司的一项研究发现，国内排名前 300 的上市公司中，仅有 52% 在上一次报告利润的时候公布了环境绩效或政策的有关信息。只有 28% 提供了减少温室气体措施的细节。

Grant Thornton 企业风险服务的主管 Peter Moloney 说这个结果令人失望。

“如果你没法拿出有良好 CSR 的凭据，就不能声称你在严肃看待这些责任，你也不太可能在这方面有所作为。”

“如果从股东的角度来看，他们现在明确要求提供有关这方面的更多的信息。”

研究还发现，只有 36% 的企业透露了它们的人力资源政策——包括产假和多样化，而只有 47% 的企业报告了它们的社会活动和倡议。

在澳大利亚，没有规定要求企业履行 CSR 义务，但在英国的企业却要面对大量的规定。

“一些较大规模的企业（澳大利亚）确实履行了 CSR，并且提供了这类信息，但是较小的企业肯定没有这么做，”Moloney 说。

“显然现在需要更多的指南。”

许多企业都在谈论气候变化，但他不确信这些企业会以一种结构化的方式解决这个问题。

“每个人都了解，但是他们有解决问题的计划吗？答案很可能是否定的。”

《Courier—Mail》，2008－09－20，p. 3

回到狭隘的公司责任观点，这一观点关注股东的利益和公司盈利能力最大化（很多公司的高管似乎都接受这个股东至上观点），有些人认为这种相当自利的主张会对社会中的所有人都有益。他们倾向于认为如果所有人（企业）的行为都仅受实现个人财富最大化这个自利的愿望的驱使，那么这将对社会中的所有人有益，因为（通过由此带来的经济增长）成功的人产生的财富会“慢慢流向”那些不太成功的人。持有这一观点的人认为，如果社会中的所有人都积极地追求自身利益，那么他们的条件会得到改善，这也是人们愿意看到的结果。的确，“滴漏”理论经常作为资本主义制度的一个关键的道德理由而被反复阐述。由于仅局限于关注股东财富（或股东价值）的最大化，导致这个道德理由也存在问题：几乎没有任何证据表明这个道德理由的存在。正如 Gray（2005，pp. 6 – 7）所说：

这很令人困扰……发现没有直接的证据支持这个靠不住的观念。这个观点依据的论据是，有经验的支持，例如，我们比从前更富有；我们一直在变得越来越富裕；这种财富的增长恰好伴随着国际资本主义制度的胜利。这种论断充其量是有争议的。而对于许多西方人来说这一陈述有着肤浅的真实性，它忽略了贫富间不断加大的差距……

相当多的经济证据表明，不仅缺少能够证明普遍的“滴漏”效应存在的证据，而且还可能存在相反的情况。因此很多人质疑公司的社会和环境责任是否大体上不应受到监管。Hutton（1996，p. 172）提供的证据表明，20 世纪 80 年代，在英国的自由市场经济条件下，最富有的人占人口总数的 10%，他们的真实收入（经过通胀调整后）提高了超过 50%，而最贫穷的人占人口总数的 15%，他们的真实收入却在减少。

关注股东价值的狭隘观点以这个“道德”理由为支撑，尽管明显缺少经验证据的支持，我们认为在当今的财务压力下工作的很多人依然会与 Milton Friedman 持同样的观点。财务压力不断鼓励企业提高盈利能力，也在不断责难盈利能力下降的企业。在评价企业的盈利能力时经常不考虑特定主体经营产生的任何社会成本或社会收益——这类成本和收益并不包含在对外报告的利润中。进一步来说，即使 Milton Friedman 是在约五十年前阐述他的观点，这些观点现在仍会与一些（但不是全部!）商业领袖和组织产生共鸣。例如，西澳大利亚州工商联合会（2005）宣称：

企业鼓励决策者尊重利益相关者的规定超出了现有的要求（是以“公司的最大利益”为前提管理组织），这样做不符合公众利益，这也不是企业应该做的。只有在利益相关者的观点和做法能提高或保全股东价值时才应该迁就他们的观点和做法。

对于企业社会责任的不同观点，会计头条 9.6 对此提出了另一种见解。这篇文章提出了前世界首富比尔·盖茨的观点，并将他的观点与 Friedman 的观点进行了对比。

会计头条 9.6　企业社会责任的其他观点

对企业社会主义的抨击

Leela de Kretser

随着世界金融市场的大幅下挫，美国经济停滞不前，一位法国交易员想通过简短的关于企业社会主义的演讲说服他的银行去求助，这会引起媒体的一片哗然吗?

但这正是微软公司的天才，比尔·盖茨回国后面临的问题，他在达沃斯（世界经济论坛在这里举行年会；见 www.weforum.org）向其他亿万富翁们暗示道，自由市场没有公正地对待世界上的穷人——现在正是引入有一定创新性的资本主义制度的时候了。

根据这位前世界首富的说法，企业可以在创造利润的同时改善不一定会从市场效力中获益的其他人的生活。

但是——许多好的演讲中的“但是”通常都包括重点——盖茨说企业在试图为穷人服务时，可能赚不到利润。

在这样的情况下，需要有其他的动机，而这个动机正是“认可”。

我们许多人也许并没觉得公司负有社会责任多么令人震惊，但是如果你在本周读了博客和报纸的话，就会了解了。

人们指责盖茨烧毁了圣经——广为人知的 Milton Friedman 关于“企业的社会责任是提高利润”的观点——他暗示公司应该为行善而行善。

“盖茨希望公司的高层人员能致力于解决贫困问题，这一愿望对许多企业来说简直是灾难性的”，《金融邮报》的 Peter Foster 惊叫道。

Foster 和他的一班鼓吹自由市场的同僚们指责盖茨把慈善的权力从那些最应得的人手中拿走了，这些人包括股东和员工。

这些评论员拥护伟大的 Friedman 的观点，认为公司回馈社会的最佳方式是提高它们的底线，由此增加付给股东的股利，并提高员工的工资。

“让这些人——而不是装模作样的中层经理或是官僚——来决定怎么把钱捐给最穷的人吧”，Foster 说。

根据这一观点，公司花在慈善事业上的唯一合理支出应该是花在提高公共关系的价值上。

许多这类专栏评论家常用到的例子是美国人每年的大额捐款。

CNET 的 Declan McCullagh 指出，美国政府为飓风后的重建仅支付了 9 亿美元，而个人的捐款则达到了 20 亿美元。

他说，每年美国人总共掏出 2 600 亿美元，捐献给了 140 亿个慈善事业。

这一论断的弊端是它没有考虑到美国的私人捐助者没有能力指定把钱捐往世界上最需要的地方。

美国仅把全国收入的 0.34% 用于对外援助，大大落后于联合国 0.7% 的目标，而位于前列的荷兰等国家把国民收入的 2.44% 都捐给了世界上最贫困的国家。

这些反对创新性资本主义的论断没能看到盖茨等人通过慈善活动带给企业的效益。

或许他们需要回溯到 1999 年，当时 WTO 在西雅图召开的会议发生了大规模的骚乱，与此形成对照的是达沃斯会议相对的平静。

《太阳先驱报》，2008 - 01 - 29，p. 30

9.4.2 企业责任的一个广义的观点

回到前面提到的观点（Friedman，1962）：利润（或股东价值）最大化应该是管理层最优先考虑的，应该知道的是（你可能会猜到），很多从事公司社会报告研究的研究者都持相反的观点，即公共或私有组织赢得在社会中经营的权利。我们在第 8 章中讨论过这个权利，权利是由社会赋予的，并不仅是由有直接经济利益关系的各方（如直接从增加的利润中获益的股东）或政府赋予的。也就是说，企业本身是社会选择创建的人造实体（Donaldson，1982）。Donaldson 指出，如果社会选择创建组织，他们可以选择不创建这些实体，或者创建其他不同的实体。他的观点是组织并非生来就有权获得资源。正如 Mathews（1993，p. 26）所说：

社会（个人的集合）提供给公司法律地位、属性以及拥有并使用自然资源、雇用工人的权力。组织在大环境中利用社会资源，产出产品和服务并消耗产品。组织并非生来就有权获得这些益处，为了允许组织存在，社会会期望其收益超过社会付出的成本。

接着，公司会收到在社会中经营的许可，并要对其如何经营以及经营什么向社会做出解释（Benston，1982）。

如果社会（不只是股东）认为增加利润是组织的优先职责，那么仅有这一因素就足够确保组织的生存（Friedman 认为如此）。然而，如果社会有更大的期望（如组织必须提供安全的产品或服务，必须不剥削员工，必须不过度开发环境，等等），那么我们就该怀疑一心只想盈利的组织是否能维持生存。一份对全球500强企业（按收入排序的全球最大公司）的总裁所做的调查报告支持这个推论，这份报告由剑桥大学 Judge 管理学院（Brady，2003，p. 5）公布，报告显示：

罔顾最近发生的财务丑闻（安然，世通等等），（总裁们）预计在不久的将来，社会信誉会和财务信誉一样重要，环境信誉仅次于前两者。

调查还发现（p. 12）总裁们：

似乎认为有六个关键要素对维持正面的公司声誉贡献最大。相反的，如果忽略这些关键要素会形成负面的声誉。值得注意的是，这六个关键要素中包括环境和社会信誉（两者同样重要）。

此外，安永（2002）进行的一项研究采访了全球1 000强企业中147家的高级主管，这项研究发现（p. 5）：

公司渐渐承认公司道德、环境和社会行为对企业价值有重要的影响。绝大部分公司（79%）预测这个问题的重要性会在未来5年愈加明显，而各个行业的公司都意识到这一问题与他们的经营相关。研究还发现与公司社会责任问题相关的公司声誉影响70%的消费者的购买决策。

一些高级主管还发表声明，称他们认为单纯追求利润不是可接受的战略。荷兰跨国物流公司 TPG（TNT 快递公司的股东）的总裁在 TPG 的《公司可持续性报告2004》的序言（p. 2）中说：

……对于我们来说，可持续性是我们不断地寻找机会来积极地做正确的事，并报告我们取得的进步。

相比于其他，我们更希望 TPG 成为一个受到尊重和信任的企业，这表明不仅是对消费者和股东负有受托责任，更要对我们的员工和外面的世界负有受托责任。在过去的两年中，我们整合了有关可持续的倡议和途径，以确保我们的政策和实务可以有效地反映出我们的看法。

然而，更多的高级主管宣称履行公司社会责任是获得长期（可持续性）利润的必要条件，以此作为其履行这些责任的正当理由，这与上面剑桥大学（Brady，2003）和安永（2002）的研究结果一致。正如 O'Dwyer（2003）所指出的，这些理由经常被解释成双赢的结果，对社会和环境有益的也对股东的财务回报有益。例如，英国航空公司的总裁写给该公司《社会和环境报告2003/2004》的序言中包括以下内容（p. 1）：

……我们已经认识到企业的可持续性不仅要依靠财务绩效的提高，还要依靠持续负责任地经营。如果没有我们员工的忠诚和客户的支持，没有我们所在社会的信任，我们就不会取得长期的繁荣和成功。我们的社会和环境绩效在赢得这种忠诚、支持和信任上十分重要。

在这一部分我们介绍了社会和环境报告的“*为什么*”阶段——这是初始阶段，在这一阶段，公司认同履行公司社会责任和提供可持续性报告的观点。与第8章中我们提出的一些看法一致，这些动机包括使股东和/或者经理的财务回报最大化的愿望和履行受托责任的愿望，前一个愿望的实现是通过运用社会和环境报告来维持和扩大在经济上强势的利益相关者的支持，后一个愿望要履行的受托责任是由于组织（潜在地）对广泛的利益相关者施加了社会和环境影响而产生的。不同管理者对外报告的动机不同。这一节，我们探讨了可持续性的概念，用于解释在较长的时期内，利润最大化的股东利益与环境可持续性的利益倾向于趋同。因此，从长期来看，以可持续的财务利润为目标的公司需要确保它们（以及其他企业）在社会和环境中也是可持续的。在实务中很难辨别出企业主管制订公司社会责任计划、实施公司社会责任政策，以及参与社会和环境报告的真实动机，因为可以将维持可持续性的原因解释为是避免对社会和环境产生消极影响的需要，同时也是确保未来盈利能力的必要条件。例如，在乐购《公司责任报告2005》环境部分的序言（p. 42）中有这样一段：

我们相信可持续的增长是负责任的，是我们的客户想要的，它使企业得以健全发展。如果我们的决策是不可持续的，我们会伤害我们所生活的这个世界。类似地，如果我们没有将对环境的影响降到最小，我们将毫无效率，还会加大成本。

在考虑了一些关于组织对外报告社会和环境影响*为什么*会受到激励的观点之后，我们将进入可持续性报告程序的第二个阶段——识别处理哪些利益相关者的信息需求。①

9.5 识别利益相关者——向*谁*报告阶段

当决定公司社会责任政策，并编制社会和环境报告时，组织考虑哪些利益相关者的需求和期望会直接影响其采用这些政策和实务的动机。对于一个组织来说，如果经理只受股东价值最大化的激励，并且该组织仅仅是运用社会和环境报告来赢得或维持在经济上强势的利益相关者的支持，那么社会和环境报告将仅针对那些在经济上强势的利益相关者。

同一组织，在经济上强势的利益相关者在不同时期也有所不同。例如，对于一个要求有大量半熟练工人，在具有合理竞争性的市场出售产品的企业来说，在经济衰退时期，顾客具有相当大的经济权力，而在经济崛起时期会失去部分这样的权力（这时顾客需求的增长超过市场供给）。相反的，在经济崛起时，如果失业率降低，半熟练工人短缺的情况加剧，半熟练的劳动力会变得更具有经济权力。在这种情况下，根据利益相关者理论的管理分支的观点，企业会把员工而不再是客户当做在经济上强势的利益相关者。

利益相关者理论的管理分支狭隘地关注在经济上强势的利益相关者，与之形成对

① 利益相关者的定义有很多。我们一般将利益相关者定义为受该组织影响，或影响该组织的相关方。这也与Freeman（1984）以及Gray、Owen和Adams（1996）提出的定义一致。

照的，如果我们采用利益相关者理论的道德分支，就会考虑更广泛的利益相关者。组织承担社会责任和提供可持续性报告的动机来自于较宽泛的道德考虑因素，组织要减少对每个人和每个主体的消极影响（或将积极影响发挥到最大），这些人和主体都受组织经营的影响，他们也正是组织负有受托责任的利益相关者：组织运作会影响的所有当代和后代的人（无论这些人离组织有多遥远），组织的运作会影响到的所有活在今天或未来的动物，以及任何其他潜在的可能受组织运作影响的自然组成部分。要强调的是，社会和环境报告以*谁*为目标，最终将会取决于管理层对其责任和受托责任的看法。每个管理者的观点可能不同。

在审视一些组织如何定义利益相关者时，我们可以参考澳大利亚商业理事会（2005，p. 22）的一段评论。在讨论企业接受公司社会责任的一个“商业案例”时，商业理事会提到了“声誉管理”：

企业的成功很大程度上仰仗于它在社会中的声誉。今天，能够对企业施加影响的利益相关者越来越多，也意味着声誉变得越来越重要。声誉能够影响消费者是否购买产品，投资者是否会放弃投资，以及雇员是否会对公司负责。理解来自利益相关者的期望和压力，并有效地做出反应，这对于企业获得美誉以及控制可能的风险都是至关重要的。

我们可以清楚地看出，澳大利亚商业理事会相对来说更关注有权力影响公司的利益相关者，而不是考虑受公司运作*影响*的利益相关者的需求。也就是说，澳大利亚商业理事会似乎并不以利益相关者的道德分支建议的方式来考虑利益相关者。

受道德激励的组织应该考虑组织的运作会潜在影响到的所有利益相关者（现在和未来）的观点和需求，这一理论立场代表了一种哲学理想而不是实际可实现的目标。在实务中，许多组织在经营过程中可能对很多人、动物以及自然的其他组成部分产生某种形式的影响，试图考虑所有这些潜在的效应，并设法与这些潜在受影响者交流都是不可能完成的任务。

之所以不可能，部分是由于在我们错综复杂的世界中，很多活动可能会引起大量无意的、不可预见的后果（Beck，1992，1999）。既然现在的行动引起的未来后果是不可预见的，就很难设想组织在确定受现在经营影响（现在和将来）的利益相关者以及组织现在负有受托责任的利益相关者时，如何将这些后果考虑进去。之所以不可能，部分也是因为当考虑受托责任的沟通过程时（这也是本章关注的），今天还不可能与很多非人类的自然组成部分或者是后代人进行有效地沟通。

因而，即使激励组织承担公司社会责任以及提交社会和环境报告的是道德而不是管理推论时，组织也将一直需要从所有利益相关者中确定一个受组织运作影响的子集。这一子集中的利益相关者对社会和环境的需求和期望会决定组织的社会和环境责任、受托责任，以及提交履行这些受托责任的社会和环境报告。

有些理论家，如 Gray 等（1997）以及 Unerman 和 Bennett（2004），认为以道德的视角从大量利益相关者中辨认出组织负有责任和受托责任的利益相关者时，要参考那些受组织的运作影响最大的利益相关者的观点。这并不一定只是指那些与组织的运作在经济上（或是在物理/地理上）关系最密切的利益相关者。这种方式要求组织首先要考虑受其运作的影响最大的那些利益相关者的观点和利益。

这种确定股东优先次序的理论方法（根据利益相关者理论的道德分支）的现实意义是：组织愿意将其经营对社会和环境造成的影响降到最低，受此激励，组织会履行公司社会责任并编制对外的社会和环境报告，这样的组织在将利益相关者的需求排序时是按照组织的经营可能对其生活产生影响的程度大小进行的。在确定其政策和实务时，组织会设法将其对这些利益相关者的负面影响尽可能降至最低——先解决受组织经营影响较大的利益相关者的需求和期望，后解决影响较小的利益相关者的需求和期望。然而，O'Dwyer（2005）认为这种将利益相关者按优先顺序排列的方法在实务中操作十分困难，因为组织的经理们为了贪图方便，会将那些被认为对组织有高度依赖性的利益相关者从已经确定次序的利益相关者子集中除名。

举一个组织在实务中如何定义其利益相关者的例子，英国的合作金融服务（CFS）集团（包括合作银行）的《可持续性报告 2007/2008》中，将其主要的利益相关者广泛地定义为成员、消费者、员工、供应商、社会和合作运动，并解释了各个群体是如何定义的。在较早的 2003 年《可持续性报告》中，明确解释了组织确定的利益相关者中为什么没有包括环境（p. 13）：

和许多组织不同，CFS 没有将“环境”定义为单独的合作者。企业与“自然环境”的关系基本上是不可协商的（与企业和供应商、员工等等的关系相反）。CFS 的活动及其合作者最终会受制于自然产生资源、吸收废物的有限能力。正是基于这个原因，CFS 评估了在生态可持续（并且负有社会责任）的方式下，价值传递给每个合作者的程度。

Owen、Shaw 和 Cooper（2005）提供了更多关于组织如何对利益相关者定义以及排序的依据。在一项针对英国的经理们对提供社会和环境信息的态度调查中，他们要求经理们将不同利益相关者群体按照重要性从 0（不重要）到 5（非常重要）进行评分，这些利益相关者是独立可持续性报告的受益者。股东被认为是这些信息最重要的受众（重要性的均值是 3. 95），接下来依次是员工（3. 83），环境压力集团（3. 68），政府监管者（3. 58），本地社区（3. 48），顾客（3. 20），非权益投资者（2. 80）和供应商（2. 65）。这类管理者对重要股东的排名在不同的国家有所不同。例如，Adams（2002）表明来自英国和德国的两组样本中，两国的经理们对于哪些股东最重要持不同观点。

在实际中，组织无论采用何种方式对利益相关者进行排序——是依据利益相关者对组织的利润（或股东价值）产生影响的能力，依据利益相关者的存在受组织活动的影响程度，还是采取两种极端立场之间的某种立场——一旦组织确定要处理哪些利益相关者对社会和环境的需要和期望，它就要分析这些利益相关者有什么样的信息需求。这将我们带到社会和环境报告程序：“*为什么报告—报告给谁—报告什么—怎样报告*”的第三个阶段。

9.6 识别利益相关者的信息需求与期望——*我们需要报告什么阶段*

“利益相关者希望组织对哪些社会及环境问题承担受托责任?”，先解决这个问题有助于我们对这一阶段的理解，要找出这个问题的答案，我们首先要辨别出利益相关者对社会及环境信息的需求是否真实存在。[①]

9.6.1 利益相关者对社会及环境信息的需求和反应

很明显，任何面向公众的报告形式，若要有利于塑造社会的认知（这也是合理性理论中规定的公司披露目标之一），其披露的特定信息都要有外部的需求或反应。正如Deegan和Rankin（1997）所指出的，唯有当社会成员真正使用了报告中的信息时，才有可能通过年报或社会环境报告披露塑造公众的认知（合理性理论中建议过的，我们在第8章讨论过）。Deegan和Rankin（1997）针对“公众是否真正使用或依赖于年报提供的环境绩效信息”进行了测试。他们通过问卷调查的方式，向股东、股票经纪人、研究分析师、会计学者、财务机构代表以及一些具有审核或监督职能的机构征求了有关如下内容的意见：

- 环境问题对于那些从年报中获取信息的某些群体的重要性；
- 是否能从年报中获得环境信息；
- 与其他社会责任信息和反应组织机构财务状况、经营成果的信息相比，环境信息之于决策过程的重要程度。

Deegan和Rankin（1997）发现，就统计学意义上的显著性水平来说，股东和来自于具有审核或监督职能的机构（这些机构包括消费者协会、雇员组织、工会和环境组织）的人员认为环境信息对于他们做出特定决策是重要的。此外，他们还发现，股东、会计学者和来自于具有审核或监管职能机构的人员在做出各种不同的决策时，会从年报中寻找环境信息作为决策依据。所有被调查者均认为，在反映一家组织与其环境的相互作用方面，（在20世纪90年代中期）年报比其他信息更为重要。[②] 这一研究显示，社会中不同的利益相关者群体*的确*需要与组织的社会及环境绩效相关的信息，因此，在一个宽泛的水平上，利益相关者希望组织对此类事项承担受托责任。

判断人们是否需要某种披露或受其影响的另一种方法，是审核股票价格对特定披露的反应。支撑这类研究的基本理论来自资本市场研究，并使用有效市场假说，该假设提出，消息公告中的信息如果与市场有关，会迅速且无偏见地反映在股票的价格中（我们在第10章解释资本市场研究）。也就是说，如果一条有关一家组织的信息可以与此组织的股价变化相联系，就可以认定这一信息对投资者来说是重要的，并且投资者对这一信息的披露做出了反应（这种反应通过股价变化体现出来）。我们会在下一章更深入地探讨股价反应研究。

作为股价研究的一个例子，Ingram（1978）、Anderson和Frankle（1980）发现，股票市场的确会对社会披露做出反应，Ingram认为这种反应来自于组织所属行业以及所做的社会披露类型。

Belkaoui（1976）、Jaggi和Freedman（1982）研究了投资者对环境污染信息披露

① 然而，需要知道的是，除非某些利益相关者知道特定信息的存在，或知道如何使用这些信息，否则他们不会表现出对这些信息有需求。我们用类比来解释这一点，我们在第5章提到过，有人想在地上挖一个洞，如果他或她从没接触过铁锹，那他或她可能想要一把螺丝刀。根据Gray、Owen和Maunders（1991，p.15），即使某些利益相关者不阅读某些报告，主体也有责任提供这些报告。

② 然而，自20世纪90年代中期以来，许多企业开始发布内容翔实的独立可持续性报告，通常有几百页之多。如果Deegan和Rankin的研究是在现在开展的，可能就不会把年报看作是有关主体的社会和环境绩效最重要的信息来源了。

的反应。Belkaoui 观察到，有些公司提供了信息以证明其负责任地设置了污染控制程序，与未能提供此类证据的公司相比，股票市场对前者的反应更为乐观。他总结说，这些结果证实了“道德投资者”的存在，如果公司将社会关注的问题展示出来，此类投资者会做出回应，并投资于那些具有社会责任感的公司。

Jaggi 和 Freedman（1982）研究了从事高污染行业的公司的污染信息披露对市场的影响。与 Belkaoui 的结论相同，他们注意到，对于展现了较强污染控制能力的公司，股市的反应更乐观。

需要意识到的是，以上的讨论阐明：有多种可供选择的方法，可以用来判断人们是否使用特定信息。其中之一是直接询问，可以通过 Deegan 和 Rankin 采用的问卷方式，而另一种可行的方法是在一家机构发布特定信息的前后一段时间内，单纯观测股价的变化，以此来判断该信息是否被人们所使用。

上述研究检验了市场对组织自身披露的信息的反应。相比之下，Shane 和 Spicer（1983）进行的一项研究调查了市场对源于公司外部的环境绩效信息的反应，具体是指纽约的经济优先权理事会提供的信息，经济优先权理事会是一家对组织的社会环境表现进行独立评级的机构。Shane 和 Spicer 发现，被经济优先权理事会评定为“污染控制表现差”的组织与被评定为“污染控制表现好”的组织相比，前者很可能会在评级公布当天面临重大的股票负面收益。Shane 和 Spicer 认为，这些结果符合这样一个假设，即经济优先权理事会发布的信息为投资者有差别地对待具有不同污染控制表现记录的组织提供了可能。

相似地，Lorraine、Collison 和 Power（2004）检验了在五年半的时间里，英国的股价对于“公布污染环境的罚款和维护良好环境的嘉奖”的反应（p. 7）。他们发现尽管在处罚或嘉奖公布的当天几乎没有什么市场反应，但是会在这些公告发布的一周之内对股价有重大影响。

Freeman 和 Patten（2004）检验了市场对来自企业内部和外部的负面环境绩效信息的反应，发现当公司（美国的）在年报中公布其工厂排放了大量污染物的信息，股价的反应小于大量排放污染物却不在年报中披露的公司股价的反应。

从上面提供的有限证据来看，投资者似乎确实对组织的社会责任披露有反应，因此，*对什么负有受托责任*这个问题的宽泛的答案是*对某种程度的社会责任实务和/或者影响负有受托责任*。

此外，在最近几年，银行和保险机构已经成为社会和环境信息的重要使用者，特别是关于组织的环境绩效的信息。在有些国家，银行仅会在组织提供环境政策和绩效信息的条件下才提供贷款。这样做的原因部分是银行认为声明有较差环境绩效的组织在遵守环境法和环境破坏赔偿有关的潜在成本方面有较高的风险。此外，在一些行业，由于环境管理系统薄弱，贷款的抵押担保物品（如土地）可能被污染。一些分析家也将评估公司的社会和环境绩效作为他们投资分析的一部分。

另一项不断增加的对公司社会和环境信息需求源于逐渐壮大的道德投资市场，同时，基金经理也利用其权力要求公司提供社会和环境绩效信息。根据 Greene（2002）的研究：

基金经理开始运用其财务影响力将其对环境的要求强加给企业。Morley 基金管理是伦敦主要的一家资产管理公司，它最近公开宣布开始要求英国的大型企业公布环境报告。Morley 是英国最大也是世界第六大保险公司——CGNU 的资产管理方。它管理着相当于英国证券市场 2.5% 的资产。基于这样大的市场影响力，Morley 政策的改变肯定会对大量的公司产生影响。

迫于供应链的压力，许多组织现在也要求供应商在开始供应安排前提供详细的社会和环境绩效。在过去，供应链对许多组织都有消极的影响，如耐克公司就是最好的例子。

因此，尽管我们仅仅提到了环境绩效信息需求研究的极小的一部分，我们仍能清楚地看到需求*确实*存在。基于本节一开始讨论的原因，这样的需求表明组织确实由于一些社会和/或者环境问题对很多利益相关者负有责任和受托责任。但是辨别出利益相关者确实使用社会和环境信息，并且有对社会和环境信息的需要，并没有精确地告诉我们特定组织的利益相关者会要求组织对*什么问题*负有责任和受托责任。为了在个体组织的层次上辨别这些问题，需要组织与其利益相关者进行某种形式的对话。

9.6.2 通过与利益相关者对话识别信息需求

正如我们之前看到的，出于战略管理的经济原因（依据利益相关者理论的管理分支），受到激励履行公司社会责任（和可持续性报告）的管理者会倾向于认为相关的利益相关者是能够对公司盈利（或股东价值最大化）产生最大影响的群体。这样的管理者会设法使这些有经济权力的利益相关者确信组织的政策和行动与他们的社会、环境、经济和道德观以及期望一致，而社会和环境报告是使股东确信的机制之一。为了将社会和环境报告有效地用于使利益相关者确信组织在按照他们的期望经营，组织需要知道并了解这些期望——这些期望将界定组织在社会和环境报告中提供的信息。

相反的，依据利益相关者理论的道德分支，管理者如果想设法将组织对广泛的利益相关者产生的负面影响降到最低，就需要了解并懂得组织会如何影响这些利益相关者的生存。对于组织现存和潜在的影响，这些利益相关者的态度和经验在形成管理者的这种认识和理解的过程中十分重要。管理者在意识到这些观点和期望后，能够有针对性地制定社会责任政策并采取行动，并将社会和环境报告的内容确定为向这些利益相关者解释组织如何履行了这些责任。此外，道德推论指出，应该让人们参与到可能影响其生存的决策制定中。因此，在管理者受到更广泛的道德的激励时，他们会积极地鼓励那些受组织活动影响（或可能受到影响）的利益相关者参与到对这些活动的决策制定中。为了以这种方式参与决策的制定，广泛的利益相关者将需要有关组织对其产生（或可能产生）影响的信息，并且管理者也需要提供这些信息。在这种情况下，*对什么负有受托责任*这个问题的答案是*对那些组织的活动会对其产生（或可能产生）影响的利益相关者负有受托责任*。

在这两种情况下，以及对于所有其他中间立场，管理者都需要通过了解相关的利益相关者的观点、需求和期望来确定他们将对“何种”经济、社会和环境问题做出解释。当激励组织承担公司社会责任的动机是维持和扩大在经济上强势（或影响力）的利益相关者的支持这样一个战略的经济愿望时，可能更容易弄清这些观点、需求和期望，因为许多这样的利益相关者常常与组织关系密切，因此相对容易辨识。对于很多商业组织来说，这些强势的利益相关者常常在发达国家（或者是发展中国家的部分富有的社会精英），并且可以通过广播电视、报纸文章和互联网等大众传媒对其进行了解和接触。

然而，有些组织承担社会责任并对外做出社会和环境报告的动机是道德推论，要将对那些受组织运作影响最大的利益相关者的影响降到最低（并允许这些利益相关者参与到严重影响其生存的问题决策中），弄清这些利益相关者的观点、需求和期望可能更加困难。第一，需要弄清更多利益相关者的观点。第二，许多受组织活动影响大的利益相关者（如员工）可能与组织关系密切，很多其他的利益相关者（如由于组织的经营导致环境破坏，进而间接影响到的利益相关者，这些影响是实质性的，或者是在世界其他遥远地区的分包单位的员工）可能与组织较为疏远。第三，如O'Dwyer（2005）阐述的，一些受组织活动影响较大的利益相关者由于担心如果他们表达自己“真实的”感受，会“惹恼”组织，因而会觉得受到约束，在这种情况下，组织会被认为是处于一种拥有权力的地位，这会阻碍它与一些利益相关者进行公开和诚实的对话。第四，Adams（2004，p. 736）的报告说利益相关者常常“缺少对公司影响的认识，甚至不会担心”，这降低了某些利益相关者参与组织对话的能力。第五，基于本章之前讨论的理由，如果我们在定义受组织目前经营潜在的、重大的、而且是负面影响的利益相关者时，定义中包括后代人、非人类和自然，很难设想当代的任何组织如何有效地与这些利益相关者对话以确定他们对组织当前的政策和实务的观点、需求和期望。①

为了克服其中的一些（但不是全部）困难，组织需要运用不同的交流渠道积极主动地（不只是被动反应）与利益相关者对话。例如，一些企业运用互联网的交互式交流设施来征求世界上各地的人关于应用于组织的社会、环境、道德和经济责任的观点。然而，正如Unerman和Bennett（2004）所主张的，由于并不是所有受组织活动潜在影响的利益相关者都可以使用互联网（尤其是在发展中国家），与利益相关者通过互联网交流需要有其他渠道的补充，这些交流渠道可以（可能）被大部分受组织经营影响的利益相关者利用。

这类交流方式可以包括诸如与不同利益相关者面谈、问卷调查、民意测验、焦点小组访谈以及邀请利益相关者写信给公司，反映公司的具体问题。O'Dwyer（2005，p. 286）指出，不论采用何种形式让利益相关者参与对话，若使这些交流渠道有效，需适应不同利益相关者集团之间的“文化差异冲突”。另一种发现利益相关者期望的方式——与上面的讨论相关——是进行“社会审计”。我们将在本章随后的部分提及社会审计。

9.6.3　通过协商使相互矛盾的利益相关者的需求和期望达成一致

在实际中，很多组织都面对着不同利益相关者持有的不同价值观和期望，这些价值观和期望经常互不相容——所以组织不可能满足所有的期望。正如利益相关者理论

① 然而，各种竞选活动组织经常“持有”这些观点。

的管理分支中所体现的，由于战略经济原因（例如使股东价值最大化），当组织受激励参与这些实务时，管理者通常会解决最具经济影响力的利益相关者的社会、环境和经济的价值观和期望。正如 Gray、Owen 和 Adams（1996，p. 45）所说：

这里（在这个观点下），组织辨认重要的利益相关者是参照组织认为为了提高它的利益，与各个团体的关系需要进行调控的程度。（组织的利益不需仅限于常规的寻求利润假设。）利益相关者对组织越重要，就要花越多努力调控两者间的关系。信息是组织可以用来管理（或操纵）利益相关者的主要要素，借助信息，组织可以获得他们的支持和赞同，或分散反对和不赞同。

相反的，在利益相关者理论的道德分支下，希望维护受组织影响最大的利益相关者的利益是激励组织承担社会责任和编制可持续性报告的动机，这就需要辨别并选择那些受组织的活动负面影响最大的利益相关者的利益。组织对自然的影响程度、不同利益相关者利益的优先次序——由于在这些方面不同的利益相关者之间的观点不可调和，在实务中，要在组织的社会、环境和经济责任上达成共识是极其困难的。

在理论上，组织提供信息满足不同利益相关者的具体需求是有道理的——这意味着万能的方法可能并不合适——很多组织确实运用报告指南指导他们披露的内容，这些指南是由特殊的组织，如全球报告行动组织（GRI）制定的。采用这些指南作为确定披露内容的基础的理由是基于相信像 GRI 这样的组织已经通过大量的研究来确定各部门利益相关者的信息需求。但是在提供通用的可持续性报告的编制基础时，这类报告指南不一定会满足特定利益相关者的具体需求。这与财务报告的立场相似，概念框架和会计准则是用来编制通用财务报告的，人们认为这些报告满足了读者的大部分信息需求。对于具体的信息需求，利益相关者可以要求组织编制特殊目的财务报告。

总结“我们报告什么”这一部分，管理者是否决定向广泛的利益相关者团体提供信息，或者他们是否局限于关注狭隘的（可能是强势）利益相关者团体，这两者都将直接影响“我们报告什么”。我们可以明确知道的是，确实存在对社会和环境信息的需求。为了确定所需信息的类型，组织可以采取不同的战略，来找出不同类别的利益相关者需要何种信息。在实务中，并不是所有对信息的需求都能得到满足。

我们已经讨论了关于组织可以采用何种机制来确定他们的利益相关者要求组织对“什么问题”负有责任和受托责任的理论观点，在下一部分，我们将讨论的是关于如何编制社会和环境报告来满足这“一系列”经过优先排序（或一致）的利益相关者的期望的理论观点。

9.7 一些社会和环境报告程序的理论观点——*如何报告*阶段

由于在社会和环境报告领域缺乏总体规范和可接受的概念框架，在实务中，有许多不同的报告形式，一些报告方法与传统财务会计的报告方法有着极大的不同。这一节中，我们首先分析单靠财务会计的规则和程序是否能够提供合理的机制来发现并呈报组织对社会和环境的影响。如果财务会计的实务不能有效地发现并呈报这些社会和环境影响，那么就有必要去开发其他的（或附加的）社会和环境报告机制。*三重底线报告*是呈报社会和环境（以及经济）绩效以及组织影响的一种广泛的机制。我们将进一步讨论三重底线报告的主要特点和一些缺陷。我们还将讨论一种更具影响力

（更详细）的可持续性报告指导概念框架（全球报告行动组织）。在本节的最后我们将简要讨论如何解释会计主体引起的社会和环境外部性。

9.7.1 传统财务会计在捕捉和呈报社会和环境绩效时可能存在的一些局限

鉴于如果我们一直在学习“会计”，很可能一直把重点放在“财务会计上”，我们中的很多人对财务会计十分熟悉。因此，我们在开始讨论“如何”报告社会和环境信息之前，首先考虑财务会计系统在提供这类信息中的潜在作用。财务会计经常受到批判，原因是其忽视了很多报告主体引起的社会和环境外部性。因此，它是否适于帮助组织对社会和环境信息进行披露受到了质疑。Gray（2005，p. 3）针对财务会计和可持续性的关系提出了更深刻的批评。他认为：

以财务报告所衡量的指标（诸如增长销售、利润和成长性等）最大化为目的的经济组织体系对地球的可持续性最具有破坏性。我们的地球希望获得可持续发展这个理由比其他任何理由都更能反驳财务报告和它的修饰性调整。

传统财务会计可能不能有效反映组织对社会和环境的影响，原因包括以下几个方面：

1. 正如《IASB 财务报告编制与列报框架》等概念框架中强调的，财务会计关注的是参与资源配置决策的各方的信息需求。也就是说，这种关注使组织的利益相关者仅限于那些在组织中有财务利益的，随之提供的信息则主要是财务和经济方面的信息。这意味着那些受到非财务方式影响的人无法获得信息。当然，公司可以选择自愿提供社会和环境信息。

2. 根据上一个讨论，财务会计的一个基石就是“重要性”概念。由于量化社会和环境成本存在困难，这就将社会和环境信息的报告排除在财务会计之外。“重要性”涉及大量的职业判断。会计准则 AASB 1031①“重要性”中的第 9 段写道，如果一个信息被漏报、错报或不进行披露，就会对以下方面产生潜在、独立或共同的影响，那么这一信息就是重要的：（a）影响使用者根据财务报告做出经济决策；（b）影响主体的管理层或治理层责任的履行。因为对重要性的确定在很大程度上取决于个人的职业判断，世界上很多的职业会计机构提供了一些针对重要性的指导方针。例如，在澳大利亚的 AASB1031 中提供的指南指出，如果金额超过总权益或各类资产或负债适当加总后的 10%，或者超过经营利润或损失的 10%，那么这一项目是重要的。如果某一项目被认为不具有*重要性*，就不必在财务报告中披露。不幸的是，这通常意味着如果某些项目不能被量化（像许多社会和环境外部性），通常这些项目就被认为不重要，因此也不对其单独披露。这就表明*重要性*对于社会和环境绩效数据的披露来说不是一个相关的标准。社会和环境绩效与财务绩效有很大的差别。然而鉴于很多会计人员的教育和培训背景，他们会采用重要性标准来决定信息是否应该被披露。在对英国公司的回顾中，Gray 等（1998）指出公司普遍很少提供或不提供环境支出（虽然已经过界定）的信息，因为支出被认为是不重要的。

3. 就像 Gray、Owen 和 Adams（1996）所强调的，财务会计引发的另一个问题是

① 这一准则由澳大利亚制定，在国际上没有相对应的准则。这一准则最终将被国际财务报告准则（IFRS）所取代。

报告主体频繁将负债折现，尤其是对那些多年内不能偿还的负债。这会使未来的支出在现阶段看来不那么重要。例如，如果我们现在的活动产生了在未来需要支付的补救性的环境支出，但是这项补救工作要在多年之后才会进行，折现的结果是我们现在可以确认很少或是不确认成本（这似乎与可持续性议程是不一致的）。例如，如果预计由于我们的活动，我们必须在30年后支付1亿美元的账单来消除污染，并且假设我们正常的收益率是10%，那么在公认会计原则之下现在在财务报表中确认的费用应该是5 730 000美元。虽然贴现具有经济意义，但Gray、Owen和Adams（1996）认为组织在多年之后对破坏的环境实施补救，这使得在现阶段看来，用于清除污染的支出金额并不大（因此显得不重要），也许这样就不会打消组织从事那些破坏环境的活动的念头。

4. 财务会计采用的是“主体假设”，这要求组织被当作与其所有者、其他组织以及利益相关者区分开的主体。如果一项交易或事项不能直接影响主体，出于会计核算的目的，就会忽略这项交易或事项。这意味着报告主体通常会忽略外部性，因此从更广泛的社会角度（与“不连续主体”相反）来看，绩效的衡量方式（诸如盈利能力）是不完整的。参看会计头条9.7，这篇文章讨论了新型的香烟。人们普遍认同香烟导致了很多健康问题，然而像个人和政府为治疗吸烟引起的相关疾病而支付的医疗费用等外部性在计算利润数据时被会计主体忽略。因此，制造更吸引人的特殊香烟可能会增加香烟厂商的会计利润，因为这种新型香烟会鼓励其他人开始吸烟。然而，增加的需求不可避免地会带来各类社会成本，体现在医院的治疗成本中。然而，遵循主体原则，香烟厂商不会确认这些成本。可以说，如果要核算可持续性，需要对主体假设进行修正或是不采用它，这样组织外部的其他相关方由于消耗主体产品所付出的成本将在计算利润时被加以考虑，而不是像现在这个例子这样被忽略。①

会计头条9.7 特定活动怎样既导致利润上升又加大负面社会影响的例子

甜味香烟引发骚动

Cathy O'leary

一家较大的禁烟游说组织指责一家大型烟草公司为开发巧克力和红酒味的香烟而进行测试，组织称这是试图增加香烟对青少年的吸引力。

伦敦的《独立报》称，在加拿大，拥有包括肯特、登喜路和乐富门等品牌的英美烟草公司使用添加了诸如枫树糖浆、香草和红酒这类甜味剂的香烟，在动物身上进行科学试验。

《食品与化学毒物学杂志》概述了这项试验如何对482种成分进行测试。

报纸称该公司接受委托测试包含添加成分的香烟与不含添加物的香烟对健康的影响是否存在不同。

这一研究是在实验室中对三组小白鼠进行实验，为期90天。

① 另一个例子，许多公司的活动是造成气候变化的元凶，因此也造成了现代人和后代人不得不面对的问题。传统上讲，在计算公司利润时完全忽视了这类“成本”。然而，引入“碳排放税”至少可以将其中一些成本集中起来。

上个月，一家美国香烟制造商也采取行动，对像带有“柑橘薄荷”和“樱桃起司蛋糕”这样名字的香烟进行了市场测试。

健康专家将美国和英国进行的实验比喻为酒精行业以引入“混和果汁酒”来吸引青少年。

澳大利亚吸烟与健康委员会昨晚谴责了这一行动，并呼吁联邦政府对添加物进行严格控制，包括在澳大利亚销售的香烟中使用的香料。

澳大利亚吸烟与健康委员会的董事 Stephen Hall 说这已不是香烟制造商第一次测试产品中新的添加剂。

他说：“有大量信息表明烟草公司多年来一直在操纵产品，这有很多的原因，但是这些变化都是出于盈利和美化公司资产负债表的动机。”

公司给烟草添加巧克力和其他甜味素十分令人焦虑，这就迫切需要澳大利亚政府通过立法来规范香烟生产，并且不论有何种理由，向产品添加化学物质都要受到政府监控。

“除了监控毒物，这还应该用来防止添加任何可能使烟草更有吸引力或更易使用的物质。”

《西澳大利亚人》，2004-06-04，p.7

《西澳大利亚人》允许复制

5. 我们传统的财务会计系统对可交易性排污许可的核算结果十分奇怪。在越来越多的国家，特定组织提供许可，允许持有者排放事先定量的特定污染物，且通常是免费的。如果许可的初始持有人不会排放许可允许的那么多，则持有人可将许可售予他方。[①] 例如，在一些国家中可以发现，某些组织像资产那样处理交易性排污许可。从“经济”的角度看这是有意义的，但从更广泛的社会角度看，是否能将允许组织污染排放的许可作为资产仍是存在疑问的。

6. 在财务会计与报告中，费用的定义不包括主体对那些不受主体控制的资源（如环境）产生影响的确认，除非是罚金或是现金流动的结果。例如，在国际会计准则理事会的概念框架（在第6章中讨论过）中，财务报告中的费用被定义为：

……在会计期间，经济利益减少的形式是资产的流出或折耗，或是产生了使权益减少的负债，不包括那些向股东进行的分配。(70b 段)

因此要理解费用首先要理解资产的含义。资产被定义为“由过去的事项形成的，被企业‘*控制*’的，预期在未来会使经济利润流入企业的资源”（49a 段，补充强调）。因此对资产的认识取决于控制，并且像空气和水这样的环境资源因被共享而不能被企业控制，不能被确认为组织的资产。因此它们的使用或滥用都不能看成是一项费用。这是财务会计一个重要的局限性，也是必须强调的。就像 Deegan（1996）提到和使用的一个非常极端的例子，在传统财务会计下，如果主体破坏了周围环境的水的质量，并因此导致附近所有海洋生物和海岸植物死亡，那么在没有受到罚款或是引

---

① 举个例子，于2005年1月1日生效的欧盟排放交易计划的细节可在 www. europa. eu. int/comm/emission. htm 上找到。

发其他相关现金流量的范围内，报告中的利润将不受直接影响。[①]不确认外部性，组织报告的资产/利润就不会受到影响。这类组织采用常规的财务报告实务，依据进行的财务交易，描述出的绩效会非常成功。在这方面 Gray 和 Bebbington（1992，p. 6）提供了以下关于传统财务会计的意见：

……计量体系存在严重的问题，这个体系本应使事物可见并指导公司和国家决策，但它现在可能正处于亵渎和破坏之间。[②]

7. 还有另外一点，我们将在第 12 章更全面地考虑，这一点是指用会计准则计算出的“利润”是对某一利益相关者——股东——未来可能获得的收益（股利）的衡量。在称赞盈利水平高的企业时，或许我们是把投资者（所有者）的利益置于其他利益相关者的利益之上了。我们经常会在财经媒体的报道上看到某个公司尽管增加了工资支出，但仍获得了高额的利润。在这方面意味着某些利益相关者（员工）的回报有点糟，但其他利益相关者（资本所有者）的收益却很好。正如 Collison（2003，p. 7）所说：

在商业媒体，甚至在教科书中对这些生产要素的财务角度的描述，清晰地指出了利润是应该最大化的产出，而劳动者的报酬是应该最小化的成本。更进一步说，高成本资本通常被视为是外部对企业的约束，而不是流向资本提供者的资源的规模指标。《金融时报》的投稿人喜欢用“不祥的”之类的词形容工资的实际增长：这些词通常不是用来形容利润增长的。

正如我们将在第 12 章讨论的，一些被称为“批判理论家”的会计学者会认为：我们整个的会计系统都是为了维护强势群体（通常以拥有的财富衡量）的利益，而削弱其他相对弱势群体的利益（例如公司的员工）。颇为引起争议的是，提倡诸如“利润”等衡量绩效的指标会维持那些控制财务资源的人“受欢迎的”地位。

参考会计头条 9. 8，它详尽地介绍了一个组织是如何通过大刀阔斧地减少工作岗位来削减“成本”的。正如传统的财务会计系统忽视了社会成本，相关的媒体报道忽视了由裁员导致的员工待业的社会成本。裁员可以增加企业的利润，但是由此引发的困难以及政府为确保社会稳定的开支却无法在企业的财务报告中反映出来。

会计头条 9. 8　提高利润的同时也增加了“社会成本”的活动的例子

银行为保住利润削减工作岗位

澳大利亚联邦银行昨日由于宣布了 40 亿美元的年利润而被迫限制它的失业记录。

即将离任的总裁 David Murray 对工会的批评给予了还击，他揭示了 CBA 的净利润增长了 55% 个百分点，达到 39. 9 亿美元——这是银行的最高纪录，也是澳大利亚公司历史上最高的利润记录。

金融部门工会指出高额的利润是以牺牲员工满意度为代价的，利润掩盖了在

① 为了证明这一点，问问自己如果你的公司无意间向所在河流体系排放了毒水，并因此杀死了很多濒危的动植物，但是并没有因此受到罚款或处罚，你将在哪些账户中记录。

② Gray 和 Bebbington 对传统财务会计的局限表示担忧，受此驱动，他们设法制定了替代的会计方法——这种方法接受了可持续日程。举例见 Gray 和 Bebbington（2001）。

Murray 总裁任职的 13 年内削减了 20 000 个工作岗位。

“从调查中我们发现，每三名员工中就有一名担心失去自己的工作，大部分被调查者认为 CBA 不是个适宜工作的地方，”金融部门工会国家助理秘书 Sharron Caddie 如是说。

“员工们不是快乐的指示牌，工作也不忙碌。”

但是 Murray 表示工会应该停止对 CBA 员工的指责。

“我希望工会停止对我们公司员工的指责，他们每天努力工作，竭尽全力地满足顾客的需求。”他说。“这并不能帮助我们的雇员改善他们的工作前景。这并不能有助于吸引顾客。”

“与此同时，他们传达的情绪与我们从平常的交流中看到的并不一致，他们的工作热情与日俱增。”

Murray 表示员工和顾客满意度都得到了很大程度的提升，这得益于在近三年里银行引入了新的系统转换程序，这涵盖了顾客计算机服务系统的更新改造，分支机构的翻新，以及员工的再培训。

到明年 6 月新系统全面启用之际，将总计削减 3 700 个职位，同时 Murray 先生昨天还暗示，到时将有更多的结构调整。

The Cairns Post ，2005 - 08 - 11，p. 43

8. 随之而来的还有“计量”问题。为了编制财务报告而记录某个项目，该项目的计量必须有一定的准确性。正如《IASB 财务报告编制和列报框架》第 83 段中所写：

应该确认满足要素定义的项目，条件是：

(a) 与该项目有关的未来经济利益很可能流入或流出企业；

(b) 该项目的成本或价值可以可靠地计量。

衡量由一个企业带来的外部性的价值，通常取决于各种估计以及“猜测的估计”，因此由于可能发生计量错误，通常预先将这些外部性排除在财务账目之外。

以上的这些局限性符合这样一个观点，即财务会计列报不具备一个合理的机制，不能捕捉并报告组织对社会和环境的影响。因此，在讨论“如何”报告社会和环境的信息时，我们有理由考虑通过现存的财务列报系统完成这项工作。但是作为一个提供社会和环境信息以及满足利益相关者需求及预期的机制，仅仅有财务会计的计量和列报是不够的。因此也要借用其他的机制来对这些利益相关者提供合适的社会和环境解释。单一董事会机制是当前商业领域广泛讨论的话题，它可以在社会和环境信息间寻求一种理想的平衡，加上经济因素，共同构成组织治理的三重底线报告。

9.7.2 三重底线报告

正如前文提到的，*三重底线报告*是以本章前面讨论过的企业获得可持续性的三重底线方法为基础的，这种方法在经济、社会和环境可持续性中寻求平衡。三重底线报告的拥护者们认为如果经过适当的完善，报告应该提供信息使他人能够评估一家组织或社会的运作是否具有可持续性。因此，对于我们应该“怎样”报告的问题，三重底线报告提供了一种解决办法。采用的观点是组织（或社会）若想具有可持续性

（长期的观点），就必须在财务上是安全的（由获利能力这样的衡量标准证明）；必须将负面的环境影响最小化（理想状态是完全消除）；必须与社会期望表现一致。三重底线报告因此提供了对于组织应该如何报告其社会、环境和经济影响（或绩效）问题的更全面的答案。

Brown、Dillard 和 Marshall（2005）表明，虽然有很多关于三重底线报告的讨论，却几乎没有实施该报告模型的具体建议。他们强调了在实务中完善三重底线报告的一些问题。

第一，在社会和环境影响的问题上，使用“底线”的隐喻有利于吸引经理们的注意，这个隐喻受到严格限制，因为底线这个词传达了某种事物可以被单一数字计量的印象。在统一的度量单位下，经济利润的数据是一段时期内所有收入和费用数据的总合。[①] Brown、Dillard 和 Marshall（2005）声称：在实际中，将所有的环境影响，或者所有的社会影响都用一种度量单位来衡量是极其困难的也是难于实现的。的确，大部分宣称基于三重底线法的报告倾向于运用叙述性的报告和许多不同的度量体系来报告社会和环境的影响。如果社会和环境因素都不能用一种度量单位来衡量，那么就不可能使这些因素保持平衡。在经济、社会和环境绩效最大化之间的权衡似乎是三重底线的一个关键要素（或需求）。

第二，经理们通常将经济底线理解成应该被最大化的度量体系。Brown、Dillard 和 Marshall（2005）认为很难将这一最大化目标应用于自然。尽管可以将诸如生物多样性这样的因素最大化，但人们普遍理解不了这样做的意义以及应该如何计量生物的多样性。甚至更困难的是确定哪种社会度量体系应该被最大化。因此，在实务中不可能将社会和环境的理念（和管理层）与更常见的经济底线等同。因此，尝试以普通的方式报告或操控三重底线是不合适的。

第三，如果不可能采用平等对待每种底线的度量体系，那么三条单独的底线给人留下的印象是经济、社会和环境互不相关。由于本章之前解释过的原因，这是对概念的根本误解，并且会极大地损害社会和环境的可持续性。Brown、Dillard 和 Marshall（2005）认为由于三重底线概念中的这些问题，三重底线的操控和报告可能会使企业只关注经济底线而损害社会和环境的可持续性。

因此，目前三重底线报告程序在详细指导组织如何编制可持续性报告来为利益相关者提供具体的信息需求方面，似乎帮助不大。或许需要一个社会和环境的概念框架来提供更有用的指南。我们将在下一部分讨论的全球报告行动组织（GIR）很可能成为社会和环境的概念框架。然而我们在考虑 GRI 之前，我们将先考虑在国家层次上经常使用的一种衡量绩效的方法——也就是 GDP。许多人批评（前面已经提到过一些）组织根据公认会计实务计算财务业绩的方式，也有人批评国家衡量经济成功的方式。例如政府的业绩（以及国家的绩效），经常与他们的国家会计系统的产出相关，一个众所周知的产出是国内生产总值，在这一系统下，产品的等级越高，数据越好。很明显，这种度量体系不考虑资源的有效性以及如何公平分配资源的问题。从目前计算 GDP 的方法可以得到一些奇怪的结果。例如，如果我们建更多的监狱（也许

① 经济利润是经济因素按统一的度量单位加总这一理念也需要考虑物价变动的影响——我们在第 5 章讨论过。

反映了社会的衰退)，这样可以增加 GDP，向第三世界国家销售有害的烟草制品也会使 GDP 增长。可持续性要求减少依靠 GDP 这样的指标。国际上对 GDP 的批评大量存在。例如，参考会计头条 9.9，这条新闻认为像 GDP 这类衡量标准是有“缺陷”的。

会计头条 9.9　用 GDP 衡量国家成功的缺陷

衡量我们的幸福

Adam McHugh

澳大利亚应该调整 GDP 以对抗气候变化这个敌人，Adams Mchugh 写道。

经济政策的制定应该考虑人类的幸福。而不幸的是，我们一直将 GDP 作为衡量人类进步的指标，正如气候变化所揭示的，这样做存在很大的缺陷。

大部分经济学家承认用 GDP 这一指标衡量幸福是有缺陷的。例如，我们知道车祸或者石油泄露会增加 GDP，但很显然会降低幸福度。那么为什么我们还要用这样的计量标准呢?

答案是 GDP 的形成是在我们的敌人还是法西斯主义的时候。因为它是一个合理的计量工业军事化的指标。尽管我们在很久以前就战胜这些敌人了，但同样老旧的战争口号还在继续：生产、生产、生产，我们的敌人都将被战胜。

不幸的是，我们最近确定的敌人是生产的要素之一。本世纪 GDP 的大部分增长是由于大量开采矿物燃料。

我们完全依靠这些黑色的东西，极度渴望它能源源不绝地被开采出来。但是我们又十分确定燃烧碳氢化合物会导致全球气温升高，并且这个新敌人渐渐成为人类幸福曾经面对的最大威胁之一。

改变通常受到需求的激励。经济和气候模式的极端情况之一揭示了真实可能发生的全球灾害，人类种族的灭亡，在如此可怕的气候灾害下，无论积攒了多少的净现财富，无论投资的利率有多高，都适应不了。

然而，即使在另一个极端情况下，对于后代来说，如果是原可避免的人均福利的些微损失汇聚在一起，就是经济的彻底失败。

那么我们怎样打败像全球气候变化这样的敌人呢? 一些人会坚持采用不变的旧思想：增加你的 GDP，问题就会因人类的优先选择而消失。

他们会指出神秘的库兹涅茨曲线（一个倒置的 U)，这个曲线暗示了环境退化会最终随着收入的增加而减少。以经济学的语言解释，环境是种奢侈品，富人会向环境要求的更多。

因此对付气候变化这个敌人的方法与对付法西斯主义的方法一样：只要增加你的 GDP，市场就会提供解决办法。

当然，收入较高的人会要求较高的环境质量，这点不假；这通常是好的。但是库兹涅茨曲线并未解释市场会提供什么来提高环境质量。

经济政策的首要功能是确定市场何时不能正确地分配产品。目标应该一直是使福利最大化。

那么，澳大利亚的国家会计系统当然应该反映这个目标。调整势在必行，最终我们要关注成本账户，而目前还没有做到。

无论面对任何敌人，信息都是预先制止策略成功的关键。气候变化也不例外。GDP 通过调整成为科学的衡量方式，只有政策制定者依据调整后的 GDP 充分了解情况后，才能交付环境产品。

《澳大利亚金融评论》，2005-08-15，p. 22

全世界有许多不同的试图探索“绿色 GDP”的试验，它将不同的环境影响货币化，使这些影响在传统的 GDP 计算中也被考虑进去。然而，这些试验遭到了不同的批评，很多批评指出试验缺少可以接受的方法论。《经济学家》（1998 年 4 月 18 日，p. 77）着重强调的问题包括对特定环境资源使用货币定价。文章说道：

如木材，可以有市场价值，但是这个价值并不包括树木在提供稀有甲虫栖息场所上的作用，或纯粹只是树木本身的美观。这种效益估值的方法是有争议的。为了解决这样的问题，联合国的指南建议计量修复环境损失的成本。但是某些类型的损失，如生物灭绝，成本是无法计量的，其他类型的损失则很难估计。

美国一个名为 Redefining Progress 的组织正在推进调整 GDP 的不同方法以给出一个计量国家业绩“更真实的”方法。他们的网站上说：

Redefining Progress 在 1995 年创造了真实发展指标（GPI），可以用它替代国内生产总值（GDP）。GPI 能够使国家、州、地区或本地的政策制定者衡量他们的民众在经济和社会上的表现如何。经济学家、政策制定者、记者和公众都将 GDP 作为快速衡量进步的指标；但是 GDP 仅是将全国的支出加总在一起，没有区分增加财富的交易和减少财富的交易。与 GDP 相同，GPI 起始于同样的会计框架，但之后有了一些重大的不同。它加入了家庭和志愿工作的经济贡献，但去掉了诸如犯罪、污染和家庭破裂这样的因素。GPI 是第一个接受科学界的检验，可以替代 GDP 的指标，并普遍用于全世界的许多政府和非政府组织。Redefining Progress 支持采用 GPI 作为可持续发展和规划的工具。每年，Redefining Progress 都重新计算美国的 GPI，以记录更加真实的经济和社会进步。我们最近计算了从 1950 年到 2004 年的 GPI，可以看到自 20 世纪 70 年代以来经济就已经停止增长了。

Redefining Progress 的网站是 www. rprogress. org。

9.7.3 全球报告行动组织——一个社会和环境报告的概念框架？

尽管（或许是由于）传统的财务报告（和三重底线报告）在捕捉和反映组织的社会和环境影响上的能力不足，但很多组织仍设计了不同的实务，设法报告这些更广泛的影响。管理者对特定利益相关者团体信息需求的认知决定了对外披露包含哪些特定项目（Solomon 和 Lewis，2002），此外还要参考其他公司公认的最佳报告实务（或许是某个企业由于披露而赢得报告奖励，以此证明它是最佳实务）。

一些机构尝试将最佳的报告实务汇编成册，并一直致力于制定社会和环境报告指南，在全球范围内，已经在社会和环境报告领域占据主导地位的报告指南之一是全球报告行动组织的《可持续发展报告指南》（经常被称为《GRI 指南》）。[1] 这些指南因其代表了目前的“最佳实务”而被广泛接受。《GRI 指南》的第一个版本是在 2000 年发布的（在 1999 年发布指南草案之后）。《GRI 指南》的第二个版本（经常被称为 G2）是在 2002 年发布的。《GRI 指南》的第三代（被称为 G3）是在 2006 年发布的，这一版本的制定是 2004 年和 2005 年众多利益相关者通力合作的结果。《GRI 指南》为企业提供了 49 个“核心指标”和 30 个“补充指标”。根据 GRI（2006，p. 24）：

> 通过 GRI 众多利益相关者的共同努力，制定出了核心指标，旨在识别出对大多数组织都很重要的公用的指标。组织应该报告核心指标，除非根据 GRI 的报告原则这些指标不具有重要性。补充指标是指新兴的实务，或是用来解决那些对某些组织重要，但对其他组织不重要的议题。[2]

可持续绩效指标（既有“核心的”又有“补充的”）按经济绩效、环境绩效和社会绩效分类排列（社会绩效指标又进一步分为劳动管理实务和体面工作绩效指标，投资和采购实务、社会绩效指标，以及产品责任绩效指标）。在每个类别下都要求有“管理方法披露”（包括政策、责任和目标等）。在这项披露之后是各类指标（我们已经说明过，分成“核心”指标和“补充”指标）。

虽然很多人认为《GRI 指南》促进了可持续性报告的完善，但必须承认的是，由于不是强制规定，很多企业对用于报告的指标随意挑选。然而，这样的企业可能仍然宣称它们在使用《GRI 指南》，并由此获得了指南带来的“合理性”。正如 SustainAbility 公司和联合国环境规划署（2002，p. 17）提到的：

> 《GRI 指南》本身允许企业部分遵守。一家企业可以一面遵守 GRI 的指南，一面只将企业影响最小的方面展示给公众。参考麦当劳的案例，它于 2002 年初发布了第一份基于 GRI 的报告，报告中只略带提到农业问题，而这正是麦当劳影响最大的部分……Alan Willis 是 GRI 程序委员会的前任委员和测试工作组的成员，他极力主张：“GRI 需要对公司滥用指南或程序提高警惕——宣称他们的报告‘遵守’了指南，实际却不是这样；（这些报告）不完整、不准确、令人误解或者不恰当。”

GRI 提供了用于披露可持续绩效信息的类别以及相关的绩效指标。G3 指南草案中的主要类别和小类，以及各个类别中涵盖的“指标侧重点”的具体内容列示在下面的表 9—1 中。[3]

表 9—1　**《GRI 可持续发展报告指南》的指标类别概述**

A. **经济绩效**
可持续发展在经济方面关注组织对其利益相关者经济条件的影响，以及对本地、国内和国际层次的经济体系的影响。
经济绩效指标[4]
·侧重点：经济绩效（四个核心指标）

① 详细了解 GRI 以及《可持续发展报告指南》，参见网站：www. rprogress. org。根据 GRI 的网站，截至目前（2008 年年底查看的），全世界有超过 1 500 家企业，其中有许多世界知名企业，已经宣布自愿采用了该指南。随后，G3 指南成为真正意义上的全球报告标准。GRI 是联合国环境规划署的合作中心。

② 指南在确定某一项目的“重要性”时提到了许多外部因素（如利益相关者提出的问题，以及本地、国内和国际监管）和内部因素（如组织面临的主要风险，组织价值观、目标和意图）。

③ 指标提供了一种衡量方法，通过指标的衡量结果，可以对其做出评价和决策。在 G3 的指南中，将“指标侧重点”定义为“关于某一具体指标类别（例如，能源耗用、童工、顾客）的通用信息”。

④ 有兴趣的读者应该去看 GRI 指南（www. globalreporting. org），查阅每个侧重点具体指标的详细内容。

续表

· 侧重点：市场份额（两个核心指标和一个补充指标）
· 侧重点：间接经济影响（一个核心指标和一个补充指标）

B. 环境绩效

可持续性在环境方面关注组织对有生命的和无生命的自然系统的影响，包括生态系统、土地、空气和水。环境指标的构成涵盖了投入（原料、能源、水）和产出（废气、废水、排放物）方面的绩效。除此以外，指标还包括生态多样性、法规及其他相关信息，诸如环境支出和对产品和服务的影响方面的绩效。

环境绩效指标

· 侧重点：原材料（两个核心指标）
· 侧重点：能源（两个核心指标和三个补充指标）
· 侧重点：水（一个核心指标和两个补充指标）
· 侧重点：生态多样性（两个核心指标和三个补充指标）
· 侧重点：废气、废水、排放物（七个核心指标和三个补充指标）
· 侧重点：产品和服务（两个核心指标）
· 侧重点：法规（一个核心指标）
· 侧重点：交通运输（一个补充指标）
· 侧重点：总体情况（一个补充指标）

C. 社会绩效

可持续性在社会方面关注组织对组织所在的社会系统的影响。GRI 社会绩效指标确定的关键绩效包括劳动管理实务、人权和更宽泛的影响顾客、社区及其他社会中的利益相关者的问题（不像经济和环境绩效，G3 指南将社会绩效分为四个子绩效指标）。

社会绩效指标

C. 1 社会绩效：劳动管理实务和体面工作绩效指标
· 侧重点：员工雇用（两个核心指标和一个补充指标）
· 侧重点：劳动力/管理层关系（两个核心指标）
· 侧重点：职业健康和安全（两个核心指标和两个补充指标）
· 侧重点：培训和教育（一个核心指标和两个补充指标）
· 侧重点：多元化和平等机会（两个核心指标）

C. 2 社会绩效：人权绩效指标
· 侧重点：投资和采购实务（两个核心指标和一个补充指标）
· 侧重点：非歧视（一个核心指标）
· 侧重点：结社自由与集体谈判权（一个核心指标）
· 侧重点：童工（一个核心指标）
· 侧重点：强迫与强制劳动（一个核心指标）
· 侧重点：安全保卫工作（一个补充指标）
· 侧重点：土著人权利（一个补充指标）

C. 3 社会绩效：社会绩效指标
· 侧重点：社区（一个核心指标）
· 侧重点：腐败（三个核心指标）
· 侧重点：公共政策（一个核心指标和一个补充指标）
· 侧重点：反竞争行为（一个补充指标）

续表

·侧重点：遵守法规（一个核心指标）
C.4 社会绩效：产品责任绩效指标
·侧重点：消费者健康和安全（一个核心指标和一个补充指标）
·侧重点：产品和服务的标志（一个核心指标和两个补充指标）
·侧重点：营销宣传（一个核心指标和一个补充指标）
·侧重点：消费者隐私（一个补充指标）
·侧重点：遵守法规（一个核心指标）

资料摘自全球报告行动组织（2006）。

由众多利益相关者组成的GRI成立于1997年。根据GRI的网站（2008年年末摘自网站上）：

全球报告行动组织（GRI）由30 000个强有力的利益相关者网络组成，通力合作提高可持续发展报告的实务水平。全球报告行动组织（GRI）率先制定了在全世界最为广泛使用的可持续发展报告框架，并承诺将继续完善框架以适应全世界各个角落的组织应用。该框架订立了组织可以用来计量并列报其经济、环境和社会绩效的原则和指标。

框架的基石是《可持续发展报告指南》。指南的第三版（称为G3指南）于2006年发布，公众可以免费获得。框架还包括《部门补充》（行业部门特有的指标）和《协议》（详细的报告指南）和《国别附录》（国家特有的信息）。

根据GRI框架编制的可持续发展报告可以用于组织在法律、规范、法规、绩效标准和自愿行动方面的绩效基准；表明组织对可持续发展做出承诺；并纵向比较组织绩效。GRI提倡并发展了这一标准化的报告方式，以刺激对可持续发展信息的需求——有益于做出报告的组织，也有益于那些使用报告信息的相关者。

GRI最初是由美国的环境负责经济体联盟（一家总部在波士顿的非盈利、非政府组织）与联合国环境规划署（网址：www. unep. org）共同发起的，后期的投入来自英国特许公认会计师协会、Tellus研究所、世界可持续发展工商理事会、世界资源研究所、加拿大特许会计师协会、英国社会与伦理责任研究所、美国经济优先权委员会以及其他世界各地的组织和公司机构。鉴于它的发展历程，该行动很明显具有“国际化”的性质。

根据全球报告行动组织（2006，p. 3）：

GRI报告框架意在成为报告组织的经济、环境和社会绩效的公认报告框架。任何规模、部门或地域的组织都可以使用，框架考虑了广泛的不同类型的组织——从小企业到遍及全球各地的大公司——面临的实际问题。GRI框架描述了由全球广泛的利益相关者认同的一般和具体部门的内容，并可通用于对外报告组织的可持续发展绩效。

指南由原则构成，这些原则用来定义报告内容，确定报告信息质量以及由绩效指标和其他披露事项构成的标准披露。指南还对报告中具体的技术问题做出指导。2006年的指南（G3）由两部分组成，分别是：

- 第一部分——定义报告的内容、质量和范围
- 第二部分——标准披露

指南中的引言部分包括对可持续发展报告的概述，并解释了编制可持续发展报告的目的。指南还概述了由独立的第三方对报告进行审核的相关问题。在定义报告的内容时（在第一部分中），提到了一些报告原则：

(a) 重要性　报告中的信息应该包括能反映组织重大的经济、环境和社会影响，或对利益相关者的评估和决策有实质性影响的内容和指标。

(b) 利益相关者包容性　对外报告的组织应该确定其利益相关者，并在报告中解释它如何回应利益相关者的合理期望与利益。

(c) 可持续性范围　对外报告的组织应该在较大的可持续性范围内呈报组织的绩效。

(d) 完整性　报告中涉及的重要的内容和指标，以及报告范围的界定，都应该充分反映经济、环境和社会影响，并使利益相关者能够评估组织在报告期的绩效。

关于“报告材料的质量”，指南提到了一些“界定质量的报告原则”：

(a) 平衡性　报告应该反映组织正面和负面的绩效，以便能够对组织的总体绩效进行合理的评估。

(b) 可比性　事项和信息应该经过筛选、汇编和报告这一系列过程。报告的信息呈现的形式应该使利益相关者能够分析组织的绩效前后的变化，并可以与其他组织的绩效相比较。

(c) 准确性　报告的信息应该精确，并足够详细，使利益相关者能够在充分了解情况后做出决策。

(d) 及时性　要及时、定期地发布报告，利益相关者能够获得报告的信息，并在充分了解情况后做出决策。

(e) 明晰性　使用报告的利益相关者应该能够获得并理解报告中的信息。

(f) 可靠性　在编制报告时使用的信息和程序的收集、记录、汇编、分析和披露方式应该能经得起检验，这也确保了信息的质量和重要性。

正如我们看到的，上面的原则和质量特征与财务报告中通常提倡的质量特征十分相似。要考虑的是可持续性报告是否应该与财务报告有相似的属性。你有何看法？

指南的第二部分——“标准披露”——包括三种不同的披露类型：

· *战略和简介*：披露总体背景，便于理解组织的绩效，如组织的战略、简介和治理情况。

· *管理方法*：披露组织如何处理给定的议题，目的是便于利益相关者理解特定领域的绩效。

· *绩效指标*：根据指标，组织能够提供其经济、环境和社会绩效的可比信息（我们之前已经详细列出了各类指标）。

我们再一次鼓励有兴趣的读者登陆 GRI 网站阅读全篇指南。人们期望指南还将继续得到改进。很明显，改进后的《GRI 指南》已经在“如何报告”的问题上提出了大量的指导方针。

除 GRI 之外，其他很多组织也发布了报告指南：

· 环境与自然遗产部（2003），《澳大利亚三重底线报告》——《报告环境指标指南》。

· 100 集团（2003），《可持续性：三重底线报告指南》。

· 英国保险业协会（2002），《社会责任投资披露指南》。

· 英国 Business in Community（2001），《以正直取胜：社会责任指南》。

· 欧洲会计师联合会的环境工作组（1999），《欧洲会计师联合会讨论稿：面向公认的环境报告框架》。

· 欧洲化学工业理事会（1998），《负责任的关注：健康安全和环境报告指南》。

· 美国全球环境管理行动组织（1994），《全面质量管理框架下的环境报告》。

· 英格兰及威尔士特许会计师协会（1996），《财务报告中的环境问题》。

· 美国公共环境报告行动组织（1992），《美国公共环境报告行动指南》。

· 英国政府商业与环境顾问委员会（1997），《环境报告和金融部门——实现良好实务的方法》。

· 联合国环境规划署（和 SustainAbility）（1996），《利益相关者参与——公司环境报告的第二份国际发展报告》

总结这部分关于“如何”报告的内容，我们已经了解到财务会计实务存在诸多局限性，使其难于报告主体的社会和环境绩效信息。鉴于这些局限性，学者们提出了其他的替代程序。很多人拥护三重底线报告，认为它在提供主体的经济、社会和环境绩效信息方面是一种很完善的方法。然而，正如我们已经指出的，目前存在这样的疑虑：“底线”的概念能否应用于现实的社会和环境绩效中。另一种报告的替代方式是制定结构化的指南，如全球报告行动组织的《可持续发展报告指南》。在我们结束“如何”报告的讨论之前，我们将考虑另一种核算社会和环境绩效的方法。这种方法（并未被广泛接受）要求主体计算其制造的社会和环境外部性的成本。

9.8 外部性的会计处理

像 GRI 提供的这类报告指南规定了大量与可持续性相关的关键绩效指标（KPIs），但没有尝试将组织造成的外部性纳入组织的“成本”之中。例如，对于组织造成的污染，或者是报告主体的产品或经营程序对人体健康造成的损伤等等，GRI 没有提供将其作为成本核算的指南。正如前面解释过的，公认的财务会计实务也忽略了报告主体造成的社会和环境外部性。然而，仅有少数组织尝试对其经营造成的环境外部性核算成本和收益。[①] 将这些成本和收益从传统方法计算的利润中扣除（或加入），以计量出“真实利润”。这种方法很有趣，它违背了公认会计原则，并且要依据很多估计和“猜测”。我们需要再次强调，全世界仅有有限几家企业将外部性算作成本。例如，荷兰电脑咨询组织 BSO/Origin 编制的一些环境账目中，为组织对社会施加的环境成本赋予了一种名义价值（1995 年，BSO/Origin 最新发布了一套核算“环境成本”的账目）。这一价值从传统财务会计确定的利润中减去，得到的结果被称为“净附加值”。显而易见，以财务的方式量化环境的作用/影响需要很多假设。正如 BSO/Origin 在其 1994 年的环境报告中所说：

BSO/Origin 已经连续五年在提供财务报告的同时呈报环境账目了。这是基于

---

① 外部性可以被定义为“组织对组织外部的相关方的影响”（Deegan，2005，p. 1186）。从会计的角度，财务报表中不确认“外部性”。部分是由财务会计中采用的“主体原则”造成的。

“提取价值”的概念完成的，对生态系统施加的负担从产品生产开始，到产品被生态系统分解时结束。这一负担呈现的形式是将对自然生态系统造成的破坏恢复到破坏之前需要付出的成本，或者是做出其他选择需要付出的代价。分录是根据由单元式的、有一定依据的猜测和推断得出的绝对数据编制的。目的并不是提供精确到最后一位的计算结果，而是实现全面会计的原则，其中包括提取价值和附加价值。

组织在计算利润时加入环境成本和收益，这一做法使人们更加质疑忽略了社会成本（如企业对环境的破坏）的盈余计算方法的正确性。由于企业活动产生了外部性，许多企业正在测试那些用来确定外部性名义成本的方法。采用了某种形式的“全面成本”会计的企业目前包括百特国际（美国），IBM（英国），Interface 欧洲，Anglian Water（英国），WessexWater（英国）和 Landcare Ltd（新西兰）。

其中一些企业采用的方法包括确定名义的“可持续成本”。Gray 和 Bebbington（1992，p. 15）解释道：

……可持续成本可以被定义为组织必须在会计期末将生物圈恢复到会计期初的状态（或相同的状态）所付出的成本。这样的数值可能是纯理论的，并且作为企业损益账户的抵减项。这样我们就可以大致估计出有多少会计利润产生于可持续的资源……我们的估计显示，通过计算可持续成本，结果表明没有一家西方企业在最近50年内是盈利的。

根据 Bebbington 和 Gray（2001，p. 567），可持续成本的计算包括两方面要素，分别是:

（i）为了确保组织的投入在生产过程中对环境没有负面影响，就会产生成本。在目前可以获得的环境友好产品和服务中，除了那些已经包含在内的成本，还要包括这种成本。

（ii）即使组织的投入对环境没有影响，对于其他因素对环境造成的影响也要进行补救，进而产生了成本。

接受“可持续成本”计算方法的企业之一是 Interface 欧洲。在讨论 Interface 欧洲（大型地面材料生产商）2000 年的财务报告是如何采用“可持续成本”计算方法时，《环境会计和审计报道》（2000 年 9 月，p. 6）做出了如下评价：

账目中披露的环境影响是在发生时，依据规避或治理这些影响所耗费的成本对其赋值。也就是说，对于 Interface 的活动和经营造成的环境破坏，Interface 会先规避，如果规避不了会治理，公司根据这一过程中需要的花费来对环境影响进行估值。成本尽可能基于“真实的”或市场的价格。

例如，Interface 因用电造成了污染物的排放，如果公司将发电能源改用可再生的碳中性能源，估计出这样做需要耗费的成本，以此作为公司排放污染物的成本。交通运输和使用煤气造成的排放是根据固碳的市价来确定其成本，大量与运输有关的非二氧化碳排放物是根据将公司的车队改用液化石油气（LPG）所耗费的成本来确定。二氧化碳的排放物与液化石油气相同或略高，其他排放物依次排在之后。

总的估值基于减少排放的成本或达到“可持续水平”的影响。尽管我们真的不知道每种影响/排放物的可持续水平是什么，但我们运用的方法是种基于现代科学的理解和观点，并且是一种讲求实效的方法。在碳的例子中，可持续标准是零排放。例如，对于交通运输的非碳排放，可持续标准是将排放量减少50%以上，以满足空气质量对健康无害的标准。可持续成本因此代表了消除组织经营可持续性差距的财务成本。

其他呈报社会和环境绩效的有趣方法包括美国百特国际以及新西兰的企业Watercare Services采用的方法。百特国际是一家生产、研发并配送药品和技术的企业。它的年收入超过50亿美元。在90年代中期，百特决定编制《环境财务报告》(EFS)。根据Bennett和James（1998，p. 295）：

EFS的目的是将每年总的财务成本和收益集中到一份单独报告中，这些成本和收益不仅源于环境项目本身，还来自公司开展的对环境有益的活动。其目的是表明，与从前的许多观点相反，环境不仅会使企业负担成本，也可以为企业带来收益。

百特的方法违背了“规范”会计实务，因为该方法明确记录了有关节约的信息——这在财务报告中一般是不会确认的——但这仍是一种相对稳健的会计方法。它忽略了企业造成的外部性，只考虑直接与真实现金流相关的成本和收益。表9—2列示了百特2007年EFS的内容。在这份EFS中，“收入”指企业在报告年度实际收到的金额；“节约”指报告年度与上一年度相比成本的减少数（成本增加记为负节约）；“成本规避”是指附加成本，不是指因报告年度没有开展废物减少活动而应产生但实际没有产生的节约。

表9—2　**百特国际《2007环境、健康和安全绩效报告》中的环境财务报告**

百特2007环境财务报告			
全球环境成本、收入、节约和成本规避的估值（以百万美元为单位）[1]			
环境成本	**2007**	**2006**	**2005**
基本项目			
公司环境——一般和分摊的业务部门成本[2]	1.6	1.4	1.5
审计和律师费	0.4	0.4	0.4
能源专家和能源减少项目	1.0	1.0	1.0
公司环境——信息技术	0.3	0.3	0.3
业务部门/地区/设施环境专家和项目	7.4	7.2	6.8
污染控制——操作和维护	3.1	3.2	2.9
污染控制——折旧	**0.9**	**0.8**	**0.7**
基本项目总成本	**14.7**	**14.3**	**13.6**
补救措施、废物和其他反应成本			
（积极的环境行动会使这些成本最小化）			
清理索赔和违反通知的律师费	0.1	0.1	0.1
解决政府的要求	0	0	0
废物处理	10.0	7.1	6.1
减少温室气体排放[3]	0.1	0.0	0.0

续表

包装的环境费用[4]	0.9	0.9	1.1
电子产品和电池的环境费用	0.1	0.1	0.0
补救措施/清理——现场	0.5	0.1	0.1
补救措施/清理——非现场	0.0	0.3	0.0
补救措施、废物和其他反应成本	**11.7**	**8.6**	**7.4**
环境总成本	**26.4**	**22.9**	**21.0**
环境收入、节约和环境规避			
（详细内容可以在线参阅 2007 年活动的收入、节约和环境规避）			
报告年度的活动			
规范污水处理	(0.7)	0.3	(0.1)
规范原材料[5]	(2.7)	0.8	(0.3)
非有害污水处理	(0.8)	0.0	0.3
非有害原材料	(0.8)	(2.5)	5.7
回收利用收入	4.8	4.7	4.3
节约能源	4.1	3.3	6.8
包装成本减少额	2.9	1.7	2.4
节约水	0.6	0.6	0.0
报告年度活动总额[6]	4.4	7.2	16.7
占基本项目成本百分比	30%	51%	123%
6 年前开始并于今年实现的活动的成本规避[7]	78.2	83.8	78.7
环境收入、节约和环境规避总额	**$82.6**	**$91.0**	**$95.4**

2007 年收入、节约和成本规避详细内容（百万美元）

	收入和节约	**成本规避**	**财务效益总额**
规范污水处理成本节约	$ (0.6)	$ (0.1)	$ (0.7)
规范废料成本节约	(3.1)	0.4	(2.7)
非有害污水处理节约成本	(2.3)	1.5	(0.8)
非有害废料成本节约	(4.1)	3.3	(0.8)
回收利用收入	4.8	0.0	4.8
能源消耗成本节约	(3.6)	7.7	4.1
水消耗成本节约	(0.3)	0.9	0.6
总额	$ (9.2)	$13.7	$4.4

续表

从6年前到现在为成本规避所做的努力（百万美元）			
	2007	2006	2005
规范污水处理	$0.8	$1.5	$1.0
规范废料	2.7	6.0	3.9
非有害污水处理	3.3	3.4	2.8
非有害废料	18.8	21.5	25.1
能源消耗	48.1	47.1	42.8
水消耗	4.5	4.3	3.1
总额	**$78.2**	**$83.8**	**$78.7**

注：1. 总成本金额保留的位数能够在合理水平上反映数据的准确性。

2. 公司环境成本包括经营公司环境项目的有关成本，要报告给制造业和法律团体。尽管公司的 EHS（EHS 是环境 Environment、健康 Health、安全 Safety 的缩写）以及某些业务部门的 EHS 整合进 2003 年的第三季度，业务部门项目成本仍列报在业务部门/地区/设施环境专家和项目这一栏，因为这些环境成本更直接支持设施项目。

3. 减少温室气体排放的成本包括购买可再生能源的支出，碳排放额度要向芝加哥环境交易所（CCX）购买，并且每年还要向 CCX 交纳会费。

4. 在实现了 2005 年制定的包装物节约目标后，百特公司不再跟踪与包装节约有关的项目成本或财务节约。

5. 反映出了购买原材料的变化（正数意味着减少，负数意味着增加），原因是原材料使用效率及其产生的相关废物发生了改变。

6. 在计算废物减少活动的节约和成本规避时，假定售出的产品成本按存货和通货膨胀的变化做出调整后，生产和分配规模与产品成本成比例地增长。百特运用每年增长的百分比的变动计算出三年的移动平均数，以此确定每年的财务价值。在 2007 年，三年移动平均数是 3%，2006 年是 2%，2005 年是 10%。使用这种移动平均有助于避免因收购/剥离，或是生产环节的变化对环境产生的延迟效应引起的数据失真。

7. 采用稳健的原则，对规避成本的累积在 7 年后终止，在此期间许多设施将得以保留，程序改进项目也会得以实施。

未确定的成本和节约

以下未确定的成本没有包含在环境财务报告（EFS）中：

· 受环境因素驱动的材料研究和其他研发。这一成本通常被销售的增加额和其他 EFS 中未体现的非环境收益所抵消。

· 修正程序的资本成本，但不包括加大污染的控制力度。这通常被提高的生产率、有效性和其他 EFS 中未体现的非环境收益所抵消。

· 破坏臭氧层的物质以及其他有害物质的替代物的成本。这一成本估值相对较小。

· 非环境员工花费在环境活动中的时间。环境培训和责任是每位员工工作的一部分。

百特积极开展的项目为企业带来了节约和其他收益，但这些节约和收益难以计量。例如：

· 所有已知易泄露的地下储藏罐的拆除、垃圾场评估以及其他风险管理项目减少了负债风险；

· 百特将排放的废物降低到特定标准以下，以此减少了监管负担（培训、记录、报告和管理成本）；

· 由于百特的努力避免了环境问题的发生而规避的成本；
· 由于减少了废物、溢出物和其他环境问题，使员工将精力投放在具有更高价值的工作上；
· 商誉、声誉、品牌价值的增加，以及销售额和员工士气的提高。

原则上，百特的 EFS 中列示的所有数据都可以从组织的主要会计系统中获得。例如，由于按照某个具体的能源减少行动减少了电的使用，结果使用电成本降低了，这种成本的降低在 EFS 中体现为节约。对于耗用电能仍会导致有害温室气体的排放这一事实并未予以考虑。就本身而言，该方法从会计学角度完全不会引起争议。该方法试图说明通过考虑环境问题，可以计算出真实的成本节约。如果没有这种分析，这些节约就无从得知，而且企业会更关注回收计划、开发清洁产品技术等耗费的成本。百特只考虑企业产生的成本和节约，而没有考虑外部性（温室排放的影响等等），因此在编制 EFS 时还是应用了“主体假设”。

Watercare Services 的《可持续性会计分析》出现在 Watercare Services 的 2008 年年报中（见表 9—3）。它的方法与常规的财务会计方法不同。Watercare 确认了如果要达到其认为是恰当的社会和环境标准而要发生的成本。常规会计不会记录未发生成本的信息。

表 9—3　　Watercare Services《可持续性会计分析》　　单位：百万美元

	2005/2006	2006/2007	2007/2008
包括必须满足的法律责任的总支出	142. 1	157. 7	163. 2
满足 Watercare 期望标准的额外支出			
1. 污水处理厂的摇蚊防治	0. 3	0. 6	0. 6
2. 异味控制	0. 7	0. 1	0. 1
3. 污水溢出清理	0. 1	0. 1	0. 1
4. 污水泵站“故障安全”维护	0. 9	0. 7	0. 9
小计	2. 0	1. 5	1. 7
形成水和污水收费基础的成本——每份审计过的财务报告	**144. 1**	**159. 2**	**165. 70**
按年计算的提高环境标准的额外活动成本			
5. 二氧化碳减排	0. 7	0. 7	0. 7
6. 供水大坝下游的补偿流量	17. 7	17. 9	18. 2
7. 消除异味排放	3. 2	3. 3	3. 4
8. 最小化污水溢出	58. 4	58. 6	62. 4
9. 视觉提升	3. 7	3. 9	4. 6
10. 生物固体再利用	15. 4	15. 4	16. 3
11. 工业、林业和农业的部分污水（30Ml/d）再利用	5. 3	5. 4	5. 6
12. 重新汇集部分污水（100Ml/d）进行提取	63. 4	63. 5	65. 9
13. 部分污水（170Ml/d）重新用作饮用水	90. 1	90. 2	93. 0
小计	**257. 9**	**418. 1**	**435. 8**
传递可持续绩效的成本基础	**402. 0**	**418. 1**	**435. 8**

其中：

1. 污水处理厂的摇蚊防治

现在交流渠和高潮线与低潮线间的存储池中经过治理的污水由于太干净，成为了摇蚊的滋生地，是应予注意的社会公告。在2007/2008年度，为了减少摇蚊聚集地而进行的喷洒和倾析。

2. 异味控制

去年，在网状系统和污水处理厂里用于减少异味的设备操作和维修成本大约为40万美元。

3. 污水溢出清理

由于特大暴雨、系统失灵或第三方破坏造成的污水网状系统中污水溢出，Watercare的员工们对溢出地点进行清理和消毒，这些成本每年大约为10万美元。

4. 污水泵站“故障安全”维护

Watercare在计划维修上花了相当多的维修预算（大约67%），这是十分必要的，能够在最大程度上避免泵站故障的发生以及后续对环境的破坏。这种安全成本今年大约为90万美元。

5. 二氧化碳排放物

Watercare的温室气体总排放量当年是27.820吨。如果对每吨排放征收25美元，就是745 500美元。

6. 来自供水大坝的补偿流量

供水大坝切断了来自大坝下游溪流的大部分水源。为了改善溪流的生态系统，Watercare会释放较多的补偿流量。这会减少供水系统的产出，还需要建立价值1.15亿美元的新水源，操作和维护成本是每年1 000万美元。每年包括利息、不含折旧的成本是1 820万美元。

7. 消除异味排放

在所有场所的范围内减少系统的异味到最低水平，要建成新的生物滤池，这要花费资本成本4 000万美元，以及每年的操作和维修成本50万美元。每年包括利息、不含折旧的成本是340万美元。

8. 最小化污水溢出

Watercare估计，除了在极端恶劣的暴雨天气下，消除所有潮湿天气污水溢出可以通过在系统中修建存贮渠和贮水池达到目的。估计的资本成本为8亿美元（包括进一步对污水处理厂的升级改造），以及每年500万美元的操作和维护成本。每年包括利息、不含折旧的成本是6 240万美元。

9. 视觉提升

Watercare估计掩饰、移除或替换“不吸引人”的资产的成本大约在5 000万美元，还有每年100万美元的操作和维护成本。每年包括利息、不含折旧的成本是460万美元。

10. 生物固体再利用

Watercare估计发展长期使用生物固体每年大约需要附加2亿美元，另外还有每年200万美元的维护和操作成本。每年包括利息、不含折旧的成本是163万美元。

11. 重新汇集部分污水进行提取

部分（100Ml/d）处理过的污水可以经进一步处理并通过管道重新汇集到集水池中进行提取。估计将耗费5亿美元的成本，以及每年3 000万美元的维护和操作成本。每年包括利息、不含折旧的成本是6 590万美元。

12. 部分污水重新用作饮用水

部分（170Ml/d）处理过的污水可以经进一步处理后用于饮用水的供应。估计将耗费6亿美元的成本，以及每年6 000万美元的维护和操作成本。每年包括利息、不含折旧的成本是9 300万美元。

可持续会计

可持续会计为企业的环境和社会行动赋予了一定价值。上面的数据显示Watercare在2007/2008年度的经营支出是16 570万美元。这一总数包括了满足企业经营水和污水的法律责任的成本。此外，Watercare 支出了 170 万美元用于减少环境影响的活动。此外，另有 27 010 万美元用于全面减轻公司经营对环境的影响。

可持续会计允许组织量化价格与服务，以及社会和环境影响间的权衡。例如，投资改进污水/雨水系统的资本成本最初要通过提高 Watercare 的信贷来实现，并且也会提高产品价格来弥补偿债成本。然而，客户不会愿意接受价格的大幅度提高。相反地，他们宁愿接受现有数量的流量，以换取较低的价格。

很显然，在组织如何解释社会和环境影响时存在极大的多样性。鉴于在这一报告范围内缺乏监管，这种多样性是预料之中的。我们将通过探讨社会审计来总结这一章。社会审计提供的数据常常被用于主体的社会和环境报告中。社会审计通常依靠大量利益相关者团体的参与。

9.9 社会审计

在本章和第 8 章中，我们讨论了组织遵从社会期望的重要性。正如我们已经讨论过的，如果组织不遵从社会期望（通常称为违背了“社会契约”），或特定强势利益相关者的期望，会对组织的生存产生消极的影响。为了辨别组织的绩效是否满足不同利益相关者团体的期望，我们可以采用所谓的“社会审计”这一方法。

根据 Elkington（1997，p. 88），社会审计的目的是让组织评价其与社会要求和期望相关的绩效。很明显，不同的管理团队会对不同利益相关者团体的观点感兴趣。如果是从较广泛的道德角度划定利益相关者，经理们通常要找出较广泛的利益相关者的观点和看法。社会审计使企业能够检验其社会影响，并证实其是否实现了自己的社会目标。社会审计的结果经常被作为主体向公众公布的社会账目的基础（通过社会审计组织的透明度明显增加），社会审计的结果可以被看作是与不同利益相关者团体持续对话的重要部分。美体小铺（The Body Shop）针对社会审计提出了自己的见解。根据美体小铺《社会绩效报告 2007》（pp. 2 –3）：

通过我们的社会审计项目，我们可以倾听利益相关者的声音，并了解他们是否对我们每天实现价值并声明价值观的做法感到满意。重要的是，通过这一程序，我们还能获得反馈和意见，这些都有助于企业做出积极的改变，也有助于我们未来规划的实现……我们的社会绩效数据是通过每年两次对利益相关者的调查收集来的。要求利益相关者告诉我们：我们在实现公司的目标并声明公司价值观等方面做得如何，是否符合他们的期望。我们会评估这些数据和反馈意见，以找出企业发展的机遇。反馈和意见是调查程序的重要部分，因为它们帮助我们理解利益相关者对我们的价值观满意或不满意的原因……我们的社会审计程序得到外部的检验，还得到了一份独立的保证声明。

在谈到社会审计涉及的对象时，美体小铺在《社会绩效报告 2007》中写道（p. 4）：

在 2006 年，从 3 月到 6 月，在这段长达 4 个月的时间里，有超过 17 000 名利益相关者参与到我们的社会审计项目中来。关键的利益相关者团体包括我们的员工（所有部门）、美体小铺的顾客、美体小铺之家的顾问、儿童之家、供应商和社区组织。参与人数最多的是我们的顾客，其次是我们的员工。供应商和社区组织的参与度较低。

在员工方面，美体小铺的社会审计询问了员工有关如下事项的问题：

· 公司的价值观和风气；
· 关怀、诚实与尊重；
· 平等的雇用机会；
· 自豪和信任；
· 沟通；
· 工资、效益和认同感；
· 职业发展；
· 对环境问题的承诺。

关于员工对“公司的价值观和风气”的看法，美体小铺报告了如下发现：

社会指标	认同度（%）
“我相信 Adidem 集团正积极地努力实现公司的三个一体化目标”	84.5
“我相信 Adidem 集团会逐步平衡员工、消费者和其他人的需求”	84.1
“我相信 Adidem 集团会坚持它所述的原则”	82.2
“员工基本上持有与公司相同的价值观”	**84.1**

关于需要改进的地方，美体小铺对“职业发展”做出了如下评价：

尽管有 78.2% 的受访对象同意对新员工的招聘程序是公正而透明的，但是仅有 61.5% 的人认为内部选拔和晋升程序也是如此。员工总体满意奖励机制和双向沟通。他们不太满意从奖励机制中获得发展的机会，并会定期查看目标实现的进度。86.7% 的员工称他们对岗位培训比较满意。然而，仅有 68% 的人对学习机会和未来职业生涯之间的联系感到满意。

美体小铺的报告在员工和其他利益相关者团体方面涵盖的信息远远超出上面的引文。我们试图说明的是，为使特定利益相关者了解组织的经营，组织应该报告哪些类型的信息。这类信息使组织能够确定特定利益相关者团体是否认为组织遵从了“社会契约”。

人们会再次质疑表 9—2（百特国际提供的）、表 9—3（Watercare Services 提供的）和美体小铺《社会绩效报告 2007》中列示的结果是否真的能代表“会计”结果。正如我们在本章和第 8 章中解释的，我们又回到了“受托责任”的问题上。“会计”的概念不能脱离“受托责任”的概念而单独考虑。如果企业的经理们，比如我们在本章讨论的那些企业，承认他们对组织在财务、社会和环境方面的绩效负有责任（受托责任），他们将会提供财务账目（也就是财务报告）、社会账目和环境账目（三者可以同时体现在可持续发展报告中，或是单独列报）。也就是说，他们的“会计体系”会接受一个更广泛的“受托责任”观，而不是局限于分析财务会计。

我们回到社会审计上，使用调查问卷是确定利益相关者关注的问题和期望的一种常见方法。这种调查从利益相关者的角度提供了需要改进的详细内容。在对组织的真实社会绩效，尤其是利益相关者对绩效的期望进行调查时，有一种观点认为，人们在采取既定的行动之前，更偏好于预测潜在利益相关者的强烈反应。十年来，皇家荷兰/壳牌集团管理层一直颇为推崇这一观点，我们可以从会计头条 9.10 的新闻报道中看出这一点。

会计头条 9.10　利益相关者参与磋商的例子——壳牌的案例

人权与环境活动家参与项目
壳牌请教压力集团

Robert Corzine

皇家荷兰/壳牌集团是全球最大的石油企业，它邀请了环境和人权组织参与其在发展中国家较为敏感的项目。

这家英荷石油集团完全打破了过去的惯例，称早期让非政府组织加入到敏感项目中的做法将变成公司的实务标准，尤其是在非洲和拉丁美洲国家。

在国际上指责壳牌集团记录的人权和环境问题后，人们认为该公司的经理们已重新评估了经营方式。

在 1995 年，少数部族权利活动家 Ken Saro Wiwa 被处以死刑，随后，壳牌在尼日利亚的活动遭到了广泛的谴责。欧洲强烈反对壳牌将废弃的 Brent Spar 石油钻井平台弃置于大西洋的计划——后来这项计划被迫终止。

集团在英国的分支壳牌运输贸易公司主席 John Jennings 先生说过，“从这两件事中我们吸取了教训，我们了解得还不够多”。

壳牌希望能够通过新方法辨别出一些环境或社会事件，这些事件可能会突然爆发成严重问题。

壳牌也计划让压力集团监控并审计敏感项目的执行情况。壳牌称即使监控结果对公司来说并不讨喜，公司也会公布监控结果。

“我们应该将非政府组织（NGOs）的严密监督作为提高我们绩效的工具”，Jennings 说道。壳牌意在求助于广泛的压力集团，“包括那些不欢迎我们的人”。

《金融时报》，1997－03－17

社会受托责任国际组织于 1998 年发布了一项社会会计准则，反映出他们对社会会计和社会审计的兴趣，该组织最近更名为美国经济优先权认证机构委员会（社会受托责任国际组织是经济优先权委员会的一家附属非营利机构）。① 这份署名为 SA8000（SA 指社会受托责任）的准则关注的问题是人权、健康和安全，以及公平机会。

SA8000 要求现场绩效审计要依照联合国人权宣言、国际劳工组织公约以及联合国儿童权利公约的原则进行。根据社会受托责任国际组织的网站，遵守 SA8000 必须做到的要求总结如下：

1. 童工：工人年龄不得低于 15 周岁；国际劳工公约中规定的 138 个发展中国家的工人年龄不得低于 14 周岁；发现任何儿童工作要对其予以补偿。

2. 强迫劳动：不能强迫劳动，包括强迫监狱犯人劳动或因债务而强迫劳动；雇主或外部招聘人员不得要求员工在受雇起始时交纳押金或寄存身份证件。

---

① 社会受托责任国际组织（SAI）的网站上写道：我们的任务是促进全世界所有工人的人权，我们要成为一个标准的组织，道德供应链的源头和项目的发起者。SAI 主要通过我们的自愿 SA8000 系统来提高工人的权利。SA8000 是基于国际劳工组织（ILO）公约和联合国人权公约而制定的，被广泛认可为最可行、最全面的国际道德工作管理体系。SAI 与众多有帮助的利益相关者一道，为完善和执行 SA8000 系统而做出不断的努力。

3. 健康与安全：为员工提供健康、安全的工作环境；采取措施防止伤害的发生；定期进行健康和安全培训；建立能够侦测出危害健康和安全隐患的系统；为所有员工提供浴室和饮用水。

4. 结社自由和集体谈判权。公司应尊重所有员工自由组建和参加工会以及集体谈判的权利；如果法律禁止这类自由，公司应为类似的结社和谈判方式提供便利。

5. 歧视：公司不得因种族、社会等级、国籍、宗教、残疾、性别、性取向、工会会员、政治归属或年龄等有歧视行为；不得允许性骚扰行为。

6. 惩戒性措施：公司不得从事或支持体罚、精神或肉体胁迫以及言语侮辱。

7. 工作时间：公司要遵照适用的法律，在任何情况下员工每周工作不得超过48小时，同时，员工每7天至少有一天休息时间；所有加班工作应支付额外津贴，任何情况下每位员工每周加班时间不得超过12小时，且所有加班必须是自愿的。

8. 工资报酬：公司支付给员工的工资不应低于法律和行业的最低标准，并且必须足以满足员工及其家庭的基本需求；对工资的扣除不能是惩罚性的。

9. 管理系统：管理层试图获得并维持经营资格，不仅必须要遵守本准则，还要将准则内容整合进管理系统和日常实务中。

可以将上面的方法与美体小铺采用的方法相对比。美体小铺的社会审计关注“企业内部”形成的问题，而不考虑制定SA8000这样的外部机构具体指定的问题。像美体小铺那样设计出一套组织特有的社会审计既耗时，成本又高——但这种方法可以使组织采用适合自己的方法，因此在确定利益相关者期望上十分有效。标准化的方法，如SA8000，在某种程度上是采取了一种万能的社会审计方法。然而，这样的方法对于那些自己没有设计社会审计程序的企业来说十分有效。

SA8000规定要有严格的程序确保审计师（要接受特定培训以获得审计资格）在进行审计时了解当地的舆论和经营状况。审计师要向工会、工人和当地非政府组织咨询。如果住在审计现场附近的人不同意SA8000规定的程序，他们有权利对SA8000的裁定提出申诉。可以说，争议推动了SA8000的制定，这些争议来自耐克（在印度尼西亚雇用廉价劳动力——见会计头条9.12）和壳牌（尼日利亚的人权问题——见会计头条9.10）等一些企业。如果组织的经营（尤其是那些在发展中国家进行的经营）经过独立一方的审计符合SA8000的标准，那么可以想像，从其利益相关者的角度来看，比起它的竞争者，组织的合规性将会得到提高。这本身就会产生经营收益（当然更重要的是，合规性应该为组织的员工带来真实收益）。

撇开SA8000不谈，在1999年年末，社会与伦理责任研究所（ISEA）发布了一项名为AA1000的准则，该准则是关于如何设立社会和道德的会计和审计系统，以及如何运作这些系统。该准则是自愿执行的，其中强调了要明确定义社会和道德目标，并报告目标达成的程度。准则还着重强调了让利益相关者参与到会计和审计程序中。《环境会计与审计报道》（2000年1月，p. 2）中写道：

AA1000中设定的程序在定义目标，对这些目标达成程度的计量、审计并报告绩效以及反馈机制等方面对组织进行指导。利益相关者团体的参与对程序的每一步骤、建立组织的信任以及做出道德声明都至关重要。尽管程序对于每个组织来说都是相同的，但按照利益相关者的需求，将会设定具体的目标，内容涉及了从员工权利到供应链条件等一系列问题。

AA1000 提供的指南还包括制订计划来培训社会和道德方面的会计师和审计师，这很可能成为会计职业诞生出一个新的子职业的信号。ISEA 代表 Simon Zadek 在谈到遵守 AA1000 准则会给公司带来收益时说（引自《环境会计与审计报道》，2000 年 1 月，p. 2）：

有越来越多的证据表明，懂得倾听利益相关者需求的组织更能取得长期的成功。AA1000 提出了一种与利益相关者的不间断的循环协商模式，企业可以用这一模式提高透明度、明确设定的目标并建立与人们互相信任的关系。坚持原则和程序的组织能够从这种高质量的准则中获取力量并获得实现竞争优势。像 Railtrack 和 Monsanto 这样的公司在回顾过去时一定希望他们在这些程序上有所投入，以帮助其保住数十亿元的市场价值。①

一旦采取了像社会审计这样的活动，这类活动就会成为组织的催化剂，并且重要的是，会促进高层管理者接受新的价值观。“可持续组织”需要确保其满足社会期望。就其本身而言，社会审计使经营变得有意义。正如引用 Simon Zadek 的话中所说（前面），组织没有满足社会期望对其持续生存会有重要影响（无论组织多么有效地利用金融资源或环境）。正如 WMC 公司在其 1997 年的《环境进步报告》中写道的，“社会越信任一家企业，企业的长期生存越安全”。有些组织进行社会审计似乎是为了获得（或重新获得）利益相关者角度的合理性。进行社会审计，尤其是由可信任的、独立的一方执行时，会提高组织认知的透明度。会计头条 9.11 中所示的新闻支持这种观点，这则新闻是关于 Camelot 的活动，该组织是英国的彩票运营商。Camelot 设法寻求运营彩票的其他方式，但是却因其使用了吸引到的巨额资金受到了许多公众的指责。该组织选择通过社会审计来突出它经营过程中具有的积极一面，以帮助它再次获得政府运营彩票的许可。

会计头条 9.11　执行社会审计是建立公司合理性的可能途径——Camelot 的案例

Camelot 让自己坐上了审判席

彩票公司进行社会审计是为了驳斥批评家，Roger Crowe 写道。

全国彩票运营商 Camelot 决定进行社会审计，以争取在 2001 年拿到新的许可前挽回声誉。

Camelot 决定进行社会审计的目的是为了使彩票运营的方式得到批准，以驳斥关于 Camelot 赚了大量的钱却让消费者和慈善组织失望，还滥用其垄断地位的指控。

在此之前，Camelot 于 7 月任命活动家 Sue Slipman 为公司社会责任主管，社会责任主管是公司新设的职位。Slipman 女士将一直负责审计直到下个月结束。她将其称为“一个具有挑战性的项目”。

这项耗资 250 000 英镑的审计将报告六类群体对于彩票公司如何履行责任的看法，这六类群体包括员工、零售商和一般公众。

① ISEA 的网站是 www. accountability. org. uk。

6 月份，公司董事会决定效仿美体小铺、壳牌这样的公司，接受来自外部对公司社会作用的检查。

很多像英国石油公司、英国电讯公司这样的公司以及国际会计师事务所都在关注社会审计，认为它是使有争议的行动合理化并保护公司声誉的一种工具。

国际审计与咨询事务所普华永道（PWC）准备提供一项声誉保证服务，旨在帮助跨国公司评估它们的社会和环境影响。事务所的期货交易经理 Glen Peters 称经营一家公司的声誉将会是未来十年最大的挑战之一。他预计在未来 5 年，美国和欧洲会有 1 000 家公司接受广义的受托责任的理念。

有 6 家大型公司已经测试了 PWC 的系统，该系统会在 1 月发布。他们正在运用这个方法检验组织对五类群体的责任履行——股东、员工、客户、社会和合作者，其中包括供应商。

Peters 说由于企业所做的承诺需要得到支持，诸如“顾客第一”和“员工是我们最宝贵的财富”，大型企业都对这个系统感兴趣。

“声誉将是企业最重要的资产，”他说道，“企业将需要采用系统的方法来保护声誉。”

Camelot 在经历了经理们对奖金强烈不满和错误处置其技术供应商 GTech 遭受指责后，采用了社会审计。

Camelot 委托新经济基金会（NEF）管理审计。NEF 率先在英国引入社会审计的概念，最初与第三世界工艺品进口商 Traidcraft 合作，后来又与化妆品连锁企业美体小铺合作。

NEF 社会审计部主管 Adrian Henriques 说：“社会审计正在成为主流。它能够反映企业对社会有什么影响以及社会如何影响企业。”

Camelot 的政府关系主管 Richard Brown 说，为了驳斥公众的指责，我们需要像 NEF 这样的外部机构的参与，这对我们十分重要，这仅仅是我们处理公众关系的实践。“NEF 会确保所有的利益相关者团体都加入到持续的对话中，这些对话都经过外部的核实。”

Brown 说，我们决定进行审计，不只是为了要赢得第二次彩票运营许可。“同样重要的是，通过审计告诉人们我们有很多值得骄傲的地方。”

他还暗示如果 Camelot 从一开始就进行社会审计，本可以避免经理们对奖金产生不满，因为这样董事会就会明白薪酬是多么有争议的问题。

Brown 还消除了人们对其与 GTech 关系的担忧，GTech 原本是彩票合作伙伴之一，现在只是供应商。

“如果人们还担心 GTech，我们想知道人们担心什么。”

Camelot 审计的一个特别之处是建立了永久的“利益相关者委员会”，该委员会将监督审计程序，并持续监控审计引起的行动或问题。

审计将耗时 18 个月，要到 2000 年才对外公布，而就在 2000 年，公司要申请应用新的彩票许可。

《卫报》，1998 - 09 - 21

媒体有能力将组织在全球的经营情况报道给我们每一个人，因此组织不仅要考虑组织当地社区的期望（通过社会审计程序或其他方式获得），还要考虑全球范围内的利益相关者的期望——其中很多利益相关者会关注社会问题。① 组织必须能够表明他们不是在利用特定社会或子集团——即使他们遵守的是地方法。例如，当耐克明显给人的印象是其卖的运动服装是由每周付酬不到 10 美元的印度尼西亚的工人生产的（与此同时，耐克付给迈克尔·乔丹数百万美元来代言这些产品），可以想象会对耐克产生何种影响。当全世界都清楚地意识到必和必拓公司的经营对巴布亚新几内亚的环境造成了巨大的破坏，也可以想象这对必和必拓公司将产生何种影响。也有很多其他的例子，如很多人认为壳牌在尼日利亚的经营过程中其似乎支持了压迫性政权，以及迪斯尼在海地雇用廉价劳动力等。关于迪斯尼在海地的经营，有一篇发表在英国主要报纸《独立报》（1997 年 10 月 10 日）上的文章，标题为《迪斯尼血汗工厂的工人们毫无魅力可言》。这篇文章谈到了迪斯尼一边在赚取"巨额利润"，一边从"血汗工厂"采购产品，这些工厂每小时仅付给工人 17 美分，而且工作环境低于标准。会计头条 9. 12 也体现出媒体的报道对上述一些社会绩效问题的反映。根据媒体议程设置理论（见第 8 章），我们可以合理地推断，这样负面的媒体报道会影响公众对所牵涉的企业的合理性的看法。根据 Lindblom（1994）的观点，遭受潜在"合理性危机"的企业才会采取某种行动来试图提升其在利益相关者眼中的形象，包括告知利益相关者组织绩效和活动发生了改变，或者尝试改变对组织绩效的外部期望（我们在第 8 章讨论过 Lindblom 的著述）。如前所述，社会审计和社会报告在这方面十分有用，并且有趣的是，我们发现很多因社会行为（受到大量的负面媒体关注）而受到挑战的组织，之后都设立了社会报告和审计机制。耐克现在就大量公布其社会审计的内容。

在阅读会计头条 9. 12 时，我们可以思考一下耐克管理层的态度是否与很多企业公开接受的可持续目标一致。

会计头条 9. 12　媒体关注糟糕的公司社会绩效——耐克的案例

耐克一个小时 16 美分？想做就做

在西方，运动鞋与自由等价，但是在亚洲，情况完全不同。Rocasta Shakespeare 报道。

在雅加达一家叫 Eltri 的工厂里，22 岁的 Eni 在 90 度的高温下挥汗如雨，她在轻轻擦拭刚压过模的锐步、耐克和阿迪达斯运动鞋鞋底上的油漆，这些鞋沿着一条生产线传送过去。塑机发出扑通声和嘶嘶声，胶水发臭，橡胶被烤化，机器给每个皮革鞋帮钉 23 000 针。形成鲜明对照的是，在她头上，贴在墙上的耐克广告中却恳求着"想做就做"。

"如果我们犯错，他们就骂我们是狗、妓女，有时候他们还打我们"，Eri 说道……Eni 和她在四号线上的工友们每小时拿 16 美分的酬劳。一双锐步 Instapump Fury

① 在壳牌国际 1997 年的健康安全和环境报告中，公司主席把我们生存的世界称作"CNN 世界"——在这个世界中，公司无论在什么地方做出了不好的行为，遍及全球的新闻网都会迅速地让公众知晓。

Graphite 售价为 99.99 英镑。

明天，基督教救援会将举行一场名为“运动鞋跑遍世界”的游行，让人们关注在一些国家的运动鞋厂的工作条件，这些国家的鞋厂雇用了超过 75 000 名工人。在这样一个花数百万英镑进行广告宣传，并赚取上百万利润的行业，劳动力的成本却微乎其微。例如，一双耐克未知系列的跑鞋零售价是 70 美元，而制作它的劳动力成本只有 1.66 美元（1.07 英镑）。

印度尼西亚政府承认其将最低工资标准每天 4 600 卢比（1.30 英镑）固定在贫困线以下是为了吸引外国的投资。通过这项标准，该政策取得了巨大的成功。耐克开始使用印度尼西亚的转包商是在 20 世纪 80 年代，那时候韩国上调了工资。顶级品牌如阿迪达斯、彪马、匡威、拉盖尔和斐乐紧随其后，超过 25 000 名工人（85% 是妇女）在雅加达周围的鞋厂里工作。

在印度尼西亚，自由工会是非法的，试图组织工会最终的下场是遭受暴力或谋杀。工作条件十分危险并且工作时间很长。工作从早上 7：30 开始，会持续 18 个小时。尽管强制加班是违法的，但执法并不严格。“如果工厂有较高的配额或有最后期限，像圣诞节时，我们经常被强迫工作到半夜甚至更晚才能赶上进度。” 20 岁的 Lely 说，她在雅加达市外的一家 Pratama Abadi Indus 工厂上班。“如果我们不加班，我们都会被炒”。

任何形式的抱怨都会招致被解雇。在 Eltri 工厂，24 岁的 Sadisah 与其他 23 名工友在要求工厂遵守劳动法而进行的罢工后被解雇。现在她在位于雅加达的市郊 Serang 的 Nikomas 工厂里干活。

耐克的通信总监 Dusty Kidd 说：“我们不能命令政府怎样执行劳动法。”他指出，在一个人口以每年 250 万的速度增长、失业率高达 40% 的国家，在鞋厂工作比失业好得多。

Nike 的创始人 Philip Knight 说，他希望人们把耐克看作是一家有着“认识人类价值的灵魂”的企业。

锐步想留在印度尼西亚。它的创始人 Paul Fireman 说，“我们不会把美国文化强加给其他国家，而是让每个国家都成为自己总部——有种入乡随俗的哲学观”。

这样的声明让 20 岁的 Rahman 感到惊奇，她是雅加达 Nasa 鞋厂的热压机操作员，“我们需要政府的保护。我们不需要外国企业到印度尼西亚来，利用苏哈托对人权的忽视……”

这样的场面与西方运动鞋公司树立的健康而富有进取精神的形象相去甚远。

在这里，他们花上百万与体育明星签约，又花更多的钱打广告。在 1994 年，锐步仅花在美国市场的广告上就有 7 000 万美元；耐克花了 1.87 亿英镑。在英国，已经有 650 万英镑花在广告上。

“对于你们英国人来说，这些鞋象征着自由和个性，” Sadisah 说，“对于我们，它们意味着压迫……”

耐克去年的利润达到 2.99 亿美元，锐步是 2.54 亿美元。我们不知道鞋价中有多少是利润，有多少是用于宣传，但在这个形象胜过一切的市场中，两者都会占很大的比例。代言费是巨额的，像迈克尔·乔丹这样的美国明星的代言费是 2 000 万美元。

基督教救援会的 Peter Madden 说，那些宣称掌握了最新技术的公司竟然说他们不能控制工厂，真是讽刺。“这些公司都在研发最复杂的设计详单，却不能监管工厂的所作所为。”

《观察家报》，1995 年 12 月 3 日

© 卫报报业有限公司，1995

在一个运行良好的治理系统中，必然要求进行定期的社会审计。例如，耐克现在保证其供应链支付恰当的工资——之前进行过社会审计，如果耐克早点坚持这样做，它的名声就不会被新闻媒体的负面报道损害了。

组织的经营可以产生很多社会影响。社会审计（以及相关报告）很明显不可能涉及所有这些影响。有必要对这些影响进行排序，这种排序要依靠职业判断。企业要考虑利益相关者的需求，选择适当的绩效指标令信息需求得到满足，等等——这些是我们在本章讨论过的。在理想状态下，管理层应该选择特定社会领域进行后续复查，并为他们的选择做出合理的解释。

本章小结

本章回顾了与公司社会和环境报告相关的不同问题。自 20 世纪 90 年代初以来，全世界的很多组织一直在各种报告中提供越来越多的社会和环境绩效信息。也是自 90 年代初以来，人们越来越对与可持续性相关（与经济、社会和环境绩效问题相关）的问题感到担忧，同时，正因这些担忧与日俱增，才有了公司社会和环境绩效报告的改进，因为报告的改进很可能反映出社会对企业绩效和责任的期望在不断改变。在检验与社会和环境报告相关的理论问题时，我们按可持续性报告的程序：*为什么报告—向谁报告—报告什么—怎样报告*这五个阶段的顺序进行讨论。

在*为什么*阶段，我们探讨了组织参与公司承担社会责任并做出社会和环境报告的各类动机。若企业自愿地向公众披露社会和环境绩效信息，这暗示着经理们承认他们对一群广泛的利益相关者负有受托责任，不仅是关于他们的财务绩效，还关于社会和环境绩效。然而，正如本章所叙述的，并不是所有的人都认为经理们对一群广泛的利益相关者负有责任。一些研究人员认为经理最重要的责任是对股东负责，在这个限定范围内，使股东（财务）价值最大化。然而，这种关于公司责任的狭隘视角似乎变得不那么广为接受，而一个相互关联的社会、环境和经济可持续性的三重底线概念更逐渐被人们所接受。

对*谁*（或者*向谁*）报告的阶段，我们检验了不同组织可能希望在其社会环境报告战略中关注的一系列利益相关者。这些利益相关者可能与组织参与社会和环境报告的动机直接相关。对于以利益相关者理论道德分支的方式经营的组织来说，这一系列利益相关者将是非常宽泛的。相反的，按照利益相关者理论的管理分支经营的组织将关注较窄范围的利益相关者的需求和期望——那些对组织影响最大的利益相关者。

我们接着探讨了一些理论观点，这些观点是关于组织用来识别这些利益相关者需要*何种*信息，或者是这些利益相关者认为组织在社会和环境上对*哪些问题*负有责任和受托责任的机制。我们首先引入了一些研究，证明利益相关者*确实*会采用组织的社会和环境绩效信息。接着我们分析了有关利益相关者对话程序的理论观点，组织可以通

过这一程序了解他们的利益相关者可能需要何种社会和环境信息。我们可以看出，众多利益相关者对于组织的社会、环境和经济责任——以及与这些责任相关的后续受托责任，难以形成可接受的一致观点。

最后，在*如何*报告阶段，我们回顾的理论观点是关于一些在编制社会和环境报告时涉及的程序，其中包括传统财务报告在捕获并反映组织政策和实务对社会和环境影响中的局限性，三重底线报告模型的缺点和潜能，全球报告行动组织的重要方面，以及一些与社会审计相关的问题。有证据表明，在20世纪70年代发展起来的社会会计和社会审计实务已在21世纪作为公司受托责任和报告的主要问题重新出现。

思考题

9.1 环境和会计有什么关系？

9.2 什么是受托责任，它与会计，以及与组织的责任的关系分别是什么？

9.3 什么是可持续发展？

9.4 常规的财务会计实务和定义会鼓励或帮助公司采用可持续的经营实务吗？解释你的观点。

9.5“经济合理性”（如经济学家定义的）与“可持续性”相互矛盾吗？

9.6 实证会计理论（在第7章中解释过）的拥护者们会相信组织将以《Brundtland 报告》中描述的方式接受可持续发展的理念吗？解释你的观点。

9.7 什么是外部性，为什么财务会计实务通常忽略外部性？

9.8 什么是社会审计，为什么追求利润的主体会执行社会审计？

9.9 你认为欧盟为什么提倡“重新定义会计概念、规则、规范和方法论，以确保环境资源的消耗和使用作为产品全面成本的一部分并反映在市场价格中”（欧盟委员会，1992，第二卷，7.4节，p.67）？

9.10 什么是三重底线报告？它与可持续发展有什么关系？

9.11 你认为三重底线报告真的能使主体的社会、环境和经济绩效有各自的“底线”吗？解释你的观点。

9.12 会计职业与可持续发展有什么相关性？

9.13 你认为会计职业界不发布任何关于环境信息披露的会计准则的理由是什么？

9.14 有证据表明，企业主体和企业协会通常会向政府提出申请，在申请中，它们会支持绩效和环境报告的自愿报告状态。也就是说，他们通常反对引入立法，以其规定他们报告社会和环境绩效的信息。你认为出现这种情况的原因是什么？

9.15 Collison（2003，p.861）称：“在教授给会计学和金融学制定的课程中，大部分都隐含了将股东的利益置于所有其他群体的利益之上这个观点。损益账户的结构……不断在隐约地提醒人们，仅有一组利益相关者的利益应该最大化。的确，对于会计学和金融学的学生，很难设想会有另一种考虑不同利益相关者利益的方式……甚至在代数的层次上，更不用提道德了。”

（a）你是否同意 Collison 的话，为什么？

（b）如果“利润”最大化倾向于仅将一组利益相关者的利益最大化，你认为随着时间的推移，人们会减少对利润的关注，而更多强调其他绩效指标吗？为什么？绩效的其他计量方法会是什么？

（c）对于将“全面成本”包含在利润计量（也就是说它考虑了企业的外部性）中这一做法，Collison 的评论为其提出了合理的理由吗？

9.16 如果发生了特定的社会或环境事件，该事件涉及某个组织并引起了媒体负面的关注，那么从披露的角度你认为这个组织会如何反映？

9.17 下面的理论会怎样解释公司社会责任报告？

（a）实证会计理论

（b）合理性理论

（c）利益相关者理论

（d）制度理论

9.18 许多组织在公开发布的报告中，提到了他们“经营的公众许可”。你认为他们这样做有什么含义，有理论观点能够解释其含义吗？

9.19 什么是“开明的自利”？

9.20 有些人认为关注公司利润最大化以及增加股东价值最终将导致社会中所有人都获得收益。评价这个观点。

9.21 阅读下面来自澳大利亚商务委员会的声明，并解释公司在谋求可持续发展的同时是否还能接受声明中的观点。基于这个声明，根据商业委员会的说法，公司会主要对哪些利益相关者群体负有相关责任？

任何活动或责任的试金石是这项活动或责任的表现是否能合理地促进股东价值的增长。

9.22 考虑可持续发展的概念在应用到企业主体时与会计师的“持续经营”的理念如何比较。你认为他们是相似的还是十分不同？

9.23 国内生产总值（GDP）是国家绩效的“较好的计量方式”吗？解释你的观点。

9.24 如果澳大利亚一家大型矿业公司污染了几个水系，向空气中排放了有毒物质，其宣告了利润，但没有核算这些外部性的成本，那么该公司报告的利润具有误导性吗？

9.25 回顾本章所示的百特国际和 Watercare Services 接受的报告方法，比较两种报告方法的优点和局限性。

9.26 1995 年，澳大利亚特许会计师协会（ICAA）设立了一个环境会计特别工作组。该工作组发布了大量文件，其中一份是《环境事项对会计职业的影响》（1998 年 1 月发布）。在这份文件中，ICAA 环境会计特别工作组提出了它认为需要考虑的大量环境报告问题。其中包括：

（a）需要准则或指南帮助企业满足利益相关者关于环境信息披露的信息需求吗？

（b）环境的影响，不论是否是以货币度量，依据会计准则的重要性原则判断其属于“极其重大的”，那么能保证对其做出某种形式的披露吗？

（c）提供环境绩效信息以及建议控制环境管理系统的各个方面属于会计师的核心技能吗？

（d）概念框架中“资产”和“负债”的定义对于环境会计来说恰当吗？如果不

恰当，应该如何扩展其概念内涵？具体来说：资产的定义应该基于“控制”吗？应该修正其定义，以专门将环境确认为一个主体，由此允许在不受第三方干扰的情况下确认负债吗？

(e) 重要性的概念与环境报告相关吗？

(f) 尽管人们进一步发现采用货币计量存在困难，应该改进根据传统会计概念编制的环境问题报告吗？

(g) 应该采取通用还是适用于特定行业的方法来提高对环境绩效评估、报告和审计的质量？

要求：尝试对上述问题给出你的观点。

9.27 阅读会计头条9.13，考虑烟草公司促销香烟的影响（外部性）。假设针对烟草公司的指控是真实的：

(a) 如果使用常规的财务会计实务，会对这些公司的报告结果产生什么影响？

(b) 如果使用三重底线报告，会对这些公司的报告结果产生什么影响？

会计头条 9.13　对健康与利润的看法

法院认为烟草行业在健康风险方面处心积虑地误导吸烟者

Demtri Sevast Opulo

昨日，美国司法部在一场里程碑式的审判开始时称，烟草行业在吸烟带来的风险问题上欺骗了消费者长达50年之久。在开庭陈词中，政府律师说烟草企业虽然私下承认吸烟有害健康，却处心积虑地误导公众，隐瞒吸烟的有害影响。

政府想从烟草公司过去的利润中罚款2 800亿美元（2 280亿欧元，1 560亿英镑）。其宣称该行业将香烟销售给年轻人，操纵香烟中的尼古丁含量水平，并资助质疑吸烟是否真的造成胃癌和其他疾病的研究。

该行业否认了存在欺诈行为并宣称其已经改变了许多受到政府指责的营销行为。

政府律师编制的内部企业文件指出，烟草行业行政人员知道吸烟的风险，却继续公开声明没有足够证据支持上述结论。Frank Marine 是政府的一名律师，他提供了一份1953年烟草行业行政高层会面的详细记录，他认为，这份记录是“历史上最精心策划的公共关系阴谋之一”的第一步。

企业的辩解是这次会面并不是秘密进行的，因为他们事前告知过政府。政府反驳说企业们隐藏了真实的意图，他们声称会面是为了形成一个全行业的联盟，但实际上却模糊了吸烟的危害问题。

这起诉讼是基于《反欺诈与腐败组织法案》(RICO)，该法案是用来制裁有组织的犯罪。被告方——Philip Morris、RJ Reynolds、Brown 和 Williamson、Lorillard、Liggett 以及英美烟草集团——反对政府的法律机构罚款2 800亿美元。

该行业还反对政府限制香烟营销的诉求，称这些限制影射了1998年《总和解协议》强加的限制。在上述的协议中，烟草企业同意支付2 640亿美元解决美国50个州的诉求。

企业们会辩解没有事前协商共同误导消费者。例如，自1966年以来，香烟包装上要求标有健康警告的标志——这是在美国断定吸烟导致癌症的两年以后——该行业以此为证说明其并没有欺骗消费者。

《金融时报》，2004－09－22，p. 8

9. 28 阅读会计头条 9. 14，并讨论 BBC 将如何解释其造成的失业。当利润的上升对特定利益相关者群体造成了负面的影响，BBC 却能将这种利润的上升公之于众，这是财务会计的局限之处吗？阐述你的观点。

会计头条 9. 14　削减职位增加了“利润”

BBC 企图削减上千个职位以节省 8. 6 亿美元

AFP

伦敦：英国广播公司将削减 1/7 的职位，也就是说，全球最大的公共广播企业为了削减成本会解雇 3 780 名员工。

BBC 在英国以及全球范围内雇佣了 27 000 名员工，在继本月早前确定削减 1 730 个职位后，宣称将再次削减 2 050 个职位，并称目前是公司成立以来“最困难的时期”。

裁员每年会为公司节省 3. 55 亿英镑（8. 6 亿美元），这些钱用来投资新项目——比 BBC12 月份设定的目标多出 3 500 万英镑。裁员数比 BBC 在 12 月宣布削减的2 900 个职位多出 880 个，当时 BBC 还披露了将在 12 月进行大规模重组和全面现代化改革。

在昨天宣布的裁员中，有新闻部门的 420 个职位，体育部门的 66 个职位，戏剧、娱乐以及儿童节目的 150 个职位，地区的 735 个职位，新媒体的 58 个职位以及纪实与学习部门的 58 个职位。

BBC 经理 Mark Thompson 告诉员工裁员是“艰难而且痛苦的过程，但又是不得不做的”。“这是我们计划花在节目和内容上的所有的钱，来提高目前的观众服务质量，并建立 BBC 未来有力的服务体系。” BBC 还说这 3 780 个职位占英国公司员工总数的 19%，占全球员工总数的 14%。

BBC 28 亿英镑的年收入大部分来自每年向每个英国家庭征收 121 英镑的电视机使用许可费，而在 2003—2004 财政年度，BBC 亏损了 2. 49 亿英镑。一份内部备忘录显示，计划的改变将意味着新闻部门需要有所改变，同时在许多领域要减少投入。

除去裁员，明年将有 1 百万英镑投入到在英格兰西北的曼彻斯特创立一个调查机构，同时成立一项新的基金来提高重大事件的报道率。

被裁掉的记者们被告知他们并没有做错什么。

“你们所有人都在过去的日子里对我们的成功做出了贡献。然而在快速发展的传媒业，改变是不可避免的，尽管人们都知道这有多痛苦。” 备忘录中写道。

工会领导将在本周晚些时候会面，并决定如何应对裁员，但他们已经发出警告：如果存在任何强制裁员的行为，他们将让员工投票采取劳工行动。

Luke Crawley 是广播工会的一名官员，他对 BBC 的声明感到十分震惊。他说，“这是 BBC 历史上最糟糕的一天”。

《澳大利亚人》，2005－03－23

9.29 阅读会计头条9.15，这篇文章讨论了烟草对健康的影响，然后：

（a）解释即使在人们认为烟草公司的经营活动造成了重大的社会和环境影响时，烟草公司如何，或者为什么还能报告会计利润？

（b）建议一种会计方法，这种方法会要求烟草厂商将其产品对社会造成的社会和环境影响纳入企业的核算之中。你的建议可以违背现有或传统的会计实务。

会计头条 9.15　会计利润忽视了公司产品对社会的影响

是时候停止为了利润而对消费者的杀戮了

Kevin Purse

在2003年，联邦政府支持工会和公众健康倡导者的长期呼吁，下令全面禁止石棉的生产、进口和使用。

尽管有了这一决议，预计至2020年，仍将有40 000名澳大利亚人因过去接触过石棉而死亡。

尽管这一数据骇人听闻，但与烟草相关的原因导致的死亡人数戏剧性地超过了这个数据。吸烟继续成为澳大利亚可预防疾病最大的致病原因，每年耗费310亿美元，并导致15 050人死亡。

烟草是世界上最致命的消费品，包含了4 000多种化学物质，其中有60多种能够致癌。除了肺癌、胃癌、宫颈癌、膀胱癌和口腔癌，烟草制品还能引起的致命疾病包括慢性心脏病、中风、肺气肿及其他健康问题。另外，还能引发哮喘和生育率下降。

如同石棉行业对待出现的反对声音一样，烟草公司长期以来一直密谋不让公众了解这些事实。在美国，直到1997年，在国会的听证期间，烟草公司总裁才最终承认他们产品的致命效应。在澳大利亚，烟草的影响也一直处于相似的谜团之中。直到20世纪90年代末，该行业仍宣称没有证据表明吸烟会导致肺癌和心脏病。

该行业也没准备承认尼古丁成瘾的事实——事实上，它也是目前所知的最容易上瘾的物质。十年来，烟草行业一直清楚尼古丁的成瘾性。

相似地，烟草行业四十年来一直知道吸烟会导致肺癌。2006年，它还在拒绝承认肺癌与被动吸烟有关。尽管烟草行业采用了否认和欺骗的拖延手段，对它的监管仍在不断升级。澳大利亚借用国际标准，在烟草控制方面一直做得很好。

对烟草制品的广告、包装和标签的限制性规定，在工作及其他场所禁止吸烟，以及帮助烟民戒烟的项目，这些都有助于降低吸烟率。

然而，尽管取得了这些进展，烟草制品导致的死亡率仍然过高。目前监管控制的主要局限是只注重减少对烟草的需求。还需要更系统的方法。这意味着要从源头上解决问题——烟草制品的供应。与石棉的例子一样，我们需要考虑全面禁止烟草制品的商业生产、销售和进口。

禁烟并不容易实现。几乎可以确定的是，像石棉行业一样，烟草公司也会进行大规模游说和闪电式公关。

另一个担心是黑市可能兴起，幸运的是，由于澳大利亚所处的地理位置和有老练的海关边检人员，它比其他大多数国家更容易处理黑市的问题。

还需要对想要戒烟的人，尤其是年轻人提供更多的帮助，并实质性地增加反吸烟的宣传推广运动。

靠牺牲消费者赚取利润的行业是无法在文明社会中立足的。

Kevin Purse 博士是南澳大利亚大学霍克（Hawke）研究院的研究人员。

《广告客户》，2008－06－13，p. 18

9. 30 阅读会计头条9. 16，然后回答以下问题。

（a）酿酒企业会如何核算酒精滥用造成的社会成本？

（b）酿酒企业应该核算酒精滥用造成的社会成本吗？

（c）酒精滥用产生的成本会对GDP造成积极还是消极的影响呢（这类成本可能包括与酒精有关的事故、与酒精有关的犯罪等等相关的成本）？

会计头条9. 16　会计利润忽略公司产品社会影响的另一个例子

洲际销售的增长鼓舞了南加州的Coopers酿酒厂

Chris Milne

Coopers酿酒厂去年全年的净利润增加了5. 3%，增长到948万美元，并期望今年得益于麦芽成本的大幅降低，利润的增幅将更大。

这家未上市的公司总部设在阿德莱德，其业绩的提高是受洲际销售增加29%的影响。截至6月30日的财政年度，收入从8 370万美元增长到9 260万美元。

其全国销售量提高了16. 9%，而整个国内市场同比下滑了1%，作为澳大利亚第三大酿酒企业，Coopers超过了比自己规模更大的竞争对手。

主管经理Tim Cooper说，这个会计年度上半年的销售额比去年同期上升了20%。

他说Coopers得益于较低的麦芽成本，在2003—2004年度，大麦的价格从每吨675美元降至每吨500美元。

“大麦的高价格让我们的底线降低了200多万，”Cooper博士说。

“在当时的环境下这已经是一个十分令人振奋的结果了，今年的结果会更好。”

在南澳洲之外的销售大幅增长了10. 5个百分点，这大部分是来自于与美国饮料销售商合资的顶级品牌中75%的投资，美国饮料销售商于2003年3月开始营销，其全国的销售额已经提高。

14. 2%的较高的出口额来自于英国、美国和新西兰，只占全部收入的2%。

然而，Coopers并不是在所有方面都顺风顺水，家庭酿酒业务的销售额下滑了12. 8%，而Foster's CUB unit和Lion Nathan进入了这个成熟市场。

“Lion Nathan2003年的进入以及CUB去年的进入确实对我们造成了损失，但是我们仍然在坚持”，他说。

《澳大利亚金融评论》，2005－01－06，p. 13

9. 31 一篇出现在《独立报》（英国，2005年4月18日，p. 20）上的名为《横扫全球血汗工厂的道德革命》的文章识别了像耐克和GAP这样的企业如何设置不同的机制确保工厂工人条件得到改善。关于耐克和GAP的反应：

(a) 你认为为什么像耐克和GAP这样的企业会对社会担心的问题做出反应？

(b) 这个案例是有关开明的自利还是关于企业承担起受其运作影响的利益相关者的责任？

9.32 阅读会计头条9.17，运用本章所学的内容，提出几种你认为公司对这种指控的反应方式。

会计头条9.17　企业一些负面影响的实例

三思而后买……

《道德采购的简要指南》认为我们在购买以下这些产品前应该三思：

饮料：麦斯威尔。上千种熟悉的品牌之一——还包括 Bird's、Jacobs、丽兹和 Toblerone——所有者是烟草巨头 Philip Morris，其因万宝路香烟而知名，最近改名为 Altria。

该公司直到今天仍否认吸烟会成瘾，之前由于没有披露政治募捐被罚款，并且其是乔治·布什最大的公司类型的竞选赞助人。

衣服：耐克运动鞋。据说耐克已经正式请求印度尼西亚政府豁免其工资水平低于最低工资标准，并被指控在分包商工厂的工作条件上说谎。

根据血汗工厂观察，一名耐克的工人需要工作72 000年才能得到老虎伍兹从一份为期5年的代言合约中获得的钱。

食物：老虎明虾。如今在餐馆和超市中大受欢迎，大部分的老虎明虾是在孟加拉国和菲律宾的人工水池中养殖的。

制造1公斤明虾肉需要50 000升水，促进明虾生长的化学添加剂污染了附近的农田。

为了给这些人工养殖池腾出地方，人们经常要搬家。曾经有过强奸和谋杀的报道。

运动：斯诺克球杆。每年上千把斯诺克球杆是用印度尼西亚的白木制成的。白木也可以用于制造家具和百叶窗，白木是十分稀有的濒危树种，列在国际濒临绝种物种国际贸易公约中，但仍以令人担忧的速度遭到非法砍伐。

《爱尔兰独立报》，2004－12－01

第 10 章　资本市场对财务报告的反应

学习目标

在完成本章的学习之后，读者应该：

· 了解资本市场研究在评估会计披露的信息内涵中的作用；

· 了解在资本市场研究中通常采取的市场效率假设；

· 了解注重会计披露信息内涵的资本市场研究与运用股价数据作为评估会计披露标准的资本市场研究的区别；

· 能够解释为什么非预期的会计收益与非正常股价收益是相关的；

· 能够概括资本市场研究在财务会计和披露方面的主要成果。

开篇问题

假设在同一个行业内有五家企业，资产负债表日都定在 12 月 31 日。五家企业都将做出该会计年度的盈余公告（公告于 2 月份发布），但是盈余公告的发布时间分布在两周之内，没有任何两家企业在同一天宣布。

· 你认为各家企业做出的盈余公告会影响它们的股价吗？如果你认为会影响，理由是什么？

· 如果发现一些企业的股价在盈余公告日前后的变动比其他几家更剧烈，是什么造成这种价格效应的不同？

· 你认为大企业的股价和小企业的股价，谁会相对更容易受到盈余公告的影响呢？

· 一旦样本中五家企业的某一家首先发布了盈余公告，你认为这会影响其他四家企业的股价吗？为什么？

引　言

在前面一些章节中我们介绍了一些关于*应该*如何进行会计核算的规范性的规定。例如，我们在第 5 章介绍的一些理论规定了在物价上升时期，*应该*如何进行会计核算（例如，一般物价水平会计、现行成本会计和持续现时会计）。在第 6 章，我们讨论了概念框架起到的规范性作用（这类框架能够告诉我们会计的目的是什么；会计信息*应该*具备何种质量特征；会计要素*应该*被如何定义和确认；资产和负债*应该*如何计量）。在第 9 章，我们介绍了组织披露社会和环境绩效信息的各类方法（这确实已经成为近些年会计研究发展极快的一个领域）。

虽然在上述章节中有许多规定性的内容，却没有提出任何有关管理者披露*动机*的理论论证。第 7 章和第 8 章填补了这个空白，这两章提供了关于是什么驱动管理层做出披露的不同理论观点。在第 7 章，我们讨论了实证会计理论，该理论指出，如果管理层选择会计的特定处理方法，可以用效率观和机会主义观来解释并预测管理层的会计选择。第 8 章提供了管理层行为的其他解释。从这一章中，我们可以看出选择特定会计方法可以用来重塑组织的*合理性*（依据合理性理论），或者是为了获得强势利益相关者的支持，组织必须做出这种披露（依据利益相关者理论），或者是由于其他组织已经采用了这种会计方法（依据制度理论）。

上述材料对管理者提供特定会计信息的动机提出了见解，但并未考虑进一步的问题，包括个人，或个人聚集而成的集体如何对会计披露做出反应。我们在本章和第11章中会解决这个问题。也就是说，我们现在的重点转到描述性的研究和理论上来，它们描述了一个人，或一群人对会计披露会有何反应（而不是激励报告编制者做出披露的动机）。

在本章和第11章，我们会检验财务会计和披露决策对财务报告使用者的影响。具体来说，我们在这两章介绍的研究是针对其他会计和披露选择对财务报表使用者投资决策的影响，如股票市场投资者、财务分析师、银行借贷部门人员和审计师。

对外报告利润的多少取决于许多财务会计政策。管理者在选择会计方法和假设时的选择范围很广。例如，他们会选择费用化还是资本化特定成本；在直线法还是余额递减折旧法间选择；在进行会计估计时会采取谨慎性，如折旧资产的使用寿命等等。此外，管理者还要确定披露多少信息、披露的媒介，以及在某些情况下是否在财务报表中确认特定项目或只在报表附注中对其进行披露。

财务报告决策影响着提供给财务报告使用者的信息。这反过来会影响使用者做出的决策。有两种方式评估财务报告决策的影响：（1）确定信息对个人信息使用者决策的影响（行为研究）；（2）确定发布信息对股价有何种影响（资本市场研究）。在本章中，我们考虑资本市场研究（考虑的是*集合的*或*市场*层次的反应）。在第11章中我们回顾针对个人的行为研究。

10.1 资本市场研究概述

资本市场研究探索的是会计及其他财务信息在证券市场中的作用，换句话说，它调查了特定的信息披露如何影响参与到资本市场中的个人进行的集体交易活动。根据Kothari（2001，p.108）：

> 主流会计学术期刊上发表的研究中，有很大一部分是检验财务报表信息与资本市场之间的关系的，也就是资本市场研究。

资本市场研究通常包括检验财务信息与股价或收益的统计关系。投资者的反应通过其在资本市场的交易反映出来。假定对信息的积极反应通过特定证券的价格上涨体现出来，而对信息的消极反应体现在股价下跌中。在信息发布前后的一段时间内，如果股价未发生变化，暗示投资者对信息没有反应（发布的信息并未提供新内容）。

总结市场对发布的特定信息或事项的反应，通常以众多大型企业连续数年的数据为依据。这类研究通常用于检验证券市场对企业发布的信息公告的反应，以及评估投资者可选的会计和披露的相关性。如果证券价格在特定信息发布前后有所变动，那么应该认为该信息是相关的，且有助于投资决策。也就是说，投资者对该信息有所反应。

行为研究分析的是个人对财务报告的反应（第11章中阐述），与之相反，资本市场是评估财务报告的集合效应，尤其是会计盈余报告对投资者的集合效应。[①] 通过分析股价对发布的财务信息的反应，能够以集合的方式捕捉到所有投资者的决策。但在考虑这类研究时，会想到一个可能的问题：为什么有这么多的研究是关注市场对会计盈余公告的反应呢？Brown（1994，p. 2）给出了一种答案：

有四个原因，分别是：根据财务会计准则委员会的建议，披露与盈余有关的信息及其组成部分是提供财务报告的主要目的；盈余源于股东利益，而股东是财务报表的主要使用者之一；盈余是证券分析师们最经常分析和预测的数据；很容易获得盈余的可靠数据。

资本市场研究与行为研究的另一个重要区别是资本市场研究只考虑投资者，而行为研究通常是用于检验其他类型的财务报表使用者的决策，如银行经理、贷款部门人员或是审计师。

资本市场研究依据的基本假设是证券市场是有效的。市场效率的定义是依据有效市场假说（EMH）：有效市场是指当信息发布后，市场迅速做出调整，将全部信息反映在股价中（Fama 等，1969）。会计中的资本市场研究通常假定证券市场是*半强式*有效市场。也就是说，所有公开可获取的信息，包括在财务报表和其他财务报告中的信息，在这些信息发布后，会以无偏的方式完全并迅速地反映在股价中。市场不会忽略相关的信息。但是为什么资本市场对信息的反应如此迅速呢？根据 Lee（2001，p. 236）：

为什么我们相信市场是有效的？简而言之是对套利机制的绝对信任。我们相信市场是有效的，因为我们相信套利力量一直在发挥作用。如果一份特定有价值相关性的信息没有包含在价格中，就会有强烈的经济动机揭露该信息，并利用它。这些套利力量作用的结果是价格会做出调整，直到完全反映信息内容。经济中的个别代理机构或许会表现得不理性，但我们期望套利的力量会使价格保持一致。对这种机制功效的信任是现代金融经济学的奠基石。[②]

半强式有效在资本市场会计研究中是最常用到的，因为它是关于运用公众*可以获取的*信息的。其他对市场效率的假设有*弱式有效*观点以及*强式有效*观点。市场*弱式*有效认为现有证券价格只反映过去价格和交易量的信息。市场*强式*有效性认为证券价格通常及时地反映所有人知道的所有信息（包括公众不能获得的信息）。根据 Watts 和 Zimmerman（1986，p. 19），可获取的证据通常与有效市场假说的半强式一致。[③] 也就是说，股票市场迅速做出反应，使股价反映所有公众可获取的信息，这些信息对这种股票的价值有影响。

市场有效的观点并不暗示股价总是会提供对未来现金流量的精确预测。市场预测有时在事后看来是错误的，随后必须要进行调整。正如 Hendriksen 和 Van Breda（1992，p. 177）所说：

---

① 资本市场研究也用于调查投资者对财务会计信息以外的其他类型信息的反应。例如，资本市场研究可以用于调查股价对政府的公告如何做出反应，或者是股价对公司赢得某项奖励如何做出反应。尽管如此，大部分资本市场研究仍关注股价对披露财务信息的反应，这也是本章的重点内容。

② 《麦加利字典》将套利定义为“在不同的市场同时购买并销售同种证券、商品或货币以赚取价差。”

③ Brown（1994，p. 14）写道：“几乎没有投资者会接受强式有效市场，但很多人会接受半强式作为其研究中的假设。”

需要强调的是，市场效率并不是指市场的洞察力。市场效率仅指市场反映了所有参与者对当时能获得的信息做出的最佳猜测。一直有证明市场并不正确的新信息出现。事实上，通过定义可以看出，市场只有在获悉以前不知道的信息后才会做出反应。人们不能证明市场是无效的，因此，我们只能通过回顾过去，借助事后观察，指出市场不正确的地方。市场效率仅仅是在现有认知的基础上，认定价格设定得很合理；实际的证据显示，通过事后观察，市场总是不正确的。

市场效率假设是资本市场研究的核心。[①] 但是为什么信息有效性的假设对资本市场会计研究如此重要呢？简单地说，除非接受这个有效性的假设，否则很难证明将证券价格波动与信息发布联系起来的研究成果是否正确。大量资本市场研究考虑了股价与信息发布的关系。查看这种关系是因为在有效市场中，股价是基于对未来盈余的预期。如果特定信息导致价格发生变化，就假设该信息是有用的，并使投资者修正其对组织未来盈余的预期。也就是说，股价和收益是财务信息有用性的评价标准。如果我们不认为市场具有有效性，那么我们就没有能力解释如何或者为什么股价在信息发布日前后发生了变化。如果股票市场不是半强式有效，市场就不能提供精确的衡量标准，以评价其他的财务报告选择。总之，如果市场无效，最好的情况是资本市场研究结果不那么令人信服，最差的情况是这些研究结果完全不可靠，具体依无效的程度而定。

市场效率的假设反过来对会计有影响。如果市场是有效的，在预测盈余，并由此确定现在的股价时，市场会运用不同渠道的信息。如果会计信息对股价没有影响，那么假设在半强式有效市场下，人们认为会计不会提供现有信息以外的任何信息。在极端情况下，会计的生存会受到威胁。[②]

尽管大部分资本市场研究都接受市场效率假设，仍有一些研究认为市场不会像很多研究人员认为的那样会快速地对信息做出反应（见 Frankel 和 Lee，1998）。尽管如此，大部分从事资本市场研究的学者仍然认为相关的信息会快速反映在股票价格中。[③]

在一个“有效市场”中，股价会对新信息做出反应，前提是该信息对重估组织的未来现金流量有影响。尽管我们现在关注市场对财务会计信息的反应，如果非财务信息也会影响投资者对公司未来现金流量的预期，那么这样的非财务信息也与资本市场相关。例如，会计头条 10.1 节选自一篇新闻报道，根据该报道，高级主管的辞职立刻引起了公司股价的上涨。有研究报告显示，股价的变动通常发生在高级主管离任或接任前后。股价在宣布经理辞职的消息时上涨，你认为市场对此要传达什么信息？

---

① 鉴于这是研究的核心假设，如果某些研究人员不接受这个市场效率的核心假设，那么他们会无视资本市场研究中的许多研究成果。正如我们在整本书中一直强调的，从逻辑的角度来说，我们在准备接受某些理论或研究之前，必须先考虑并评价这些研究中的假设。

② 一旦我们放宽有效性的理念，并且一旦我们考虑公司受托责任对利益相关者而不是投资者的更广泛的问题，那么对会计生存的威胁就会消失。

③ 根据 Kothari（2001，p. 109），认为市场不会迅速做出反应的观点会“激励人们进行基础分析研究”。根据 Kothari，“基础分析需要运用现在和过去财务报表的信息，联合行业和宏观数据，以估算企业的内在价值。现行价格和内在价值的差额是指投资证券的预期回报。”基础分析的优势在有效市场会有所下降。

会计头条 10.1 新的非会计信息对股票价格的影响

IAG 的老板倒在了自己的剑下

股东们对澳大利亚保险集团拒绝了QBE 的要约表示愤怒，迫使Hawker 辞职。

澳大利亚保险集团（IAG）的总裁 Michael Hawker 在股东的一片愤怒声中黯然辞职，股东不满该公司拒绝了 QBE 保险集团 87 亿美元的收购要约。

首席运营官 Michael Wilkins 将立即接手 Hawker 的位置，Hawker 说他失去了众多股东的信任。

“我认为公司现在的价值被低估了，并且我们的业绩一直在提高，然而，我也认为我失去了许多股东的信任，这让公司无法立足，” Hawker 说道，“鉴于我肩负着的受托责任，我向董事会提交了辞呈。”

在 QBE 上周最终收回要约后，IAG 的股票暴跌，但在昨天辞职的消息公布后，股价又回升了。

股价涨了 7 美分，也就是 1.76 个百分点，达到 4.05 美元。

摘自《吉朗广告客户》，2008－05－27，p. 12

我们已经指出，预计股价会对各类信息做出反应，其中一些是会计信息，还有一些与公司的其他事项有关。许多资本市场研究人员调查了资本市场对不同事项以及不同类型信息如何做出反应。我们再一次强调，预计有效资本市场会对所有类型的信息做出反应，前提是这些信息会有助于投资者预测公司股票带来的未来现金流量。举一个这方面的例子，Clarkson、Joyce 和 Tutticci（2006）调查了在澳大利亚某家互联网论坛上流传的收购谣言是否会引起股价的反应。[①] 作者确定了在 Hotcopper 互联网论坛（根据作者的说法，这个论坛是澳大利亚人最经常浏览的“商业和金融”网站之一）上发布收购谣言的时间，随后他们调查了是否有相关的股价变动。为了观察市场反应，他们查看了日内收益和成交量（“日内”数据是指在某一天不同时点收集的数据）。作者还查看了在发布谣言的前后十分钟内的交易情况。作者在解释采用较短（十分钟）的观察期间时说：

> 通过检验日内的收益和成交量，我们能够更好地将发布谣言产生的所有影响独立出来。尽管通过分析谣言发布日前后每日的收益和成交量，能够看出市场对此做出的反应，但还存在其他的解释。例如，市场可能仅是对在建立样本过程中可能无法合理排除的其他媒体发布的信息做出反应。或者是，如果发布谣言的人仅仅是针对公司股价和/或交易量上升做出回应，那么观察到的市场活动尽管与论坛上的谣言有关，仍不能算作是对发布谣言的回应。在谣言发布的 10 分钟内观察到的反应不太容易被这样或那样的解释所动摇。

根据 Clarkson、Joyce 和 Tutticci（2006）的调查结果，在收购谣言发布的前后，股价和交易量有所上升。这表明这样的信息会影响投资者，尽管是种谣传，仍被投资者所使用。我们已经指出，资本市场研究的基础是预期市场会迅速地对不同来源的信息做出反应。Clarkson、Joyce 和 Tutticci 在讨论他们的调查结果的含义时，提到了监

① 为了达到研究的目的，认为不能得到客观证实的信息都被视为是一种谣言。

管机构的担忧，他们担心一些人（造谣者）一直在某些网站发布信息，以便在稳赚地卖出手中股票之前“哄抬”股价。他们说（p. 33）：

澳大利亚证券与投资委员会（ASIC）以及美国证券交易委员会（SEC）对造谣者提出了诉讼，指控他们采用“哄抬股价，拉高出货”等手段，不正当地利用互联网论坛。委员会的做法表明，监管机构认为在这些网站上发布的谣言影响了公司的价值。我们的研究结果也支持了监管者的观点，即互联网的论坛也是一种市场信息的来源。

会计头条 10.2 节选自 2008 年 7 月 14 日的《纽约时报》上的一篇新闻报道，文中回顾了监管机构对谣言，特别是对散布“虚假谣言”的担忧。这篇文章审视了美国证券交易委员会对散布谣言及其对股价造成影响的调查。①

会计头条 10.2　对谣言影响股价的担忧

SEC 警告华尔街：停止散布错误的谣言

Stephanie Clifford 和 Jenny Anderson

证券交易委员会在周日宣布，它将和其他监管机构共同开始调查意图操控证券价格而散布的谣言。

公告发布的时间正好是在亚洲股市开盘之前，这项公告意在警告股票交易人、对冲基金和投资顾问在星期一交易开始之前要平息所有散布的谣言……预计调查将于周一开始，主要关注公司有何政策防止传递错误信息。调查的目的是在不妨碍市场正常交流信息的前提下阻止恶意谣言的传播。

今年早些时候，贝尔斯登公司几乎在一夜之间倒闭，自此，华尔街的总裁们就一直请求监管机构出面调查，他们认为是卖空者发布了虚假信息，并从中获利。

上周就有谣言称雷曼兄弟的两个大客户停止了与公司的业务往来。雷曼的股票大幅跳水，下跌近 20%，直到客户澄清谣言后才有所反弹。

摘自《纽约时报》，2008 - 07 - 14，p. C1

有效市场会对不同类型的相关信息做出反应，在探讨了这方面的内容之后，我们还预计外部审计师在实施审计后表现出的任何担心，都有可能引起股价的变动。尤其是如果审计意见表明，公司的未来盈利存在不确定性，由此会导致公司未来现金流量的不确定性，这类审计意见会引起投资者的注意。在这方面，Herbohn、Ragunathan 和 Garsden（2007）研究了多家澳大利亚企业在收到带有持续经营保留意见（GCM）的审计报告前后，股价的反应情况。GCM 是以保留意见的形式发布的，是当审计师认为企业将很可能无法持续经营时发表的审计意见。根据论文作者所述，对于证券市场参与者来说，带有 GCM 的审计报告毫无疑问是个“坏消息”，并预期会有负面的证券市场反应（p. 465）。作者研究了公司首次收到 GCM 之前和之后 12 个月内的股票价格波动。他们还研究了在事项日前后的股价反应，事项日是指企业发布带有保留审计意见的年报的那一天。作者发现，没有证据证明在首次发布 GCM 公告时，市场

① 选文中提到的“卖空者”是指在持有某只股票之前先将其销售出去的个人或组织。他们在特定价格卖出股票，然后以较低的价格购回，以此获利。随后他们会将股票售给新的买主，并在整个交易中获利。

在事项日前后有反应。股价不对审计报告做出反应，作者对这个研究结果的解释是，在有效的市场中，投资者已经事先预料到收到GCM的企业存在财务困难。审计报告证实了市场的预期，而不是对预期的修正（如果是修正了市场对未来现金流的预期，将引起股价变动）。作者在解释他们的研究结果时说道（p. 489）：

本文研究的问题是审计报告的附加值是什么。根据初步印象，我们的结果表明，在事项日之前，而非事项日之后的期间里，市场有重大的负面反应，这一结果证明了审计报告履行的是鉴证的职能，而不是向市场传递额外信息的职能。此外，自GCM公告前12个月，收到GCM的样本公司的业绩逊于处于相似财务压力之下的对照组的样本公司，对照组的公司在这一时期收到的是无保留审计意见。我们认为这一结果证明了投资者认为GCM具有信息含量，因为它可以证实企业的财务状况在不断恶化。也就是说，GCM是审计师发表的一份独立证言，至少证明公司在债务到期时的偿债能力具有重大的不确定性。此外，一旦发布了GCM，由于银行信贷冻结、可能发生的债务违约以及与供应商的关系恶化，会增加公司的财务压力。因此，公司收到GCM证实了债权人加紧对公司债务约束的可能性。

我们从研究结果中发现了这样一个问题：市场对收到GCM的公司的负面反应只发生在GCM公告之前的12个月，而没有持续到公告之后的12个月，为什么这一结果与Taffler等（2004）在伦敦证交所观察的结果不一致？一种解释是由于澳大利亚的连续披露制度，使得澳大利亚的证券市场信息更公开、更透明。GCM的公布并不是一项独立的或突发的事项。相反，它是前后一系列事项的高潮。其中大部分事项可能都对价格敏感，因此，在澳大利亚证券交易所的连续披露制度下，这些事项被要求立刻披露给市场。因此，我们的样本公司在公告前12个月内的绩效不佳，是因为澳大利亚证券交易所要求披露价格敏感信息后，市场预期有所改变造成的。由于在GCM公告发布时，市场已经完全获悉这个消息，在公告后的12个月就没有重大的负面市场反应了。

因此，Herbohn、Ragunathan和Garsden（2007）可以用有效市场假说来解释市场如何预测审计师提供的信息（由于澳大利亚的“连续披露制度”），由于审计报告与预期一致，就没有发生重大的股价波动。

上述的一些事项是关于具体的企业（例如，某一企业收到了特定形式的审计报告），但是股价还会对市场范围的事项做出反应。例如，美国在2002年引入《萨班斯法案》，由此可能对许多企业的现金流量产生影响。[①] Zhang（2007）运用资本市场研究调查了市场对引入法案的反应。Zhang在说明法案的影响时说（p. 75）：

法案通过规定更多的监督，增加管理不当的惩罚力度并处理潜在的利益冲突，旨在防止出现会计欺诈和管理层的不当行为。然而，尽管实施该法案会带来许多益处，但商界仍十分担忧这样做的成本过高。为了遵守法案的规定，公司不得不自掏腰包，人们认为这将耗费巨额的成本（Solomon和Bryan - Low，2004），但这远没有《萨班斯法案》强加给企业的机会成本高。经理们抱怨，遵守规则分散了他们从事经营的

① 美国国会在2002年7月通过《萨班斯法案》，以应对2001年爆发的一系列广为人知的公司丑闻，最著名的丑闻当属美国的安然公司。法案是以主要涉及的两个人，参议员Paul Sarbanes和众议员Michael Oxley的名字命名的。法案强制要求披露额外信息，并要求大幅度改变公司治理政策。

注意力（Solomon 和 Bryan－Low，2004）。此外，法案将经理和董事们置于更高的诉讼和严厉惩罚风险之下。据称，总裁们会采取风险小的活动，继而改变他们的经营战略，并会潜在降低公司价值（Ribstein，2002）。

美国公司要遵守《萨班斯法案》，而在美国上市的非美国公司可以不遵守该法案。Zhang（2007）检验了在《萨班斯法案》颁布的事项前后，美国公司股票的超常收益率与在美国上市的外国公司股票的超常收益率。Zhang 发现，相对于不用遵守法案的外国公司，法案的引入似乎导致了美国公司股价的负面反应。负面的股价反应可以被解释成引入法案带来的消极后果，Zhang 提到（p. 77），只关注股价反应无法顾及法案带来的各种社会效益——投资者以外的个人会享有这些效益：

这份研究没有探究法案带来的社会福利。对证券价格变动的调查提供证据证明了监管的私人效益和成本，但股票价格中不会全面地反映出社会效益和成本。

接下来，我们重点讨论会对股票价格产生影响的各类事项。可以看出，资本市场研究人员也在研究中探讨各类问题或事项。正如我们所强调的，股价对发布的财务信息或其他信息的反应可以用来证明这项宣告具有“信息含量”。股价没有波动表明信息不相关，或者是信息证实了市场的预期。对于财务信息来说，财务信息与股价或收益在长时期内的高度相关，表明会计系统提供的信息反映了资本市场正在使用的信息（该信息将有多种来源）。我们将在接下来的部分探讨会计信息在证券市场中的各种作用。尽管可以借助资本市场研究来评价不同种类财务信息的“信息含量”，但还是将盈余作为财务会计系统的主要衡量标准。例如，有一个议题，同时也是许多研究论文的主题是“公司盈余公告是否导致股票价格的变动”。这种对盈余的关注反映在以下的讨论中。

10.2 盈余的信息含量

许多研究论文调查了资本市场对公司盈余公告的反应。也就是研究，当一家企业宣告了当年的（或半年的）盈余，会对它的股票价格有什么影响。这类研究关注股票价格在特定事件（如会计信息的发布）发生前后的变化，因此经常将这类研究称为“事项研究”。[①] 根据 Kothari（2001，p. 116）：

在一项事项研究中，当某一事项发生，如一次盈余公告，事项向市场参与者传递了新信息，并反映在证券价格或交易量在事件前后短时期内的变化水平或稳定性上（见 Collins 和 Kothari，1989，p. 144；Watts 和 Zimmerman，1986，ch. 3）。如果价格的水平和稳定性在事项发生前后有了改变，那么结论是会计事项传达了有关未来现金流量的金额、时点以及/或者不确定性的新信息，这修正了市场之前的期望。这一结论的置信度主要是根据事项是否按日历时间分布，以及是否存在任何干扰事项（如同时有股利和盈余公告，也会使投资者修正对公司未来现金流量的估计，由此导致股价的变动）与研究人员关注的事项同时发生。正如之前所说，支撑事项研究的假设是资本市场在信息上具有高效性，意思是证券价格对新获取的信息反应迅速。由于事项研究是通过发布的会计事项检验信息的到来会引起的市场反应，因此在关于会计的

① 我们之前介绍的研究，如 Clarkson、Joyce 和 Tutticci（2005）（关于互联网论坛）以及 Zhang（2007）（关于《萨班斯法案》），也属于“事项研究”，因为这些研究调查了股价在特定事项前后的反应。

资本市场文献中，也将其称为信息含量检验。除了 Ball 和 Brown（1968）以及 Beaver（1968），其他事项研究的例子包括 Foster（1977）、Wilson（1986）、Ball 和 Kothari（1991），Amir 和 Lev（1996），以及 Vincent（1999）等。

假设资本市场是半强式有效的（它可以迅速并公正地反应公*众能够获得*的信息），股价的变动表明，发布的盈余公告中包含的新信息通过市场投资者的活动体现在了证券的价格中。在重新评估主体的未来现金流量时这种信息是有用的。

大量的研究表明与盈余有关的信息会引起证券价格的变动。但是，我们为什么会预期会计盈余和股票价格相关呢？现代金融理论认为，股票的价格可以用与企业风险相称的收益率将企业发放股利的现金流量折算成现值，并加总计算得出。此外，发放股利是会计盈余的功能之一，因为股利通常只能从过去和现在的盈余中支付。因此如果现金流量与会计盈余相关（函数关系），那么我们将公司 i 的股票价格设为 P_i，将预期每股未来收益（$\overline{E}$），用风险调整折现率（k_i）折算成现值后加总，就是公司 i 的股票价格。[①] 也就是说，对于今天的 i 公司：

$$P_i = \sum_{t=1}^{\infty} \overline{E}/(1 + k_i)^t \qquad \text{（公式 1）}$$

公式 1 表明股价与预期未来收益之间存在一种关系。总的来说，有较高预期未来收益的企业会有较高的股票价格。这些预期至少部分是基于公司的历史盈余而形成的。然而，在预测未来盈余时要考虑所有现有的信息（例如，媒体发布的信息、分析师的报告、生产统计数据、市场调查、市场谣言和立法的颁布）。任何对未来每股盈余预期的修正，包括那些由现在的盈余公告中包含的新信息引起的修正，都会反映在股票价格的变动中。

只有新信息才能引起对预期未来每股盈余的修正，因为在半强式有效市场的基本假设下，价格已经反映了现有公众*已知*的所有信息，包括对未来收益的预期。因此，只有现有盈余公告中非预期的部分才会形成新信息。也就是说，只有非预期的盈余，而不是全部盈余，才与股价的变动有关。例如，如果 CMR 公司宣告每年的盈余是 1 100万美元，而人们的预期是 1 050 万美元，非预期的盈余是 50 万美元。所有股价的反应都是针对这部分非预期的盈余，而不是全部 1 100 万的盈余，因为投资者已经预测到了大部分盈余。会计头条 10. 3 到 10. 5 是三篇文章的节选，这些文章讨论了非预期的利润结果会对股价产生何种影响。我们再一次强调，如果对外报告的利润与市场预期一致，那么我们预计股价不会做出调整。

会计头条 10. 3　市场对非预期利润公告的反应

尽管环境动荡，依然运行良好

Lisa MacNamara

在历史上经济最动荡的时期，澳大利亚证券交易所（ASX）一枝独秀，利润超过了市场预期，投资者蜂拥购买它的股票。

ASX 昨日宣布其净利润提高了 17%，达到 3. 66 亿美元，主要是交易所的证券业

① 选择的风险调整折现率应该与预期盈余的不确定性水平一致。

务带来的，证券业务吸引到了破纪录的成交量，在报告年度提高了87%。公司利润高于分析师预测的3.61亿美元。

“在如今动荡的环境下，他们做得不错，因为他们的交易量相当大，”花旗银行分析师Mike Younger昨天说，“他们的衍生工具业务交易量下降了很多，但是在证券业务上，我们都关注证券的价值，却下跌了。”

“交易量的真实数据在前三个月还上升了60%以上。”

证券交易、结算和交割产生的现金市场收入达到了总收益的1/3，增长了21.2%，达到1.888亿美元，上年的营业额上涨了22%，达到有史以来最高的1.6万亿美元。总收入提高了13.1%，达到6.2438亿美元，以每股93.9美分分配股利后，剩余5.527亿美元，一年前的股利是91.5美分。

公布的结果中还包括上市收入提高了2.3%，达到1.202亿美元，这一结果使ASX的股价昨天上涨了2.5美分，收于35.66美元。

摘自《澳大利亚人》，2008-08-15，p.31

会计头条 10.4　市场对非预期利润公告反应的第二个例子

NAB经受风暴

George Lekakis

在澳大利亚国家银行揭示其在英国的子公司经受了英国银行市场的金融风暴后，这家澳大利亚最大的银行的股价昨日大幅上涨。

但是由于澳元的升值，影响了英国业务的收益，集团的底线受到不利影响。

首席执行官John Stewart公布了高于预期的集团中期业绩，比2007年上半年提高26%，达到26.8亿美元。

这项公告引发了公司股票的大幅上涨，股价上涨了1.24美元，涨幅4%，达到32.24美元。

摘自《太阳先驱报》，2008-05-10，p.93

会计头条 10.5　市场对非预期利润公告反应的第三个例子

AMP一整年都让投资者失望

Stuart Washington

在盈余公告纷纷发布之际，AMP也加入了倍受打击的公司行列，它的利润增长了8%，没有达到投资人的预期，致使股价下跌了4%。

AMP全年的净利润达到9.85亿美元，而2006年的净利是9.15亿美元，差一点达到分析师的预测，在竞争更为激烈的市场中，这引起了投资者对AMP业绩的担忧。

在Graig Dunn接任总裁以来发布的第一份利润公告中，他说AMP没有受到次级债务的影响，并将有良好的表现。Dunn在1月1日接任了Andrew Mohl的位置。

“尽管AMP不能从投资市场的动荡中全身而退，公司在最近几年从传统的人寿保险公司转变为一家现代化的财富管理企业，意味着我们有能力应对这种动荡的环境，”Dunn说。

他说 AMP 在理财规划等业务上的营业收入超过了在传统投资项目上的收入，并且是它的 5 倍。

AMP 的股票当天有所反弹，最终下跌了 3 美分，收于 7.75 美元，没能弥补周三金融服务公司抛售造成的 6% 的下跌，联邦银行对此密切关注，并对 AMP 的未来持谨慎态度。

摘自《年代报》，2008 年 2 月 15 日，p. 3

股价变动形成了投资者收益率（R_{it}），因为除了股利的收入（D_{it}），收益率是资本利得或损失的函数。因此，某人投资于 i 企业，持有期间是（t－1 到 t），收益率是：[1]

$$R_{it}=\frac{(P_{it}-P_{it-1})+D_{it}}{P_{it-1}} \qquad \text{（公式 2）}$$

计算收益率的期间（收益期）取决于研究的重点，但是通常是不少于 1 天（但也可以采用较短的日内收益率）或不超过 1 年。在股利发放的收益期内，收益率可以简单地通过股价变动百分比计算。当收益率是按天（或更短的时间）计算时可以采用这种方式。例如，如果 CMR 公司的股价在盈余公告的当天从 5.42 美元上升到 5.56 美元，每天的收益率（R_{CMR}）等于（\$ 5.56 － \$ 5.42）/ \$ 5.42，也就是 2.6%。

鉴于收益率是股票价格变动的函数（根据公式 2），且股票价格可以用预期未来收益的函数来表示（根据公式 1），因此收益率与预期未来收益的变动相关。这种关系常常被称为收益/报酬关系。对于 CMR 公司，由上面计算的结果可以看出，非预期的额外 50 万美元的盈余公告为投资者带来了大约 2.6% 的收益率。这种正的收益率表明投资者现在预计的未来收益比原来预期的要高。

当然，股票收益率并不只是由投资者利用企业发布的信息形成的。股票价格每天发生的变化是由影响整个市场或市场部门的事项引起的。我们可以称之为“系统变化”。例如，关于某些指标新（非预期）统计数据的发布可能在某种程度上影响整个经济——如通货膨胀率、失业率或一般消费者或企业的信心水平——每个企业每天的收益率也在很大程度上反映了这一点。

由资本资产定价模型（CAPM）引出的市场模型（早期发展的详细内容见 Fama (1976)）用于将特定企业的价格变动从市场变动中分离出来。[2] CAPM 解释了市场应该如何根据某种股票的风险决定它的适当收益率。它预测了预期收益率与系统风险间的线性关系，系统风险是指当资产作为能将非系统风险完全分散的多元化投资组合的一部分时，资产固有的风险。系统风险是不能分散的也不可避免的风险，投资者通过收益率的增加获得补偿。市场模型为：

$$R_{it}=\alpha_{it}+\beta_{it}R_{mt}+\mu_{it} \qquad \text{（公式 3）}$$

根据公式 2 的计算，R_{it} 是 i 企业在期间 t 的收益率；R_{mt} 是整个市场在期间 t 的收益率（接近多样化证券投资组合的平均收益率）；β_{it} 是 i 企业的系统风险水平，其表

① 持有期末（P_{it}）的价格要根据资本化变动做出调整，如分红或配股。
② 关于 CAPM 发展的更多信息，可以参考 Sharpe（1964）和 Lintner（1965）。

明 i 企业的收益率对市场（系统）变动的敏感度。[①] 公司股票价格变动的大部分原因是由于市场范围的波动。α_{it}对 i 企业来说是固定值，而 μ_{it}是误差项，表明了一种证券的收益率与特定事项如何相关并随之发生上下波动。资本市场的研究人员通常对 μ_{it}值的确定感兴趣，因为它体现了公司股票对新披露信息的反应。它反映了预期的市场收益率（根据模型计算出来）和某一事项，如会计盈余数据的发布，发生后的真实收益率的差额。

对于市场模型来说，我们认为个别证券收益率的变化主要是源于市场因素。随着一项投资组合多样性的提高，多样化的投资组合的非系统风险（$\alpha_{it}+\mu_{it}$）会逐渐消失，仅剩下市场变动带来的收益率（也就是 $\beta_{it}R_{mt}$）。市场模型有大量的假设，包括投资者厌恶风险的假设，和投资者有同样预期（他们思维方式很像）的假设。

公式 3 表明，全部或真实的收益率可以分为市场范围的价格变动（$\alpha_{it}+\beta_{it}R_{mt}$）引起的正常（或预期）收益率，以及基于具体企业股票价格变动的超常（或非预期）收益率（μ_{it}）。[②] 依据与市场相关的企业系统风险水平，不同企业有不同的正常收益率，而依据是否有能引起投资者修正未来盈余预期的企业新信息，不同的企业有不同的超常收益率。根据 Kothari（2001，p. 115）：

> 与风险相关的收益变动通常不会引起研究者的兴趣，他们关注的是具体企业会计信息与其股票收益率构成因素的关系。因此，CAPM 与有效市场假说极大地促进了对具体企业收益率构成因素的估计。仅用具体企业收益率的构成因素就能提高对会计报告信息含量的检验能力（Brown 和 Warner，1980，1985）。

市场模型是用来控制市场范围内发生的事项引起的股价变动，使研究人员关注随具体企业的信息而变动的股价成为可能。例如，CMR 公司宣告年盈余后产生 2.6% 的收益率，部分是由于宣告日市场整体的股价上升引起的。研究人员在分析盈余公告的影响时，会将市场整体股价上升的影响从 CMR 公司的收益中剔除，从而达到控制这种影响的目的。假设 $\alpha_{CMR}=0$，$\beta_{CMR}=1$ 且 $R_M=1\%$，这样计算会得出超常收益率（μ_{CMR}）为 1.6%。[③] 研究人员通过分析超常收益率，或具体企业的股价变动，来确定公司公告的影响。

有关收益/报酬关系的资本市场研究，分析了具体企业在盈余公告日的价格变动（超常收益率）。这些超常收益率被用作衡量公告信息含量的指标。也就是说，有多少新信息在资本市场发布。如果股价没有反应，就认为宣告中没有包含新信息。即信息已经被市场参与者知道或预测到了，或者是信息不具有相关性。

10.3 资本市场研究财务报告的结果

在过去的四十年里，资本市场研究是财务会计研究关注的一个主要方面。研究调查了公司盈余公告，以及许多其他会计和披露事项的信息含量。这项研究的结果对执

---

① 例如，如果预期 i 企业证券的收益率在 t 期间内的浮动与证券多样化投资组合的收益率一致，那么 beta（β_{it}）大约是 1。如果个别企业的收益率是市场总体变动敏感度的两倍（表明未多样化证券的收益比证券多样化投资组合的收益更有风险），那么 beta 大约是 2，等等。

② 正常收益率也可以理解为作为投资和承担风险的奖励，给予投资者的报酬水平。超常收益率是实现的收益率减去正常收益率（用市场模型计算）。

③ 当收益率按天计算时，假设 $\alpha=0$，$\beta_{it}=1$ 是不现实的。

业会计师以及财务专家（如证券分析师）都十分有用。这些结果传递的信息在做财务会计报告决策时特别有用。通常有人认为，在制定财务报告决策时，如果预测到了未来对股价的影响，可以在充分了解情况后做出会计和披露的选择。下面总结了一些比较重要的资本市场研究结果。

10.3.1 投资者使用的历史成本收入

Ball 和 Brown（1968）在他们第一份重要的会计资本市场研究著作中，调查了会计盈余在历史成本模型下的有用性。在他们的研究之前，很多人的观点是历史成本会计方法会形成“无意义的”信息，对投资者和其他会计报表使用者毫无用处。① Ball 和 Brown 认为有必要用经验证据证明，用历史成本会计原则计算的会计盈余是否向投资者提供了有用的信息。他们认为（p. 159）：

正如证据所表明的，如果证券价格事实上在出现新信息时确实会迅速做出调整，那么证券价格的变动将反映信息流向市场。由于发布了收益报告，而观察到了投资者对股票价格的修正，进而会提供证据证明反映在收入数据中的信息是有用的。②

他们运用 261 家美国企业的数据，测试了企业会计盈余有非预期增长的情况下，是否有正的超常收益率，以及企业的会计盈余有非预期下降的情况下，是否有负的超常收益率（平均）。非预期盈余的计算方法（十分简单）是现有与上年盈余之差。也就是说，他们认为当年的盈余应该与上年相同。使用每月的股票价格数据，以及市场模型来计算每家企业的超常收益率。接着，对于（1）所有样本企业，（2）非预期盈余增长的企业（有利的宣告），和（3）非预期盈余减少的企业（不利的宣告），将每一组的平均超常收益率加总，计算出三组企业的累积超常收益率（CARs）。

Ball 和 Brown 找到的证据表明，尽管有历史成本会计系统的限制，年报中包含的信息仍是用于投资决策的。这个结果通过盈余公告月份的（第 0 月）CARS 证明。我们可以从图 10—1 中看到，非预期盈余增长的企业（有利的宣告），在图中为最上面的线，有正的超常收益率；而非预期盈余减少的企业（不利的宣告），在图中为最下面的线，在盈余公告月份（平均）有负的超常收益率。从 Ball 和 Brown 的早期研究开始，其他研究人员运用更成熟的数据和研究方法，多次复制过这项研究。结果似乎证明了历史成本收入对投资者是有用的。这并不是说历史成本会计系统是“最有用的”，因为现值或现行成本会计可能会更有用，但是它相信持续运用历史成本的正确性。

10.3.2 在盈余公告前，投资者从其他渠道获取大部分需要的信息

除了确定了历史成本会计模型的有用性之外，Ball 和 Brown（1968）还发现，盈余公告中包含的大部分信息（85% ~90%）是投资者能够预测到的。在图 10—1 中，在盈余公告发布之前（在 0 时点发布公告）逐渐倾斜的线（代表累积超常收益率）

① 例如，见 Chambers（1995）和 Sterling（1975）。

② 然而，正是因为市场对信息做出反应，这反映出信息可以用于修正对未来现金流量的预期（也就是说，信息是有用的，并会导致股票价格的变动），这不一定意味着其他不是依据历史成本的会计形式在修正对未来现金流量的预期时不会更有用。

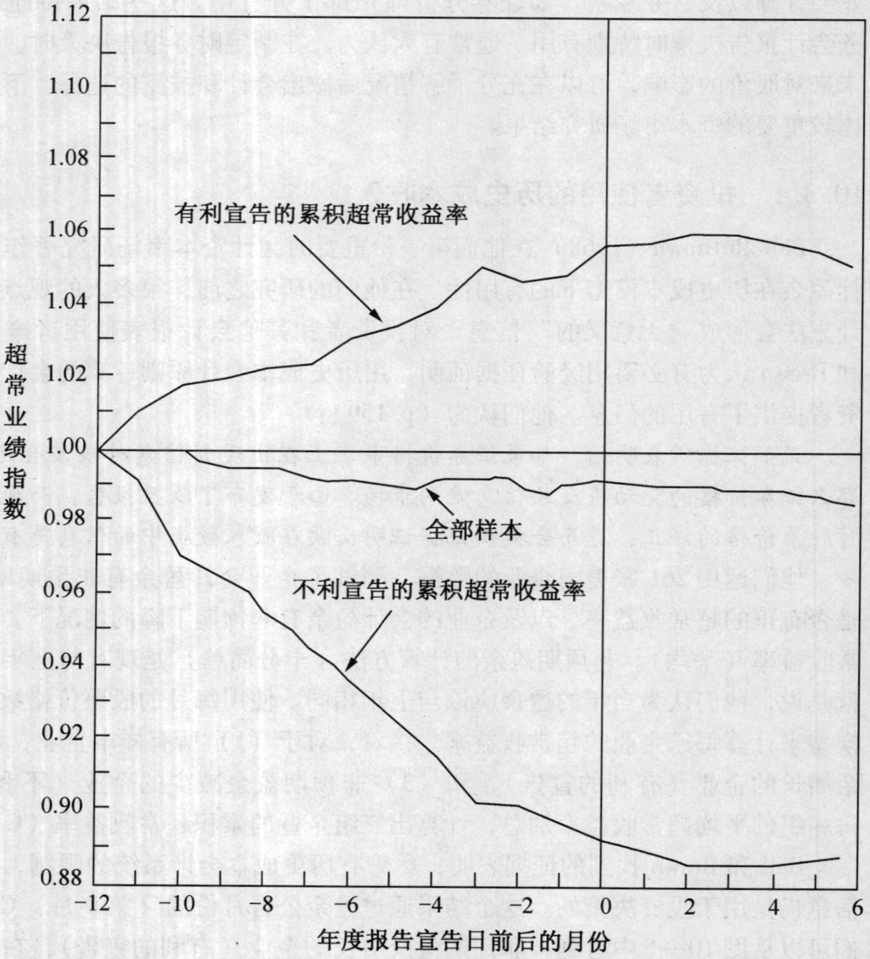

图 10—1　在盈余公告前后累积超常收益率的变动

资料来源：R. Ball 和 P. Brown（1968），"An empirical evaluation of accounting income numbers", Journal of Accounting Research, 6（2）, pp. 159 – 78.

为这个观点提供了证据。投资者预测盈余的变动表明，投资者通过盈余公告以外的其他渠道获取许多对投资决策有用的信息（或许是来自媒体发布的信息、分析师发布的信息、行业生产的信息和销售趋势等）。这并不令人吃惊，因为其他信息渠道（如分析师的电话会议和新闻发布）通常比年报更及时，前者通常在资产负债表日后的几周内发布，并且不像其他信息资源那么频繁出现。因此我们不可能期望编制的会计报表会告诉投资者所有他们想知道的信息。换句话说，无论是会计监管，还是会计实务，都不能向投资者提供*所有*相关的信息。当制定财务报告决策时，重要的是要记住，尽管会计是股票市场信息的重要来源，但它并不是唯一的来源。

在即将完成我们对 Ball 和 Brown（1968）研究的简要讨论时，需要提醒读者注意的是，这篇著作被公认为是最常被引用的会计学术文章。过去的会计研究以规范研究为主，而它的研究方法与过去的会计研究存在巨大差异。Brown 在回顾这篇著作的重要性时（1994，p. 24）说：

自1968年以来，针对这篇论文对会计文献的重要影响，有多种解释：

· 按照传统实验的模式：假设、数据收集、数据分析、结论。

· 它的观点反驳了针对公认会计原则的批判（这些批判认为历史成本会计信息既无意义又无用处）。

· 较早主张"经验研究"。

· 强调了用数据验证观点。

· 采用了信息观。

· 其研究设计包含的基本要素成为日后研究的模板：以有效市场假说的半强式有效作为前提，因此关注公告日前后的市场行为；建立盈余预测模型以辨认盈余报告中的信息，或者是盈余报告有什么新内容；按公认会计原则确定的盈余与原来的经营现金流量相比较；超常收益率通过市场模型和CAPM来计量。

· 这是一个非常健全的实验，因为它被不同国家的企业在不同时期、不同会计年度复制使用过。

· 它促进了相关领域大量论文的出现。

正如第7章中所述，Watts和Zimmerman（1986）至少部分上将实证会计理论的发展归功于Ball和Brown（1968）早期采用的实验方法。

关于市场对特定会计披露的反应的研究（如Ball和Brown的研究）已被用于向会计准则制定者提出建议。根据有效资本市场这一基本假设，我们知道，如果研究显示特定信息的披露不会引起股票价格的变动，研究人员会反对准则制定者要求提供这些特定信息。Kothari（2001，p. 119）阐述道：

在金融学与经济学中，早期证明盈余与证券收益率的相关性的证据，以及资本市场效率的证据对会计准则的制定起到了借鉴作用。例如，Beaver（1972）在美国会计协会会计研究方法论委员会的报告中，建议会计数据与证券收益率的相关性可以用于为备选会计方法排序，并作为确定会计方法的一种手段写入准则。报告说，在考虑了信息和成本的不同来源后——这些来源具有竞争性，"与证券价格更相关的方法应该作为财务报表中使用的方法"（p. 428）。

10.3.3 盈余公告的信息含量取决于其他信息来源渠道的多少

研究表明，盈余的信息含量在不同国家以及同一国家不同的企业是不同的。例如，Brown（1970）发现与美国市场相比，澳大利亚市场在同年有较缓慢的股票价格调整，而在盈余公告日的调整幅度较大。这一结果暗示澳大利亚资本市场中年报是更重要的信息来源，而在美国则没有那么重要，因为澳大利亚的企业其他的信息来源渠道较少。这种信息来源渠道的差别，部分原因是澳大利亚的监管机构只要求半年报，不要求季报，还有一部分原因是两国的平均企业规模。与规模较大的企业相比，规模较小的企业信息渠道较少，并且证券分析师也较少关注这些小企业。这种大企业与小企业在信息来源渠道上的差别造成了盈余公告有用性的差别，对于澳大利亚的小企业，盈余公告更有用。

因此，其他信息来源的多少应该在制定财务报告决策时加以考虑。（我们在本章的后面会回到规模这个问题上）

10.3.4 非预期盈余变动对资本市场的影响取决于人们认为变动是永久的还是临时的

Ball 和 Brown 的研究发现，非预期的盈余变动*方向*与超常股价收益率的变动方向相同，在此研究之后，有人进一步研究了非预期的盈余变动值（或每股盈余）与超常收益率的大小之间的关系。这种关系经常被称为*盈余反应系数*。研究结果表明这并不是一对一的关系。的确，一些研究显示非预期盈余变动 1% 会引起平均超常收益率变动0.1% ~0.15%（Beaver、Lambert 和 Morse，1980）。这种关系因人们预计盈余变动是永久的还是临时的而有所不同。一方面，永久增加的盈余会导致股利增加，因此会增加未来现金流量，这暗示着企业价值发生变化。而另一方面，临时增加的盈余会被低估或忽略，因为预计它不会对预期未来股利有同样的影响（Easton 和 Zmijewski，1989）。一些诸如一次性的重建收费引起的盈余变动很明显是临时的，但很难确定其他盈余的变化是否是持久的。

10.3.5 盈余持续性取决于现有盈余的现金与应计项目部分的相对值

应计制会计与收付实现制会计不同，区别在于何时在财务报表中确认现金流量。在应计制下，一些项目在收到或支付现金流前确认（如赊销和赊购），而其他项目是定期确认（如固定资产的成本在其使用寿命的期间内通过定期计提折旧确认）。因此，应计程序包括调整确认企业现金流入和流出的时机，以实现收入和费用的配比。盈余作为应计制的衡量总体绩效的手段，比基于未调整现金流量的绩效衡量手段（例如经营现金流）在确认时点和配比上的问题更少。然而，应用应计制可能是主观的而不是客观的过程，会因选择的不同，而得到许多不同的盈余数据。例如，如果选择余额递减法而不是直线法进行折旧，由于较大额的折旧费，利润在前期将会较低。然而在资产寿命的后几年，由于折旧费较低，报告的盈余会变得较高。Sloan（1996）研究了如果投资者仅仅关注报告盈余而不考虑这些数据是如何确定的（也就是采用了何种会计方法），股价是否会有所变化。Sloan（1996，p. 291）说：

> 检验股票价格是否完全反映所获信息，要求详细说明替代的“朴素”期望模型，用这个模型检测市场效率的零假设。在这项研究中运用的朴素模型要求投资者“锁定”盈余，但不区分现有盈余中的应计项目和现金流量。这个朴素盈余期望模型依据功能锁定假设，功能锁定假设得到了资本市场、行为和实验研究的经验支持。①

Sloan 提供的证据表明，如果企业大量的应计项目与真实现金流有关，就不可能有持续的高额盈余，因为应计项目将在未来确认，减少未来的盈余。然而，股价的表现似乎是投资者仅仅“锁定”了报告盈余，并没有考虑现有盈余中现金与应计项目各自的金额（锁定表明一定程度的市场无效）。在论文的结论部分，Sloan（p. 314）说道：

> 这篇论文调查了股票价格是否对未来盈余有所反应，这些未来盈余包含在现有盈

① 根据 Watts 和 Zimmerman（1986，p. 160），“功能锁定假设坚持认为个体投资者用同样的方式解释盈余数据，与使用何种会计程序计算盈余无关。如果所有的投资者都这么做，在盈余与股票价格之间会有一种机械的关系，股票市场也不会区别有效和不那么有效的企业了。”

余中的应计项目和现金流里。盈余表现的持续性取决于盈余中的现金和应计项目各自的金额。然而，股票价格的表现似乎是投资者没有正确地辨别这两类盈余组成部分的不同属性。

因此，尽管可以通过操纵性应计项目来管理盈余，但不可能无限期地这样做，并且随着应计项目的实现，盈余最终将会变得较低。类似地，尽管通过报告较高的盈余提高股票价格是可能的，但当未来报告较低的盈余时，会产生相反的效应。尽管由于应计项目到期造成了较低的盈余，有证据表明市场会锁定较低的报告盈余，并且在应计项目到期时股价下降。功能锁定等观点质疑了市场的有效性，在会计文献中一直对此有热烈的讨论。

10.3.6 同行业其他企业的盈余公告具有信息含量

当一家企业宣告了当年的盈余，通常不仅会造成该企业的超常收益率，还会对同行业其他企业产生影响（Foster，1981）。也就是说，除了宣告盈余的企业，对相似的企业也有信息含量。这种现象叫做“信息传递”，信息传递减少了行业中其他选择较晚宣告盈余的企业在盈余公告中的不确定（未知）因素。资本市场反应的方向与公告中包含的信息是否反映了整个行业环境的变化，或是是否反映了同行业相关市场股票的变化有关。由于从相似企业的公告中获取的关于销售和盈余变动的信息，除了会导致做出公告企业的价格反应，还会导致同行业其他企业的价格反应（Freeman 和 Tse，1992）。因此，在考虑预期盈余公告等信息会如何影响股价时，一定要考虑相似企业信息发布的时机，因为一家企业的信息可以从相似企业发布的信息中获得。

Frith（1976）调查了“信息转移”问题。他试图“调查企业公开宣布的经营结果对竞争企业股价的影响”（p. 298）。他的调查结果表明，当发布关于会计盈余的“好消息”时，同行业没有发布公告的企业的股价也会迅速做出反应（同一天），表现为统计学上的显著增长。有趣的是，在宣告前和宣告后似乎没有超常收益率（有限的预期）。换句话说，大部分的调整似乎是随即发生的。在对发布“坏消息”的盈余公告进行类似的检验时，发现了相似的结果。同行业未做出披露的企业的股价在“坏消息”的盈余公告发布当天会下跌。

如果一家公司的盈余公告影响同行业其他公司的股价，人们会预计如果有许多企业要发布盈余信息，其他条件相同，那么最先发布信息的企业会有最大的股价反应。在某一特定年末，当最后一家企业发布盈余公告时，可以预测大量类似的信息已经反映在股票价格中了，因此最后的公告对股票价格有相对较小的影响。Clinch 和 Sinclair（1987）证实了这种预测。在总结他们的发现时，他们说道（p. 105）：

> 宣告和未宣告企业每天的股价变化之间的定向关联，以及股价变动幅度之间的定向关联，对于同行业随后宣告的企业在报告期内会减弱。

一家企业的宣告会影响另一家企业的股价，我们可以将这一观点与最近的一篇有关银行的新闻报道联系起来。会计头条 10.6 表明，当一家银行——澳大利亚联邦银行——发布了它的利润数据后，看起来导致了其他银行股票价格的上涨。这与上面报告的结果一致。

会计头条 10.6 “信息转移”效应的例子

银行业现状的征兆

Eric Johnston

Eric Johnston 说，四大主要银行之一宣告的利润结果暗示了其他三家的情况如何。

澳大利亚联邦银行本周公布的利润消除了人们对借贷急速下滑、大幅度压缩利润或贷款质量恶化的担忧，投资者们昨天转而将目光集中在其他几家银行。

联邦银行是唯一一家以 6 月 30 日作为资产负债表日的主要银行，它使投资者在其他以 9 月 30 日为资产负债表日的竞争对手做出全年盈利报告前对整个行业的健康状况得以了解。

高盛说，“我们希望……整个银行业报告期都相当完善，银行部门的盈余确定性看起来十分稳定”。

联邦银行的三家最大的竞争对手昨日的股票价格都有所上涨。西太平洋银行股票收于 19.80 美元，上涨 1.1 个百分点，澳新银行股票收于 21.96 美元，上涨 0.9 个百分点，澳大利亚国家银行也上涨了 0.9 个百分点，收于 31.24 美元。

分析师们普遍认为澳大利亚国家银行是一个业绩好转的实例，但是它的股票市盈率达到 15 倍，股票的价格过高。澳新银行和西太平洋银行的股票价格是该行业的折价。

由于银行的收费创历史新高致使本周报告了有史以来最高的 40 亿美元利润，同时一些股票经纪人建议联邦银行的股票应该降级之后，联邦银行昨日股价向下浮动，收于 38.50 美元，下跌了 0.4 个百分点。

尽管竞争激烈，联邦银行在星期三报告了其贷款稳定增长，下半年房贷比上半年增长了 14%。但这也得益于市场整体股价的提高。

重要的是，收益较高的商业贷款也比上半年增长了 14%。

“信贷环境似乎很好。显而易见，国内的按揭贷款有些疲软，但是商业贷款拯救了这种停滞。”Investors Mutual 的高级投资经理 Monik Kotecha 说。

分析师们一直担心今年早些时候利率的上升会导致国内房贷市场的硬着陆。但澳大利亚储备银行本周表示，利率进一步上升的威胁将在近期消失，银行家们期望这将进一步巩固信贷市场的信心。

另一个被关注的焦点是联邦银行在所有获利项目上表现均衡。尽管存款市场仍然竞争激烈，贷款的竞争压力被夸大了。联邦银行的利润比 2005 财年下降了 8 个基点，但在下半年增长了 1 个基点。

作为会接触几乎所有经济部门的放贷者，联邦银行说其信用质量状况仍然良好，并期待在 2006 年也会保持良好状态。

“在报告的结果中并没有什么不良的因素会有损于其他的银行，”墨尔本的一位基金经理说。

《澳大利亚金融评论》，2005－08－12，p.73

上述内容探讨了公司盈余或利润公告对行业的影响，其他研究表明，影响行业内特定组织的其他事项也会对行业股票价格产生影响。Blacconiere 和 Patten（1994）检验了市场对 1984 年发生在印度的联合碳化物公司化学物质泄漏事件的反应。在 1984 年 12 月，联合碳化物（印度）有限公司（UCIL）在博帕尔的工厂泄漏了甲基异氰酸酯（MIC）气体，造成大约 3 800 人死亡，并使几千人永久或局部残疾。Blacconiere 和 Patten 运用 47 家美国企业的样本，观察了灾难的发生对联合碳化物公司股票的重大影响（可以预料的）。他们还发现了对该事项的行业内部的重大市场反应。然而，在灾难发生前，在年报中做出更多环境披露的企业的股价比那些披露较少的企业受到的负面影响要小些。

10.3.7　盈余预测具有信息含量

管理层和证券分析师对盈余公告的预测与股票收益率有关。也就是说，并不只是实际存在的盈余公告会造成股票价格变动，预期盈余的公告似乎也会导致价格的变动。与盈余公告相似，盈余预测会影响市场收益率的变动方向和变动幅度（Imhoff 和 Loff，1984；Penman，1980）。这些结果并不令人吃惊，因为盈余预测会包含可以用来预测未来盈余的新信息。对未来盈余的预测似乎是与股票市场交流信息的有效途径。并且如果未来盈余低于股东的预计，这一坏消息预测可以用于避免潜在的股东诉讼（Skinner，1997）。

也有人对盈余预测在“信息转移”现象方面（前面提到过）进行了研究。Baginski（1987）研究的结果表明，同行业未提供盈余预测的企业股价，与同行业其他企业经理发布的盈余预测中显示的盈余预期的变动正相关。

会计头条 10.7 提供了在何种情况下利润会引起股价上涨的一个实例，这个例子与前面的研究报告结果一致。然而，在观察特定事项市场反应的研究中，必须记住的是股价有可能会对其他未知的（研究人员未知的）、同时发生的事项做出反应。

会计头条 10.7　利润预测及其对股价的潜在影响

降级对 Vita 是个沉重的打击

Kerrie Sinclair

在 Vita 集团旗下的 Fone Zone 移动手机连锁店发布利润警告的两天后，Vita 集团的市值大幅削减了 30%，并失去了卖掉苹果 iPhone 的希望。

这家总部设在布里斯班的企业昨天的股价跌到了历史新低，下跌了 6 美分，收于 37 美分，而在 2006 年其股价最高时达到 1.39 美元。它目前的市值跌到 5 230 万美元，而最高时曾达到 19 630 万美元。

在澳大利亚最大的供应商，Telstra 移动产品和服务公司降低了利润预测，并称其会关闭一些业绩不良的 Fone Zone 商店后，Vita 在周五的股价下跌了 17%。

公司的一名管理人员在周五还说，公司不可能靠卖掉苹果 iPhone 谋求翻身，因为 Telstra 不是电信商。

Courier—Mail，2008－06－11，p. 56

10.3.8 自愿披露信息能带来益处

披露超过会计监管要求之外的信息在资本市场是有益处的。自愿披露包括年报中包含的，以及通过其他媒介，如新闻发布会或会议电话向证券分析师发布的信息。例如，Lang 和 Lundholm（1996）认为制定更多信息披露政策的企业会得到更多的分析，并有更精确的盈余预测分析。他们认为披露的潜在益处包括吸引投资者，以及减少信息的不对称。此外，Botosan（1997）表示年报中增加的自愿披露与权益资本成本减少相关，特别是对受到较少分析的企业更是如此。对于这些受到较少分析的企业，预测信息的披露以及关键的非财务统计数据尤其重要，而对于受到较多分析的企业来说，披露历史的总结性信息是有益的。因此，在决定自愿披露程度时，或许不应忽略增加披露的潜在益处。

10.3.9 在报表中确认与仅在附注中披露意义不同

确认某一项目是通过将其记录在财务报表中并把它的数额计入财务报表的总额，这与仅在财务报表附注中披露该项目的数量意义不同。例如，Aboody（1996）发现，美国石油与天然气行业中的企业在财务报表中核销了一项资产，就会产生十分显著的负面的定价效应，而当同行业中的企业只在报表附注中披露该项核销时，定价效应就不会十分显著。换句话说，市场认为报表中确认的核销比附注中披露的核销更能体现出价值的减少。此外，Cotter 和 Zimmer（1999）的研究表明，与通过资产评估在财务状况表（资产负债表）中确认土地和建筑物的现值相比，只在附注中披露它们的现值表明在数值上不那么确定。这些研究结果表明投资者更相信确认的值而不是披露的值。因此，尽管没有必要因为信息有用就将其确认在财务状况表中，仅通过在附注中披露就可以将其传达给投资者，但投资者会认为这样披露的信息比在报表中确认的信息可靠性差。

10.3.10 规　模

有证据表明，盈余公告与股价变动的关系与主体的规模反向相关。即相对于较大的企业，盈余公告一般对较小的企业的股价有较大的影响。这可以解释为，通常可以在市场中获取关于较大企业的更多的信息，因此其盈余计划很可能已经反映在股价中。在较大企业的盈余公告中，只会有相对有限的非预期的部分。例如，研究显示，盈余公告中的信息含量与股价变动间的关系对于较小企业的意义更为重大。也就是说，较大企业的盈余公告通常具有相对较少的信息含量（例如，Collins 等，1987；Freeman，1987）。这与有效市场假说一致，原因是较大的企业会有更多关于自身的信息传播，同时也会吸引如证券分析师等相关方的更多关注。因此，通常较大企业的盈余公告会被更多地预测，并且在盈余公告发布前已经在股价中反映出来。

Grant（1980）也探究了这个问题。他调查了纽约证券交易市场的企业的盈余公告信息含量，以及场外交易市场（OTC）中的企业的盈余公告信息含量。在场外交易市场中交易的企业通常比在纽约证券交易市场中交易的企业的规模要小。与规模效应一致，在场外交易市场交易的证券价格比在纽约证券交易市场中交易的证券价格更易受盈余公告的影响。

10.3.11 非预期的会计盈余变动是由非预期的收入增加引起的，而不是由非预期的费用减少引起的

当有非预期的盈余（利润）增加时，可能是由于增加了收入，减少了费用，或是两者兼有。在这方面，如果非预期的盈余增加是由于收入的增加而不是费用的减少，或是正相反的情况，股价的反应会有差异吗？Jegadeesh 和 Livnat（2006）探讨了这一问题。他们说（p. 148）：

> 我们检验了在盈余公告刚发布时，报告的收入传递的增量信息。一些因素激励我们对收入的信息含量进行分析。根据定义，盈余是用收入减去费用的集合。如果盈余的大幅变动是由于收入以相似幅度同向变动引起的，那么盈余的变动是来自收入的增长，而不是费用的减少。我们认为受收入增长驱动的盈余增长，与费用减少引起的盈余增长相比，显示出了不同水平的持久性。

Jegadeesh 和 Livnat 的研究结果表明，当盈余的大幅变动是由收入增长引起的，市场确实会对非预期盈余产生更大的反应。这些研究结果与 Ertimur、Livnat 和 Martikainen（2003）的研究结果大体一致，后者发现，在控制了非预期盈余公告后，在盈余公告日，市场价格会对非预期的收入增长有重大反应。

10.4 现在的股票价格能预测未来会计盈余公告吗？

本章前面的讨论提出的证据表明，由于会计盈余公告具有潜在的信息含量，因此能够对股票价格产生影响。也就是说，价格在信息可以获得后会随之变动。然而，“新”信息对小企业的影响更重大。正如我们看到的，大公司往往可以获得更多信息（例如，分析师对较大企业会特别留意）可以解释这一点。因此，随着企业的规模不断扩大，普遍认为股票价格包含来自更多渠道（可能包括对较大规模企业盈余的大量预测）的信息，并且因此当最终宣告盈余时，有相对较少的预期之外的信息。因此对于较大企业，我们认为通过股票价格*预测*未来盈余公告有一定的准确性。正如 Brown（1994，p. 105）所说，如果我们采用的观点是通过股票价格预测盈余公告，那么我们实际上是与传统的观点“正好相反”，传统观点认为是盈余或利润公告推动股票价格变动。

在资本市场研究中最近关注的一个焦点是如何从年度利润之类的会计信息中捕获与投资者相关的信息。这与本章之前讨论的研究关注的侧重点有所不同。这种形式的研究不是确定盈余/利润宣告是否向投资者提供信息，而是设法确定盈余公告*反映*的信息是否是投资者在制定决策时已经采用的信息。也就是说，这类研究视市场价格以及收益率为主要的会计盈余，而“信息含量”研究（本章前面的重点）视盈余为主要的（或驱动的）市场收益。两种观点都有可取之处，因为盈余公告可能包括一些关于事先已被投资者知晓的企业活动的信息，以及投资者已经从其他渠道确定（或预测）的信息。

在考虑为何股票价格会传递有关未来会计盈余的信息时，Brown（1994，p. 106）认为：

在存在大量合理预期的情况下，影响未来股东分配的事项将在目前的股价中反映出来，而会计准则通常要求对这些事项的确认要递延到未来会计期间。

一些研究人员认为股价和收益（“收益”是股价和股利的变动之和）为确定会计信息是否与投资者决策相关提供了有用的标准。股价代表了*企业价值*（每股）的一种计量标准，而股票收益代表了*企业绩效*（每股）的一种计量标准。这些标准被用于衡量其他的会计和披露方法的有用性。例如，这种方法论用于回答这样的问题，如：比起采用**应计制**计算的盈余，经营现金流量是衡量企业绩效的更好方法吗？将每种绩效的会计计量方法与绩效的市场计量标准（收益）相比，可以确定哪种会计计量方法最好地*反映*了市场对公司绩效的评估。这类资本市场研究也假定市场是有效的，并且承认财务报表不是市场获取信息的唯一渠道，因而证券价格反映了从多种渠道获取的信息。特别是，它假定投资者和财务分析师会积极地寻求相关信息，用于制定投资决策或提出投资建议，而不是等待年报的发布。此外，这一研究领域允许投资者考虑资产负债表（财务状况表）的计量问题。例如，资产现值的披露与价值相关吗？即它们与企业的市值相关或相联系吗？我们再一次提到，有一种假设认为市场价值反映了所有能够公开获取的信息，包括财务报表中包含的信息，但不仅限于这些信息。

这一研究领域是基于一个理论框架，该框架的前提是，即使账面价值在计量财富时会存在误差，市场价值和账面价值都是计量企业价值（股票财富）的方法。即无论在任何时候，企业股票的市场价值（MV_{it}）等于股东权益的账面价值（BV_{it}）加上一些误差（ε_{it}）：

$$MV_{it} = BV_{it} + \varepsilon_{it} \qquad \text{（公式 4）}$$

误差是源于会计系统的稳健性。出于大量原因，一般认为账面价值比市场价值低。第一，并不是所有的资产和负债都在财务报表中确认。例如，人力资源、消费者满意度以及企业自身产生的无形资产，包括商誉，这些都未包含在财务状况表中，它们的价值也不摊销计入利润表（最近几年称为综合收益表）。尽管这样的资产不会确认在报表中，但预计有效的市场在确定公司股票的合理市价时，仍会考虑这些资产。① 第二，一些资产在报表中确认的价值低于其全面价值。例如，没有经过按公允价值重估的固定资产和存货的账面价值通常低于预期的售价。

如果假定市场是有效的，企业股票的市场价值提供了用于评价计量账面价值的替代方法的标准。我们即将看到，有大量的研究是有关如何评估会计系统的产出的，这些研究都是基于会计信息如何与企业股票的现行市场价格相关或相对比。②

如果将企业的市场价值（根据发行的股票数量及其市场价值计算出来）和账面价值看作是“累积的”财富，那么在一段期间内，每种财富计量结果的变动可以看作是财富的“流动”。正如累积财富的市场和账面计量结果在允许误差的情况下是相等的，财富流动的市场和账面计量结果尽管有某种程度的误差，仍可以看作是相

① 另一个例子，任命一位非常有声誉的总经理是与价值相关的，因为我们预期这一行动会导致公司绩效、现金流量进而股票价值的提高。然而，这一任命通常不会反映在财务报表中。比起更依靠有形资产（如固定资产）的企业，更依靠无形资产（如人力资本）的企业在财务状况表（资产负债表）中列示的净资产价值与企业股票市场价值会有更大的差异。

② 这项研究假设，或许在某种程度上过于简单，认为市场有“权利”确定企业价值。在此之后，将会计数据与市场的“基准”进行比较。很明显，如果所有公、私信息都能获得并“恰当”运用，估值的基准数据会高估或低估主体价值。本章前面提过，市场预测有时在事后看来是错的，因此需要后续调整。

等的：

$$\Delta MV_{it} = \Delta BV_{it} + \varepsilon'_{it} \tag{公式 5}$$

市场价值变动（ΔMV_{it}）是企业在一段时期内（t－1 到 t）公司市值之差。在“每股”的基础上，可以表达为每股价格的变动。

$$\Delta MV_{it}/\text{股票股数} = P_{it} - P_{it-1} \tag{公式 6}$$

账面价值的变动（ΔBV_{it}）是期初股东权益与期末股东权益之差。然而，如果我们假设期间内没有额外的资本投入，ΔBV_{it}也可以用当期留存收益的变化来计量。在“每股”的基础上，用每股盈余（E_{it}）减去每股股利（D_{it}）：

$$\Delta BV_{it}/\text{股票股数} = E_{it} - D_{it} \tag{公式 7}$$

这一公式是基于“净盈余”收入的概念，这一概念假设账面价值的增加值全部计入利润表（现在称为综合收益表）。净盈余收入在实务中并不常见，因为像资产重估增量这类项目直接计入所有者权益（贷方计入重估盈余）。然而，净盈余收入的假设有助于简化我们的分析。将公式 6 和公式 7 代入公式 5：

$$P_{it} - P_{it-1} = E_{it} - D_{it} + \varepsilon'_{it} \tag{公式 8}$$

也就是说，在当期的价格变动和留存收益变动之间存在一种理论关系。通过稍加改动，可以用这个公式来表达收益率与盈余的关系（收益率/盈余）。首先，在公式两侧同时增加一个除数，即除以期初价格，得出：

$$(P_{it} - P_{it-1} + D_{it}) / P_{it-1} = E_{it}/ P_{it-1} + \varepsilon''_{it} \tag{公式 9}$$

公式的左侧（$P_{it} - P_{it-1} + D_{it}$）/ P_{it-1}等于收益率（公式 2），我们得到一个将收益率和盈余联系起来的公式：

$$R_{it} = E_{it}/ P_{it-1} + \varepsilon''_{it} \tag{公式 10}$$

公式 10 表示我们应该预计收益率（R_{it}）和每股盈余与期初价格的商（E_{it}/P_{it-1}）相关。

简而言之，这一观点认为如果市场价值与账面价值相关，收益率应该与会计每股盈余与会计期初价格的商相关。这种分析提供了我们为什么应该预计随着时间的变动，收益率与收益相关的根本原因。然而，有趣的是，该理论认为*每股总收益*（而不是*每股非预期收益*）与收益率相关。这与通过分析在盈余公告日每股非预期收益与超常收益率之间的关系来评估盈余公告“信息含量”的研究相反。我们会看到，许多研究都评价了对外报告的盈余（是一项会计数据），这些研究的依据是对外报告盈余的变动（或每股盈余）与股价变动的相关程度。①

Beaver、Lambert 和 Morse（1980）是早期的一篇论文的作者，这篇论文设法调查了有关股价的数据如何能够使研究人员有效地估计未来会计盈余。他们承认股价是未来盈余的资本化价值，在每年股价变动百分比与每年每股盈余变动百分比之间建立线性回归。与公式 10 相同，他们发现股价与相关收益率均与会计盈余相关，但是他们还发现在第 t 年的股价与第 t＋1 年的会计盈余正相关（股价导致会计盈余的产生）。研究认为股价变动可以用于指示未来会计盈余的变动。由于有不同的信息来源，股票价格似乎会预测未来会计盈余。随后 Beaver、Lambert 和 Ryan（1987）的研究也支持

① 该研究还假设——或许过于简化——市场已经确定了组织的“正确”估值。

了这些发现，他们建立了股票价格变动与盈余变动百分比的回归。

在前面的讨论中，我们看到有研究表明较大公司的股价随盈余公告的调整幅度没有较小公司的股价随之调整的幅度大。这可以解释为可以获得并分析更多与较大公司相关的信息，因此与盈余相关的信息已经反映在其股价中。也就是说，“对于大公司来说，有更广泛、更丰富的信息，也有更多的市场交易者和分析师在寻求信息”（Brown，1994，p. 110）。

如果我们接受本章这一部分采用的立场，即股价确实能够预测盈余公告（“反过来看”），就像 Beaver、Lambert 和 Morse（1980）以及 Beaver、Lambert 和 Ryan（1987）所阐释的，那么或许对于大公司，股价能更有效地预测会计盈余。Collins、Kothari 和 Rayburn（1987）发现了支持该观点的证据——*规模*确实有影响，在较大公司，股价是未来盈余的更好的衡量指标。

正如前面提到的，有大量的研究将股票市场估值作为评价会计信息的基础。在公式 10 中，我们指出，从理论上来说，市场收益率应该与盈余相关。Dechow（1994）调查了会计盈余对市场收益率的反映程度。她还认为，另一种基于现金流量的绩效计量方法与收益率的相关程度是否高于盈余取决于会计应计制，她说（p. 12）：

这篇论文假设，股票价格能公正地反映所有公众可以获得的关于企业预期的未来现金流的信息，在此前提下，股票市场是有效的。因此，对于是盈余还是实现的现金流能更好地总结这一信息，可以用股票价格绩效来作为评价标准。

根据 Dechow，盈余是比现金流量更有效的衡量企业绩效的方法，因为盈余较少有确认时点和配比上的问题。在她的结论中阐述道（p. 35）：

这篇论文假定，会计应计制的作用之一是提供衡量短期绩效的方法，它比实现的现金流量能更好地反映预期的现金流量。结果与此推测一致。第一，在间隔较短的计量期间里，盈余与股票收益率的关系比盈余与实现现金流量的关系更紧密。此外，随着计量间隔被拉长，实现的现金流量在衡量企业绩效的能力上相对于盈余会有所提高。第二，在企业的运营资本需求以及投资和筹资活动发生重大改变时，与实现的现金流量相比，盈余与股票收益率更相关。在这些条件下，实现的现金流量有更为严重的确认时点和配比问题，在反映企业绩效方面也较差。

大量研究运用企业证券的市场价值作为基准，试图确定哪种资产评估方法提供的会计数据能最好地反映出市场对企业的估值。其采用的观点是，与市场价值（视股票价格而定）联系更紧密的账面价值提供了比其他会计估值方法更相关的信息。Barth、Beaver 和 Landsman（1996）进行了一项研究，调查了在确定银行金融工具的价值时，相对于按历史成本会计确定的价值，对其公允价值的估计（当时美国要求的）是否可以更好地解释银行股票价格。他们的发现表明，SFAC 第 107 号要求的披露“会比账面价值更深入地解释银行股票价格”（p. 535），因此提供了这样的价值与投资者相关的证据。

Easton、Eddey 和 Harris（1993）调查了资产重估是否能使年报中的信息与股价和收益率中所含信息之间保持一致。股价数据再次被用作评估会计数据的“基准”。根据 Easton、Eddey 和 Harris（p. 16）：

价格用于评估财务报表，包括资产重估，反映企业某一时点的状况，而收益率用于评估财务报表中呈现的财务状况的总体变化。

他们发现，资产重估通常会使市场价值与账面价值更趋于一致。在论文结尾处，他们阐述道（p. 36）：

与不包括资产重估的账面价值相比，包括资产重估盈余的账面价值与企业的市场价值更一致，我们的分析支持了这一结论。也就是说，在澳大利亚公认会计原则报告要求下，资产重估盈余有助于更好地总结企业的现状。因此，如英国会计准则委员会、日本金融厅、国际会计准则委员会等组织在讨论每种改变资产重估实务的方法时，应该慎重考虑允许或要求企业重估升值的资产。

市场价格似乎已经反映了主体资产的现值，前面讨论的研究中表明的观点与此一致，有趣的是，我们注意到资产重估似乎没有向投资者提供历史成本会计信息之外的信息。也就是说，一些研究已经表明财务报表提供的现行成本数据没有信息含量（Brown 和 Finn，1980）。这些研究结果表明投资者能够在财务报表披露之前对现值信息做出估计。因此，尽管现值信息对投资者而言不是新信息，它仍然是投资者在制定投资决策时使用的信息。

10.5 放宽有关市场效率的假设

本章目前为止讨论的研究都基于这样一个基本假设：市场是有效的——该假设是指相关的公众可获得的信息会迅速地（或瞬间地）反应在股票价格中。根据 Kothari（2001，p. 114）：

Fama（1965）在过去的理论和经验研究基础上，引入了有效市场假说概念，并随后在其概念提炼和经验检验方面做出了重大贡献。Fama（1965，p. 4）写道：在一个有效的市场中，通常在理性的，追求利润最大化的参与者之间的竞争将导致新信息对内在价值的全面影响"瞬间"反映在真实价格中。市场效率的基本假设使会计实证资本市场研究成为可能。Ball 和 Brown（1968，p. 160）宣称，资本市场效率提出了"用证券价格行为检验财务报表信息有用性的合理性"。Beaver（1968）提供了相似的论点。实证资本市场研究与以往会计理论和最佳会计政策的规范研究不同，它开始运用证券价格作为客观的外部结果来推断会计报告中的信息是否对市场参与者有帮助。

然而，在最近几年，有许多研究质疑市场效率假设。正如 Kothari（2001，p. 107）阐述的：

金融经济学与会计学文献中记载了越来越多证明市场明显无效的证据，这些证据激发了会计研究人员基础分析、评估和测试市场效率的兴趣。市场无效性的证据也开拓了检验会计事项发生后长期股票价格绩效的全新研究领域。这与二十世纪七、八十年代激增的短期窗口事项研究和准则制定的经济后果研究形成了鲜明对比。如果未来研究人员用会计信息检验市场效率时，能够意识到：（1）选择有缺陷的研究设计会造成市场无效的假象；（2）市场无效性的支持者应该提出完善的假设，并能够通过检验，将行为金融理论从依靠理性行为的市场有效假设中区分开来。意识到这两点，他们将取得丰硕的研究成果。

许多质疑市场效率的研究都是依据资本市场对信息的反应时间似乎比之前认为的

时间更长。正如我们已经表明的，之前许多研究的前提都是资本市场——通过股票价格的变动——瞬间对相关信息做出反应。根据 Kothari（2001，p. 130）：

目前的盈余会出其不意地修正对未来盈余的预期，如果市场没有正确地意识到这其中的含义，随盈余变动而产生的价格变动会微乎其微。大量的证据显示，证券市场对盈余信息的反应不够有力，并仅随着时间的推移，渐渐意识到盈余信息的全面影响。比预计价值小的盈余反应系数证明了市场的无效性。

股票价格被发现要经过一段时间才对特定信息，如公司盈余公告做出反应，这种情况在文献中被称为“漂移”。如 Kothari（2001，p. 193）阐述道：

盈余公告后漂移是在盈余公告后超常收益率的预测能力。因为漂移与盈余的变动一致，它表明市场对盈余公告的信息反应不够有力。Ball 和 Brown（1968）首次观察了漂移。在随后的许多研究中有更精确的记录。漂移持续时间长达一年，漂移的量对极端好和极端差的新盈余投资组合都有显著的统计学和经济学意义。大部分漂移集中在未来季度盈余公告的前后三天，而不是表现出逐渐漂移的超常收益率行为。由于这一特点，并且由于几乎所有的漂移都发生在一年之内，我将漂移的特征描绘为短期窗口现象，而不是长期绩效异常。同行们已经对漂移异常进行了一系列检验，但是仍缺乏一种经济、合理的解释。

如果我们放宽资本市场对信息反应速度的假设（即，如果我们认为市场并不是即时做出反应，而是存在“漂移”现象），那么这会导致一些资本市场参与者有机会在股价没有充分反应所获信息的期间获利。Lee（2001，p. 238）写道：

在均衡价格中有可能存在错误定价吗？当然。事实上，我突然意识到没有错误定价就不可能存在套利，这是不言自明的。套利者正是错误定价造成的价差的产物。因此，两者在均衡价格中同时存在，或者同时不存在。如果没有错误定价，就不能发生套利行为。如果由于某些神秘的力量，价格总是即时调整为真实价值，就不会有套利者了。因此，如果我们认为套利是一种均衡现象，我们必须相信错误定价也是一种均衡现象。

如果进一步的证据继续表明，资本市场的表现不总是与资本市场效率假设一致，那么我们应该否决那些以资本市场效率假设作为基本假设的研究吗？在这方面，我们可以回到这本书的前几章，在这几章中，我们强调理论是现实的抽象。资本市场是由个体组成的，因此就不会（或者是不应该）吃惊地发现市场行为并不总是与预测的一致。然而，资本市场效率假设有助于提供有效的预测，并且毫无疑问的是，许多研究人员在相当长的时间内将继续依靠这一假设。正如 Lee（2001，p. 238）认为：

研究人员普遍认为，即使严格说来，资本市场效率假设并不真实，但为了达到研究目的，这一假设足以作为研究的起点。就像牛顿的物理学，足以用在每天的研究之中了。不幸的是，我们所知的价格和收益率行为正越来越无法适应这一传统框架。

目前许多针对资本市场的研究并不依据市场效率。研究形成股票价格和收益率的“其他动力”，最终会促进思想上的进步（Kuhn，1962）——但有人认为这需要经过很长时间。正如我们在第 1 章中阐述的，Kuhn（1962）解释了知识或者科学是如何发展的：科学的进步不是渐进式的，而是革命性的。他的观点认为，知识进步是一种理论取代了另一种理论，即某些研究人员抨击现存范式的可信度，发展并推崇另一种更高级的范式，新的范式或许会被进一步的研究观点所替代，或者是之前的范式被重新采用。在讨论研究人员如何从一种观点（或范式）转换到另一种观点的过程中，Kuhn 将其比做一种“宗教皈依”。[①] 出于不同的观点，资本市场效率假设是否将被扬弃是一个值得思考的有趣问题。

本章小结

总结我们对资本市场研究的讨论，我们可以看到这一研究已经涵盖了大量问题。研究的中心是资本市场效率假设。在本章前面的“信息含量”研究中，我们看到研究人员调查了股票市场对发布信息，特别是发布会计信息的反应。采用的观点是会计披露通常揭示了新信息，并且在信息上有效的市场中，股票价格会对新信息做出反应。

在本章，我们还介绍了另一些研究，在这些研究中，作者调查了会计披露是否体现或者证实信息已经反映在股票价格中。采用的观点是，在一个信息有效的资本市场，股票的市场价格会反映来自大量渠道的信息。一些研究人员认为，如果会计信息没有体现出已经反映在股票价格中的信息，那么与股票价格的变动不相关的会计数据在某种程度上是有缺陷的。我们的观点是市场价格反映来自许多渠道的信息，如果累积的数据提供了某种信号，会计披露也应该提供相似的信号，这一方法暗含着市场能够正确地确定股票价格以及收益率的意思。在实务中，不能总是期望市场是“正确的”。

由于可以从会计以外的渠道了解企业绩效，我们或许可以合理地预计，会计信息应与资本市场参与者的期望相关（并不是完全相关）并反映在股价中。然而，由于总是会有一些预期之外的信息发布，当会计业绩对外公布时，我们预计并非所有的会计披露都具有确证性。会计将会发布一些新信息，在一个信息上有效的市场中，预期一些股票价格会做出修正。

在许多有关股票市场的研究中，作者调查了市场对特定披露的反应。通常如果发现没有反应，信息就是无用的，因此主体就不应该花费人力物力披露这些信息。这种形式的论断被用来批判会计监管者对特定披露要求的强制规定。然而必须意识到的是，资本市场研究的对象是一组利益相关者，即投资者的集合反应。尽管股票市场是会计信息的重要使用者，向股票市场提供信息却不是会计系统的唯一功能。会计系统可用于监控的目的（Jensen 和 Meckling，1976；Watts 和 Zimmerman，1990），因此财务报表在订约过程中起着重要作用（见第 7 章），财务报表提供了一种成本相对较低的衡量管理者绩效的方式，并能监控对基于会计的合同条款的遵守程度，因此有助于减少代理成本。此外，财务报表信息可以用于满足人们的知情权”，即履行受托责任的职责（见第 8 章中对受托责任理念的概述）。因此，尽管投资者是财务报表的重要使用者，仅仅在财务报告中反映对投资者有用的信息，而不考虑财务报告的监控/受托责任的作用是愚蠢的。可以说，组织对除股东以外的更广泛的利益相关者负有受托

---

① Kuhn 认为知识的发展是“革命性的”，这一观点本身是一种关于知识如何发展的理论。与财务会计理论一样，也有其他关于知识如何发展和进步的观点。虽然回顾有关科学发展的不同观点不在本书的范围之内，有兴趣的读者可以参考 Popper（1959）、Lakatos 和 Musgrove（1974），Feyerabend（1975）以及 Chalmers（1982）。

责任。

思考题

10.1 资本市场研究的作用是什么?

10.2 资本市场研究通常采用有关市场效率的何种假设? “市场效率” 有什么含义?

10.3 如果某项研究提供的证据表明，资本市场行为并不总是与有效市场假说一致，那么这会使那些采用资本市场有效假设的研究变得无效吗?

10.4 如果通常认为资本市场在吸收信息方面无效，那么这对资本市场研究有什么影响?

10.5 如果一家组织发布了当年的盈余数据，且股票价格没有做出反应，那么资本市场研究人员会如何解释这一发现?

10.6 从事资本市场研究的研究人员通常怎样证明特定信息对投资者是 “有价值” 的?

10.7 评价下列论述：如果一家公司发布了一项会计信息，并且公司的股价没有明显的变动，那么信息与市场并不相关，因此没有意义再发布这样的信息。

10.8 资本市场是否能够对会计信息的披露做出反应，受主体规模的影响吗? 如果受其影响，影响如何?

10.9 如果组织的经营主要是依赖于管理团队的专业知识，你预计其在财务状况表（资产负债表）中确认的净资产与组织股票市值总额之间的符合程度，比起更依靠有形资产（例如，常用的固定资产）的经营实现收入的组织，两者之间的符合程度孰高孰低?

10.10 你认为一家企业做出的盈余公告会对同行业的其他企业的股价产生影响吗? 为什么?

10.11 下面的一段文字摘自一篇新闻报道，题为《西太平洋银行总裁临别一击：公司盈利30亿美元》（George Lekakis,《广告客户》，2007 - 11 - 02，p. 72）：

即将离任的西太平洋总裁 David Morgan 昨日宣告了他任职最后一年的公司经营成果——保住了公司的盈利底线，达到34.5亿美元。

在公司业务，尤其是基金管理和金融机构业务的手续费收入实现了令人瞩目的增长后，年度的净利润提高了12.4%。

总经理 Gail Kelly 将于2月份接替 Morgan 博士，Morgan 博士将2007年的经营业绩描述为在其执掌公司9年的时间里 “最好的一次结果”。

“我认为我们的发展空间还很大，” 他说，“我们现在的势头胜于以往任何时候。”

投资者对利润公告做出了积极的回应，刺激股价上涨了52美分，收于历史最高的31.06美元。

要求：运用本章学过的内容，解释为什么资本市场对西太平洋的利润公告有积极的回应。

10.12 下面的一段文字摘自一篇新闻报道，题为《石油价格飞速上涨，埃克森利润又创新高》（Steven Mufson,《堪培拉时报》，2008 - 02 - 03，p. 27）：

借助原油价格飞速上涨的提振作用，埃克森美孚公司宣布，在美国，2007 年的公司季度和年利润创造了新的历史记录，美国第二大石油公司雪佛龙也报告了巨额盈利。

埃克森打破了之前由美国的公司保持的利润记录，去年收入高达 406 亿美元(450 亿澳元)。仅在第四季度就获利 130 亿澳元，折合每股 2.35 澳元，比去年同期上涨 14%。埃克森的年度净收入可以换算为每小时盈利 510 万澳元。

雪佛龙称其年利润提高了 29%，达到 54 亿澳元，折合每股 2.57 澳元。自 2002 年以来，世界五大石油公司的利润翻了 3 倍。

埃克森美孚的公共事务副总裁 Kenneth Cohen 说，盈余反映了公司“长期、纪律严明的经营方式”，以及 10 年前在石油价格低迷时做出的英明的投资决策。Cohen 还说道，由于大量的开采成本和石油业渺茫的前景，需要高额的收益来应对“摆在我们面前的严重的能源危机”。但在国会看来，埃克森的收益过高。联合经济委员会主席，民主党参议员 Charles Schumer 在发表的一份声明中说，“我要向埃克森美孚和雪佛龙道贺，它们提醒了美国民众，为什么在每次去加油时都畏畏缩缩，也提醒了美国为什么需要立刻行动，打破对外国石油的依赖，进而停止向国内石油公司征收不必要的税赋。”

要求，预测这则关于埃克森利润破纪录的新闻是否会引起公司股价的变动。什么因素会影响潜在股价的反应类型？

10.13 Chambers 和 Sterling 等研究人员发表了大量的声明，认为历史成本信息是毫无意义，也是毫无用处的。资本市场研究结果与这种观点一致吗？

10.14 在最近的一些资本市场研究中，作者调查了会计信息是否反映了市场已经做出的估值（反映在股价中）。在某种程度上，假设市场的估值结果是正确的，并且所谓“好的”会计方法，是可以提供出与市场价格/股票收益率相关，或能证实市场价格/股票收益率的会计数据。如果我们假设市场是“正确的”，那么财务会计的作用究竟是什么？

10.15 回顾会计头条 10.6（题为《银行业现状的征兆》的新闻报道），并解释联邦银行股票价格变动的原因。此外，是什么导致其他银行股票的变动？

10.16 在本章中，我们强调了资本市场似乎对包括会计在内的许多渠道的信息有反应。我们可以参考 Stephen Romei 发表在《澳大利亚人》（1999 年 12 月 8 日，p. 1）上的文章，文中描述了非会计信息是如何影响股票价格的。这篇题为《可口可乐希望澳元足够坚挺》的文章讨论了 Douglas Daft 会如何“在 4 月份主席兼总裁 Douglas Ivester 离任后，接掌总部设在亚特兰大的跨国饮料帝国”。文中写道：“消息像一罐压扁的可乐，最终传到了投资者耳边，可口可乐股票下跌了 6 个百分点，降至 64 美元，使公司的市价减少了 100 亿美元。尽管在可口可乐内部，人们认为 Daft 先生是一位明星管理者，但他在华尔街并不出名”。你认为为什么市场会以这样的方式对该项公告做出反应？你认为公告暗示市场是有效的还是无效的？

10.17 阅读会计头条 10.8，并思考为什么我们会期望，或不期望市场对 Alan Jones 的广播公告做出反应？市场反应对资本市场效率有什么含义吗？

会计头条 10.8 市场其他信息来源的实例

Jones 帮助自己在开发协议中捞到更多好处

Amanda Meade

从 1997 年以来，主要开发商 Walker 公司每年支付给广播员 Alan Jones 25 万美元，使其能够从 2UE 电台获得更多好处。

如果该公司的股价上升，这位早餐秀的主持人会收到最多 20 万美元的奖金。

但是去年，对于自己为 Walker 的卖力代言，Jones 记忆犹新，他写信给经纪人 Harry M. Miller，建议基于公司的良好表现，他们可以要更多的钱。

“我注意到 Walker 公司在新闻发布会上公布了 1 860 万美元的税前净利润，比去年增长了 107%”，Jones 在去年 2 月写道。

“他们在吹嘘一切。付给我们的根本不够多!! 看着吧，没有我他们根本就不会出现在公众场合! 告诉我你又怎么想?”

但是就在昨天，澳大利亚广播事业局宣召 Jones 再一次为调查提供证词，他承认备忘录是当作笑料写的。

尽管 2UE 的主席 John Code 命令其停止目前的行为，还向其许诺一份激励性的奖励，Jones 还是没有终止与 Walker 的交易。

1997 年 7 月，与 Walker 签订合同后的第一年，公司的股价第一次达到了 1.55 美元，Walker 需要付给 Jones10 万美元。在第二年和第三年时，鉴于股价进一步上升，奖励达到了 20 万美元。

澳大利亚广播事业局认为事情重大，因为该公司几乎只给 Jones 好处，让他通过广播支持公司。

Jones 与 Walker 公司签订了七份个人背书合同，均违反了 2UE 的规定，他对此提出了同样的辩解——他从未在广播中做真正的免费宣传。

法院协助调查，御用大律师 Julian Burnside 称：“令人感到好奇的是，做过的事不应该做，应该做的事没有做。”

记者询问 Jones 是否投资了 Walker 公司位于乌姆鲁姆的 Finger 码头公寓。

“是的，”他答道，“我认为这是项很不错的开发项目，就是进展有点慢。没错，我投资了。这个项目的质量和完成度让我印象深刻。”

在与 Walker 达成交易后的第二年，Jones 与另一位开发商，沃尔什海湾金融公司（Walsh Bay Finance）签订了一份相似的协议，后者准备重新开发岩石区的码头。

David Mann 是沃尔什海湾金融公司的主管，他安排了协议的签订，这份协议的期限是到 2001 年 12 月 15 日，他告诉澳大利亚广播事业局，他找到 Jones 是为了“尽量减少项目可能遭到的负面宣传。”

Burnside 先生：“他已在广播中开始发表对沃尔什海湾的重开发项目的支持性的言论了吗?”

Mann 先生：“是的。”

在 Jones 于 1998 年 6 月 1 日签订了一年 20 万美元的协议后，就立即发表了这些支持性的言论。在 6 月 2 日，他播送了四篇重要社论中的第一篇，称赞这个开发项目是“气势恢宏的”。

Burnside 先生说，他在两家开发企业的问题上宣召 Jones，是因为协议中的内容与这位广播员的证词“完全相反”。

“与 Walker 公司的协议似乎除了规定一年四次的宣传外，只要求在广播中提及公司”，Burnside 先生说。

他说，如果“还有任何人怀疑”协议是否与在广播中为公司宣传有关，陪审员应该了解一下协议签署后的四次广播内容。

Jones 对开发商第一次发表赞美性社论的当天，《每日电讯》的专栏作家 Piers Akerman 也称赞了沃尔什海湾公司的项目。广播事业局听闻开发商也游说了 Akerman，并且也向其提供了简报。

Akerman 昨晚说，他从没因一篇故事收到过，或拿过钱，尽管他在午餐的时候与一位老朋友谈论过沃尔什海湾公司的项目，他的朋友也是 Transfield 的主管。

6 月 2 日，就在专栏发表后，Transfield 想赠给他一瓶格兰奇赫米蒂奇红酒，但是 Akerman 说他拒绝了。

《澳大利亚人》，1999 – 11 – 18，p. 1

10. 18 阅读会计头条 10. 9，借助本章中介绍的一些资本市场研究，解释制药公司的股价为什么是以这种方式做出反应的。

会计头条 10. 9　对药品营销规定的市场反应

FDA 同意 Vioxx 继续销售，制药公司股价得以“安慰性”反弹

Rachel Stevenson

美国药品局的专门小组做出规定，制药企业可以继续销售存在争议的止痛药。听闻这个消息，制药行业的股价昨日大幅上涨。

食品和药品管理局（FDA）的顾问组在周五建议，默克公司极有争议的止痛药 Vioxx 可以继续返架销售，同类药品也可以继续销售，在此之后，阿斯利康、葛兰素史克和沙尔制药公司的股票均大幅上涨。

因为人们担心 Vioxx 加剧了罹患心脏病和中风的风险，这种药品在 9 月份被从市场撤回。FDA 说，因为该药品的疗效大于风险，在加强安全警告后，该药品对市场来说是安全的。辉瑞制药的同类药品，Celebrex 和 Bextra 也可以继续销售，这两种药品也曾经因加剧诱发心脏病而被威胁下架。

葛兰素史克也开发了一种与 Vioxx 同类的止痛药，其股价上升了 4. 4%，收于 1 295p，上涨了 54p。公司计划不久与 FDA 会面，讨论药品开发的问题。

阿斯利康的涨幅也超过 4%，收于 2 162p，沙尔反弹了 3. 4%，收于 581p。由于担心安全问题，沙尔主要的多动症及注意力缺陷障碍药品在加拿大被禁止出售，致使其上周的股价大跌 16%。三家公司是昨天伦敦金融时报指数涨幅最大的企业。

一直有人担心 FDA 会引入过于严格的安全监管，导致更多的药品被撤回，并且对新处方的批准也将耗费更长时间。荷兰银行的分析师 Adrian Howd 说，“这是 FDA 在药品安全方面表达出一些共识后的安慰性上涨。所有的药品都有风险和副作用，并

且都将被发现……但是 FDA 似乎看到了药品安全与疗效之间的平衡。”

专门小组发现，止痛药中的关键成分，Cox－2 抑制剂，确实会诱发心脏病，应该在药品上附上严重警告，但这些药品会对挣扎于寻找其他有效疗法的病人有所帮助。

《独立报》，2005－02－22，p. 34

10. 19 阅读会计头条 10. 10，并解释资本市场研究者如何区分 UAL 的股价变动是由市场范围的波动引起的，还是由企业核销无形资产引起的。

会计头条 10. 10　会计核销的市场反应

公司新闻：UAL 核销 27 亿美元

Susan Carey

联合航空公司的母公司 UAL 集团宣布，其计划从第二季度的非现金收入中减去 27 亿美元，大部分是用来核销商誉。在此之后，集团的股价在周五下跌了 13%，跌穿 52 周均线。

它的股价暴跌，与此同时，由于对石油和抵押贷款的担心，整个市场的股价也大幅下跌。

UAL 的总部设在芝加哥，是全美第二大航空公司，排在第一位的是美国航空公司的母公司 AMR 集团。UAL 称，做出核销决定，是由于历史最高的燃料价格严重打压了其财务业绩及其市值。

UAL 的年收入大约为 200 亿美元，净资产价值 4. 33 亿美元，还没有两架大型喷气式客机的售价高。去年，尽管整个行业都受到了燃料价格迅速上涨的沉重打击，UAL 的股价却缩水了 93%，比大部分竞争对手的股价下跌的都要多。

在纳斯达克综合交易市场上，UAL 的股价下跌了 54 美分，收于 3. 63 美元，跌破 52 周日内交易均线的 3. 47 美元。

摘自《华尔街日报》，2008－07－12，p. B5

第 11 章 个体对财务报告的反应：行为研究的检验

学习目标

在完成本章的学习之后，读者应该：

· 了解行为研究与资本市场研究的区别；

· 了解在行为研究中如何操纵不同的会计相关变量；

· 理解行为研究的结果在预测个人对会计披露的反应上与公司以及会计行业的相关程度；

· 理解行为研究的结果如何作为更有效地使用会计相关数据的基础；

· 理解行为研究的局限性。

开篇问题

会计职业界经常会考虑针对新型信息的披露引入新的监管规定，或具体要求以特定的格式披露信息。人们通常担心，对于新的披露，特别是在新的披露规定通常给披露主体增加成本的情况下，各类财务报表使用者是否会做出反应，或如何反应，这些新的披露可能是监管强制规定的。行为研究如何协助会计监管者关注财务报表使用者对新规定的反应？

引　言

在第 10 章，我们介绍了资本市场研究。资本市场研究的内容是投资者在资本市场的集体行为。观察这种集体行为通常是看股价在特定事项发生前后的变动，如企业做出盈余公告时。资本市场研究不考虑市场参与者如何加工处理信息，或如何使用信息；它仅关注股票价格的反应。

在本章，我们考虑*个体层次*上的决策制定。我们将其称之为行为研究，行为研究的内容包括各类财务报表使用群体如何对不同会计信息做出反应（不像资本市场研究中只是针对投资者），这些信息通常以不同形式和不同内容呈现。根据 Birnberg 和 Shields（1989，p. 24）：

> 行为会计研究应用行为科学的理论和方法论，检验会计信息和程序与人类（包括组织的）行为之间的相互作用。

在前面的章节中，我们讨论的理论设法解释和预测特定行为，如经理们对会计方法的选择。例如，在第 7 章，我们讨论了**实证会计理论**和代理理论。这类基于经济学的理论对人类行为的动机提出了假设（例如，寻求个人财富最大化），这类动机适用于所有人。相反，行为研究的内容是个人的行为和选择，并且通常不会做出有关所有个体行为或动机的宽泛假设。行为研究通常是依据组织的理论、心理学和社会学而不是经济学的理论。然而，与实证会计理论、合理性理论和制度理论（我们在第 7、8 章讨论的）等理论一样，行为研究是一种“实证研究”（与“规范研究”相对，后者是用来规定*应该*如何开展某种活动），因为它设法解释特定的行动或行为。

公司、会计职业界和监管机构（如国际会计准则理事会）通过了解不同类别的财务报表使用者（如投资者、研究分析师、审计师、银行职员、信贷员等）如何对特定会计披露做出反应，可以更好地预测不同个体对特定信息如何做出反应。

行为研究不仅具有预测意义，通过分析个体的决策制定程序，还能够帮助改进未来的决策制定，提供制定决策程序的依据。

行为研究领域又可细分为许多不同的“学派”。根据 Birnberg 和 Shields（1989），会计中的行为研究可以分成五个主要分支（或“学派”），包括：

1. 管理控制。这一分支研究预算在影响管理绩效和行为层次中的作用；领导风格对管理绩效的影响；反馈对管理绩效的作用；不同的激励对管理绩效的作用。

2. 会计信息处理。这一分支研究财务报告的使用者如何处理会计信息——通常称之为行为研究的人类信息加工（HIP）分支。这类研究通常会用到“透镜模型”——我们在这章中将会讨论到。透镜模型允许研究人员评估大量线索（例如信息项）对决策的影响，不需要在组间实验对象设计中使用令人望而却步的大量实验对象（组间实验对象设计是一种实验设计，其向每一个实验对象随机指定一种处理条件。）

3. 会计信息系统设计。这一研究分支将行为问题与信息系统的设计联系起来。

4. 审计程序研究。这一研究分支通常采用透镜模型。它探究的是审计师的决策制定程序，研究内容还包括审计师在形成财务报表意见时会利用何种线索。

5. 组织社会学。这一研究分支调查了随着时间的推移，组织会计系统中可能发生的变化，并将会计系统中的变化与特定事项联系起来。

在本章中，我们不会学习上面所有的行为会计研究分支。相反，我们将精力集中在与个人行为和财务会计信息（不是管理会计）相关的领域。因此，我们将集中讨论会计信息程序（人类信息加工）和审计程序研究。

11.1 行为研究概述

在第 10 章，我们介绍的研究是针对资本市场对不同会计披露的集合反应。在本章，我们将学习一种不同的研究方法，该方法考虑个体如何对不同的会计披露做出反应。当给予特定的信息时，探讨个体如何反应或表现的研究可以被划分为*行为研究*。根据 Libby（1975，p. 2），试图描述个体行为的研究通常是依据一种称为*行为决策理论*的心理学分支，这种理论植根于认知心理学、经济学和统计学。根据 Libby（1975，p. 2）：

> 这类研究的主要目的是描述真实的决策行为，评价它的质量，并发展和检测有关基本心理程序如何产生行为的理论。此外，这些研究揭示了行为中存在的缺陷，并经常会为这些缺陷提出纠正的建议。

会计研究人员第一次采用行为研究是在 20 世纪 60 年代（Maines，1995），但是在 70 年代变得特别流行，像 Ashton 和 Libby 等学者都采用了行为研究。Dyckman 在回顾行为研究的发展时说（1998，p. 1）：

> 尽管对行为的研究并不是新兴的，但是直到 20 世纪研究人员才开始调查企业组织中的个体行为。研究会计对行为的影响更是最近才有的现象，或许可以追溯到 20 世纪 60 年代初期，而早期大部分研究依据的基础是更早时候就有的。

行为研究被用于研究不同的决策制定程序，如个体分析师对市场股票的估值、信贷员的信贷决策、银行职员的破产评估或审计师的风险评估。根据 Birnberg 和 Shields（1989，p. 25）：

行为会计研究中的系统观察法通常包括在实验室或现场对人进行系统观察得到的数据，而不是有关人类行为的档案资料或电脑模拟行为。[①] 用于辨别研究中的重要变量或解释观察到的行为的理论都是来自于行为科学。因此，行为研究可以与有效市场研究区分开来，因为后者仅依靠档案数据，并强调市场的力量，而不是个人或集体行为。

一些公开发表的行为会计研究是在实验室中进行的，在实验室中，将大量或简单或复杂的任务分配给一组人（这些任务或许反映了“真实生活”中的决策，或许没有反映），而其他的研究是在研究对象的工作地点进行的。[②] 行为研究有许多目的。一些研究是用来理解基本的决策制定程序，而其他的研究是用来完善决策的制定。一些研究操纵了提供给特定实验对象的信息的数量和类型，以此来评估这些区别如何影响最终决策，而其他的研究给所有的实验对象提供相同的信息，并试图建立模型来解释特定类型的决策制定者如何做出决策（例如，审计师、股票经纪人、银行职员、信贷员的决策）。

11.2 Brunswik 透镜模型

许多研究人员在解释行为研究时，发现将他们的工作与 Brunswik 建立的模型联系起来十分有用，这就是 Brunswik 透镜模型（Brunswik，1952）。Libby（1981，p. 6）简化地描述了透镜模型。见图 11—1。

根据 Birnberg 和 Shields（1989，p. 45）：

在会计估值基础委员会（1972）中由 Nick Gonedes 发起的部门做出的报告中，概述了调整透镜模型以适应心理学文献中的行为会计研究的建议。Ashton（1974）讨论了透镜模型，并研究了哪些现象可以用透镜模型来检验。Libby（1975）第一个运用透镜模型观察面向用户的问题：信贷员对公司无力支付的预测。他为信贷员的行为建立了一种模型，并检验了他们做出的判断的预测能力和稳定性。Libby（1975）的研究足以用来表明透镜模型的丰富性，并证明运用透镜模型比运用早期的激发响应理论研究对使用者行为的看法更透彻。正如人们所预料的，Libby 的研究引发了一系列后续研究，这些研究运用透镜模型来检验会计数据的应用。透镜模型使实验者能够检验出实验对象利用线索的模式，并以这种方式开始调查之前被视为是“黑箱”的领域。

Libby（1981，p. 5）描述了如何将 Brunswik 透镜模型应用到研究生院录取学生的决策中。正如在图 11—1 中表明的，标准事项是学生未来的成功，以金钱来衡量（模型的左边）。鉴于这一事项会在未来发生，特定学院的招生人员做出的决策必须

---

① 研究人员通过实验生成的数据通常被称为“初始数据”。研究人员可以从公共档案中获得的、独立于研究人员的数据被称为“二手数据”。第 10 章的研究对象股价数据是二手数据。

② 实验室的环境不同于实验对象进行日常工作的环境，在后者的环境中，研究人员相对更能控制与决策制定任务相关的特定变量。

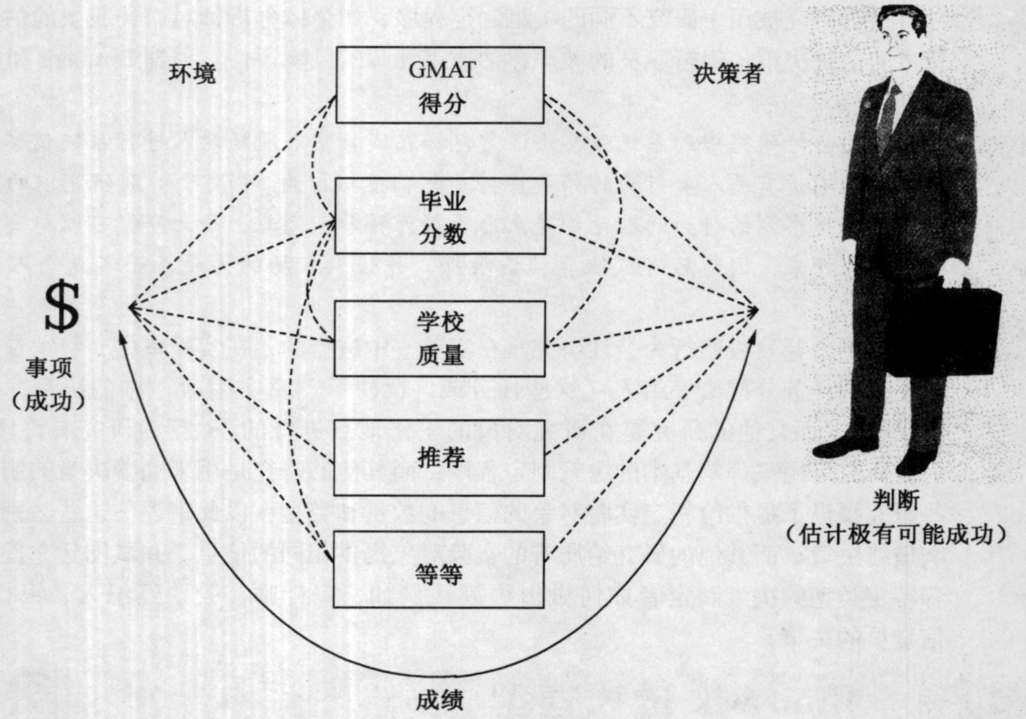

图 11—1　Brunswik 透镜模型的简化图（根据 Libby，1981，p. 5）

根据大量的因素或环境“线索”（信息），这些线索可能与待考虑的特定事项相关（在这个例子中是学生的成功）。可以运用大量的线索（在这个例子中是信息项），例如 GMAT 成绩、过去的学习平均成绩、本科毕业学校的质量、不同人的推荐或证明、学生是否参加课外活动或回答了特定的主观问题。① 正如 Libby 认为的，这些个别线索或复合线索都不可能完全正确地预示学生未来的成功，但是有些可能与成功相关。实际上，对环境的看法（在这个例子中待讨论的问题是学生成功）是通过具有不完善线索的透镜来形成（或观察）的。这些不完善的线索与判断成功之间的关系由虚线表示。②

也有人期望一些线索之间存在相关性。例如，人们认为 GMAT 分数与平均分以及本科学校的质量相关。这种相关关系由各个线索之间的虚线表示，如图 11—1 所示。为了确定不同线索（独立变量）对于成功这一标准事项（在这个例子中，非独立变量可以简单地划分为成功或失败）的权重（或重要性）以及线索之间的相互关系，我们应用了各种先进的统计模型方法。可以制定一个模型来线性表示招生人员对各个线索确定的权重。这就给出了一个招生人员如何开展评估工作的模型。该模型的内容对很多相关方都十分有用。例如，申请的学生要知道哪些因素（线索）对于招生人员特别重要，因此，学生们就会知道要将精力放在哪些因素上。从招生人员的角度观察学生们作为一个整体会如何做出判断很有意思。在建立这个模型之后才会明显

① 我们之后会讨论到，在如破产预测等会计研究中，“线索”可能是有关不同会计比率的信息。

② Libby（1981，p. 5）还写道，由于疲劳、特殊环境、学习等等，对不同的线索的依靠程度可能随时间的推移而发生改变。

地观察到这一点。

还可以建立这样的模型：该模型观察真实结果（学生成功或失败）与各种可获得的信息项之间的关系。也就是说，反向来看，从事项（左侧）回顾线索（即不包括个人做出判断）来建立模型。很明显，只有在能够衡量真实的成功或失败时，才能够采用这样的分析。

Libby（1981）认为透镜理论普遍适用于各种决策场合。他说道（p. 6）：

这一结构很普遍，并能够应用于几乎所有的决策制定方案中。此外，考虑一项简化的商业信贷决策，其中信贷员的主要任务是预测贷款拖欠。贷款拖欠—不拖欠是未来现金流量的函数，消费者将用现金流来偿还贷款。消费者提供了大量线索，其中有些可能与未来现金流量相关。其中包括从财务报表中获得的流动性、杠杆和盈利能力的指标，从采访、工厂参观、与其他知晓情况的相关方的讨论中获得的管理层评估，以及外部的信用评级。个别线索和复合线索都不能完全正确地预测未来现金流量，并且信息有重叠部分（例如，信用评级与盈利能力和流动性密切相关）。在做出判断时，信贷员将这些线索结合在一起，对未来现金流量进行预测。即使银行的判断政策具有长期的高度稳定性，还是可能出现不一致的情况，这些会在线索和最终判断之间形成一种概率关系。在每项贷款期末，信贷员对现金流量的预测可以与真实情况相比较，比较之后的任何损失可以用来衡量银行的业绩。尽管这是个高度简化的例子，它描述了框架的一般原则及其对会计师的重要性。模型主要关注在不确定环境下的信息处理成效，而会计师则关注于改进会计信息使用者的决策制定，并且最近更关注自身决策的质量，模型和会计师关注的内容是一致的。

在应用透镜模型时，研究人员普遍的做法是建立透镜两侧的数学模型。例如，在模型的右侧，我们有兴趣建立的模型（通常是线性的）是个体如何使用线索对调查中的问题做出最终决策。这通常是许多行为研究的主要目标。通过考虑每个特定线索各自与最终决策（单变量分析）的关系如何，或者是整组线索与最终决策或判断（多变量分析）的关系如何来进行研究。如果在多变量分析中采用统计回归，决策者的回应会被总结或建立成以下模型：①

$$\hat{Y}_S = a_s + B_{1s}X_1 + B_{2s}X_2 + \cdots + B_{ks}X_k \qquad \text{（公式 1）}$$

公式中：

$\hat{Y}_S$ 是根据个体的判断或预测，由模型对判断的预测（例如，学生成功或失败）；

X_1，X_2，…，X_k表示一组线索（例如，GMAT 成绩、平均分），从第 1 个线索到第 k 个线索；

B_{1s}，B_{2s}，…，B_{ks}表示每个线索在模型中的权重，依据是实验对象的反馈。

如果一个线索对预测毫无作用，将赋予其 0 的权重。相反，如果某个信息项（线索）在做出某个决策或判断时相对重要，就赋予其较高的权重。由于模型需要通过许多次观察才能建立，也由于像上面的模型假设个别线索以线性方式对决策起作用，因此很明显，模型不会对特定个体做出的真实判断做出完全精确的解释或预

① 我们仅提供该模型的简要论述。对于进一步的观点，有兴趣的读者可以参考 Libby（1981，pp. 19 – 21）和 Trotman（1996，pp. 33 – 36）。

测——但正如我们意识到的，我们并不期望它能够起到这样的作用——它只是个体行为的一个模型。Libby 认为（1981，p. 22）：

重要的是要知道这些研究形成的代数模型仅仅表明线索与判断之间的函数关系。与所有模型一样，这些模型是抽象的，并且并未打算表现“真实”的心理活动过程。

一些研究人员还建立了透镜模型左侧（通常称为环境方）的模型，它代表了待考虑的真实现象与提供的特定线索之间的关系。在不依靠个体判断的情况下，这个公式可以用于预测特定环境事项。[①] 模型可以表示为：

$$\hat{Y}_e = a_e + B_{1e}X_1 + B_{2e}X_2 + \cdots + B_{ke}X_k \quad \text{（公式 2）}$$

公式中：

$\hat{Y}_e$ 是根据个体的判断或预测，模型对环境事项的预测（例如，学生成功或失败）；

X_1，X_2，…，X_k 表示一组线索（例如，GMAT 成绩、平均分），从第 1 个线索到第 k 个线索；

B_{1e}，B_{2e}，…，B_{ke} 表示每个线索在模型中的权重，依据是真实事项与可获得线索之间的关系。

研究人员经常比较研究个体决策制定程序的模型结果（公式 1）与考虑真实环境事项与各个线索之间关系的模型结果（公式 2）。我们将在随后看到，研究人员关注的其他问题，包括：个体与群体在衡量特定线索权重中的差别，权重的一致性，与线索列报格式相关的何种问题会影响因素的使用和权重等等。

由于透镜模型是以等式的形式做出解释（见上文），其中隐含的假设是所有相关的因素都同时考虑，而不是按顺序考虑。事实上，个体不会同时考虑所有信息，而是先考虑了特定信息后，再考虑其他信息项。[②]

我们可以用透镜模型将过去 20 到 30 年中进行的大量行为研究分类。透镜模型明确地考虑*输入*（不同线索的使用）、信息*处理*和*输出*（最终决策）。Libby（1981，p. 8）总结了在研究个体制定决策过程中如何处理信息时，可以考虑的问题类型。这些问题包括：

在*输入*层次（关于线索的问题）：

· 权衡个别线索的特征（例如，线索的呈现方式是否是名义上的、依序的、不连续的、连续的、定数论的或随机的，会影响是否在决策制定中使用线索）；

· 呈现方法（例如，线索的呈现形式对线索的使用是否有影响）；

· 内容（例如，感知的奖励、社会环境等等对不同线索的使用是否有影响）。

在信息*处理*层次：

· 做出判断的人的特征（例如，人口特征、评判人的态度以及先前经验的水平或兴趣是否会影响所作的决定）；

· 决策原则的特征（例如，个体如何衡量线索的权重；判断在长期内是否会稳

---

① 例如，Altman（1968）通过将特定环境事项（破产）与特定财务变量（从财务报表中获得）联系起来形成等式，建立了一个破产预测模型。代表“透镜”左侧的模型，没有用个人的判断或专家的判断来制定决策。

② 在本章后面的部分，我们介绍规程分析，它要求实验对象“说出”他们如何决策。这种研究方法会帮助研究人员辨别个体处理信息的顺序。

定；在呈现复杂数据时评判人是否会用一些简化的启发式方法）。

在*输出*或决策层次：

· 判断的质量（回应是否准确、迅速、可靠；回应是否含有特殊偏见；判断在长期是否一致；不同的判断之间是否有共识）；

· 自我洞察力（评判人是否意识到他/她如何权衡不同的因素，等等）。

这些研究结果会向个体提供他们之前没有意识到的有关决策制定程序的见解。

11.3 特定信息项的使用以及不同列报形式的影响

在输入层次，特定线索（信息项）是否或如何被用于决策制定与会计职业界尤其相关。如果研究结果显示财务报表的使用者没有使用特定信息项（线索），那么这样的信息是不*重要的*，因此不需要披露或有关披露的监管。或者，研究结果指出财务报告的使用者不知道如何运用特定的会计信息，这表明使用者们需要接受培训。会计职业界还会对披露形式（例如，某个项目是由财务状况表提供的，还是由辅助报表或报表附注提供的）是否会影响使用者的决策特别感兴趣。我们现在探讨研究这类问题的有限的几篇论文。[①]

Pankoff 和 Virgil（1970）在研究特定会计信息项目的使用时，调查了财务分析师对特定股票财务收益率的预测。他们发现，比起其他类型的信息，分析师通常更需要盈余和销售信息（通常通过购买来获得这类信息）。在另一项财务分析师信息需求（线索使用）的研究中，Mear 和 Firth（1987）也发现分析师认为销售增长和盈利能力对评估特定证券的收益率特别重要。

全世界的会计职业界不时会考虑他们是否应该要求报告主体提供额外信息，以作为现有财务信息的补充。其中一个特殊的例子是会计职业界在 20 世纪 80 年代的动向，职业界要求在公司年报中补充披露现行成本（通货膨胀调整之后）的财务信息。很明显，如果研究能够对年报读者如何以及是否确实使用现行成本信息提出见解，这样的研究就是有用的。[②] 这些研究包括 Heintz（1973）和 McIntyre（1973）开展的研究。这些研究检验了三种形式的披露如何影响投资决策。向实验对象提供历史成本信息（唯一的）；现行成本信息（唯一的）；或同时提供现行成本信息和历史成本信息。实验结果对提供现行成本信息产生质疑，因为实验对象在收到现行成本信息后似乎没有改变决策。这样的结果明显地对会计职业界要求补充披露现行成本信息的做法提出了挑战。[③]

人力资源会计也进行了行为研究，这一领域常常被会计行业所忽略。在相关研究中，Elias（1972）和 Hendricks（1976）都发现披露与招聘、培训和个人发展相关的

---

① 本章中对研究的概述当然不是详尽的。相反，本章的目的是提供对一些在这一领域进行的不同研究的看法。对于那些想要更深入了解的读者，可以参考 Libby（1981），Ashton 等（1995）以及 Trotman（1996）。

② 此外，与特定披露相关的行为研究可以在会计要求引入之前完成。在行为研究成果的基础上，会计监管者会决定让一项特殊问题通过发展的最初阶段继续进步毫无意义。这可以与资本市场研究对比，后者依靠历史股票价格数据，这些数据捕获市场如何对特殊要求的实施或正式建议做出回应。

③ 在第 7 章我们讨论的研究调查了激励经理们通过游说以支持并/或者潜在地采用一般物价水平会计（和现行成本会计一样，调整历史成本会计信息，使之包含上升的物价）。具体来说，我们学习了 Watts 和 Zimmerman（1978）的研究。该研究应用了基于经济学的理论，以解释个体的游说立场。它并不在实验中直接设计任何实验对象。其他的研究通过调查股票价格在信息披露前后的变动，分析了资本市场如何对现行成本信息做出反应（例如，Lobo 和 Song，1989）。这里要强调的是可以采取多种方法调查特殊现象。

成本信息对实验对象取得特殊样本公司股票的决策有影响。可以想象，这样的研究结果，尤其是如果复制到许多研究中的话，会潜在地激励会计职业界将这类问题纳入议事日程。如果会计行业缺乏这类研究，就会忽略这样的事实：人们确实会使用提供给他们的信息。

关于*列报格式*，一些研究发现不同的列报格式会对使用者的决策有影响。例如，一些研究人员调查了特殊制图法，如柱形图、线形图、饼图和表格对各类使用群体的影响（Davis，1989；DeSanctis 和 Jarvenpaa，1989）。在一项著名研究中，Moriarity（1979）检验了实验对象（学生和会计执业者）判断的准确性是否受提供给他们的信息列报形式影响。判断的对象是商业企业的破产可能，研究人员向实验对象提供了大量财务比率，或者是提供给他们一系列脸谱图（称为切尔诺夫脸谱图；见 Chernoff 和 Rizvi，1975），脸谱图本身的构建是基于不同的比率，依据比率，各种面部特征被描绘出来（例如，嘴型、眉毛的弧度、鼻子的长度代表了比率的变动）。研究的结果表明，运用脸谱图的学生和会计师比运用比率的实验对象在预测破产上表现得更好。此外，运用脸谱图的实验对象的判断比其他研究人员建立的破产模型（例如，Altman，1968）更准确。这项研究的潜在含义十分有趣。基于研究结果，如果企业想协助人们进行决策，他们或许应该在年报中提供大量的卡通脸谱。（或许会计职业界会发布一项描绘脸谱的会计准则?）然而，截至目前，在年报中披露脸谱并不是公司管理层会采用的方法。

已经解决的另一个披露问题是，实验对象是否会因特定信息包含在财务报表中还是在附注中而做出不同的决策。调查该问题的研究之一是 Wilkins 和 Zimmerman（1983）的研究。他们研究了银行信贷员的决策，以及他们的决策是否因租赁信息包含在财务报表中，或是仅在附注中体现而受到影响。他们发现，对信贷员来说，披露格式并不影响他们对主体偿债能力的评估。我们再一次强调，当需要决定是否强制要求在财务报表中，或是仅在相应账户的附注中采用特定的会计方法时，会计职业界可能会对上述的研究结论产生兴趣。①

有些研究还调查了部门信息的披露是否会影响特定个体的决策。例如，Stallman（1969）发现，当实验对象在选择特定股票时，向其提供行业部门的信息会减少其过去股票价格的依赖程度。Doupnik 和 Rolfe（1989）发现，实验对象在评估未来主体的股票价格时，如果给予其地理绩效的信息，实验对象会对其做出的评估更有自信。

另一个在行为研究中通常要解决的问题是“信息超载”的问题。人们发现如果向个体提供更多数量的信息（线索），能够提高决策质量，当提供的信息量达到一个临界点时，如果继续提供额外的线索，会导致决策质量的下降（Snowball，1980）。

在第9章，我们讨论的一个报告领域——可持续发展（社会和环境）报告——正在吸引更多人的关注。由于组织的社会和环境绩效信息的重要性越来越高，我们可以预计，会计研究人员将会探讨不同的信息线索如何影响与社会和环境有关的活动。

---

① Wilkinson 和 Zimmerman 的研究结果与大量行为研究一致，而与其他的研究相矛盾。例如，Sam 和 Schwartz（1992）提供的证据表明，信贷员对企业偿债能力的判断受养老金负债在财务报表中还是附注中披露的影响。然而，由于这项研究是关于养老金负债的，所以并不清楚其结果是否与一般理念相矛盾：使用者可以将以附注形式提供的信息与财务报表披露提供的信息同等看待，或者是，与其他研究结果的差别是否是由于这项研究考虑了养老金负债，而其他研究考虑的是租赁负债。

在这方面，我们来看 Wood 和 Ross（2006）的研究。这些作者探讨了特定“环境社会控制”能够如何影响经理们在投资污染较少的固定资产时所作的资本投资决策。检验环境社会控制对资本投资决策的影响，其中，环境社会控制包括：

· 强制披露，指法律和会计准则要求的环境披露；

· 监管成本，指为污染排放物直接支付的成本、清洁成本和/或者为遵守监管规定而耗费的成本；

· 补贴，指折旧免税额，能带来较高的税收优惠；

· 利益相关者意见，指不同的非政府利益相关者团体，如股东、债权人和顾客会对投资有何看法。

在他们的实验中，作者以公司的财务经理为对象，衡量四项“环境社会控制”（强制披露、监管成本、折旧免税额和利益相关者意见）对经理们投资污染较少的固定资产这一资本决策的影响程度。研究结果表明，利益相关者意见在管理层决定投资“环境友好”的固定资产时影响力最大，紧随其后的是补贴。监管成本排在第三，而强制披露的影响力相当低，排在第四。Wood 和 Ross 在讨论研究结果时说道（2006, p. 691）：

利益相关者观点是一项十分重要的社会控制，大约占环境社会控制中 40% 的权重。这表明比起强制披露、监管成本和折旧免税额，经理们更会对利益相关者意见做出回应。

Wood 和 Ross 在考虑他们的研究对政府行为的影响时，说道（p. 692）：

补贴是社会控制中的“萝卜”，是一项有影响力的因素，权重为 27%。它是仅次于利益相关者意见，排在第二位的因素。如果补贴水平发生变动，经理们会做出相对较高水平的回应，这表明经理们对提高补贴会有积极的回应。这一发现支持了已有文献中的建议（Lockhart，1997；环境保护局（南澳大利亚州），2001），在这些文献中，作者认为补贴是一项以改善环境为目的的行之有效的激励手段。这些实验还支持这一结论：尚有空间能够提高使用补贴的力度。政府承担的一些（或全部）成本可以用从公司较高的利润中获得较高的税收、对小公司“监督”成本的节约以及由于减少环境破坏而节省的成本来抵消。

尽管上述行为研究的例子仅仅是整体研究的缩影，从这些研究中仍然可以看出研究人员是如何操控不同信息（或线索）来检验这样做对特定决策的影响的。这些研究结果对理解进而改进特定决策制定程序是十分有价值的。

11.4 决策制定程序和启发式方法的运用

在许多研究中，研究者分析了判断涉及的过程（透镜模型中间的部分），还分析了如何权衡不同线索（信息项）。Schultz 和 Gustavson（1978）将精算师作为实验对象（这些人应该是专家），并建立了模型用来衡量会计师事务所的诉讼风险。他们发现重要的线索（相对具有更高的权重）包括事务所雇佣的会计师数量、会计师工作轮岗的程度、客户规模和财务状况以及“代理记账”工作所占的百分比。[①]

① 另一个获取这类信息的方法是发放调查问卷，要求被调查者在制定的不同决策中将不同信息项按重要性排序。当然，这比为制定决策建模的程序要简单得多，后者通常出现在透镜模型类的研究中。

人们考虑的另一个问题是*一致性*。例如，随着时间的推移，个体还会做出同样的判断吗？Ashton（1974）调查了这个问题。Ashton 在一项研究中要求 63 名执业审计师评估组织薪酬的内部控制系统。实验对象在进行评估时被要求做两次任务，第二次是在第一次的 6 到 13 周之后。结果表明，随着时间推移，实验对象的权重一致，并且不同实验对象之间的权重也十分一致。此外，权重最高的线索是"职责分离"。

当考虑个体如何做出决策时，研究人员还发现了证明决策制定者在做决策时似乎经常使用简化的启发式方法的证据。[①] Tversky 和 Kahneman（1974）辨别了三种常用于决策制定的主要启发式方法：代表性启发法、锚定和调整启发法以及可得性启发法。

根据 Maines（1995，p. 83），运用*代表性启发法*的个体在评估项目属于某一类别的可能性时，是通过分析该项目与这一类别中的典型组成项目的相似程度。例如，评估某个人是会计师的可能性，是通过考虑他（或者她）与一个典型的会计师形象的相似程度。这种方法忽略了会计师很少或很多的事实。这种偏见的含义是个体通常会忽略待评估人口的基本比率。在一些情况下，这种偏见产生的影响是过高估计了特定类别中的项目数量。例如，在破产预测研究中，偏见会导致在预测时高估破产企业的数量，因为真实的破产企业所占的基本比率通常是很低的。

*锚定和调整启发法*是指个体通常先做出初步判断或估计（或者是基于过去的经验，或者是对涉及的不同因素进行部分计算），然后根据获得的额外信息部分地调整他们的观点。也就是说，他们"锚定"了一个特定的观点，然后不会按照额外的信息或改变的环境做出充分的调整。Joyce 和 Biddle（1981）进行的研究试图提供证据，证明审计师在评估内部控制系统时是运用这种启发法。他们发现，审计师使用新信息（通过各种实质性测试获得的）来修正他们对内部控制质量的评估，没有发现任何锚定和调整的证据。然而，当 Kinney 和 Ueker（1982）进行相似的研究时，发现了锚定和调整的结果。其他支持使用这种启发法的研究是由 Biggs 和 Wild（1985）以及 Butler（1986）开展的。

*可得性启发法*是指在回忆相关偶发事件和重大事件时是否能很容易地想起这些事件。也就是说，对特定类型事件回忆的容易程度影响判断重大事件发生的概率（Maines，1995，p. 100）。例如，在评估飞机失事的可能性时，实验对象会由于回忆起大量高度曝光的失事事件而高估概率。这类偶发事件的真实基本比率被忽略了。在有关这类启发法的一项研究中，Moser（1989）发现，当要求实验对象评估一家公司的盈余是否会上升时，他们的评估结果受提供给他们的信息顺序的影响。

我们已经简要地了解了可以用于决策制定的大量的启发性方法（或者叫经验方法），但是，*这又如何呢*？为什么了解这些启发性方法有用呢？首先，如果启发性方法导致做出不恰当的决策（例如，向信用不可靠的组织发放贷款，或者是认同组织的内部控制有效而事实上并非如此），那么就应该关注这种行为趋势，以便于可以采

---

① 启发式方法可以被定义为一种简化的"经验方法"。也就是说，这种方法并不完全考虑所有潜在的相关因素，而是运用一项简化的原则，花费较少的时间形成相对可接受的（并且是成本有效的）预测或解决办法。

取补救措施（或许是培训）。[①] 其次，或许特定专家使用的启发性方法比高成本的数据收集和处理更有效。如果是这样的话，那么或许应该鼓励初学者使用这种经验方法。

正像组织中的个体所做的决策会带有一定的偏见，我们在前面介绍过，投资者制定决策时也是如此。举个例子，投资者会在股市行情不佳时，倾向于长期持有亏损的股票，或是倾向于提前出售“盈利”的股票，而错过了获得更多收益的机会。行为研究可以用于调查这类投资者的倾向（和许多其他的倾向）。例如，Krishnan 和 Booker（2002）在研究投资者的选择时调查了一种“沉积效应”。[②] 他们说道（p. 130）：

在我们的研究之前，金融学和经济学中就已记载了“沉积效应”，也就是说，投资者有提前出售盈利股票或长期持有亏损股票的倾向。沉积效应是前景理论的一个应用（Kahneman 和 Tversky，1979），将其应用到投资之中，预测投资者在盈利时是厌恶风险的，在亏损时则有风险偏好。因此，他们会出售盈利的股票，以获得确定的收益，而继续持有亏损股票，以避免确定的损失。在金融市场（Shefrin 和 Statman，1985；Ferris 等，1988；Odean，1998）中和实验市场（Weber 和 Camerer，1998）中已经发现了支持沉积效应的经验证据。我们检验受访经理是否犯了沉积错误，然后检验经理持有了分析师的总结建议报告是否能减少沉积错误的发生概率。我们还检验了沉积错误的减少是否是分析师总结建议报告中支持论据力度的函数。

在 Krishnan 和 Booker 的研究中，“分析师的总结建议”是一份报告，其中包含了几名分析师或买入（如果市场前景有利），或持有（如果市场前景稍微有利），或卖出（如果市场前景不利）的综合建议，以及一些支持论据。投资者评价报告，并决定买入、持有或卖出股票。研究人员认为给予不同实验对象的建议有不同的力度，研究人员预测，分析师报告中支持论据的有力程度会降低沉积效应，因为论据的有力程度会激励投资者按分析师的建议行动（换句话说，就是出售亏损股票，并持有盈利股票）。Krishnan 和 Booker 在解释他们如何进行实验时（2002，p. 136）说道：

在第一次实验中，我们检验了实验对象出售盈利股票或持有亏损股票的概率，此时单纯设定有利或不利的前景，并且没有分析师的建议。实验为衡量沉积效应的程度提出了基准。在第二次实验中，我们给出的信息是一只与实验 1 中的股票有相同预期价值的股票，并且有一份总结性的分析师建议报告。实验 2 中一半的实验对象收到的是一份“薄弱”的分析师建议，即建议中没有支持性信息，而另一半实验对象收到的是一份“有力”的分析师建议，即建议中有支持性信息。[③] 第二次实验可以让我们检验分析师总结性建议报告的力度是否对实验对象的决策有影响。

Krishnan 和 Booker 在谈到实验结果时说道（2002，p. 131）：

我们的实验结果表明，以分析师总结性建议报告的形式呈现的信息减少了盈利股

---

① 例如，Kida（1984）提出的证据表明审计师在开展特定工作时通常最初会形成一种假设来解释某种事件（例如，坏账核销的减少），并随后会寻找信息来确定这项假设（假设确定战略）。很明显，这类信息的收集并不是主观的，并且会使审计师面临一定的风险。因此了解这种行为趋势会是十分有用的。

② 在他们的研究中，他们确实用 MBA 学生替代投资者。他们解释把 MBA 学生作为实验对象的原因是 MBA 学生可能之前有过投资经验，并已经阅读过投资分析报告。

③ 通过在（有力）建议中附上一段支持性的信息，或在（薄弱）建议中不附带任何信息，来控制建议的力度。

票的沉积错误。也就是说，当实验对象收到了有关股票未来前景的信息时，并且该信息不是以分析师总结性建议报告的形式呈现的，那么实验对象会犯沉积错误，过早出售盈利股票并长期持有亏损股票。然而，当有相同期望价值的股票的有关信息是以总结性建议报告的形式呈现的，盈余股票的沉积错误减少了，但亏损股票没有减少。我们的发现也表明，在分析师建议中披露的信息力度影响实验对象过早出售盈利股票并长期持有亏损股票的倾向。分析师总结性建议报告的有力形式（如附有分析师用于做出股票判断的支持性信息）会进一步减少盈利股票的沉积错误。对于亏损股票，薄弱的总结性建议报告不会减少持有的沉积倾向。一份有力的分析师总结性建议报告似乎可以充分消除更愿意避免损失的个体以及这种“风险厌恶”。我们的研究表明，总结性分析师报告不仅有信息含量，还可以用作减少判断失误的工具，并且通过在总结性分析报告中包含更多详细且有力的论据，来加强这种减少失误的作用。

Krishnan 和 Booker 在回顾他们研究的意义时说（2002，p. 150）：

这项研究丰富了有关投资者以多种方式使用分析师建议的文献。第一，它显示出实验对象在缺少总结性的分析师建议时，会表现出过早出售盈利股票并长期持有亏损股票的可能。这些有共同判断偏见的“噪音交易者”会影响股票价格（De Long 等，1989）。第二，它发现，仅有总结性的分析师建议，可以减少盈利股票的沉积错误。因此，即使使用薄弱的分析师建议也可以减少过早出售盈利股票的非理性行为。第三，我们说明了实验对象会关注对分析师建议的支持性论据，并似乎会被这些论据所说服。因此，带有补充信息的有力的分析师建议可以减少早出售盈利股票并长期持有亏损股票的可能性。我们实验结果的意义不仅限于现在的实验条件，还会对减少会计披露失误有积极的意义。

会计头条 11.1 是一篇新闻报道，文中讨论了人们在购买和出售证券时的一些普遍行为。文中的信息是基于行为研究的发现，这些发现质疑了众多经济学文献中的一些共同假设（例如，个体是风险厌恶的）。文中还提到了“锚定”启发法，以及这种方法会如何歪曲我们的决策过程。文章以一种观点结尾，即如果我们能够预测人们的行为，甚至是非理性的行为，那么我们就能利用这些知识来提高我们的经济效益。

会计头条 11.1　媒体对行为研究的报道

通往财富之路始于脚下迈出的第一步

Ross Gittins

如果你持有的股票价格跌到了买入价以下，你想还是不想卖掉它呢？

一家公司的利润在最近一段时间一直处于上升之中，而另一家公司的表现时好时坏。你更倾向于购买哪家公司的股票呢？

如果在回答第一个问题时，你说你不太想要以低于买价的价格卖掉股票，那么恭喜你——你是正常的。

不幸的是，你犯了可悲的错误。上述事实不应该影响到你是否出售股票的决策。

为什么呢？因为你购买股票的花费是过去的事。对此你无法改变，所以你只能忽视它。经济学家们将其称为“沉没成本”，会计师们称其为“无关信息”。

关键是，你只能寄希望于影响未来，因为这才是你应该关注的。你应该问自己：我还知道有其他的股票（或其他投资）比我现在持有的股票有更好的获利前景吗？

如果有，卖掉旧的，买入新的。如果没有，坚持持有原来的。如果你投入的本来就不多，就应该静观其变——因为你每次更换股票还要支付手续费。

但是为什么还有那么多的投资者发现很难遵守这条如此简单的原则呢？为什么我们发现很难忽略购买 T2 Telstra 的股票所花的钱呢？

当然，JP Morgan 资产管理公司的一本名为《行为金融学入门》的小册子会提醒我们，这些都是"行为金融学"的专家们试图回答的问题。

两位美国学者，Daniel Kahneman 和 Amos Tversky 是这一思想流派的先驱，他们几乎在30年前就发现，损失会带给投资者（以及普通消费者）的压力，比等价的收益带来的幸福更多。

而传统的经济学家认为，人们是"厌恶风险"的，更精确地说，大部分人是"厌恶损失"的，他们不愿意通过出售实现账面亏损，事实上，他们通常愿意冒更大的风险避免损失，而不愿冒更大的风险实现盈利。

行为金融学专家 Terrance Odean 教授检验了中国台湾地区证券市场的整体数据，并发现，与之前的研究相似，人们卖掉盈利股票的概率是卖掉亏损股票的4倍。

他还观察了那些重复购买了之前持有过的股票的投资者，发现他们更可能重复购买之前赚过钱的股票，而不是之前赔本的股票。

我们困扰于购入股票时的价格，这是一个更广泛的行为偏见的例子，心理学家称之为"锚定"——我们的决策是依据一个单一的事实或数据，而这些本不应该对决策有影响。

销售人员经常会利用我们关注不怎么相关的信息这一特点。例如，汽车销售人员将有意购买的顾客锚定在标价上。

汽车销售人员与买家讨价还价，并慢慢调低售价，这会让买家认为他们很划算。但是售价可能被人刻意定高了。

JP Morgan 的小册子中写道，即使是有经验的投资分析师也会对锚定怀有负罪感。当面对与他们的预测矛盾的新信息时，他们倾向于把这些信息当做短期现象而忽视它们。

好吧，让我们来看第二个问题：更多人倾向于购买持续盈利的公司股票还是表现时好时坏的公司股票？

当然，你会买一直表现良好的公司股票。并且，即便仅仅是因为有许多人这么做，这也是项很好的赌注，在买入股票之后看着它的价格一直升高，你会得到满足。

有效市场假说认为，由于所有的新信息都迅速反映在股票价格中，并且因为我们不知道下一条信息是好的还是坏的，因此不可能预测股价接下来的走向是上升还是下降。

但是行为金融学的专家们不同意这个观点，他们认为如果股价一直上升，就更可能继续上升，而不是下跌。相似地，如果股价一直下跌，就更可能继续下跌。

换句话说，股价倾向于"形成势头"。且市场中有许多"动量交易者"，他们遵循的原则是买入价格一直上涨的股票，卖出价格一直下跌的股票。

但是追随大势仅能使你在短期获益。在较长的期间，如果由于每个人都购买某只股票，导致它的价格上涨了很长一段时间，那么这只股票现在很可能被高估了价值。

相似地，某只股票持续下跌了很长时间，那么它的价值现在很可能被低估了——这也表示值得购买。

研究表明，有较低市盈率的股票比那些有较高市盈率的股票的表现更好。（有较低的市盈率是因为价值被低估了，有较高市盈率是因为价值被高估了。）

那么你会受到相似的法定警告——“过去的业绩不能保证未来的业绩”——我们却一直忘了留意这句话。

正是因为公司最近的利润一直上升，不等于这种良好状态会持续下去。

的确，有一种统计现象，称为“回归均值”，意思是说，在极佳的经营状况之后，更可能会表现疲软，而在极差的经营状况之后，更可能会表现出色。

为什么？因为，大部分事物最终都会得到平衡。

JP Morgan 对行为金融学的观点是，由于这么多的投资者都表现得不理性，因此较为熟悉情况的投资者以一种系统的、可预测的方式，可以靠做事后诸葛分一杯羹。

《悉尼先驱晨报》，2006 - 09 - 30，p. 38

11.5 决策准确性的问题

当一些研究考虑决策制定程序的输出时（决策或判断），会依据真实环境的结果，分析预测结果的*准确度*如何。例如，Libby（1975）调查了信贷员预测企业破产的准确性。结果显示通常能够较准确地预测破产，他们的不同答案也相对一致。

在一项相似的研究中，Zimmer（1980）调查了在给予了大量的会计相关线索时，银行职员和会计专业学生对破产预测的准确度如何。此外，将所有银行职员的回应集合在一起建立的一个复合的破产预测模型通常比个人的判断准确。① 一项特别有趣的发现是具有有限经验的学生几乎与银行职员的表现一样好。

研究还认为将多个决策制定者的决策结合在一起，可能会使决策有所改进。正如上面所述，Zimmer（1980）发现将不同实验对象的判断结合而建立的复合模型能够比个体实验对象的判断和模型表现得更好。这样的发现在 Libby（1976）的研究中也有所体现。此外，有证据表明，在一个互相影响的团队中共事的决策者比单独工作的个体表现得更好，Chalos（1985）在检查互相影响的信贷员做出的破产预测与独立工作的信贷员做出的预测时发现了这一结果。该结果随后被 Chalos 和 Pickard（1985）解释为：相对个体做出的决策来说，集体做出的决策具有更高的一致性。此外，这些发现对于组织如何在实务中做决策十分有意义。或许当发放重要贷款时，在假设这些研究结果是可靠的前提下，银行应该考虑根据委员会的决议批准贷款。

11.6 规程分析

另一个在个体层次上研究决策制定程序的是使用*口头规程分析*进行的研究。这种形式的分析通常要求实验对象在做出决定或判断时把想法说出来（即口述他们的思

① 由于复合模型比个体预测更准确，可以让信贷员（尤其是那些没有经验的银行职员）使用该模型。该模型可以作为一种低成本方法，应用于审查贷款的最初阶段。

考过程）。将实验对象的评论录下来，随后用文字记录下来，进行进一步的编码和分析。[①] 这种形式的研究在审计领域比在其他财务会计领域更受欢迎。运用这种方法的最初的研究之一是 Biggs 和 Mock（1983）进行的研究，他们检查了审计师在评估内部控制时所做的决策。其他用口头规程分析对审计进行的研究包括 Biggs、Mock 和 Watkins（1989）以及 Bedard 和 Biggs（1991）。

根据 Trotman（1996），使用口头规程分析有许多优点和缺点。他在阐述一些可能的优点时说（p. 56）：

第一，口头规程分析的主要优点之一是检验判断程序的能力。理解判断是如何做出的是改进这些判断的重要开始。第二，口头规程在检验信息搜索上特别有用。可以追踪信息获取的顺序以及实验对象确定特殊线索所花费的时间。第三，口头规程有助于理论发展。例如，Biggs、Mock 和 Watkins（1989）建议有必要“开始收集有关审计师在现实情况下如何进行分析性复核判断的数据，并试图根据结果建立一种新理论”（p. 16）。

Trotman 在阐述运用口头规程分析存在的一些潜在的缺点或局限性时说（p. 56）：

与其他研究审计师判断的方法一样，口头规程研究也有许多局限性。第一，我们已知道口述的程序会对审计师的决策程序产生影响（Boritz，1986）。第二，有一种论点认为这种研究方法不完整（Klersy 和 Mock，1989），这一论点认为实验对象利用的相当一部分信息并没有被口述。第三，有些人将程序描述为副现象，即实验对象提供的口述平行且独立于真实的思维过程。第四，有些人批评编码方法。例如，Libby（1981）写道，编码分类的选择，作为分析单位的短语的选择，以及将每个短语分配到类别中，都是高度主观的。Libby 建议需要运用竞争性的编码方案进行比较。第五，鉴于在决策程序中有大量的数据，并且个体可能存在巨大差异，在将结果告知读者时极为困难。

Trotman 认为规程分析有许多局限性，他认为规程分析也可以用于一般的行为研究。在结束这部分对行为研究的讨论时，我们进一步分析其中的一些局限性（在简要的“文化”分析之后）。

11.7 文化差异的相关性

我们在第 4 章讨论了“文化”的问题，即在不同国家，文化如何影响会计信息的需求和产生。有人认为，为实现财务会计国际标准化而做出的努力忽视了某些研究的结论——这些研究认为，不同的文化有不同的财务信息需求和期望。例如，人们认为一些文化比其他的文化更具有保密性，另一些文化比其他的文化更想要避免不确定性等等。这些在国家层次上的差异与会计实务的国际化差异相关（Gray，1988）。有人还认为，文化是一个影响组织结构、法律系统等的因素。鉴于有一种观点认为文化的差异影响个体的认知功能（Triandis、Malpass 和 Davidson，1971），可以合理地认为，个体使用特定线索（信息项），部分是依据个体的文化背景。因此，尽管我们在

---

① 这种形式的数据收集有时会形成数百页的引述，这会变得十分难以管理。有许多电脑集成软件包可以将数据转换成一种更易管理的形式。其中一种软件包是 NUD＊IST，代表非数字的、非结构的、数据索引、搜索和理论化。另一个软件包是 NVivo。（NVivo 不是一个缩写，而是根据“in vivo”这个词，意思是在活体内完成的。）

本章的前面部分没有考虑文化问题，我们可以合理地预计，对特定国家决策制定程序的调查研究不会在其他国家同样适用——尤其是当其他国家的文化属性十分不同时。确定特定决策制定模型在不同文化中的有效性，是未来会计研究的一个重要领域。目前，几乎没有行为会计研究探讨过具体的文化属性如何影响特定决策中使用的线索。

11.8 行为研究的局限性

我们已经看到在本章所示的一些材料中，许多探讨相似问题的研究产生了矛盾的结果。显然，这会影响研究是否能够对特定领域产生指导作用。不幸的是，由于研究中的一些变量通常不相同（例如，关注的问题、现实环境、实验对象的经验和背景、提供的激励等等），所以，通常很难或不可能确定造成不同研究结果不一致的原因。此外，在研究中，经常会忽略实验对象所做判断的差异，这意味着有些未知但重要的决策制定程序仍不为人知。

另一个意识到的局限性是关于开展研究的环境。这些环境通常与真实世界的环境十分不同，显然这会影响这些研究结果的概括能力。在“现实世界”，通常有真正的激励措施促进决策的制定，以及存在由这些决策带来的真实而持续的影响——在实验室环境中这通常是无法复制的。[①] 此外，对做出的决策没有真的受托责任。

与上面的观点相关的还有提供给实验对象的现实线索。很难在实验中复制现实的工作场所中能够获得的各种线索。如果知道特定判断的结果经过了仔细的检验，很明显，这会对使用的决策制定程序产生影响。

许多研究还用学生替代审计师、信贷员等等。这也被看做是一项局限性，因为这些人在相关领域仅得到过有限的培训，并且不具有与替代者相同的背景经验（有些研究表明，学生做出的判断确实可以与那些特定专家相比，然而这种发现并不是普遍的）。

最后一项批评意见是，在实验中使用的实验对象通常数量过少，此外，基于相对较小样本的实验结果是否能应用于更多人群。

这一领域的研究中似乎仍然缺少一种理论，用来解释为何人们会依靠特定的信息项，并且在某些情况下采用简化的启发性方法等等。例如，许多研究告诉我们，一些决策制定者的决策与判断一致，而其他则不然，或者某些集体会采用特定的启发性方法。但是我们仍不确定他们为什么这样做。或许在这一领域的理论还有待发展。行为会计研究不是依据某一基础理论，这并不令人吃惊。资本市场研究者（第 10 章）和实证会计理论家（第 7 章）的理论是从经济学的某些领域衍生出来的，与之不同，行为会计研究人员以各类不同理论为背景，其中包括心理学、社会学等等。

本章小结

在本章，我们讨论了个体如何运用信息做出决策。更具体来讲，我们讨论了个体

---

① 有趣的是，前段时间在悉尼举办的一次职业会计师的会议上（作者参加了），一些研究人员利用聚集在一起的与会者进行了一项实验，目的是观察相互影响的判断及其对破产预测的影响。在任务开始时试图提供一项“激励”措施（或许是为了提高任务的“真实性”），实验对象被告知将奖励“获胜团队”的每名成员一瓶威士忌。很明显这是个并不完善的激励措施，并会将其他不想要的因素带入分析。例如，有“酗酒问题”的人会发现这是个极好的激励并会努力赢得奖励。一些人会相对冷漠，而其他或许出于宗教原因厌恶酒精的人真的会做出判断保证他们和他们队员不会“获胜”。这表明，当提供激励措施以使实验更具有现实性时，在选取适当的激励措施上要格外小心。

如何运用会计信息做出各类决策。与个体决策相关的研究（行为研究）阐明了不同个体组成的群体，如审计师、信贷员和银行职员如何做出决策。我们发现，财务报表使用者在做特殊判断时经常使用简化的启发性方法。采用的观点是，如果我们知道个体如何做决定，我们可以*预测*他们将如何对特殊的会计披露和披露形式做出反应。这与会计职业界在考虑引入新的会计要求上特别相关。对财务报表使用者如何做出决定的认识，也可以作为建议如何改进决策制定的基础（例如，会发现某一类别的财务报表使用者不适于采用特定的启发性方法，可能是未知的，但会引起潜在的损失）。

思考题

11.1 对比行为研究和资本市场研究。

11.2 会计职业界如何在会计中使用行为研究的结果？为什么在会计中使用行为研究的结果？

11.3 个别报告主体的管理层为什么对会计中的行为研究结果感兴趣？

11.4 简要解释 Brunswik 透镜模型及其在解释决策制定程序各个方面的相关性。

11.5 什么是“启发性方法”？为什么告知一个财务报表使用者群体他们正在应用某种启发性方法，对他们是有益的？

11.6 建立不同财务报表使用者决策制定程序的模型有什么意义（即例如，辨别他们在做出判断时如何确定特定线索的权重）？

11.7 如果行为研究的结果表明，在个体做决策时并没有用到某一会计相关的信息项（线索），这应该作为会计行业认为该信息不重要的理由，并因此不批准制定相关的强制披露要求吗？解释你的答案。

11.8 在财务会计和审计中，有一些行为研究产生了矛盾的研究结果。结果不一致的可能原因有哪些？

11.9 什么是“规程分析”，并且它的优点和缺点是什么？

11.10 行为研究通常的优点和局限性有哪些？

11.11 行为会计研究的结果有多大“概括性”？

11.12 国际会计准则理事会（IASB）联合美国财务会计准则委员会（FASB）进行了对概念框架的修订（《财务报表编制和列报框架》）。这一程序预计要花费数年完成。他们工作的部分内容是解决“计量”问题。IASB 和 FASB 会运用行为会计研究的技术来修订概念框架吗？如果会，会怎样运用？

第12章　会计的批判性观点

学习目标

在完成本章的学习之后，读者应该：

·了解某些观点，这些观点挑战了有关会计在社会中作用的传统观点；

·理解这种论断的基础：有人认为，财务会计趋向于支持拥有权力、财富和社会地位的个体的立场，而损害其他人的立场；

·理解信息的披露（或不披露）可以解释为推进特殊社会秩序、使其合理化、并维护精英的权力和财富。

开篇问题

正如我们在第6章所见，概念框架计划促进了建立在质量特征（如*中立性*和*真实反映*）上的财务会计方法。关于在不同社会群体间权力分配不公的争论，对财务报告的*中立性*和*客观性*的假设提出了怎样的挑战？

引　言

在前几章我们探讨了许多问题，包括会计如何用于协助制定决策（第5、6章），减少代理和政治成本（第7章），维持组织的合理性或协助组织形成合理性（第8章）。我们还考虑了如何调整会计实务，以将其纳入组织社会和环境方面的经营（第9章），考虑了会计披露会如何影响股票价格（第10章）。在本章，我们对会计作用的另一种观点加以概述。这个观点通常被称为*批判性观点*，它明确地考虑了会计实务如何倾向于支持特定的经济和社会结构，并迫使权力和财富在社会范围内不平等的分配。为了达到这一目的，这种形式的会计研究拒绝了这样的观点，即会计师对特定交易和事项客观、无偏见的反映。

研究人员根据批判性观点得出的一种看法，会计远不是一种对基本的经济事实*中立*或*无偏见*的表述，而是维护社会中一些部门（指那些目前握有权力和财富的部门）的权力地位的手段，同时抑制那些没有财富的部门的地位和利益。这些理论对任何认为不同的*权利*和*特权*分散于社会中的观点提出异议[①]——反之，他们认为最多的权利、机遇和相关权力存在于少数（但是或许是定义明确的）人群（通常称之为“精英”）手中。

本章考虑了各种（批判性的）论断，包括关于国家（政府）的作用、会计研究的作用以及会计实务在维持特定业已存在的社会秩序方面的作用——一些研究人员认为这些社会秩序是由于不平等产生的，在不平等的情况下，一些个体（有资本或财富）的发展壮大是以没有资本的个体为代价，因此同样在不平等的情况下，会计被认为是这些拥有（更多）资本的个体用于征服（损害）没有（或相对较少）资本个体的工具之一。我们将看到，采用批判性观点的研究人员通常不直接提供对特定不平

① 权利和特权分散于社会中不同群体的假设通常被称为多元论。

等的解决方法，而是试图强调这些不平等，他们认为这些不平等存在于社会中，并且会计的作用是维持这些不平等并将其合理化。由于在本章中，我们介绍的理论观点都提倡某种变革，而这些变革会对社会产生广泛的影响，因此这些理论与本书介绍的其他理论十分不同。

12.1 定义批判性观点

在*批判性会计理论*的标题（或保护伞）下，有一些关于批判性会计的不同的具体观点，因此，单一的批判性观点并不容易定义。广义上说，批判性会计理论作为会计研究的一种方法，它不是质疑是否应该使用特定的会计方法，而是关注会计在如下情况中的作用：维持那些控制特定资源（资本）的个体的特权地位，同时损害或限制那些没有资本的个体的发言权。根据 Roslender（2006，p. 250）：

批判性理论致力于变革。更具体地说，该理论的重点是促进形成一个更好的社会，在这样的社会中，现行的社会体制能够符合大多数人的利益，这些人的“潜能”受现有制度的约束……批判性理论设法形成一种质疑现行社会体制的认识，即替代认识。不仅如此，这种认识还有助于社会成员根据他们在现行社会体制中的参与性质以及这种性质会如何朝着对他们有利的方向改变，形成对自己的反思。批判性理论不会为这些社会成员提供见解，而是告知社会成员“现状”会转变为他们通过互动和反思的过程希望能够达到的状况。换句话说，批判性理论旨在促进两种自我意识的形成，即“现状是什么”和“可能的现状是什么”，以及前者如何通过转换形成后者。

Roslender（2006，p. 264）从批判性的角度进一步阐述道：

简单解释或理解我们选择研究的内容还不够。我们研究的目的是把这一认识朝着对社会有利的方向转化，即促进形成一个更好的社会。前提是在现行社会体制中的许多地方值得做出改变。“传统”理论并不支持这一亘古不变的真理。正是这一特质将“批判性”理论从传统理论中区分出来。这并不是表示那些采用其他看待事物方式的学者是要致力于复制现存的社会体制，而是表示他们没有使用这种看待事物的方式，批判性理论是关于理解并改变实践哲学（在这一哲学观点下，“理论”形成“实践”，反之亦然）的规定。批判性理论从一种略有不同的角度看待问题，不假装客观。人们之所以接受批判性的理论视角是因为他们意识到并珍视这种偏袒。

Tony Tinker（2005，p. 101）是批判性会计运动的发起人之一，他也提出了一种有用的批判性会计研究的定义。他认为批判性会计研究包括：

……在会计的概念、制度、实务和政治范围内可评估的，并旨在促进革新性变化的所有形式的社会实践。

该定义的一个关键要素是“社会实践”的理念，它与社会（会计）实务的调查（例如，在会计理论和研究的其他分支中）不同。[①] 批判性会计研究中的*实践*通常被理解为“理论”与“实务”之间存在双向（可能是循环的）关系的假设，即理论影

① 《牛津英语字典》（第二版，1989）中包含了“实践”一词的几个定义，包括“技术或技艺的实务或实践，与其理论不同”以及“习惯行为，认可的实务，习惯”。然而，在接下来几段的讨论中我们会清晰地看到，“实践”这个词作为大多数批判性会计研究中的一种非常特有的方式，它的含义与《牛津英语字典》的下述定义一致：“一个词用来……表示使理论或哲学（特别是马克思主义）成为社会现实的意志行为”。

响社会实践（即我们对实践持有的理论观点和假设确实会影响实践），社会实践影响理论。也就是说，理论形成了（或提供一种基础）现存实务，并且理论会获悉现存的实务。[①] 这种理论与实务之间的关系有一种含义，即当社会条件（和实务）发生改变时，基于这些条件的理论也需要改变。对大家来说这不是新的概念，我们在本书的许多部分中讨论的会计理论都在不断发展以适应（或反映）商业实务。

体现在*实践*这一词语中的理论与实务之间的双向关系有另一个重要含义，同时可能也是批判性会计观点下更重要的含义，即不同理论观点的发展能够带来（需要的）社会实践和结构的变化（如财富和权力的分配）。例如，如果我们发展的理论质疑了未监管市场对财富分配的影响，或者是质疑资本市场在提供可持续结果方面的运作情况，并且如果我们的论断获得了社会中不同相关方的认可，那么这会影响市场的监管方式。我们的理论会对实务产生影响。相似地，如果我们有完善的理论，这些理论质疑了财务会计的客观性，如果我们能够有足够的证据支持这些理论，那么这最终会形成改变财务会计实务的必然动力。例如，新发展的理论具有的引人注目的性质会减少社会对公司财务绩效的关注（批判性理论家认为这会增加投资者和高级经理的利益）；相反，我们的新理论会鼓励一种新的企业哲学，在这种哲学观点下，衡量公司绩效的方式反映出为使多样化的利益相关者和环境受益而做出的努力；也就是说，理论最终会促进企业和社会运作方式的变革（又一次与“社会实践”的理念联系在一起，即理论影响实践，反之亦然）。

体现在*实践*这一词语（用于批判性会计理论研究）中的理论与实务之间的关系的与众不同之处在于，其关系是明确的双向关系。之前学习的每一种理论观点都倾向于依据单向关系，即理论决定实务或者是实务决定理论。

另一个区别是，*实践*这一词语暗示了实务的变动焦点。尽管早前检验的规范理论试图制定并完善具体的会计实务，他们认为这些会计实务比现有的更先进（在某种程度上），体现在*实践*中的实务变化的重点通常是在社会较广范的层次上，而不是社会中具体的技术会计实务。更具体的是，批判性会计对*实践*这一词语的理解和使用带有一种马克思主义激励法的特征，这种方法“主要关注的是，按照人文社会主义路线来研究和影响不断变动和重塑的道德、社会、政治和经济生活中的自由创造性活动的作用”（De George，1995，p. 713），这就是为什么我们认为对于许多批判性会计学者来说，比起变化的社会实践在改变理论上的作用，理论对不断变化的社会实践的作用很可能更重要。Tinker（2005，p. 101）认为，这种批判性会计的方法既“承诺了一项丰富的新形式实践的综合体”，又要求“参与（批判性会计研究）的批判性会计学者必须从坚定的、派系的、热情的，有时激进的立场进行研究”。

12.1.1 会计派系属性的观点

我们之前认为，所有的研究都可能在某种程度上受参与的研究人员的偏见影响（很可能是下意识的），在批判性会计研究中，这种明显的促进派系研究的做法，会

① 例如，如果我们相信并推崇的一种经济学理论认为市场在没有监管的情况下会最有效，这一理论将影响基于市场的实务。监管者会用这一研究进一步支持减少市场监管的做法。相反，如果我们通过观察市场发现有效运作的市场都不受监管，这将影响我们发展的理论。因此，理论会影响实践，或者现存实务会作用于理论。

令采取其他方法的研究人员焦虑不安。[1] 然而，我们可以简单地认为从事这种派系研究的人更诚实，因为很明显，所有社会科学的研究都依靠研究人员的主观解释（因此是带有偏见的）。在批判性会计研究中，这些明显的偏见通常从适度的社会主义到更极端的反资本主义立场，可以将这些偏见看作是对会计研究人员（以及学生和会计从业者）的威胁，因为这些人在资本主义制度下获得成功。我们之后会再讨论这点。

批判性会计领域的研究人员，我们称之为批判性会计理论家，试图通过批判性的分析来强调会计在社会中的重要作用。他们提出的观点质疑了会计是客观或中立的观点，这些研究人员经常设法提出支持这一观点的证据。会计被看作是一种构建特定社会结构或使其合理化的方法。正如 Hopper 等（1995，p. 528）所说：

……会计师们与现实沟通，同时创造现实（Hines，1988），且会计是政治斗争中的一种社会实践，并且不仅仅是受有效市场均衡指引下的市场实践。

这一观点得到了 Baker 和 Bettner（1997，p. 305）的支持。他们认为：

批判性研究人员确信且反复阐述，会计并不是对经济“现实”的客观表述，而是对经济和社会界具有高度争议和派系性质的表述。正因如此，会计的基本实质不可能通过苦心经营的量化方法来获得。通过理解会计对个人、组织和社会的影响可以最好地领悟会计的本质。因此，会计研究采用批判性的观点是很重要的。

正如在这一部分的开头提到的，“批判性会计”是一个非常宽泛的概念，涵盖了各种不同的有关会计的观点。然而，这些观点的共同点是它们试图强调、反对并改变原本认为会计的作用是支持社会中一些人的特权地位的观点。正如 Hopper 等（1995，p. 535）所说：

批判性理论是多种理论方法的保护伞，比起赞成的事物，这些理论方法在反对的事物上更一致。

与上面的批判性理论观点一致，Reiter（1995，p. 53）认为：

在批判的世界，除了对现代与新古典经济学的绝对厌恶之外，没有单独构建的理论或方法，也几乎没有达成如何着手构建的一致意见。

12.1.2　会计的马克思主义批判

批判性会计理论的主要分支之一，也可能是基础分支，是（前面讨论“社会实践”的时候提到过）基于马克思主义特征对资本主义的批判。这种马克思主义批判，认为资本家是通过过去对工人（或劳动力）创造价值的剥削和侵占（经过几个世纪）积累了自身的财富；工人们感到脱离了社会和生产的产品，因为他们的命运不是由自己把握，而是大部分掌握在外部且不具人性的市场手中。[2] 资本主义在基本结构上存在缺陷。马克思主义中的一个关键论点提出了这样一个有关基本结构存在缺陷的例子，在历史上相当长的一段时期内，私有企业增加利润（或资本经济收益率）的有

---

① 根据《牛津英语字典》，派系方法是指“某个人、政党或原因的追随者或支持者采用的方法”。因此，如果批判性理论家对社会应该如何产生作用以达到某种目的这一问题持有特定的观点（或理论），那么，根据派系方法，这会对他们支持或反对的实务产生影响。

② 马克思主义观点中关于工人们脱离的感受，“……市场宣称充满了个人自由，但事实上却充斥着聚集的奴隶和非人道及破坏性的势力”（Wood，1995，p. 525）。

效方式之一，一直是提高工厂或办公程序的机械化水平，并由此用新增机器（资本——最终会由工人创造的并被资产阶级长年剥削的累积价值偿还）的生产能力替代了一些工人（劳动力）的生产能力，这些工人要获得报酬，又不能每天工作24小时。使用这些机器的成本（如折旧、修复以及投资于机器的资本的机会成本），在历史上通常比被机器替代的劳动力的成本低得多，并且机器也可以长期“运转”，中止（暂停使用）期最短。尽管这样的机械化代表企业雇主的经济利益，马克思主义认为，所有企业主通过更大规模的机械化来提高资本收益率，而这样做的动力存在本质上的矛盾。这个资本主义制度结构中的根本缺陷是对于获得收益率的资本不仅要成本最小化，还要收入最大化。尽管一家或两家工厂采用资本替代劳动力的做法不会影响市场，因此这些企业主会单独获得经济利益，马克思主义从历史上看，认为如果所有的企业主都采取同样的做法，那么支付给全部劳动力的报酬总额会减少，消费者市场的总购买力也会降低。在某种程度上，消费者用于购买生产过程最终产品的可利用财力减少的量，会大于机械化增加的生产能力，因此会导致需求的减少（萎缩），并因此威胁整个资本的繁荣。

马克思主义理论认为，资本主义制度运作的方式与工人（以及工人阶级）对立，并且充斥着固有的结构矛盾（如上一段中讨论的），这在本质上是不稳定的。理论认为，这种固有的不稳定会在不同时代以不同症状体现出来，如失业率上升、通货膨胀、经济衰退。尽管政府和企业会采取行动来解决不稳定资本主义在特定时期显现的消极症状（或结果），马克思主义认为这是治标（如在一个时期针对失业率上升采取的政策，在另一个时期的反通胀政策）不治本——造成所有症状的根本原因是资本主义制度结构不稳定。此外，“成功地”解决目前资本主义制度结构不稳定引起的消极症状不会防止新的不可避免的症状（没有预测，也基本上无法预测这些新症状的确切性质）在未来出现。因此，解决这些症状的政策被认为是在一个相对表面的层次上运作，就像只治标不治本的药品，这些政策在长期不会治愈马克思主义所认为的资本主义较深层次的隐患。

马克思主义学者认为其中的许多症状，以及/或者这些症状造成的是社会不安、威胁破坏资产阶级的权力和财富（引用马克思的话：“资本主义造就了自己的掘墓人”（马克思和恩格斯，1967，p. 94，Tinker引用，2005，p. 122））。因此，马克思主义认为，资产阶级的特权、权力和财富是不稳定的，并且资本家会采取行动捍卫他们的特权、权力和财富。

批判性会计理论家认为，会计是一种有力的工具，既可以提高资产阶级的权力和财富，又有助于保护这些权力和财富不受资本主义制度结构不稳定带来的威胁。在之前概述的Tinker（2005）的论点提出之后，许多批判性会计研究者倾向于反对资本主义制度和会计的许多方面，他们试图揭露会计在支持权力与财富在社会中不公正分配时所起的作用，一些人试图破坏会计的这种作用。许多不持纯马克思主义观点的批判性会计研究人员也认可这个目标。

Gray、Owen和Adams（1996，p. 63）认为批判家（或者是“激进的”理论家）主要关注的是：

……社会运作的方式、财富、公司权力的分配、经济学和商业的表达方式等等，在本质上都存在缺陷，只有激进的结构变革才能解放人类和非人类的生活。我们认为社会、经济和政治制度在本质上都是充满敌意的。

鉴于会计实务是报告主体的责任，如大公司，会计监管是政府和相关监管机构的责任（人们认为这些机构与大公司有联系，或是受到大公司的极大影响，因此在维持现状上有既得利益），会计信息只会支持我们现有的社会制度，无视存在的问题和不平等。Moore（1991）也认为，美国会计学界对批判性会计理论的低水平的理解或运用，可能是由于大学依靠企业的资金——这些资金不会支持带有“批判”属性的研究。

12.2 批判性会计研究与社会和环境会计研究

许多人（不仅是马克思主义学者）认为，我们现存社会制度中造成许多问题和不平等的一个关键领域是企业的社会和环境影响。我们在第 8 章和第 9 章中讨论了这一领域中的许多问题，及其与会计理论和实践的关系。在本章关于批判性会计理论的这一部分，我们考虑批判性会计研究与社会和环境会计研究有何不同以及/或者如何对后者加以补充，因为两者都在寻求社会实践的本质改变。

许多批判性会计研究者，采用的批判性观点都基于政治经济学理论，我们在第 8 章中也学习过了。更具体来说，批判性会计研究倾向于基于“古典”政治经济学理论。正如第 8 章中提到过，Gray、Owen 和 Adams（1996，p. 47）将“政治经济学”定义为“人类生活所在的社会、政治和经济框架”。社会、政治和经济是不可分离的，在不考虑经济活动发生的政治、社会和制度框架时，研究经济问题毫无意义。Guthrie 和 Parker（1990，p. 166）将这些论点与会计具体联系起来，他们认为：

政治经济学观点将会计报告看作是社会、政治和经济的记录。它们构建并维持有利于组织私有利益的经济和政治体制、制度和思想主题，并使其合理化。

第 8 章中还提到 Gray、Owen 和 Adams（1996，p. 47）和其他学者将政治经济学理论划分为“古典”和“资产阶级”政治经济学两个主流。“资产阶级”政治经济学观点并不探讨结构不平等、部门利益、阶级斗争等等。① 它认为社会目前的结构是“既定的”。许多批判性理论家进行的研究仅仅接受社会现有的性质和结构，而不对其产生质疑，这类研究会有效地支持这样的（不受欢迎的）社会（Hopper 和 Powell，1985）。通过接受社会多元化的概念，会倾向于忽略社会中的斗争和不平等（Puxty，1991）。因此，主要的批判性研究人员如 Tinker、Puxty、Lehman、Hopper 和 Cooper，通常认为有必要质疑那些按照资产阶级政治经济学从事研究的研究人员的工作，如 Gray、Owen、Maunders、Mathews 和 Parker（这些研究人员，还有其他许多人，研究了与公司社会责任报告相关的一些问题）；那些多年来一直在促进组织在社会和环境绩效上肩负更多受托责任的人（即提供更多关于公司是否在其社会和环境绩效中满足社会期望的信息）。正如 Gray、Owen 和 Adams（1996，p. 63）所阐述的，批判性理论家认为：

由于公司社会责任（CSR）受到报告公司和国家的控制，后者维持事物原状以获

① 第 8 章中检验的合理性理论和利益相关者理论都体现了“资产阶级”政治经济学观点。

得既得利益。此外，由于它给人留下的印象是担忧和变革，但事实上只是允许制度“捕获”如社会主义、环境主义或女权主义的激进因素，并将其弱化，因此 CSR 的缺点比优点多。

批判性理论家认为，任何对这些运动的弱化（破坏或削弱）行为都试图保护并提高通常受资本主义消极影响的群体或主体的利益，这些弱化行为将有效保护资本主义制度免受这些运动对资产阶级权力和财富的“威胁”。①

因此，号召更多地披露社会责任信息似乎是正确的做法，一些批判性理论家认为，除非根本改变社会的结构，否则这些努力就白费了。他们倾向于认为，公司社会责任信息的披露仅仅使那些提供信息者合理化，而不是对其产生质疑。例如，Cooper 和 Sherer（1984）认为，由于接受了现有的制度和实务——这也是问题的一部分，因此试图解决技术问题（诸如如何将环境外部性登记入账），而不考虑现存社会和政治环境中的不平等，只会形成不完善且不完整的解决办法。

Gray、Owen 和 Bebbington（1997，p. 181）在回顾一些批判性理论家有关社会和环境会计研究缺陷的观点时，说道：

早期对社会会计运动的激进批判源于社会主义，主要是马克思主义的观点。对于像 Tinker 等（1991）和 Puxty（1986，1991）这样的作者来说，社会的特征通过社会矛盾体现。在 Tinker 等（1991）的分析中，社会会计运动，尤其是 Gray 等（1988，1987）的著作中体现的社会会计运动没有检验待调查的社会制度的基本矛盾和对立，因此，著作中暗含的立场是“政治无为”，这一立场仅会有益于那些已经具有权势的人（如资产阶级），这类社会会计运动至多不相关，最坏的情况是含有恶意。因此，例如，Puxty 写于 1986 年的著作中表明了社会会计的不相关性，他写到“比起像社会会计这样的特殊（几乎是地方性的）问题，资本主义社会的激进批判更关注社会中会计工作和会计人员这类更广泛的问题，前者似乎是……在泰坦尼克号上调整躺椅的位置”（p. 107）。

然而，到 1991 年，Puxty 深化了他的批判，他认为社会会计可以在维持基本社会结构不变的情况下形成合理性，“因为强势者可以将社会会计的存在作为证据，以此证明他们听取批评的开放态度，为扩大权力范围……铺平道路”（p. 137）。

正因为会计是用来维护特定的社会结构的，所以，引入新形式的会计（例如，与记录社会成本有关的实验方法）仅仅有助于维护现有社会制度。一些研究探讨了如何核算社会和环境对企业的影响，Gray、Owen 和 Adams（1996，p. 63）回顾了批判性理论家对于此类研究的认识，他们说，一些批判性理论家认为，通过开展这类研究：

……研究人员使用引发问题（环境危机）的程序（现有经济学和会计学）来试图解决问题。这就是众所周知的“法制化”程序，而我们都知道不可能用引发问题的东西来解决该问题。

尽管上面的讨论表明，批判性会计研究人员对社会和环境会计研究有诸多的不赞同（甚至是对立），但在最近几年，一些社会和环境会计研究人员也尝试解决这些批

① 《牛津英语词典》（第二版，1989）中对弱化的定义是：“削弱力量、气势……使之变弱。”

判性会计研究人员表达的困扰。[①] 例如，Bailey、Harte 和 Sugden（2000）、Lehman（1999，2001）、O'Dwyer（2005）以及 Unerman 和 Bennett（2004）正是其中一些社会和环境会计研究，这些研究涉及了组织和不同利益相关者群体在受托责任关系中的差别化权力的问题及其造成的影响。此外，作为最杰出的社会和环境会计研究者之一的（如果不是最最杰出的）Rob Gray，最近与最杰出的批判性会计学者之一的 Tony Tinker（从前面的讨论中可以看出，他一直在对 Rob Gray 著作的各个方面进行批判）联合发表了一篇论文（Tinker 和 Gray，2003），文中指出，许多由学者们倡导的环境和可持续运动——包括那些在社会和环境受托责任领域中的倡议——已被公司界“俘获”，并被富有且强势的公司破坏以满足持续积累资本的需要（并避免其中一些威胁），进而使这些公司能够得以继续破坏环境和社会。

我们已经简要地探讨了批判性会计研究与社会和环境会计研究的关系，现在我们来检验批判性会计研究对会计和企业实务的影响以及对所谓的“主流”会计研究的影响，还将讨论许多批判性会计学者认为导致他们的地位被贬低的一些可能原因。

12.3 批判性会计研究对社会实践的可能影响

如前所述，批判性观点往往是基于“古典”政治经济学的观点，这样分析的重点就包括明确考虑结构矛盾、不平等以及国家的作用。

批判性会计研究人员通过采用基于古典政治经济学的研究（并且是意识形态上的）观点，可以凸显出本可能得不到解决的特定问题。根据 Cooper 和 Sherer（1984，p. 208）：

> 如果会计实务一直被看作是不公正的，那么社会福利会得到改善；会计实务的战略性成果一直符合社会的特定利益（如果不是不变的）而对其他的不利。因此，我们认为会计实务已有一项建立好的，可能是内在的概念框架。会计的政治经济强调基础社会、社会各阶级之间的根本关系。它识别出用来支持公司报告现有系统的制度环境，并且会使那些在目前的会计研究中被认为是理所当然的问题（如假设股东和证券市场的重要性）接受批判性的检验。

尽管大量的批判性研究带有诸如卡尔马克思这样的哲学家著作的特征，但并不是所有批判性会计研究都是基于纯粹的马克思主义对资本主义的批判。例如，Owen、Gray 和 Bebbington（1997）提到的批判性研究者是“深生态学家”和“激进的女权主义者”。“深生态学家”质疑了依据相关的“经济利益”，使生物灭绝合理化的道德制度。根据 Gray、Owen 和 Adams（1996，p. 61）：

> 这些观点的本质是，我们经济（或社会）体制的基础——甚至是经济（社会）制度的存在——是令人厌恶的。最简单地理解，例如，我们的经济体制会，并且确实在权衡是保护受威胁的物种栖息地还是遵循经济法则，能获利更多。对于一名深生态学家，会认为这样的权衡完全不具有道德合理性。因此，这样的观点对人类生存以理

---

① 然而，一些批判性会计研究人员似乎并没有进行称得上是对等的批判，这类批判旨在确认一些社会和环境会计研究在减少各种负面的企业社会和环境外部性上的潜在影响。在 Tony Tinker（2005，p. 124，脚注 18）等人的论述中，暗示出批判性会计研究人员缺乏对这方面的批判，他依据马克思主义的批判性会计方法，在选择最新批判的会计研究领域时，认为“环境研究是另一个候选项，然而就‘教规’而言，对于 1991 年的批判我没什么可补充的了（Tinker 等，1991）”。

所当然的方式提出质疑，尤其是在发达的西方国家。

在另一方面，“激进的女权主义者”认为会计维持并强加了男性特征，如成功和竞争的需要，且会计减少了如合作、尊敬、同情等特质的相关性。男性与女性的二分法在本书的第4章中有过讨论，在本章中，我们分析了国际会计有关的各种社会价值观，以及一个国家中“男性”或“女性”的地位反过来会如何影响国家采取的会计实务。根据 Hofstede（1984）：

阳刚代表了社会中偏爱成功、英雄主义、武断以及物质上的成功，相反，阴柔代表着对关系、谦逊、爱护弱者以及生活质量的偏好。

从事女权主义文献研究的人员认为会计的方向需要少一些“阳刚”多一些“阴柔”。根据 Reiter（1995，p. 35）：

女权主义理论有许多主张，截至目前发表的相当多的女权主义评论代表了不同的见解。在20世纪80年代末，会计学者开始考虑将女权主义理论用于批判性会计。

许多会计理论的制定是基于经济学理论，与此相关，Reiter（1995，p. 40）阐述道：

经济学家往往将男性的典型特征评价为如抽象、理智、高效、均衡、理性、追逐自我利益以及自治。相反与女性相关的典型特征如具体、团体、随意、仁慈、感情共鸣、联系，则不属于经济学理论。

Reiter 在解释将女权主义价值观与经济学理论相结合会如何潜在地形成一个更有希望的理论时说（1995，p. 47）：

Folbre 和 Hartmann（1988）解释道：“一项不断发展的跨学科的女权主义研究对许多经济学家努力形成的更完整的经济利益理论做出了补充，补充后的理论可以包括如合作、忠诚和回报等概念”（p. 197）。Nelson（1992）认为，通过结合积极的女权主义特质，如灵活度、直觉、人道主义和个体的联系，以及个人选择受社会和文化因素影响这一概念，会不断丰富经济理论并提高其可应用性。她还认为，由于新古典经济学仅关注交换的问题，也意味着该理论拒绝接受女权主义的特征……财务经济理论中结合经济行为的观点，如代理理论，它关注矛盾和纪律，而不是生产活动和利益的相互关系。财务经济理论提倡有益于单一群体（股东）的单一目标（利润最大化），而不是有益于所有相关方的多样性目标。假设相反，我们关注股东与经理之间的合作模式，以形成高质量的产品和服务以及技术，使企业得以在21世纪复杂的国际市场中不断发展壮大，这又会产生何种财务经济理论呢？我们可能会需要一组不同的概念和隐喻，并且还需要有关资本市场和会计信息作用的不同观点。

批判性理论家采取的立场，以及/或追求的结果与主要的资本主义意识形态体系存在分歧（受纯粹马克思主义立场的推动，或是和许多批判性会计研究人员一样，受其他哲学立场，如深生态学家和激进的女权主义者的推动），促使他们提出的论点通常是关于创造社会环境以改变社会结构的愿望。人们认为，“批判性研究人员”呼吁改变现状，但其受到的贬斥却常常比采取其他理论或意识形态观点的研究人员受到的贬斥多（Baker 和 Bettner，1997）。之所以存在这些贬斥可能是因为批判性理论家通常不对他们提出的问题提供解决办法（Sikka 和 Willmott，2005）。也就是说，他们通常提出“批判”，却不对问题如何解决提供直接的指导。① 例如，Owen、Gray 和 Bebbington（1997）认为只有批判性分析是不够的。他们阐述道（p. 183）：

我们认为，一个人的活动仅限于批判，而不是积极地改革实务，这样不会对现有的正统观念造成多大的威胁。这使得 Neu 和 Cooper（1997）评述道：“尽管批判性会计学者阐明了会计的派系职能，我们在改变会计（和社会）实务上却不那么成功”（p. 1）。

此外，Sikka 和 Willmott（2005，p. 142）说道：

必须通过过去的经验和反对压迫和剥削制度以努力使人类不过残酷的毁灭性的生活，来不断更新马克思主义的传统。但是如何刺激这种改变的动因呢？尽管学者们和一些带有激进思想的曲高和寡的知识分子们的参与确实起到了一定作用，但这一活动不应该使人们离开世俗世界的实际事务。

我们经常培训会计师以向其提供解决特定（主要是经济的）问题的信息，因此“从文化上”，许多会计师会反对没有提出解决办法的批判。Cooper 和 Sherer（1984，p. 222）在回顾会计师的“态度和定位”时说：

然而，会计的批判性方法是始于假设会计中的问题是社会本身问题的潜在反映，据此，应该被批判性地分析。因而，如果辨别出会计中的一个重要问题，例如会计对投资者的过度定位，那么一项批判性的观点会认为这个问题反映了社会对投资者的定位，为了改变会计实务，需要社会意识（辨别其他的“账户”以及会计在社会中的作用）和社会的最终改变。

批判性理论是否能在实务中被应用于会计研究，取决于研究人员是否能不受态度和定位左右，后者来自他们接受的社会和教育培训，在培训中其被灌输了会计行业与企业界的信条。因为这一社会化程序培养出来的会计研究人员在设定会计的问题以及选择用于分析和解决这些问题的理论时，存在下意识的偏见。批判性意识的标准包括确认问题和理论具有争议的本质，并阐明这些理论的意识形态特征。

批判性理论家通常善于谴责会计师，并且许多会计师认为，他们受到的一些贬斥是始于批判性理论家的谴责。考虑 Tinker、Lehman 和 Neimark（1991，p. 37）的论述：

“激进的批判”的持久属性，归因于社会对抗的持续性和会计师的同谋行为，而这些正是“激进的批判”试图指责和阐明的内容。

更具体来说，Sikka 和 Willmott（2005，p. 138）解释了一些他们参与的批判性会计研究：

……显示了（一些会计行业协会）长期以来一直反对通过改革提高主要公司的受托责任（Puxty 等，1994）；会计技术在剥削工人时起到了重要作用（Sikka 等，1999）；会计行业参与到对公民的无情剥削之中（Cousins 等，2000）。我们还设法让会计行业协会有所反思，让他们想想，他们宣称的道德、正直等等只不过是口头的修

① 从一种研究的角度，有人认为批判性理论被贬斥是由于他们往往不用数学模型和统计分析——两者都已成为（对于许多研究人员以及大量的会计期刊的编辑来说）公认的会计研究的一部分。正如 Hopper 等（1995，p. 532）所说：“批判性研究人员强调会计实务的社会体现，因此，他们往往忽略了数学模型，而是更愿意进行详细的历史和文化人类学的研究，通过这些研究来识别社会联系的结构和程序，以表明会计不仅是一种技术性的理性服务活动，还在促进财富在微观组织和宏观社会层次的转移中起着重要作用（Chua，1986）。”

饰，他们的政策和行动都与他们自我表述的相差甚远（Cousins 等，2000；Mitchell 等，1994；Puxty 等，1994；Willmott，1990）。

在回顾上述 Sikka 和 Willmott（2005）的引文时，我们可以参考最近的一项澳大利亚政府调查。在 2005/2006 年度澳大利亚议会公司与金融服务联合委员会发起了一项针对公司社会责任的澳大利亚政府调查。调查中提到，政府向各方征集了关于是否应该对公司社会责任和相关报告进行监管的观点。与 Sikka 和 Willmott（前述）所述的内容相关，一些会计行业协会“长期以来一直反对通过改革提高主要公司的受托责任”，有趣的是，澳大利亚的三家主要会计职业团体（澳大利亚特许会计师协会、国家会计师协会以及澳大利亚注册会计师协会）在反馈的意见中称，他们反对强制要求公司披露社会责任。他们将这些因素称为自我监管的有效性以及资本市场的控制机制，后者能够确保企业做“正确的事”。澳大利亚注册会计师协会提到了自己开展的研究（2005，p. 6），称“尽管有众多公众（88%）和股东（86%）支持政府强制要求报告公司做出社会和环境报告，但这并未反映在企业领导的观点中（53%）。澳大利亚注册会计师协会认为，这反映出企业的一种担忧，即强制报告不会提高信息的价值，不仅如此，还会引入不必要的监管阶层，这种担忧是有依据的”。对于批判性理论家来说，这样的评论符合他们的看法，他们认为，会计实务（以及会计行业本身）会支持“企业”的观点。澳大利亚注册会计师协会进一步称（p. 9），“促使企业接受唯意志论的积极方法否定了可能吸引过多死板监管的风险”。此外，根据“批判性的观点”，这样的评论——尤其是来自澳大利亚注册会计师协会的评论——表明会计行业最初确定的立场是支持企业主体而不是促使企业对利益相关者而非股东负有更广泛的受托责任。

在进一步分析上述 Sikka 和 Willmott 的引文时，批判性理论家告诉会计师，他们在“社会冲突”、“剥削工人”或“无情地剥削公民”时串通一气。许多会计师和会计研究人员对此并不赞同。他们正在面对这些指责。然而，尽管会计师可以不赞同众多批判性理论家的言论（或许是由于一些深刻的意识形态差异），将会计师置于广泛社会观点的监督之下或许仍是十分有益的。批判性理论家（马克思主义和非马克思主义）鼓励这种对会计师的监督。

通过回顾学术文献，我们可以看出，众多批判性理论家一直口头批判采用**实证会计理论**的研究（我们在本章随后详细了解这一问题）。**实证会计理论**关注的对象是社会中被划分为“强势”的群体（例如，所有者、经理、债权人）之间的矛盾，并且不考虑这些强势群体与有较少能力影响这些强势群体财富的相关方之间的矛盾。许多批判性理论家还特别批判了**实证会计理论**家经常拥护的反监管立场，因为这种立场进一步提高了拥有权力与财富的人的利益（例如，缺少监管能够使资产阶级践行他们的权力和财富，因此，公司所有者除了市场力量以外不会受到任何阻碍——市场力量的运作有益于许多强势企业），而削减了那些需要某种形式监管保护的人的利益。批判性理论家还认为，在评估会计信息的有用性时，我们真的不能只局限于资本市场（股票价格）反应。资本市场反应（明显）受那些拥有资本者的驱动。资本市场研究忽略了“其他的意见”。

在检验了批判性会计理论家的作用和可能的影响后，我们将依据批判性会计理论，考虑有关国家、会计研究以及会计实务在支撑现存社会结构（和不平等）中发挥的作用。正如整本书中强调的，下面陈述的观点是所有相关研究的一个子集。这类研究中还将有其他的“子集”质疑这些观点。

12.4 国家在支持现存社会结构上的作用

采用批判性观点从事研究的人，通常将国家（政府）视为支持资本持有者（例如，股东）以及整个资本主义制度的工具。在这一观点下，政府不时会采取各种行动来提高社会制度的合理性，并由此保护并提高那些拥有资本者的权力和财富，即使政府（在较少的批评者眼中）似乎代表着特定劣势群体的利益。例如，政府会强制要求公司做出披露，披露的信息是有关公司如何照顾到特定少数民族或残疾人的需求。然而，Arnold（1990）认为，这类披露（通常不会对公司造成太多不便）的实施，实际上是为了安抚特定少数民族或少数民族代表们的质疑，这些质疑是针对赋予了公司许多权利的资本主义制度。Merino 和 Neimark（1982，p. 49）将这一观点与世界各国证券法的制定联系起来，认为“证券法的设计是为了维护意识形态、社会和经济现状，并重塑对现存制度及其机制的信心”。就澳大利亚而言，有趣的是，我们注意到一家澳大利亚最大企业的首席执行官不得不承认，公司监管几乎完全支持资本所有者（股东）而非广大利益相关者的利益。Frank Cicutto 曾是澳大利亚国家银行的首席执行官，他说：①

在最近几十年，澳大利亚证券与投资委员会（ASIC）的设立，以及不断发展的澳大利亚证券交易所（ASX）上市规则，精心保护着股东资金的有效使用。从监管的角度，立法改变的重点一直是围绕着对投资者而非对社会的受托责任。

公认的是，为了做出有根据的决策，个人或集体必须能够获得信息。限制信息流，或者是限制获得特定类型的信息，会限制其他人在熟悉情况后做出选择。因此，限制可获取的信息是一种可以用来协助维护特定组织和社会结构的战略。Puxty（1986，p. 87）在推动这一观点时说：

……财务信息是通过社会（国家）统治机构的立法产生的，而它与社会中具有支配力量集体的利益密切相关（Miliband，1969，1983；Offe 和 Ronge，1978），并通过国家的代理机构，或英国、美国和澳大利亚等社会中的制度实施监管，这些制度与和国家机器有伙伴关系的具有支配力量的集体的需求相关（虽然这种伙伴关系充满潜在的矛盾）。

因此我们得出的观点是，政府并不代表公众利益，而是代表那些富裕且具有权势的群体的利益。②

除了国家和会计行业提倡特定（不平等）的社会结构，研究人员和研究机构也被牵涉进来。我们下面介绍一些已有的支持这种观点的论点。

---

① 引自《银行与金融服务》，2002 年 12 月，p. 17。

② 公众利益理论的观点与之相反——在第 3 章中描述过这种监管理论，该理论认为，政府的规则和监管都是为了社会大众的利益。

12.5 会计研究在支持现存社会结构上的作用

很多批判性理论家认为多数会计研究人员不是无法自主决定对学科之外相关方的影响，而是认为他们提供了有助于将特定政治意识形态合理化并加以维护的研究结果和观点。此外，这一观点与大多数会计师和会计学学生通常接受的观点不同。

12.5.1 会计研究以及对放松会计监管的支持

在20世纪70年代末和80年代，有些国家的政府有意放松监管，尤其是在美国和英国。在这段时期，依据实证会计框架进行研究的人员以及采用有效市场假说的研究人员占据主流。[①] 这些研究人员通常采取反监管的态度，这一立场符合当时政府的观点。这是巧合吗？也许吧。这类支持放松监管的号召的研究，吸引了大量政府资助的研究资金。[②] 正如 Hopper 等（1995，p. 518）所说：

学术争论并不存在于真空中。一种范式的认可，仅得到知识分子的认可还不够，它必须与社会中更普遍的主要权力信仰相一致。思想的历史充斥着被嘲笑的研究，随后却变成主流范式，此时社会关注的其他问题、意识形态和信仰开始盛行。实证会计理论的发展就是这样。它的兴起不仅是源于在初期，它解除了学术的威胁和担忧，还因为在20世纪80年代，它追随当时盛行的右翼政治意识形态并与之有联系。

Mouck（1992）也持有这样的立场，认为实证会计理论的兴起成为可能，是由于它与有权势者（即国家）的政治观点一致。他认为：

……Watts 和 Zimmerman 的言辞中充满对政府实施公司受托责任监管的厌恶，这在很大程度上取决于当时广泛发生在整个社会范围内，旨在放松监管的极端保守运动……我认为会计人员一直愿意接受实证会计理论兴起的过程，它建立在芝加哥版本的自由放任经济学基础上，因为对兴起过程的言论与里根时代对政府干涉经济实务的厌恶十分合拍。

与实证会计理论的发展一致，在20世纪70年代末，大量的会计研究试图强调新会计监管的经济后果。这一观点（我们在第2章和第3章中讨论过）认为，新会计监管的实施会有许多不必要的经济影响，因此在发布一项新的要求之前，如一项会计准则，要经过深思熟虑。对经济后果的分析通常为不实施会计监管提供了理论基础。批判性研究人员认为，对股东（例如通过股价变动）和经理（例如通过减少工资或失业损失）产生的经济影响，才是会计监管经济后果研究的关注焦点。正如 Cooper 和 Sherer（1984，pp. 215 – 217）认为的：

然而，至少在美国，大公司意欲反对改变现有报告系统和披露水平的尝试，促进了“经济后果分析的兴起”（Zeff，1978），这似乎是不幸的。截至目前，会计研究人员似乎都会一再重申投资者和商人抱怨由于要求改变会计实务而带来的后果。运用 ECA（经济后果分析）的研究几乎都是评估会计报告对股东和/或者公司经理阶层行

---

① 根据 Tinker、Merino 和 Neimark（1982），依据实证会计和有效市场范式的研究人员采用了“新保守意识形态偏见，鼓励我们将‘自由’市场以及内在的制度机器看做既定的事实”。我们分别在第7章和第10章中讨论过实证会计理论和有效市场假说。

② 与此观点一致，作为主要的放松监管的拥护者，Milton Friedman 在1979年成为里根政府的高级顾问。

为和利益的影响后果（Selto 和 Neumann，1981）。

更基本的是，采用 ECA 法的研究将注意力集中于整个经济中一个非常有限的子集上，即对股东或经理阶层的影响。会计报告对其他使用者（如政府和工会）的直接影响，以及对非使用者（如消费者、雇员和纳税人）的间接影响，都被忽略了。忽略这些影响是因为它们是次要的并且/或者缺乏经济重要性。因此，这些研究暗含着一种价值观，即股东和经理阶层的需要是首要的，并且只关注这些需要对于理解会计报告在社会中的作用就足够了。除非这些研究声明会计报告对其他使用者和“非使用者”的影响微不足道，而不仅仅是在理论中假设这些影响微不足道，否则从这类研究中得出的结论不可能总结出适用于整个经济的一般结论，这些研究还不够充分，不能用于制定旨在提高全社会福利的规定。

Cooper 和 Sherer（1984）除了指出经济后果研究主要关注对经理和股东的经济影响外，还指出，采用这一范式的主要研究都是受美国证券交易委员会和美国财务会计准则委员会的资助。人们认为这些机构的利益是与“股东和经理阶层”而不是与整个社会的利益趋于一致。

在同样情况下，Thompson（1978）和 Burchell 等（1980）认为 20 世纪 60 年代和 70 年代中促进通货膨胀会计形成研究成果的其实不是通货膨胀率本身。相反，他们认为推动研究的是缓解实际财富（以较低的实际利润和股利形式）从所有者手中转移，并转换为较高薪酬的意愿。

如果研究由于支持有权势者的特定政治信仰而获得声望，我们可以假设，随着那些“有权势的”人的观点改变，研究的重点也会随之改变。在 20 世纪 90 年代，许多国家的政府都渐渐不再放松监管。Hopper 等（1995，p. 540）回顾此事时写到：

在不断变化的经济、政治条件下，环境也在不断地被重建。与此相应地，实证会计理论与主流话语气候产生共鸣的能力受到挑战……在美国，共和党政府下台后，这段特殊时期的终结意味着保守形式的改革也结束了。在美国，克林顿采取了更主张干涉主义的战略，而在英国，梅杰政府宣称曾经（宣称）信奉另一种“关怀的社会”，尽管市场力量仍然起作用，但其与严酷的撒切尔主义相反。在 20 世纪 90 年代，出现了新的价值观，它们并不强调不受监管的市场效率和效果有多么显著，例如，在美国就存在生态学、卫生保健、性别问题。实证会计理论与这种多变的环境相适应的能力受到质疑，例如，一些企业的接连破产以及 1987 年股票市场的崩溃，加大了实施更多监管的呼吁。

12.5.2　后安然时代加强会计监管的批判性会计解释

尽管许多人认为，在 21 世纪初当选，以及在 2004 年底再度当选的美国共和党总统（乔治·W. 布什）及其政府，是极度亲企业而反监管的，但是几乎没有政府（包括美国政府）愿意重蹈 20 世纪 90 年代的覆辙，反对会计监管。尽管布什政府最初要更大幅度地减少会计监管，但是，2001 年和 2002 年，媒体公开揭露了安然、世通以及其他几家美国大型企业大规模会计造假（或滥用）的事实，很明显在造假的会计实务中，安然与为其审计的审计事务所（安达信）串通，在此之后，这一政策方向得以扭转。尽管当时政府想通过撤销对会计实务的监管，来赋予大型公司更多的权力，但是 Unerman 和 O'Dwyer（2004）认为，这些高度曝光的会计造假导致投资者和工人大大降低了对会计实务，更重要的是对作为投资媒介的资本市场的可靠性的信任。对于这些公司和会计造假，许多国家政府的反应是增强会计监管和公司治理，以试图重塑投资者对会计信息和资本市场的信任，后者应该依靠会计信息所宣称的可靠性。从批判性的角度，加强监管被视为满足了大型公司的需要（而不是满足投资者），因为其目的在于维护投资者对大公司所依靠的资本市场的信任。

具有破坏性影响的安然会计造假，以及在相当长的一段时期内接踵而来的被高度曝光的另外几家大公司的会计造假——在北美、澳大利亚和欧洲（如意大利的帕玛拉特，荷兰的阿霍德，瑞士的艺珂，澳大利亚的一电通和兴业保险）——批判性会计学者将其视为资本主义制度内在不稳定性的另一个症状（本章前面讨论的）。这些研究人员认为，为避免这种资本主义制度内在结构矛盾的最新症状（会计造假）发生而采取的任何行动都没有意识到是资本主义制度本身存在缺陷，防止其他（不同的）造假在未来出现的唯一方式是用一种不同的制度替代资本主义制度，在新的制度中，弱势群体（雇员、环境、社会的许多部门）不会被强势群体（大公司及其支持它的政府）剥削。一些研究人员在各种批判性的观点下检验了 21 世纪早期安然及其他大公司的会计造假，以及对这些造假的监管反应（例如，见 Arnold 和 de Lange，2004；Baker，2003；Briloff，2004；Craig 和 Amernic，2004；Froud 等，2004；Fuerman，2004；O'Connell，2004；Williams，2004）。

12.5.3 关于学术和非学术言论在保护资本主义制度上的积极作用的批判性会计观点

在另一个领域，一些批判性理论还牵扯到会计杂志的编辑们，因为他们确保了会计研究不对社会统治群体的利益提出挑战，理论认为，这些编辑会反对从事没有“补充社会中流行主题的研究”（Mouck，1992）。Tinker、Lehman 和 Neimark（1991，p. 44）在谈到会计杂志的作用时说：

会计文献以有助于资本积累的方式来描述周围的世界。像《会计评论》这类杂志仅评判次要矛盾，它们通过传导这一主要目的来过滤研究、学术成就（和没有终身职位的学者）。这本杂志甚至对最顺从的“越轨”也充满敌意，这一点是广为人知的。[①]

其他批判性会计研究表明，不只是学术话语在支持资本主义制度的利益上存在偏见。例如，Collison（2003）将公司部门中的组织所做的辩护形容为宣传手段，这些辩护支持现有的企业和会计实务，其中含有的主观价值观（在资本的权力和财富的推动方向上存在偏见）被描绘为客观事实。他认为（p. 853）：

使用这种宣传手段的作用……是支持霸权话语……通常隐含在会计和财务实务、术语中的有争议的价值观被视为似乎并不存在争议……（宣传手段是）强势利益主

① 然而在最近几十年中，似乎确实有更多带有批判性质的研究在一些主要会计杂志中被公开发表。一本已存在多年（主编是 David Cooper 和 Tony Tinker），刊登了各种“批判性论文”的杂志叫做《会计的批判性观点》。根据这本杂志（来自杂志对作者的说明），其“目的是为不断增加的会计研究人员以及从业人员提供交流的平台，这些人意识到传统理论和实务不适应现代环境的挑战，会计实务和公司行为无法摆脱我们这个时代众多的分配、社会和生态问题。”

体用来暗中支持一种普遍意识形态并说教的工具。

可以将这一会计主题用作将主观观点“客观化”的工具，我们现在来分析批判性理论对会计实务在支持现有社会结构上的作用。

12.6 会计实务在支持现有社会结构中的作用

就我们所知，*客观性*、*中立性*和*真实反映*这些质量特征在全世界各种不同的概念框架项目中得以推行，是因为这是对外财务报告渴望成为的“理想状态”。行业提倡的一种观点认为，会计能够并且应该对基本的经济事实做出客观表述。[①]

然而，许多批判性理论家认为概念框架有另外不同的作用：使会计职业，以及报告主体编制的财务报告合理化。Hines（1991，p. 328）说道：

概念框架（CFs）对客观世界提出假设，将其合理化和再造，并由此在构建社会中起到一定作用……概念框架为会计职业提供了社会合理性。由于客观假设是我们社会的首要前提……对于那些能够利用客观假设的人，一种基本形式的社会力量在不断积累。通过接触这一核心论述可以获得合理性，因为按照这一论述产生的账目都是“规范的”。诸如“真实反映”、“中立性”、“可靠性”等信息质量假定了一个具体而客观的世界，尽管过去的概念框架没能成功地制定出达到这些质量标准的会计准则，那么或许依靠这些信息质量的概念框架项目得以持续开展就不会令人觉得吃惊或不符合常规了。会计人员通过“计量的专业知识”能优先接近客观世界，基于这一假设推测出的话题有助于为职业界的能力和自治构建出设想的合理性。

12.6.1 会计报表在创造有选择的“现实”上的作用

Hines（1988）认为，会计师对何种绩效特征重要这个问题施加了个人观点，并由此要求着重突出（例如“利润”）。会计师还能够决定哪种组织绩效的属性不重要，并且不值得计量或披露。在会计实务中，注意力将直接放在会计师强调过的特定衡量标准上（明显客观），反过来这些衡量标准将成为区分“好”组织与“差”组织的方法。例如，如果将“利润”作为组织衡量绩效的客观标准，那么人们会关注会计师计算出来的利润，盈利的企业会被认定为是好企业，亏损的企业会被认定为是坏企业。而会计师确定的“利润”会忽视企业造成的许多社会和环境外部性（在第9章讨论过），如果组织排放了污染物，却没有因此被罚款或发生任何成本，那么尽管污染物潜在地对环境和社会造成了破坏，却不在财务报告中确认任何成本。Hines 认为，在传递现实的过程中，会计师同时也在构建现实。因此，例如没有核算污染物的影响，意味着在许多人的印象中，这些污染物是不存在的。它们似乎不存在于公司的绩效账目中。如果会计师确定了这类排放物的成本，这些污染物会变成“真实的”，组织也会变得负有受托责任。会计为组织中特定问题提供了选择性的可见度，它规定了何种财务问题是“重要的”（Carpenter 和 Feroz，1992）。Cooper、Hayes 和 Wolf（1981，p. 182）采用此观点时阐述道：

会计系统通过定义有疑问的地方（选择计量和报告何种变量）鼓励模仿和推行，

---

① 这与 Solomons（1978）提出的论点一致，他认为，为了提高会计报告的有用性，它们应该像绘制地图一样客观。也就是说，就像一个地区可以被客观地“绘制成图”，组织的财务状况和绩效也应该被客观地绘制出来。

他们协助制定解决方案（选择何种变量是可控的）。当然，使用会计系统的方式极其重要，但是会计系统的结构和构成要素有助于创建适当而可接受的运行、规划以及谈论组织中问题的方式。会计系统是组织权力系统的重要组成部分。

Macintosh 和 Baker（2002）以及 Macintosh（2001）探讨会计报告在“构建”特定“现实”上的作用时，借鉴了文学理论的发展，并认为可以将会计报告看做是一种文学文本/文件的形式。他们声明，在文学理论中，文本是对根本现实的客观反映（例如，小说就“像反映现实的一面镜子”（Macintosh 和 Baker，2002，p. 189））这一“现实表现”理念一直受到高度质疑，他们借鉴了文学理论中的这些批评，以表明会计报告客观反映外部经济现实这一相似假设同样存在问题（p. 192）：

……会计普遍假定企业的财务现实在被报告呈现之前就已经“存在”了。人们认为确定这一现实的适当方式带有客观的和可检验的计量程序。会计的这种现实回应观点认为，公司的财务现实独立于会计师、审计师和会计报告而存在。然而会计遇到了破坏现实表现（在文学理论中）的同样问题。具有同等资格的不同职业会计师对同样的交易和事项往往会编制出不同的财务报表。

Macintosh 和 Baker（2002）以及 Macintosh（2001）使用文学理论中的不同范式来分析和解释会计报告的主观性。他们认为，任何会计报告都会倾向于呈报有选择的和带有偏见的信息，这种方式的呈报会导致构建出关于根本现实的单一观点，这一观点最支持管理层和资本提供者。这些学者还认为，基于文学理论中的后结构主义，会计报告要做出这样的改变，需要包括足够多的各种信息，使不同账目使用者看到各种时而矛盾的有关企业根本现实的观点，而不是以客观化的方式有选择地呈报信息，以“迫使”使用者接受关于企业的单一派系观点。

12.6.2 会计师通过虚假的中立形象获得的力量

对于那些之前没有与批判性理论家采取同样角度分析会计师的人，或许存在某种形式的迷惑。会计师如何拥有如此多的权力？部分上，在上面的讨论中提出了关于这一问题的一些观点。会计职业（通过像概念框架这样的工具）被描绘为客观又中立的——即免于任何形式的偏见。这类特征（如果是真实的）明显无可指责。事实上，会计师被认为是如此客观和中立，以至于他们过于冷漠。但是如果我们相信批判性理论家，那么，这种“冷漠”只是表象，或许隐藏了大量的社会力量。[①] 正如 Carpenter 和 Feroz（1992，p. 618）所说：

……会计可以被看作是一种将组织现有社会和政治结构合理化的手段。Hopwood（1983）进一步表示会计的合理化力量部分来自于会计程序明显的冷漠、不引人注目以及例行公事般的特质，在财务报表使用者眼中，这些特质具有客观性和合理性的先兆。会计和会计师并不冷漠，也不是例行公事，他们能够并且确实在偏袒社会冲突。

Tinker、Merino 和 Niemark（1982，p. 184）认为：

会计师这一形象——通常是毫无兴趣、无伤大雅的“历史学家”——这种对会计师的印象源于人们不愿承认会计师负有塑造主观期望的责任，而主观期望反过来影

① 我们再一次回到第 2 章中介绍的观点——会计师确实是非常有权势的个体。

响在社会各阶层之间分配资源和收入的决策。依附历史事实为之披上了伪客观的外衣，允许会计师宣称他们仅仅在记录——而非参与——社会冲突。

在本章前面（以及在第3章中），我们讨论了调查会计规定产生的经济后果的研究。一旦某个行业开始考虑特定会计准则的经济后果，就很难认为会计准则，进而是会计，是真正客观和中立的。

12.6.3 对于会计和合理性的批判性会计观点

我们继续讨论另一方面：批判性会计研究人员为何会认为会计实务“默默地”、“偷偷地”加强资本主义权力。在其他理论观点之中，较早考虑这一问题的是合理性理论（我们在第8章中讨论过）。我们解释了组织通常如何运用文件，如年报，将主体的持续存在合理化。尽管这些披露可以通过公司在“社会契约”下经营的愿望来解释（可能是，也可能不是这种情况），一些批判性理论家认为，合理化动机可能相当有害，尤其是如果它将不符合社会特定阶层利益的活动合理化。正如Puxty（1991，p. 39）所说：

对于合理性无伤大雅这一点，我并不认可。对于我来说，合理性确实十分有害，因为它会成为开明和进步的障碍。

Deegan、Rankin和Tobin（2002，p. 334）在谈到使用社会和环境披露来使公司行为合理化时说：

合理化披露意味着组织会回应人们对经营中产生的某些担忧。含义是，除非引起了这些担忧（重要的是经理们意识到这些担忧的存在），否则在没有监管的条件下，管理层会做出最少的披露。一些披露决策是受合理化的愿望驱动，而其他一些披露政策是受管理层认为社会有权了解组织经营的特定方面的观点驱动，两种披露政策不同。一种动机是关于生存，而另一种动机则是关于责任。

Deegan，Rankin和Tobin（2002，p. 335）进一步阐述道：

合理化披露与公司生存有关。在有些国家，仅有有限的监管要求提供社会和环境信息，管理层似乎在受到胁迫时才会提供这类信息。相反，如果关注的问题有限，披露就会有限。证据表明，只有当社会关注的问题出现时，或者直到引入具体的监管来消除管理层披露的自由裁量权时，才会出现高水平的披露。然而，如果公司的合理化活动是成功的，那么或许对政府引入披露立法的公众压力会较小，经理们将能够保有其社会和环境报告实务的控制权。

根据Guthrie和Parker（1990，p. 166），与上面的讨论一致，批判性理论家采用政治经济学观点，强调会计报告在维持（或合理化）特定社会体制上的作用。他们说道：

政治经济学观点认为，会计报告是关于社会、政治和经济的文件。它们是构建、维护有利于公司私人利益的经济和政治体制、制度以及思想主题，并使其合理化的工具。

12.6.4 会计在使资本主义制度合理化上的作用

鉴于会计报告在“构建、维护有利于公司私人利益的经济和政治体制、制度以及思想主题并使其合理化”上的作用（Guthrie 和 Parker，1990，p. 166），古典政治经济学观点认为，会计报告的关键作用之一是使整个资本主义制度合理化，并保护这一制度免受资本主义制度固有的结构矛盾的后果产生的威胁（本章之前讨论过）。例如，这就是为什么许多批判性会计学者反对过多研究公司社会报告实务的部分原因。

一项主要的批判性会计经验研究通过分析美国跨国汽车公司通用汽车 1917 年到 1976 年的年报，以检验年报中的披露在保护（或合理化）整个资本主义制度不受社会冲突的后果影响上的作用。一系列论文都分析了这一经验材料（Neimark，1983；Neimark 和 Tinker，1986；Tinker，1991；Tinker 和 Neimark，1987；Tinker 和 Neimark，1988），表明年报中自愿的话语材料的重点往往会有所改变，以解决不断变化的对资本主义提出的挑战，这些挑战源于资本主义结构的不稳定性。例如，在当这种结构不稳定的（宣称的）症状是整体消费者需求处于弱势时，年报关注的是如何留下消费增加的印象——如定期购买新车——是理想的社会规范。在其他时候，当资本主义的结构不稳定性症状是劳动力好战时，年报中关注的核心信息会有所变化，会表明如果工人们与经理们合作而不是冲突，他们的境况会更好。

这些研究的论点似乎是，成功衔接这些管理层观点会在经济上有利于通用汽车，并且通过继续支持经济强势的利益相关者，还有利于整个资本主义制度，因为例如，在整体经济需求减弱时，制定一项消费规范应该会对许多企业的产品产生极大的需求。如果许多其他企业也使用他们的年报，以及来自许多其他媒体此时的报道，如广告和报纸文章，来帮助灌输社会消费意愿的一致信息，这样通过提高消费者的整体需求，可以有助于保护和提高许多企业的权力和财富。正如 Tinker、Lehman 和 Niemark（1991，p. 39）所说：

> 通用汽车研究（Niemark，1983；Neimark 和 Tinker，1986；Tinker，1991；Tinker 和 Neimark，1987；Tinker 和 Neimark，1988）关注公司运用年报作为思想武器的不同方式，以及决定一种用途而不是另一种用途的社会环境……（他们揭示）通用在当时被卷入充满冲突和对抗的局势，以及公司报告用于调整和改善这些冲突的方式……并不是要争论年报对企业和政治决策的制定有戏剧化的影响。相反，正如同其他的思想工具（政党政治宣言、广告、公共关系闹剧、宗教教条）一样，年报是单调的重复，因而会特别排斥那些使这些报告最有效的其他观点。

本章小结

本章概述了被分类为依据批判性会计观点从事研究的人开展的研究。这些研究人员对现有会计实务提出了严重批判。他们认为现存的财务报告实务支持现在的经济和社会结构——这一结构不公正地以牺牲一部分人为代价，而有利于另一部分人。财务会计实务是中立且客观的观点（各种概念框架计划中所提倡的）受到了挑战。

会计的批判性观点涵盖了许多具体的观点，我们在本章中仅探讨了其中一些重要的观点。然而，广义上，许多批判性会计研究都是基于古典政治经济学理论，在该理论下，冲突、不平等以及国家的作用是分析的重点。尽管许多批判性会计学者的研究立场带有马克思主义批判资本主义的特征，还有许多其他批判性会计研究人员对会计在维护社会不平等上的作用的批判不是基于马克思主义哲学。在最具有马克思主义特色（以及一些非马克思主义者）批判性会计理论中的一个普遍主题，是号召根本改变社会的结构，如果没有重建，他们认为对会计实务的任何修改和调整都不会使整个社会更加公平。批判性理论家还认为，政府（国家）往往设置机制和监管以支持现存社会结构。许多会计研究人员也被认为是特定政治意识形态的支持者，他们的研究结果在支持那些有特权获得稀缺资本的人上是有影响力的。

尽管本章相对简要，但其目的是提供一种对传统上会计教育或会计期刊中没有受到广泛关注的观点的看法。或许，正如批判性理论家认为的，这种关注的缺乏是由于这一会计文献分支质疑了除会计师外，社会中许多其他人所持有的观点和价值观。文献确实可能存在争议。然而，它提出了会计师作用的不同看法，这一观点我们不应该轻易驳回。如果该文献使我们对自身作为社会会计师的立场提出批判，那当然好。我们可以回顾 Baker 和 Bettner（1997，p. 293）的下段阐述，以此作为总结：

> 会计能够创造和控制社会现实，将其转换为使用者的权力。这样的权力属于组织和制度，被用于灌输价值观、维持合理性神话、掩盖冲突并巩固能使自身永久存在的社会秩序。纵观整个社会，会计的影响渗透到了关于财富分配、社会正义、政治意识形态和环境退化的基本问题中。与公众意见相反，会计不是经济现实的策略反映，而是一项具有高度派系属性的活动。

思考题

12. 1 什么是会计的批判性观点？

12. 2 批判性理论进行的研究相对于其他会计研究人员进行的工作有哪些根本区别？

12. 3 从批判性的角度，概念框架项目有什么作用？

12. 4 从批判性的角度，可以认为财务报告是客观或者中立的吗？解释你的答案。

12. 5 如果普遍认为社会中存在许多不平等，批判性理论家认为引入更多的会计，或改进会计方法会有所帮助吗，或者他们会认为这样的战略仅会加重现有问题吗？解释你的答案。你同意批判性理论家采取的立场吗？为什么？

12. 6 批判性理论家会对采用**实证会计理论**的学者的著作提出质疑，他们反对的依据是什么？

12. 7 批判性理论家会对采用合理性理论的学者的著作提出质疑，他们反对的基础是什么？

12. 8 如果会计在维护社会不平等时串通一气，批判性理论家为何认为会计可以是“固定的”？

12. 9 Tinker、Merino 和 Niemark（1982）认为：“社会忠诚和会计偏见都极不明显；通常，它们都会带有客观与独立的伪装”。解释这一论点的依据。

12. 10 Cooper 和 Sherer（1984）认为“会计研究人员应该十分明确他们采用的任何框架中的规范因素。所有的研究是规范的，因为它包含了研究人员对社会应该如何构建的价值判断。然而，几乎没有会计研究人员明确表明他们的价值判断。”你同意还是不同意这一说法？为什么？

12. 11 解释批判性会计理论关于社会中权力分配这一假设的重要性。这些假设与其他理论观点采用的假设有何不同?

12.12 澳大利亚注册会计师协会（2005）对澳大利亚政府针对公司社会责任的调查回复的意见中写道（p.6）:

尽管有众多公众（88%）和股东（86%）支持政府强制要求报告公司做出社会和环境报告，这并未反映在企业领导的观点中（53%）。澳大利亚注册会计师协会认为，这反映出企业的一种担忧，即强制报告不会提高信息的价值，不仅如此，还会引入不必要的监管阶层，这种担忧是有依据的。

要求：从“批判性的角度”评价这一论述。

12.13 批判性理论家为什么反对试图协助公司在其社会和环境影响上增加成本的学术研究?

12.14 从“批判性的角度”评价下面这段引自澳大利亚商业理事会（2005）的话:

鉴于定义*公司社会责任*（CSR）存在困难，同时，事实上澳大利亚的大公司已广泛采用了 CSR 活动，通过立法干涉强制实施 CSR 带来的风险，是扼杀了已经采用 CSR 的澳大利亚公司对其方法的革新和创造。

ISBN 81084-685-X
定价 58.00 元
出版时间 2010.5
（配中文翻译版）

译者 薛清梅

Nobes

比较国际会计（第十版）

Comparative International Accounting

本书是比较国际会计的经典著作，也是该领域最有影响、最具权威性的教科书之一，已被全球许多著名大学选作教材。

作者主要采用比较研究的方法，并借鉴法学、史学、管理学、财务学、税收学乃至自然科学等方面的理论和知识，以大量的研究材料、案例和详实的分析，客观地展示了各国的会计惯例，提示了产业财务报告差异的原因和国际协调的意义、障碍和进展。

作者 LIBBY

（OLC）

译者 陈艳

财务会计学

Financial Accounting

（第六版）

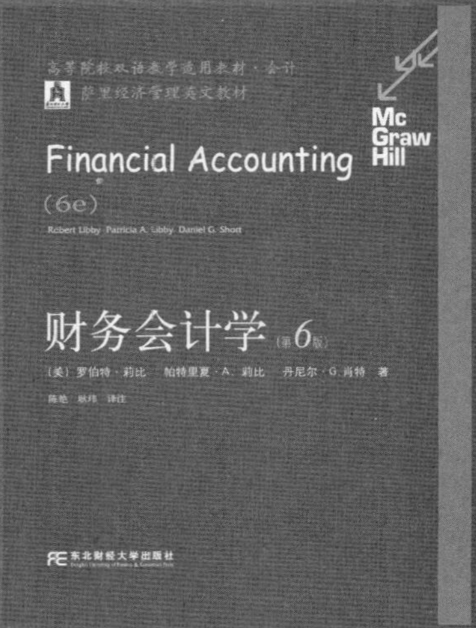

本书是美国市场上公认最有趣、最紧跟时代发展的会计学教科书。

本书作者致力于提升财务会计课程的相关性和趣味性，通过前沿性的科技辅助手段帮助有着不同学习习惯的学生。

教辅 PPT

ISBN 81122-759-8
定价 48.00 元
出版时间 2009.8
（配中文翻译版）

作者 Hopwood

法务会计
Forensic Accounting（OLC）

本书全面涵盖了法务会计学科所涉及的各个相关领域的内容。

本书具有如下显著特点：

1. 将焦点集中在大量发生的民事或刑事会计舞弊及其相关活动上，从虚假的商业估价和雇主舞弊到信息安全和反恐。
2. 针对非会计专业人士的需要，提供了会计信息系统和审计学的基础性的知识内容。
3. 全面覆盖了与会计相关刑事司法系统的内容，包括法证科学、有组织犯罪、诉讼支持和专家证人。

教辅 IM(教师手册) TB（习题库）PPT SM（习题答案）

ISBN 81122-625-6
定价 48
出版时间
（配中文翻译

译者 张磊

作者
Brealey

公司理财原理（精要版）

Principles of Corporate Finance （OLC）

内容简介

三位公司理财方面的权威专家以独特的视角，完整地构建了公司理财学的基本框架。

以价值作为出发点，紧密结合公司理财实践的需求，精选了风险、资本预算实务、融资决策与市场有效性等核心内容。理论与实践并重，在论述理论的同时强调公司理财的灵活性，要求公司财务人员能够根据随时可能发生的变化对理财策略进行调整。书中包括的研究方法、研究内容及案例等，可以使读者从国外公司理财的实务中吸取有益的理财思路和方法，并应用到我国的实践中。

理查德 · A. 布雷利（Richard A. Brealey）伦敦商学院财务金融学教授，曾任欧洲金融协会主席、美国金融协会理事。现任英国科学院院士、英格兰银行总裁特邀顾问和多家金融机构董事。

斯图尔特 · C. 迈尔斯（Stewart C. Myers）MIT 斯隆管理学院 Robert C. Merton（1970）财务金融学教授，曾任美国金融协会主席、美国经济研究局研究协会主席。主要从事财务决策、估价方法、资本成本以及政府对商业经营活动中的财务监管问题的研究。

弗兰克林 · 艾伦（Franklin Allen）宾西法尼亚大学沃顿商学院 Nippon Life 财务金融学教授，曾任美国金融协会主席、西部金融协会主席和金融研究会主席。主要从事金融创新、资产定价泡沫、金融体系比较及金融危机问题的研究。

教辅 IM（教师手册）TB（习题库）PPT

ISBN 81122-529-7
定价 64.00 元
出版时间 2009.1
（配中文翻译版）

译者 罗菲

作者简介

雷 · H. 加里森（Ray H.Garrison），美国犹他州杨百翰大学名誉教授。曾就读于杨百翰大学并在那里取得了学士和硕士学位，之后又在印第安纳大学获得工商管理学博士学位。作为一名注册会计师，加里森教授曾在全国性和区域性的会计师事务所中从事管理咨询工作。加里森教授在课堂教学中的创新活动为他赢得了杨百翰大学授予的 Karl G. Maeser 杰出教学奖。

埃里克 · W. 诺琳（Eric W.Noreen），世界知名学者、美国华盛顿大学名誉教授，曾在欧美和亚洲的多所高校任职。诺琳曾就读于华盛顿大学并取得了学士学位，之后又在斯坦福大学获得了工商管理学硕士和博士学位。作为一名注册管理会计师，他曾被美国会计师协会授予杰出执业成就奖。

彼德 · C. 布鲁尔 (Peter C.Brewer)，美国俄亥俄州迈阿密大学牛津分校会计系教授。布鲁尔教授曾就读于宾州州立大学并取得了会计学学士学位，之后又在维基尼亚大学获得了会计学硕士学位，在田纳西大学获得了博士学位。他是本科生管理会计学教育教学活动中拥有创新思维的领军人物之一，经常出席各类专业和学术会议。

（即将推出第十三版双语版）

ISBN81122-404-7
定价 58.00 元
出版时间 2008.8
（配中文翻译版）

作者 Palepu

经营分析与评价

Business Analysis and Valuation

（第四版）

编辑荐语

本书能够帮助读者分析任一企业的财务报表，从而揭示出企业的真实经营情况与价值。

在一个不断变化的战略环境中，理解管理层提交的财务报表是否以及在多大程度上能够准确地反映企业运行的健康状况及价值是非常重要的，本书将战略经营知识整合进财务报表的分析中。

教辅 IM(教师手册) TB(习题库) PPT SM(习题答案)

ISBN 81122-282-1
定价 38.00 元
出版时间 2008.4

作者 Hall

会计信息系统

（第五版）

Accounting Information System

编辑荐语

与以前的版本相比，第五版的《会计信息系统》在内容上进行了全面的更新，使读者能够获得目前最新的关于业务流程、系统开发方法、IT治理及战略、安全、内部控制以及《萨班斯—奥克斯利法案》等相关方面的知识。

本书的特点还表现在以下几个方面：（1）运用概念性框架；（2）明晰会计信息系统的演变过程；（3）强调内部控制；（4）引入系统设计和文件工具的内容。

教辅 IM(教师手册) TB(习题库) PPT SM(习题答案)

ISBN 81122-091-9
定价 68.00 元
出版时间 2007.9

作者 Choi

国际会计学（第五版）

International Accounting

编辑荐语

我国资深会计学家、厦门大学常勋教授不仅对本书盛赞有加，而且还多次撰文大力推介。

本书由美籍韩裔会计学家 Choi（乔伊）教授领衔主编，是国际会计/比较会计领域享誉全球的经典教科书之一，被国外诸多优秀大学所采用。本书题材丰富、资料翔实，尤其是在国际会计比较与协调以及国际管理会计和税务筹划等方面。此外，领衔作者所具有的东方式的思维风格，也使得本书较其他同类书而言，更适合中国读者的口味。由于本书结构清晰，层次分明，在实际教学过程中完全可以根据课程目的、授课对象、课时等因素来灵活地加以选择。

译者简介

方红星，男，1972 年 7 月生于湖北省，中共党员，管理学（会计学）博士，现任东北财经大学会计学院院长，MPAcc 教育中心主任，教授，博士生导师，兼任东北财经大学出版社社长，大连市第十、十一届政协委员。

方红星主要致力于财务会计、审计和内部控制等领域的研究。主要学术兼职包括中国会计学会理事、资深会员、财务成本分会副会长兼秘书长、内部控制专业委员会委员，财政部会计准则委员会咨询专家、内部控制标准委员会咨询专家，中国注册会计师协会专业技术咨询委员会委员、审计准则组专家。

教辅 IM（教师手册）TB（习题库）PPT SM（习题答案）

ISBN 81084—718–X
定价 40.00 元
出版时间 2006.12
（配中文翻译版）

译者 方红星

作者 Kaplan

高级管理会计（OLC）

Advanced Management Accounting,3e

（第三版）

管理会计大师 平衡积分卡的创始人

罗伯特 · S. 卡普兰是哈佛商学院的著名教授，会计学权威。他主要从事会计与管理领域的研究，曾经担任工业管理研究生院的院长。他先后获得了麻省理工学院电力工程学硕士学位和康奈尔大学的博士学位。

罗伯特 · S. 卡普兰的研究和教学集中于新成本与绩效衡量系统，他的主要成果是作业成本法和平衡计分卡。他曾经发表和与他人合作发表了百余篇论文及十部著作。1988 年，卡普兰教授获得了美国会计学会颁发的会计学杰出教育奖。卡普兰还从事欧美领先大型企业的绩效和成本管理系统设计的顾问工作。

教辅 IM(教师手册)TB（习题库）PPT SM（习题答案）

ISBN 81084–982–1
定价 76.00 元
出版时间 2009.7

译者 吕长江

作者 Wolk
（OLC）

会计理论

Accounting Theory

（即将推出第七版翻译版）

编辑推荐

哈利·沃尔克（Harry I. Wolk）等著名的会计教授所著的《会计理论》一书，在其第一版问世直至如今的第七版发行，一直受到了普遍的关注，并得到了全球会计理论界的高度认可。该书从会计理论概念框架为基本出发点，对会计理论的重大理论问题和实际问题进行了全新的诠释。这对于读者开阔视野，增长知识，启迪思维，提高分析和解决问题的能力大有裨益。

教辅 IM(教师手册)TB（习题库）PPT SM（习题答案）

ISBN 81084-519-5
定价 48.00 元
出版时间 2005.6

译者 陈艳

作者 Horne

财务管理与政策

（即将推出第十二版翻译版）

Financial Management and Policy

（OLC）

编辑推荐

财务管理的理论与实务的发展日新月异，这既是源于人们对财务管理内在规律理解的进一步深化，也是得益于财务管理人员所处环境的飞速变化。本书本书围绕财务管理的核心——融资决策、投资决策、分配决策展开讨论，告诉读者如何利用财务管理的各种手段进行相关决策。本书作为畅销全美的财务管理主流教材，材料新颖，内容翔实，可读性强。

作者简介

詹姆斯 ·C. 范霍恩是斯坦福大学商学院银行与财务学领域的著名教授。他曾被授予 A.P. 吉亚尼教授的称号。他于 1961 年和 1964 年分别获得西北大学的工商管理硕士学位和博士学位，1965 年进入斯坦福大学商学院任教至今，先后担任过斯坦福大学 MBA 项目主任，斯坦福大学商学院负责学术工作的副院长。他曾担任过美国财务金融协会和西部财务金融协会的会长，并是多个学术组织的活跃成员。此外，他还曾分别任职于伊利诺伊国家银行、芝加哥信托公司和美国财政部，长期兼任多家银行、基金、证券机构的董事会成员，具有丰富的实践经验。

教辅 IM(教师手册)TB（习题库)PPT SM（习题答案）

ISBN 81084–771–6
定价 68.00 元
出版时间 2006.12

译者 刘志远

教师反馈表

McGraw－Hill Education，麦格劳—希尔教育公司，美国著名教育图书出版与教育服务机构，以出版经典、高质量的理工科、经济管理、计算机、生命科学以及人文社科类高校教材享誉全球，更以网络化、数字化的丰富的教学辅助资源深受高校教师的欢迎。为了更好地服务中国教育界，提升教学质量，2003 **年麦格劳—希尔教师服务中心**在京成立。在您确认将本书作为指定教材后，请您填好以下表格并经系主任签字盖章后寄回，**麦格劳—希尔教师服务中心**将免费向您提供相应教学课件，或网络化课程管理资源。如果您需要订购或参阅本书的英文原版，我们也会竭诚为您服务。

书名：			
所需要的教学资料：			
您的姓名：			
系：			
院/校：			
您所讲授的课程名称：			
每学期学生人数：	______人 ____年级	学时：	
您目前采用的教材：	作者：__________ 出版社：__________ 书名：		
您准备何时用此书授课：			
您的联系地址：			
邮政编码：		联系电话	
E-mail：**（必填）**			
您对本书的建议：		系主任签字 盖章	

麦格劳—希尔教育出版公司教师服务中心
北京—清华科技园科技大厦 A 座906 室
邮编：100084
电话：010－62790299－108
传真：010－62790292
教师服务热线：800－810－1936
教师服务信箱：instructorchina@ mcgraw-hill. com
网址：http：//www. mcgraw-hill. com. cn